Bankinformatik-Studien

Herausgegeben von Professor Dr. DIETER BARTMANN
Institut für Bankinformatik an der Universität Regensburg

Band 9

Titel der bisher erschienenen Bände

Band 1: B. A. KERSCHER
Telekommunikation
im Bankgeschäft
1998. ISBN 3-7908-1067-3

Band 2: M. KREUZER
Elektronische Bankvertriebswege
1998. ISBN 3-7908-1068-1

Band 3: C. STOCKMANN
Elektronische Bankfilialen
und virtuelle Banken
1998. ISBN 3-7908-1069-X

Band 4: CH. FOTSCHKI
Kooperationen an der elektronischen
Bank-Kunde-Schnittstelle
1998. ISBN 3-7908-1085-1

Band 5: M. GREBE
Das elektronische Firmenkunden-
geschäft der Kreditinstitute mit
dem industriellen Mittelstand
1998. ISBN 3-7908-1086-X

Band 6: G. WÖRNER
Wirtschaftlichkeitsanalyse
elektronischer Bankvertriebswege
1998. ISBN 3-7908-1087-8

Band 7: CH. GEHRKE
Informationsagenten im Data Warehousing
2000. ISBN 3-7908-1301-X

Band 8: G. R. RIEDL
Der bankbetriebliche Zahlungsverkehr
2002. ISBN 3-7908-1452-0

Frank Seifert

Die Wettbewerbspotenziale von Bankmergern

Eine geschäftsfeldspezifische Untersuchung anhand des Resource-based View

Mit 29 Abbildungen und 19 Tabellen

Physica-Verlag
Ein Unternehmen
des Springer-Verlags

Dr. Frank Seifert
HypoVereinsbank AG
Projekte und IT-Controlling
Postfach
D-80311 München
frank.seifert@hypovereinsbank.de

Dissertation zur Erlangung des Grades eines Doktors
der Wirtschaftswissenschaft, eingereicht an der
Wirtschaftswissenschaftlichen Fakultät der Universität Regensburg
Berichterstatter Prof. Dr. Dieter Bartmann und Prof. Dr. Michael Dowling,
Tag der Disputation am 20.06.2001

ISBN 3-7908-1473-3 Physica-Verlag Heidelberg

Die Deutsche Bibliothek – CIP-Einheitsaufnahme
Seifert, Frank: Die Wettbewerbspotenziale von Bankmergern: eine geschäftsfeldspezifische Untersuchung anhand des Resource-based View / Frank Seifert. – Heidelberg: Physica-Verl., 2002
(Bankinformatik-Studien; Bd. 9)
ISBN 3-7908-1473-3

Physica-Verlag Heidelberg
ein Unternehmen der BertelsmannSpringer Science+Business Media GmbH

Umschlaggestaltung: Claudia Binder, Graphikdesign, Erding
SPIN 10866466 88/2202-5 4 3 2 1 0 – Gedruckt auf säurefreiem Papier

Geleitwort

Die Fusionswelle bei Banken ist ungebrochen. Zum einen ist dies ein Folgeeffekt der Globalisierung. Zum andern hat die Informations- und Kommunikationstechnologie eine Kraft entfesselt, welche die Bankmarktstrukturen aufbricht und den Markt durcheinander wirbelt. Den Übernahmebegründungen fehlt jedoch in aller Regel der theoretische Überbau. Sie sind vielmehr eine Aneinanderreihung von Argumenten, die nicht immer zutreffen.

Es ist deshalb wichtig, die Wettbewerbspotenziale, die ein Merger bieten kann, in ihrer Gesamtheit und in ihren gegenseitigen Wirkungsbezügen zu verstehen. Hier setzt das vorliegende Buch an. Es wird ein Konzept vorgestellt, wie man aus der ökonomischen Theorie der Bank heraus Wettbewerbspotenziale identifizieren kann, aus denen sich Wettbewerbsvorteile bei Mergern ableiten lassen. Grundlage des Theoriekonzeptes ist die ressourcenorientierte Betrachtung (Resource-based View). Übernahmen werden dabei als Erwerb von Kompetenzen in Faktormärkten angesehen.

Ob das Theoriekonzept hält und schlüssige Erklärungshilfen bietet, wird anhand einer Fallstudie überprüft. Es handelt sich um den Merger von Hypobank und Bayerische Vereinsbank zur HypoVereinsbank (HVB), um die Expansion von HVB nach Polen durch den Merger von HVB und Przemyslowo-Handlowy sowie um den Merger von HVB und Bank Austria. Die Ergebnisse sind deshalb nicht nur von wissenschaftlichem Interesse, sondern gleichermaßen von hoher praktischer Bedeutung.

Regensburg im November 2001

Dieter Bartmann

Vorwort

Die große Bedeutung des Themas Bankmerger zeigt sich bereits bei einem wöchentlichen Blick in die Wirtschaftspresse. Effizienz- und Skaleneffekte, Diversifikation oder Internationalisierung gehören zu den in Wissenschaft und Praxis gleichsam aufgeführten Motiven für Bankmerger. Trotz einiger vielversprechender Forschungsarbeiten sind theoretische Konzepte rar, die den vielschichtigen Motiven für Übernahmen und Fusionen unter Banken vollends gerecht werden. Insbesondere fehlt den Ansätzen die strategische Perspektive, welche die erwähnten Motive einerseits integrativ aus einer Gesamtbanksicht betrachtet und andererseits die Fähigkeit der geschäftsfeldspezifischen Differenzierung der Aussagen behält.

Ziel dieser Arbeit ist die Konzeption eines Ansatzes des Strategischen Management von Bankmergern, der die verschiedenen Motive zu fusionieren bei geschäftsfeldspezifischer Differenzierung der Aussagen integrativ abbildet. Durch die Fundierung auf dem Resource-based View findet der aktuelle Stand der Disziplin des Strategischen Management Einzug in die Dissertation. Die Arbeit gibt dabei Anregungen zur Berücksichtigung der Rahmenbedingungen. Dies ist bedeutsam, da dem ressourcenorientierten Ansatz oftmals eine zu große Innenzentrierung vorgeworfen wird. Die ressourcenorientierte Analyse in den vier Geschäftsbereichen Retail Banking, Private Banking, Wholesale Banking und Corporate Finance schafft ein neues Verständnis der Unternehmung Bank und hat weitreichende analytische Implikationen für die Beurteilung von Bankmergern.

Bei der Entstehung dieser Arbeit habe ich Unterstützung von verschiedenen Seiten erfahren, die mich zu Dank verpflichtet. Zunächst möchte ich meinem Doktorvater Prof. Dr. Dieter Bartmann für die Betreuung und den forscherischen Freiraum danken, den er mir für die Dissertation, aber auch für die Projektarbeiten am Institut für Bankinformatik und Bankstrategie (ibi), gelassen hat. Ich hoffe, dass sich die am ibi gelebte Verbindung von Forschung und Praxis in der vorliegenden Arbeit in theoretisch fundierten Entscheidungshilfen niedergeschlagen hat. Wenn es gelingt, Praktikern eine neue Sicht auf Banken als Finanzintermediäre zu vermitteln und ihnen Beurteilungskriterien für die Vorteilhaftigkeit von Mergern an die Hand zu geben, erfüllen sich die Ziele, die ich mit dieser Arbeit verknüpfe.

Prof. Dr. Michael Dowling hat das Zweitgutachten übernommen und die Arbeit mit wichtigen Anregungen und kritischen Diskussionen begleitet, die sich als sehr fruchtbar erwiesen haben. Aufgrund seiner Unterstützung ist ein Modell des Strategischen Management entstanden, dass auch außerhalb der Bankbranche für die Beurteilung von Mergern angewendet werden kann. So fällt insbesondere die

Adaption des Konzeptes für die Analyse von Mergern zwischen Banken und Versicherungen leicht.

Dr. Hans-Gert Penzel, der während der Entstehung der Arbeit die Integration zwischen der Bayerischen Hypotheken- und Wechselbank und der Bayerischen Vereinsbank leitete, hat die Arbeit aus dem Blickwinkel des Praktikers begleitet. Er hat vielfältige Vorschläge zur theoretischen Vorgehensweise vor dem Hintergrund seiner praktischen Erfahrungen evaluiert und stand stets für kritische Diskussionen zur Verfügung. Zudem ermöglichte er einen tiefen Einblick in die Prozesse einer modernen Universalbank sowie die Durchführung der Fallstudien, von denen die Dissertation stark profitiert hat.

Wichtige Unterstützung kam auch von der persönlichen Seite. Für die kritische Durchsicht der sich mit nahendem Abgabezeitpunkt immer schneller wandelnden Versionen des Manuskripts – aber auch für aufmunternde Worte und die Gestaltung der verbleibenden Freizeit – schulde ich Daniela, Konstanze und Cinzia Dank. Nicht zuletzt danke ich meinen Eltern für ihre Unterstützung, auf die ich mich immer verlassen konnte.

München im Dezember 2001

Frank Seifert

Inhaltsübersicht

Inhaltsverzeichnis

Teil I
Grundlagen

1 Einführung

The world of the modern corporation is being transformed by mergers and acquisitions. As they continue, acquisitions are at the center of controversy among managers, public policy makers, and academics about their purpose, motives, contributions, and impact on society. Yet despite all this attention, we know very little about what makes acquisitions succeed or fail.

Philippe C. Haspeslagh und David B. Jemison, 1991

1.1 Problemstellung

Die Zeiten, in denen die Bankindustrie aufgrund ihrer starken Regulierung tendenziell einem regionalen Wettbewerb ausgesetzt war, sind lange vorbei. Regulatorische Restriktionen haben sich gelockert, wie die Beispiele der Angleichung aufsichtsrechtlicher Regelungen innerhalb der Europäischen Union und die Schaffung des Euro als gemeinsame Währung ebenso andeuten wie die weitgehende Aufhebung des Trennbanksystems in den USA. Technologische Entwicklungen beeinflussen das Bankgeschäft in zunehmenden Maße, da es sich als informationslastige Dienstleistung gut technisch unterstützen, wenn nicht gar durchführen lässt. Die Entwicklung der regulatorischen und technologischen Rahmenbedingungen vollzieht sich gemeinsam mit anspruchsvoller werdenden Privat- und Firmenkunden in einer global vernetzten Wirtschaft. Damit sehen sich auch die Banken einem internationalen Wettbewerb ausgesetzt. Autoren sprechen bereits davon, dass sich die grundlegenden Wettbewerbszusammenhänge des Bankgeschäfts wandeln [vgl. Llewellyn 1999, S. 87].

Beeinflusst von diesen Rahmenbedingungen kommt es zunehmend zu großen nationalen und internationalen Bankmergern[1] und zu einer wachsenden Konzent-

---

[1] Der Begriff Merger wird dabei breit ausgelegt, so dass Zusammenschlüsse ebenso in die Betrachtung einbezogen werden wie verschiedene Übernahmearten, unabhängig

ration der Bankbranche [für eine Analyse vgl. 4.2]. Der Konsolidierungsdruck scheint so groß zu sein, dass einige Banken selbst weitgehend inkompatible Zusammenschlüsse anstreben, um ihre Bemühungen bald darauf abrupt wieder einzustellen, wenn sie die Tragweite und Problematik ihrer Entscheidung erkannt haben.[2]

Vor diesem Hintergrund ergeben sich zwei miteinander verknüpfte Fragestellungen. Erstens, wie lassen sich die Wettbewerbspotenziale von Universalbanken und ihre Quellen im Kontext der marktlichen Rahmenbedingungen des Bankgeschäfts charakterisieren? Zweitens, wie können Bankzusammenschlüsse zu diesen Wettbewerbsvorteilen beitragen? Etwas salopper formuliert lässt sich auch die Frage nach den Motiven für Bankzusammenschlüsse in einem strategischen Gesamtzusammenhang stellen, der die wettbewerblichen Ziele der Unternehmen berücksichtigt. Da diese Arbeit den Beitrag von Mergern zu Wettbewerbsvorteilen von Universalbanken untersucht, sind Strategische Wettbewerbspotenziale bewusst an den Anfang ihres Titels gestellt worden.

Bestehende Literatur zu Bankmergern präsentiert die ihnen zu Grunde liegenden Motive als relativ zusammenhangslose Auflistung oder widmet sich einzelnen Motiven, ohne die Einbindung in ein strategisches Gesamtkonzept vorzunehmen [vgl. etwa Smith/Walter 1998]. Damit bleibt die Verbindung von Übernahme – Mittel – und Wettbewerbsvorteilen – Zweck – vage und bietet einen kaum einen Ansatzpunkt für normative Aussagen. Eine ähnliche Problematik zeigt sich, wenn man die Perspektive von der branchenbezogenen Analyse auf eine branchenübergreifende Betrachtung erweitert.

Eine Analyse potenzieller Wettbewerbsvorteile ist Gegenstand der Disziplin des Strategischen Management [vgl. Barney 1991, S. 99]. Die Theorie des Strategischen Management hat durch die Entwicklung des Resource-based View innerhalb der letzten zehn bis fünfzehn Jahre erhebliche Fortschritte gemacht. Nach einer lange vorherrschenden industrieökonomisch beeinflussten Marktorientierung fand die Disziplin zu einer ökonomisch fundierten Betrachtung der wettbewerblichen Bedeutung unternehmensspezifischer Charakteristika zurück. In der Praxis hat diese Sicht durch die Überführung des Resource-based View in den Ansatz der Kernkompetenzen Verbreitung gefunden. Kernkompetenzen beschreiben im Grunde die unternehmensindividuellen Charakteristika, die ein Unternehmen in die Lage versetzen, Wettbewerbsvorteile zu erlangen. Der Ausgangspunkt für die Verbreitung des Ansatzes wird wiederholt in dem Aufsatz „The core competence of the corporation" von C.K. Prahalad und Gary Hamel in der Harvard Business Review festgemacht [vgl. 1990].

---

von den Größenverhältnissen der beteiligten Institutionen oder der Finanzierungsart der Transaktion. Die Begriffe sind in dieser Arbeit daher als austauschbar zu betrachten.

2 Die gescheiterten Zusammenschlüsse der Deutschen Bank und der Dresdner Bank sowie der Dresdner Bank und der Commerzbank innerhalb eines Jahres dürfen hier als Beispiel angeführt werden.

In dieser relativ jungen Forschungsrichtung existiert bislang noch keine umfassende Konzeption des Zusammenhangs zwischen Übernahmen und Wettbewerbsvorteilen.[3] Dabei bietet der Resource-based View entscheidende Anknüpfungspunkte für diese Betrachtung. Gegenüber der Industrieökonomie mit ihrer Analyse des Wettbewerbs auf Produktmärkten kann er seinen Fokus auf den Wettbewerb um Kompetenzen auf Faktormärkten ins Feld führen [vgl. Barney 1986]. Dabei werden Übernahmen als Mittel zum Kompetenzerwerb bislang nur in Teilaspekten betrachtet, obwohl es nahe liegt, dass durch Übernahmen direkt Einfluss auf die in der Unternehmung verfügbaren Kompetenzen genommen werden kann.[4] Lediglich die Grundbedingung für die Realisierung von Wettbewerbsvorteilen durch die Übernahme von Kompetenzen auf Faktormärkten formuliert der Resource-based View eindeutig mit dem Vorliegen von Synergien [vgl. Barney 1988].

Über diese Grundbedingung hinaus fehlt beispielsweise eine integrierte Betrachtung des Zusammenhangs von Diversifikation und Übernahmen. Diversifikation oder auch Internationalisierung erfolgen realiter aber oft mittels Übernahme und sollten daher berücksichtigt werden. Weiterhin ist die Rolle externer Rahmenbedingungen im Resource-based View schwach entwickelt. Dabei könnten externe Faktoren den Schluss auf mögliche Markteintrittsbarrieren erlauben, die unter anderem durch Übernahmen überwunden werden können. Die beiden Aspekte der Diversifikation & Internationalisierung sowie der Rahmenbedingungen können als Bausteine eines umfassenden strategischen Gesamtkonzepts des Wettbewerbsbeitrags von Übernahmen angesehen werden, das es zu entwickeln gilt. Aus diesen Punkten setzt sich der aktuelle Forschungsbedarf zusammen. Aufgrund der fragmentierten Behandlung der Übernahmemotive in der bankbetrieblichen Literatur und der ausgeprägten Übernahmeaktivität von Banken in der Praxis ist die Erarbeitung eines solchen Konzepts im Kontext der Bankbranche besonders vordringlich.

Das Betrachtungsobjekt Universalbank lässt die Bedienung verschiedener Kundengruppen mit unterschiedlichen Bankdienstleistungen über regionale Grenzen hinweg zu. Eine Universalbank ist dabei in erster Linie eine Bank, die sich nicht auf bestimmte Geschäftsfelder spezialisiert [vgl. Büschgen 1998, S. 69]. Insbesondere gilt dies für eine Beschränkung auf das klassische Einlagen- und Kreditgeschäft auf der einen und eine Beschränkung auf das Wertpapiergeschäft auf der anderen Seite, also für die Separation von Commercial- und Investment Banking in einem Trennbanksystem. Die Wettbewerbsbedingungen unterscheiden sich entsprechend der verschiedenen Geschäftsfelder. Diese konzeptionelle Vorstellung des Begriffs Universalbank macht die Analyse auf Geschäftsbereichsebene

---

3 Einen Ansatz steuern Haspeslagh und Jemison bei, die ihre Ausführungen aber stark auf den Integrationsprozess fokussieren [vgl. 1991].

4 Auf die Problematik der Identifikation und Integrationsfähigkeit wettbewerbsrelevanter Kompetenzen, die als Kritik vorgebracht werden kann, geht die Arbeit ausführlich ein [vgl. 6.3.4.1].

unabdingbar, um die Wettbewerbspotenziale vor dem Hintergrund der Rahmenbedingungen identifizieren zu können.

Ausgehend von der gegebenen Problemstellung, die sich als Frage nach dem Beitrag von Bankmergern zu Wettbewerbsvorteilen zusammenfassen lässt, sollen an dieser Stelle die Ziele der Arbeit formuliert und die Vorgehensweise dargestellt werden.

1.2 Zielsetzung

Für die vorliegende Arbeit lassen sich vier grundlegende Ziele benennen. Sie sind theoretisch konzeptioneller sowie pragmatisch normativer Natur.

1. Formulierung der Zusammenhänge zwischen Übernahmen und Wettbewerbspotenzialen als integratives theoretisches Konzept des Strategischen Management

Die theoretisch konzeptionelle Aufgabe und damit das primäre Ziel dieser Arbeit besteht in der Formulierung eines strategieorientierten Argumentationskonzepts, das den Zusammenhang zwischen Unternehmensübernahmen und Wettbewerbsvorteilen beschreiben soll. Im Rahmen dieses konzeptionellen Schritts wird von der Bankbranche abstrahiert. Wie bereits kurz dargelegt nutzt die Arbeit den Resource-based View als Grundlage ihres Theoriekonzepts [für eine ausführliche Begründung vgl. 6.1.1]. Übernahmen werden dabei als Erwerb von Kompetenzen auf Faktormärkten angesehen.

Neben Synergieeffekten als grundlegendes Motiv werden die Rolle von Diversifikationsstrategien und Internationalisierung sowie die Bedeutung der Rahmenbedingungen in einem integrativen Argumentationskonzept zusammengefasst. Diese Aspekte sind in der Perspektive von Übernahmen im Resource-based View bislang nicht en détail gemeinsam behandelt worden – wie im Fall der Diversifikation – oder wurden insgesamt nur unzureichend berücksichtigt – wie im Fall der Rolle der Rahmenbedingungen [vgl. schon einmal die Kritik in 6.2.4].

2. Skizze eines praxisorientierten Vorgehensmodells für die Identifikation von Übernahmeoptionen

Das als Synthese der genannten Bausteine gewonnene theoretische Argumentationskonzept soll den Ausgangspunkt eines normativen Vorgehensmodells für die Identifikation vorteilhafter Übernahmeoptionen in der Praxis darstellen. Damit soll auf pragmatische Weise die Nutzung der Ergebnisse erleichtert werden.

3. Identifikation der Wettbewerbspotenziale von Universalbanken

Ein weiteres Ziel dieser Arbeit hängt nach der Abstraktion von der Bankbranche wieder mit derselben zusammen. Vor dem Hintergrund des Argumentationsrahmens stellt sich die Frage nach der Natur der Wettbewerbspotenziale von Universalbanken. Dieser Schritt ist notwendig, um zu der spezifischen Problematik der Bankindustrie zurückzukehren. Weiterhin kann durch die Konkretisierung der allgemeinen Betrachtung anhand der Bankindustrie ein erster Verifikationsschritt des erarbeiteten Argumentationskonzepts durchgeführt werden.[5] Die theoretische Konzeption wird zeigen, dass sich die Frage nach den Wettbewerbspotenzialen im Grunde durch eine Analyse der Kompetenzen von Universalbanken in ihren Geschäftsfeldern beantworten lässt, die in dieser Arbeit exemplarisch behandelt werden.

4. Identifikation von Übernahmemotiven in der Bankbranche

Die identifizierten Wettbewerbspotenziale bilden den Ausgangspunkt für die Frage nach den relevanten Übernahmemotiven der Bankbranche. Aus den geschäftsfeldspezifisch identifizierten Wettbewerbspotenzialen und Kompetenzen sollen daher Übernahmemotive abgeleitet werden, die anhand von realwirtschaftlichen Beispielen plausibilisiert werden. Die Kausalbeziehungen des Argumentationskonzepts werden durch ihre exemplarische Anwendung darüber hinaus weiter konkretisiert.

1.3 Methodik

Um ein neues realweltliches Phänomen explorativ zu erfassen, müsste unter der Zielsetzung der Theoriebildung verstärkt auf Fallstudien zurückgegriffen werden [vgl. Eisenhardt 1989; Yin 1989]. Dieses Vorgehen, bei dem aus Einzelbeobachtungen Hypothesen generiert werden, die maßgebliche Kausalzusammenhänge beschreiben, die wiederum anhand einer iterativen Vorgehensweise durch mehrere Fallstudien überprüft werden, kann als induktiv verstanden werden. Bei Unternehmensübernahmen im Allgemeinen und bei Bankübernahmen im Besonderen handelt es sich nicht um ein neues Phänomen. Damit ist es nicht Anspruch dieser Arbeit, eine neue Theorie von Grund auf zu entwickeln, die dem Phänomen der Bankmerger aus strategischer Perspektive gerecht wird.

---

5 Bei der Verifikation handelt es sich um die Bestätigung einer generellen Aussage anhand der Realität oder anhand von Dokumenten über die Realität [vgl. Chmielewicz 1979, S. 100, S. 142]. Da die endgültige empirische Verifikation einer Theorie nicht möglich ist [vgl. Popper 1976, S. 14], zieht die Mehrzahl der Wissenschaftler die Falsifikation vor, bei der versucht wird, die Theorie zu widerlegen.

Da diese Arbeit ein bekanntes Phänomen untersucht, bietet es sich an, den theoretischen Forschungsbedarf zu rekapitulieren. Dieser besteht, da neuere Erkenntnisse des Strategischen Management im Kontext des Resource-based View noch nicht ausreichend im Zusammenhang mit Unternehmensübernahmen gewürdigt worden sind. Die bestehenden isolierten Ansätze werden den in der Praxis komplexen und vielschichtigen Übernahmemotiven nicht gerecht. In diesem Zusammenhang behandelt der Resource-based View die Rolle der Rahmenbedingungen, die für Übernahmen realiter eine wesentliche Rolle spielen, nicht in ausreichender Tiefe. Ansätze außerhalb des Resource-based View vernachlässigen unternehmensindividuelle Charakteristika und ihren Beitrag zu Wettbewerbsvorteilen.

Aufgrund der aufgeführten Forschungsdefizite und Zielsetzungen wird ein wesentlicher Beitrag dieser Arbeit darin gesehen, bestehende Arbeiten des Strategischen Management zu Übernahmen und Übernahmemotiven unter Berücksichtigung des aktuellen Forschungstands in einem integrativen Theoriekonzept modifiziert zusammenzuführen. Damit ist die Arbeit vornehmlich theoretisch-konzeptionell als Literaturarbeit ausgelegt und widmet sich der kritischen Überprüfung und Weiterentwicklung bestehender theoretischer Konzepte [für eine Standortbestimmung dieser Methodologie im Rahmen des Falsifikationismus popperscher Prägung vgl. Czayka. 1991, S. 141]. Dabei wird ein allgemeingültiges Theoriekonzept entwickelt, das von der Bankbranche zunächst abstrahiert. Anschließend wird das erarbeitete Konzept anhand derselben konkretisiert. Es werden Bank-Wettbewerbspotenziale und die ihnen zu Grunde liegenden Kompetenzen in einzelnen exemplarisch betrachteten Geschäftsfeldern analysiert. Der Zusammenhang mit Bankübernahmen wird aufgezeigt. Mit dieser Vorgehensweise werden drei Ziele verfolgt. Erstens kehrt die Arbeit nach Erarbeitung des allgemeingültigen Theoriekonzepts wieder zu ihrer bankwirtschaftlichen Problemstellung zurück. Zweitens wird das Induktionsproblem einer vorschnellen Verallgemeinerung abgeschwächt [vgl. Popper 1976, S. 3-6], da die Aussagen von einer allgemeinen Betrachtungsweise ausgehend deduktiv konkretisiert werden. Drittens wird die Anwendbarkeit des theoretischen Ansatzes anhand einer realen Branche plausibilisiert. Eine kritische Überprüfung der Aussagen soll anhand einer umfangreichen Fallstudie erfolgen.

Hinsichtlich der konkurrierenden Ziele der Neuheit, Wahrheit und des Informationsgehalts des wissenschaftlichen Fortschritts muss immer ein Kompromiss gefunden werden [vgl. Chmielewicz 1979, S. 132]. Dabei stützt sich der Wahrheitsgehalt dieser Arbeit auf bestehende Theoriekonzepte, die teilweise schon empirisch überprüft worden sind. Der Informationsgehalt wird gesteigert, indem das theoretische Argumentationskonzept zunächst branchenunabhängig formuliert wird. Der Neuigkeitsgrad dieser Arbeit erwächst aus der neuen Verknüpfung und Weiterentwicklung bestehender Ansätze zu einem integrierten Theoriekonzept [vgl. Chmielewicz 1979, S. 132] – was durchaus im Sinn der schumpeterschen Innovationsvorstellung verstanden werden kann [vgl. 1964] – sowie in der Konkretisierung der Aussagen für die Bankbranche.

1.4 Aufbau der Arbeit

Wettbewerbsvorteile beruhen in der strategischen Theorie ebenso wie die ökonomische Existenzberechtigung von Banken auf Marktversagen; beide sind damit eng verknüpft. Für die Analyse der Wettbewerbspotenziale von Universalbanken ist es daher erforderlich, bis zu ihrer Rolle und Funktion im Prozess der Finanzintermediation zurück zu gehen. Dabei sind die ökonomischen Theorien zur Existenzberechtigung von Banken als Finanzintermediär zu thematisieren. Kapitel 2 widmet sich diesen einführenden Fragestellungen und ist aufgrund der gerade aufgeführten Charakterisierung von Wettbewerbspotenzialen bereits in der Lage, erste Hinweise auf Wettbewerbspotenziale von Banken zu geben. Diese werden unter dem Rubrum generischer Wettbewerbspotenziale formuliert. Konkreter fassen lassen sich diese Wettbewerbspotenziale nur vor dem Hintergrund der Rahmenbedingungen und ihrer wettbewerblichen Auswirkungen. Diese zu analysieren ist Aufgabe des dritten Kapitels, das den grundlegenden Teil der Arbeit abschließt.

Die kritische Analyse der Übernahmetätigkeit in der Bankbranche und ihrer Erklärungsansätze ist Gegenstand des zweiten Teils dieser Arbeit. Das vierte Kapitel widmet sich dem Phänomen der Bankmerger. Dabei wird der aktuelle realwirtschaftliche Stand der Konsolidierung ebenso beleuchtet wie die Behandlung der Übernahmemotive in der Literatur. Im Rahmen dieser Abhandlung werden theoretische Konzepte und empirische Ergebnisse berücksichtigt. Ausgehend von dieser Betrachtung formuliert Kapitel 5 Defizite der aktuellen Literatur, um daraus Anforderungen an ein zu formulierendes theoretisches Argumentationskonzept zur Erklärung von Übernahmemotiven abzuleiten. Diese Anforderungen schließen den zweiten Teil der Arbeit ab und leiten über zum theoretisch konzeptionellen Hauptteil der Arbeit.

Der Hauptteil der Arbeit beginnt mit dem sechsten Kapitel, in dem das geforderte Theoriekonzept erarbeitet wird, das die Zusammenhänge zwischen Unternehmensübernahmen und Wettbewerbsvorteilen herstellt. Nach einer ausführlichen Begründung für die Nutzung des Resource-based View wird aus bestehenden und modifizierten Theoriebausteinen, die auf dem Gedankengut des Resource-based View beruhen, ein integrierendes Konzept entwickelt. Zu diesen gehören die Rolle von Synergien bei Übernahmen, Übernahmemotive im Zusammenhang mit Diversifikation und Internationalisierung sowie der Einfluss von Rahmenbedingungen. Insbesondere hinsichtlich der Rolle der Rahmenbedingungen werden dabei bestehende Ansätze mit dem Ziel weiterentwickelt, die Überwindung von Markteintrittsbarrieren und den Ausgleich von Ressourcendefiziten durch Übernahmen zu erklären. Ein pragmatischer Vorgehensvorschlag für die Anwendung des entwickelten integrativen Konzepts schließt das sechste Kapitel ab. Das siebte Kapitel konkretisiert das theoretische Argumentationskonzept anhand einer exemplarischen Betrachtung von vier Bank-Geschäftsfeldern. Für diese werden jeweils das Wettbewerbsumfeld, typische Kompetenzen und Wettbewerbspotenziale sowie mögliche Übernahmemotive erarbeitet. Damit werden anforderungsgemäß Wettbewerbspotenziale identifiziert und die Kausalzusammenhänge des Argumentationskonzepts anhand der Übernahmemotive plausibilisiert. Übernahmemotive werden auch geschäftsfeldübergreifend analysiert und erlauben so Rückschlüsse auf den Zusammenhang zwischen Diversifikation und Übernahmen. Nach der bankwirtschaftlichen Konkretisierung des Argumentationskonzepts werden im achten Kapitel die Ergebnisse einer Fallstudie zur Übernahmetätigkeit der Hypo-Vereinsbank von 1997 bis 2000 wiedergegeben. Erkenntnisziel sind die Motive der Zusammenschlüsse und Übernahmen in Gestalt der antizipierten Synergieeffekte und ihre Realisierung. Damit können die getroffenen Aussagen zu den Übernahmemotiven aus der bankwirtschaftlichen Konkretisierung einer ersten Überprüfung unterzogen werden [zu dieser Möglichkeit durch Fallstudien vgl. Eisenhardt 1989, S. 543]. Die Arbeit schließt mit einem Ergebnisüberblick und offenen Problemen. Abbildung 1-1 gibt den Aufbau der Arbeit wieder.

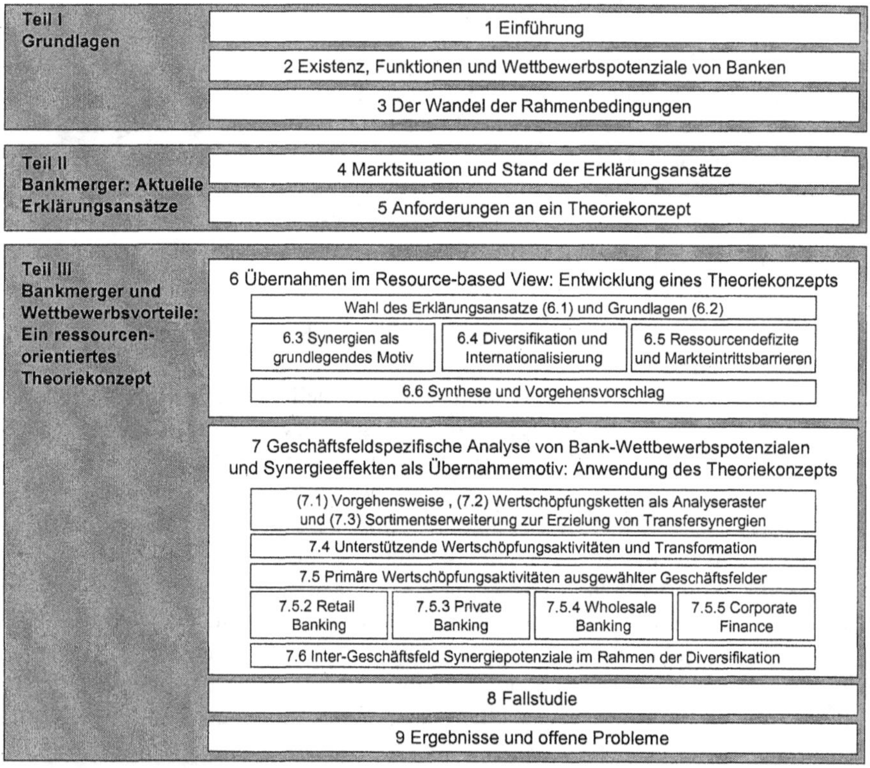

Abbildung 1-1: Aufbau der Arbeit

2 Existenz, Funktionen und Wettbewerbspotenziale von Banken

All essential knowledge relates to existence, or only such knowledge as has an essential relationship to existence is essential knowledge.

Soren Kierkegaard, 1846

2.1 Charakterisierung des Finanzsystems

Ziel dieser Arbeit ist es, die potenziellen Wettbewerbsvorteile von Banken abzuleiten und zu klären, welchen Beitrag Übernahmen zur Erreichung derselben leisten. Soll dies schlüssig und fundiert erfolgen, ist zunächst ein umfassendes Verständnis für die Rolle von Banken als Intermediäre im Finanzsystem zu schaffen. Dieses Kapitel widmet sich den entsprechenden Grundlagen. Dabei wird vornehmlich von Finanzintermediären gesprochen. Da in den folgenden Kapiteln lediglich Banken als Finanzintermediäre betrachtet werden, kann wieder auf den institutionell geprägten Begriff „Bank" zurückgegriffen werden.

Zum Einstieg ist nach dem Begriff des Finanzsystems zu fragen. Das Finanzsystem umfasst zunächst die Gesamtheit aller Kapitalgeber und -nehmer. Diese wickeln in modernen Volkswirtschaften ihren Leistungsaustausch über Geldmittel ab, so dass es neben dem Transfer von Geldern auch zum Ausgleich von Kapitalüberschüssen und -defiziten kommt [vgl. ähnlich Büschgen 1998, S. 34]. Die Erfüllung dieser Aufgaben erfolgt sowohl über Finanzmärkte als auch durch eine Einschaltung von Finanzintermediären. Beide Begriffe werden nachfolgend erläutert.

Die Funktion des Ausgleichs von Überschüssen und Defiziten von Kapital kann über Märkte erfüllt werden. Unter Finanzmärkten wird der ökonomische Ort des Ausgleichs von Angebot und Nachfrage nach Finanzkontrakten verstanden [vgl. Hartmann-Wendels/Pfingsten/Weber 1998, S. 2]. Dem Begriff Finanzmarkt liegt dabei ein weites Verständnis zu Grunde, welches alle formellen und informellen

Märkte für Finanzmittel jedweder Fristigkeit umfasst [vgl. Schierenbeck/Hölscher 1998, S. 8]. Zu formellen Finanzmärkten sind vor allem Börsen zu zählen. Der Telefonhandel, wie er beispielsweise für Swaps und anderen Derivate üblich ist, stellt hingegen einen informellen Marktplatz dar. Institutionelle Börsenplätze sollen durch den Begriff des Kapitalmarks charakterisiert werden [vgl. ähnlich Schierenbeck/Hölscher 1998, S. 10].

Finanzintermediäre treten mit ähnlichen Funktionen neben die Finanzmärkte. Existierten vollkommene Finanzmärkte, so ließe sich der Ausgleich von Kapitalnachfrage und -angebot aufgrund von Markttransparenz und Sicherheit durch transaktionskostenfreie Tauschprozesse abwickeln. Dem stehen Marktunvollkommenheiten in Form von Informationsasymmetrien und Transaktionskosten entgegen [vgl. Neuberger 1998, S. 11; s. 2.3.1]. Dabei ist jeder Marktteilnehmer lediglich über seine eigenen Finanzmittel und Finanzierungsbedarfe umfassend informiert, so dass nicht davon ausgegangen werden kann, dass Mittel immer ihrer nutzbringendsten Verwendungsmöglichkeit zugeführt werden. Informationsasymmetrien können von besser informierten Marktteilnehmern opportunistisch ausgenutzt werden, so dass Unsicherheiten und Anreizkosten[6] entstehen [vgl. Spremann 1990]. Zudem entstehen Transaktionskosten bei der Suche nach Marktteilnehmern mit einem äquivalenten Anlage- oder Finanzierungsbedarf sowie bei der Verhandlung und Überwachung entsprechender Verträge [vgl. Büschgen 1998, S. 36].

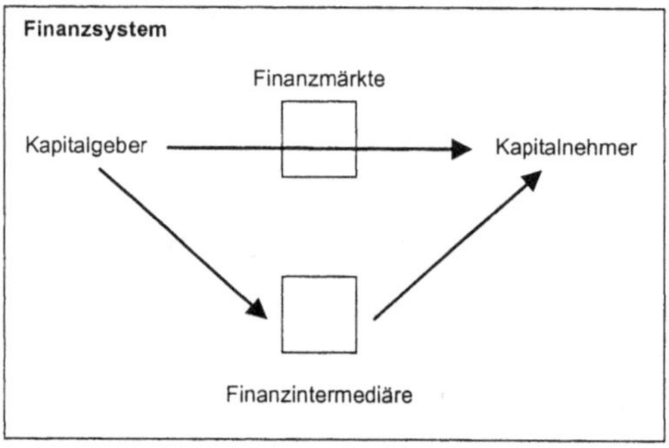

Abbildung 2-1: Das Finanzsystem [vgl. ähnlich Hartmann-Wendels/Pfingsten/Weber 1998, S. 3]

---

6 Anreizkosten entstehen schon durch die Gefahr des opportunistischen Ausnutzens von Informationsvorsprüngen. Verkürzt ausgedrückt beinhalten sie Kosten der Vertragsgestaltung und Überwachung sowie den Nutzenentgang (residual loss) durch eine Vertragsgestaltung, die Informationsasymmetrien zu berücksichtigen hat [vgl. grundlegend Jensen/Meckling 1976].

Da sie in der Lage sind die angeführten Kosten zu reduzieren erhalten Finanzintermediäre als Mittler zwischen Kapitalgeber und -nehmer ihre ökonomische Existenzberechtigung. Abbildung 2-1 skizziert die Rolle von Märkten und Intermediären im Finanzsystem. Aus der Perspektive der verschiedenen Marktunvollkommenheiten – Informationsasymmetrien und Transaktionskosten – lassen sich dabei verschiedene Funktionen von Finanzintermediären erklären. Während der genaue Zusammenhang zwischen Marktunvollkommenheiten, Existenz und Funktionserfüllung unten analysiert wird [vgl. 1.1], soll hier ein kurzer Überblick über die Intermediationsfunktionen gegeben werden.

Finanzintermediäre reduzieren Informationsprobleme und darauf basierende Transaktionskosten bei der Suche nach einem geeigneten Transaktionspartner [vgl. 2.3.2]. Intermediäre werden so zu einem Broker, der vermittelnd zwischen Kapitalgeber und -nehmer tritt. Dabei vermindern sie nicht nur die primären Transaktionskosten bei der Informationsgewinnung und Vertragsgestaltung, sondern auch entstehende Anreizkosten. So verbessern Anlageempfehlungen die Informationsbasis eines Investors und geben ein Qualitätsurteil für die Kapitalanlage ab. Damit werden durch Finanzintermediäre Qualitätsunsicherheiten abgeschwächt. In der beschriebenen Rolle des Informationsbrokers sind sie Intermediäre im weiteren Sinn, da neben Banken auch vielfältige Börsenmakler oder Ratingagenturen entsprechende Funktionen ausfüllen [vgl. Büschgen 1998, S. 38; Hartmann-Wendels/Pfingsten/Weber 1998, S. 3].

Ferner reduzieren Intermediäre Anreiz- und Transaktionskosten, indem sie in den marktlichen Austauschprozess von Kapital als Anbieter und Nachfrager selbst eintreten [vgl. 2.3.3]. Die Entgegennahme von Kapital von Überschusseinheiten und Weitergabe an Defiziteinheiten erfolgt unter Veränderung seiner zu Grunde liegenden qualitativen Eigenschaften (Losgröße, Liquidität, Fristigkeit, Risiko) in einem Transformationsprozess. Primär transformieren Intermediäre viele kleine, liquide, kurzfristige und risikolose Einlagen in wenige, große, illiquide, langfristige und risikoreiche Kredite mittels Losgrößen-, Liquiditäts-, Fristen- und Risikotransformation. Durch ein den Bedürfnissen der Marktteilnehmer entsprechendes Angebot vermindern sie Allokationsprobleme bei der Suche nach der bestmöglichen Nutzungsmöglichkeit finanzieller Mittel. Darüber hinaus senken sie Anreizkosten einzelwirtschaftlicher Finanzkontrakte zwischen Kapitalgeber und -nehmer. In allen Aspekten wird die Transformationsfunktion nur von Banken durchgeführt, so dass sie eine Finanzintermediation im engen Sinn konstituiert [vgl. Büschgen 1998, S. 39; Hartmann-Wendels/Pfingsten/Weber 1998, S. 3]. Die Transformationsleistung erfordert allerdings eine Vermittlung und Informationsgewinnung im Sinne einer weit gefassten Finanzintermediation als Broker. Eine Finanzintermediation im engen Sinn umfasst somit die Finanzintermediation im weiten Sinn [vgl. Büschgen 1998, S. 38].

Als dritte Funktion unterstützen Finanzintermediäre den leistungswirtschaftlichen Güterkreislauf, indem sie Zahlungs- und Abwicklungssysteme zur Verfügung stellen [vgl. 2.3.4]. Diese bewerkstelligen den Ausgleich von Kapitalangebot und

-nachfrage – beispielsweise durch Wertpapierabwicklungssysteme – und stellen die Aufrechterhaltung des Geldkreislaufs sicher – beispielsweise durch Zahlungssysteme. Damit vermindern Finanzintermediäre ansonsten prohibitive Transaktionskosten.

Nach Ross [vgl. 1989, S. 542-543] lässt sich ein wesentlicher Unterschied zwischen Finanzmärkten, Finanzintermediären im weiten Sinn und Finanzintermediären im engen Sinn ausmachen. Auf Finanzmärkten folgt die Preisbildung zum Ausgleich von Angebot und Nachfrage allein den Marktkräften. Dieser Mechanismus kann als sehr transparent bezeichnet werden. Bei der Finanzintermediation im engen Sinn fließen Faktoren in die Preisbildung mit ein, die nach außen nicht offensichtlich und nachvollziehbar sind, womit diese als opak bezeichnet werden kann. Dies geschieht, da Banken bei der Ausübung der Transformationsfunktion ungleich größere Informationsasymmetrien ausgleichen müssen als dies bei standardisierten Kontrakten der Fall ist, die auf Finanzmärkten gehandelt werden. Daher entstehen einerseits Kosten für Risikoeinschätzung, Vertragsgestaltung und Kontrolle, die in die Preisgestaltung einfließen. Andererseits können Informationen berücksichtigt werden, die an den Finanzmärkten nicht vorliegen, etwa langjährige Erfahrungen mit einem Kreditnehmer. Die Preisgestaltung gegenüber den ‚Kunden' der Banken wird damit opak. Der Übergang von transparenten zu opaken Institutionen ist dabei fließend [vgl. Emmons/Greenbaum 1998]. Abbildung 2-2 führt Opazität und Intermediation mit institutionellen Beispielen und typischen Produkten zusammen.

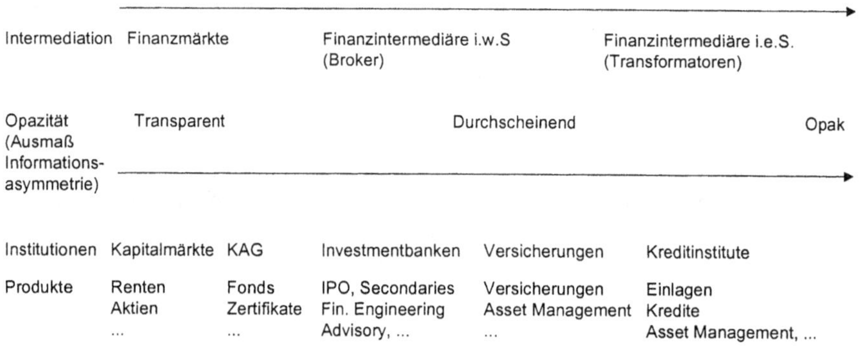

Abbildung 2-2: Intermediation im Überblick [in Anlehnung an Emmons/Greenbaum 1998, Merton 1995]

2.2 Funktionale vs. institutionelle Betrachtungsweise

Traditionell sind die Institutionen – wie Universalbanken, Investmentbanken oder Geschäftsbanken – Ausgangspunkt für eine Analyse des Finanzsystems [vgl. bspw. die Darstellung bei Büschgen 1998, S. 42-186]. Neuere Ansätze nehmen eine funktionale Sichtweise ein, die nicht die Institutionen, sondern die durch sie ausgefüllten Funktionen als Untersuchungsgegenstand festschreibt. Da die Funktionen als gegeben betrachtet werden, kann untersucht werden, welches institutionelle Arrangement ihre Durchführung am effizientesten gewährleistet [zur Unterscheidung der Sichtweisen s. Merton 1995; Merton/Bodie 1995; Crane/Bodie 1996; zu einer funktionalen Betrachtungsweise aber auch Freixas/Rochet 1997, S. 3-8]. Während man für die Funktionsbetrachtung auf der Ebene des Finanzsystems zu einer anderen Abgrenzung kommen kann [vgl. Merton/Bodie 1995; Crane/Bodie 1996], sollen hier weiterhin die schon eingeführten Broker-, Transformations- und Clearing & Settlement Funktionen Verwendung finden.

Die Wahl einer funktionalen anstelle einer institutionellen Sichtweise lässt sich mit Merton dadurch begründen, dass die Funktionen, die durch das Finanzsystem erfüllt werden – oder von einzelnen Akteuren als Teil des Systems –, über die Zeit stabiler sind und weniger über kulturelle oder politische Grenzen variieren als die am System teilnehmenden Institutionen [vgl. 1995, S. 23]. Eine eher statische, institutionelle Betrachtungsweise wird der vorherrschenden Wettbewerbsdynamik nicht gerecht, die sich in technologischen Entwicklungen, Veränderungen der Banken- und Kapitalmarktregulierung sowie in veränderten Nachfragebedingungen niederschlägt [vgl. Kapitel 0]. Während sich die Institutionen an diese Rahmenbedingungen dynamisch anpassen, bleiben die von ihnen durchgeführten Funktionen über die Zeit relativ stabil.

Als Beispiel für die Beeinflussung kultureller und politischer Grenzen auf die institutionellen Erscheinungsformen lässt sich der Unterschied zwischen dem angelsächsisch geprägten Trennbanksystem und dem Universalbanksystem anführen [zu den Systemen im Überblick s. Hartmann-Wendels/Pfingsten/Weber 1998, S. 13-21; Büschgen 1998, S. 68-78]. Das klassische Trennbanksystem separiert das kapitalmarktorientierte Wertpapiergeschäft (Emission und Beratung), das von spezialisierten Investmentbanken durchgeführt wird, vom Einlagen- und Kreditgeschäft, das Commercial Banks am Markt anbieten. Im Universalbanksystem ist es den Wettbewerbern erlaubt, beide Tätigkeiten unter einem Dach auszuführen. Im Trennbanksystem erfüllen somit zwei institutionell verschiedene Arrangements äquivalente Funktionen, die im Universalbanksystem von einem einzigen Banktyp ausgeführt werden. Die Funktionen, die das gesamte Finanzsystem in seiner

Summe erfüllt sind dabei dieselben.[7] Nach einem fortwährenden Aufweichungsprozess ist die Aufhebung des Trennbanksystems in den USA mittlerweile gesetzlich festgeschrieben [vgl. Santomero/Eckles 2000]. Dabei ändert sich an den durch das Finanzsystem ausgeführten Funktionen nichts, während sich die institutionelle Erscheinungsform der Banken im Finanzsystem, denen nun die Durchführung von Einlagen- und Wertpapiergeschäft unter einem Dach gestattet ist, rapide wandeln wird. Damit trägt das Beispiel auch dazu bei, eine funktionale anstelle einer institutionellen Sichtweise aufgrund der Stabilität der Funktionen vorzuziehen.

Vor diesem Hintergrund geht diese Arbeit von einer funktionalen Sichtweise aus, welche die Funktionen genau analysiert, die Intermediäre im Finanzsystem erfüllen. Die Wahl einer funktionalen Fundierung dieser Arbeit unterstützend ist weiterhin zu bedenken, dass Bankübernahmen Ausdruck und Mittel zur Bewerkstelligung des institutionellen Wandels sind. Eine institutionelle Vorgehensweise kann so dem Untersuchungsgegenstand nicht gerecht werden.

2.3 Existenz und Funktion von Intermediären

2.3.1 Marktversagen als Existenzgrundlage von Finanzintermediären

Es ist bereits angedeutet worden, dass es im Fall vollkommener Finanzmärkte nicht der Intermediation durch Finanzinstitutionen bedarf. In der Realität zahlen Marktteilnehmer für die Übernahme der Intermediationsfunktion [vgl. Llewellyn 1999, S. 13]. Für die Intermediation zwischen Einlagen und Krediten (Transformation) wird die vereinnahmte Zinsspanne als Preis entrichtet. Für Beratungs- und Transaktionsleistungen (Brokerage) erhalten Intermediäre Provisionen. Eine Existentberechtigung kann Finanzintermediären nur zukommen, wenn die von den Kunden getragenen Kosten der Intermediation geringer sind als die Kosten, die bei der direkten Transaktionsdurchführung unter Marktteilnehmern aufgrund der Marktunvollkommenheiten entstehen. Um die Funktionen und Existenzberechtigung von Finanzintermediären abzuleiten, muss man somit von den bestehenden Friktionen der Finanzmärkte ausgehen. Die Marktunvollkommenheiten beim Ausgleich von Angebot und Nachfrage nach Finanzmitteln bestehen in Transaktionskosten und Informationsasymmetrien [vgl. Neuberger 1998, S. 11].

Gegenüber einem friktionslosen Markt entstehen im Zuge marktlicher Austauschprozesse realiter Transaktionskosten. Diese lassen sich als Such- und Informationskosten, Verhandlungskosten, Vertragsabschluss-, -ausführungs- und -überwachungskosten beschreiben [vgl. Büschgen 1998, S. 36]. Die Existenz von Fi-

---

[7] Dies gilt dabei unter der Annahme, dass das Finanzsystem lediglich die genannten Institutionen umfasst.

nanzintermediären kann begründet werden, wenn sie in der Lage sind, Transaktionskosten zu mindern. Für diese Begründung wird in der Regel auf Skaleneffekte zurückgegriffen, durch welche die Kosten der Intermediation kompensiert werden. Dabei ist zu bedenken, dass Informationskosten einen wesentlichen Anteil der Transaktionskosten ausmachen [vgl. Neuberger 1998, S. 11], da die Marktteilnehmer vornehmlich Informationsprobleme zu bewältigen haben. Dies leitet über zu den Informationsasymmetrien als Marktversagensgrund.

Informationsasymmetrien können ihren Ursprung in zwei Quellen haben. Erstens besteht bei allen Wirtschaftssubjekten Ungewissheit bezüglich der zukünftigen Entwicklung der Umweltzustände. Bei Risikoaversion entstehen so Kosten, denen durch Informationsgewinnung und Maßnahmen des Risikomanagement entgegnet werden kann [vgl. Neuberger 1998, S. 12]. Risiken können dabei durch Diversifikation gemindert oder durch Versicherung und Hedging[8] an den Markt weitergegeben werden [vgl. Mason 1995, S. 162-176]. Übernehmen Intermediäre diese Risiken oder können sie Risiken effizienter mindern als individuelle Marktteilnehmer, so ergibt sich aus der Risikoaversion der Marktteilnehmer eine Existenzbegründung für Intermediäre. Zweitens konstituiert die unterschiedliche Informationsverteilung der Marktteilnehmer Informationsasymmetrien. Private Informationsvorsprünge regen zu opportunistischem Verhalten an, durch das überlegene Positionen ausgenutzt und Anreizkosten verursacht werden. Eine Existenzbegründung für Intermediäre ergibt sich in ihrer überlegenen Effizienz diese Anreizkosten abzubauen, in der Regel durch Diversifikation.

Informationsasymmetrien zwischen Marktteilnehmern lassen sich danach unterscheiden, ob sie ex ante, ex interim oder ex post auftreten [vgl. Hartmann-Wendels/Pfingsten/Weber 1998, S. 99]. Die aufgrund dieser Informationsasymmetrien auftretenden Unsicherheiten lassen sich genauer beschreiben und werden in Tabelle 2-1 zusammengefasst:

- Ex ante Informationsasymmetrien treten vor Beginn einer Kooperation oder eines Vertrages auf und führen zu Qualitätsunsicherheit [vgl. Spremann 1990, S. 567]. Qualitätsunsicherheit drückt sich im Auftreten adverser Selektion aus[9], bei der qualitativ hochwertige Verträge durch qualitativ schlechtere verdrängt werden, da Transaktionspartner ex ante lediglich eine durchschnittliche Qualität des Vertragsangebots annehmen können [vgl. grundlegend Akerlof 1970]. Qualitätsunsicherheit tritt sowohl im Kreditgeschäft als auch im Wertpapiergeschäft auf, beispielsweise bei einer Neuemission oder einem Rating.
- Ex interim entstehen Informationsasymmetrien, da Wirtschaftssubjekte ihr eigenes Verhalten ‚besser kennen' als ihre Kontraktpartner bzw. dieses als

---

8 Hedging bezeichnet den Aufbau einer spiegelbildlichen Risikoposition am Markt.

9 Spremann betont, dass adverse Selektion auch aufgrund von ex interim oder ex post Asymmetrien auftreten kann [vgl. 1990, S. 574-575]. Die begriffliche Zuordnung ist in der Literatur allerdings nicht einheitlich [vgl. auch Neuberger 1998, S. 14].

einzige wirksam beeinflussen können. Es kommt zu einer Verhaltensunsicherheit, da ein Kontraktpartner Vertragslücken opportunistisch ausnutzen (Hold up) [vgl. Spremann 1990, S. 568] oder durch sein Verhalten das Vertragsergebnis negativ beeinflussen kann, ohne dass dies ex post eindeutig auf sein Verhalten zurückzuführen ist (Moral Hazard) [vgl. Spremann 1990, S. 571]. Ein Beispiel für Hold up besteht in der Forderung nach einer Kreditprolongation, wenn der Kapitalgeber die Tilgung erwartet [vgl. Spremann 1990, S. 569]. Zudem kann ein Kapitalnehmer sich Vorteile sichern, indem er in risikoreichere Projekte investiert, da er etwaige Überrenditen für sich realisieren kann, der Kapitalgeber aber das Ausfallrisiko mitträgt. In diesem Fall ist das erhöhte Risiko für den Intermediär ex post nicht immer mit dem Verhalten des Kapitalnehmers in Verbindung zu bringen. Es besteht somit das Problem des Moral Hazard.

- Ex post Informationsasymmetrien bestehen, wenn sich ein Vertragsergebnis nach Abschluss nur schwer verifizieren lässt. Unabhängig vom opportunistischen Verhalten des Kontraktpartners (Moral Hazard) entstehen so Anreizkosten [vgl. Hartmann-Wendels/Pfingsten/Weber 1998, S. 105]. Nach der Durchführung eines Investitionsvorhabens kann der Kapitalnehmer den tatsächlich erzielten Cash-flow ex post verschleiern und sich die Differenz zum unwahrheitsgemäß dargestellten Projektergebnis sichern. Konventionell ausgedrückt erleidet der Intermediär als Kapitalgeber einen Kreditausfall.

Zeitpunkt	*Ex ante*	*Ex interim*	*Ex interim*	*Ex Post*
Unsicherheit	Qualitätsunsicherheit	Verhaltensunsicherheit: Moral Hazard	Verhaltensunsicherheit: Hold up	Keine Verifizierbarkeit
Problem	Ex ante weiß B mehr über die Projektqualität als A	Ex interim kann B das Projekt beeinflussen Verhalten von B ist ex post nicht nachweisbar	Ex interim kann B das Projekt beeinflussen Verhalten von B ist ex post nachweisbar	Ex post kann A den Projektausgang nicht verifizieren
Beispiel	Unsicherheit bezüglich der Projektqualität	Erhöhung des Projektrisikos	Ausnutzen von Vertragslücken	Bericht eines schlechten Projektergebnisses

Tabelle 2-1: Informationsasymmetrien bei Finanzverträgen [in Anlehnung an Hartmann-Wendels/Pfingsten/Weber 1998, S. 110]

2.3.2 Die Existenz von Intermediären als Broker

Grundlage der Brokerfunktion ist die Aufbereitung und Verwendung von Informationen zur Vermittlung zwischen Kapitalgebern und -nehmern [vgl. Greenbaum/Thakor 1995, S. 50-53; Achleitner 1999, S. 29-30].[10] Mit der Anlage-, Emissions- und Übernahmeberatung fallen viele Geschäfte von Investmentbanken primär unter diese Funktion. Allerdings führen Investmentbanken beim Underwriting oder im Sekundärmarkthandel auch Aspekte der Transformationsfunktion aus, indem sie als Kontraktpartner auftreten, der Risiken übernimmt [vgl. Achleitner 1999, S. 34-41; 2.3.3].

In ihrer Funktion als Broker reduzieren Finanzintermediäre Transaktionskosten der Marktteilnehmer, die diesen bei der Suche geeigneter Kontraktpartner durch Informationsgewinnung, Vertragsverhandlung und Vertragsüberwachung entstehen [Benston/Smith 1976, S. 216]. Die Kosten der Informationsgewinnung haben dabei einen wesentlichen Anteil an diesen Transaktionskosten. Informationen sind wiederverwendbar, da sie als ökonomisches Gut durch Konsum nicht verzehrt werden [vgl. Greenbaum/Thakor 1995, S. 51; Neuberger 1998, S. 17]. Intermediation ist gesamtwirtschaftlich vorteilhaft, da sich aufgrund der Wiederverwertbarkeit von Informationen Skaleneffekte ergeben, die auf die Vermeidung von Doppelaktivitäten bei ihrer Erstellung zurückgehen [vgl. Chan/Greenbaum/Thakor 1986, S. 249]. Dies ist sowohl für die Gewinnung von Marktinformationen relevant als auch für Informationen, die Finanzintermediäre aufgrund ihrer Kundenbeziehungen haben. Der Nutzen der Intermediation steigt dabei mit sinkender Beobachtbarkeit bzw. wachsender Komplexität der zu erhebenden Informationen sowie mit der Weite des Suchfeldes an [vgl. Greenbaum/Thakor 1995, S. 52; Neuberger 1998, S. 17].

Informationsasymmetrien sind die Grundlage für einen Großteil der entstehenden Transaktionskosten. Als vermittelnder Broker sind Intermediäre in der Lage, Anreizprobleme bei der Informationsproduktion zu senken, so dass sich auch auf Basis der Informationsasymmetrien ihre Existenz und Funktion erklären lässt. Das vordringliche Problem der Marktteilnehmer besteht bei der Investition ihrer Mittel in der Qualitätsunsicherheit. Intermediäre können diese Unsicherheit im Zuge einer Anlageempfehlung oder einer Emission mindern, indem sie ihre Reputation einsetzen [vgl. Neus 1993]. Gegenüber dem einmaligen kurzfristigen Vorteil, den sie durch die Weitergabe minderwertiger Informationen erzielen könnten, erleiden sie hingegen einen langfristigen Vertrauensschaden. Durch diesen Reputationsverlust gehen ihnen Quasi-Renten verloren, da sie mit einer verminderten Reputation für ihre Leistungen ex ante weniger erlösen [vgl. Jacob/Klein 1996, S. 29]. Deutlich wird dieses Argument bei der Begleitung von Emissionen. Intermediäre geben dabei ihre Reputation als Pfand für die Qualität des Emittenten. Dieser

---

[10] Neben der Bezeichnung als Brokerfunktion [vgl. Greenbaum/Thakor 1995, S. 50; im deutschen Rometsch 1999] kommen Begriffe wie Maklerfunktion [vgl. Neuberger 1998, S. 17], Funktion der Informationstransformation oder Transaktionsfunktion [vgl. Büschgen 1998, S. 36] in Betracht. Die Beibehaltung des angelsächsisch gebräuchlichen Ausdrucks schließt vermutlich am ehesten Beratungs- und Vermittlungsleistungen ein obwohl der Begriff im deutschen Sprachgebrauch neuerdings für Banken im Direktanlagegeschäft (Direktbroker) verwendet wird.

profitiert von der Reputation, da so der Vertrauensabschlag der Anleger geringer ausfällt. Emittenten werden so an einen reputationsstarken Intermediär höhere Provisionen entrichten. Unter Verzicht auf kurzfristige Erlöse durch die Begleitung minderwertiger Emissionen bzw. durch die Aufwendung größerer Mittel für das Screening von Emittenten können Intermediäre Reputation aufbauen [vgl. Jacob/Klein 1996, S. 28]. Damit wird Reputation „unter denselben Bedingungen aufgebaut, die sie erwarten läßt" [Spremann 1988, S. 629].

Eine formelle Begründung für die Existenz von Intermediären als Informationsproduzenten und Broker aufgrund von Informationsasymmetrien formulieren Ramakrishnan und Thakor [vgl. 1984]. Ihrem Modell zufolge reduzieren Informationsproduzenten die Qualitätsunsicherheit der Kapitalgeber bezüglich einer Emission. Nur bei vollem Arbeitseinsatz sind Informationsproduzenten in der Lage, qualitativ hochwertige Prognosen abzugeben. Ihre Entlohnung erfolgt ex post anhand der festgestellten Zuverlässigkeit der Prognose, die ihrerseits Umwelteinflüssen unterliegt. Da der Arbeitseinsatz ex ante aber nicht feststellbar ist, erfolgt die Auswahl aufgrund der Reputation des Informationsproduzenten. Arbeitseinsatz und Zuverlässigkeit der Prognose stehen dabei in einer stochastischen Beziehung zueinander, so dass der Anreiz besteht den Arbeitseinsatz zu vermindern. Ausgehend von einem einzelnen Informationsproduzenten lässt sich zeigen, dass ein Zusammenschluss mehrerer Informationsproduzenten gesamtwirtschaftlich vorteilhaft ist, da sich die Anreize diversifizieren lassen, einen verminderten Arbeitseinsatz zu erbringen. Damit diversifizieren die Informationsproduzenten auch die Gefahr des Reputationsverlustes aufgrund unzutreffender Prognosen, die nicht aufgrund eines verminderten Arbeitseinsatzes verschuldet werden, sondern aufgrund unvorhersehbarer Umwelteinflüsse. Die Diversifikationseffekte steigen mit der Anzahl der teilnehmenden Informationsproduzenten. Sie stellen Skaleneffekte dar, die eine Existenzbegründung für einen Intermediär in der Brokerfunktion liefern, die auf Informationsasymmetrien zurückgeht.

Als Zwischenfazit lässt sich konstatieren, dass Existenzerklärungen für Intermediäre als Broker sowohl ihre Informationsfunktion, die Transaktionskosten wirksam minimiert, als auch ihre Reputationsfunktion, die Qualitätsunsicherheiten entgegenwirkt, betonen.

2.3.3 Die Existenz von Intermediären als Transformator

Als Transformator finanzieller Assets schalten sich Intermediäre direkt in den Transaktionsprozess ein und treten als Anbieter oder Nachfrager finanzieller Mittel auf [vgl. Greenbaum/Thakor 1995, S. 53-55]. Als Geschäftsbanken nehmen sie Einlagen entgegen und vergeben Kredite. Als Investmentbanken übernehmen sie bspw. Risiken bei der Platzierung einer Emission im Rahmen des sogenannten Underwriting. Aufgrund der unterschiedlichen Bedürfnisse von Kapitalgebern und -nehmern hinsichtlich Fristigkeit, Liquidität, Losgröße und Risiko kommt es zu einem Transformationsprozess, der diese Eigenschaften ändert [vgl. Achleitner 1999, S. 26-28].

Intermediäre sind in der Lage, Marktfriktionen in der Form von Transaktionskosten zu mindern. Ähnlich der Brokerfunktion verringern sie Informationskosten – allerdings nicht primär aufgrund der Aktivität der Informationsgewinnung – sondern weil sie durch den Transformationsprozess Bankdienstleistungen entsprechend der Bedürfnisse der Marktteilnehmer anbieten [vgl. Benston/Smith 1976, S. 223]. Dieser Zusammenhang weist noch einmal darauf hin, dass Finanzintermediation im engen Sinn die Vermittlungsfunktionen der Finanzintermediation im weiten Sinn einschließt [vgl. 2.1]. Deutlich wird dies auch unter dem Aspekt, dass ein Intermediär im Rahmen des Vertriebs seiner Transformationsleistungen eine vermittelnde Tätigkeit übernimmt und so Transaktionskosten minimiert.

Ein weiteres Transaktionskostenargument geht darauf zurück, den Transformationsprozess als Produktion von Finanzkontrakten zu betrachten. Ein solcher Produktionsprozess läuft unter dem Input von Arbeit, Informationen und Kapitalgütern ab. Dabei wird ein Spezialisierungsvorteil angenommen, der sich in Skaleneffekten niederschlägt und so imstande ist, die Existenz von Intermediären zu begründen [vgl. Benston/Smith 1976, S. 222]. Problematisch erscheint, dass Skaleneffekte nur angenommen, nicht jedoch hergeleitet werden [vgl. Van Damme 1994, S. 16]. Im Transformationsprozess sind diese auf Spezialisierungsvorteilen beruhenden Skaleneffekte allerdings nicht so offensichtlich wie in anderen Bereichen. Im Kontrast zur Transformation lassen sich im Brokerage – aufgrund der Wiederverwertbarkeit von Informationen – und im Clearing & Settlement – aufgrund der Abhängigkeit von Informationstechnologien und der damit verbundenen Fixkostenintensität – diese Skaleneffekte plausibler begründen. Auch empirisch finden sich widersprüchliche Ergebnisse, so dass eine Skaleneffektannahme mit Vorsicht betrachtet werden muss [vgl. 4.3.2.3]. Wie die folgenden Ausführungen zeigen werden, können Größeneffekte theoretisch zweifelsfrei anhand von Informationsasymmetrien abgeleitet werden, so dass die Aussage im Ergebnis Bestand hat.

Bei der Durchführung der Transformationsfunktion entstehen zwangsläufig Risiken. Dies lässt sich gut an den bereits eingeführten Transformationsleistungen erläutern. Liquiditätstransformation lässt sich dabei als Ergebnis der Transformation von Losgrößen und Fristigkeiten begreifen [vgl. Hartmann-Wendels/Pfingsten/Weber 1998, S. 16-17; Schierenbeck/Hölscher 1998, S. 23-24; als eigene Aktivität wird Liquiditätstransformation berücksichtigt bei Achleitner 1999, S. 26-28]:

- Die Änderung der Laufzeiten von Kapitalbereitstellung und Zinsbindung wird als Fristentransformation bezeichnet und führt zu Liquiditäts- und Zinsänderungsrisiken. Liquiditätsrisiken bezeichnen die Gefahr des frühzeitigen Abzugs von Einlagen vor Fälligkeit der vergebenen Kredite. Zinsänderungsrisiken bezeichnen die Verringerung der Zinserträge aus Kreditengagements, die aufgrund von Zinssenkungen oder der Verteuerung der Refinanzierung aufgrund von Zinserhöhungen entstehen können.

- Die Losgrößentransformation zwischen einer Vielzahl kleiner Einlagen und großvolumiger Kredite birgt die Gefahr, Kauf und Verkauf von Krediten und Einlagen nicht synchronisieren zu können und führt damit ebenfalls zu Liquiditätsrisiken. Ähnlich platzieren Intermediäre im Emissionsgeschäft große Volumina bei vielen Investoren.
- Als Kontraktpartner übernimmt ein Intermediär Ausfallrisiken direkt im Rahmen der Risikotransformation. Risikobehafteten Krediten stehen dabei relativ risikolose Einlagen gegenüber. Risiken werden auch im Emissionsgeschäft und im Eigenhandel übernommen.

Die entstehenden Risiken bestimmen das Wesen eines Intermediärs in Erfüllung der Transformationsfunktion. Sie machen zwei Aktivitäten erforderlich, die in Monitoring und Risikomanagement unterteilt werden können [vgl. Freixas/Rochet 1997, S. 4-7]. Monitoring soll dabei den Umgang eines Intermediärs mit entstehenden Einzelrisiken bezeichnen. In erster Linie handelt es sich um das Screening und die Überwachung von Kreditengagements. Risikomanagement bezeichnet den Umgang eines Intermediärs mit der aggregierten Risikoposition [vgl. ähnlich Hartmann/Wendels/Pfingsten/Weber 1998, S. 215-226].

Risikomanagement kann als eigene Funktion von Finanzintermediären angesehen werden [vgl. Merton/Bodie 1995; Crane/Bodie 1996; Freixas/Rochet 1997]. Die übernommenen bzw. entstehenden Risiken muss ein Intermediär nicht hinnehmen. Gezielte Diversifikation ist imstande, unsystematische Risiken zu vermindern. Verbleibende Risiken können durch Versicherung oder Hedging an den Markt bzw. andere Marktteilnehmer weitergegeben werden [vgl. Mason 1995, S. 162-176]. Die Risiken, die nicht auf andere Wirtschaftssubjekte abgewälzt oder diversifiziert werden können, übernimmt ein Intermediär – als Residuum aus Diversifikation und Weitergabe – schließlich selbst [vgl. Greenbaum/Thakor 1995, S. 54].

Aus der Sichtweise des Risikomanagement ergeben sich zwei Begründungen für die gesamtwirtschaftliche Vorteilhaftigkeit der Finanzintermediation:

- Erstens haben Intermediäre Transaktionskostenvorteile gegenüber individuellen Marktteilnehmern. Offensichtlich wird dies in der Risikodiversifikation, bei der Skalenvorteile durch die Streuung der Risikoaktiva entstehen [vgl. Baltensperger 1972, S. 596-602]. Diese Skalenvorteile entstehen, wenn die im Portfolio gehaltenen Kredite über Unternehmen, Branchen oder Länder unvollkommen korreliert sind [vgl. Benston/Smith 1976, S. 224]. Es bestehen weitere Möglichkeiten der Risikosteuerung über Handelsaktivitäten, die allerdings nicht zu den Existenzbegründungen zu zählen sind.
- Zweitens reduzieren Intermediäre Informationsasymmetrien, indem sie durch ihre eigene Risikoübernahme die Ungewissheit zukünftiger Entwicklungen mindern und beispielsweise risikofreie Einlagen anbieten. Für risikoaverse

Kunden bedeutet dies einen Nutzenvorteil. Dieser beruht nicht zuletzt darauf, dass er eine weitreichende Diversifikation, die einem Intermediär die Risikoübernahme erleichtert, nicht entsprechend selbst durchführen kann [vgl. Büschgen 1998, S. 40]. Offensichtlich wird dies bei Investmentfonds, die primär Risikodiversifikation und Losgrößentransformation für Kunden erbringen und dadurch ein risikoadjustiertes Angebot zu einer akzeptablen Investitionshöhe bieten [vgl. Neuberger 1998, S. 20].

Im Monitoring wird der Umgang eines Finanzintermediärs mit Problemen asymmetrischer Informationsverteilung besonders offensichtlich. Kontraktpartner haben einen Informationsvorsprung und sind Herr über ihr Verhalten, wodurch die Gefahr besteht, dass sie diese Situation opportunistisch ausnutzen. Als opake Institutionen gehen sie im Vergleich zu Märkten mit besonders intransparenten und anreizintensiven Engagements um [vgl. Ross 1989; s. auch 2.1]. Zunächst muss ein Intermediär die zu übernehmenden Risiken möglichst transparent machen, um zu entscheiden, ob und zu welchem Preis er ein Engagement eingeht. Dieser ex ante Aspekt des Monitoring kann im Wesentlichen als die klassische Kreditwürdigkeitsprüfung verstanden werden. Die Überwachung eines Kredites während seiner Laufzeit ist allerdings ebenso unter diese Teilfunktion zu subsumieren wie die ex post Überprüfung der Projektergebnisse bzw. Kapitalrückflüsse bei Beendigung eines Engagements [vgl. ähnlich Hartmann-Wendels/Pfingsten/Weber 1998, S. 220]. Neben direkten Kontrollmaßnahmen und der Erhebung sowie Aufbereitung von Informationen über den Kapitalnehmer zählt die Gestaltung anreizkompatibler Kontrakte zum Monitoring [vgl. ähnlich Hartmann-Wendels/Pfingsten/Weber 1998, S. 221].

Auch aus der Sichtweise des Monitoring lassen sich Transaktionskosten und Informationsasymmetrien als Existenzbegründung für Intermediäre heranziehen:

- Das Transaktionskostenargument macht dabei an dem informationsverarbeitenden Aspekt des Monitoring fest. Durch die bestehenden Kundenverbindungen und damit verbundene Möglichkeiten der Wiederverwertbarkeit von Informationen entstehen Intermediären geringere Kosten der Informationsgenerierung [vgl. Baltensperger 1972, S: 604; Benston/Smith 1976, S. 223]. Es lassen sich hier äquivalente Skaleneffekte ableiten wie für die Informationsproduktion im Rahmen der Brokerfunktion.
- Die Vorteilhaftigkeit der Finanzintermediation aufgrund von Informationsasymmetrien hat Diamond formal nachgewiesen [vgl. 1984]. Intermediäre übernehmen dabei für Kapitalgeber die Aufgabe des Monitoring der Kreditnehmer. Durch die Möglichkeit der Diversifizierung von Kreditrisiken ist ein Intermediär in der Lage die Anreizproblematik zu vermindern, so dass seine Einführung gegenüber direkten Vertragsbeziehungen vorteilhaft ist. Es stellt sich direkt die Frage, warum Finanzintermediäre im Sinne eines natürlichen Monopols nicht unbeschränkt groß sind. Ein möglicher Erklärungsansatz für die in der Realität zu beobachtende begrenzte Größe führt eine weitere interne

Delegationsbeziehung ein, bei der Informationsasymmetrien zwischen dem Intermediär und seinen internen Kreditberatern entstehen. So kommt es zu Delegationskosten, welche mit der Größe des Intermediärs ansteigen. Größe wird so entgegen der Vorteile einer weiteren Diversifizierung begrenzt [vgl. Bhattacharya/Thakor 1993, S. 12; Freixas/Rochet 1997, S. 32].

Eine modelltheoretische Abbildung ist immer nur in der Lage, Teilaspekte der Finanzintermediation zu erklären. Diamond widmet sich der ex post Verifikation von Kreditbeziehungen und bildet daher Probleme der Qualitätsunsicherheit und der adversen Selektion nicht ab. Darüber hinaus ist das Modell auf eine einperiodige Analyse festgelegt und berücksichtigt somit nicht, dass die Moral Hazard Anreize von Kreditnehmern in einer intertemporalen Sicht sinken können, da sie bei der Erwartung zukünftigen Kapitalbedarfs Anreize haben sich vertragskonform zu verhalten, um ihre Finanzierungskraft für zukünftige Vorhaben nicht einzuschränken [vgl. Van Damme 1994, S. 20].

2.3.4 Die Existenz von Intermediären im Clearing & Settlement

Clearing & Settlement bezeichnet die Funktion von Intermediären, einen Zugang zu Zahlungsverkehrs- und anderen Abwicklungssystemen für die Durchführung finanzieller Transaktionen bereitzustellen. Die Transaktionsabwicklung selbst hat die Zusammenführung von Angebot und Nachfrage zum Gegenstand und kann neben der reinen Abwicklung Aspekte der Anbahnung und Vereinbarung beinhalten [vgl. Achleitner 1999, S. 28]. Im Rahmen standardisierter Leistungen bieten Intermediäre Zahlungsverkehr und Wertpapierabwicklung über Systeme an, die wenig Gestaltungsspielraum für die Parteien zulassen. Komplexere Transaktionen weisen einen größeren Spielraum auf, der eine individuelle Anbahnung und Vereinbarung erfordert. Ein Beispiel sind Fremdkapitalemissionen, die institutionellen Abnehmern bei verhandelbaren Konditionen angeboten werden. Die Abwicklung individueller Transaktionen weist mit dem Intermediär in der Rolle eines Mittlers offensichtlich eine starke Nähe zur Brokerfunktion auf. Der Fokus der Existenzbegründung soll hier auf standardisierten Transaktionen liegen, die durch Geschäftsbanken oder eigenständige Institutionen des Zahlungsverkehrs angeboten werden.

Auch wenn Anreizprobleme und Risiken mit dem Clearing & Settlement verbunden sind [vgl. Perold 1995], liefern Transaktionskostenvorteile die vordringliche Existenzbegründung. Skalenerträge in der Technologie des Intermediärs bestehen, wenn die Transaktionskosten nicht proportional zum Finanzierungsvolumen anfallen. Dies ist im Clearing & Settlement besonders offensichtlich [vgl. Hartmann-Wendels/Pfingsten/Weber 1998, S. 115-116]. Zu den wesentlichen Gründen hierfür zählen die Standardisierbarkeit der Transaktionen und die Fixkostenintensität der benötigten Infrastruktur. Bei steigendem Abwicklungsvolumen können Fixkosten damit über die größere Ausbringungsmenge verteilt werden, so dass der Fixkostenanteil einzelner Transaktionen sinkt. Ein gutes Beispiel für das Einsparungspotenzial durch die Vereinfachung der Zahlungsströme, das entscheidend auf hohe Transaktionsvolumina angewiesen ist, bietet das Netting, welches in Zahlungsverkehrssystemen durch die gegenseitige Verrechnung von Forderungen und Verbindlichkeiten durchgeführt wird. Da nur die Netto-Zahlungsverpflichtungen tatsächlich über die Systeme fließen, lassen sich Transaktionsvolumina um bis zu 99 % reduzieren [vgl. Perold 1995, S. 47].

Eine weitere Möglichkeit, die Existenz von Intermediären aus Transaktionskostenvorteilen abzuleiten besteht in der Formulierung von Verbundvorteilen. Die Durchführung des Zahlungsverkehrs steht dabei in enger Verbindung zur Transformationsfunktion. Durch die Beobachtung der durchgeführten Zahlungsverkehrsströme erweitert ein Intermediär die Kenntnis über seine Kunden und ist so insbesondere in der Lage, deren Kreditwürdigkeit besser einzuschätzen [vgl. Van Damme 1994, S. 17; empirisch hierzu Mester/Nakamura/Renault 1999]. Damit besteht eine Verbindung zwischen der Clearing & Settlement Funktion und der Informationsbasis, die zum Monitoring benötigt wird. Weiterhin halten Kunden bereits liquide Einlagen bei Intermediären, so dass sich weitere Verbundvorteile durch ein gemeinsames Einlagen- und Abwicklungsgeschäft ergeben [vgl. Van Damme 1994, S. 17]. Dabei sind diese Verbundvorteile nicht nur aus Kostensicht, sondern ebenfalls aus Kunden- und damit aus Erlössicht von Bedeutung. Man kann davon ausgehen, dass sich kundenseitige Transaktionskosteneinsparungen durch ein gemeinsames Angebot vielfältiger Transaktionen eines Intermediärs ergeben [vgl. Benston/Smith 1976, S. 224]. Die genannten Verbundeffekte bilden zusammen mit den großen Skalenvorteilen in ihrem Kern die Existenzberechtigung von Intermediären im Clearing & Settlement.

2.4 Generische Wettbewerbspotenziale

> "A bank's overwhelming advantage is the information it has on the customer base which is obtained through economies of scale, investment in information systems and expertise, and economies of scope or synergies" [Llewellyn 1999, S. 59].

2.4.1 Vorläufige Charakterisierung

Eine fundierte Ableitung potenzieller Wettbewerbspotenziale von Finanzintermediären hat vor dem Hintergrund der besprochenen Funktionen und Existenzgrundlagen zu erfolgen. Der für die späteren Ausführungen dieser Arbeit genutzte Resource-based View liefert ein ökonomisch basiertes Theoriekonzept für die Charakterisierung der Quellen potenzieller Wettbewerbsvorteile [vgl. Kapitel 6].

Kurz zusammengefasst besteht die Hauptaussage des Resource-based View darin, dass durch Unternehmen kontrollierte heterogene und knappe Ressourcen mit bestimmten Charakteristika die Implementierung wertschaffender Strategien ermöglichen und zur Realisierung von Wettbewerbsvorteilen führen. Ressourcen bestehen aus spezifischen Aktiva, die sich im Zugriff des Unternehmens befinden. Sie können materieller oder immaterieller Art sein. Damit kann Informationstechnologie genauso als Ressource bezeichnet werden wie Reputation und Kenntnisse von Mitarbeitern. Marktversagen und bestimmte damit korrespondierende Charakteristika von Ressourcen führen dazu, dass Strategien, die auf ihrer Basis implementiert werden, nicht nachgeahmt werden können. Die eigentliche Quelle von Wettbewerbsvorteilen ist somit in den Ressourcen zu sehen.

Über das Marktversagen ist eine weitgehende Parallele zu den Existenzgrundlagen und Funktionen von Intermediären gegeben. Damit liegt es nahe zu postulieren, dass die Ressourcen, die zu Wettbewerbsvorteilen von Intermediären im Finanzsystem beitragen, die Erfüllung ihrer Funktionen unterstützen müssen [für eine ähnliche Vorgehensweise im Zusammenhang mit der Analyse internationaler Finanzplätze vgl. Dietl/Pauli/Royer 1999, S. 21-37]. Dieses Postulat kann man sich zunutze machen, um aus den Funktions- und Existenzbeschreibungen Ressourcen abzuleiten, die durch ihren wesentlichen Beitrag zur Funktionserfüllung das Potenzial haben, zu Wettbewerbsvorteilen für Finanzdienstleister beizutragen. Aufgrund des allgemeingültigen Charakters für Finanzintermediäre können die resultierenden Wettbewerbspotenziale als generisch bezeichnet werden.

2.4.2 Wettbewerbspotenziale im Brokerage

Der Vermittlungstätigkeit des Brokerage liegt die Generierung und Nutzung von Informationen zu Grunde. Dieser Informationsfokus impliziert zunächst eine große Bedeutung von Informationstechnologien. Diese können als wichtige Ressource für die Durchführung der Vermittlungsfunktion angesehen werden. Existenzbegründungen machen an den Charakteristika der nutzbaren Informationen fest, die mit Wiederverwertbarkeit und Beobachtbarkeit zusammengefasst werden können [vgl. 2.3.2]. Wiederverwertbarkeit ist dabei in cross-sektoraler – über verschiedene Produkte, Kundengruppen oder Märkte hinweg – sowie in intertemporaler Dimension gegeben [vgl. Greenbaum/Thakor 1995, S. 51]. Aus den Charakteristika der Wiederverwertbarkeit und Beobachtbarkeit lassen sich weitere Ressourcen ableiten, die zur Transaktionskostenminimierung bei der Informationsgenerierung und damit zu Wettbewerbsvorteilen beitragen:

- Cross-sektorale Wiederverwertbarkeit bezeichnet die Anwendung bereits erhobener Informationen in Verbindung mit anderen Kunden [vgl. allgemein Chan/Greenbaum/Thakor 1986, S. 248-249; Boot/Greenbaum/Thakor 1993, S. 1169]. Allgemeine Informationen, beispielsweise über Märkte oder Produkte, können dabei für verschiedene Kunden gleichermaßen verwendet werden [vgl. Greenbaum/Thakor 1995, S. 51]. Weitere Vorteile ergeben sich, wenn systemische, d.h. für eine Klasse von Untersuchungsobjekten ähnliche Informationen anfallen. Beispiele sind Markt- und Branchentrends oder Unternehmensindikatoren für Insolvenzgefahren. Die Möglichkeit der cross-sektoralen Wiederverwendbarkeit von Informationen lassen auf Skaleneffekte durch eine große Kundenbasis mit ähnlichen Informationsbedürfnissen schließen.

- Die intertemporale Wiederverwertbarkeit von Informationen weist auf ähnliche Wettbewerbspotenziale hin, die in Form von Skaleneffekten realisierbar sind. Dabei ist in erster Linie an langfristige Kundenbeziehungen zu denken, so dass sich einmal generierte Kundeninformationen intertemporal wiederverwerten lassen [vgl. Chan/Greenbaum/Thakor 1986, S. 248-249].
- Für die Informationsgenerierung sind im Wesentlichen personelle Ressourcen maßgeblich. Mit sinkender Beobachtbarkeit und ansteigendem Interpretationsspielraum nimmt die Bedeutung der Skills und Fähigkeiten des Humankapitals zu [vgl. Greenbaum/Thakor 1995, S. 51-52]. Werden relativ standardisierte Dienstleistungen vermittelt sind die Anforderungen hingegen geringer [vgl. Emmons/Greenbaum 1998, S. 38].

Anreizkosten aufgrund von Informationsasymmetrien stellen eine wichtige Funktionserklärung für Intermediäre als Mittler zwischen Kapitalnehmern und -gebern dar. Als primäres Problem ist die Qualitätsunsicherheit herausgearbeitet worden, die Broker durch Einsatz ihrer Reputation mindern [vgl. 2.3.2]. Reputation wird damit zur potenziell vorteilsstiftenden Ressource. Sie fungiert bei Wahl und Entlohnung des Brokers durch den Kunden als Performancesurrogat, welches die künftig erzielbaren Provisionseinkünfte erheblich beeinflusst [vgl. Ramakrishnan/Thakor 1984, S. 415-416; Jacob/Klein 1996, S. 29]. Ihre Bedeutung nimmt mit dem Anstieg der Qualitätsunsicherheit zu [vgl. Spreemann 1988, S. 613]. Dies ist mit ansteigender Komplexität und abnehmender Beobachtbarkeit der relevanten Informationen der Fall. Reputation lässt sich ökonomisch als die gesammelten Erfahrungen der Marktteilnehmer bezüglich der Qualität der Informationsproduktion des Brokers verstehen [vgl. Ramakrishnan/Thakor 1984, S. 423]. Sie geht damit auf die Nutzung des gesamten Ressourcenportfolios über die Zeit zurück, das ein Intermediär zur Informationsproduktion und damit zur Leistungserstellung nutzt.

Zusammenfassend lässt sich feststellen, dass ein großer und langfristig an den Intermediär gebundener Kundenstamm, die Skills und Fähigkeiten der Mitarbeiter in der Informationsgewinnung sowie Reputation die wesentlichen Ressourcen für die Durchführung der Brokerfunktion darstellen. Die Anforderungen an Skills und Fähigkeiten sowie Reputation steigen dabei mit der Komplexität der zu erhebenden Informationen.

2.4.3 Wettbewerbspotenziale in der Transformation

Die Transformationsfunktion kann als Transformationsprozess betrachtet werden, der im Wesentlichen als Produktionsprozess charakterisiert werden kann. Dieser kann weiter in ein Risikomanagement auf der aggregierten Ebene des Gesamtrisikos und in ein Monitoring auf der Ebene des Einzelrisikos zerlegt werden [vgl. 2.3.3]. Ausgehend von dieser Klassifizierung lässt sich nach den maßgeblichen Ressourcen für die Durchführung der entsprechenden Aktivitäten und damit für die Realisierung von Wettbewerbsvorteilen fragen.

Hinsichtlich des Transformationsprozesses insgesamt sind zunächst die Suchkosten aus Kundensicht anzuführen, die durch die Transformationsleistungen und ein Auftreten des Intermediärs als Kontraktpartner gesenkt werden [vgl. Benston/Smith 1976, S. 223]. Voraussetzung sind ausreichende Kundeninformationen und -verständnis seitens des Intermediärs. Ein vorhandener Kundenstamm kann damit zunächst als Ressource festgehalten werden. Die weiteren Ausführungen können diese Ressource in ihrem Wettbewerbsbeitrag weiter charakterisieren.

Als Produktionsprozess läuft Transformation unter Einsatz von Arbeit, Information und Kapitalgütern ab [vgl. Benston/Smith 1976, S. 222]. Die entsprechenden Humanressourcen mit ihren Fähigkeiten und Kenntnissen sowie Kapitalgüter, die vornehmlich aus Informationstechnologien bestehen, sind damit als diejenigen Ressourcen aufzuführen, die für die Durchführung des Transformationsprozesses notwendig sind. Marktinformationen selbst sollen hingegen nicht zu den Ressourcen gezählt werden. Vielmehr wird eine Verbindung zur Brokerfunktion offensichtlich, welche die entsprechenden Ressourcen zur Gewinnung zuverlässiger Informationen bereitstellt. Die angenommenen Skalenvorteile lassen sich auf Spezialisierungseffekte – vornehmlich bei den Humanressourcen – sowie auf Unteilbarkeiten – vornehmlich in den Informationstechnologien – zurückführen.

Bei der Beurteilung der Ressourcen und Wettbewerbspotenziale des Risikomanagement – als der Umgang mit der aggregierten Risikoposition – muss zwischen Diversifikation auf der einen sowie Versicherung und Hedging auf der anderen Seite unterschieden werden [vgl. Böhme 1997, S. 32-43]. Versicherung und Hedging dienen der Risikosteuerung und erfolgen durch Eigengeschäfte eines Intermediärs an Finanzmärkten. Weiterhin kommt die Übernahme von Risiken hinzu, die nicht diversifiziert oder an Märkte weitergegeben werden:

- Diversifikation setzt voraus, dass die Cash-flows der den Risiken zu Grunde liegenden Assets nicht perfekt positiv korreliert sind [vgl. grundlegend Baltensperger 1972, S. 596-602]. In der Regel ist dies bei einer ausreichenden geographischen und branchenbezogenen Streuung der Fall [vgl. Benston/Smith 1976, S. 224; Hein 1993, S. 149].[11] Als wesentliche Ressource ist daher eine entsprechend gestreute Kundenbasis mit einem ausreichenden Umfang zu nennen.
- Das Management der aggregierten Risikoposition lässt sich als Risikosteuerung begreifen und erfolgt vornehmlich über Personalressourcen. Entsprechende Entscheidungen zur Weitergabe von Risiken an den Markt mittels

[11] Hughes et al. [vgl. 1998] weisen diesen Effekt im Rahmen der Konsolidierung amerikanischer Banken über Staatsgrenzen nach.

Hedging und Versicherung erfolgen über die Handelsaktivitäten eines Intermediärs an den Finanzmärkten [vgl. Schierenbeck 1999, S. 284]. Auch wenn dieser Aspekte des Risikomanagement nicht existenzbegründend ist, soll er der Vollständigkeit wegen aufgeführt werden. Für Handelsaktivitäten sind spezialisierte Humanressourcen notwendig, deren Kenntnisse und Erfahrungen die komplexen Transaktionen ermöglichen. Ohne technologische Unterstützung in Form eines effizienten Marktzugangs und fundierte Marktinformationen können die Mitarbeiter ihre Kenntnisse jedoch nicht anwenden. Neben den Humanressourcen sind somit Informationstechnologien zu den Ressourcen zu zählen [vgl. analog Böhme 1997, S. 107].

- Die Übernahme von Risiken durch Intermediäre ermöglicht ein risikoadjustiertes Angebot von Transformationsleistungen an andere Marktteilnehmer. Das Angebot risikofreier Einlagen bietet risikoaversen Marktteilnehmern beispielsweise einen großen Nutzen [vgl. Büschgen 1998, S. 40]. Zunächst erleichtern die bereits beschriebenen Fähigkeiten von Intermediären zur Risikodiversifikation und -management die Risikoübernahme, da sie durch die Verminderung der entstehenden Risiken ihr Ausmaß begrenzen. Darüber hinaus ist die finanzielle Kapazität eines Intermediärs als maßgebliche Ressource anzuführen, die den Umfang der möglichen Risikoübernahme begrenzt. Diese setzt sich aus dem Eigenkapital und der zur Verfügung stehenden Liquiditätsreserve zusammen [vgl. ähnlich Hein 1993, S. 126-129].

Versteht man Monitoring als Umgang mit asymmetrischer Information, wird offensichtlich, dass es einen hohen Anteil informationsproduzierender und -verarbeitender Tätigkeiten involviert. Damit lassen sich die Überlegungen bezüglich Wiederverwertbarkeit und Beobachtbarkeit von Informationen auf das Monitoring übertragen. Langfristige Kundenbeziehungen lassen sich intertemporal für das Monitoring nutzen [vgl. Chan/Greenbaum/Thakor 1986, S. 248] und führen über die Zeit zu privaten Informationen, die Wettbewerbern nicht zur Verfügung stehen [vgl. Neuberger 1998, S. 127-131].[12] Mit steigendem Umfang der Kundenbasis lässt sich zudem die Gefahr diversifizieren, dass Kreditnehmer ausfallen und generiertes Erfahrungswissen für Folgeperioden entwertet wird [vgl. Chan/Greenbaum/Thakor 1986, S. 248-249]. Durch Extrahierung systemischer Schuldnerinformationen kann ein Intermediär das Monitoring bestehender oder neuer Kunden cross-sektoral erleichtern und so Informationsasymmetrien weiter abbauen [vgl. Chan/Greenbaum/Thakor 1986, S. 248-249]. Schließlich spielt die Beobachtbarkeit von Informationen auch beim Monitoring von Kreditengagements eine Rolle: je komplexer die Kreditbeziehung und die Projekte der Kredit-

12 Da diese privaten Informationen in die Bepreisung von Krediten einfließen, kommt es zu Abweichungen gegenüber reinen Marktpreisen – beispielsweise von Bonds –, welche lediglich frei verfügbare Informationen widerspiegeln [vgl. Freixas/Rochet 1997, S. 7]. Diese Preisbildung erfolgt aufgrund der Anreizprobleme und ist daher schwer nachvollziehbar. Vor diesem Hintergrund wird noch einmal deutlich, warum von opaken Institutionen gesprochen wird [vgl. 2.1].

nehmer, desto weniger beobachtbar sind die benötigten Informationen und desto bedeutsamer sind Skills und Fähigkeiten. Denkbar ist auch, dass Reputation zur Ressource im Monitoring gezählt wird. Diese erhält ihre Bedeutung allerdings aus Kundensicht und besitzt somit für das Monitoring keine Relevanz.[13]

Weitere Wettbewerbspotenziale im Monitoring lassen sich anhand der Existenztheorie Diamonds ableiten [vgl. 2.3.3]. Der Theorie des delegierten Monitoring zufolge ergibt sich die Existenzbegründung aus der Diversifikation von Anreizkosten. Damit können Skalenvorteile im Monitoring von Kreditrisiken als Wettbewerbspotenzial noch einmal auf der Basis eines umfangreichen Kundenstamms bekräftigt werden.

Zusammenfassend lässt sich konstatieren, dass der Kundenstamm, charakterisiert durch Umfang, Streuung und Langfristigkeit zu den wesentlichen Ressourcen für den Transformationsprozess gehört, die sowohl Nutzungsmöglichkeit für Informationen als auch deren Quelle darstellt. Durch die Streuung des Kundengeschäftes lassen sich Risiken diversifizieren. Personelle Ressourcen gewährleisten im Zusammenspiel mit Informationstechnologien die Durchführung des Transformationsprozesses, insbesondere im Monitoring und Management von Risiken. Für deren Übernahme wird finanzielle Kapazität benötigt.

2.4.4 Wettbewerbspotenziale im Clearing & Settlement

Clearing & Settlement ist mit dem Zahlungsverkehr und der Wertpapierabwicklung weitgehend auf standardisierte Transaktionen beschränkt worden [vgl. 2.3.4]. Für eine Einschätzung der Ressourcen für individualisierte Abwicklungsprozesse wird auf die Ausführungen zur Brokerfunktion verwiesen [2.4.2]. Die Durchführung der Abwicklung standardisierter Transaktionen ist auf informationstechnische Ressourcen angewiesen. Dabei dominieren IT-Systeme und Informationsnetzwerke [vgl. Perold 1995, S. 44-45]. Die Unteilbarkeiten sowie die Fixkostenintensität dieser Ressourcen sind Grundlage für die existenzbegründenden Skaleneffekte.

Die zur Existenzerklärung beschriebenen Verbundeffekte lassen auf die Bedeutung weiterer Ressourcen schließen, die primär den anderen Intermediationsfunktionen zuzuordnen sind, insbesondere der Transformationsfunktion. Im Rahmen der Transformationsfunktion halten Intermediäre Depositen ihrer Kunden und versorgen diese mit Liquidität. Von diesen Leistungen ausgehend bestehen Verbundeffekte mit der Durchführung des Zahlungsverkehrs [vgl. Freixas/Rochet 1997, S. 18]. So können Zahlungen unter Kunden eines Intermediärs sehr effizient ohne Schnittstellen nach Außen abgewickelt werden [vgl. Van Damme 1994, S.

---

13 Diese Schlussfolgerung mag anders getroffen werden, wenn Banken beginnen, das Monitoring nicht als integrierte Funktion zu begreifen, sondern als Leistung, die auch zugekauft werden kann.

17]. Das für die Realisierung von Skaleneffekten notwendige Geschäftsvolumen wird somit durch eine vorhandene Kundenbasis erweitert. Der Kundenstamm wird so zu einer Ressource, die auch zur Durchführung des Clearing & Settlement beiträgt bzw. dessen Angebot erst ermöglicht, wenn durch sie eine kritische Masse überschritten wird. Umgekehrt führt die Durchführung des Zahlungsverkehrs zur Erhöhung der Informationsbasis über die Kunden, die insbesondere im Monitoring Verwendung findet [vgl. Van Damme 1994, S. 17]. Abbildung 2-3 fasst die im Wesentlichen für generische Wettbewerbspotenziale relevanten Ressourcen für den gesamten Abschnitt zusammen.

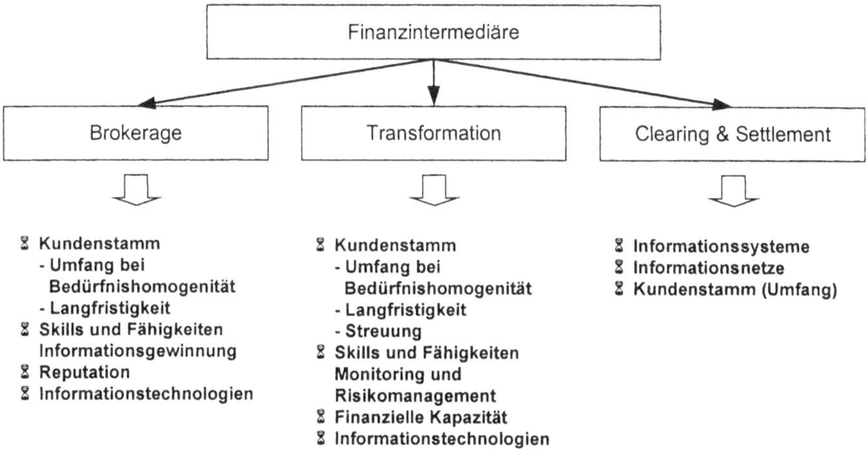

Abbildung 2-3: Ressourcen zur Funktionserfüllung in der Finanzintermediation

Nach diesen grundlegenden und etwas abstrakten Ausführungen zur Rolle von Finanzintermediären im Finanzsystem und ihren Wettbewerbspotenzialen soll die Analyse sich konkreter der Situation in der Bankbranche widmen. Damit wird auch die Perspektive von der bislang vorgenommenen allgemeinen Analyse von Finanzintermediären zurückgeführt auf eine Betrachtung der Institution Bank. Banken übernehmen dabei alle drei der besprochenen Funktionen. Bevor jedoch Bankübernahmen thematisiert werden, muss eine Analyse der relevanten Rahmenbedingungen im Bankmarkt erfolgen.

3 Der Wandel der Rahmenbedingungen

M&As are changing the structure of the European banking sector. However, they are not driving force for change themselves. M&As are responses to the driving forces for change and to changes in market structures.

Europäische Zentralbank, 2000

3.1 Überblick

Der noch zu formulierende theoretisch-konzeptionelle Argumentationsrahmen für die Analyse von Übernahmemotiven postuliert die Berücksichtigung des Wettbewerbsumfelds bei der Formulierung von Übernahmestrategien. Dies soll im Sinn einer Abstimmung der internen Ressourcen der Unternehmung mit den externen Marktanforderungen erfolgen [vgl. Kapitel 6]. Das Argumentationskonzept berücksichtigt darüber hinaus die von vielen Autoren des Strategischen Management vertretene gegenseitige Beeinflussung von Unternehmung und Unternehmungsumfeld [vgl. etwa Porter 1991, S. 100]. Eine grundlegende Betrachtung der Rahmenbedingungen im Bankenmarkt ist im Hinblick auf die – der Formulierung des Argumentationskonzepts nachfolgende – Analyse bankbetrieblicher Wettbewerbspotenziale und Übernahmemotive [vgl. Kapitel 7] damit unerlässlich.

In Wissenschaft und Praxis herrscht eine weitgehende Übereinstimmung bezüglich der wesentlichen Einflusskräfte und Entwicklungslinien des Bankenmarktes. Dies belegt eine Vielzahl von Artikeln und Stellungnahmen von Praktikern [vgl. etwa Röller 1992; Kollar 1997; Kopper 1997; Breuer 1998]. Für Finanzdienstleister sind insbesondere Entwicklungen der Informationstechnologien sowie Veränderungen im regulatorischen Umfeld relevant. Schließlich werden die Strategien der Banken durch die Nachfrage- und Angebotsstruktur beeinflusst. In verschiedenen Dienstleistungsbranchen, wie zum Beispiel in der Telekommunikationsindustrie, stellen sich diese Rahmenbedingungen ähnlich dar [vgl. Dowling/Boulton/Elliott 1994]. Sie schlagen sich in Branchentrends nieder, die ausgangs des Kapitels analysiert werden.

3.2 Informationstechnologien

3.2.1 Zur Bedeutung von Informationstechnologien

Die Entscheidung fällt leicht, Entwicklungen in den Informationstechnologien (IT) als Ausgangspunkt der Analyse sich wandelnder Rahmenbedingungen für den Bankensektor zu wählen. Kein anderer Einflussfaktor hat derart profunde Auswirkungen auf die Produktion und den Vertrieb von Finanzdienstleistungen wie IT [vgl. auch Llewellyn 1999, S. 32-33]. Deutlich wird dies bereits anhand der Charakterisierung von Finanzintermediären als Informationsproduzenten in ihrer Funktion als Broker [vgl. 2.3.2]. Bankdienstleistungen sind durch ihre Immaterialität gekennzeichnet. Sie sind nicht lagerfähig, da Produktion und Vertrieb unter Mitwirkung des Kunden zusammenfallen [vgl. etwa Büschgen 1998, S. 311-313]. Die Mitwirkung des Kunden oder die Nutzung von ihm zur Verfügung gestellter Informationen wird dabei als externer Faktor bezeichnet [vgl. Meffert/Bruhn 1995, S. 61-68]. Dabei genügen vielfach vom Kunden bereitgestellte Informationen, so dass es zu einem großen Einfluss der IT auf Bankgeschäfte kommt, da Informationen durch IT übermittelt, gespeichert und verarbeitet werden können. Sogar im Investment Banking, das stark von persönlichen Fähigkeiten der Mitarbeiter und der gewachsenen Reputation eines Instituts lebt, ist der Faktor IT von nicht zu unterschätzender Bedeutung. Dies bringt Jon Corzine, CEO von Goldman Sachs, mit einiger Ironie in einem Interview zum Ausdruck [zitiert in Thakor 1999, S. 699]: „In five years this firm may be run by a software guy".

Informationstechnologien in Banken können mit Steiner und Teixera in Back-office Automatisierung, Front-office Automatisierung und Customer-Interface aufgeteilt werden [vgl. 1990, S. 45-49]. Ähnlich systematisiert Clemons, der interne und externe Applikationen unterscheidet [vgl. 1986]. Interne Applikationen umfassen Produktions- und Beratungssysteme im Back- und Front-office. Mit externen Applikationen tritt der Kunde bei der Inanspruchnahme von Bankdienstleistungen direkt in Kontakt. Damit entsprechen letztere dem Customer-Interface im Sinne von Steiner und Teixera. Hier soll einer Zweiteilung in Vertriebstechnologien an der Kundenschnittstelle und interne IT im Sinne von Clemons vorgenommen werden [vgl. ähnlich Büschgen 1998, S. 320-324]. Allerdings verschwimmen die Grenzen zwischen interner und externer IT zusehends, da Kunden im Vertrieb ein immer weitreichenderer Zugriff auf die interne IT ermöglicht wird und Kundenberater im Front-office auf der anderen Seite über ähnliche Systeme auf Back-office Technologien zugreifen wie Kunden.

3.2.2 Technologien im Vertrieb von Finanzdienstleistungen

Der elektronische Vertrieb von Bankdienstleistungen, oftmals unter dem Rubrum Electronic Banking behandelt, umfasst die Leistungserbringung an der Bank-Kunde-Schnittstelle [vgl. Bartmann/Stahl/Wimmer 2001]. Die Möglichkeit zum elektronischen Vertrieb von Finanzdienstleistungen bemisst sich dabei nach der Standardisierbarkeit der Dienstleistungen sowie nach dem Kommunikationsbedarf des Kunden [vgl. Kreuzer 1998, S. 118-124]. Je komplexer und dadurch weniger selbsterklärend und je verhandelbarer die Bankprodukte, desto mehr reduziert sich das Potenzial für den elektronischen Vertrieb. Technologische Entwicklungen [vgl. etwa Picot/Reichwald/Wigand 1996, S. 137-166] führen allerdings dazu, dass ein immer höherer Kommunikationsgehalt über elektronische Kanäle vermittelt werden kann, so dass inzwischen auch komplexere Dienstleistungen so vertrieben werden können.[14]

Zur Systematisierung von Vertriebstechnologien bietet sich eine Unterteilung in Kommunikationsendgeräte an, die allerdings nicht stabil sein kann, da die Entwicklung neuer Technologien und Endgeräte für Bankdienstleistungen immer schneller voranschreitet [vgl. Kreuzer 1998, S. 14]. Da die bekannten ‚alten' Kommunikationsendgeräte in der Regel aber nur langsam verdrängt werden, zeigt sich mittlerweile eine große Vielfalt, die ein aufwendiges Management des Miteinanders der Kommunikationskanäle zum Kunden erfordert. Dies wird aktuell unter dem Begriff Multichannel-Management diskutiert [vgl. etwa Holmsen et al. 1998; Bartmann/Stahl/Wimmer 2000]. Grundsätzlich lässt sich das Automaten-Banking vom Direct Banking unterscheiden. Beim Automaten-Banking befindet sich das Kommunikationsendgerät im Besitz der Bank, während Direct Banking den elektronischen Vertrieb über alle Endgeräte bezeichnet, die sich im Besitz des Kunden befinden [vgl. Bartmann/Stahl/Wimmer 2001].

Die Automatisierung der Kundenschnittstelle im Bankgeschäft hat einen Ausgangspunkt in der Einführung von Selbstbedienungs-Terminals (SB-Terminals) durch die Chemical Bank in den USA im Jahre 1969 [vgl. Steiner/Teixera 1990, S. 91]. Mittlerweile sind SB-Terminals in ihren vielfältigen Erscheinungsformen als Kontoauszugsdrucker, Geldausgabeautomaten (GAA), Überweisungs- oder Multifunktionsterminals im elektronischen Bankvertrieb weit verbreitet. Die Entwicklung hat sich dabei von direkt in Bankfilialen aufgestellten Geräten hin zur Versorgung des Kunden am Point of Sale (POS) entwickelt. Daten der Europäischen Zentralbank zeigen die wachsende Verbreitung und Nutzung der SB-Geräte in Europa [vgl. Tabelle 3-1].

---

[14] Evans und Wurster [vgl. 1997] sprechen in diesem Zusammenhang von einer Aufhebung des Gegensatzes von richness (Informationsgehalt) und reach (Informationsreichweite).

SB-Terminals	*1993*	*1994*	*1995*	*1996*	*1997*	*1993-97: % Veränderung*
Deutschland	308	361	437	459	504	+64 %
Frankreich	325	355	393	420	462	+42 %
Großbritannien	328	343	358	376	393	+20 %
Italien	262	321	371	422	444	+69 %
Österreich	320	381	420	479	533	+67 %
Schweden	255	260	266	269	268	+5 %
Spanien	557	600	680	775	863	+55 %
EU	324	363	408	448	488	+51 %

Tabelle 3-1: SB-Terminals pro 1 Mio. Einwohner [ECB 1999a, S. 45][15]

Ein ähnliche Verbreitung hat die Möglichkeit der Kartenzahlung via Credit, Debit oder Charge Cards genommen. Auch hier steigt die Verbreitung von Händlerterminals, Karten, Umsätzen und Transaktionszahlen mit hohen jährlichen Wachstumsraten [vgl. ECB 1999a, S. 48-49].

Im Direct Banking, bei dem der Kunde über seine persönlichen Endgeräte auf Bankdienstleistungen zugreift hat sich in den letzten Jahren eine schnelle Erweiterung des Leistungsspektrum ergeben. Mittlerweile stehen den Kunden Telefon, PC über proprietäre Netze oder Internet, mobile Endgeräte oder das digitale interaktive Fernsehen zur Verfügung [vgl. Bartmann/Stahl/Wimmer 2001]. Auch die lange Zeit nur eingeschränkt mögliche Bargeldversorgung der Kunden durch persönliche Kommunikationsendgeräte wird ermöglicht. Es sind bereits Protokolle und Geräte in der Entwicklung, die ein Aufladen Smart-Card-basierter Elektronischer Geldbörsen am heimischen PC oder am Mobiltelefon ermöglichen [zur Bedeutung Elektronischer Geldbörsen vgl. Bartmann/Fotschki 1997].

Im Firmenkundengeschäft haben sich aufgrund der dort anfallenden hohen Transaktionsvolumina früh elektronische Bezahlverfahren etabliert, die sich zu Cash Management Systemen weiterentwickelt haben. Cash Management Systeme bieten Firmenkunden über die reine Transaktionsabwicklung hinaus vielfältige Möglichkeiten der Liquiditätsplanung und -kontrolle [vgl. Eistert 1994, S. 9-11]. Die Systeme bieten dabei Entscheidungsunterstützung und führen durch Möglichkeiten des Netting – als gegenseitige Aufrechnung von Forderungen und Verbindlichkeiten – und Pooling – als der Aggregation von Salden – zu erheblichen Einsparungspotenzialen. Weiterhin erlangt das Internet im Firmenkundengeschäft immer mehr Bedeutung und erlaubt einen elektronischen Vertrieb mit gesteigerter Funktionalität auf Produktebene, die über reine Zahlungsverkehrsprodukte hinausgeht [vgl. Theilmann/Fotschki 1999, S. 244]. Unterstützenden Informationsdienstleistungen kommt dabei im Firmenkundengeschäft eine besondere Bedeutung zu [vgl. Kerscher 1998, S. 92].

15 EU: Durchschnitt aller Länder mit vollständigen Daten.

Auf der Basis dieser von den verschiedensten Kommunikationsendgeräten ausgehenden Sicht soll noch der integrierende Charakter des Internet hervorgehoben werden. Das Internet spielt beim Vertrieb von Finanzdienstleistungen unabhängig vom Standort des Kunden mittlerweile eine zentrale Rolle. Internettechnologien kommen gleichermaßen zum Einsatz, wenn der Kunde Bankdienstleistungen zu Hause, am Arbeitsplatz, unterwegs oder in der Filiale in Anspruch nimmt [vgl. Wild 2000]. Beispiele umfassen die Internet Anbindung von SB-Terminals, einfaches PC-Homebanking mit Java Applets oder/und SSL-Verschlüsselung (Secure Socket Layer) und Handy-Banking via WAP (Wireless Application Protocol), welches künftig auf der Basis des Übertragungsstandards UMTS (Universal Mobile Telephone System) auch mit schnellen Datenraten zur Verfügung stehen wird.

	Kosten	*Profitabilität*
Wertpapiergeschäft (Privatkunden)	-2,79	+2,02
Zahlungsverkehr (Privatkunden)	-2,31	+2,58
Einlagengeschäft (Privatkunden)	-2,15	+0,95
Zahlungsverkehr (Firmenkunden)	-1,96	+1,57
Kreditgeschäft (Privatkunden)	-1,90	+1,67
Vermögensverwaltung	-1,64	+1,50
Netzgeldgeschäft	-1,62	n.a.
Wertpapiergeschäft (Firmenkunden)	-1,27	+1,05
Einlagengeschäft (Firmenkunden)	-1,22	+0,65
Kreditgeschäft (Firmenkunden)	-0,86	+0,63
Durchschnitt (ungewichtet)	-1,77	+2,06

Tabelle 3-2: Mittel- bis langfristige Erwartung d. Auswirkungen des Internet [ECB 199a][16]

Der elektronische Vertrieb birgt gegenüber dem filialgestützten ein enormes Kosteneinsparungspotenzial. Technologische Entwicklungen erweitern dieses Potenzial zusätzlich, indem auch der Vertrieb beratungsintensiver Dienstleistungen über elektronische Vertriebskanäle ermöglicht wird, beispielsweise durch Technologien wie Videoconferencing und interaktive Tools. Damit lassen sich auch Beratungskosten durch IT reduzieren. Ein Blick auf marktliche Entwicklungen unterstützt dieses Argument. So haben Universalbanken – wie die Dresdner Bank – mittlerweile Call Center für Firmenkunden eingerichtet [vgl. Tigges 1999] und Direktbanken – wie die Advance Bank – positionieren sich als Beratungsbank für anspruchsvolle Kunden [vgl. Disterer/Teschner/Visser 1997; Visser/Disterer 1999]. Der durch ständigen Zugriff, verbesserte Informationsversorgung und Ortsungebundenheit erreichte Komfort eröffnet Potenziale für Ertragssteigerungen. Eine Umfrage der Europäischen Zentralbank hat Wertpapiertransaktionen und Zah-

16 Skala von Kostensteigerungen +4 bis Kosteneinsparungen -4; Profitabilitätsverbesserungen von +4 bis Profitabilitätsverschlechterungen -4; jeweils pro Transaktion.

lungsverkehr für Privatkunden als die Geschäftsfelder mit den größten Kosteneinsparungen identifiziert [vgl. ECB 1999a, S. 23]. Ertragsseitige Verbesserungen werden ebenfalls erwartet, allerdings aufgrund des Margendrucks und der Konkurrenz neuer Wettbewerber nicht im gleichen Ausmaß [vgl. ECB 1999a, S. 28; Tabelle 3-2].

3.2.3 Interne Systeme und Applikationen

Das Back-office bildete den Ausgangspunkt der Technisierung des Bankbetriebs in den sechziger Jahren [vgl. Steiner/Teixera 1990, S. 45-47]. Angefangen mit Batch-Systemen wurde die Pflege der Konten und Transaktionen sowie der Zahlungsverkehr vorgenommen [vgl. Moormann 1999]. Die Automatisierung des Front-office hat seinen Ausgangspunkt in der Installierung der ersten online Terminals Anfang der siebziger Jahre [vgl. Steiner/Teixera 1990, S. 47-49]. Bis heute hat sich die IT-Unterstützung in der Bank hin zu komplexen Client-Server Architekturen entwickelt. Das Internet erlaubt Bankmitarbeitern einen globalen Zugriff auf Informationen und interne Prozesse können durch Workflow-Management-Systeme unterstützt werden [vgl. Moormann 1999; Karagiannis 1999]. Tabelle 3-3 gibt einen Überblick zu der historischen Entwicklung.

Phase 1: *Batch-Datenverarbeitung*	*Phase 2:* *Time-Sharing-Datenverarbeitung*	*Phase 3:* *Individualisierte Informationsverarbeitung*	*Phase 4:* *Vernetzte Informationsverarbeitung*
• Kontoführung • Einfache Systeme der Zahlungsverkehrsabwicklung • Verarbeitung von Massendaten • COBOL-Programmierung • Lochkarten	• Entstehen von Spartenanwendungen • Bildschirmgestützte Dialoganwendungen • Terminalisierung der Filialen • Zentrale EDV-Abteilung • Plattenspeicher, Magnetbänder, TP-Steuerungs-programme	• Ergänzung um Auftragsabwicklungssysteme • Vorgeschaltete Auftragsverwaltungssysteme • Isolierte PCs • Intelligenz am Arbeitsplatz • Individuelle DV, 4GL-Sprachen • Electronic Banking	• Inhouse-Vernetzung, globale Netze • Verteilte Verarbeitung, Client/Server-Architekturen • CASE-Werkzeuge • Objektorientierte Programmierung • Internet, Multimedia • IT als Servicefunktion • Komponentensoftware • Real-Time-Verarbeitung
1960	1970	1980	1990
Komplexität des Bankgeschäfts: niedrig, stabiles Umfeld	Komplexität des Bankgeschäfts: mittel, sich veränderndes Umfeld	Komplexität des Bankgeschäfts: hoch, instabiles Umfeld	Komplexität des Bankgeschäfts: sehr hoch, Umfeld mit Überraschungen

Tabelle 3-3: Entwicklung der Informatik in Banken [Moormann 1999, S. 9]

Dabei greift es zu kurz lediglich anzunehmen, IT im Back-office entlaste Mitarbeiter lediglich von Routineaufgaben und senke die Fehleranfälligkeit durch eine automatisierte und medienbruchfreie Verarbeitung von Transaktionen. Vielmehr trägt interne IT in Banken zu einer Verbesserung der Entscheidungsqualität bei. Mit der Unterstützung des Marketing durch die Generierung von Kundeninformationen und der Unterstützung von Monitoring und Risikomanagement soll an dieser Stelle auf zwei Aspekte in diesem Zusammenhang hingewiesen werden:

- Die negative Seite des Vertriebs über elektronische Kommunikationsendgeräte ist der abnehmende persönliche Kontakt zum Kunden. Für die Bank wird es damit schwieriger, Kenntnisse über Kunden für ein bedarfsgerechtes Produktangebot zu nutzen. Allerdings kann durch interne IT die Informationsbasis über den Kunden mit Hilfe der anfallenden elektronischen Daten erweitert werden. Auf der Grundlage eines Data Warehouse, welches die disaggregiert vorliegenden Informationen systematisch konsolidiert, können Data Mining Werkzeuge und Informationsagenten die benötigten Informationen extrahieren [vgl. Gehrke 2000]. Derzeit werden Konzepte diskutiert, wie diese Informationsbasis in einem umfassenden Customer Relationship Management genutzt werden kann [vgl. Walter 2000].

- IT-Systeme erleichtern sowohl die Bonitätsprüfung einzelner Kreditengagements (Monitoring) als auch die Steuerung des Kreditportfolios (Risikomanagement) [vgl. Garside/Stott/Strothe 1999, S. 187]. Für das Monitoring kommen in der Praxis traditionell Punktbewertungsverfahren – sog. Scoring-Modelle – zum Einsatz, deren Punktgewichtungen sich mit statistischen Verfahren auf der Basis vorhandener Kundendaten ableiten lassen [vgl. Elsas et al. 1999, S. 196]. Zunehmend kommen auch Neuronale Netze zur Anwendung, welche die Bonitätsprüfung computergestützt wesentlich verbessern und vereinheitlichen können [vgl. Dietz/Füser/Schmidtmeier 1997]. Das Risikomanagement kann bei der Steuerung des Kreditportfolios durch Simulationsmodelle erleichtert werden [vgl. Garside/Stott/Strothe 1999, S. 196-197]. Die Implementierung eines IT-gestützten Kreditrisikomanagement kann Angaben zufolge Einsparungen von 1,6 % in der Unterlegung der Geschäfte mit haftendem Eigenkapital bringen [vgl. Garside/Stott/Strothe 1999, S. 206]. Auch die Steuerung anderer Risikoarten – wie z.B. die Messung und Kontrolle von Marktrisiken – profitiert stark von EDV Systemen, für die bereits Standardsysteme vorliegen [vgl. Botsis/Lorenz 1998].

Gerade durch Aufbau und Betrieb interner IT-Systeme kommt es zu hohen Fixkostenbelastungen. Insbesondere ist dies im Zusammenhang mit den Großrechneranlagen für Buchung und Zahlungsverkehr der Fall. So schätzt Moormann die IT-Ausgaben von Investmentbanken auf 30 % ihrer Verwaltungsaufwendungen und die Ausgaben von Universalbanken auf 20 % [vgl. Moormann 1999, S. 11].

3.3 Europäische Bankenregulierung und Währung

3.3.1 Harmonisierungen im Zuge der Europäischen Union

Zu den Besonderheiten der Bankbranche gehört ihre starke Regulierung. Grundlage für diese weitreichenden Eingriffe in die Geschäftstätigkeit von Finanzdienstleistern sind die der Existenz der Bank zu Grunde liegenden Informationsasymmetrien sowie die damit verbundenen Anreizprobleme [vgl. Burghof/Rudolph 1996, S. 17-33; Büschgen 1998, S. 271-274; Neuberger 1998, S. 177-180].

Regulierungen verfolgen das Ziel, negative Anreizeffekte abzubauen und Anleger zu schützen. Die Notwendigkeit des Anlegerschutzes ergibt sich aus den Argumenten, dass erstens der Staat eine Fürsorgepflicht hat und zweitens durch eine zentralisierte staatliche Aufsicht gesamtwirtschaftliche Kotrollkosten gesenkt werden können. Individuelle Anleger sind demgegenüber aufgrund der oft geringen Höhe ihres eingebrachten Kapitals nicht in der Lage, die notwendige Kontrolle selbst effizient durchzuführen. Drittens hat der Anlegerschutz volkswirtschaftliche Implikationen. Durch eine effiziente Kontrolle wird der Wahrscheinlichkeit von Bankkrisen und der damit verbundenen Gefahr eines Bank-runs – des allgemeinen Vertrauensverlustes und massiven Einlagenabzugs – vorgebeugt [vgl. Burghof/Rudolph 1996, S. 20]. Damit ist auch die oftmals angeführte volkswirtschaftliche Bedeutung der Bankenbranche als Grund für deren Regulierungsbedarf erklärt, da der unverhältnismäßige Einlagenabzug in einem Bank-run negative wohlfahrtsökonomische Auswirkungen hat [vgl. Büschgen 1998, S. 271-274]. Hier stellt sich allerdings die Frage, ob nicht gerade wegen der wohlfahrtsökonomischen Bedeutung der Bankbranche ein freier Marktprozess ohne staatliche Eingriffe zu dem effizientesten Ergebnis führen würde. Dem steht auf der anderen Seite das Argument des Marktversagens entgegen, das – wie dargelegt [vgl. 2.3.1] – insbesondere auf asymmetrischer Informationsverteilung und Transaktionskosten beruht [vgl. Burghof/Rudolph 1996, S. 29-33].

Mögliche Formen der Regulierung sind überblicksartig in Tabelle 3-4 zusammengefasst. Protektive Aufsichtsregelungen zielen auf die Verringerung der Wahrscheinlichkeit eines konkreten Bankenzusammenbruchs und sollen Einleger vor drohenden Verlusten schützen. Präventive Maßnahmen sollen Banken generell vor der Insolvenz schützen [vgl. Burghof/Rudolph 1996, S. 39-43] und durch die Wettbewerbspolitik wird das Ziel verfolgt, effiziente Markstrukturen sicherzustellen und Monopolstellungen entgegen zu wirken [vgl. Neuberger 1998, S. 181].

Protektive Bankenaufsicht	*Präventive Bankenaufsicht*	*Wettbewerbspolitik*
• Staat: Einlagen- oder Institutssicherung • Zentralbank: Lender of last resort	• Eigenkapitalnormen • Liquiditätsgrundsätze • Diversifikationsgebote • Verbot und Trennung von Geschäften • Zulassungsanforderungen • Informationsgebote • Rechnungs- und Bilanzierungsvorschriften	• Wettbewerbsgesetzgebung (Kartellverbot, Fusionskontrolle) • Preis- oder Zinssatzregulierungen • Trennung von Geschäften

Tabelle 3-4: Formen der Bankenaufsicht [Neuberger 1988, S. 181]

Insbesondere im Zuge der Realisierung der Europäischen Wirtschafts- und Währungsunion kommt es zu Bestrebungen der Harmonisierung aufsichtrechtlicher Regelungen. Ziel ist es, mit einem Konzept der kleinen Schritte einheitliche Rahmenbedingungen für Finanzdienstleistungsunternehmen in allen Mitgliedstaaten der EU zu schaffen. Die in diesem Zusammenhang verfolgte Mindestharmonisierung lässt Raum für nationale Eigenheiten [vgl. Burghof/Rudolph 1996, S. 187-208]. Praktiker beklagen im internationalen Vergleich allerdings die Durchsetzung zu restriktiver Anforderungen in Deutschland [so z.B. Kopper 1997].

Die Harmonisierung der Bankenaufsicht innerhalb der EU erfolgt über Richtlinien, die von den Mitgliedsstaaten in nationales Recht umzusetzen sind. In Deutschland ist dies in erster Linie durch die Novellierungen des Kreditwesengesetzes (KWG) und das Wertpapierhandelsgesetz (WphG) erfolgt. Die folgenden Absätze fassen die wichtigsten Harmonisierungsschritte kurz chronologisch zusammen [vgl. hierzu Burghof/Rudolph 1996, S. 187-208; Büschgen 1998, S. 251-305]:

- Einen wichtigen Ausgangspunkt der Harmonisierung bildet die Erste Bankrechtskoordinierungsrichtlinie aus dem Jahre 1977, die den Grundsatz der Heimatlandkontrolle einführt. Es folgten die Konsolidierungs- sowie die Bankbilanzrichtlinie, welche die Rechnungslegung in internationalen Bankkonzernen und die Vergleichbarkeit der Jahresabschlüsse regeln.
- Wesentliche Auswirkungen auf die Bankenaufsicht hatte die 1992 durch die 4. Novelle des KWG zusammen mit der Eigenmittelrichtlinie umgesetzte zweite Bankrechtskoordinierungsrichtlinie. Die Koordinierungsrichtlinie führt im Geist der Heimatlandkontrolle die Niederlassungs- und Dienstleistungsfreiheit für Banken ein, die in einem Mitgliedstaat der EU zugelassen sind. Damit erfolgt eine Anerkennung fremder Aufsichtssysteme. Die Eigenmittelrichtlinie definiert die Komponenten des Eigenkapitals, die zur Unterlegung von Risiken berücksichtigt werden dürfen. In diesem Zusammenhang wurde

zum 01.01.1993 auch die 1989 erlassene Solvabilitätsrichtlinie umgesetzt, welche die Eigenmittelunterlegung von Adressausfallrisiken im Anlagebuch regelt. Zum selben Datum beginnt der freie Kapitalverkehr im Binnenmarkt.

- Auch in Bezug auf den Kapitalmarkt findet eine Harmonisierung der Vorschriften statt. Das Wertpapierhandelsgesetz setzt durch das zweite Finanzmarktförderungsgesetz ab 01.01.1995 die Insiderrichtlinie der EU in deutsches Recht um, welche Verbote des Insiderhandels harmonisiert. Deutsche Vorschriften werden damit auf ein angelsächsisches Niveau angehoben. Zudem werden die Publizitätsvorschriften erweitert. Als zuständiges Aufsichtsamt wird das Bundesaufsichtsamt für den Wertpapierhandel ins Leben gerufen.
- Zum 31.12.1995 setzt die 5. Novelle des KWG die Neufassung der Konsolidierungsrichtlinie sowie die Großkreditrichtlinie in deutsches Recht um. Mit letzterer werden die Obergrenzen für Großkredite angehoben und der Kreditbegriff – entsprechend der Solvabilitätsrichtlinie – auf alle bilanziellen und außerbilanziellen Risikoaktiva ausgedehnt.
- Mit der 6. Novelle des KWG werden zum 01.01.1998 unter anderem die Wertpapierdienstleistungsrichtlinie und die Kapitaladäquanzrichtlinie umgesetzt [vgl. Bundesbank 1998c]. Die Wertpapierdienstleistungsrichtlinie erweitert die enumerativ im KWG aufgeführten Bankgeschäfte um das Emissionsgeschäft, das Geldkartengeschäft sowie das Netzgeldgeschäft. Zudem wird der Banktypus des Finanzdienstleistungsinstituts geschaffen, zu dem im Wesentlichen Wertpapierfirmen und Investmentbanken zu zählen sind. Diese werden analog zu den Kreditinstituten den KWG-Vorschriften unterworfen und der Aufsicht des Bundesaufsichtsamts für das Kreditwesen unterstellt. Die Kapitaladäquanzrichtlinie regelt die Eigenmittelunterlegung von Marktrisiken aus dem Handelsbuch sowie die Unterlegung von Fremdwährungsrisiken. Erstmals werden auch bankinterne Modelle der Risikosteuerung zugelassen. Die Eigenmittelunterlegung gilt gleichermaßen für Finanzdienstleistungs- und Kreditinstitute, die gewisse Bagatellgrenzen im Eigenhandel überschreiten. Im Gegenzug zu dieser Verschärfung der Anforderungen wird der Umfang der einbeziehbaren Eigenmittel erweitert. Die durch die Kapitaladäquanzrichtlinie geregelte Unterlegung von Marktrisiken bildet das Pendant der durch die Solvabilitätsrichtlinie harmonisierten Unterlegung von Adressausfallrisiken aus dem Anlagebuch. Mit der 6. Novelle des KWG wird damit vorrangig die Gleichstellung von Finanzdienstleistungs- und Kreditinstituten im Sinne eines „level playing field" angestrebt [Kopper 1997, S. 297]. Das dritte Finanzmarktförderungsgesetz tritt ebenfalls zum 01.01.1998 in Kraft und baut auf seinem Vorgänger aus dem Jahre 1995 auf, indem es Kapitalmarktharmonisierungen fortsetzt und die Kompetenzen der Aufsichtsbehörde erweitert [vgl. Weisgerber 1998].

Es lässt sich also vermuten, dass die umfangreichen Harmonisierungen zu einem grenzüberschreitenden Wettbewerb europäischer Finanzdienstleister führen. In einigen Geschäftsbereichen – wie im Vermögensverwaltungs- und Emissionsgeschäft – ist dies bereits der Fall. Der internationale Wettbewerb kann sich darüber hinaus auf bislang lokal geprägte Märkte wie das Privatkundengeschäft ausdehnen. Durch die gesetzlichen Änderungen kommt es auch zu kostenträchtigem Anpassungsbedarf, insbesondere durch die Eigenkapitalunterlegung von Preisrisiken aus dem Handelsbuch [zu einer Kritik vgl. BdB 2000a, S. 45].

3.3.2 Europäische Währungsunion

Mit Eintritt in Stufe 3 der Europäischen Währungsunion (EWU), der Festlegung der unwiderruflichen Umrechnungskurse und der Bestimmung des Euro als einheitlicher Verrechnungseinheit der EWU-Länder zum 01.01.1999, wurde de facto der größte und neben den USA wirtschaftlich leistungsfähigste Währungsraum der Welt geschaffen [vgl. Breuer 1998, S. 328]. Für die Finanzdienstleistungsbranche hat die gemeinsame Währung eine Reihe unmittelbarer Auswirkungen.

Ende 1997	Rentenmarkt			Aktienmarkt		
	Mrd. DM	% des BIP	Wachstum p.a.	Mrd. DM	% des BIP	Wachstum p.a.
Deutschland	3.025	81	12	1.479	39	11
Frankreich	1.191	42	7	1.209	42	9
Großbritannien	827	35	10	3.707	155	12
Italien	2.035	87	13	618	27	14
Österreich	242	53	9	66	15	6
Schweden	393	95	8	474	115	14
Spanien	390	41	19	520	54	16
EU-11	7.993	66	.	5.327	44	.
USA	17.264	117	8	19.028	129	18

Tabelle 3-5: Bedeutung der Kapitalmärkte [Bundesbank 1998a, S. 58][17]

Durch die gemeinsame Währung kommt es auf den Kapitalmärkten zunächst zu einer gesteigerten Preistransparenz. Damit begünstigt die gemeinsame Währung im Zusammenspiel mit einer ansteigenden Aktienkultur [vgl. 3.4.1] das Wachstum der Kapitalmärkte mit positiven Auswirkungen auf deren Liquidität [vgl. Tabelle 3-5]. Beschleunigt wird diese Entwicklung durch die Konsolidierungsbestrebungen der Kapitalmärkte. Marktgröße und -liquidität tragen zu geringeren Transaktionskosten für die Inanspruchnahme des Kapitalmarkts bei, so dass bei Firmenkunden die Kapitalmarktfinanzierung gegenüber der klassischen Kreditfinanzierung zunimmt. Damit kommt es zu einer steigenden Bedeutung des Emissionsgeschäftes für Banken [vgl. McCauley/White 1997, S. 15]. Allerdings konstatiert die

[17] Wachstum p.a. in Prozent; Rentenmarkt: Ende 1989 bis 3. Quartal 1997, Aktienmarkt bis Ende 1997; EU ohne Dänemark, Griechenland, Großbritannien und Schweden; USA nur NYSE und Nasdaq.

Bundesbank, dass dieser Trend in Deutschland noch nicht eingesetzt hat [vgl. 1998a, S. 58]. Auch auf der Anlegerseite ergeben sich Veränderungen. Im Anlageverhalten verliert ein nationaler Fokus zugunsten eines Branchenfokus immer mehr an Bedeutung [vgl. McCauley/White 1997, S. 15]. Banken müssen demnach auch ihr Research sowie ihre Anlageberatung und -produkte internationaler ausrichten.

Für alle Geschäfte innerhalb der Europäischen Währungsunion fallen Fremdwährungsrisiken weg. Für Banken bedeutet dies, dass zum einen Fremdwährungsrisiken im Aktiv- und Passivgeschäft reduziert werden. Positiv kann sich dies beispielsweise auswirken, da die Refinanzierung grenzüberschreitender Kreditgeschäfte im Inland erleichtert wird [vgl. Büschgen 1998, S. 636]. Allerdings reduzieren sich zum anderen auch Gewinne aus der Übernahme dieser Risiken, die als Transformationsleistung aufzufassen ist. Offensichtlich entfallen auch alle Gewinne aus Devisengeschäften mit Teilnehmerstaaten der Währungsunion [vgl. ECB 1999b, S. 11-14]. Europäische Banken erwirtschafteten vor Beginn der Währungsunion jährlich Gewinne in Höhe von etwa US-$ 3 Mrd. aus Währungsgeschäften mit Teilnehmerstaaten der EWU [vgl. Davidson/Ledger/Viani 1998]. Im Firmenkundengeschäft ist zudem zu erwarten, dass international tätige Kunden die Anzahl ihrer Bankbeziehungen reduzieren. Dies gilt insbesondere im Hinblick auf den Zahlungsverkehr, in dem sich Firmenkunden zukünftig auf eine Clearingbank für den gesamten Euroraum beschränken können. Ob sich aus Bankenperspektive per Saldo positive oder negative Auswirkungen ergeben, kann nur im Einzelfall beurteilt werden.

3.3.3 Exkurs: Entwicklungen in den USA

Von Interesse sind auch die Entwicklungen in den USA. Hier sind zwei Deregulierungsschritte mit weitreichenden Auswirkungen auf die Bankenbranche zu nennen.

Seit 1927 schränkt der McFadden Act die geographische Diversifikation US-amerikanischer Banken ein, da er die Gesetzgebung zur Filialgründung der Banken in die Zuständigkeit der Bundesstaaten legt. Letztere wirkten der Ausdehnung fremdstaatlicher Banken teilweise in der Vergangenheit stark entgegen. Die resultierenden Restriktionen der geographischen Geschäftsausdehnung haben negative Implikationen für die Möglichkeit der Risikodiversifikation sowie für die Nutzung potenzieller Skalen- und Verbundeffekte. 1994 hob der Rigle-Neal Interstate Banking and Efficiency Act die Beschränkungen der seit 1927 bestehenden Gesetzgebung auf [vgl. Greenbaum/Thakor 1995, S. 548-549; Neuberger 1998, S. 33].

In den USA ist das Trennbanksystem durch den Glass-Steagall Act seit 1933 gesetzlich verankert [vgl. etwa Büschgen 1998, S. 68-78; s. auch 2.2]. Ziel der Trennung des Kredit- und Wertpapiergeschäftes ist in erster Linie die Vermeidung negativer Anreizeffekte. Diese werden beispielsweise vermutet, wenn eine Bank mit intensiver Geschäftsbeziehung zu einem Unternehmen auch als Emissionsbegleiter tätig wird. Das Für und Wider einer Zusammenführung von Investment- und Commercial Banking ist ausführlich diskutiert worden [s. z.B. Benston 1990, Greenbaum/Thakor 1995, S. 564-565]. Zu den negativen Effekten zählt, dass ein Trennbanksystem Verbundeffekte zwischen den Geschäftsfeldern vereitelt, die in einer gemeinsamen Nutzung von Marktinformationen oder in Kostendegressionen im Overhead-Bereich bestehen können. Es ist allerdings zu konstatieren, dass amerikanische Investmentbanken nicht zuletzt durch die systembedingt erzwungene Spezialisierung ein überlegenes Know-how im Kapitalmarktgeschäft aufgebaut haben, das sie zu weltweiten Marktführern gemacht hat [vgl. Börner 1997].

Der Glass-Steagall Act ist in den letzten Jahren immer mehr erodiert. Seit 1987 lässt die Federal Reserve das Kapitalmarktgeschäft von Finanzholdings zu – sogenannte Bank Holding Companies –, die Commercial- und Investment Banking unter einem Dach vereinen. Waren diese Aktivitäten zunächst auf wenige Produkte beschränkt, hat die Federal Reserve die zulässigen Aktivitäten stark ausgedehnt. Seit 1990 darf J.P. Morgan als Commercial Bank das komplette Emissionsgeschäft einer Investmentbank durchführen. Auch andere Finanzholdings genießen mittlerweile diese Privilegien [vgl. Mishkin 1999, S. 679]. Im Jahre 1996 hatten Bank Holding Companies einen wertmäßigen Marktanteil von 16,3 % bei der Emission von Fremdkapital und 2,2 % bei der Emission von Eigenkapital [vgl. Berger/Demsetz/Strahan 1999, S. 151]. Schließlich wurden die Beschränkungen des Glass-Steagall Act 1999 durch den sogenannten Gramm-Leach-Biley Act aufgehoben [vgl. Santomero/Eckles 2000]. Somit ist für die nahe Zukunft mit der Entstehung eines neuen institutionellen Typs in den USA zu rechnen: Universalbanken nach kontinentaleuropäischem Vorbild.

3.4 Marktstrukturaspekte

3.4.1 Nachfragefaktoren

Die Beziehung zwischen Bank und Firmenkunde im deutschen Kreditgeschäft wird oft mit dem Begriff Hausbankbeziehung beschrieben. Diese zeichnet sich allerdings weniger durch eine sehr langfristige oder exklusive, als vielmehr durch eine sehr intensive Verbindung aus, bei der ein überwiegender Teil aller Bankdienstleistungen des Kunden von seiner Hausbank erbracht werden [vgl. Elsas et al. 1999, S. 194]. Die intensive Beziehung führt zu verminderten Anreizproblemen, aus denen sich für den Kunden eine Art Liquiditätsversicherung ergeben kann. Hausbanken bewilligen dabei im Falle einer leicht nachlassenden Schuldnerqualität zunächst zusätzliche Finanzmittel, die bei größeren Bonitätsverschlechterungen allerdings nicht mehr zur Verfügung gestellt werden [vgl. Elsas/Krahnen 1998, S. 1312; Elsas et al. 1999, S. 195]. Gegenüber der intensiven

Geschäftsbeziehung im Kreditgeschäft ist das angelsächsisch geprägte Investment Banking von transaktionsorientierten Bankverbindungen geprägt, bei denen der Kunde seinen Bankpartner oftmals im Rahmen eines sogenannten Beauty-Contest anhand des rentabelsten Angebots auswählt. Dabei kommt es teilweise zur Herausbildung einer Kerngruppe bevorzugter Bankpartner, an die Mandate erteilt werden [vgl. Achleitner 1999, S. 94].

Der traditionell hohen Kundenbindung im Firmenkundengeschäft entspricht die traditionell geringe Wechselbereitschaft im Privatkundengeschäft. Hinsichtlich beider Kundengruppen erodiert die Bindung zusehends und es kommt vermehrt zu einer transaktionsorientierten Beziehung zwischen Bank und Kunde [vgl. Szallies 1998]. Die verstärkte Kapitalmarktorientierung bei Mittelanlage und -aufnahme kann als wesentlicher Einflussfaktor für diesen Trend angesehen werden. Im Firmenkundengeschäft wird dies durch die Substitution der Kredit- durch Kapitalmarktfinanzierungen deutlich. Wie sehr auch im Privatkundengeschäft eine steigende Wechselbereitschaft mit einer zunehmenden Kapitalmarktorientierung des Anlagebedarfs einhergeht, belegt das Kundenwachstum der auf das entsprechende Angebot spezialisierten Direct Broker [vgl. J.P. Morgan 1999]. Die Wechselbereitschaft wird dabei von den durch Informationstechnologien gesunkenen Transaktionskosten eines Bankwechsels weiter erhöht.

Beide Kundengruppen stellen vermehrt hohe Ansprüche an die Banken. Im Firmenkundengeschäft beruht dies teilweise auf der verstärkten Kapitalmarktorientierung. Die resultierenden Transaktionen, beispielsweise grenzüberschreitende Übernahmen oder gleichzeitige Emissionen an internationalen Kapitalmärkten, sind dabei äußerst komplex [vgl. Hunt 1995, S. 105]. Weiterhin ist die Internationalisierung der Wirtschaft als Einflussfaktor zu nennen [vgl. Röller 1992, S. 123]. Die Betreuung international agierender Firmenkunden erfordert dabei eine internationale Präsenz der Bank. Damit kann der Gefahr entgegnet werden, dass ausländische Wettbewerber Beziehungen mit inländischen Firmenkunden im Ausland aufbauen und diese auf den Heimatmarkt ausdehnen [vgl. Büschgen 1992, S. 46].

Entlang dieser Entwicklungslinien werden auch Privatkunden anspruchsvoller, da sie zum einem vermögender werden und somit einen erweiterten Anlage- und Beratungsbedarf haben, und zum anderen durch Informationsdienste – beispielsweise im Internet – zunehmend besser informiert sind [vgl. Köcher 1998]. Von Banken werden daher tendenziell „komplexe, innovative und individuelle Problemlösungen" [Börner 2000, S. 198] erwartet. Die zunehmende Überalterung der Bevölkerungen – insbesondere im Zusammenwirken mit den strukturellen Problemen der Rentenversicherung in Deutschland – führt zu einer Bedeutungszunahme privater Altersvorsorge. Da diese ein komplexes und erklärungsbedürftiges Produkt darstellt, erweitern sich auch hier die Anforderungen an die Banken für eine kundenindividuelle Problemlösung [vgl. Krafft 1998]. Mit der Zunahme der privaten Altersvorsorge geht auch eine verstärkte Kapitalmarktorientierung einher.

3.4.2 Angebotsfaktoren

Bereits 1992 hat die Bank für Internationalen Zahlungsverkehr die Reduzierung von Überkapazitäten in der Bankbranche angemahnt [vgl. Llewellyn 1999, S. 33]. Angebotskapazitäten beziehen sich auf die Fähigkeit und Bereitschaft der Banken, Dienstleistungsangebot für den Kunden zu erbringen. Da Produktion und Vertrieb unter Mitwirkung des Kunden zusammenfallen, zeichnet eine besondere Potenzialorientierung die Erstellung von Bankdienstleistungen aus. Diese Potenzialorientierung macht eine ständige Bereitstellung von Kapazitäten für eine maximale Dienstleistungsnachfrage erforderlich, da keine Lagerfähigkeit gegeben ist [vgl. Meffert/Bruhn 1995, S. 53]. In der Folge sind Bankgeschäfte stark von der Volatilität der Nachfrage abhängig, so dass kurzfristig Leerkosten und langfristig Überkapazitäten entstehen.

Die Angebotskapazität umfasst dabei vielfältige Aspekte des Bankgeschäfts, wie beispielsweise die Anzahl der Banken, ihre Vertriebskapazität – beispielsweise gemessen anhand der Filialdichte–, beratendes Personal und haftendes Eigenkapital. Einige Kapazitätsindikatoren fasst Tabelle 3-6 zusammen. Die Europäische Zentralbank hat in einer Diskussion zu den Überkapazitäten der europäischen Bankbranche tendenziell ihre Verringerung festgestellt [vgl. ECB 1999b, S. 15-16]. Deutschland weist trotz einer Reduzierung im EU-Vergleich allerdings noch immer hohe Kapazitäten auf.

	Banken			*Filialen/1.000 Einwohner*			*Personal/1.000 Einwohner*		
	1990	*1995*	*1997*	*1990*	*1995*	*1997*	*1990*	*1995*	*1997*
Deutschland	4.720	3.785	3.578	0,63	0,59	0,57	11,10	9,28	9,16
Frankreich	2.027	1.469	1.299	0,45	0,44	0,44	7,63	7,05	6,89
Großbritannien		564	551	0,35	0,33	0,32	8,98	7,98	9,07
Italien	1.156	970	935	0,31	0,41	0,44	5,92	6,23	6,00
Österreich	1.210	1.041	995	0,58	0,58	0,58	9,86	9,78	9,43
Schweden	704	249	242	0,38	0,30	0,29	5,32	4,91	4,93
Spanien	696	506	416	0,83	0,93	0,97	6,22	6,35	6,29
EU	11.958	9.896	9.285	0,51	0,49	0,48	9,94	9,60	9,73

Tabelle 3-6: Kapazitätsindikatoren im Europäischen Bankgewerbe [ECB 1999b][18]

Während die genannten Indikatoren sich vornehmlich auf das klassische Einlagen- und Kreditgeschäft beziehen, ist aufgrund der Bedeutungszunahme des Kapitalmarktgeschäftes zu befürchten, dass der massive Ausbau der Kapazitäten vieler Wettbewerber im Investment Banking zu weiteren Überkapazitäten in diesem Segment führt. Verstärkend kommt hinzu, dass auch amerikanische Investment-

[18] EU Banken: Summe; EU Filialen und Personal: Ungewichteter Durchschnitt aller Länder.

banken wie Goldman Sachs und Morgan Stanley ihre Aktivitäten in Europa ausbauen [vgl. Kollar 1997, S. 267-268]. Mithin werden auch für das Kapitalmarktgeschäft Überkapazitäten konstatiert [vgl. Hunt 1995, S. 110-111; Kollar 1997, S. 267-268].

Zu den Auslösern für bestehende Überkapazitäten können fallende Markteintrittsbarrieren gezählt werden [vgl. schon einmal 3.5.2]. Der Eintritt neuer Wettbewerber erhöht dabei die Kapazitäten, ohne dass es zu einem Anpassungsprozess bestehender Marktteilnehmer kommt, indem diese ihre Kapazitäten im Gegenzug reduzieren [vgl. Llewellyn 1999, S. 33]. Bestehende Wettbewerber versuchen zunächst ihre Kapazitäten aufrecht zu erhalten und sich nicht aus dem Wettbewerb verdrängen zu lassen. Sie haben die Option, überschüssiges haftendes Eigenkapital in risikoreichere Kreditengagements zu investieren, die sie ohne vorliegende Überkapazitäten nicht eingehen würden. Die Ausdehnung der Kreditvergabe in Asien und anderen Emerging Markets sowie die daraufhin notwendigen Wertberichtigungen im Zuge der Asienkrise können als Beleg für die negativen Implikationen einer künstlich aufrecht erhaltenen Kreditvergabekapazität dienen, die sich erst zeitversetzt auf die Ertragslage auswirkt [vgl. BIS 1999, S. 39-40].

3.5 Auswirkungen der sich wandelnden Rahmenbedingungen auf den Bankensektor

3.5.1 Produktinnovationen und Steigerung der Produktqualität

An dieser Stelle sollen die unmittelbaren Auswirkungen der sich wandelnden Rahmenbedingungen verdeutlicht werden. Dabei kann von einer multikausalen Beziehung zwischen den Rahmenbedingungen und den hier identifizierten Auswirkungen ausgegangen werden. Das Ausmaß des Einflusses einzelner Kausalfaktoren auf die Entwicklungen in der Bankenbranche ist eine empirische Frage, die hier nicht näher erörtert werden soll. In Übereinstimmung mit den vorherrschenden Beiträgen aus Theorie und Praxis werden grundlegende Trends und Zusammenhänge skizziert, bei denen Produktinnovationen einen Ausgang bilden.

Betrachtet man die Einführung neuer Vertriebswege bzw. die Nutzbarmachung neuer Kommunikationsendgeräte für den Bankvertrieb als Innovation, so wird der Zusammenhang zwischen technischer Entwicklung und Produktinnovation deutlich. In dieser Auffassung wird der Vertriebsweg selbst – so beispielsweise die Einführung von GAA – als Produktinnovation gezählt [vgl. etwa Roberts/Amit 1998]. Plausibel wird diese Sicht, wenn man bedenkt, dass dadurch Produkte wie die Bargeldversorgung am POS oder ein mobiles Online Wertpapiergeschäft ermöglicht werden, auch wenn sich die zu Grunde liegenden Bankdienstleistungen funktional nicht ändern. Andere Dienstleistungen wie das Cash Management

Konto von Merrill Lynch [vgl. Channon 1998] oder die Einführung variabler Zinssätze, die bei manueller Abwicklung prohibitiven Aufwand verursacht hätten [vgl. Steiner/Teixera 1990, S. 49], sind direktes Ergebnis der Nutzung technologischer Entwicklungen.

Securitization bezeichnet die Verbriefung von Risiken, bei der Risikoaktiva gebündelt in eine speziell gegründete Gesellschaft – eine sog. special purpose company (SPC) – ausgelagert werden, die zur Refinanzierung Wertpapiere begibt. Dies ist nur für transparente und homogene Risiken möglich, die gebündelt in die SPC eingeführt werden können. Daher ist die Verbriefung von Hypotheken, die relativ gleichförmige Risikoprofile aufweisen, wenig laufendes Monitoring benötigen und in der Regel gut besichert sind, der Ursprung der Securitization [vgl. Bundesbank 1997]. Eine wesentliche Voraussetzung für die Verbriefung komplexerer Risiken ist deren Erfassung und Systematisierung [vgl. Sirri/Tufano 1995, S. 115-118]. Durch IT ist die Risikobewertung stark vereinfacht und die Bündelung homogener Risiken ermöglicht worden [vgl. Bernet 1999, S. 396]. Damit wird Securitization zu einem guten Beispiel für die Bedeutung von Informationstechnologien bei der Produktinnovation. Die besser informierten Anleger zeigen im Zuge ihrer wachsenden Kapitalmarktorientierung zudem eine größere Akzeptanz für die Mittelanlage in komplexen Finanzkontrakten [vgl. zu Treibern des Verbriefungstrends auch White 1998, S. 11; Börner 2000, S. 203-204]. Securitization wird bei der Diskussion um eine zunehmende Disintermediation der Banken noch einmal aufgegriffen [vgl. 3.5.4].

Produktinnovationen spielen sich vor dem Hintergrund bestehender rechtlicher Rahmenbedingungen ab. Diese gewähren dabei mehr oder weniger Spielraum für Innovation. Ein Beispiel sind die Finanzmarktförderungsgesetze, die zu einer Liberalisierung der deutschen Kapitalmärkte geführt haben und Produkte zugelassen haben, die in anderen Ländern bereits eingeführt sind.

Neben Produktinnovationen zeigt sich ein Trend zur Qualitätsverbesserung, der vornehmlich auf eine intensive IT-Nutzung zurückgeht. IT verbessert beispielsweise die Qualität des Monitoring durch Expertensysteme und Bonitätsprüfungen auf der Basis Neuronaler Netze sowie das Management des Risikoportfolios [vgl. Bodo 1993, S. 177-178]. Der Kundenkontakt kann durch den Einsatz von Data Mining verbessert werden und Management Informationssysteme schaffen fundierte Entscheidungsgrundlagen für die Führungsebene der Bank [vgl. Steiner 1999].

3.5.2 Senkung von Markteintrittsbarrieren: Neue Wettbewerber und Internationalisierung

Durch eine Senkung der Markteintrittsbarrieren treten neue Wettbewerber in die angestammten Märkte etablierter Anbieter ein, wodurch es zu einer Verschärfung des Wettbewerbs kommt [vgl. Bernet 1997, S. 350; Schuster 1998]. Dies kann am

Markt beispielsweise anhand der Angebote von Direktbanken und -brokern oder anhand der Finanzangebote von Autobanken beobachtet werden. Zu diesen neuen Anbietern zählen verstärkt auch internationale Banken und Finanzdienstleister, so dass es zu einer Internationalisierung des Bankgeschäftes kommt. Ein Einfluss auf diese Entwicklung lässt sich allen behandelten Rahmenbedingungen zuschreiben:

- Vertriebstechnologien, insbesondere das Internet und seine aufkommenden mobilen Varianten, senken die Transaktionskosten drastisch und nivellieren die Bedeutung der Entfernung zwischen Bank und Kunde [vgl. Clemons 1986, S. 133; Llewellyn 1999, S. 33]. War die Distanz, die Kunden bis zu ihrer nächsten Bankfiliale zurücklegen mussten früher ein entscheidender Wettbewerbsfaktor [vgl. Becker 1999, S. 205], so ist heute der elektronische Vertrieb von Finanzdienstleistungen für viele Kunden eine ausreichende Alternative. Der Markteintritt ist damit nicht mehr auf kostenträchtige stationäre Vertriebsnetze angewiesen. Durch neue technologische Entwicklungen können dabei immer komplexere Dienstleistungen elektronisch vertrieben werden. Die Erfolge von Direktbanken mögen als Manifestation der neuen Vertriebspotenziale angesehen werden.
- Innerhalb der Europäischen Union ermöglicht die Niederlassungs- und Dienstleistungsfreiheit eine erleichterte Internationalisierung. Eine Zulassung bei ausländischen Aufsichtbehörden ist damit nicht erforderlich. Gleichfalls benötigen aber auch außereuropäische Wettbewerber nur die Zulassung in einem Mitgliedsstaat der EU. Die Harmonisierung rechtlicher Rahmenbedingungen und die durch die gemeinsame Währung geschaffene Transparenz tragen zusätzlich dazu bei, dass sich die Wettbewerbsbedingungen innerhalb der EU angleichen. Damit ist aber auch das Verständnis für den Wettbewerb in einem neuen geographischen Markt leichter ‚erlernbar'. So entfallen in den europäischen Mitgliedsstaaten alle Wettbewerbsvorteile, die Banken aufgrund besonderer Kenntnisse oder eines besonderen Verständnisses für die nationale Währung zugesprochen werden können [vgl. Davidson/Ledger/Viani 1998].
- Da die Internationalisierung der Wirtschaft auch außerhalb des Bankensektors voranschreitet, induziert das Verlangen internationaler Firmenkunden nach einer grenzüberschreitenden Betreuung eine weitere Internationalisierung des Bankgeschäfts [vgl. etwa Röller 1992]. Bestehende Überkapazitäten tragen zusätzlich dazu bei, nach Geschäftsmöglichkeiten außerhalb angestammter Märkte zu suchen [vgl. etwa Llewellyn 1999, S. 33-36]. Im Privatkundengeschäft profitieren neue Wettbewerber wie die Direktbanken und -broker von den Potenzialen des elektronischen Vertriebs und der gestiegenen Wechselbereitschaft der Kunden, die einen Markteintritt erleichtern [vgl. etwa Bundesbank 1998b, S. 37].

Zu einer Verschärfung des Wettbewerbs kommt es sowohl im Privatkunden- als auch im Firmenkundengeschäft. Die Internationalisierung hat eine besondere Bedeutung für das Firmenkundengeschäft. Eine entsprechende Relevanz für das Privatkundengeschäft ist aufgrund des geringeren Bedarfs an grenzüberschreitenden Dienstleistungen, aber auch aufgrund der höheren Anforderungen an die Vertriebsstrukturen fraglich [vgl. Büschgen 1992, S. 47-49]. Für Standarddienstleistungen bieten elektronische Vertriebskanäle die notwendige Vertriebskapazität, die auch eine geographische Diversifizierung im Mengengeschäft sinnvoll erscheinen lässt [vgl. Kopper 1997, S. 307-308]. Bei beratungsintensiven Dienstleistungen ist die Eignung neuer Technologien als Vertriebskanal – und damit die Option der Internationalisierung – skeptischer anzusehen.

3.5.3 Zunahme der Skaleneffekte im Bankgeschäft

> „Technological innovations and developments have greatly improved the operational efficiency of the financial services industry. Electronic home banking, improvements in communications and data processing technology, and the enormous opportunities offered by the internet, generate economies of scale and scope in relevant financial markets" [Amihud/Miller 1997, S. vii].

Mit verstärktem Einsatz von Informationstechnologien steigen die potenziellen Skaleneffekte im Bankgeschäft. Durch die hohen Kosten für Großrechnersysteme im Back-office Bereich steigt die Fixkostenbelastung, während die variablen Kosten einzelner Transaktionen durch IT-Einsatz tendenziell sinken, wie dies für den Vertrieb im Rahmen der Markteintrittsbarrieren konstatiert worden ist [vgl. Brunner 1994, S. 118-119; Llewellyn 1999, S. 35-36]. Damit steigt die optimale Betriebsgröße an [vgl. Llewellyn 1999, S. 35-36], so dass einige Geschäftsfelder für kleine Institute nicht länger rentabel durchführbar sind. Folglich können Markteintrittsbarrieren in bestimmten Geschäftsfeldern durch IT auch erhöht werden [vgl. Brunner 1994, S. 119]. Dies gilt beispielsweise für Abwicklungsgeschäfte, die sich immer mehr zu technologiegetriebenen Processing-Transaktionen entwickeln, so dass sich die Frage des Fremdbezugs für kleinere Institute in besonderem Maße stellt [vgl. Picot 1996, S. 68-70; für eine Praktiker-Einschätzung vgl. Kopper 1997, S. 305].

Neuere empirische Ergebnisse belegen, dass die Skaleneffekte – zumindest in der Form, in der sie sich in ökonometrischen Studien nachweisen lassen – in den neunziger gegenüber den achtziger Jahren substanziell gestiegen sind [vgl. Berger/Mester 1997, S. 33; Berger/Demsetz/Strahan 1999, S. 159; s. auch die empirischen Ergebnisse in 4.3.2.3.1]. Zudem führt der Fixkostencharakter der tendenziell steigenden Investitionen in Informationstechnologien sowie die Erwartung der Institute, von Skaleneffekten profitieren zu können dazu, dass Schwankungen im Geschäftsvolumen nicht variabel aufgefangen werden und weitere Überkapazitäten aufgebaut werden [vgl. Brunner 1994, S. 119; Llewellyn 1999, S. 35-36].

Kostenseitig zeigen sich somit große IT-induzierte Skaleneffekte, die sich empirisch nachweisen lassen. Entwicklungen der regulatorischen Rahmenbedingungen sowie des Nachfrageverhaltens führen darüber hinaus zu ertragsseitigen Skaleneffekten. Zum einen dürften internationale Firmenkunden die Anzahl ihrer Bankbeziehungen innerhalb der Mitgliedsstaaten der EU reduzieren. Hierbei werden sie sich tendenziell auf internationale Banken fokussieren, die ihre Geschäftstätigkeit über ein breites Spektrum von Bankprodukten europaweit begleiten können. Zum andere werden institutionelle Handelspartner ebenfalls ihre Geschäftsbeziehungen konzentrieren. Dies wird vor allem für den Devisenhandel mit außereuropäischen Marktteilnehmern erwartet [vgl. ECB 1999b, S. 12].

3.5.4 Disintermediation

Da die Intermediationsfunktion von Banken dadurch gekennzeichnet ist, dass sich Banken vermittelnd zwischen Kapitalgeber und -nehmer einschalten [vgl. 2.1], kann Disintermediation als Umgehung der Banken in ihrer Vermittlungsfunktion beschrieben werden. Disintermediation bezeichnet damit die Übernahme traditionell von Banken ausgeführter Aufgaben durch andere Wettbewerber oder Märkte. Will man die These einer zunehmenden Umgehung der Banken begründen [vgl. etwa Bernet 1998, S. 138-139], so erscheint es angebracht zwischen Finanzintermediation im weiten und engen Sinn zu unterscheiden, also zwischen der rein beratenden Brokerfunktion und der Transformationsfunktion, bei der die Bank als Kontraktpartner auftritt.

Ursächlich für die Disintermediation der Bank aus ihrer Rolle als vermittelnder Broker ist der Eintritt neuer Wettbewerber, die aufgrund der gesunkenen Markteintrittsbarrieren in der Lage sind, sich zwischen Bank und Kunde zu schieben. Besonders offensichtlich wird dies durch die Entwicklungen im Internet. So schaffen sogenannte Portals wie E-Loan, Lendingtree.com, MSN Home Advisor oder Interhyp.de, eine hohe Markttransparenz und vermitteln Kunden günstige Finanzprodukte über das Internet, indem sie die Angebote mehrerer Banken oder Fondsgesellschaften aggregiert anbieten [vgl. Wimmer 2000]. Aber auch im klassischen Vertrieb gibt es an der Kundenschnittstelle neue Intermediäre. So bieten Handelsunternehmen und Wahrenhäuser in Großbritannien mittlerweile Finanzdienstleistungen an [vgl. Llewellyn 1999, S. 45; Schuster 1998 behandelt Markteintritte unter verschiedenen Perspektiven].

Durch diese Entwicklung kommt es allerdings nicht zu einer vollständigen Disintermediation der Banken. Die Bank wird lediglich aus einem Teil ihrer Brokerfunktion verdrängt. Die ‚Produktion' der Bankdienstleistung verbleibt in vielen Fällen bei ihr. Deutlich wird dies bei der Vermittlung von Hypotheken oder Krediten durch Nichtbanken im Internet. Hier handelt es sich um Kooperationslösungen, bei denen Banken letztendlich die Risiken übernehmen und die neuen Wettbewerber lediglich die Vermittlung übernehmen. Allerdings geht Banken insbesondere bei standardisierbaren Dienstleistungen ein Teil der Wertschöpfung verloren. Disintermediationsgefahr hinsichtlich der Brokerfunktion besteht auch für rein beratende Dienstleistungen, wenn es Nichtbanken gelingt, die entsprechenden Skills zu erwerben. So kann es dazu kommen, dass Unternehmen ihre eigene Mergers & Acquisitions Abteilung aufbauen. Letztlich ist dies aber nicht für eine

Vielzahl von Unternehmen durchführbar, da sie oft nur gelegentlichen Bedarf nach diesen Dienstleistungen haben.

Wenn sich Banken damit nicht vollständig aus der Intermediation verdrängen lassen, so sollte die Frage nach einer Disintermediation der Banken aus der Transformationsfunktion zugunsten der Brokerfunktion gestellt werden. Mit der Entwicklung der Securitization und der Bedeutungszunahme der Kapitalmärkte ergeben sich hier zwei Ansatzpunkte.

Mit der Verbriefung von Risikoaktiva werden diese von der Bilanz einer Bank auf eine special purpose company (SPC) übertragen [vgl. 3.5.1]. Zu den primären Zielen einer solchen Transaktion aus Bankensicht gehört die Beschaffung von Liquidität aus dem Verkaufserlös sowie die Verbesserung der Eigenkapitallage. Letzteres erfolgt durch die Freisetzung von gebundenem Eigenkapital im Zuge der Übertragung der Risikoaktiva an die SPC. Damit kann Securitization als Instrument des Risikomanagement eingesetzt werden [vgl. Bernet 1999, S. 397] und steht in ihrer Zunahme in Zusammenhang mit den gestiegenen regulatorischen Eigenkapitalanforderungen [vgl. Thießen 1994, S. 682-684]. Da nur Risikoaktiva relativ guter Bonität verbrieft werden können, führt Securitization tendenziell zu einer Erhöhung des Risikos der verbleibenden Aktiva [vgl. Bundesbank 1997, S. 61]. Gesamtwirtschaftlich beeinflusst die Verbriefung der Bankaktiva die Rolle der Bank als Intermediär zwischen Kapitalgeber und -nehmer [vgl. White 1998, S. 11; Börner 2000, S. 202], so dass auch das Bundesaufsichtsamt für das Kreditwesen Befürchtungen über eine Verstärkung des Disintermediationsprozesses geäußert hat [vgl. Bundesbank 1997, S. 60].

Als Ergebnis der Securitization wird die Transformationsfunktion der Bank durch eine Brokerfunktion ersetzt. Durch die Weitergabe der Risiken an die Marktteilnehmer werden Banken als Träger von Kreditrisiken aus dem Intermediationsprozess verdrängt, da Funktionen der Fristen- und Losgrößentransformation sowie der Risikodiversifikation zunehmend effizienter durch Kapitalmärkte durchgeführt werden. Banken bleiben Origination (Vertrieb) und Monitoring erhalten [vgl. Thießen 1994, S. 684]. In letzter Konsequenz kann damit die gestiegene Effizienz der Kapitalmärkte bei der Durchführung einzelner Aspekte der Transformation als ursächlich für den Trend zunehmender Verbriefung angesehen werden. Thießen [vgl. 1994] führt eine empirische Untersuchung an, die belegt, dass Banken ihre potenziellen Informationsvorteile, etwa im Monitoring, überhaupt nicht nutzen. Insofern ist die Gefahr der Disintermediation als hoch einzuschätzen. Nutzen Banken ihre Informationsvorteile in Origination und Monitoring nicht, können sie auch aus dieser Rolle im Intermediationsprozess verdrängt werden, beispielsweise durch Ratingagenturen [vgl. auch Llewellyn 1999, S. 30], denn im Grunde stellen diese Prozessbestandteile Leistungen einer vermittelnden Brokerage Funktion dar [vgl. 2.3.3 und 2.4.3].

Das Argument der zunehmenden Effizienz der Kapitalmärkte verweist auf ihre ansteigende Liquidität als Treiber für eine zunehmende Disintermediation. Während Securitization einen sekundären Disintermediationsprozess auslöst, an dem Banken durch Origination und Monitoring zunächst beteiligt sind, kommt es auch zu primärer Disintermediation der Transformationsleistungen, wenn Marktteilnehmer klassische Transformationsleistungen durch Kapitalmarktprodukte direkt substituieren. Finanzierungsseitig ist dies bei der Emission von Eigen- oder Fremdkapital der Fall. Anlageseitig verdrängen Investmentfonds und Indexzertifikate oder die direkte Wertpapieranlage am Kapitalmarkt über einen Broker klassische Sparprodukte.

Die Verschiebung des Geschäfts von der Transformation zur kapitalmarktorientierten Beratung und Vermittlung sowie die nicht von der Hand zu weisende Bedrohung durch neue Wettbewerber legt die Charakterisierung der Branche insgesamt als stagnierend oder gar sterbend nahe. Diese Schlussfolgerung induziert sodann Aussagen wie „Banking is essential to a modern economy: banks are not" [Business Week, zitiert in Llewellyn 2000] oder „Banken sind die Stahlindustrie der neunziger Jahre" [Cartellieri 1992, zitiert in Uhle 1993]. Ausgehend von der auch hier verfolgten Funktionensicht, lässt sich die relevante Fragestellung mit Llewellyn formulieren [vgl. 1999, S. 23]: „A major question is whether, to any significant extent, banking could be said to be a declining industry in that the financial intermediation services provided by banks can be supplied more economically by institutions other than ‚banks' and through markets."

Der oben skizzierte Entwicklungspfad impliziert eine Substitution der Transformationsfunktion durch die Brokerfunktion sowie eine weitergehende Übernahme der Brokerfunktion durch die Kapitalmärkte bei Bedeutungszunahme bankfremder Wettbewerber. Der letztendliche Gewinner dieses Prozesses sind die Märkte. Diese Analyse verkennt allerdings die Bedeutung der Steigerung von Produktinnovation und -qualität [vgl. 3.5.1]. Zunächst soll die Rolle von Innovationen betrachtet werden, um anschließend auf den Qualitätsanstieg einzugehen.

Kapitalmärkte sind effiziente Alternativen zu Finanzintermediären, wenn Finanzkontrakte standardisiert und transparent sind und zudem hohe Transaktionsvolumina realisiert werden können [vgl. Merton 1995, S. 26]. Finanzintermediären kommt die Rolle der Entwicklung und Prüfung neuer Finanzkontrakte zu, bevor diese sich standardisieren und damit in größeren Volumina handeln lassen. Lediglich aus einer produktbezogenen Sicht sind die Kapitalmärkte damit letztes Ressort zur Erfüllung von Anlage- oder Mittelbedarf der Marktteilnehmer. Betrachtet man den Weg einer Finanzinnovation von einer kundenspezifischen Neuerung über einen eingeschränkten Handel mit Banken als Kontraktpartner bis hin zu einem standardisierten Finanzinstrument – Swaps und Futures haben sich dementsprechend entwickelt –, so kommt Intermediären eine feste Rolle als Innovator zu. Im Zuge der Standardisierung entsteht für die Marktteilnehmer Bedarf, die Positionen, die sie in den neuen Kontrakten eingehen, abzusichern, so dass wiederum individualisierte Kontraktdesigns entwickelt werden. Diejenigen, die sich bewähren, schlagen den Weg der Standardisierung und Handelbarkeit ein. So kommt es zu einer sogenannten Financial Innovation Spiral, in der Finanzintermediäre als

Transformator die wichtige Aufgabe der Innovation, Prüfung und Weiterentwicklung von Finanzkontrakten haben [vgl. Merton 1995, S. 24-28; Merton/Bodie 1995, S. 20-22].

Unter einem qualitativen Aspekt ermöglicht Informationstechnologie der Bank als Transformator die bessere Beurteilung risikobehafteter Assets im Monitoring. Insgesamt lassen sich immer komplexere Transaktionen durchführen. Intermediäre sind damit in der Lage, ihr Geschäft in zuvor nicht bediente Märkte und Produkte auszudehnen. Junk Bonds lassen sich als Beispiele anführen, die sich erst in jüngerer Zeit entwickelt haben. Obiger Argumentation folgend kommt es zu einer Ausdehnung des Geschäftsvolumens der Bank als Broker – beispielsweise durch Securitization – sowie der Kapitalmärkte – durch Securitization und durch die Standardisierung sowie Volumenausweitung gehandelter Finanzkontrakte. Zu einer Ausdehnung des Geschäftsvolumens der Bank als Transformator kommt es aufgrund einer verbesserten Risikobeurteilung und der Ermöglichung komplexerer Transaktionen [vgl. Emmons/Greenbaum 1998; Abbildung 3-1].

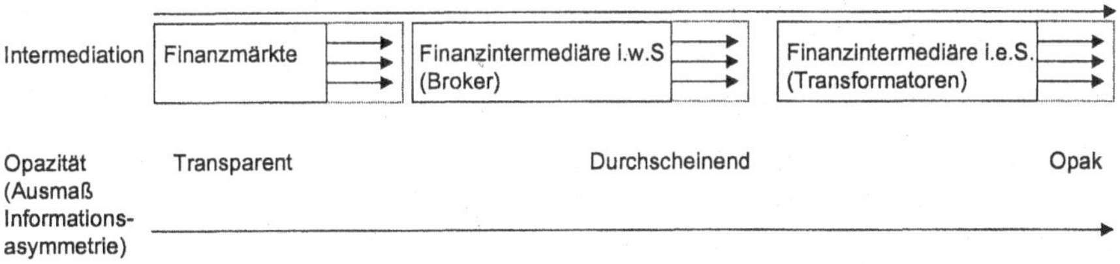

Abbildung 3-1: Dynamik der Finanzintermediation [in Anlehnung an Emmons/Greenbaum 1998]

Die mögliche Ausdehnung des Geschäfts der Bank als Transformator und ihre Rolle in der Entwicklung von Finanzinnovationen bilden ein natürliches Gegengewicht zur Disintermediation und zum Bedeutungsverlust der Finanzintermediäre im engeren Sinn. Welche dieser Kräfte im Endeffekt überwiegen ist letztlich eine empirische Frage. Das Ende der Banken aufgrund einsetzender Disintermediationsprozessen in ihrer Vermittlungsrolle zum Kunden – also am transparenten Ende des Produktspektrums – zu konstatieren, erscheint allerdings als verfrüht.

Teil II

Bankmerger: Aktuelle Erklärungsansätze und Anforderungen an ein Theoriekonzept

4 Marktsituation und Stand der Erklärungsansätze

Grundsätzlich gilt: Größe kann man kaufen, Erträge muß man sich verdienen. Dies muß bei jedem Fusionsvorhaben im Auge behalten werden.

Martin Kohlhaussen, Vorstandsvorsitzender Commerzbank, 1998

4.1 Überblick

Dieser zweite Teil der Arbeit befasst sich kritisch mit dem aktuellen Stand der Konzentration im Bankwesen sowie mit bestehender Literatur zu den Motiven für Bankmerger. Der Mergerbegriff wird dabei – wie bereits einführend angedeutet – weit ausgelegt, ohne nach Größenverhältnissen oder Finanzierungsarten zu differenzieren [vgl. ähnlich Gaughan 1996, S. 7]. Die Begriffe Merger (auch Fusion und Zusammenschluss) und Akquisition (auch Übernahme) sind in dieser Arbeit daher als austauschbar zu betrachten.

Das Untersuchungsobjekt sind Merger unter Banken. Eine weitergehende Diversifikation innerhalb der Finanzdienstleistungsbranche, zum Beispiel in das Versicherungswesen, ist nicht Gegenstand der Untersuchung. Wenn es um die Ergebnisse empirischer Forschung geht, soll zudem ein „Europäischer Blickwinkel" eingenommen werden, was aufgrund der Dominanz angloamerikanischer empirischer Forschung allerdings nicht immer bis zuletzt durchzuhalten ist. Empirische Ergebnisse zu europäischen Übernahmen werden – so vorhanden – mit besonderer Ausführlichkeit diskutiert.

Dieses Kapitel beginnt mit einer Betrachtung der Zusammenschlussentwicklung im Bankmarkt. Dabei wird der erreichte Stand der Konzentration portraitiert. In diesem Zusammenhang stellt sich die Frage nach einer Erklärung für die Vielzahl der Übernahmen. Daher wird anschließend die wissenschaftliche Literatur zu den Übernahmemotiven von Banken zusammengefasst. Das folgende fünfte Kapitel beleuchtet Diskrepanzen der Erklärungsansätze und formuliert Anforderungen an einen theoretisch-konzeptionellen Argumentationsrahmen mit dem Ziel, einige der aufgeführten Defizite zu vermeiden.

4.2 Konzentrationstendenzen im Bankenmarkt

Fokussiert man die Betrachtung auf Bankmerger in den neunziger Jahren, fällt zunächst deren wertmäßige Zunahme auf. Viele Autoren sprechen von einer Mergerwelle[19] [vgl. Berger/Demsetz/Strahan 1999, S. 136] oder auch von einer Konsolidierung durch Merger auf Rekordniveau [vgl. Pilloff/Santomero 1998, S. 59]. Der Anstieg der Transaktionsvolumina aller Merger in der Bankbranche ist auf einen Anstieg der durchschnittlichen Übernahmegröße zurückzuführen, die bei Rückgang der Anzahl der Übernahmen stattgefunden hat [vgl. Tabelle 4-1]. Dabei ist der Anteil der Bankmerger an der Übernahmetätigkeit aller Branchen immens. In einem Zeitraum von acht Jahren ist dieser Anteil in Europa bis 1998 von 8,3 % auf 27,1 % gestiegen [vgl. BIS 1999].

	1991-92	*1993-94*	*1995-96*	*1997-98*
USA				
Wert (Mrd. US-$)	56,8	55,3	114,9	362,4
Anzahl	1.354	1.477	1.803	1.052
Wert pro Transaktion (Mio. US-$)	42,0	37,4	63,7	344,5
Europa				
Wert (Mrd. US-$)	17,5	14,6	19,1	100,4
Anzahl	495	350	241	203
Wert pro Transaktion (Mio. US-$)	35,4	41,7	79,3	494,6

Tabelle 4-1: Entwicklung der Bankübernahmen in USA und Europa [BIS 1999, eigene Berechnungen]

Bei einer Betrachtung der Mergertätigkeit innerhalb und zwischen den Sektoren Geschäftsbanken (GB), Investmentbanken (IB) und Versicherungen (VER) im Finanzdienstleistungsmarkt fällt auf, dass der Anteil der Intra-Sektor Konsolidierung an allen Transaktionen überraschend gering ausfällt, obwohl diese Transaktionen wie erwartet die Mehrzahl darstellen [vgl. Tabelle 4-2]. Dies gilt insbesondere für inländische Übernahmen in Europa. Je nach Stichprobe liegt der Anteil der Übernahmen innerhalb eines Sektors zwischen 54 % und 87 %. Der hohe Anteil dieser Zusammenschlüsse in den USA ist vermutlich auf die regulatorische Be-

[19] Schon Mueller 1969, S. 643 spricht industrieunabhängig von Mergerwellen; nach statistischen Kriterien ist der Wellencharakter allerdings zweifelhaft einzuschätzen [vgl. Weston/Huang/Chang 1990, S. 285-297].

schränkung des Glass-Steagall Act zurückzuführen, der im Betrachtungszeitraum sektorübergreifende Zusammenschlüsse weitgehend verhindert hat [vgl. 3.3.3]. Die relativ aktive grenzüberschreitende Übernahmetätigkeit innerhalb Europas sollte nicht dazu verleiten, bereits von stärkeren Internationalisierungsbestrebungen europäischer Banken im Vergleich mit ihren amerikanischen Wettbewerbern zu sprechen. Es wird lediglich eine Konsolidierung in einem zusammenwachsenden Wirtschaftsraum vorgenommen, die einer staatenübergreifenden Konsolidierung innerhalb der USA gleicht. Innerhalb Europas lässt sich bislang kein Trend zu einer Verstärkung der grenzüberschreitenden Transaktionen nachweisen. Allerdings sind grenzüberschreitende Transaktionen in Europa tendenziell größer als nationale [vgl. ECB 2000, S. 5].

	Käufer				*Käufer*			
Ziel-unternehmen	GB	IB	VER	*Intra-Sektor*	GB	IB	VER	*Intra-Sektor*
	Europa Inland ($247)				USA Inland ($465,5)			
Geschäfts-bank	89 (36,0%)	23 (9,3%)	11 (4,4%)		241 (51,8%)	6 (1,2%)	0,3 (0,1%)	
Investment-bank	9 (3,6%)	19 (7,7%)	6 (2,4%)		15 (3,2%)	74 (15,9%)	14 (3,0%)	
Versicherung	20 (8,1%)	24 (9,7%)	46 (18,6%)	*(61,6%)*	0,2 (0,1%)	27 (5,8%)	88 (18,9%)	*(86,6%)*
	Intra-Europa International ($83,8)				USA International ($69,9)			
Geschäfts-bank	15,0 (17,9%)	4,3 (5,1%)	11,2 (13,4%)		9,5 (13,6%)	3,0 (4,3%)	0,6 (0,8%)	
Investment-bank	8,7 (10,4%)	5,8 (6,9%)	0,3 (0,4%)		4,4 (6,3%)	14,7 (21,0%)	3,9 (5,6%)	
Versicherung	0,4 (0,5%)	1,1 (1,3%)	37,0 (44,2%)	*(69,0%)*	0,2 (0,3%)	7,7 (11,0%)	25,9 (37,1%)	*(54,2%)*
	Außer-Europa International ($100,3)							
Geschäfts-bank	14,5 (14,5%)	15,6 (15,6%)	1,0 (1,0%)					
Investment-bank	4,3 (4,3%)	15,9 (15,9%)	3,1 (3,1%)					
Versicherung	0,3 (0,3%)	12,9 (12,9%)	32,7 (32,6%)	*(63,0%)*				

Tabelle 4-2: Zusammenschlüsse unter Finanzdienstleistern 1985 bis 1997 [Berger/Demsetz/Strahan 1999, S. 142; eigene Berechnungen][20]

Es stellt sich die Frage, wie sich diese rege Mergertätigkeit bislang auf die Marktstrukturen bzw. auf die Konzentration im Bankenmarkt ausgewirkt hat. Tabelle 4-3 zeigt eine Zunahme der Konzentration. Als weit verbreitetes Konzentrationsmaß wird der Anteil der 5 größten Institutionen an der aggregierten Bilanzsumme des Bankensektors insgesamt herangezogen. Bei einer solchen Betrachtung ist

[20] Wert der Zielunternehmen in Mrd. US-$; Prozentualer Anteil an allen Mergern der betrachteten Stichprobe in Klammern

allerdings zu beachten, dass diese Kennzahl die Konzentration unter den kleineren Marktteilnehmern nur unzureichend widerspiegelt. Andere Maßgrößen – wie beispielsweise der von der US Bankenaufsicht verwendete Herfindahl-Index – erzeugen durch die quadratische Berücksichtigung der Marktanteile einen ähnlichen Effekt, haben aber den Vorteil die Konzentration kleinerer Marktteilnehmer mit abzubilden [vgl. ECB 2000, S. 17]. Die Daten sind leider für Europa unvollständiger als die konventionellen Konzentrationsmaße, so dass auf das einfacher zu interpretierende Konzentrationsmaß der 5 größten Institutionen zurückgegriffen wird. Auch liegt kein Datenmaterial vor, das zwischen Sektoren – Commercial Bank, Investmentbank, Versicherung – oder sogar zwischen Geschäftsbereichen differenziert. Es ist durchaus plausibel anzunehmen, dass sich sowohl Konzentration als auch Wettbewerbsintensität zwischen dem Privat- und Firmenkundengeschäft sowie dem Investment Banking unterscheidet [vgl. auch Groeneveld 1999, S. 384]. Eine Betrachtung von Bilanzsumme, Kredit- oder Einlagenvolumen liefert ähnliche Ergebnisse, die – bei allen gegebenen Einschränkungen zum Erklärungsgehalt – auf eine Zunahme der Konzentration im Zeitablauf schließen lassen.

Land (Mio. Einwohner)		*Bilanzsumme*				*Kreditvolumen*				*Einlagenvolumen*			
		1985	*1990*	*1995*	*1999*	*1985*	*1990*	*1995*	*1999*	*1985*	*1990*	*1995*	*1999*
SE	(8,6)	80,8	82,7	86,5	88,2	74,5	81,3	85,9	85,3	90,6	90,6	88,7	83,5
ES	(39,3)	35,0	34,9	47,3	51,9	37,5	31,5	44,0	47,9	35,8	36,3	42,4	45,3
FR	(58,8)	46,0	42,5	41,3	42,7	48,7	44,7	46,8	46,4	46,0	58,7	68,1	69,2
UK	(59,2)			28,3	29,1			39,3	30,3			40,6	32,4
IT	(57,5)		29,2	32,4	48,3		28,9	36,3	47,6		26,9	30,6	46,1
DE	(82,0)		13,9	16,7	19,0		13,5	13,8	15,8		11,6	12,6	15,0
EU		52,8	50,9	51,8	57,1	54,6	52,9	53,6	57,0	62,0	55,7	55,6	58,2

Tabelle 4-3: Konzentration im Bankwesen als Anteil der 5 größten Institute [ECB 2000] Institutsgruppen werden als ein Institut gerechnet

Bereits ein flüchtiger Blick auf die Daten lässt vermuten, dass die Konzentrationsrate in kleineren Ländern tendenziell höher ist als in großen Ländern. Dies gilt auch bei Berücksichtigung der nicht aufgeführten Nationen [vgl. etwa ECB 2000, S. 18]. Als Erklärungsansatz für eine inverse Beziehung zwischen Einwohneranzahl und Konzentrationsrate lässt sich anführen, dass effiziente Betriebsgrößen von Banken in allen Ländern bei einem ähnlichen Wert liegen. Die Größe der Institutionen sollte über die verschiedenen Länder nicht besonders variieren, da alle Banken bestrebt sein sollten, diese effiziente Betriebsgröße auch zu realisieren. In kleineren Ländern ist damit weniger Raum für Wettbewerber ähnlicher Größe, so dass die Konzentrationsrate folglich zunimmt.

Auf der Basis des betrachteten Datenmaterials lässt sich folgendes Fazit ziehen:

- Im Bankenmarkt nehmen die Mergervolumina rapide zu. Bei einem Rückgang der Transaktionshäufigkeit ist in erster Linie der Anstieg der durchschnittlichen Übernahmegrößen für die Zunahme des aggregierten Transaktionsvolumens verantwortlich. Mit anderen Worten lässt sich ein Trend zu immer größeren Mergern feststellen.
- Mit wertmäßigen Anteilen von bis zu 27 % an den Transaktionen in allen Branchen ist die Mergertätigkeit unter Finanzdienstleistern als außerordentlich hoch zu bezeichnen.
- Während in den USA – nicht zuletzt aufgrund regulatorischer Beschränkungen – zunächst eine Konsolidierung innerhalb bestimmter Sektoren (Commercial Banks, Investmentbanken, Versicherungen) stattgefunden hat, finden innerhalb von Europa bereits verstärkt sektorübergreifende Zusammenschlüsse statt.
- Grenzüberschreitende Transaktionen sind tendenziell größer als nationale. Dabei ist ein Trend zu verstärkter Internationalisierung für Europa noch nicht nachweisbar.
- Die Konsolidierung hat in verschiedenen Ländern einen unterschiedlichen Stand erreicht. Tendenziell hat die Konzentration in den letzten Jahren in allen betrachteten Ländern zugenommen. Kleine Länder haben typischerweise eine höhere Konzentrationsrate.

4.3 Übernahmemotive in der Literatur

4.3.1 Überblick und Einführung einer synergiebasierten Systematik

Die Liste potenzieller Motive für Bankübernahmen ist lang; sie umschließt Motive, die auf die Marktstellung der Bank abstellen (Marktmacht), auf ihre operative Effizienz (economies of scale und scope), auf die Verbesserung ihrer Technologie und ihres Management (Transfer von Know-how), auf die Reduzierung ihres operativen Risikos (Risikodiversifikation und Einkommensstabilität) sowie auf opportunistische Managementinteressen [vgl. Hawawini/Swary 1990, S. 23-26; Bernet 1998; Börner 1998, S. 36; Smith/Walter 1998, S. 31]. Weiterhin kann eine Übernahme ‚lediglich' finanziell vorteilhaft sein, wenn eine Unterbewertung eine günstige Kaufgelegenheit bietet [vgl. Hawawini/Swary 1990, S. 23-26].

Die Motive werden von der aktuellen Literatur dabei relativ zusammenhangslos aufgelistet. Diese wenig integrierte Darstellung macht ihre Systematisierung als Grundlage für eine Theorie von Bankübernahmen sowie im Hinblick auf praxisorientierte Gestaltungsempfehlungen schwierig. Die Einbindung der Motive in eine ökonomisch fundierte Theorie erfolgt aller Regel nach nicht.[21] Eine klarere Systematik der Motive lässt sich als erster Schritt erzeugen, wenn man zwischen wert- und managementorientierten Motiven unterscheidet [vgl. Roll 1988, S. 243-244; Seth 1990, S. 100; für Banken Hawawini/Swary 1990, S. 23]. Wertorientierte Motive umfassen sämtliche rationalen Motive, die sich in einer Anteilseignerperspektive dem Unternehmenswert verpflichtet sehen. Managementorientierte Motive umfassen opportunistische und letztlich nur individuell rationale Motive des Management, das die Durchführung einer Übernahme vorantreibt. Dieser einfachen Dichotomie folgt auch diese Arbeit [vgl. Abbildung 4-1]. Wertorientierte Motive lassen sich in Synergieeffekte und Arbitrageeffekte unterteilen. Synergien zielen auf eine Verbesserung der Marktstellung einer Bank oder die Verbesserung ihrer Effizienz ab. Arbitrageeffekte streben ausschließlich nach finanziellen Vorteilen der übernehmenden Bank, die eine günstige Kaufgelegenheit aufgrund der Unterbewertung des Kaufobjektes nutzen will, weil sie sich für besser informiert als der Markt hält. Managementorientierte Motive bestehen in der Verfolgung eigener Interessen von Status, Einkommen und Macht. Unter diese Kategorie ist auch die Selbstüberschätzung des Management (Hybris) zu subsumieren. Selbstüberschätzung liegt vor, wenn das Management für sich in Anspruch nimmt, systematisch am Kapitalmarkt unterbewertete Unternehmen aufspüren zu können [vgl. Roll 1986].

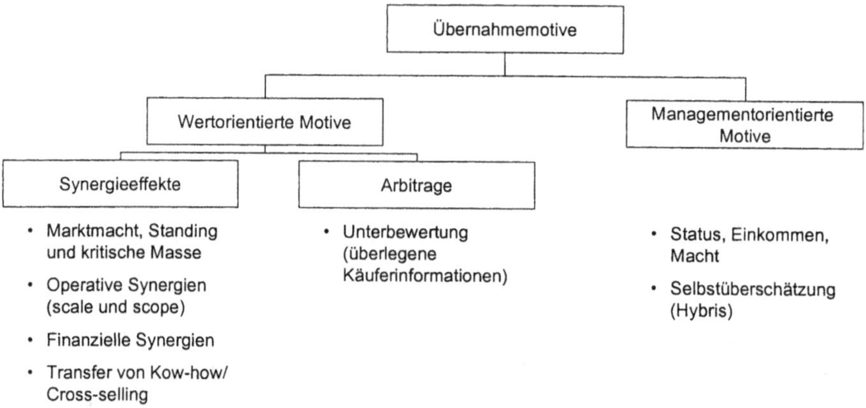

Abbildung 4-1: Übernahmemotive der Literatur

Die vorgenommene Skizze des Hybris-Motivs verdeutlicht, dass das Motiv der Arbitrage durch einen Erwerb unterbewerteter Unternehmen ohne strategische Integrationsabsichten anstelle den wertorientierten auch den managementorien-

[21] Eine Ausnahme von dieser Kritik bilden Untersuchungen zur Rolle opportunistischer Managementmotive, die auf die Agency Theorie rekurrieren [vgl. 4.3.4.1].

tierten Motiven zugeordnet werden kann. Damit wird es in einer weniger vorteilhaften Sicht interpretiert. Selbst wenn Arbitrageeffekte möglich sein sollten, so sind sie aufgrund der fehlenden operativen Integrationsabsicht nur schwer mit der strategischen Perspektive dieser Arbeit vereinbar. Daher werden sie als wertorientiertes Übernahmemotiv hier nicht behandelt. Im Folgenden soll daher der Stand der Literatur und der empirischen Forschung zu Synergieeffekten als Übernahmemotiv auf der einen und managementorientierten Übernahmemotiven auf der anderen Seite analysiert werden. Vorab muss der Synergiebegriff präzisiert werden. Dieser wird herangezogen, um strategische – weil wertorientierte – Motive genauer zu systematisieren.

In der Betriebswirtschaftslehre bezeichnen Synergien das Zusammenwirken unterschiedlicher Unternehmen oder unterschiedlicher Unternehmensteile [vgl. Ansoff 1968, S. 72; Welge 1976; Reißner 1992, S. 104]. Obwohl der Synergiebegriff ex ante keineswegs eine positive Auswirkung des Zusammenwirkens impliziert, werden Synergien in der Regel als positive Effekte aufgefasst. Synergien können aber entgegen dem geläufigen Sprachgebrauch durchaus negativ sein [vgl. Welge 1976; Reißner 1992, S. 105; Becker 1999, S. 162]. Negative Synergien können als Dyssynergien bezeichnet werden und zumindest analytisch von den positiven Effekten getrennt behandelt werden [vgl. etwa Becker 1999, S. 176]. Zudem treten Integrationskosten auf, die den aggregierten Wertbeitrag aus positiven Synergien und Dyssynergien schmälern können [vgl. etwa Gaughan 1996, S. 104-105]. Integrationskosten müssen allerdings nur einmalig aufgewendet werden, während mit Synergien nachhaltige Effekte bezeichnet werden. Da positive und negative Effekte zugleich auftreten, muss die Vorteilhaftigkeit einer Übernahme anhand der aggregierten Größen bemessen werden. Der Einfachheit halber soll im Fall eines positiven aggregierten Wertbeitrags aus positiven Synergien, Dyssynergien und Integrationskosten von positiven aggregierten Synergien gesprochen werden.

Das Vorliegen positiver aggregierter Synergieeffekte wird oftmals beschrieben als das Ganze, welches mehr sei als die Summe seiner Teile[22] [vgl. Bühner/Spindler 1986, S. 601] oder – unter einem wertmäßigem Aspekt – mit Cash-flows einer gemeinsamen Unternehmensgruppe, welche größer seien als die einzelnen Cash-flows der separaten Unternehmen [vgl. Salter/Weinhold 1979, S. 136]. Damit ergibt sich bei positiven aggregierten Synergien eine Steigerung des Unternehmenswertes, der sich als Kapitalwert ausdrücken lässt. Das Streben nach positiven aggregierten Synergieeffekten liegt letztlich jedem rational begründbaren Zusammenschluss zu Grunde [vgl. Mueller 1969, S. 652-653; für Bankzusammenschlüsse vgl. Brunner 1994, S. 191].

Auch wenn das Synergiekonzept in der Regel diffus und unscharf genutzt wird, soll es an dieser Stelle für eine erste Systematik wertorientierter Übernahmemoti-

---

22 Plakativ lässt sich dies auch als „2 + 2 = 5“ Effekt umschreiben, wie schon bei Ansoff [vgl. 1968, S. 72].

ve von Banken herangezogen werden. Da Synergien einen Werteffekt darstellen, können sie sowohl kosten- als auch erlösseitig wirken [vgl. schon Ansoff 1968, S. 74-75]. Damit unterscheiden sie sich von ökonomischen Konzeptionen der economies of scale und scope, die in der Regel rein kostenorientiert definiert werden [vgl. etwa Panzar/Willig 1981]. Economies of scale beschrieben dabei größeninduzierte Kostendegressionen, während economies of scope auf einen äquivalenten Effekt durch die gemeinsame Herstellung verschiedener Produkte oder Dienstleistungen abstellt; sie stellen damit einen Verbundeffekt dar. Diese Begriffsauffassung von economies of scale und scope soll hier beibehalten werden. Andere Synergien wie Marktmacht, die Verbesserung des Standings, die Ausdehnung der Geschäftsmöglichkeiten durch Überschreiten einer kritischen Masse, Cross-selling und der Transfer von Know-how wirken primär erlösseitig.

Werteffekt	Größeneffekte	Verbundeffekte
Erlöse	Marktmacht, Standing und kritische Masse	Transfer von Know-how Cross-selling
Kosten	Operative Synergien (Economies of scale)	Operative Synergien (Economies of scope) Finanzielle Synergien (Risikodiversifikation)

Abbildung 4-2: Systematisierung der Synergiearten aus der Literatur

Unterscheidet man ähnlich der Dichotomie von economies of scale und scope zwischen reinen Größeneffekten und Verbundeffekten, die jeweils Erlös- und Kostenaspekte beinhalten, so kann man die Synergien entsprechend Abbildung 4-2 systematisieren [vgl. ähnlich Porter 1987, der in Sharing und Transfer aufteilt]. Marktmacht, Standing, die Erzielung kritischer Masse zur Ausdehnung der Geschäftsmöglichkeiten und economies of scale lassen sich eindeutig den Größeneffekten zuordnen. Der Transfer von Know-how und die Möglichkeit zum Cross-selling kommen dabei ebenso wie economies of scope vornehmlich durch die Kombination von Banken mit unterschiedlichen Produkten oder Kundengruppen zustande. Finanzielle Synergien ergeben sich zwar auch aus einem Größeneffekt, sie können aber primär durch eine regionale und kunden- oder produktbezogene Ausdehnung der Geschäftstätigkeit erzielt werden, so dass sie zu den Verbundeffekten subsumiert werden.

Finanzielle Synergien entstehen primär durch die Risikodiversifikation von Cashflows. Ihre Zuordnung zu den wertorientierten Motiven bedarf einer kurzen Erläuterung. Aufgrund des Effekts der Glättung von Ergebnisschwankungen kann Risikodiversifikation als ein Managementmotiv angesehen werden, das der Arbeitsplatzsicherung dient [vgl. Morck/Shleifer/Vishny 1990, S. 32]. Diversifikationseffekte dienen immer dann Anteilseignerinteressen, wenn diese die Effekte nicht selbst erzielen können [vgl. Seth 1990, S. 105]. Eine reine Cash-flow Diversifikation zur Einkommensstabilisierung auf Konzernebene ist daher tendenziell den Managementinteressen zuzuordnen. Für Geschäftsbanken ist die Diversifikation der Risiken aus ihrem Aktivgeschäft besonders relevant. Diese ist der Transformationsfunktion zuzuordnen, für die gezeigt worden ist, dass sie aufgrund von Marktversagensgründen durch Banken als Finanzintermediäre durchgeführt wird [vgl. 2.3.3]. Anteilseigner können die Risikodiversifikation aus dem Aktivgeschäft von Banken eben nicht selbst nachbilden, so dass diese finanziellen Synergien den wertorientierten Motiven zuzurechnen sind. In der detaillierten Analyse werden die verschiedenen Aspekte finanzieller Synergien noch einmal differenziert betrachtet [vgl. 4.3.2.3.3].

Die folgenden Ausführungen besprechen die Literatur zu den aufgeführten Synergieeffekten als Motiv für Bankmerger. Dabei wird zunächst mit einigen grundsätzlichen Anmerkungen auf die Problematik der ökonometrischen Empirie eingegangen, die für den Nachweis der angenommenen Synergien in der Literatur herangezogen wird. Anschließend werden vorliegende Arbeiten zu managementorientierten Motive für Bankübernahmen unter Berücksichtigung der Ergebnisse der ökonometrischen Empirie en détail analysiert. Dyssynergien und Integrationskosten wird ein eigener Abschnitt gewidmet. Bevor das Kapitel mit einem Zwischenfazit schließt, werden managementorientierte Motive für Bankübernahmen besprochen. Zu diesem Zweck werden – nach einer einführenden Betrachtung der diesen Motiven theoretisch zugrundeliegenden Agency Theorie – empirische Ergebnisse für die Dominanz wert- oder managementorientierter Motive für Bankübernahmen zusammengefasst.

4.3.2 Synergien als Wertsteigerungspotenzial

4.3.2.1 Zur ökonometrischen Empirie

Die im vorliegenden Zusammenhang relevante Empirie lässt sich grundlegend in bilanzorientierte ökonometrische und aktienwertorientierte Untersuchungen unterscheiden [vgl. etwa Bühner 1990a und 1990b]. Wertorientierte Untersuchungen werden nachfolgend im Rahmen der Fragestellung herangezogen, ob bei Bankzusammenschlüssen primär Motive eine Rolle spielen, die das Management mit ihren Eigeninteressen oder die Anteilseigner mit ihren Wertsteigerungswünschen in den Mittelpunkt stellen. Eine Besprechung ihres Aufbaus und ihrer Problematik wird daher bis zur Erläuterung der Empirie zu managementorientierten Übernahmemotiven zurückgestellt [vgl. 4.3.4.2]. Ökonometrische Studien streben hingegen danach, die empirischen Relevanz der Synergieeffekte zu belegen, die in diesem Abschnitt analysiert werden.

Ökonometrische Studien haben eine ausgeprägte Tradition bei der Beurteilung von Skaleneffizienzen. Dabei wird auf der Basis von Bilanzdaten für eine Stichprobe eine Kostenfunktion (Effizienzlinie) in Abhängigkeit von der Unternehmensgröße ermittelt. Die Effizienzlinie wird in der Regel anhand der Kostenposition der Banken im effizientesten Quartil ermittelt [vgl. etwa Berger/Humphrey 1991]. Abweichungen der anderen Banken von dieser Effizienzlinie werden als X-Effizienz aufgefasst [vgl. etwa Berger/Humphrey 1991]. Einige Studien ermitteln die Kosten in Abhängigkeit vom Output-Mix und können so Verbundeffekte nachweisen [vgl. etwa Berger/Hanweck/Humphrey 1987]. Studien jüngeren Datums beziehen zusätzlich die Erlösseite mit ein, so dass auch ertragsseitige Synergien nachgewiesen werden können [vgl. etwa Berger/Mester 1997]. Diese Studien sind durch eine statische Perspektive gekennzeichnet, da sie Effizienzen unabhängig von konkreten Zusammenschlüssen ermitteln. Dynamische Studien rekurrieren hingegen auf die Effizienzveränderung von Banken infolge von Übernahmen [vgl. etwa Peristiani 1997]. Solche Studien haben den Vorteil, dass sie auch Veränderungen der X-Effizienz erfassen, die im Zuge einer Fusion erreicht werden können, indem die sich zusammenschließenden Banken mit ihrer relativen Kostenposition näher an die Effizienzlinie rücken [vgl. Berger/Demsetz/Strahan 1999, S. 162].

Die bestehende Messproblematik lässt sich anhand der Studien zu Skaleneffizienzen schildern, die bislang die weiteste Verbreitung gefunden haben. Dem Intermediation Approach[23] folgend wird auf der Suche nach Skaleneffekten über die exogenen Variablen der Inputpreise (Zinsaufwand pro Bilanzsummeneinheit, Personalaufwand, ...) und Outputmengen (Kredite und Dienstleistungsangebote) eine Kostenfunktion geschätzt, die den gesuchten Zusammenhang von Betriebsgröße und durchschnittlichen Gesamtkosten wiedergibt. Dabei definiert sich die gesuchte kosteneffiziente Betriebsgröße über die verwendeten Outputfaktoren [vgl. Hartmann-Wendels/Pfingsten/Weber 1998, S. 79; s. bspw. Lang/Welzel 1997]. Problematisch ist zunächst, dass die Ergebnisse stark von der verwendeten Kostenfunktion abhängen [vgl. McAllister/McManus 1993]. Weiterhin ist eine sinnvolle Operationalisierung der Variablen nicht trivial, so bringt die geläufige Verwendung der Bilanzsumme schwerwiegende Probleme mit sich: Erstens sind Bilanzgrößen einem erheblichen Ermessensspielraum ausgesetzt [vgl. auch Pilloff/Santomero 1998, S. 63] und zweitens wird mit der Bilanzsumme das immer mehr an Bedeutung gewinnende außerbilanzielle Geschäft nicht erfasst [vgl. Be-

[23] Hierzu konkurriert der seltener verwendete Production Approach, der die Bank als Produzent von Konten ansieht. Da auf der Kostenseite keine wertmäßigen Faktoren wie Zinsaufwendungen betrachtet werden, berücksichtigt der Ansatz lediglich die Anzahl der Konten. Zinsaufwendungen sind bei Banken aber zu den Produktionsfaktoren zu zählen. Insgesamt werden mit dem Ansatz die Transformationsleistungen von Banken unzureichend abgebildet [vgl. Freixas/Rochet 1997, S. 78-79], so dass diesen Ansätzen hier keine weitere Aufmerksamkeit geschenkt werden soll [zu einem kritischen Überblick vgl. auch Hartmann-Wendels/Pfingsten/Weber 1998, S. 75-81].

cker 1999, S. 134; s. auch Hartmann-Wendels/Pfingsten/Weber 1998, S. 76-79]. Das Gros der Empirie zieht Daten amerikanischer Banken heran. Hier ergibt sich aus europäischer Perspektive zusätzlich die Problematik der Übertragbarkeit der Ergebnisse.[24]

Neben der Messproblematik besteht ein weiterer fundamentaler Kritikpunkt an dem Gehalt ökonometrischer Aussagen. Die Studien argumentieren auf Ebene der Gesamtbank. Sie bilden damit keine Effizienzgewinne ab, die in einzelnen Geschäftsbereichen realisiert werden. Damit werden Unterschiede zwischen Privat- und Firmenkundengeschäft unzureichend berücksichtigt, da der Filialvertrieb vernehmlich im Privatkundengeschäft einen großen Kostenblock ausmacht, Kredite an beide Kundengruppen als Outputgröße bei einer Bilanzsummenbetrachtung aber pauschal zusammengefasst werden [vgl. ähnlich Uhle 1993, S. 263]. Effizienzgewinne in Teilbereichen der Bank können aber ein eigenständiges Übernahmemotiv darstellen.

Aufgrund der vielen Kritikpunkte äußern sich Autoren skeptisch zum Aussagegehalt der Empirie [vgl. etwa Börner 1998, S. 38]. Im Vordergrund dieser Arbeit stehen konzeptionelle Überlegungen zu Synergiepotenzialen. Im Rahmen der folgenden Analyse erlös- und kostenbasierter Synergieeffekte werden die Ergebnisse der empirischen Literatur begleitend zusammengefasst. Ihr Aussagegehalt sollte vor dem Hintergrund der an dieser Stelle formulierten Kritik eingeschätzt werden.

4.3.2.2 Erlössynergien

4.3.2.2.1 Marktmacht, Standing und kritische Masse

Das Marktmachtmotiv

Die Erzielung von Marktmacht kann als wesentliches ökonomisches Ziel von Unternehmensübernahmen gewertet werden [vgl. Seth 1990, S. 101]. Aus unternehmensindividueller Sicht ermöglicht eine marktbeherrschende Stellung Einflussnahme auf die Preisgebung in einer Industrie und damit die Erwirtschaftung von Monopolrenditen [vgl. Seth 1990, S. 101; Börner 1998, S. 36]. Aus gesamtwirtschaftlicher Sicht ergeben sich aus der damit einhergehenden Angebotsverknappung allerdings Wohlfahrtsverluste. Aus diesem Grund sind Wettbewerbsbehörden bestrebt, den Aufbau von marktbeherrschenden Wettbewerbspositionen einzelner Unternehmen zu verhindern und damit einen funktionierenden Wettbewerb zu gewährleisten [vgl. Börner 1998, S. 37].

---

[24] Aufgrund einiger ähnlicher Ergebnisse der wenigen europäischen Studien, äußert sich Becker positiv zur angesprochenen Übertragbarkeit [vgl. 1999, S. 142]. Allerdings mahnt auch er zur Vorsicht im Umgang mit den Ergebnissen [vgl. 1999, S. 141].

Das Marktmachtmotiv ist bei horizontalen Mergern gleichartiger, d.h. auf die gleichen Kundengruppen und Produkte ausgerichteter Banken innerhalb eines Marktes relevant, bei denen sich die Marktanteile der beteiligten Institute mehr oder weniger direkt addieren lassen [vgl. Berger/Demsetz/Strahan 1999, S. 152]. Erlangt das fusionierte Institut eine marktbeherrschende Stellung, so kann es durch Einflussnahme auf die Preisgestaltung Monopolrenditen erwirtschaften [vgl. Börner 1998, S. 36; Berger/Demsetz/Strahan 1999, S. 152].

Es stellt sich die Frage des relevanten Marktes, bei der stark zwischen Privat- und Firmenkundengeschäft zu unterscheiden ist. Relevant ist das Marktmachtmotiv insbesondere im lokal ausgerichteten Privatkundengeschäft. Im Firmenkundengeschäft und insbesondere im Investment Banking herrschen keine lokalen, sondern nationale und internationale Märkte vor. Eine marktbeherrschende Stellung in dieser Dimension kann derzeit wohl keiner Bank zugesprochen werden [vgl. Berger/Demsetz/Strahan 1999, S. 152]. Unterstützt werden diese Argumente mit einem Blick auf die zumeist geringen Konzentrationsraten [vgl. 4.2].

Empirische Ergebnisse

Wenn die Überlegungen zum Marktmachtmotiv korrekt sind, so sollten sich im Zuge von Bankzusammenschlüssen aus Kundensicht negative Auswirkungen auf die Preise von Bankdienstleistungen nachweisen lassen. Vor dem Hintergrund der obigen Überlegungen sollten in einer empirischen Analyse vornehmlich lokale Retailmärkte untersucht werden.

Empirische Arbeiten zum Marktmachtmotiv sind hauptsächlich für die USA durchgeführt worden [vgl. hierzu Berger/Demsetz/Strahan 1999, S. 152-157]. Statische Untersuchungen analysieren die Auswirkung der Marktkonzentration auf Preise und Profitabilität. Bei der Untersuchung der Profitabilität kann allerdings nicht ausreichend zwischen kosten- und erlösseitigen Effekten unterschieden werden. Daher sollen hier nur die Ergebnisse bezüglich der Auswirkungen der Marktkonzentration auf Preise wiedergegeben werden. Ein Großteil der statischen Studien aus den achtziger Jahren konnte für konzentriertere lokale Märkte in den USA höhere Zinsraten auf kleine Firmenkredite und eine vergleichbar geringere Verzinsung der Einlagen feststellen. Auch reagieren Zinsen in konzentrierten Märkten schwerfälliger auf Veränderungen des allgemeinen Zinsniveaus.

Dynamische Studien untersuchen direkt die Auswirkungen von Bankzusammenschlüssen ohne den ‚Umweg' über die Konzentrationsrate. Insbesondere eine Studie zu Bankmergern der achtziger Jahre, die unter Beobachtung der amerikanischen Aufsichtbehörden standen, fand Auswirkungen auf die Einlagenverzinsung [vgl. Berger/Demsetz/Strahan 1999, S. 155]. Unter diesem Blickwinkel scheint das Marktmachtmotiv durchaus eine Rolle für Bankmerger zu spielen. Es spricht allerdings vieles dafür, dass sich der Wettbewerb seit den achtziger Jahren entscheidend verschärft hat und Institute auch in lokal begrenzten Märkten nicht in der Lage sind, übermäßige Preise zu verlangen. Die Rahmenbedingungen unterliegen starken Veränderungen [vgl. Kapitel 3], von denen insbesondere die technologischen Möglichkeiten im Vertrieb und die Wechselbereitschaft der Kunden, die Möglichkeit einzelner Institute in Zweifel ziehen, Marktmacht ausüben zu können [vgl. auch Lang/Welzel 1996, S. 1004].

Standing und kritische Masse

Auf zwei Aspekte, die mit dem Marktmachtmotiv in Zusammenhang stehen, soll an dieser Stelle noch hingewiesen werden. Große Institute haben oftmals ein besseres Standing bei ihren Kunden [vgl. Adolf/Cramer/Ollmann 1991, S. 8; Uhle 1993, S. 263; Becker 1999, S. 164]. Ein gutes Standing impliziert einen Reputationseffekt, der auf die Größe und Präsenz einer Bank im Markt zurückzuführen ist. Kreditinstitute können dadurch ihre Verhandlungsposition stärken und gegebenenfalls höhere Preise durchsetzen. Allerdings ist zu bedenken, dass kleinere Institute in Spezialgebieten ebenfalls ein gutes Standing erreichen können, wie es beispielsweise die Erfolge der Privatbankiers in der Vermögensverwaltung belegen. Dabei kann ein aus Größeneffekten resultierendes Standing nur schwer von einer auf Produktkompetenzen beruhenden, langfristig aufgebauten Reputation unterschieden werden, die sich aus den positiven Erfahrungen der Kunden entwickelt. Analog zum Standing lassen sich auch auf der Basis der Reputation Erträge erzielen [vgl. 2.3.2; für das Emissionsgeschäft s. Neus 1993].

Weiterhin ist zu bedenken, dass einige Geschäfte erst bei Überschreiten bestimmter Mindestgrößen rentabel durchführbar sind [vgl. Pilloff/Santomero 1998, S. 61]. Relativ hohe Mindestgrößen haben beispielsweise das globale Handelsgeschäft mit Derivaten [vgl. Börner 1998, S. 41] sowie der Zugang zu einigen privatwirtschaftlich organisierten Clearingsystemen [vgl. Riedl 2000, S. 43]. Ein Angebot an Kunden und damit die Erzielung von Erträgen ist in diesen Geschäftsfeldern erst ab bestimmten Mindestgrößen möglich, da die Investitionskosten Markteintrittsbarrieren für kleinere Institute darstellen und der operative Betrieb aufgrund der Fixkostenintensität auf ausreichende Volumina angewiesen ist [vgl. Becker 1999, S. 137]. Neben den Investitions- und Betriebserfordernissen stellt der Umfang des haftenden Eigenkapitals eine Größenrestriktion für die Geschäftsmöglichkeiten einer Bank dar. Die aufsichtsrechtlichen Anforderungen der Großkreditregelung des §13 KWG erlauben eine Ausdehnung des Geschäftsvolumens bei Zunahme des haftenden Eigenkapitals [vgl. Becker 1999, S. 172]. Durch einen Zusammenschluss lassen sich entsprechende Synergieeffekte realisieren, wenn eines der Institute ungenutzte Eigenkapitalreserven in den Zusammenschluss einbringt [vgl. Uhle 1993, S. 261]. Damit kann erstens ein größerer Anteil der vergebenen Kredite des zusammengeschlossenen Instituts unterhalb der Großkreditgrenze bleiben und zweitens das Geschäftsvolumen im Kreditbereich aufgrund der ausgedehnten Eigenkapitalbasis insgesamt ausgedehnt werden. Durch die Erhöhung der Obergrenze für Großkredite ergeben sich auch neue Geschäftsmöglichkeiten, über die neue Kundengruppen erschlossen werden können [vgl. Becker 1999, S. 172]. So können insbesondere im Investment Banking größere Finanzierungsvolumina angeboten werden [vgl. Uhle 1993, S. 262], die als Zwischenfinanzierungen oder im Underwriting erforderlich sind. Einer Umfrage unter Bankvorständen von Lausberg und Rose zufolge gehört die Erzielung kritischer Masse zu den vordringlichen Motiven für Bankmerger [vgl. 1995].

4.3.2.2.2 Transfer von Know-how und Cross-selling

Cross-selling und Know-how Transfer sind zwei teilweise miteinander verbundene Aspekte, die zu ertragsseitigen Verbundeffekten führen können. Cross-selling bezeichnet dabei die Möglichkeit des Absatzes bestehender Produkte an neue Kunden [vgl. Brunner 1994, S. 208]. Im Rahmen des Cross-selling ist zunächst die Zusammenführung von Produkten und Kunden relevant, eine besondere Bedeutung kommt auch neuen regionalen Märkten zu. Der Transfer von Know-how ist sowohl ein begleitender Aspekt des Cross-selling als auch ein eigenständiges Übernahmemotiv.

Durch eine Übernahme kann einer Bank eine neue Kundengruppe zum Absatz ihrer Dienstleistungen zugänglich gemacht werden oder es können einer bestehenden Kundengruppe neue Dienstleistungen angeboten werden [vgl. Brunner 1994, S. 208]. Synergien liegen also in beiden Richtungen vor. Tebroke spricht von einer Attraktivitätssteigerung des fusionierten Instituts durch gestiegenen Umfang und Qualität des Leistungsangebots [vgl. 1993, S. 229]. Aus Kundensicht kommt es so zu einer Vervollständigung des Sortiments, was zu einer Senkung kundenseitiger Transaktionskosten führt [vgl. Berger/Hanweck/Humphrey 1987, S. 503-504; Brunner 1994, S. 208; Smith/Walter 1998, S. 32]. Schlagworte wie Allfinanzkonzept oder One-stop-banking weisen auf die Erhöhung des akquisitorischen Potenzials hin [vgl. Börner 1998, S. 42]. Durch die Übernahme wird gleichsam funktionales und produktbezogenes Know-how erworben, das zu den Voraussetzungen für das erweiterte Angebot gehört [vgl. ähnlich Adolf/Cramer/Ollmann 1991, S. 7].

Im Rahmen des Vordringens einer Bank in neue geographische Märkte mittels Übernahme kann der Erwerb regionaler Vertriebskapazitäten und Marktkenntnisse zu Synergieeffekten führen [vgl. Adolf/Cramer/Ollmann 1991, S. 6]. Durch ein ausgedehntes Vertriebsnetz wird eine überregionale Betreuung von Privat- und Firmenkunden ermöglicht. Gerade bei internationalen Zusammenschlüssen steht der Firmenkundenbereich im Vordergrund. Im Firmenkundengeschäft und Investment Banking haben die Aktivitäten vieler Kunden eine internationale Dimension, die eine entsprechende Betreuung und ein Mitwachsen der Bank erfordern [vgl. Röller 1992; Becker 1999, S. 216-217]. Weiterhin erwirbt eine Bank durch grenzüberschreitende Übernahmen eine lokale Expertise, die im Zusammenhang mit dem bestehenden Produktangebot und Kundenbeziehungen genutzt werden kann [vgl. Becker 1999, S. 216].

Der Transfer von Know-how ist aufgrund des Dienstleistungscharakters von Bankgeschäften und der Beteiligung des Kunden bei der Leistungserbringung in der Mehrzahl der Fälle für die Ausweitung des Sortimentsumfangs oder das Vordringen in neue Märkte erforderlich. Beispielsweise haben deutsche Großbanken durch die Akquisition britischer Investmentbanken das Produktangebot für ihre Kundenbasis im Firmenkundengeschäft erweitert und ihre Expertise im Kapitalmarktgeschäft ausgebaut. Gleichzeitig haben sie lokales Know-how für den wichtigen Finanzplatz London eingekauft [vgl. auch Büschgen 1999, S. 955]. Darüber hinaus ist auch der Transfer von allgemeinem Management- oder funktionalen Know-how von Bedeutung für Bankzusammenschlüsse [vgl. allgemein Salter/Weinhold 1979, S. 136; Haspeslagh/Jemison 1991, S. 30-31; bankspezifisch Adolf/Cramer/Ollmann 1991, S. 6-7]. Mitarbeiter-Austauschprogramme können dazu führen, dass das neue Wissen schnell in die Gesamtbank diffundiert [vgl. Brunner 1994, S. 202].

Empirische Ergebnisse

In einer Umfrage von Lausberg und Rose [vgl. 1995, S. 181], die 61 Bankvorstände schriftlich nach ihrer Einschätzung zu Mergermotiven befragt hat, ist der Eintritt in neue geographische Märkte als Bestandteil einer Internationalisierungsstrategie das zweit wichtigste Motiv für Bankmerger, nach der Realisierung von Skaleneffekten. Verbundeffekte zum Eintritt in neue Märkte scheinen von den Praktikern allerdings differenzierter betrachtet zu werden als Größeneffekte. Neben dem Internationalisierungsmotiv wird der Aspekt der Risikodiversifikation als wichtig angesehen, die hier im Vordergrund stehende Sortimentserweiterung zum Cross-selling findet weitaus weniger Beachtung. Die Akquisition von Produkt-Know-how wird allerdings häufiger genannt.

Weitere empirische Resultate sind wenig aussagekräftig. Ökonometrische Studien, die Ertragsaspekte berücksichtigen, kommen in der Regel zu dem Schluss, dass Ertragsverbesserungen auf die bessere Diversifizierung von Risiken zurückzuführen sind [vgl. Berger/Demsetz/Strahan 1999, S. 160 und 163]. Eine dynamische Studie zu europäischen Bankübernahmen kommt allerdings zu dem Ergebnis, dass internationale Übernahmen die Effizienz verbessern. Aufgrund der nur geringen Integration im Rahmen des Zusammenschlusses wird dies auf einen Transfer von „managerial and intermediation technology" zurückgeführt [Vennet 1996, S. 1552].

4.3.2.3 Kostensynergien

4.3.2.3.1 Economies of scale

Während die bereits besprochenen Übernahmemotive auf Ertragsverbesserungen abzielen, sollen mit den folgenden Synergieeffekten vornehmlich Kosteneffizienzen realisiert werden. Economies of scale bzw. Skaleneffekte wollen diese durch eine Erhöhung der Ausbringungsmenge erreichen, die zu einer Reduzierung der

Stückkosten führt [vgl. Schmid 1993, S. 530; Börner 1998, S. 37; Becker 1999, S. 133]. Dabei werden fixe Kosten, die einem unteilbaren und kapazitätsmäßig nicht ausgelasteten Produktionsfaktor zuzuschreiben sind, auf eine erhöhte homogene Ausbringungsmenge verteilt [vgl. Seth 1990, S. 101-104]. Es bietet sich an, die Analyse analog der Systematik bankbetrieblicher Einsatzfaktoren nach Deppe in einen technisch-organisatorischen und einen liquiditätsmäßig-finanziellen Bereich zu unterteilen [vgl. 1969, S. 17-35; 1978; s. ausführlich 7.2.2].[25] Im organisatorischen Bereich treten neben den Unteilbarkeiten Lerneffekte auf, die als Skaleneffekte zu klassifizieren sind. Im liquiditätsmäßig-finanziellen Bereich sind Liquiditätshaltung und Finanzierungskosten zu unterscheiden. Abbildung 4-3 gibt einen Überblick der potenziellen Quellen kostenorientierter Skaleneffekte.

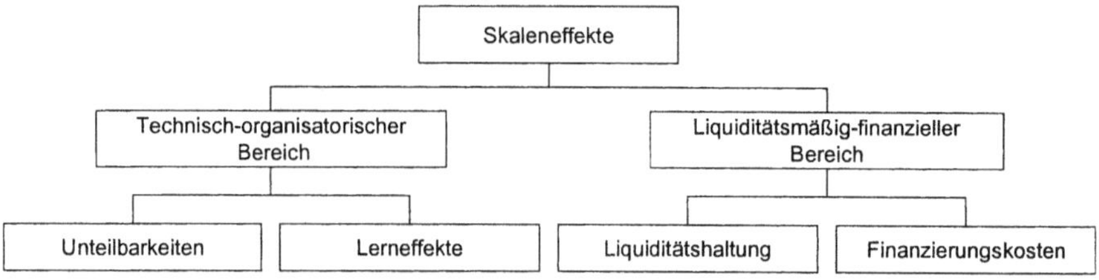

Abbildung 4-3: Systematisierung potenzieller Quellen für positive Skaleneffekte in Banken

Skaleneffekte im technisch-organisatorischen Bereich

Skaleneffekte im technisch-organisatorischen Bereich lassen sich in einer Zeitpunktperspektive zunächst auf der Basis von Unteilbarkeiten realisieren. In einer Zeitraumbetrachtung lassen sich positive Skalenerträge auch aus Lernkurveneffekten erzielen [vgl. Adolf/Cramer/Ollmann 1991, S. 5; Börner 1998, S. 38].

Stückkostendegressionen lassen sich in Bereichen mit fixkostenintensiven unteilbaren Produktionsfaktoren erzielen, bei denen die Zunahme der Ausbringungsmenge bzw. Transaktionshäufigkeit – dieser Begriff erscheint im Falle von Bankdienstleistungen adäquater – wenig Mehrkosten verursacht, weil die variablen Kosten verhältnismäßig gering sind. Der hohe unteilbare Fixkostenblock kann in diesem Fall auf eine vergrößerte homogene Transaktionsbasis verteilt werden. Als Resultat sinken die Durchschnittskosten pro Transaktion [vgl. etwa Becker 1999, S. 135].

Die Ausführungen machen bereits deutlich, dass positive Skaleneffekte insbesondere im Massengeschäft zu suchen sind [vgl. Becker 1999, S. 135]. Hier sollen

[25] Eine ähnliche Vorgehensweise wählen Brunner [vgl. 1994, S. 193] und Becker [vgl. 1999, S. 134].

einige wichtige Bereiche für positive Skaleneffekte beschrieben werden, ohne dabei Anspruch auf Vollständigkeit zu erheben:

- Im Filialnetz der Banken bestehen vielfach große Überkapazitäten. Eine Fusion ermöglicht eine verbesserte Kapazitätsauslastung und damit die Reduzierung erheblicher Fixkosten [vgl. Tebroke 1993, S. 229]. Entscheidend für den Erhalt der Kundenverbindungen ist dabei, dass der bestehende Service nicht leidet. Vielfach werden allerdings Erweiterungen (Mitarbeiter, Geschäftsmittel) bei der gemeinsamen Filiale notwendig sein, die das Kostensenkungspotenzial einschränken. Bei stark überlappenden Geschäftsbereichen geht man immerhin von 15 % bis 20 % der gemeinsamen Filialkosten aus [vgl. Adolf/Cramer/Ollmann 1991, S. 5].
- Im Back-office liegen aufgrund der hohen IT-Intensität – beispielsweise bei der Abwicklung des Zahlungsverkehrs – große Unteilbarkeiten vor [vgl. Uhle 1993, S. 260]. Allerdings gibt Börner einschränkend zu bedenken, dass zwei Banken nie die gleiche IT-Infrastruktur unterhalten werden [vgl. 1998, S. 39]. Dazu ist zu konstatieren, dass IT-Infrastrukturen in der Regel ineinander überführt werden, wenn beide Banken nicht lediglich unter das Dach einer Holding gebracht werden. Letztere erlaubt aber nicht die Erzielung der erwünschten Skaleneffekte [vgl. Johnston/Yetton 1996, S. 204]. So werden bei einer Vollfusion in der Regel die Rechenzentren beider Banken zusammengeführt. Dies ist zwar mit nicht unerheblichen Integrationskosten verbunden, allerdings lassen sich so die langfristig angestrebten Synergieeffekte erzielen [vgl. Penzel/Pietig 2000, S. 113-141]. Neben den reinen Hardwarekosten zählen zu den IT-Kosten auch Aufwendungen für die Programmentwicklung und -wartung, die sich auf der Basis integrierter IT-Infrastrukturen einsparen lassen [vgl. Brunner 1994, S. 195; Becker 1999, S. 137]. Ein pauschaler Vergleich hilft, die Dimension der Effekte einschätzen zu können: So wenden größere Institute ca. 10 % ihrer Gesamtausgaben ohne Zins- und Provisionsaufwand für EDV auf, während dieser Wert bei kleineren Instituten bei 13 % liegt [vgl. Adolf/Cramer/Ollmann 1991, S. 5]. Fallstudien zufolge beruhen die größten Kosteneinsparungsmöglichkeiten bei Bankmergern auf der Integration der Informationstechnologie sowie der betrieblichen Abläufe [vgl. Rhoades 1998, S. 285].
- Ähnlich wie im Bereich der Informationstechnologie besteht Kostensenkungspotenzial durch Zusammenschlüsse im Overheadbereich. Aufgaben wie Unternehmenssteuerung, Marketing, Aktienresearch oder Asset & Liability Management können zusammengelegt werden und durch die Vermeidung von Doppelaktivitäten und Personaleinsparungen zur Kostenreduktion beitragen [vgl. Brunner 1994, S. 197; Börner 1998, S. 39; Becker 1999, S. 135-136]. Auch hier geht man von 15 % bis 20 % der Gesamtkosten dieser Bereiche aus, die sich einsparen lassen [vgl. Adolf/Cramer/Ollmann 1991, S. 5]. Kosteneinsparungsmöglichkeiten durch Personalfreisetzungen zeigen sich in

diesem Zusammenhang auch in Fallstudien von Bankmergern [vgl. Rhoades 1998, S. 285].

- Immaterielle Ressourcen werden von der Betrachtung der Skaleneffekte oftmals ausgeklammert oder nur am Rande betrachtet. Dennoch ergeben sich Kosteneinsparungen durch die gemeinsame Nutzung von unteilbarer immaterieller Faktoren wie Informationen, Reputation, Image und Vertrauen, deren Aufbau und Pflege mit Kosten verbunden ist [vgl. etwa Brunner 1994, S. 196; Becker 1999, S. 135]. Informationen als Vorprodukt stellen dabei eine Art öffentliches Gut dar, bei dem die Beschaffungsaufwendungen nur einmalig anfallen [vgl. Schmidt 1993, S. 531].

Lernkurveneffekte beziehen sich auf Kosteneinsparungspotenziale im Zeitablauf [vgl. Börner 1998, S. 38]. Sie basieren vornehmlich auf Spezialisierungsvorteilen durch die Akkumulation von Erfahrungswissen. Sie sind damit dem technisch-organisatorischen Bereich zuzuordnen. Grundlage für Lernkurveneffekte ist die Wiederholung gleicher oder ähnlicher Aktivitäten im Zeitablauf [vgl. Adolf/Cramer/Ollmann 1991, S. 5]. Studien gehen davon aus, dass eine Verdoppelung der kumulierten Ausbringungsmenge zu einer Kosteneinsparung von bis zu 20 %-30 % führt [vgl. Staehle 1994, S. 613].

Börner sieht das Potenzial für Lernkurveneffekte skeptisch, da – wie er korrekt anführt – die Aggregation der Transaktionsvolumina sich nicht in Routinisierung im Zeitablauf niederschlägt [vgl. 1998, S. 38]. Tatsächlich können Lerneffekte nicht direkt durch einen Bankmerger erreicht werden. Ein Zusammenschluss kann die Erzielung von Spezialisierungsvorteilen aber erleichtern. Ausgehend von einer geringen Transaktionshäufigkeit können diese relativ schnell in wissensintensiven Bereichen erreicht werden [vgl. Adolf/Cramer/Ollmann 1991, S. 5]. Ein Beispiel ist der Zusammenschluss der Emissionsabteilungen zweier Banken, von denen sich eine in der gemeinsamen Bank auf Standard- und die andere auf Wachstumswerte spezialisiert. In einer zeitraumbezogenen Perspektive sind zusätzlich positive Effekte durch eine auf dem Gesetz der großen Zahl basierenden Verminderung von Auslastungsschwankungen zu erwarten, die beispielsweise eine erleichterte Planung ermöglicht [vgl. Börner 1998, S. 38]. So sind auch personelle Kapazitäten – beispielsweise in der Beratung – leichter auszulasten, was wiederum zu Lerneffekten führt [vgl. Brunner 1994, S. 195].

Skaleneffekte im liquiditätsmäßig-finanziellen Bereich

Nach dem technisch-organisatorischen ist der liquiditätsmäßig-finanzielle Bereich als Quelle für positive Skalenerträge zu besprechen, die sich im Liquiditätsmanagement und durch Reduzierung von Finanzierungskosten ergeben können.

Im Liquiditätsmanagement führt ein größeres Geschäftsvolumen, infolge der Gültigkeit des Gesetzes der großen Zahl, zu geringeren Zufallsschwankungen bei Ein- und Auszahlungen. Die Bank ist damit in der Lage ihre Liquiditätshaltung besser zu disponieren und ist zu einer geringeren Reservehaltung gezwungen [vgl.

Schmid 1993, S. 530; Börner 1998, S. 42]. Zudem kommt es bei der Ausdehnung des Kundenkreises zu einem relativen Anstieg kostengünstiger interner Buchungen [vgl. Tebroke 1993, S. 230]. Wesentliche Auswirkungen sind in diesem Bereich allerdings nur beim Zusammenschluss kleinerer Institute zu erwarten. Ähnliches gilt für Adressausfall- und Preisrisiken im Kreditgeschäft und im Eigenhandel [vgl. Börner 1998, S. 42]. Sie sind bei größeren Geschäftsvolumina prinzipiell besser abschätzbar. Für große Institute liegen die Potenziale bei der Risikodiversifikation allerdings vielmehr in einer breiteren Streuung der Risikoaktiva als in ihrer Volumenzunahme. Sie werden daher unten als Verbundeffekte analysiert [vgl. 4.3.2.3.3].

Schließlich ergeben sich Kosteneinsparungspotenziale bei den Finanzierungskosten, da nicht unerhebliche fixe Kosten der Emission bei Eigen-, Hybrid- oder Fremdkapital anfallen, die sich auf größere Volumina verteilen lassen [vgl. Seth 1990, S. 101; Adolf/Cramer/Ollmann 1991, S. 8; Becker 1999, S. 173]. Zusätzlich verlangen Investoren für Wertpapiere kleinerer Unternehmen – und dies gilt natürlich auch für Banken – höhere Risikoprämien, welche die Refinanzierung weiter verteuern [vgl. Becker 1999, S. 174].

Empirische Ergebnisse

In der bereits erwähnten Umfrage kommen Lausberg und Rose [vgl. 1995] zum Schluss, dass Kosteneinsparungen durch Größenvorteile aus Praktikersicht das bedeutendste Mergermotive darstellen. Der eng mit diesem Motiv verbundene Abbau von Überlappungen (bspw. im Filialnetz) nimmt den vierten Rang ein.

Im Mittelpunkt sollen hier die reichhaltigen Ergebnisse der ökonometrischen Studien zu Skaleneffizienzen stehen. Statische Studien beziehen ursprünglich keine Ertragsaspekte in die Betrachtung mit ein und fokussieren sich auf die Kostenseite. Dabei kommt es aufgrund der verwendeten Schätzfunktionen in der Regel zu einem flachen U-förmigen Kostenverlauf in Abhängigkeit von der Bankgröße [zu einer Kritik der verwendeten Kostenfunktionen vgl. McAllister/McManus 1993]. Damit ist es nicht verwunderlich, dass die Ergebnisse der entsprechenden Studien relativ einheitliche moderate positive Skaleneffekte für kleine Banken finden und moderate negative Skaleneffekte für große Banken. Die Studien weisen allerdings unterschiedliche Kostenminima auf. Wenn insbesondere kleinere Banken untersucht werden, finden sich Kostenminima zwischen US$ 75 und 300 Mio.; werden große Institute mit einer Bilanzsumme über US$ 1 Mrd. betrachtet, lassen sich positive Skaleneffekte bis zu einer Bilanzsumme von US$ 10 Mrd. nachweisen [vgl. Berger/Hunter/Timme 1993, S. 223; Berger/Demsetz/Strahan 1999, S, 158]. Die Skaleneffekte sind mit lediglich bis zu 5 % der Kosten als gering zu bezeichnen [vgl. Berger/Humphrey 1991, S. 146; Berger/Demsetz/Strahan 1999, S, 158]. Dies gilt insbesondere, da X-Ineffizienzen – als Abstand durchschnittlicher Banken von den Banken auf der Effizienzlinie bei konstanter Unternehmensgröße – sehr groß sind. X-Ineffizienzen können bis zu 25 % der Kostenbasis ausmachen und dominieren Skaleneffekte damit deutlich [vgl. Berger/Humphrey 1991, S. 146]. Mit nicht parametrischen Schätzfunktionen, welche die Unzulänglichkeiten anderer häufig verwendeter Kostenfunktionen zu beheben suchen, lassen sich positive Skaleneffekte bis US$ 500 Mio. nachweisen, bevor sich ein konstanter Kostenverlauf ohne positive oder negative Skaleneffekte einstellt [vgl. McAllister/McManus 1993, S. 404].

Das Datenmaterial aus den achtziger Jahren ist nach der Meinung vieler Autoren nicht in der Lage, Deregulierungen und jüngste technologische Innovationen zu berücksichtigen, die eine Bedeutung der Skaleneffekte tendenziell erhöht haben sollten [vgl. 3.5.3; s. auch ECB 2000, S. 22]. So finden Studien mit aktuellem Datenmaterial der Jahre 1990 bis 1995 bei relativ großen Bilanzsummen, d.h. zwischen US$ 10 und 25 Mrd. Skaleneffekte von 20 % und mehr [vgl. etwa Berger/Mester 1997].

Für den deutschen Bankmarkt gibt es empirische Ergebnisse aus einer Studie von Lang und Welzel [vgl. 1998], die eine Stichprobe mit 1.490 deutschen Banken aus dem Jahre 1992 umfasst. Die Autoren finden positive Skaleneffekte bis zu einer Bilanzsumme von DM 5 Mrd., mit einer optimalen Bankgröße zwischen DM 2 und 5 Mrd. Unter den Inputfaktoren tragen insbesondere Arbeit und Sachkapital zu den positiven Skaleneffekten bei. Dies ist der Fall für alle Bankgrößen. Einlagen rufen hingegen negative Skaleneffekte bei großen Banken hervor.

Dynamische Studien betrachten Kosten vor und nach einem Zusammenschluss und sind daher in der Lage, auch Veränderungen der X-Effizienzen zu erfassen. Die Ergebnisse der Studien sind eher enttäuschend. Studien mit Daten der achtziger Jahre finden lediglich Verbesserungen in Höhe von bis zu 5 % der Kosten [vgl. Berger/Demsetz/Strahan 1999, S. 162]. Sogar für horizontale Merger, bei denen die übernommene Bank vor dem Zusammenschluss relativ ineffizient gegenüber ihrem Käufer war, findet Rhoades keine Effizienzverbesserungen [vgl. 1993]. Eine Studie von Peristiani kommt im Mittel sogar zu einer Verschlechterung der X-Effizienz übernehmender Banken, bei einer moderaten Verbesserung der Skaleneffizienz [vgl. 1997]. Nach Vennet profitieren inländische Merger in Europa von der Reduzierung von Überlappungen, die sich in Skaleneffekten ausdrücken. Voraussetzung für Wertzuwächse ist eine komplette Integration zweier gleichgroßer Partner, ein sogenannter „Merger of Equals“ [vgl. 1996, S. 1554]. Auch eine Studie mit jüngeren Daten findet nur geringe Verbesserungen der kostenseitigen X-Ineffizienzen durch Merger [vgl. Berger 1998, S. 104].

Als vorläufiges Fazit bleibt festzuhalten, dass die Studien – bei allen Einwänden zur Methodologie [vgl. 4.3.2.1] – auf der Basis älterer Daten zunächst nur eine geringe Hoffnung auf Größenvorteile aufkommen lassen. Plausibilitätsüberlegungen, die Meinung der Praktiker sowie neuere Ergebnisse – insbesondere statischer Studien [vgl. noch einmal Berger/Mester 1997] – weisen allerdings in eine andere Richtung, die positive Wertbeiträge von Bankmergern durch Skaleneffekte erwarten lässt.

4.3.2.3.2 Economies of scope

Kostenreduktion aufgrund von Verbundeffekten lassen sich ähnlich der Skaleneffekte auf der Basis von Unteilbarkeiten realisieren [vgl. Seth 1990, S. 104]. Dieser unter dem Terminus economies of scope [zum Begriff vgl. Panzar/Willig 1981] abgehandelte Aspekt, gehört zusammen mit den Skaleneffekten zu den meist beachteten Zusammenschlussmotiven bei Banken [vgl. stellvertretend Smith/Walter 1998, S. 31-34; Becker 1999, S. 130-153].

Economies of scope liegen vor, wenn die Kosten der Produktion zweier Güter in einem Mehrproduktunternehmen im Vergleich zu den addierten Kosten der Produktion derselben Güter in zwei Einproduktunternehmen geringer ausfallen. Wie im Fall der economies of scale werden Fixkosten, die einem unteilbaren Produktionsfaktor zuzuschreiben sind, auf eine größere Ausbringungsmenge verteilt. Allerdings werden die Kosten nun über eine heterogene anstelle einer homogenen Ausbringungsmenge verteilt, da unterschiedliche Produkte und Dienstleistungen angeboten werden [vgl. Panzar/Willig 1981, S. 269-271; Seth 1990, S. 101-104]. Aufgrund dieser Problematik kann es leichter zu Mehrkosten kommen.

Aufgrund der Analogie zu der Argumentation im Rahmen der Skaleneffekte, sollen nun kurz die Potenziale für Verbundeffekte bei den gleichen fixkostenintensiven Produktionsfaktoren angesprochen werden:

- Überkapazitäten und hohe Fixkosten im Filialvertrieb können zu Kostendegressionen durch Verbundeffekte führen [vgl. Berger/Hanweck/ Humphrey 1987, S. 503]. Die bestehenden und oftmals nicht voll ausgelasteten Vertriebskapazitäten werden so bei marginalen Zusatzkosten besser genutzt [vgl. Böhme 1998, S. 42].
- Ähnlich lassen sich die Unteilbarkeiten in der Abwicklung im Back-office in informationstechnologischen Bereichen für Verbundeffekte nutzen [vgl. Berger/Hanweck/Humphrey 1987, S. 503]. Beispielsweise kann eine Bank infolge eines Zusammenschlusses ihre gesamte Leistungspalette aus einem Rechenzentrum heraus anbieten, so dass sich die Fixkosten über das erweiterte Sortiment verteilen.
- Nicht produktspezifische Overheadbereiche können ebenfalls zu Verbundeffekten beitragen. Dies gilt für die Unternehmenssteuerung, aber beispielsweise auch für das Marketing, das bei Banken stark auf Instituts- und Imagewerbung ausgerichtet ist [vgl. Becker 1999, S. 149].
- Da die Kapazität intangibler Ressourcen nicht beschränkt ist, eignen sie sich besonders für die Erzielung von Verbundeffekten [vgl. Seth 1990, S. 104]. Im Bankbereich wird dieses Argument insbesondere für Kundeninformationen angeführt [vgl. Berger/Hanweck/Humphrey 1987, S. 504]. Wenn Kundeninformationen, beispielsweise eine Kreditwürdigkeitsprüfung, direkt oder modifiziert zum Cross-selling genutzt werden können, so werden Kosten für eine

nochmalige Erhebung der Informationen eingespart [vgl. auch Schmid, 1993, S. 531; Becker 1999, S. 148-149].

Empirische Ergebnisse

Von Bankpraktikern scheinen die Potenziale für Kostenreduzierungen durch Verbundeffekte gering eingeschätzt zu werden. In der Umfrage von Lausberg und Rose findet sich das Argument der „economies of scope“ unter den am wenigsten genannten Zusammenschlussmotiven [vgl. 1995, S. 186].

Auch seitens der Ökonometrie verbreiten die Ergebnisse für Kosteneinsparungen durch Verbundeffekte wenig Optimismus. Ökonometrische Studien mit Datenmaterial der achtziger Jahre kommen zu ähnlichen Ergebnissen wie die Studien zu Größendegressionseffekten [vgl. Berger/Demsetz/Strahan 1999, S. 158-159], weisen aber eine ausgeprägtere Datenproblematik auf [vgl. Berger/Hunter/Timme 1993, S. 224]. Die Ergebnisse sind insgesamt als widersprüchlich zu bezeichnen: Für Sortimentserweiterungen im Commercial Banking (Einlagen- und Kreditgeschäft) stellen Studien positive Verbundeffekte fest. Für Verbundeffekte zwischen Zins- und Provisionsgeschäft liegen keine einheitlichen Ergebnisse vor, allerdings sind die Auswirkungen – gleich welcher Richtung – gering. Am größten sind die Verbundvorteile für das gemeinsame Angebot von Einlagen- und Kreditgeschäft [vgl. zum Überblick Becker 1999, S. 150-151; sowie Berger/Demsetz/Strahan 1999, S. 159]. Angesichts der Existenzbegründung von Banken als Transformator finanzieller Assets [vgl. 2.3.3] ist letzteres weder verwunderlich noch besonders aufschlussreich. Die Ergebnisse geben wenig Hinweise darauf, welche Dienstleistungen des Aktiv-, Passiv- und Provisionsgeschäfts gebündelt werden sollten.

Interessant erscheint schließlich das Ergebnis von Lang und Welzel [vgl. 1998], die für deutsche Universalbanken negative economies of scope für das gemeinsame Angebot von Commercial Banking (Einlagen und Kredite) und Investment Banking (Kapitalmarktprodukte) gefunden haben. Als Indikatoren werden verschiedene Kreditprodukte und Provisionseinkommen, welches für das Kapitalmarktgeschäft steht, genutzt. Economies of scope sind für alle Größenklassen moderat negativ, wobei die Ergebnisse für mittelgroße Banken einer Bilanzsumme DM 500 bis 2.000 Mio. weniger signifikant sind.

4.3.2.3.3 Finanzielle Synergien durch Risikodiversifikation

Finanzielle Synergien haben aufgrund des in Banken dominanten liquiditätsmäßig-finanziellen Bereichs eine potenziell große Synergiewirkung. Dabei steht die Diversifikation von Risiken auf der Aktivseite im Vordergrund [vgl. Schmid 1993, S. 531; Becker 1999, S. 238]. Darüber hinaus sollen mit der Glättung von Ergebnisschwankunken und der gegenseitigen Versicherung von Insolvenzrisiken [vgl. Seth 1990, S. 104-106] zwei Aspekte angesprochen werden, die auch in der allgemeinen, d.h. nicht bankspezifischen Literatur argumentiert werden. Diese Betrachtung wird vorangestellt. Liquiditätsaspekte, die auf reinen Größenvorteilen beruhen, sind bereits besprochen worden [vgl. 4.3.2.3.1].

Das Argument der Glättung von Ergebnisschwankungen basiert auf einer Diversifikation des unsystematischen Risikos nicht perfekt positiv korrelierter Cash-flows [vgl. Seth 1990, S. 105]. Mit dem systematischen Risiko wird dabei das allgemeine Marktrisiko bezeichnet, das sich nicht weiter diversifizieren lässt. Das unsystematische Risiko umfasst die Risikobeiträge der einzelnen Geschäftsfelder, das beeinflusst werden kann [vgl. Becker 1999, S. 235]. Die Stichhaltigkeit dieser Argumentation ist umstritten, da Investoren finanzierungstheoretisch jegliche Cash-flow Diversifikation selbst am Kapitalmarkt vornehmen können. Viele Autoren lehnen dieses Übernahmemotiv unter Wertsteigerungsaspekten daher ab [vgl. stellvertretend Seth 1990, S. 105; Brealey/Myers 1991, S. 824-825; für Banken vgl. Börner 1998, S. 42]. Ob das Argument auch für verschiedene Arten von Bankgeschäften greift ist fraglich, da die verschiedenen Geschäftsfelder – mit Ausnahme des Investment Banking – relativ verwandt sind und die Cash-flows daher relativ stark korreliert sein sollten. Damit wird die Glättung von Ergebnisschwankungen zu einem Managementmotiv, das der Arbeitsplatzsicherung dient. Risikodiversifikation kann aber Wertsteigerungsgewinne auslösen, wenn die Anteilseigner aufgrund von Marktunvollkommenheiten nicht in der Lage sind, die Diversifikation selbst vorzunehmen [vgl. Seth 1990, S. 105]. Dies ist bei der Versicherung von Insolvenzrisiken und der Diversifikation bankbetrieblicher Risikoaktiva der Fall.

Auf der Basis einer nicht perfekt korrelierten Ergebnisentwicklung kann ein Geschäftsbereich einen weiteren – der in Konkursgefahr geraten ist – subventionieren, um Insolvenzkosten zu vermeiden [vgl. Seth 1990, S. 104]. Die Kosten der Insolvenz sind dabei als Marktunvollkommenheit aufzufassen. Es lässt sich argumentieren, dass insbesondere im Bankgeschäft die Versicherung von Insolvenzrisiken zu Wertsteigerungen führt, da die Insolvenzkosten aufgrund des verhältnismäßig geringen Liquidationswertes gegenüber dem Fortführungswert des Unternehmens sehr hoch sind. Dabei spielt es auch eine Rolle, dass Banken mit ihrer geringen Eigenkapitalbasis aber hohen Risikotragung einem relativ hohen Insolvenzrisiko ausgesetzt sind [vgl. Brunner 1994, S. 205-297; kritisch dazu Bernet 1998, S. 143, der dieses Motiv als managementorientiert einschätzt].

Die Diversifikation von Kreditrisiken wird als ein wesentlicher Wertbeitrag von Banken angesehen, der eng mit der Existenz von Banken als Finanzintermediär verknüpft ist [vgl. Baltensperger 1972, S. 596-602; 2.3.3]. Von hoher Relevanz ist die geographische Diversifikation, da diese zu einem Großteil für die angestrebte Unkorreliertheit der Ausfallrisiken verantwortlich ist [vgl. Schmid 1993, S. 531; Berger 1998, S. 86]. Dies gilt insbesondere, wenn Banken auf ein enges Geschäftsgebiet beschränkt sind, das hauptsächlich Unternehmen einer bestimmten Branche beherbergt [vgl. Tebroke 1993, S. 234; Becker 1999, S. 240-241]. In den USA ist dies bislang durch die Beschränkung des Filialgeschäfts auf einzelne Staaten der Fall gewesen. In Deutschland greift das Argument über das Regionalprinzip von Sparkassen und Genossenschaften. Darüber hinaus verringert eine internationale Streuung des Kreditportfolios Länderrisiken, so dass der Effekt auch für Privat- und Großbanken relevant ist. Diversifikationseffekte lassen sich auch über verschiedene Kundengruppen erzielen. Über die breitere Streuung hinaus sind auch Größenaspekte von Bedeutung. Auf der Basis des Gesetzes der großen Zahl lässt sich eine stabilere und leichtere prognostizierbare Ausfallrate realisieren [vgl. Tebroke 1993, S. 234; Becker 1999, S. 240]. Die Größe des Kreditportfolios steht zudem mit der maximal erreichbaren Diversifikation der Ausfallrisiken im Zusammenhang [vgl. Adolf/Cramer/Ollmann 1991, S. 8; Becker 1999, S. 240]. Es ist zu bedenken, dass die meisten Bankmerger bei einer Größenordnung stattfinden, bei der diese Größeneffekte kaum mehr zu erwarten sind [vgl. Böhme 1998, S. 42; dem widerspricht Becker 1999, S. 240].[26]

Empirische Ergebnisse

Aus Praktikersicht spielt die Glättung von Ergebnisschwankungen keinerlei Rolle bei Bankmergern. Im Rahmen der Internationalisierung in neue geographische Märkte oder bei der Diversifikation in neue Industriesegmente wird dem Motiv der Risikodiversifikation allerdings Bedeutung zugemessen [vgl. Lausberg/Rose 1995, S. 186].

Die Ergebnisse ökonometrischer Studien bestätigen die Möglichkeit der Diversifikation von Kreditrisiken durch Bankmerger. Erstens scheinen Risikoaspekte bei Bankübernahmen generell eine hohe Bedeutung zu haben. So bieten Käuferbanken tendenziell einen höheren Übernahmepreis bei Akquisitionen risikoärmerer Banken [vgl. Berger 1998, S. 86]. Zweitens scheint Größe – entgegen einigen theoretischen Überlegungen – doch eine Rolle bei der Risikodiversifikation zu spielen. Größere Banken sind oft besser diversifiziert und halten bei vergleichsweise geringeren Eigenkapitalraten einen höhern Kreditanteil [vgl. Berger 1998, S. 86]. Drittens lassen sich Skaleneffekte bei der Risikodiversifikation im Wert des Kreditportfolios direkt nachweisen [vgl. McAllister/McManus 1993, S. 399]. Schließlich fanden Studien heraus, dass eine Geschäftsausdehnung über US-amerikanischen Staatsgrenzen zu Effizienzverbesserungen führt und Insolvenzrisiken senkt [vgl. Berger/Demsetz/Strahan 1999, S. 160].

Man muss schließlich zu bedenken geben, dass große Banken aufgrund ihrer Möglichkeiten der Risikodiversifikation nicht zwangsläufig risikoärmer sind als kleinere Wettbewerber. Sie können vielmehr ihre Diversifikationsmöglichkeiten dazu nutzen, in risikoreichere Engagements zu investieren und damit ihre Renditeerwartungen erhöhen [vgl. Berger 1998, S. 86; Berger/Demsetz/Strahan 1999, S.

---

[26] Bedenkt man, dass ein Wertpapierportfolio bereits ab einer Größe von ca. 20 Wertpapieren als diversifiziert gilt [vgl. Drukarczyk 1993, S. 250], ist diese Einschätzung nachvollziehbar. Die direkte Übertragung dieser Überlegung auf den Kreditbereich ist allerdings nur eingeschränkt möglich, aber sie verdeutlicht die Tendenz.

160]. Dynamische Studien fanden nach Unternehmensübernahmen eine mit dieser Einschätzung konsistente Ausdehnung des Kreditvolumens zu Lasten des Wertpapiervermögens [vgl. Berger/Demsetz/Strahan 1999, S. 163].

4.3.3 Integrationskosten und Dyssynergien

4.3.3.1 Zur Unterscheidung

Die obigen Ausführungen erläutern die Literaturmeinung zu positiven Synergiepotenzialen. Damit Bankmerger insgesamt zu Wertsteigerungen führen, müssen – neben der hier nicht betrachteten Übernahmeprämie – Integrationskosten und Dyssynergien beachtet werden [zur Unterscheidung vgl. Adolf/Cramer/Ollmann 1991, S. 8; Brunner 1994, S. 225]. Unter Dyssynergien werden langfristig wirksame negative Effekte verstanden, die durch einen Zusammenschluss auftreten können. Sie schmälern nachhaltig die positiven Wertbeiträge der oben behandelten Synergiepotenziale. Zu den Integrationskosten lassen sich alle Kosten zählen, die direkt oder indirekt mit den Maßnahmen zur Realisierung der angestrebten Synergiepotenziale in Verbindung zu bringen sind bzw. die zum Zweck der Vermeidung von Dyssynergien entstehen. Das Ausmaß dieser Kosten wird dabei stark vom angestrebten Integrationsgrad beeinflusst, der auch mit dem Ausmaß der realisierbaren Synergien in Zusammenhang steht [vgl. Becker 1999, S. 176; nicht bankspezifisch dazu Larsson/Finkelstein 1999, S. 6].

4.3.3.2 Integrationskosten

Integrationskosten bei Bankmergern fallen in vielen Bereichen an [für ausführliche Praxiserfahrungen vgl. Penzel/Pietig 2000]. Da eine einheitliche systematische Darstellung nicht vorliegt, sollen an dieser Stelle lediglich einige besonders wichtige Aspekte beispielhaft dargestellt werden:

- Für die Koordination der vielfältigen Aktivitäten im Rahmen eines Integrationsprozesses wird eine schlagkräftige Projektorganisation benötigt [vgl. Penzel 2000, S. 26], welche die Kapazität hochqualifizierter Mitarbeiter bindet und damit Kosten verursacht [vgl. Adolf/Cramer/Ollmann 1991, S. 8; Brunner 1994, S. 226]. Bei einem Zusammenschluss müssen sowohl interne Prozesse der Service-Einheiten wie IT, interne Logistik sowie Rechnungswesen und Controlling vereinheitlicht werden als auch die Strukturen der Markteinheiten im Vertrieb und der Abwicklungsbereiche [vgl. Penzel/Pietig 2000]. Die Dimension einer entsprechenden Projektorganisation darf nicht unterschätzt werden. Weitere direkte Kosten können durch die Einbeziehung externer Berater entstehen [vgl. Becker 1999, S. 181].
- Aufgrund der Bedeutung der IT im Bankbereich [vgl. 3.2] kommt der Integration der Informationssysteme eine hohe Bedeutung zu und bindet große

Personalkapazitäten [vgl. Brunner 1994, S. 226-227; zur Umstellung der IT-Systeme vgl. Penzel 1998].[27] In Fallstudien hat sich die Integration der Informationssysteme (Hardware, Netzstrukturen, Applikationen, Datenbestände, ...) als das größte Problem herauskristallisiert, welches letztlich die Erzielung positiver Synergieeffekte vereitelt hat [vgl. Rhoades 1998].

- Die im Zuge einer Fusion getroffenen Entscheidungen müssen nach außen und innen kommuniziert werden [vgl. Becker 1999, S. 181]. Hierbei sind die Ziele aller Stakeholder zu betrachten [vgl. Penzel 2000, S. 31-35]. Ein neuer gemeinsamer Marktauftritt muss durch Marktkampagnen und direkte Kundenkommunikation unterstützt werden [vgl. Steinbock 2000, S. 37]. Die Vorteilhaftigkeit der Fusion muss ebenso wie der Fortschritt des Integrationsprozesses Aktionären und Analysten mitgeteilt werden. Bei einer Großfusion spielt zudem die Einschätzung der allgemeinen Öffentlichkeit und der staatlichen Behörden eine wesentliche Rolle für den Integrationserfolg, so dass auch zu Presse und Behörden ein enger Kontakt aufrecht erhalten werden sollte. Schließlich gehört die Kommunikation mit den eigenen Mitarbeitern zu den wichtigsten Aufgaben, da diese mit besonderen Unsicherheiten zurecht kommen müssen [vgl. Becker 1999, S. 181].
- Der oftmals zur Realisierung von Synergieeffekten notwendige Personalabbau führt dabei zu weiteren direkten Integrationskosten in der Form von Sozialplänen und Abfindungen [vgl. Adolf/Cramer/Ollmann 1991, S. 8; Tebroke 1993, S. 232; Brunner 1994, S. 228]. Oftmals werden für Mitarbeiter in höheren Managementebenen oder bestimmten Unternehmensbereichen, wie beispielsweise im kapitalmarktorientierten Geschäftsbereichen, hohe Prämien für den Verbleib im Unternehmen gezahlt. Die Praxis zeigt, dass diese Prämien bis zu zwei Dritteln der Integrationsaufwendungen ausmachen können [vgl. UBS/PaineWebber 2000]. Trotz dieser Kosten wird es oftmals dazu kommen, dass gerade die fähigsten Mitarbeiter, welche schnell einen neuen Arbeitgeber finden, in dieser Unsicherheitsphase die Bank verlassen [vgl. Uhle 1993, S. 262] und somit wertvolles Know-how verloren geht.
- Mit dem Fortgang von Mitarbeitern besteht die Gefahr des Verlusts von Kundenbeziehungen, da Kunden oftmals „ihren" Beratern treu bleiben und die Bankverbindung wechseln [vgl. Brunner 1994, S. 229; Becker 1999, S. 178]. Ähnlich können Filialschließungen oder fusionsbedingte Änderungen im

[27] Becker erwartet bei ausreichender Kapazität einer Bank für die Abwicklung des gemeinsamen Transaktionsvolumens eine einfache IT-Integration [vgl. 1999, S. 178]. Dem ist allerdings entgegenzuhalten, dass IT sich durch alle Geschäftsabläufe zieht und daher in der Regel die Einführung eines gemeinsamen Systems erfordert. Weitere Aufwände entstehen durch die Angleichung der Datenstrukturen und Überführung der Daten, so dass üblicherweise ein erheblicher Aufwand verursacht wird [vgl. Penzel 1998].

Leistungsprogramm zum Verlust von Kundenbeziehungen führen.[28] Doppelbeziehungen, bei denen Kunden zuvor bei beiden Instituten Dienstleistungen in Anspruch genommen haben, können dabei wegfallen. Es ist nicht unbedingt zu erwarten, dass diese Kunden vermehrt Dienstleistungen des fusionierten Institutes in Anspruch nehmen, da die Verbindung zu mehreren Banken oftmals zur Verminderung der Abhängigkeit von einem Institut erfolgt [vgl. Adolf/Cramer/Ollmann 1991, S. 6; Brunner 1994, S. 229-230].

- Die bei den Mitarbeitern entstehende Unsicherheit kann zudem indirekte Kosten verursachen, indem die Konzentration vom operativen Geschäft auf Macht- und Positionskämpfe verlagert wird. Während der Integrationsphase herrscht so in der Regel eine starke Innenorientierung der Bank, die sich aufgrund des Verlustes von Kundenbeziehungen oder eines abflauenden Neugeschäftes in geringeren Marktanteilen niederschlagen kann [vgl. Brunner 1994, S. 226 und 229].
- Weitere Kosten können durch die Angleichung der Gehaltsstrukturen der beiden Banken entstehen, da davon auszugehen ist, dass in der Regel eine Anpassung nach oben vorgenommen wird [vgl. Becker 1999, S. 189-190]. Unterschiedliche Maßstäbe der Risikoeinschätzung verursachen weiteren Aufwand für die Angleichung der Steuerungssysteme und gegebenenfalls eine Aufstockung der Risikovorsorge [vgl. ähnlich Becker 1999, S. 189].

Die Ausführungen machen deutlich, dass in der Integrationsphase umfangreiche Kosten anfallen. Direkte und indirekte Belastungen durch den Integrationsprozess wirken teilweise über diesen Zeitraum hinaus und werden so zu Dyssynergien. Die Effekte lassen sich damit nicht immer eindeutig trennen [vgl. auch Brunner 1994, S. 225]. So fallen Kundenabwanderungen und Mitarbeiterkündigungen hauptsächlich in der Integrationsphase an, entfalten ihre negative Wirkung aber langfristig.

4.3.3.3 Dyssynergien

Kritik am Größenwachstum von Banken durch Übernahmen und Zusammenschlüsse wird meist über eine mit der Unternehmensgröße steigenden Komplexität begründet [vgl. Adolf/Cramer/Ollmann 1991, S. 8; Tebroke 1993, S. 231; Uhle 1993, S. 261; Brunner 1994, S. 232-234; Börner 1998, S. 43]. Ein Komplexitätsanstieg kann als Dyssynergie aufgefasst werden, da er das Management der fusionierten Bank erschwert, so dass es entweder zu Fehlentwicklungen kommt oder größere Managementkapazitäten erfordert als zuvor. Der Hintergrund zu diesem Einwand entstammt in der Regel organisationstheoretischen Überlegungen [vgl. Steiner 1990, S. 109-110; Becker 1999, S. 138-139]. Mit wachsender Unterneh-

---

[28] So kann die Umstellung des Cash Management Systems Firmenkunden zum Wechsel veranlassen [vgl. Becker 1999, S. 179]. Als problematisch wird auch die teilweise notwendige Umstellung von Kontonummern angesehen [vgl. Penzel 1998, S. 8].

mensgröße kommt es tendenziell zu einer verstärkten Spezialisierung und Arbeitsteilung. Diese ist notwendig, da Mitarbeiter als Entscheidungsträger nur begrenzte Fähigkeiten haben, komplexe und ungewisse Entscheidungssituationen zu erfassen [vgl. grundlegend March/Simon 1958, S. 136-171]. Die größere Arbeitsteilung erfordert nun eine Koordination der vielfältigen Einzelaufgaben [vgl. Kieser/Kubicek 1992, S. 95-96], welche in der größeren Bank zu einer immer komplexeren Aufgabe wird [vgl. Becker 1999, S. 138]. Den gleichen Effekt begründen Existenztheorien von Banken mit internen Anreizkosten, die Größenpotenziale begrenzen [vgl. 2.3.3]. Einhergehend mit dem Komplexitätsanstieg und der erschwerten Koordination sind organisatorische Effizienzkriterien wie Flexibilität, Entscheidungsautonomie und marktbezogene Entscheidungsnähe durch größere Organisationen tendenziell schwieriger zu realisieren [vgl. Steiner 1990, S. 109].

Im Zusammenhang mit dem Komplexitätsargument ist darauf hinzuweisen, dass Informationstechnologien die Koordination in der Unternehmung durch eine verbesserte Informationsversorgung der Entscheidungsträger, eine Erhöhung der Problemlösungskapazitäten und neue organisatorische Entscheidungsspielräume massiv unterstützen können [vgl. Frese 1990, S. 31]. Mit der damit verbundenen Verbreitung moderner flexibler Organisationskonzepte kann erwartet werden, dass die optimale Bankgröße ansteigt, da sich die Komplexitätskosten der Unternehmensgröße vermindern.

Weiterhin kann es bei großen Instituten zu einem Verlust an Marktnähe und regionaler Verankerung kommen [Brunner 1994, S. 233]. Diese Gefahr wird für die Fusion von Sparkassen oder Genossenschaftsbanken konstatiert [vgl. Tebroke 1993, S. 231]. Banken beider Institutsgruppen sind in der Regel tief in ihrer Region verwurzelt. Mit der Kommune und dem örtlichen Mittelstand pflegen sie einen engen Kontakt, der auch zur Generierung von Nachfrage beiträgt. Letztlich sind mit externem Größenwachstum somit auch Marktanteile in Gefahr. In ähnlicher Weise können grenzüberschreitende Übernahmen zu Problemen mit der lokalen Kundenakzeptanz führen.

Eine wesentliche Quelle für Dyssynergien liegt in der unterschiedlichen Unternehmenskultur, die sich langfristig in beiden Banken herausgebildet hat und nun zusammengeführt werden muss [vgl. Steiner 1990, S. 110-112; Schmoll 1992; Brunner 1994, S. 230-232; Becker 1999, S. 182-188]. Unternehmenskulturen unterstützen als erlernte Werte und Normen [vgl. Heinen 1987, S. 22; Schein 1995, S. 25-33] den Problemlösungsprozess im Unternehmen [vgl. Schein 1995, S. 62-90]. Sie widersetzen sich dabei einer kurzfristigen Veränderung. Prallen unterschiedliche Kulturen aufeinander, wird die Zusammenarbeit erschwert, da Mitarbeiter mit unterschiedlichen Lösungsansätzen an gemeinsame Entscheidungen herangehen. Besonders deutlich wird dies bei den stark unterschiedlichen Kulturen deutscher Geschäftsbanken und britischer Investmentbanken [vgl. Börner 1998, S. 43]. Probleme wie bei der Zusammenführung von Morgan Grenfell und Deutscher Bank belegen eindrucksvoll die Problematik divergenter Unternehmenskulturen [vgl. Büschgen 1999]. Hier kann der Erhalt der Kultur des Akquisitionsobjektes allerdings auch ein Ziel des Käufers sein [vgl. Becker 1999, S. 183].

Schließlich weist Becker auf ein Potenzial für Dyssynergien im Finanzierungsbereich hin [vgl. 1999, S. 140]. Während große Banken aus Gründen des Standings und der Fixkostendegression den Vorteil einer günstigeren Kapitalmarktfinanzierung für sich beanspruchen können, finanzieren sich kleinere Banken in der Regel überdurchschnittlich über Kundeneinlagen. Da die Einlagenfinanzierung günstiger ist als eine Kapitalmarktfinanzierung, haben kleine Banken einen Vorteil, wenn man davon ausgeht, dass eine größere Bank nach einer Fusion ein in Relation zu ihren Kundeneinlagen überdurchschnittliches Wachstum realisieren kann. Durch den Zusammenschluss treten diese Dyssynergien allerdings nicht direkt auf, da sich Bilanzsummen und Einlagen beider Banken addieren und das gemeinsame Verhältnis gewahrt bleibt.[29]

Letztlich ist es eine empirische Frage, ob positive oder negative Effekte überwiegen. Die Empirie weist bei Verwendung jüngeren Datenmaterials auf ein Vorliegen von Skaleneffekten hin und deutet damit an, dass positive Größeneffekte die negativen überwiegen. Positive Effekte werden auch für finanzielle Synergien gefunden. Bei operativen Kostensynergien durch Verbundeffekte und Erlössteigerungen durch Marktmacht und Verbundeffekte stimmen die Ergebnisse weniger optimistisch. Ob sich die möglichen aggregierten Synergien in Wertsteigerungen am Kapitalmarkt niederschlagen, überprüfen die folgenden Ausführungen.

4.3.4 Managementmotive

4.3.4.1 Managementmotive im Lichte der Agency Theorie

Aufgrund der Gefahr, dass Dyssynergien und Integrationskosten die positiven Synergieeffekte aufzehren und es zu einem aggregierten Wertverlust kommt, wird oftmals vermutet, Übernahmen dienten eher Managementinteressen als den Wertsteigerungszielen der Anteilseigner [für Bankmerger vgl. Uhle 1993, S. 261; Brunner 194, S. 39-45; Börner 1988, S. 43-44]. Die theoretische Argumentationsbasis für den Zusammenhang von Wertverlusten und individuell rationalen Managementmotiven stellt die Agency Theorie bereit. Sie kann branchenunabhängig formuliert werden.

29 Man kann sogar einen positiven Synergieeffekt formulieren, wenn man annimmt, dass eine Bank mit unterdurchschnittlichen Kundeneinlagen durch Übernahme die günstigere Refinanzierungskraft einer Bank mit einem hohen Anteil an Kundeneinlagen erwirbt und für sich nutzen kann.

Die Agency Theorie sieht das Unternehmen als Vertragsnetzwerk an [vgl. grundlegend Jensen/Meckling 1976]. Eine Prinzipal-Agenten Beziehung liegt vor, wenn eine Person als Prinzipal (z.B. Anteilseigner) die Folgen der Handlungen einer anderen Person (z.B. Management), die als dessen Agent agiert, zu tragen hat [vgl. Jensen/Meckling 1976, S. 308; Franke 1993, Sp. 38]. In Publikumsgesellschaften entstehen Agency Probleme, da Entscheidungsgewalt und Eigentum – und damit die Risikotragung – auseinanderfallen [vgl. Fama/Jensen 1983].[30] Es kommt zu den bekannten Anreizproblemen der Qualitäts- und Verhaltensunsicherheit [vgl. 2.3.1]. Eigeninteressen des Management können aus vermindertem Arbeitseinsatz, übermäßigem Konsum von Vergünstigungen und Nebeneinkünften oder in suboptimalen Entscheidungen bestehen, die mehr dem Status des Management dienen als dem Wert des Unternehmens.

Agency Theorie und Merger lassen zwei Betrachtungsweisen zu [vgl. hierzu überblickartig Weston/Chung/Hoag 1990, S. 201-204]. Zum einen besteht die Möglichkeit, dass Übernahmen und Übernahmedrohungen ein Instrument darstellen, Manager zu disziplinieren und ihre Handlungen auf die Wertsteigerung des Unternehmens auszurichten [vgl. Jensen/Meckling 1976, S. 329]. Dabei wird davon ausgegangen, dass durch opportunistisches Managementverhalten der Unternehmenswert sinkt und dieses zu einem Übernahmekandidaten wird. Durch eine Änderung des Entscheidungsverhaltens wird dem Käufer eine hohe Wertsteigerung in Aussicht gestellt [vgl. Manne 1965, S. 112-113]. In diesem Zusammenhang wird vom „market for Corporate control“ gesprochen [vgl. u.a. Manne 1965; Jensen 1988; Weston/Chung/Hoag 1990, S. 45].[31] Zum anderen werden Übernahmen nicht als Lösungsbeitrag zur Agency Problematik, sondern als Ausdruck derselben angesehen.

Zunächst sollen die individuell rationalen Managementmotive beschrieben werden sowie die Gründe, warum diese den Interessen der Anteilseigner zuwider laufen:

- Zu individuellen Interessen der Manager gehören Einkommen sowie Prestige, Status und Macht. Es wird vermutet, dass diese Ziele eng mit Unternehmensgröße und -umsatz verbunden sind und nicht mit dem Unternehmenswert [vgl. Mueller 1969, S. 644; Morck/Shleifer/Vishny 1990, S. 33]. Übernahmen werden somit mit dem Ziel des reinen Größenwachstums vorgenommen, auch wenn sie Unternehmenswert vernichten.
- Zu den Interessen der Manager zählt weiterhin die Sicherheit des Arbeitsplatzes. Im höheren Management kann diese mit der Volatilität der Einnahmeströme der Unternehmung zusammenhängen. Das Risiko der einzelnen Ge-

---

30 Agency Probleme zwischen Eigen- und Fremdkapitalgebern sollen hier ausgeklammert werden.

31 Ähnlich wird der Arbeitsmarkt als wirksames Instrument zur Disziplinierung angesehen, da durch opportunistische Handlungen von Managern deren Humankapital beeinträchtigt wird [vgl. Jensen/Meckling 1976, S. 328-329; Fama 1980]. Ihre Chancen, auf dem Arbeitsmarkt attraktive Stellungen angeboten zu bekommen, sinken damit.

schäftsfelder ist somit mit dem Risiko des Humankapitals des Management verknüpft [vgl. Morck/Shleifer/Vishny 1990, S. 32; für empirische Evidenz s. auch Amihud/Lev 1981]. Die bereits angesprochene Diversifikation dieser Risiken durch Übernahme von Unternehmen mit nicht perfekt positiv korrelierten Cash-flows nutzt daher dem Management, während Aktionäre diese Diversifikation selbst effizient wahrnehmen können.

Ein verwandtes Übernahmemotiv, das den Interessen der Anteilseigner zuwider läuft, formuliert Rolls Hybris-Hypothese. Roll zufolge leiden Manager an Selbstüberschätzung und stellen ihre Unternehmensbewertung eines Kaufobjektes über die des Marktes. Sie erwerben folglich Unternehmen, die sie als unterbewertet gegenüber ihrem derzeitigen Marktwert ansehen [vgl. 1986]. Damit sind Wertsteigerungen in effizienten Märkten aber nicht möglich. Die Position ist problematisch, da unternehmensindividuelle Synergien in Verbindung mit dem Käuferunternehmen ausgeschlossen und die strenge Form der Markteffizienz nach Fama [vgl. 1970] vorausgesetzt wird, bei der alle vorhandenen Informationen am Kapitalmarkt bepreist werden [vgl. Roll 1986, S. 199-200]. Da die Empirie entgegen Rolls Annahme die strenge Form der Markteffizienz nicht stützt, soll das Hybris-Motiv nicht weiter betrachtet werden [vgl. zur Kritik auch Weston/Chung/Hoag 1990, S. 203-204].

Bei Verfolgung individuell rationaler Motive des Management wird die Funktionsfähigkeit des „market for corporate control" außer Kraft gesetzt. Opportunistische Manager setzen den Unternehmenswert des Übernahmekandidaten aufgrund ihrer eigenen Interessen über dem Marktwert an und vollziehen die Übernahme, obwohl Unternehmenswert vernichtet wird [vgl. Mueller 1969, S. 655-656].[32] Eine Bindung dieser persönlichen Ziele an den Unternehmenswert würde die Agency-Problematik von Übernahmen weitgehend ausmerzen, während eine Bindung an Umsatz und Größe wertvernichtende Entscheidungen begünstigt. Ob das Management bei Bankmergern in der Regel Eigeninteressen über die Interessen der Anteilseigner stellt, ist eine empirische Frage, auf die der folgende Abschnitt eingeht.

4.3.4.2 Zur Dominanz wert- oder managementorientierter Motive

Die Hypothesen der Untersuchungen

Obige Ausführungen zeigen, wie die Verfolgung von Managementinteressen denen der Anteilseigner zuwiderlaufen kann. Aufgrund dieser Argumentation lassen

---

32 In einem funktionierenden Markt für Unternehmenskontrolle hätte ein derart agierendes Management allerdings nicht lange seine Position inne, da es den eigenen Unternehmenswert beeinträchtigt und so schnell selbst zu einem Übernahmekandidaten wird. Die Effizienz der Unternehmenskontrolle hängt also nicht zuletzt vom Verhalten der Mehrzahl der Manager ab.

sich Hypothesen bezüglich der Werteffekte von Übernahmen formulieren, die aus Managementinteressen vorgenommen werden. Folgende Wertauswirkungen werden erwartet [vgl. Roll 1986, S. 201; Roll 1988, S. 249; Hawawini/Swary 1990, S. 25-27; Gaughan 1996, S. 137]:[33]

- Für das Käuferunternehmen wird ein negativer Werteffekt erwartet, da die Übernahme nicht den Interessen der Anteilseigner dient und es u.U. einen zu hohen Preis für das Zielunternehmen zahlt.
- Das Zielunternehmen profitiert von der Übernahme, aufgrund der Überbewertung durch den Käufer und die gezahlte Prämie. Es wird ein positiver Wertbeitrag erwartet.
- Der Gesamteffekt sollte einen Werttransfer von Käufer- zu Zielunternehmen widerspiegeln und aufgrund der erwarteten Kosten für die Durchführung der Transaktion sowie für die Integration negativ sein.

Methodik und Problematik der empirischen Untersuchungen

Wie bei allen empirischen Untersuchungen lassen sich die verwendete Methodologie und Stichprobenauswahl kritisch betrachten. Das vornehmlich verwendete Untersuchungsdesign betrachtet – unter Einbezug von Risikogesichtpunkten – die Veränderung der Aktienkursrenditen zum Übernahmezeitpunkt, relativ zu den Marktrenditen zum Übernahmezeitpunkt. Als Differenz wird eine abnormale Rendite berechnet [vgl. Bühner 1990a, S. 298-299; Weston/Chang/Hoag 1990, S. 256]. Der Gesamtgewinn für die Aktionäre wird als kumulierte abnormale Rendite für ein festgelegtes Zeitfenster angegeben [vgl. Bühner 1990a, S. 299]. Zum Untersuchungsdesign stellen sich insbesondere folgende kritische Fragen [vgl. Weston/Chang/Hoag 1990, S. 256-257; Pilloff/Santomero 1998, S. 63-64]:

- Ist der Übernahmezeitpunkt als Tag der Ankündigung, als Tag der Genehmigung oder anders zu definieren?
- Gibt es Informationslecks vor der Übernahmeankündigung?
- Wie lang ist der Betrachtungszeitraum vor und nach dem Übernahmezeitpunkt anzusetzen?
- Wie lassen sich kursbeeinflussende Ereignisse außerhalb der Übernahme ausgrenzen?

Die wesentlichen Kritikpunkte der Untersuchungen sind darin zu sehen, dass in der Regel Informationslecks auftreten und die Kurse vor dem Übernahmezeitpunkt beeinflussen und zudem die Betrachtungszeiträume willkürlich festgelegt werden. Ein gewisser Zeitraum vor der Übernahme soll dabei die Auswirkungen

---

[33] Diese Kriterien sind zunächst von Roll [vgl. 1986] zum Beleg des Hybris-Motivs formuliert worden. Bei der Verfolgung von Managementinteressen werden analoge Auswirkungen erwartet [vgl. Hawawini/Swary 1990, S. 27]. Gaughan behandelt Managementinteressen und Hybris ebenfalls gemeinsam [vgl. 1996, S. 136].

von Informationslecks abbilden. Großen Einfluss auf die Ergebnisse hat die Wahl des Betrachtungszeitraums nach der Übernahme. Ein kurzer Zeitraum spiegelt lediglich die Erwartungen der Markteilnehmer über die Vorteilhaftigkeit der Übernahme wider. Nur ein längerer Betrachtungszeitraum ließe eine Beurteilung des Erfolgs der Integrationsmaßnahmen und der tatsächlichen Realisierung von Synergien zu. Während des erweiterten Betrachtungszeitraums – so sind mehrere Monate denkbar – lassen sich Werteinflüsse der Übernahme aber nicht von anderen Einflusskräften separieren. Eine Vielzahl der Studien stellt daher auf einen kurzen Betrachtungszeitraum um die Ankündigung der Übernahme ab. Zusätzlich ist der Stichprobenumfang meist sehr gering, so dass an der Allgemeingültigkeit der Aussagen gezweifelt werden kann.

Ergebnisse

An dieser Stelle sollen die wesentlichen empirischen Ergebnisse der Werteffekte von Bankmergern dargestellt werden. Zwei amerikanische Studien finden, unter Verwendung von Datenmaterial der achtziger Jahre, einen negativen oder nicht signifikant von null abweichenden Gesamteffekt der Wertänderungen von Kauf- und Ziel-Kreditinstitut:

- Houston und Ryngaert [vgl. 1994] beobachten in einem engen Zeitfenster eine positive kumulierte abnormale Rendite der Zielinstitute und eine negative der akquirierenden Banken. Der Gesamteffekt ist leicht positiv, aber nicht signifikant unterschiedlich von Null. Damit liegt ein Werttransfer von den Anteileignern der akquirierenden zu denen der übernommenen Banken vor. Eine cross-sektionale Analyse zeigt, dass aggregierte positive Werteffekte am größten sind, wenn sich beide Banken zu einem hohen Grad überlappen, was auf die Erwartung positiver Skaleneffekte schließen lässt.
- Pilloff [vgl. 1996] findet in seiner Stichprobe für 6 von 7 betrachteten Zeitfenstern keine signifikant von Null unterschiedlichen abnormalen aggregierten Renditen. Am vorteilhaftesten sind Übernahmen, die aufgrund eines hohen Gesamtaufwands (Zins-, Provisions- und Verwaltungsaufwand) der Zielinstitute, Möglichkeiten zur Effizienzverbesserung erwarten lassen. Weiterhin honoriert der Kapitalmarkt Bankübernahmen mit geographischen Überschneidungen.

Die Studien deuten einen Werttransfer von übernehmenden zu übernommenen Banken an. Der fehlende aggregierte Wertverlust führt aber bereits zu einer Ablehnung der Hypothese der Managementinteressen. Vielmehr lässt die Tatsache, dass sich beispielsweise Überlappungen positiv auf den Gesamteffekt auswirken, darauf schließen, dass positive Synergieeffekte realisierbar sind. In einer langfristigen Analyse der Werteffekte bei übernehmenden Banken kommen auch Madura und Wiant [vgl. 1994], die starke Wertverluste beobachten, zu positiven Auswirkungen einer geographischen Überlappung.

Letztlich liefern die Studien immer einen Durchschnitt wertschaffender und wertvernichtender Bankmerger, so dass selbst negative Ergebnisse nicht davon abhalten sollten, in der Praxis wertschaffende Übernahmen zu verfolgen. Andere Studien kommen zu positiven Gesamteffekten übernehmender und übernommener Banken:

- Hawawini und Swary [vgl. 1990] finden signifikant positive abnormale Renditen für Zielunternehmen und signifikante negative, aber kleinere Renditen für Käufer. Den Gesamteffekt schätzen sie nur grob ab [vgl. 1990, S. 88], kommen auf der Basis ihrer Vorgehensweise, die von den anderen Studien abweicht, aber zu einem positiven Gesamteffekt, woraufhin sie die Managementinteressen-Hypothese ablehnen.
- Cornett und Tehranian [vgl. 1992] finden leicht negative abnormale Renditen übernehmender und hohe abnormale Renditen übernommener Banken. Beide Effekte sind signifikant. Der aggregierte Gesamteffekt ist signifikant positiv, so dass die Hypothese opportunistischer Managementinteressen abgelehnt werden kann. Die Untersuchung ist aufgrund von Zusammensetzung und Umfang der Stichprobe in Kritik geraten [vgl. Pilloff 1996, S. 296-297; Pilloff/Santomero 1998, S. 68-69]. Ihre Ergebnisse sollen aufgrund des regelmäßig geringen Stichprobenumfangs dennoch zugelassen werden.
- Zhang [vgl. 1995] findet für die von ihm betrachteten Zeitfenster einen signifikant positiven kombinierten Wertanstieg. Die abnormale Rendite akquirierender Banken ist leicht positiv, aber nicht signifikant verschieden von Null. Der Wertanstieg übernommener Banken ist signifikant positiv. Weiterhin zeigen die Ergebnisse, dass Wertsteigerungen hauptsächlich durch die Übernahme kleinerer Banken (Marktwert) erreicht werden können. Abweichend von den Ergebnissen von Houston und Ryngaert liefern Übernahmen ohne große Überlappung, in diesem Fall staatenübergreifende Übernahmen, einen höheren Wertbeitrag als geographisch nicht diversifizierende Übernahmen.

Als Fazit der amerikanischen Untersuchungen ist festzuhalten, dass die Ergebnisse widersprüchlich sind. Lediglich eine Untersuchung kommt im Rahmen der akzeptierten Methodologie einwandfrei zu einem positiven aggregierten Gesamteffekt. Es liegen mehrere gebilligte Belege für einen Werttransfer vor. Allerdings schließt die erhebliche cross-sektorale Variation innerhalb der Stichproben Potenziale für einen positiven Gesamteffekt ebenso wenig aus wie die Wertsteigerung übernehmender Banken. Die Übertragbarkeit der Ergebnisse auf europäische Bankmerger ist dabei – insbesondere aufgrund der unterschiedlichen aufsichtsrechtlichen Bedingungen (Trennbanksystem) und der stringenten Kartellaufsicht in den USA – als schwierig zu bezeichnen. Für europäische Bankmerger liegt eine aktuelle Studie vor, die eine ausführliche Betrachtung verdient.

Cybo-Ottone und Murgia [vgl. 2000] untersuchen große europäische Übernahmen und kommen zu abweichenden Ergebnissen zu den US-amerikanischen Studien. Ihre Stichprobe umfasst große Merger zwischen 1988 und 1997. Das Datenmaterial ist damit in der Lage, auch die Auswirkungen der ersten Integrationsschritte der Europäischen Union abzubilden. Insgesamt liegt ein signifikant positiver Gesamteffekt der kumulierten abnormalen Renditen übernehmender und übernommener Banken vor. Wie in amerikanischen Studien sind die Gewinne der Zielunternehmen signifikant positiv und relativ hoch. Der Wertzuwachs ist mit durchschnittlich 12 % größer als der vergleichbarer amerikanischer Untersuchungen. Für übernehmende Banken finden die Autoren einen signifikant positiven Effekt, wenn nicht der Branchen- sondern der Gesamtindex als Vergleichsmaßstab herangezogen wird. Gegenüber dem Bankindex als Vergleichsmaßstab ist das Resultat nicht signifikant unterschiedlich von Null. Damit setzen sich die Ergebnisse von den meist negativen abnormalen Käuferrenditen amerikanischer Studien ab. Eine cross-sektorale Analyse zeigt die größten Wertgewinne für diversifizierende Übernahmen zwischen Banken und Versicherungen. Weiterhin generieren lediglich inländische Übernahmen einen signifikanten Wertbeitrag. Grenzüberschreitende Transaktionen, die in der Stichprobe allerdings nur aus relativ kleinen Transaktionen bestehen, erklären Wertzuwächse nur insignifikant.

Die große cross-sektorale Variation der Ergebnisse zeigt, dass Wertzuwächse auf aggregierter Ebene möglich sind, und dass diese auch von übernehmenden Banken erzielt werden können. Potenziale für Wertzuwächse werden von den Studien unterschiedlich zutage gefördert: Geographische Überlappung, geographische Diversifikation, Produkt-Diversifikation und Größen- sowie Profitabilitätsunterschiede können allesamt als Potenziale für Wertsteigerungen identifiziert werden. Daher ist abschließend zu konstatieren, dass keine eindeutige Aussage getroffen werden kann, ob Managementinteressen oder Wertsteigerungsmotive bei Bankmergern im Vordergrund stehen. Tabelle 4-4 fasst die Ergebnisse noch einmal zusammen. US-amerikanische Studien deuten darauf hin, dass sich aggregierte Wertsteigerungen oft nicht realisieren lassen. Dies kann der Fall sein, wenn Managementinteressen im Vordergrund einer Bankübernahme stehen und Synergiepotenziale nicht in die Entscheidung einfließen. Dies kann auch der Fall sein, wenn Dyssynergien und Integrationskosten sich nach der Übernahme als unerwartet hoch herausstellen oder ein zu hoher Preis für das Akquisitionsobjekt gezahlt wurde.

In Europa scheinen die Wertsteigerungspotenziale größer zu sein als im amerikanischen Markt. Das verwendete Datenmaterial ist dabei sehr aktuell und bildet den Einfluss der ersten Integrationsschritte und Deregulierungen der Europäischen Union ab. Wenn es für europäische Banken möglich erscheint, Synergiepotenziale zu realisieren, stellt sich die Frage, ob der bisherige Stand der Literatur einen ausreichenden Erklärungshintergrund für die Realisierung positiver Werteffekte darstellt. Diese Frage wird nach einem Zwischenfazit im nächsten Kapitel als Grundlage für die weitere Vorgehensweise behandelt.

Studie	*Markt*	*Zeitraum*	*Bankgröße/ Stichprobe*	*CAR aggregiert*	*CAR Ziel*	*CAR Käufer*	*Potenziale für Wertsteigerungen*
Houston/ Ryngaert	US	1985-1991	> $ Mio. 100 / 153 Banken	+0,0038 (./.) [-4; 0]	+0,1439 (0,01) [-4; 0]	-0,0232 (0,01) [-4; 0]	Profitabler Käufer; Geographische Überlappung; Finanzierungsart
Pilloff	US	1982-1991	∅ $ Mio. 3.732 / 48 Banken	-0,006 (./.) [-5; 0]	./.	./.	Hoher relativer Gesamtaufwand; Geographische Überlappung
Hawawini/ Swary	US	1968-1987	∅ $ Mio. 2.329 / 118 Ziele, 78 Käufer	./.	+0,1154 (0,05) [Übernahmewoche]	-0,0168 (0,05) [Übernahmewoche]	Finanzierungsart; Intra-Staat Merger; unprofitables Ziel oder Käufer; kleines Ziel; Größenunterschied
Cornett/ Tehranian	US	1982-1987	∅ $ Mio. 6.399 / 30 Banken	+0,029 (0,05) [-1; 0]	0,08 (0,01) [-1; 0]	-0,008 (0,05) [-1; 0]	./.
Zhang	US	1981-1990	∅ $ Mio. 2.436 / 107 Banken	+0,0614 (0,01) [-1; 0] +0,0705 (0,01) [-2; +2]	+0,056 (0,01) [-1; 0] +0,065 (0,01) [-2; +2]	+0,0054 (./.) [-1; 0] +0,0056 (./.) [-2; +2]	Geographische Diversifikation; Größenunterschied
Cybo-Ottone/ Murgia	EU	1988-1997	∅ $ Mio. 23.666 / 54 Banken	+0,0265 (<0,000) [-1; 0] +0,0288 (<0,000) [-5; 0]	+0,1255 (<0,000) [-1; 0] +0,1421 (<0,000) [-5; 0]	-0,0017 (./.) [-1; 0] -0,004 (./.) [-5; 0]	Inländische Übernahmen; Verbundeffekte mit Versicherungen

Tabelle 4-4: Studien kumulierter abnormaler Renditen bei Bankübernahmen[34]

[34] Bankgröße als Bilanzsumme des Zielunternehmens; CAR = kumulative abnormale Rendite, Signifikanzniveau in Klammern, Betrachtungsintervall in eckigen Klammern

4.4 Zwischenergebnis

Auch wenn Managementinteressen bei einer Banküberrnahme nicht ausgeschlossen werden können, so zeigt die Empirie dennoch Potenziale für wertorientierte Übernahmen. Bankmerger werden so zu einer potenziell rationalen Strategie. Ökonometrische Studien weisen in dieselbe Richtung, sofern sie jüngeres Datenmaterial verwenden, das bereits in der Lage ist, Veränderungen aufgrund von Technologieentwicklung und Deregulierung abzubilden. Dies gilt insbesondere für Skaleneffekte und finanzielle Synergien. Zu klären ist, unter welchen Voraussetzungen Bankmerger zu einer rationalen Strategie werden, mit anderen Worten, wann sie zu Wettbewerbsvorteilen führen.

Die Literatur zu Übernahmemotiven sollte diesen kausalen Zusammenhang von Übernahme und Wettbewerbsvorteil eigentlich schaffen. Sie präsentiert sich aber stark fragmentiert. Ein theoretischer Unterbau ist nicht vorhanden. Der vorgenommene Literaturreview hat die gefundenen Aussagen anhand der verschiedenen Synergiearten bereits stringenter systematisiert, als dies in einem Großteil der Originalliteratur der Fall ist.

In diesem Zusammenhang sollte die Literatur in der Lage sein, (1) Übernahmen als Strategiebestandteil mit dem Ziel der Wettbewerbsvorteile in ein systematisches Gesamtkonzept der Bankunternehmung einzugliedern und darauf aufbauend (2) Handlungsanweisungen für die Identifikation und Durchführung wertsteigernder Übernahmen bereitzustellen. Diese Anforderungen werden im folgenden Kapitel noch genauer herausgearbeitet.

5 Anforderungen an ein Theoriekonzept

The literature on the value of bank mergers and acquisitions presents a clear paradox.

Steven J. Pilloff und Anthony M. Santomero, 1998

5.1 Zur Diskrepanz von Empirie und Theorie

Insgesamt zeigen sich einige Widersprüche und nicht abgebildete Zusammenhänge innerhalb der Empirie und zwischen der Empirie und Theorie zu Bankübernahmen, die hier noch einmal zusammengefasst werden sollen. Damit wird die Ausgangsbasis für den theoretisch-konzeptionellen Teil dieser Arbeit gelegt, aus dem sich wiederum pragmatische Empfehlungen ableiten lassen. Bei einer Analyse der Konsistenz empirischer Beobachtungen sind die deskriptiven Aussagen zur marktlichen Entwicklung von Bankmergern und zur Marktkonzentration getrennt von den induktiven Ergebnissen der bilanz- und marktwertorientierten Untersuchungen zu betrachten. Ausgehend von einigen deskriptiven Beschreibungsmerkmalen europäischer Mergertätigkeit (anwachsende Transaktionsgröße, anhaltende Transaktionstätigkeit, nicht zu vernachlässigender Anteil cross-sektoraler Übernahmetätigkeit) können folgende Diskrepanzen formuliert werden:

- Die deskriptiven Statistiken zeigen eine anhaltend hohe Übernahmetätigkeit bei einer anwachsenden Transaktionsgröße einzelner Übernahmen, dennoch verweisen die meisten ökonometrischen Untersuchungen darauf, dass Skaleneffekte nur bis zu einer relativ kleinen Unternehmensgröße realisiert werden können. Somit ist fraglich, ob sich gerade die großen Bankmerger in Wertgewinne umsetzen lassen. Bei den anderen Synergiepotenzialen sind die ökonometrischen Ergebnisse gemischt. Während finanzielle Synergien möglich erscheinen, lassen sich Verbundeffekte kaum nachweisen. Für deutsche Übernahmen finden sich analog begrenzte Skaleneffekte für kleine Banken und – sogar – negative Verbundeffekte. Ertragsseitige Synergien lassen sich aufgrund einer erhöhten Datenproblematik kaum nachweisen. Es lässt sich die

Vermutung formulieren, dass sich Einflüsse des Wandels der Rahmenbedingungen seit Durchführung der Mehrzahl der Studien erst in neuen Untersuchungen niederschlagen. Hier ist die Ökonometrie mit dem Nachteil behaftet, auf größeres Datenmaterial mit relativ langen Zeithorizonten angewiesen zu sein, so dass eine lange zurückreichende ex post Betrachtung vorgenommen wird.

- Einerseits sind wertorientierte Studien nicht in der Lage, Managementinteressen für die Mehrzahl der Bankmerger nachzuweisen, andererseits zeigen sich regelmäßig Wertverluste für übernehmende Banken. Es stellt sich die Frage, warum Bankmerger in der beobachtbaren Anzahl verfolgt werden, wenn es aus Sicht der Anteilseigner des übernehmenden Unternehmens zu einem Wertabfluss in Richtung der Anteilseigner des Kaufobjektes kommt. So kommen auch Pilloff und Santomero zu dem Schluss: „The general findings of the merger literature raises the question of why bank consolidation has been and continues to be so prevalent, when gains are not observable on average" [1998, S. 70]. Da eine erhebliche cross-sektorale Variation der Ergebnisse besteht, stellt sich die Frage nach den Quellen für wertschaffende Bankmerger.
- Während die cross-sektorale Übernahmetätigkeit zwischen Geschäftsbanken, Investmentbanken und Versicherungen bereits jetzt relativ hoch ist und ihr Ansteigen aufgrund regulatorischer Lockerungen zu erwarten ist, stellt sich die Frage nach einer theoretisch einwandfreien Erklärung für diese Diversifikationsbestrebungen. Auch wenn diese Übernahmen durch den Wandel der Rahmenbedingungen eine plausible Ausgangsbasis haben, ist eine theoretische Erklärung der Quellen ihres strategischen Wertbeitrags offen. Nur weil die Rahmenbedingungen bestimmte Transaktionen ermöglichen, sind sie noch nicht wertschaffend. Teilaspekte sind aufgrund einer verbilligten Refinanzierung im liquiditätsmäßig-finanziellen Bereich nachvollziehbar. Dem möglichen Argument einer Kostenteilung des Overheads stehen die Komplexitätskosten zweier unterschiedlicher Geschäftsfelder wie Privatkundengeschäft und Investment Banking entgegen, die mögliche positive Synergien negieren können. Dem Beispiel folgend sind auch finanzielle Synergien der Risikodiversifikation wegen des fehlenden Aktivgeschäfts von Investmentbanken gering. Mögliche Vorteile einer Kombination der Geschäftsfelder formuliert zwar auch die traditionelle Literatur, allerdings als lose Aufzählung ohne Integration in ein Gesamtkonzept. In ganz ähnlicher Weise stellt sich die Frage nach der Begründung für eine absehbare Internationalisierung des Bankgeschäfts.

Theoretisch-konzeptionell sind über diese Diskrepanzen hinaus grundsätzliche Probleme festzustellen. Den Übernahmebegründungen fehlt in aller Regel der theoretische Unterbau. Motive werden relativ zusammenhangslos aneinander gereiht. Als kleinster gemeinsamer Nenner rationaler Motive lässt sich allenfalls das Synergiekonzept heranziehen, ohne dass in diesem Zusammenhang systematisch vorgegangen wird. Auf der Basis einer losen Auflistung potenzieller Übernahmemotive ist ein Kausalzusammenhang zwischen Mergern und Wettbewerbsvorteilen nicht begründbar. Entsprechend haben die Mehrzahl der Arbeiten keine derartige strategische Gesamtsicht, die Wettbewerbsvorteile definiert und explizit betrachtet.

Fraglich erscheint auch, warum Existenztheorien – als fundamentale ökonomische Grundlage der Finanzintermediation – und die Funktionen, die Banken im Intermediationsprozess ausfüllen, nicht thematisiert werden [vgl. hierzu 2.3]. In dieser Arbeit wird die Ansicht vertreten, dass diese fundamentalen Grundlagen der Finanzintermediation einen geeigneten Ausgangspunkt für die Suche nach Wettbewerbspotenzialen von Banken darstellen, deren Erreichen wiederum das Ziel rational motivierter Bankmerger darstellt.

An dieser Stelle lohnt es, noch einmal die bereits abgeleiteten generischen Wettbewerbspotenziale zu reflektieren und zu prüfen, ob sie durch die bestehende Literatur zumindest implizit abgedeckt werden. So können zumindest die Wettbewerbspotenziale aufgedeckt werden, die bestehende Arbeiten indirekt berücksichtigen. Charakterisiert werden die Wettbewerbspotenziale über ihre zugrungeliegenden Ressourcen [vgl. 2.4]:

- Ein Kundenstamm, der zu Wettbewerbsvorteilen beitragen kann, wird über Umfang, Langfristigkeit und Streuung charakterisiert. Die mit dem Kundenstamm zusammenhängende Informationsbasis nimmt in der bestehenden Literatur keine prominente Stellung ein, wird aber teilweise am Rande thematisiert. Als Geschäftsvolumen wird der Kundenstamm stärker berücksichtigt, nicht jedoch direkt in den Vordergrund gestellt, dies ist bei economies of scale, im Cross-selling und bei der Risikodiversifikation der Fall.
- Skills und Fähigkeiten bei der Informationsgenerierung werden als Transfer von Know-how bei den Übernahmemotiven berücksichtigt. Synergien durch Transfer werden jedoch nicht konsequent in das Synergiekonzept integriert. Im Fokus stehen klar die kostenorientierten Synergien.
- Skills und Fähigkeiten im Umgang mit Risiken werden in der Regel nicht beachtet. Sie lassen sich allenfalls unter den Transfer von Know-how subsumieren.
- Reputation wird im Zusammenhang mit Übernahmen in der Regel nicht thematisiert.
- IT-Systeme und -Netze, lassen sich als Unteilbarkeiten auffassen, die im Zusammenhang mit Skalen- und Verbundeffekten berücksichtigt werden.
- Finanzielle Kapazität wird als kritische Masse notwendigen Eigenkapitals berücksichtigt.

Als Fazit lässt sich konstatieren, dass höchst relevante Einzelaspekte von der bestehenden Literatur zu Bankübernahmen behandelt werden. Die ökonomisch abgeleiteten generischen Wettbewerbspotenziale werden zu einem großen Teil implizit berücksichtigt. Es fehlt allerdings eine integrierende Klammer, die diese Wettbewerbspotenziale expliziert und mittels eines Gesamtkonzepts in Zusammenhang mit Übernahmemotiven bringt.

5.2 Forschungsdefizite und Anforderungen an ein Theoriekonzept

Aus den betrachteten Diskrepanzen lassen sich – unter Berücksichtigung von Problemstellung und Zielsetzung dieser Arbeit – Anforderungen an ein theoretisches Argumentationskonzept formulieren. Damit wird ein Rahmen für die weitere Vorgehensweise abgesteckt. Die Problemstellung, den Beitrag von Bankmergern zu Wettbewerbsvorteilen von Universalbanken zu erörtern, hat sich in zwei übergeordneten Zielen niedergeschlagen. Erstens ist dies die Forderung nach einem integrativen Konzept, das den Zusammenhang von Übernahmen und Wettbewerbspotenzialen erklärt; zweitens ist dies dessen Überführung in einen pragmatischen Vorgehensvorschlag [vgl. 1.2]. Damit ergeben sich gegenüber den Zielsetzungen dieser Arbeit die folgenden Schwächen in der bestehenden Literatur:

1. Kausalzusammenhänge, die als Ziel eine Erlangung von Wettbewerbsvorteilen abbilden, werden nicht thematisiert. Ein theoretischer Unterbau fehlt und kann auch durch den Minimalkonsens des Synergiekonzepts nicht konstruiert werden. Wichtige realwirtschaftliche Aspekte wie Internationalisierung und Diversifikation werden nur ad hoc und enumerativ zu bestehenden Übernahmemotiven beigefügt.
2. Der normative Aussagegehalt der bisherigen Theorieansätze ist gering. Damit sind systematische Empfehlungen zur Vorgehensweise bei der Identifikation wertschaffender Übernahmeoptionen rar. Die Suche nach solchen Übernahmeoptionen kann in der Praxis damit nur auf den isolierten Theorieaspekten oder einer ad hoc Integration derselben aufbauen. Sie übersieht womöglich Gesamtzusammenhänge.

Wenn hier die Forderung nach einem umfassenden Theoriekonzept erhoben wird, so ist anzumerken, dass auf bankwirtschaftlicher Ebene Teilaspekte bereits gut abgedeckt werden. Es muss somit keine radikal neue Theorie konstruiert werden, wohl aber eine Integration der Teilaspekte vorgenommen werden. Um den Informationsgehalt der Aussagen zu erweitern, wird bei diesem Versuch zunächst von der Bankbranche abstrahiert. Dies liegt nahe, da auch die Theorien des Strategischen Management, die den Ausführungen zu Grunde gelegt werden, nicht vor einem konkreten Branchenhintergrund argumentieren. Eine Beschränkung auf die Bankbranche würde den Erklärungsgehalt des zu formulierenden Theoriekonzepts unnötig verkürzen.

Aufgrund der branchenbezogenen Problemstellung dieser Arbeit sollen auch die gefundenen Diskrepanzen der bankbetrieblichen Literatur und Empirie im allgemeinen theoretischen Argumentationskonzept berücksichtigt werden, das nachfolgend entwickelt wird. Im einzelnen sind dies die folgenden Aspekte:

1. Das Argumentationskonzept muss auf einer Theorie des Strategischen Management beruhen, da Wettbewerbsvorteile explizit berücksichtigt werden sollen. Damit kommt als theoretische Basis nur eine „Theory of the firm" in Betracht. Porter führt dies aus [vgl. 1991, S. 95]: „Any effort to understand success must rest on an underlying theory of the firm and an associated theory of strategy".
2. Das zu formulierende allgemeine Theoriekonzept sollte in der Lage sein, bankbetriebliche Spezifika abzubilden, die aus den Funktionen von Banken als Finanzintermediäre herrühren. Es muss damit in der Lage sein, beispielsweise den Aspekt der Risikoübernahme oder die Reputationsfunktion im Beratungsgeschäft abzubilden.
3. Da Universalbanken das vornehmliche Betrachtungsobjekt darstellen, sollte zumindest zwischen Commercial und Investment Banking unterschieden werden. Auf diese Art und Weise lässt sich der Eintritt in ein neues Geschäftsfeld als Diversifikation analysieren. Die Möglichkeit einer geschäftsfeldspezifischen Betrachtung ist darüber hinaus wünschenswert, da bereits die Existenztheorien auf unterschiedliche Wettbewerbsparameter von Brokerage, Transformation und Clearing & Settlement hinweisen. Damit können Skaleneffizienzen, die ökonometrische Studien pauschal auf Gesamtbankebene betrachten, unter den Geschäftsfeldern variieren. Diesen Zusammenhang sehen auch Santomero und Eckles [2000, S. 4]: „The crucial issue in efficiency is the „right sizing" of the total firm, *and* the „right sizing" of individual businesses within the firm." Ähnlich differenziert müssen auch alle anderen Synergiepotenziale von Marktmacht bis hin zu finanziellen Synergien analysiert werden. Die Möglichkeit einer Geschäftsfeldbetrachtung sowie die Abbildung von Elementen der Diversifikation werden damit zu wesentlichen Aspekten des Argumentationskonzeptes.
4. Der Einfluss der Rahmenbedingungen sollte Eingang in das Konzept finden, da ausgehend von der hohen Regulationsintensität und der Bedeutung der Informationstechnologien die Vermutung aufgestellt werden kann, dass sich der dynamische Wandel besonders stark auf die Bankbranche auswirkt und die Gestalt der Wettbewerbspotenziale beeinflusst.

Es wird sich zeigen, dass der Resource-based View, dem einige Autoren bereits den Status einer „Theory of the firm" zuschreiben einen geeigneten theoretischen Hintergrund darstellt [vgl. ausführlich 6.1.1; für eine Diskussion um diesen Status s. Conner 1991; Conner/Prahalad 1996 und Foss 1996]. Im sechsten Kapitel wird ein branchenunabhängiges Theoriekonzept entwickelt, das Diversifikation und Rahmenbedingungen explizit berücksichtigt. Ausgangs des Kapitels wird ein

Vorgehensmodell für die praktische Analyse vorteilhafter Übernahmeoptionen skizziert, um die normativen Ansprüche dieser Arbeit zu erfüllen. Das siebte Kapitel konkretisiert sodann – unter Anwendung einer verkürzten Schrittfolge des Vorgehensmodells – die Erkenntnisse für die Bankbranche, indem Rahmenbedingungen, Wettbewerbspotenziale, Übernahmemotive und Diversifikationsoptionen geschäftsfeldspezifisch abgeleitet werden, bevor das achte Kapitel mit einer ausführlichen Fallstudie schließt.

Teil III

Bankmerger und Wettbewerbsvorteile: Ein ressourcen-orientiertes Theoriekonzept

6 Übernahmen im Resource-based View: Entwicklung eines Theoriekonzepts

Mergers and acquisitions provide an opportunity to trade otherwise non-marketable resources and to buy or sell resources in bundles.

Birger Wernerfelt, 1984

6.1 Einführung

6.1.1 Zur Wahl des Resource-based View als Erklärungsgrundlage

In den letzen 15 Jahren haben theoretische Arbeiten des Strategischen Management die Unternehmung wiederentdeckt. Lange Zeit stand eine von der Industrieökonomie dominierte Betrachtungsweise im Vordergrund, die unternehmensinterne Charakteristika, welche die Stärken und Schwächen gegenüber Wettbewerbern ausmachen – zumindest teilweise – als Black-Box behandelt hat.

Entwicklung und Stand des Strategischen Management

Die Anfänge der noch jungen Forschungsrichtung des Strategischen Management sind von einer gleichsam markt- und unternehmensorientierten Perspektive auf die Strategieentwicklung beherrscht worden [vgl. etwa Ansoff 1968; Andrews 1971]. Nach dieser Auffassung hat der Strategieprozess eine Evaluation distinktiver organisationaler Kompetenzen zur Grundlage, welche – adäquat auf die Umweltbedingungen abgestimmt – die Grundlage für Wettbewerbsvorteile darstellen. Im wohl bekannten SWOT-Ansatz (Strengths, Weaknesses, Opportunities, Threats) findet sich dieses Strategieverständnis wieder. Dessen Grundidee ist eine gegenseitige Abstimmung (FIT) der Stärken und Schwächen der Unternehmung mit den Chancen und Risiken, die von der Umwelt ausgehen [vgl. Abbildung 6-1]. Insbesondere in der englischsprachigen Literatur kommt kaum ein Lehrbuch des Strategischen Management ohne diesen Ansatz aus [vgl. exemplarisch Hill/Jones 1992; Barney 1996; Collis/Montgomery 1997].

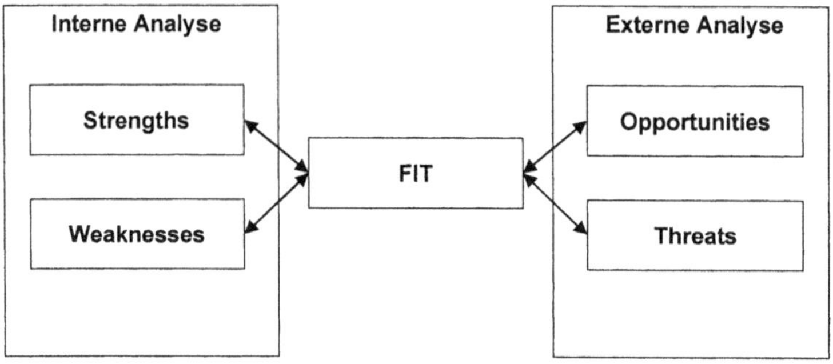

Abbildung 6-1: SWOT-Ansatz im Strategischen Management

Insbesondere die Arbeiten der siebziger und achtziger Jahre sind von industrieökonomischen Überlegungen dominiert worden, welche die Positionierung von Unternehmen in attraktiven Branchen als Quelle des Unternehmenserfolges ansehen. Besonderer Einfluss kann der Branchenstrukturanalyse nach Porter zugesprochen werden [vgl. 1992a, S. 25-61; im englischen Original 1980]. Es steht also klar die externe Perspektive im Vordergrund. Ausgehend von frühen Arbeiten von Bain und Mason [für einen Überblick vgl. Oberender 1994] steht hier eine Struktur-Verhalten-Ergebnis Hypothese im Mittelpunkt der Forschung. Es wird davon ausgegangen, dass die Industriestruktur das Verhalten von Unternehmen beeinflusst, welches sich letztlich in der Unternehmensperformance niederschlägt.[35] In diesen Arbeiten sind Zusammenhänge zwischen Konzentrationsgrad und Profitabilität einer Branche von großem Interesse. Neueren Ansätzen dieser Forschungsrichtung, so beispielsweise Porters Wertekette [vgl. 1992b, S. 59-92; im englischen Original 1985], kann die völlige Vernachlässigung der Unternehmung nicht vorgeworfen werden [zu einer Verteidigung vgl. auch Porter 1991, S. 107; Knyphausen 1993, S. 781]. So geht Porter ebenfalls davon aus, dass die Branchenstruktur durch die strategische Wahl spezifischer Unternehmen beeinflusst wird [vgl. Porter 1991, S. 100]. Auch sind die im Konzept der Wertekette zusammengefassten Aktivitäten von Unternehmen nach Porter in der Lage, durch eine einzigartige Konfiguration Wettbewerbsvorteile zu begründen [vgl. 1991, S. 102-103; 1996, insb. S. 64]. Die maßgeblichen Ansätze der Branchenstruktur sowie der Wertekette sollen aufgrund ihres Verbreitungsgrades als bekannt vorausgesetzt werden. Dabei lässt sich die Wertekette im Kontext des Resource-based View

35 Eine Abgrenzung industrieökonomischer Überlegungen zu dem hier vorgeschlagenen Resource-based View findet sich bei Conner [1991].

nutzen, wie die nachfolgenden Ausführungen dieses Abschnitts noch zeigen werden.

Der Mitte der achtziger Jahre aufkommende und sich mit Beginn der neunziger Jahre schnell verbreitende Resource-based View kann als Renaissance der Innensicht der Unternehmung bezeichnet werden, die sich der Ausleuchtung der Black-Box der Unternehmung widmet. Die Quelle von Wettbewerbsvorteilen wird bei diesem Ansatz nicht in der Positionierung in einer Branche gesehen, sondern vielmehr in unternehmensspezifischen Charakteristika, den Ressourcen. Diese stellen im Wesentlichen von der Unternehmung kontrollierte Einsatz- und Potenzialfaktoren dar. Aus Sicht des Ansatzes erlauben bestimmte Ressourceneigenschaften die Implementierung einer überlegenen Strategie, die zu Wettbewerbsvorteilen führt. Es lässt sich trefflich streiten, ob der Resource-based View in ähnlicher Weise, in der industrieökonomische Ansätze die Innensicht vernachlässigen, die Außensicht vernachlässigt, wie es Kritiker konstatieren [vgl. z.B. Porter 1991, insb. S. 107]. Protagonisten des Ansatzes verweisen allerdings darauf, dass sich Ressourcen nur in Wettbewerbsvorteile umsetzen lassen, wenn sie die Implementierung einer überlegenen Unternehmensstrategie im Markt ermöglichen und so die externe Sicht nicht ausgeblendet wird [vgl. u.a. Barney 1991; Collis/Montgomery 1995]. Damit kommt es nach den Aussagen einiger Autoren zu einer Komplementarität der Ansätze, bei der industrieökonomischen Modellen eine Rolle bei der Identifikation der Eigenschaften wertschaffender Ressourcen zukommt [vgl. Barney 1991, S. 106; Bamberger/Wrona 1996, S. 146-150; Hungenberg 2000, S. 101]. Aktuelle Arbeiten beschäftigen sich mit der Weiterentwicklung des Ressourcenbegriffs zu wissensbasierten oder dynamischen Kompetenzen [vgl. etwa Teece/Pisano/Shuen 1997; Eisenhardt/Martin 2000]. Weiterhin dreht sich die Diskussion um den Status des Resource-based View als eine Theorie der Firma [vgl. etwa Conner/Prahalad 1996; Foss 1996] sowie um eine Abgrenzung zu anderen theoretischen Ansätzen [vgl. etwa Williamson 1999].

Zu den Beziehungen industrieökonomischer und ressourcenorientierter Ansätze

Vor der Erarbeitung des strategieorientierten Argumentationskonzepts, das eine detaillierte Analyse von Unternehmensübernahmen ermöglichen soll, ist nach dem relevanten theoretischen Hintergrund zu fragen. Der Auffassung einer Komplementarität der zwei wesentlichen Ansätze des Strategischen Management folgend, wäre auch für diese Arbeit eine integrative Betrachtungsweise auf markt- und ressourcenorientierte Theoriebeiträge anzuraten. Eine genauere Analyse wird allerdings zeigen, dass die Fokussierung auf ressourcenorientierte Konzepte als Ausgangspunkt der Überlegungen zielführend ist. Zur Begründung dieser Wahl sind die Beziehungen zwischen den Ansätzen genauer zu hinterfragen.

Neben der Komplementarität bestehen weitere Möglichkeiten der Beziehung zwischen den Ansätzen. Von einer prinzipiellen Unvereinbarkeit soll abgesehen werden, da sich beide Ansätze mit einem internen und externen Schwerpunkt offensichtlich auf zwei verschiedene Seiten eines Bezugsrahmens des Strategischen Management fokussieren, der vormals integriert konzipiert worden ist. So kommt eine Überordnung des porterschen Ansatzes – stellvertretend für industrieökonomische Ansätze – über den Resource-based View ebenso in Frage wie eine umgekehrte Überordnung des Resource-based View über Porters Konzepte [vgl. Börner 2000, S. 125-126]. Die Frage nach einer Über- oder Unterordnung eines der Ansätze über den anderen muss vor dem Hintergrund des Erklärungsgehalts für Unternehmensübernahmen beantwortet werden.[36]

Wendet man sich zunächst noch einmal der Frage nach der Komplementarität der Ansätze zu, so kann man feststellen, dass diese oft relativ pauschal auf Basis der vorherrschenden Innenorientierung des Resource-based View und der Außenorientierung des porterschen Ansatzes konstatiert wird [vgl. Wernerfelt 1984, S. 171; Collis/Montgomery 1995, S. 119; Hungenberg 2000, S. 101]. So weisen beispielsweise die Aussagen Wernerfelts, der mit seinem frühen Artikel den Terminus Resource-based View entscheidend geprägt hat, in Richtung einer Komplementarität der Ansätze. Ihm zufolge kann von Produktmärkten ausgegangen und nach den notwendigen Ressourcen gefragt werden, um Produktbündel für diese Märkte zu erstellen und abzusetzen. Es kann aber auch der Fokus auf Ressourcenbündel gelegt werden und die Ableitung eines optimalen Produktportfolios für einen Markt vorgenommen werden. Wernerfelt spricht in diesem Zusammenhang von zwei Seiten derselben Medaille [vgl. 1984, S. 171]. Neben dieser pauschalen Betrachtung gibt es differenziertere Analysen. Mahoney und Pandian grenzen den Resource-based View von Ansätzen der Transaktionskosten- und Property-Rights-Theorie sowie von der Industrieökonomie ab. Sie kommen im Schluss zu einer hohen Komplementarität der Ansätze [vgl. 1992]. Einen Ansatzpunkt für Gemeinsamkeiten sehen sie in erster Linie im Konzept der Eintritts- und Mobilitätsbarrieren (zwischen strategischen Gruppen) der Industrieökonomie, welche ihr Äquivalent in den Imitationsbarrieren des Resource-based View finden [vgl. hierzu etwa Rumelt 1984, S. 566-568].

Zu beurteilen ist auch der Standpunkt Porters. Trotz seiner kritischen expliziten Aussagen dem Resource-based View gegenüber [vgl. 1996, S. 61], sieht er doch ein nebeneinander der Branche – in der eine Unternehmung in den Wettbewerb eintritt – und der relativen Wettbewerbsposition gegenüber weiteren Marktteilnehmern. Die Wettbewerbsposition erklärt Porter vorzugsweise durch die Aktivitäten, die eine Unternehmung entlang der Wertekette durchführt [vgl. 1991, S. 102-103; 1996]. Dabei ist zu konstatieren, dass der Resource-based View ein weiter entwickeltes Konzept anbietet, welches keineswegs mit dem Aktivitätenkonzept Porters konfligiert [so auch Verdin/Williamson 1994, S. 80-83]. Porter sieht den Positionierungsvorteil in einer gegebenen Branche in der Konfiguration der Aktivitäten, welche eine Unternehmung zur Generierung ihrer Wertschöpfung

[36] So fordern auch Bamberger und Wrona [1996, S. 513] einen „situationsbedingten Perspektivenwechsel“ zwischen interner und externer Orientierung.

durchführt. Dabei ist kritisch anzumerken, dass zur Durchführung von Aktivitäten genau die Faktoren benötigt werden, die der Resource-based View als Ressourcen bezeichnet. Dies erkennt auch Porter an [1991, S. 102]: „Performing an activity requires tangible and intangible assets that are internal to the firm, such as physical and often financial assets (e.g. working capital) as well as intangible assets embodied in human resources and technology." Einen ähnlichen Zusammenhang zwischen Ressourcen und Aktivitäten beschreibt schon Penrose, die schon früh viele Gedanken des Resource-based View formuliert hat [1966, S. 25]: „Strictly speaking, it is never resources themselves that are the ‚inputs' in the production process but only the services that the resources can render."

Letztlich erkennt auch Porter die Komplementarität der Ansätze an [1991, S. 108]: „Stress on resources must complement, not substitute for, stress on market positions." Obwohl diese Aussage auf ein Nebeneinander der Ansätze verweist, sieht Porter den Resource-based View im Grunde als der Marktpositionierung untergeordnet an. Die Erwirtschaftung von Wettbewerbsvorteilen beginnt seiner Ansicht nach bei der Marktpositionierung und muss sukzessive nach den Gründen für Markterfolg fragen, so dass Aussagen zur historischen Entwicklung einer gegebenen Ressourcenposition am Ende einer langen Kausalkette stehen. Der Entwicklung der Ressourcenposition vorgelagert sind demnach die Marktpositionierung, die Konfiguration der Aktivitäten sowie die Identifikation der den Aktivitäten zu Grunde liegenden Treiber (Skaleneffekte, Umfangseffekte, vertikale Integration, Kapazitätsauslastung, ...) [vgl. 1991].

Die Auffassung, marktorientierte Ansätze als hierarchisch übergeordnet zu betrachten, da Wettbewerbsvorteile letztlich am Markt erwirtschaftet werden, kann nicht überzeugen. Eine gegengesetzliche Meinung kann ebenso vertreten werden. So lässt sich argumentieren, dass die nur langfristig mögliche Entwicklung von Ressourcenpositionen dazu führt, dass Strategien der Marktpositionierung von einer vorgegebenen und kurzfristig schwer beeinflussbaren Ressourcenposition bestimmt werden. Somit soll auch eine hierarchische Unterordnung des porterschen Ansatzes unter den Resource-based View besprochen werden.

Eine Unterordnung des industrieökonomischen Ansatzes kann – wie schon angedeutet – derart erfolgen, dass strategische Entscheidungen, welche die Marktpositionierung betreffen, Entscheidungen zum Aufbau eines Ressourcenportfolios nachgelagert sind [vgl. hierzu und im Folgenden Börner 2000, S. 118-143]. Börner sieht den Resource-based View als langfristigen Erklärungsansatz, anhand dessen eine Marktentwicklungsstrategie auf Gesamtunternehmungsebene entwickelt werden kann. Anhand des extern orientierten Ansatzes von Porter erklärt Börner die Positionierung einzelner Geschäftsfelder, welche das bestehende Ressourcenportfolio weitgehend als gegeben zu betrachten haben. In der Tat legt insbesondere die zeitlich längere Perspektive des Resource-based View eine Unterordnung des tendenziell kurzfristig ausgelegten porterschen Konzepts nahe. Marktpositionierung kann so als Konkretisierung einer langfristigen Ressourcenstrategie begriffen werden. Auch Porter erkennt an, dass der Ressourcenansatz einen weitergehenden Erklärungsgehalt bezüglich des zeitraumbezogenen Prozesses bietet, wie Unternehmen die Voraussetzungen für die Realisierung einer vorteilhaften Wettbewerbsposition schaffen [vgl. 1991, S. 108].

Die Wahl des Resource-based View

Gerade vor dem Hintergrund langfristig ausgerichteter Übernahmestrategien ist – unter Verweis auf die zeitraumbezogene Unterordnung des porterschen Ansatzes – der Resource-based View als Ausgangspunkt des theoretischen Argumentationskonzepts dieser Arbeit zu wählen. Unternehmensübernahmen sind als Marktentwicklungsstrategien zu klassifizieren, die den langfristigen Aufbau eines Ressourcenportfolios zum Ziel haben. Diese Entscheidung wird dadurch gestützt, dass der Resource-based View an der Gesamtunternehmung ansetzt und damit in der Lage ist, Diversifikationsstrategien sinnvoll zu begründen [vgl. Bamberger/Wrona 1996, S. 143-146]. Der portersche Ansatz stellt hingegen eher auf die Positionierung eines Geschäftsfeldes ab. Eine Vielzahl von Übernahmen haben aber die Diversifikation –als der Aufbau zusätzlicher Geschäftsbereiche – zum Ziel.

Die Entscheidung für den Resource-based View kann anhand einer kurzen Betrachtung der Problematik von Unternehmensübernahmen weiter untermauert werden. Der Resource-based View fokussiert seine Aussagen auf den Wettbewerb um Ressourcen. Damit treten Faktormärkte in den Mittelpunkt der Betrachtung [vgl. Barney 1986]. Der portersche Ansatz spricht hingegen vornehmlich den Wettbewerb auf Produktmärkten an [vgl. Porter 1991, S. 108]. Die Wettbewerbsdeterminanten auf Produktmärkten sind ein wichtiger Einflussfaktor für den strategischen Wert von Ressourcenbündeln, welche letztlich ein Unternehmen als Akquisitionsobjekt ausmachen. Dennoch adressiert der portersche Ansatz nicht direkt den Wettbewerb um diese Ressourcen, so dass auch mit einem Blick auf den angesprochenen Ort des Wettbewerbs – Faktor- vs. Produktmarkt – der Resource-based View als Erklärungsansatz vorzuziehen ist. Der Aufbau von Ressourcenpositionen ist im Resource-based View allerdings noch nicht abschließend entwickelt. Durch die Formulierung eines theoretischen Argumentationskonzepts für die Motive von Unternehmensübernahmen – als externe Entwicklung von Ressourcen – kann die vorliegende Arbeit an dieser Stelle einen Beitrag leisten.

Neben den oben formulierten inhaltlichen Argumenten ist der Ansatz auch in empirischen Untersuchungen – durch das Vorliegen eines signifikanten Unternehmens- und Geschäftsfeldeinflusses auf die Unternehmensperformance – bestätigt worden [vgl. Wernerfelt/Montgomery 1988; Rumelt 1991; Powell 1992]. Frühere Untersuchungen sind im Ergebnis zu einer Dominanz des Industrieeffekts auf die Performance gekommen [vgl. Schmalensee 1985; bestätigt von McGahan/Porter 1997]. Allerdings führt eine solche Dominanz der Industrie- und Branchenwahl eine Vielzahl theoretischer und praktischer Bemühungen des Strategischen Management ad absurdum, da sie den Einfluss des Management auf die Unternehmensperformance minimieren. Erst die jüngeren Ergebnisse der Empirie geben Managemententscheidungen ihre Relevanz jenseits der Industriewahl zurück. Beim derzeitigen Stand sollte die empirische Forschung allerdings nicht überbewertet werden, da sich für nahezu alle Forschungshypothesen entsprechende Evidenz findet [vgl. Knyphausen 1993, S. 774]. Die Wahl des Ansatzes erfolgt daher hauptsächlich aus den oben abgeleiteten inhaltlichen Gründen.

Dem Ansatz kommt den Anforderungen entsprechend der Status einer „Theory of the firm" zu, die Existenz, Umfang und Grenzen einer Unternehmung zu erklären in der Lage ist. Conner leitet dies beispielsweise in Relation zu industrieökonomischen Ansätzen ab [vgl. 1991]. Das Verhältnis zur Transaktionskostentheorie wird derzeit noch kritisch diskutiert [vgl. Conner/Prahalad 1996; Foss 1996; Williamson 1999]. Die Wahl des Resource-based View ist insgesamt als konsistent mit den im vorausgegangenen Kapitel formulierten grundsätzlichen Anforderungen zu betrachten [vgl. 5.2]. Von einer internen Unternehmensperspektive ausgehend, erscheint die Analyse bankbetrieblicher Spezifika möglich. Der Zusammenhang von Ressourcen, der Erfüllung der Intermediationsfunktionen und Wettbewerbspotenzialen ist bereits angesprochen worden [vgl. 2.4]. Dabei eignet sich der Ansatz insbesondere für die Erklärung von Diversifikationsstrategien [vgl. Mahoney/Pandian 1992, S. 365] und kann damit als Grundlage für eine geschäftsfeldspezifische Analyse herangezogen werden. Da der Resource-based View die externe Perspektive nicht vernachlässigt – es lässt sich konstatieren, dass die Argumentation inside-out verläuft – ist auch die geforderte Berücksichtigung der Rahmenbedingungen möglich.

6.1.2 Vorgehensweise

Übernahmen sind eine Form der Entwicklung der Ressourcenausstattung der Unternehmung. Obwohl der Wettbewerb um Ressourcen ein zentraler Bestandteil des Resource-based View ist, lässt der Ansatz bislang ein kohärentes Argumentationskonzept vermissen, das die potenziellen Motive für die externe Beschaffung von Ressourcen durch Unternehmensübernahmen integrativ zusammenführt. Aus ressourcenorientierter Sicht ist die Realisierung von Wettbewerbsvorteilen das maßgebliche Motiv für alle strategischen Entscheidungen. Die Synthese der verschiedenen Ansatzpunkte, die der Resource-based View für die Verbesserung der Wettbewerbsposition durch Übernahmen bietet, ist Aufgabe des hier zu formulierenden Theoriekonzepts. Es besteht aus einer Grundlegung [vgl. 6.2] und drei Bausteinen:

1. Das wohl bekannte und regelmäßig zur Erklärung von Übernahmen herangezogene Synergiemotiv hat auch seinen Platz im Resource-based View. Im Wettbewerb um Ressourcen auf Faktormärkten begründen Synergien die Möglichkeit, durch Ressourcenerwerb Wettbewerbsvorteile zu realisieren. Sie sind somit als das zentrale Motiv für Übernahmen zu werten. Die Rolle von Synergieeffekten bei Unternehmensübernahmen wird in Abschnitt 6.3 herausgearbeitet. Es wird die These entwickelt, dass Synergien durch Übernah-

men auf der Basis von vier Synergiearten zu Wettbewerbsvorteilen führen können, deren Grundlage der Zugriff auf Ressourcen von Wettbewerbern ist. Dabei wird Kritiken begegnet, die nur die interne Ressourcenentwicklung als vorteilsstiftend ansehen.

2. Der Resource-based View ist zur Erklärung von Diversifikationsstrategien geeignet und vielfach herangezogen worden. Abschnitt 6.4 erläutert diese Arbeiten und stellt die These auf, dass Diversifikation – und Internationalisierung, die ähnlich analysiert werden kann – durch Übernahmen erfolgen, um Synergien durch den Zugriff auf Ressourcen von Wettbewerbern aus verbundenen Märkten zu realisieren. Daneben existieren weitere Motive für Diversifikation und Internationalisierung, die zunächst ohne Übernahmen realisiert werden können. Übernahmen werden aber mit dem Ziel durchgeführt, im Rahmen von Diversifikation und Internationalisierung Markteintrittsbarrieren zu überwinden.

3. Der dritte Ansatzpunkt für Übernahmemotive in Abschnitt 6.5 führt die Rolle der Rahmenbedingungen ein. Es wird die These entwickelt, dass die Rahmenbedingungen gewisse Mindestanforderungen vorgeben, die eine Unternehmung erfüllen muss, um im Wettbewerb einer Industrie bestehen zu können. Die zur Erfüllung dieser Anforderungen notwendigen Unternehmenseigenschaften lassen sich als Ressourcen interpretieren. Übernahmen können damit genutzt werden, Veränderungen der Rahmenbedingungen durch Ausbau des Ressourcenportfolios zu begegnen oder im Rahmen von Diversifikation und Internationalisierung Markteintrittsbarrieren zu überwinden.

Die skizzierten drei Ansatzpunkte werden zu dem geforderten Theoriekonzept zusammengefasst [vgl. 6.6]. Damit einhergehend wird ein Vorgehensvorschlag für die Anwendung des Konzepts in der Praxis formuliert, bevor die Ausführungen im siebten Kapitel anhand der Bankbranche konkretisiert werden. Abbildung 6-2 verdeutlicht die Vorgehensweise.

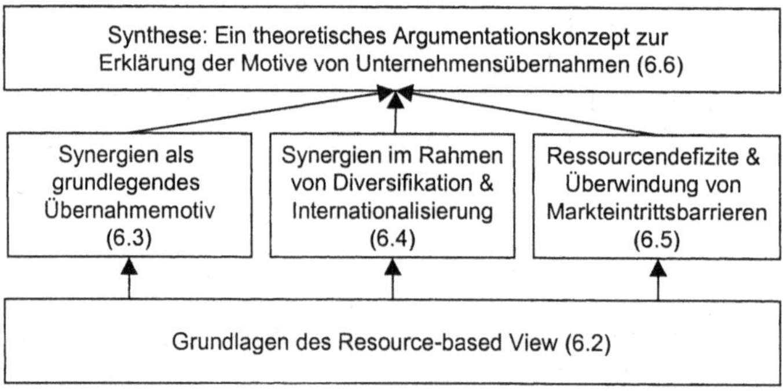

Abbildung 6-2: Vorgehensweise zur Entwicklung des theoretischen Argumentationskonzepts

Der nun folgende Abschnitt widmet sich den Grundlagen des Resource-based View. Bevor die drei alternativen Ansatzpunkte für Unternehmensübernahmen besprochen und zu einem kohärenten Argumentationskonzept zusammengeführt werden, ist zu klären, auf welche Art und Weise sogenannte Ressourcen und Kompetenzen in der Lage sind, Wettbewerbsvorteile zu generieren.

6.2 Grundlagen des Resource-based View

6.2.1 Das Unternehmen als Bündel von Ressourcen

6.2.1.1 Ressourcen als Betrachtungsobjekt

Der Resource-based View sieht die Unternehmung als Ressourcenbündel an [vgl. Penrose 1966, S. 24]. Ressourcen werden von den meisten Autoren sehr breit definiert, so dass diese beispielsweise Markennamen, Patente, Informationsinfrastrukturen, Managementfähigkeiten, eine allgemeine Befähigung zu Produktinnovationen oder die Unternehmungskultur beinhalten. In einem frühen und prägenden Beitrag umschreibt Wernerfelt Ressourcen als „(...) anything which could be thought of as a strength or weakness of a given firm" [1984, S. 172]. Die nachfolgende Diskussion hat sich in erster Linie auf die Stärken konzentriert, d.h. auf die Ressourcen, die Quelle von Wettbewerbsvorteilen sind. Deutsche Beiträge sehen Ressourcen beispielsweise als „fast alle internen materiellen und immateriellen Güter, Systeme und Prozesse" an [Bamberger/Wrona 1996, S. 132], die spezifisch für eine Unternehmung sind [vgl. Rasche/Wolfrum 1994, S. 502]. Barney betont den strategischen Aspekt der Stärken und Schwächen weiter, wenn er Ressourcen über ihre Funktion definiert, Strategien zur erfassen und zu implementieren, die Effektivität und Effizienz der Unternehmung verbessern [vgl. 1991, S. 101].

Ähnliche Ansichten lassen sich aus gängigen Klassifikationen ableiten. Auf einer ersten Ebene können beispielsweise materielle und immaterielle (intangible) Ressourcen unterschieden werden [vgl. Collis/Montgomery 1995, S. 119]. Genauer klassifiziert Barney zunächst physische, humane und organisatorische Ressourcen [vgl. 1991, S. 101], denen er später finanzielle Ressourcen hinzufügt [vgl. 1996, S. 143]. Bei Grant kommen zu diesen Kategorien beispielsweise noch Technologie und Reputation als eigene Klassen hinzu [vgl. 1991, S. 119]. Im Zusammenhang mit Arbeiten zur Diversifikation werden beispielsweise Input-, Prozess-, Kanal- (Vertriebs-), Kunden- und generelle Ressourcen unterschieden [vgl. grundlegend Verdin/Williamson 1994, S. 80-83; sowie 6.4.3].

Damit existieren vielfältige Auffassungen zum Ressourcenbegriff. Eine Übereinstimmung scheint in erster Linie darauf zu basieren, dass das Begriffsverständnis sehr breit ausgelegt ist und Ressourcen, so sie denn bestimmte Eigenschaften aufweisen, einen Beitrag zur Unternehmensstrategie leisten. Entgegen der Auffassung Barneys ist es zweckmäßig, den strategischen Aspekt der Erlangung von Wettbewerbsvorteilen zunächst aus der Definition auszuklammern. Ausgehend von einer solchen allgemeinen Definition können die notwendigen Eigenschaften von Ressourcen herausgearbeitet werden, durch die sie zur Generierung von Wettbewerbsvorteilen beitragen. Damit die Abgrenzung zu konzeptionell höher angesiedelten Konstrukten, wie den Kompetenzen, leichter fällt, werden Ressourcen in dieser Arbeit relativ eng definiert. Ressourcen werden als Einsatz- und Potenzialfaktoren, personelle Kenntnisse und Fertigkeiten sowie organisationale Strukturen definiert, die eine Unternehmung als „Aktiva" kontrolliert.

Einsatzfaktoren umfassen in erster Linie den Zugang zu Inputfaktoren für den Produktionsprozess, also vornehmlich Roh-, Hilfs- und Betriebsstoffe. Diese sind zwar in vielen Fällen frei zugänglich, allerdings existieren genügend Beispiele, bei denen sie zu wichtigen Ressourcen heranreifen; man denke nur an Gold- oder Diamantenminen oder an den Zugang zu Ölfeldern. Materielle Aktiva, wie Informations- und Produktionssysteme oder Filialstrukturen, werden als Potenzialfaktoren aufgefasst [vgl. Barney 1991, S. 101]. Zu diesen zählen ebenso immaterielle Aktiva, wie beispielsweise Patente und Finanzkraft, aber auch die Kundenkontakte einer Unternehmung. Markennamen und Reputation lassen sich als kundenzentrierte immaterielle Potenzialfaktoren begreifen. Auf den Markennamen hat eine Unternehmung dabei einen direkten Einfluss. Die Reputation spiegelt sich hingegen in den Erfahrungen von Kunden wider, die sie langfristig bezüglich eines Unternehmens aufgebaut haben [vgl. Hall 1992, S. 138]. Damit ist der Aspekt der Kontrolle über die Ressourcen breit auszulegen. Personalressourcen sind hauptsächlich in Form von Kenntnissen und Fertigkeiten relevant, über die Mitarbeiter verfügen [vgl. Hall 1992, S. 139]. Sie werden durch Organisationsprozesse und Informationssysteme als organisationale Ressourcen komplementiert [vgl. ähnlich Barney 1991, S. 101].

6.2.1.2 Abgrenzung von Kompetenzen

An dieser Stelle muss eine Abgrenzung zwischen Ressourcen auf der einen und Fähigkeiten (capabilities) bzw. Kompetenzen (competences) auf der anderen Seite vorgenommen werden. Dies ist sowohl aufgrund der Vielfalt der Begriffe und einiger Inkonsistenzen in ihrer Verwendung als auch wegen der Nähe zum populären Konzept der Kernkompetenzen geboten.

Gemein ist Fähigkeiten, Kompetenzen und Kernkompetenzen, dass sie auf einer höheren Ebene als einfache Ressourcen angesiedelt sind. Oft beruhen sie auf einer Kombination von Ressourcen. Fähigkeiten und Kompetenzen werden dabei – insbesondere in der deutschsprachigen Literatur – oft gleichgesetzt [vgl. etwa Bouncken 2000]. Angloamerikanische Autoren ziehen in der Regel entweder den Begriff Fähigkeiten [vgl. Grant 1991, S. 120; Amit/Schoemaker 1993, S. 35; Grant 1996, S. 377] oder Kompetenzen heran [vgl. Reed/DeFillippi 1990, S. 89-

90; Galunic/Rodan 1998, S. 1194], ohne diese voneinander abzugrenzen. Der Bedeutungsinhalt hängt dabei in der Regel nicht mit der Verwendung eines der Begriffe zusammen. Vielmehr existieren die unterschiedlichen Begriffsauffassungen unabhängig von der Terminologie, was als äußerst problematisch anzusehen ist. Diese Arbeit beschränkt sich auf den Begriff der Kompetenzen, da Fähigkeiten oftmals synonym mit Fertigkeiten gebraucht werden, welche im hier vertretenen Verständnis lediglich personelle Ressourcen darstellen.[37] Zudem hat sich der Kompetenzbegriff in der deutschen Betriebswirtschaftslehre – wohl nicht zuletzt aufgrund der Nähe zum Begriff der Kernkompetenzen – weitgehend durchgesetzt [vgl. Krüger/Homp 1997, S. 25-29; Bouncken 2000, S. 866-868; Hungenberg 2000, S. 99].

Verschiedene Auslegungen des Kompetenzbegriffs sollen nun genauer betrachtet werden. Dies erfolgt angelehnt an eine Analyse von Collis [vgl. 1994].[38] Anschließend wird eine kurze Abgrenzung zum populären Begriff der Kernkompetenzen vorgenommen und das Begriffsverständnis dieser Arbeit begründet dargelegt.

(1) Kompetenzen als zielgerichtete Kombination von Ressourcen
Kompetenzen können als Kombination von Ressourcen beispielsweise nach funktionalen Aktivitäten oder Wertschöpfungsstufen klassifiziert werden. Diese wohl einfachste Auffassung des Kompetenzbegriffs stellt auf die Konfiguration von Ressourcen zu kohärenten Bündeln ab [vgl. bspw. Reed/DeFillippi 1990, S. 89-90; Grant 1991, S. 120; McGrath/MacMillan/Venkataraman 1995, S. 254; ähnlich Hungenberg 2000, S. 99]. Ähnlich definiert Conner Hierarchien von Ressourcenbündeln [vgl. 1991, S. 144-145]. Möglichkeiten zur Bündelung werden entlang funktionaler Aufgabenbereiche [vgl. Grant 1991, S. 120] oder entlang der Wertschöpfungskette gesehen [vgl. Barney 1996, S. 175; Grant 1995, S. 127-132], so dass man im Ergebnis beispielsweise zu Finanzierungs- oder Marketingkompetenzen gelangt.

(2) Kompetenzen als besondere Form intangibler Ressourcen
Kompetenzen können als besondere Form intangibler Ressourcen das Potenzial beschreiben, andere Ressourcen für die Unternehmung zu kohärenten Bündeln zu integrieren und zielgerichtet einzusetzen. Diese Betrachtungsweise führt eine Art Ressource höherer Ordnung ein, welche Einsatz und Bündelung der ‚normalen' tangiblen und intangiblen Ressourcen zielorientiert steuert [vgl. Amit/Schoemaker 1993, S. 35; Rasche 1994, S. 143-148; Bouncken

[37] So definieren Bamberger und Wrona Fähigkeiten auf der Ebene der Ressourcen [vgl. 1996, S. 133]. Rasche und Wolfrum gebrauchen hingegen die Begriffe Fähigkeit und Kompetenz gemeinsam [vgl. 1994, S. 502].

[38] Die Kompetenzklassen von Collis werden hier leicht abgewandelt behandelt. Er sieht die hier als erste Ansicht formulierte Auffassung als allen Kompetenzarten zu Grunde liegend an. Die als drittes Konzept betrachteten dynamischen Kompetenzen analysiert er etwas differenzierter [vgl. 1994].

2000, S. 867]. Mit der erstgenannten Definition von Kompetenzen hat diese Sicht das Vorliegen eines Ressourcenbündels gemeinsam. Dabei ist allerdings nicht klar, wie man sich eine Kompetenz als Ressource höherer Art vorzustellen hat. Entstehen soll sie – Autoren zufolge – durch Interaktion zwischen Ressourcen [vgl. Amit/Schoemaker 1993, S. 35; Grant 1991, S. 122]. Vielfach wird auf organisatorische Prozesse abgestellt, die Integration und zielgerichteten Ressourceneinsatz bewerkstelligen sollen. Hier lässt sich der Gedanke der organisationalen Routinen heranziehen, welche sich als vorhersagbare und eingespielte Verhaltensmuster umschreiben lassen, die eine Sequenz koordinierter Individualentscheidungen in der Unternehmung bewirken [vgl. Grant 1991, S. 122; Collis 1994, S. 145; Teece/Pisano/Shuen 1997, S. 516]. Auch Führungskräfte und ihre Fähigkeiten spielen eine Rolle [für beide Aspekte vgl. Bouncken 2000, S. 867]. Es ist als problematisch anzusehen, dass persönliche Fähigkeiten und organisationale Ressourcen einerseits das Wesen der Kompetenz als intangible Ressource höherer Ordnung am besten beschreiben und dass sie andererseits als normale Ressourcen betrachtet werden. Eine trennscharfe Differenzierung fällt damit schwer.[39]

(3) Dynamische Kompetenzen

Dynamische Kompetenzen beschreiben die Fähigkeit einer Unternehmung ihre eigenen Aktivitäten bzw. ihre eigene Ressourcenbasis dynamisch zu verbessern. Sie sind damit einem weiteren Abstraktionsgrad zuzuordnen [vgl. Collis 1994, S. 145]. Sie werden oftmals als die Fähigkeit zur Prozess- oder Produktinnovation des Unternehmens beschrieben. Die Beziehung zu den zu Grunde liegenden Ressourcen, beispielsweise einer Forschungs- und Entwicklungsabteilung und ihren Mitarbeitern, wird dabei tendenziell locker betrachtet. So sehen Amit und Schoemaker auch Fähigkeiten zur wiederholten Produkt- und Prozessinnovation oder Fertigungsflexibilität sowie die Anpassungsfähigkeit an Veränderungen des Marktumfelds als Kompetenz an [vgl. 1993, S. 35]. Im Kern wird ähnlich der zweiten Kompetenzauffassung eine Ressource höherer Ordnung eingeführt, die über die Fähigkeit Ressourcen zu bündeln hinausgehend eine Fähigkeit der Verbesserung und Anpassung der eigenen Ressourcenbasis im Kontext der Umfeldbedingungen beschreibt. Mit dieser Sicht ist eine Nähe zu organisationalem Lernen gegeben [vgl. Praha-

---

39 So definiert Bouncken [2000, S. 867] Kompetenzen als „besondere Form der intangiblen Ressourcen (...)" und führt weiter aus: „Kompetenzen begreifen sich als Kombination unternehmensspezifischer Faktoren, die es ermöglichen ein gegebenes Ziel zu erreichen und die Fähigkeit der Organisation beschreiben, Ressourcen zu integrieren." Kompetenzen bestehen demnach aus Ressourcenbündeln, sie haben eine integrative Funktion und hohe Zielorientierung. Ihrer Art nach stellen sie selbst eine Form intangibler Ressourcen dar. Es besteht allerdings die Gefahr eines Zirkelschlusses, wenn humane und organisationale Faktoren auf der Ebene der ‚einfachen' Ressourcen zugelassen werden und das Wesen der ‚besonderen' Kompetenz gleichsam als personenbezogen sowie organisational charakterisiert wird [vgl. Bouncken 2000, S. 867].

lad/Hamel 1990, S. 82]. Letztlich kann auch von Meta-Ressourcen gesprochen werden. Teece, Pisano und Shuen führen dies folgendermaßen aus [1997, S. 516]: „We define dynamic capabilities as the firm's ability to integrate, build, and reconfigure internal and external competences to address rapidly changing environments. Dynamic capabilities thus reflect an organization's ability to achieve new and innovative forms of competitive advantage given path dependencies and market positions."

Kernkompetenzen beruhen prinzipiell auf einer der geschilderten Kompetenzauffassungen [vgl. Bouncken 2000, S. 867-868]. So beschreibt Collis Kernkompetenzen als „vector of the irreversible assets along which the firm is uniquely advantaged" [1991, S. 51]. Diese Sicht stellt vornehmlich auf die vorteilsstiftende Kraft der Kernkompetenzen ab. Damit lässt sich zunächst festhalten, dass Kernkompetenzen im Grunde auf Ressourcen basieren. Sie stellen weitergehend eine besondere Ausprägung von Kompetenzen dar. Zu Kernkompetenzen werden Kompetenzen in der Regel erst, wenn sie bestimmte Anforderungen erfüllen, die sich von Ansatz zu Ansatz stark unterscheiden. Diese Anforderungen gehen dabei zumindest teilweise über die unten im Detail hergeleiteten Charakteristika von Ressourcen hinaus, bei deren Entsprechung diese zu Wettbewerbsvorteilen beitragen [vgl. 6.2.3]. Hamel, der zusammen mit Prahalad entscheidend zur Verbreitung des Kernkompetenzansatzes beigetragen hat [vgl. grundlegend Prahalad/Hamel 1990], sieht die folgenden Eigenschaften für das Vorliegen einer Kernkompetenz als erforderlich an [vgl. 1994, S. 12-16]: Sie schafft Kundennutzen; sie erlaubt die Differenzierung von Wettbewerbern; sie lässt sich in mehreren Märkten einsetzen. Flexibilität, bzw. ein etwas unspezifischer Charakter für ihren Einsatzort, durch den eine Kernkompetenz abteilungsübergreifend nutzbar wird und einen Zutritt zu mehreren Märkten erlaubt, findet sich zusätzlich als Anforderung mehrerer Ansätze [vgl. Krüger/Homp 1997, S. 28-29; Bouncken 2000, S. 867]. Kernkompetenzen werden hier nicht näher thematisiert, da sie in erster Linie ein Derivat der Ressourcenperspektive darstellen, das von den Autoren hinsichtlich ihrer spezifischen Problemstellung ausgefüllt wird.

Entlang der geschilderten drei Kompetenzauffassungen ist die für die Zwecke dieser Arbeit geeignete noch auszuwählen. Bei Kompetenzdefinitionen als besondere intangible Ressource (2) ergeben sich die genannten Probleme terminologischer, aber auch sachlicher Art in der Unterscheidung einfacher und „besonderer" organisationaler und personeller Ressourcen. Es ist dabei nicht klar abzugrenzen, wann organisationale und personelle Ressourcen auf einer höheren Ebene zu Kompetenzen werden und wann sie zu den einfachen Ressourcen zählen.

Dynamische Kompetenzen (3) sind auf einer höheren Ebene angesiedelt als Kompetenzen entsprechend der anderen Begriffsauffassungen. Zunächst ist in diesem Zusammenhang zu beklagen, dass sie sich mit steigendem Abstraktionsgrad immer schwerer konkretisieren lassen und Aussagen dadurch den Charakter einer Tautologie bekommen können [zu dieser Gefahr vgl. Conner 1991, S. 144-145]. Es besteht ein weiterer Nachteil der Nutzung von Kompetenzkonstrukten auf hohen Abstraktionsebenen. Kompetenzen einer höheren Ebene stellen ein Substitut für Kompetenzen einer unteren Ebene dar, das letztere entwertet. Verfolgt man diese Sicht, kann es zu einem infiniten Regress kommen, den Collis sehr anschaulich anhand einer Kompetenz für Innovationsfähigkeit schildert [1994, S. 144]:

> „However, there is no logical reason why the current rate of innovation is the ultimate explanation of which firm will be further ahead at any future point in time. In fact we know that it is an insufficient explanation. A more valuable capability would concern the rate at which the organizational structures that produce rapid innovations were innovated. But an even better source would be the ability to innovate the structures that produce better product innovation. And so on ..."

Aufgrund der angesprochenen Probleme mit den verschiedenen Begriffsauffassungen sollen Kompetenzen mit einer einfachen Definition als kohärente Bündelung von Ressourcen im Hinblick auf strategische Unternehmensziele aufgefasst werden. Es wird also der ersten Definition gefolgt. Dabei besteht sicherlich die Möglichkeit, dass organisatorische Routinen oder personelle Fertigkeiten im höheren Management gerade die spezifischen Ressourcen darstellen, die aufgrund ihrer Eigenschaften wesentlich zu Wettbewerbsvorteilen beitragen. Personale und organisationale Ressourcen stehen dennoch gleichberechtigt neben den weiteren tangiblen und intangiblen Ressourcen.[40] Da keine Ressource besonderer Art auf höherer Ebene eingeführt wird, lassen sich Probleme terminologischer und sachlicher Unterscheidbarkeit vermeiden, die zwischen gewöhnlichen und höher angesiedelten organisationalen und personellen Ressourcen entstehen können. Ebenso wird dem Problem des infiniten Regresses sowie tautologischen Aussagen durch eine zu breite Kompetenzdefinition vorgebeugt.

Die gewählte ‚einfache' Begriffsauslegung fördert letztendlich die Analyse des im Vordergrund stehenden Betrachtungsobjektes der Unternehmungsübernahme, d.h. des externen Erwerbs von Ressourcenbündeln in Form von Unternehmungen. Vieles spricht dafür, dass gerade Kompetenzen höherer Ordnung nicht durch eine Akquisition erworben und in die übernehmende Unternehmung integriert werden können. Auf der Ebene von Ressourcen oder Ressourcenbündeln erscheint ein solcher Erwerb mit anschließender Integration zur Erzielung von Synergieeffekten hingegen plausibel und durchführbar [für eine ausführliche Diskussion vgl. 6.3.4].

---

[40] Ähnlich geht Hungenberg vor [vgl. 2000, S. 99-100], der Ressourcen als tangible und intangible Einsatzfaktoren definiert. Daneben sieht er Fähigkeiten als Prozesse und organisatorische Strukturen, die einen zielorientierten Ressourceneinsatz ermöglichen. In Kombination reifen Ressourcen und Fähigkeiten zu Kompetenzen.

6.2.2 Argumentationsweise des Resource-based View

6.2.2.1 Heterogenität von Unternehmen und ihrer Ressourcenausstattung

Wesentliche Grundprämisse der Argumentationslogik des Resource-based View ist die Heterogenität von Unternehmen [vgl. Rumelt 1984, S.557-558; Barney 1991, S. 105; Peteraf 1993, S. 180]. Der beschriebenen Sichtweise auf die Unternehmung folgend, begründet sich die Heterogenität der Unternehmung in der Heterogenität der kontrollierten Ressourcen und Kompetenzen sowie der von ihnen erbrachten Leistungen [vgl. Penrose 1966, S. 75].

Die Fragestellung warum Unternehmen sich voneinander unterscheiden hat eine Diskussion ausgelöst, die ressourcenbasierte, industrieökonomische, evolutionsökonomische und innovationstheoretische (schumpetersche) Argumente ins Feld führt. Letztlich zentrieren sich die Argumente um einen evolutionären Entwicklungsprozess, in dem Unternehmen – vor dem Hintergrund der Ungewissheit der Umweltentwicklungen – divergierende Strategien und Entwicklungspfade einschlagen [vgl. Nelson 1991, S. 69]. Dabei trägt die begrenzte Rationalität des Management, die eine vollständige Erfassung der komplexen Umweltsituation erschwert, zum Entstehen heterogener Entwicklungspfade bei [vgl. Amit/Schoemaker 1993, S. 41]. Der Entwicklungsprozess von Unternehmen ist gekennzeichnet von irreversiblen Entscheidungen und sunk cost [vgl. Collis 1991, S. 50; Knyphausen 1993, S. 781-785], die Einsatz [vgl. Penrose 1966, S. 25], Akkumulation [vgl. Barney 1986, S. 1233; Moran/Ghoshal 1999, S. 394] und die Rekombination [vgl. Moran/Ghoshal 1999, S. 393] von Ressourcen zum Gegenstand haben. Insbesondere die Akkumulation und anschließende Rekombination können als Entscheidungen schöpferischen Unternehmertums nach Schumpeter charakterisiert werden. Dabei erweitern Unternehmen zunächst ihr Ressourcenportfolio [vgl. Penrose 1966, S. 31], um anschließend die Ressourcen in ihrem Zugriff zu rekombinieren [vgl. Schumpeter 1964, S. 17; Moran/Ghoshal 1999, 394-395] und als Ergebnis neue Ressourcen (Innovationen) zu erhalten [vgl. Moran/Ghoshal 1999, S. 393], die sich am Markt durchsetzen müssen [vgl. Schumpeter 1964, S. 100-102]. Die Ungewissheit, die diesem Prozess zu Grunde liegt, führt zusammen mit der begrenzten Rationalität der Entscheidungsträger ex post zwangsläufig zu heterogenen Ressourcenausstattungen [vgl. Rumelt 1984, S. 561; Peteraf 1993, S. 185].

Die ökonomische Argumentation des Resource-based View geht von dieser Heterogenität der Ressourcenausstattung von Unternehmen aus [vgl. stellvertretend für viele etwa Barney 1991, S. 103]. Dabei eignen sich einige Ressourcen besser als andere für äquivalente Aufgaben, d.h. verschiedene Ressourcen lassen sich unterschiedlich effizient einsetzen. Die mangelnde Verfügbarkeit besonders effizienter Ressourcen lässt sich auch als inelastisches Angebot oder als deren Knappheit beschreiben. Aufgrund der Knappheit besonders effizienter Ressourcen kommen bei gegebener Nachfrage auch relativ ineffiziente Ressourcen zum Einsatz. Dies erlaubt den Unternehmen, welche die effizienteren Ressourcen kontrollieren, die Erwirtschaftung einer ökonomischen Rente, da sie beispielsweise geringere Kosten für die Herstellung äquivalenter Produkte aufwenden müssen als ihre Wettbewerber. Ökonomische Renten sind dabei als Gewinne einer Unternehmung definiert, die über die durchschnittlichen Gewinne in einer Industrie hinausgehen [vgl. Peteraf 1993, S. 180-181].

Der ökonomische Zusammenhang zwischen gleichsam knappen und effizienten Ressourcen auf der einen sowie Renten auf der anderen Seite, liegt auf der Hand. Wären alle Ressourcen in ihrer Effizienz gleich und frei verfügbar, würde die neoklassische Kondition der langfristigen Null-Gewinne greifen. Unternehmen würden in den Markt eintreten und wären in der Lage, ein Angebot mit äquivalenter Effizienz zu erstellen [vgl. etwa Knyphausen 1993, S. 776]. Es ist somit die Knappheit effizienter Ressourcen, die eine Erwirtschaftung von Renten ermöglicht [vgl. Schoemaker 1990, S. 1180]. Diese Knappheit bedeutet aber auch, dass Unternehmen heterogen sind. Heterogenität ist damit notwendige – wenn auch nicht hinreichende – Bedingung, für die Erwirtschaftung ökonomischer Renten [vgl. Barney 1991, S. 105; Peteraf 1993, S. 180]. Wie unten noch genauer ausgeführt wird, ist die Fähigkeit ökonomische Renten zu erwirtschaften als Wettbewerbsvorteil zu bezeichnen. Zunächst soll allerdings die Natur dieser Renten genauer abgegrenzt werden.

Da Renten im Resource-based View auf dem Zugriff auf knappe Ressourcen beruhen, haben sie die Gestalt von ricardischen Knappheitsrenten [vgl. Rumelt 1987, S. 142-143; Schoemaker 1990, S. 1179-1181; Mahoney/Pandian 1992, S. 364-365; Peteraf 1993, S. 180-182; Winter 1995, S. 154-167]. Knappheitsrenten sind als erzielbare Gewinne gegenüber Opportunitätskosten definiert, die auf knappen Einsatzfaktoren beruhen [vgl. Schoemaker 1990, S. 1179]. Die geforderte Knappheit der Ressourcen kann dabei in ihrer Spezifität für die Unternehmung bestehen. Diese kann durch den beschriebenen Entwicklungsprozess hervorgerufen werden. Die entsprechende Rente würde dann ebenfalls als Differenz zu den Erlösen der zweitbesten Verwendungsmöglichkeit gemessen und als Quasi-Rente bezeichnet werden [vgl. Mahoney/Pandian 1992, S. 364].

Auch wenn zunächst von Knappheitsrenten ausgegangen wird, so lassen sich anhand des ökonomischen Kalküls des Resource-based View auch Monopolrenten ableiten. Diese basieren auf einer marktbeherrschenden Stellung und erlauben überdurchschnittliche Gewinne über den Einfluss auf die Preisgestaltung bzw. die Verknappung des Outputs [vgl. Peteraf 1993, S. 180-181]. Damit stehen Monopolrenten in Zusammenhang mit einer sehr geringen Anbieterzahl bzw. einem hohen Marktanteil, der beispielsweise auf einer überlegenen Fähigkeit zur Differenzierung beruht. Letztlich besteht eine solche Differenzierungsfähigkeit in einzigartigen Ressourcen, die etwa ein überlegenes Produktdesign oder Marketing erlauben. Ähnlich basieren Größenvorteile, die Monopolrenten ermöglichen, auf Ressourcen wie effizienten Produktionsstätten und überlegenen Standorten. Es ist also die

Knappheit der kontrollierten Ressourcen, die nur einer geringen Anzahl von Unternehmen den Aufbau einer entsprechenden Marktposition ermöglicht [vgl. Grant 1991, S. 117-118]. Im Ergebnis kann es aus ressourcenorientierter Sicht ebenso zu einer Angebotsverknappung kommen wie durch eine Ausnutzung von Marktmacht. Knappheit bedeutet, dass Ressourcen nicht unbeschränkt für die Leistungserstellung verfügbar sind. Es besteht damit die Möglichkeit, dass die Nachfrage nicht vollends befriedigt werden kann und ricardische Renten erwirtschaftet werden, die analog zu Monopolrenten auf einer Beschränkung des Angebots basieren. Letztlich geht diese aber nicht auf die Ausnutzung von Marktmacht, sondern auf die Verfügbarkeit von Ressourcen zurück [vgl. Winter 1995, S. 159-163]. Anhand dieser Argumentation sind Monopolrenten mit dem ökonomischen Kalkül des Resource-based View vereinbar [vgl. Grant 1991, S. 117-118; Peteraf 1993, S. 182].

6.2.2.2 Wettbewerbsvorteile

Aus der Realisierung des Potenzials zur Erwirtschaftung überdurchschnittlicher Renten leiten sich Wettbewerbsvorteile ab. So konstatiert Barney, dass eine Unternehmung einen Wettbewerbsvorteil hat, wenn sie in der Lage ist, eine wertschaffende Strategie zu implementieren, die nicht gleichermaßen von Wettbewerbern implementiert wird [vgl. 1991, S. 102; s. auch Oliver 1997, S. 701]. Andere Autoren sehen Wettbewerbsvorteile direkt in der Möglichkeit begründet, ökonomische Renten zu erwirtschaften [vgl. Peteraf 1993, S. 180; Bamberger/Wrona 1996, S. 134]. Beide Definitionen lassen sich äquivalent nutzen, da der wertschaffende Aspekt einer Strategie in der Erwirtschaftung ökonomischer Renten besteht.

Mit dieser Definition sind allerdings noch keine Aussagen bezüglich der Nachhaltigkeit eines Wettbewerbsvorteils gemacht worden. Barney führt den langfristigen Bestand eines Wettbewerbsvorteils auf die Fähigkeit von bestehenden oder potenziellen Wettbewerbern zurück, eine wertschaffende Strategie zu duplizieren [vgl. 1991, S. 102]. Die notwendigen Eigenschaften, die Ressourcen aufweisen müssen um die nachhaltige Erzielung eines Wettbewerbsvorteils zu ermöglichen, werden unten genau analysiert.

Ressourcen und Kompetenzen, die in der Lage sind zu langfristigen Wettbewerbsvorteilen durch die nachhaltige Erwirtschaftung ökonomischer Renten beizutragen, sollen im Folgenden als distinktive Ressourcen und Kompetenzen bezeichnet werden [zur Nutzung des Begriffs distinktiv vgl. Bamberger/Wrona 1996; S. 140; Börner 2000 S. 68; im Englischen vgl. bspw. Mahoney/Pandian 1992; Makadok/Walker 2000; „distinctive competence" geht bis auf Selznick 1957 und Andrews 1971 zurück]. Distinktivität von Ressourcen und Kompetenzen beruht, der ökonomischen Argumentationslogik des Resource-based View folgend, auf ihrer Knappheit und überlegenen Effizienz für die Implementierung der Unternehmensstrategie. Dieses Merkmal wird bei der Entwicklung von Kriterien für die Beurteilung von Ressourceneigenschaften als Strategierelevanz und Knappheit noch einmal aufgegriffen. Entsprechende Ressourcen und Kompetenzen sind allerdings nicht in jedem Fall in der Lage, einen nachhaltigen Wettbewerbsvorteil zu generieren. Damit müssen die Bedingungen abgeleitet werden, die Wettbewerber davon abhalten die wertschaffende Strategie des Marktführers zu duplizieren. Dies ist der Fall, wenn sie die knappen Ressourcen, die der Marktführer kontrolliert, nicht imitieren können, wenn sie keine Substitute finden, die eine äquivalente Strategie ermöglichen und wenn sie die Ressourcen nicht von anderen Unternehmen erwerben können, die Ressourcen also nicht handel- oder transferierbar (immobil) sind [vgl. Barney 1991; Knyphausen 1993; Peteraf 1993]. Die notwendigen Eigenschaften, die eine Distinktivität von Ressourcen konstituieren, werden nachfolgend en détail beschrieben.

Schließlich ist der Zusammenhang zwischen distinktiven Ressourcen und distinktiven Kompetenzen zu klären. Bei Kompetenzen, definiert als Ressourcenbündel, reicht eine distinktive Ressource aus, um Distinktivität zu erzeugen. Nicht-distinktive Ressourcen füllen eine distinktive Kompetenz komplementär zu den beteiligten distinktiven Ressourcen aus. Es lässt sich also resümieren, dass Kompetenzen eher distinktive Ressourcenbündel als Bündel distinktiver Ressourcen sind [analog für Kernkompetenzen vgl. Börner 2000, S. 80].

6.2.3 Ressourceneigenschaften und Wettbewerbsvorteile

6.2.3.1 Strategierelevanz und Knappheit

Strategierelevanz und Knappheit machen – den obigen Ausführungen entsprechend – die Heterogenität von Unternehmen aus [vgl. auch Peteraf 1993, S. 180]. Strategierelevanz bedeutet, dass Ressourcen und Kompetenzen im oben beschriebenen Sinn für die Effizienz der Unternehmung förderlich sein müssen. Damit schaffen sie einen Wert für die Unternehmung [vgl. Knyphausen 1993, S. 776]. Den wertschaffenden Aspekt strategierelevanter Ressourcen konkretisiert Barney [vgl. 1996, S. 147-148]: „In particular, a firm's resources are valuable if, and only if, they reduce a firm's cost or increase its revenues compared to what would have been the case if this firm did not possess those resources. When exploiting firm resources and capabilities does not exploit opportunities or neutralize threats, strategies that use these resources and capabilities will not increase a firm's revenues or decrease a firm's costs." Das Zitat verdeutlicht, dass hier auch der Anknüpfungspunkt an die Strategie des Unternehmens zu sehen ist, welche eine Verbindung zur Positionierung der Unternehmung in ihrer Industrie impliziert. Wie geschildert ist das Entscheidungsproblem der marktlichen Positionierung bei einem Fokus auf die Entwicklung der Ressourcenausstattung der Unternehmung als nachgelagert einzustufen [vgl. 6.1.1].

Die Eigenschaft der Knappheit ist integraler Bestandteil der Definition von Wettbewerbsvorteilen, die davon ausgeht, dass eine wertschaffende Strategie nicht gleichzeitig durch eine große Anzahl von Wettbewerbern implementiert wird. Damit dürfen die effizienten Ressourcen, von denen die Umsetzung der Strategie abhängig ist, nicht frei verfügbar sein. Wären sie dies, könnte eine Unternehmung sich von seiner Konkurrenz nicht absetzen [vgl. Knyphausen 1993, S. 776]. Es ist allerdings nicht erforderlich, dass die Anforderungen an die Knappheit effizienter Ressourcen dermaßen auf die Spitze getrieben werden, dass Unternehmen ökonomische Renten nur aufgrund einzigartiger Ressourcenpositionen erwirtschaften können. Eine begrenzte Anzahl Unternehmen mit äquivalenten Ressourcen ist durchaus in der Lage, ähnliche Strategien zu implementieren und so ökonomische Renten zu erwirtschaften. Dies ist zumindest solange der Fall, wie das Angebot der betreffenden Ressourcen die Nachfrage nicht befriedigt [vgl. Barney 1991, S. 107; Peteraf 1993, S. 181].

6.2.3.2 Inimitierbarkeit und Nicht-Substituierbarkeit

Marktversagensgründe müssen Wettbewerber davon abhalten, eine wertschaffende Ressourcenposition nachzuahmen (Inimitierbarkeit) oder zu substituieren (Nicht-Substituierbarkeit) [vgl. Dierickx/Cool 1989, S. 1507-1509]. Gelingt Wettbewerbern die Imitation oder Substitution, so besteht die Heterogenität nicht fort. Da sich auf der Basis von Ressourcenhomogenität keine ökonomischen Renten generieren lassen [vgl. Barney 1991, S. 103-104], ist der Wettbewerbsvorteil – der ökonomischen Logik des Resource-based View folgend – wegkonkurriert worden [vgl. Peteraf 1993, S. 182].

Die Bedingung der Nicht-Substituierbarkeit ist relativ einfach zu fassen: Ressourcen dürfen keine Substitute haben, welche dieselben Wettbewerbsvorteile generieren, d.h. auf äquivalente Art ökonomische Renten erwirtschaften, und zudem vergleichsweise frei verfügbar sind [vgl. Dierickx/Cool 1989, S. 1509; Barney 1991, S. 111; Knyphausen 1993, S. 776]. Sind entsprechende Substitute knapp und den nachfolgend beschriebenen Bedingungen folgend nicht imitierbar, stellen sie hingegen keine Gefahr für den vorliegenden Wettbewerbsvorteil dar [vgl. Barney 1991, S. 111]. Als Substitut kommen ähnliche Ressourcen zu den ursprünglichen in Frage. Ein Management-Team kann beispielsweise nie exakt imitiert werden, dennoch kann der Versuch des Aufbaus eines Management-Teams mit ähnlichen Qualitäten unternommen werden. Weiterhin können gänzlich verschiedene Ressourcen ein Substitut für einander darstellen. Ein effizientes Management-Team kann beispielsweise ein Substitut für ein gut mit den Humanressourcen einer Unternehmung zusammenspielendes Planungssystem darstellen. Da ein solches Management-Team vermutlich selbst eine knappe Ressource ist, sind die Renten letztlich nicht gefährdet [vgl. Barney 1991, S. 111; aufgegriffen haben diesen Gedanken auch Knyphausen 1993, S. 776; Rasche/Wolfrum 1994, S. 506-507; Bamberger/Wrona 1996, S. 138-139].

Die Inimitierbarkeit von Ressourcen ist gegeben, wenn Wettbewerber diese nicht direkt duplizieren und sie die auf den Ressourcen aufbauende wertschaffende

Strategie damit nicht nachahmen können. Sie lässt sich anhand der Ressourcencharakteristika kausale Ambiguität, soziale Komplexität, Historizität sowie Spezifität beschreiben [vgl. Barney 1991; Grant 1991; Knyphausen 1993; Rasche/Wolfrum 1994; Bamberger/Wrona 1996]:

- Kausale Ambiguität bezeichnet den Umstand, dass die für einen Wettbewerbsvorteil distinktiven Ressourcen Wettbewerbern unbekannt sind, da der kausale Zusammenhang zwischen Ressourcen und ökonomischer Rente nicht offen liegt [vgl. Reed/DeFillippi 1990, S. 90; Barney 1991, S. 108]. Diese sind folglich weder in der Lage, distinktive Ressourcen zu identifizieren, noch sie zu imitieren. Man kann mit anderen Worten beschreiben, der Wettbewerbsvorteil sei intransparent [vgl. Grant 1991, S. 125; Bamberger/Wrona 1996, S. 137]. Es wirkt sich positiv auf die Nachhaltigkeit des Wettbewerbsvorteils aus, wenn der Zusammenhang zwischen Ressourcen und Wettbewerbsvorteilen selbst in der Unternehmung nicht vollständig verstanden wird. Auf diese Art und Weise ist es Wettbewerbern nicht möglich, beispielsweise durch Abwerbung von Mitarbeitern die Transparenz des Wettbewerbsvorteils zu erhöhen [vgl. Barney 1991, S. 109]. Für neu eintretende Wettbewerber konstituieren kausale Ambiguitäten starke Markteintrittsbarrieren [vgl. Rumelt 1984, S. 567]. Kausale Ambiguitäten sind im Zusammenhang mit intern entwickelten Ressourcen besonders groß, da der Entwicklungsprozess für Wettbewerber schwer zu erfassen ist [vgl. Dierickx/Cool 1989, S. 1508-1509]. So liegen kausale Ambiguitäten insbesondere bei langfristig aufgebautem Erfahrungswissen – oft als tacit knowledge bezeichnet – und anderen intangiblen Ressourcen vor.

- Soziale Komplexitäten, bei denen die wertschöpfende Kraft auf eine Vielzahl von Ressourcen verteilt ist, können die Aufdeckung kausaler Zusammenhänge erschweren [vgl. Reed/DeFillippi 1990, S. 91-92; Bamberger/Wrona 1996, S. 137]. Allerdings kann es bei Ressourcen wie Reputation oder Unternehmenskultur durchaus der Fall sein, dass ihre Kausalität für Wettbewerbsvorteile relativ offensichtlich ist. Die Imitierbarkeit ist aufgrund der hohen sozialen Komplexität dennoch eingeschränkt [vgl. Barney 1996, S. 157]. Grund hierfür sind vielfältige Interdependenzen zu anderen Ressourcen – auch beschrieben als „interconnectedness of asset stocks" [Dierickx/Cool 1989, S. 1508] – welche eine Imitation des gesamten Ressourcenverbundes notwendig machen und damit wirksam vereiteln können. Ein Bespiel ist das Wissen eines Mitarbeiterteams, das auf viele Köpfe verteilt ist, sich aber nicht zusammen abwerben lässt [vgl. Knyphausen 1993, S. 777].

- Die Historizität einer Ressource bzw. eines Ressourcenbündels beruht auf ihrem langfristigem Entwicklungspfad und ist durch Wettbewerber nicht imitierbar [vgl. Barney 1991, S. 107], da der Prozess nicht wiederholt werden kann [vgl. Knyphausen 1993, S. 776]. Wie oben geschildert ist ein solcher Entwicklungsprozess ursächlich für das Entstehen von Heterogenität [vgl. 6.2.2.1]. Die Eigenschaften einiger von einer Unternehmung kontrollierten

Ressourcen sind damit pfadabhängig, d.h. ihr Vorhandensein sowie die Möglichkeit eines wertschaffenden Einsatzes hängen von der Position des Entwicklungsprozesses in Zeit und Raum ab [vgl. Barney 1991, S. 107]. An einem bestimmten Punkt können zeitliche oder größenbedingte Vorteile vorliegen, die eine Imitation durch Wettbewerber vereiteln. Zeitlich bedingte Vorteile umschreiben den Sachverhalt, dass der Aufbau einer Ressourcenposition – wie Erfahrungswissen in Forschung und Entwicklung – nur durch kontinuierliche Investitionen über einen längeren Zeitraum realisiert werden kann. Der Faktor Zeit kann dabei nicht umgangen und auch nicht durch eine Erhöhung der Investitionssumme ausgeglichen werden. Ähnlich verhält es sich mit Größe oder Umfang der vorhandenen Ressourcenbasis, welche ihren eigenen Ausbau derart erleichtern kann, dass sie von Wettbewerbern nicht nachgeahmt werden kann. Eine gute Reputation bei einer großen Kundenbasis lässt sich beispielsweise leichter ausweiten als eine gute Reputation in einer eng beschränkten Nische mit wenig Kundenkontakten. Zeit- und größenbasierte Imitationsbarrieren beschreiben Dierickx und Cool als „time compression diseconomies“ und „asset mass efficiencies“ [1989, S. 1507]. Sie stehen in engem Zusammenhang mit Skalen- und Verbundeffekten sowie Erfahrungskurveneffekten.

- Die Spezifität einer Ressource besagt, dass diese ihre Distinktivität lediglich im Kontext der Unternehmung entfaltet. Außerhalb der Unternehmung verliert die Ressource damit an Wert, so dass die Imitation durch Wettbewerber keinen Sinn macht oder prohibitive Kosten verursacht [vgl. Rasche/Wolfrum 1994, S. 505]. Grund für die übermäßigen Kosten der Imitation kann die Historizität einer spezifischen Ressource sein, die in ihrem Entwicklungsprozess Investitionen erforderlich gemacht hat, die nun den Charakter von sunk cost haben. Die Imitation durch Wettbewerber erfordert eine Duplizierung dieser Investitionen, die in der Regel – aufgrund der übermäßigen Kosten – eine Imitation vereitelt [vgl. Knyphausen 1993, S. 777].

Inimitierbarkeit steht offensichtlich in enger Verbindung mit dem Prozess der Ressourcenentwicklung. Die vorliegenden Eigenschaften werden insbesondere von intern entwickelten Ressourcen erfüllt, was Dierickx und Cool dazu verleitet, die Möglichkeit Wettbewerbsvorteile auf der Basis extern erworbener Ressourcen zu generieren grundlegend zu verneinen [vgl. 1989, S. 1505; zu einer Kritik s. Barney 1989]. Diese Position ist allerdings zu eng, wie die Ausführungen zu Synergien beim Ressourcenerwerb noch zeigen werden [vgl. 6.3.2]. So resümiert auch Conner zum Standpunkt, nur intern entwickelte Ressourcen wirkten distinktiv [1991, S. 137]: „Perhaps a better way to interpret Dierickx and Cool's argument is that inputs that cannot be purchased, such as learning-by-doing and organizational culture, are, on average, likely to be more specific to the firm than purchasable inputs and hence have the potential to be the more significant rent-generators.“

6.2.3.3 Unvollkommene Ressourcenmobilität

Die Nachhaltigkeit der Wettbewerbsvorteile kann letztlich nur gewährleistet werden, wenn eine unvollkommene Ressourcenmobilität vorliegt [vgl. Peteraf 1993, S. 183]. Immobilität eliminiert die Gefahr, dass wertschaffende Ressourcen vom kontrollierenden Unternehmen abgeworben werden. Dies verhindert einerseits einen Transfer an andere Wettbewerber und erlaubt andererseits, dass sich die Unternehmung die Renten selbst aneignen kann und diese nicht mit anderen Stakeholdern teilen muss. Peteraf fasst die Wirkung unvollkommener Mobilität folgendermaßen zusammen [1993, S. 184]: „These two facts – that imperfectly mobile resources will remain available to the firm and that the rents will be shared by the firm – are the key features of imperfect factor mobility.“ Einige Autoren haben dies als Aneignungsfähigkeit der Renten für die Unternehmung bezeichnet [vgl. Grant 1991, S. 128-129; Collis/Montgomery 1995, S. 122-123; Bamberger/Wrona 1996, S. 139].

Voraussetzung für Immobilität ist, dass sich für eine Ressource kein Faktormarkt herausbildet, auf dem diese Ressource zugänglich ist. Das Fehlen eines Faktormarktes lässt sich in der Regel auf unklar abgegrenzte Verfügungsrechte an einer Ressource zurückführen [vgl. Peteraf 1993, S. 183; Bamberger/Wrona 1996, S. 139]. Es ist mit den Bedingungen der Imitierbarkeit verknüpft [vgl. Grant 1996, S. 126]. So führt eine hohe Spezifität einer Ressource beispielsweise dazu, dass diese keiner Verwendung außerhalb der Unternehmung zugeführt werden kann und sich daher kein Faktormarkt für die Ressource herausbilden kann [vgl. Chi 1994, S. 273]. Für Kompetenzen von hoher sozialer Komplexität und intangible Ressourcen – wie Reputation – trifft das Fehlen eines Faktormarktes ebenfalls regelmäßig zu [vgl. Bamberger/Wrona 1996, S. 139].

Ein Beispiel, bei dem die Aneignungsfähigkeit nicht gegeben ist sind Mitarbeiter im Investment Banking. Diese personellen Ressourcen erfüllen einerseits viele der Anforderungen an Distinktivität wie Strategierelevanz und Knappheit, sind aber aufgrund eines friktionslos funktionierenden Arbeitsmarktes und einer geringen Spezifität ihrer Kenntnisse für eine bestimmte Bank als Arbeitgeber mobil. Damit sind die Mitarbeiter in der Lage, einen substantiellen Teil der ihnen zurechenbaren Erlöse selbst über Gehalts- und Bonuszahlungen zu vereinnahmen. Diese Problematik wird im Rahmen der bankbetrieblichen Konkretisierung des Argumentationskonzepts noch diskutiert [vgl. 7.4 und 7.5].

6.2.4 Kritische Beurteilung des Resource-based View

Die grundlegenden Ausführungen abschließend, sollen an dieser Stelle noch Kritikpunkte und Schwachstellen des Resource-based View aufgezeigt werden [für weitere ausführliche Kritik vgl. auch Rasche 1994, S. 397-408]. Die Kritik muss allerdings vor dem Hintergrund der wesentlichen Vorzüge des ressourcenorientierten Ansatzes bewertet werden. Vorzüge sind zunächst darin zu sehen, dass der

Resource-based View die Perspektive von der vorwiegend marktorientierten Betrachtung der Industrieökonomik auf eine von der Unternehmung ausgehende Sichtweise zurückgeführt hat. Diese ist dabei ökonomisch fundiert und damit in der Lage, die theoretisch zuvor unterentwickelte Seite der Stärken und Schwächen des SWOT-Ansatzes im Strategischen Management mit Leben zu füllen. Der Resource-based View ist zudem weitgehend kompatibel mit weiteren bewährten Theorieansätzen, die im Strategischen Management regelmäßig zur Anwendung kommen. In einer Weiterentwicklung kann er eine Grundlage für deren Integration bieten [vgl. Bamberger/Wrona 1996]. Die Bandbreite kompatibler Ansätze reicht von verhaltensorientierten Arbeiten [für Ansatzpunkte zu deren Integration vgl. Amit/Schoemaker 1993; Ginsberg 1994] und der Transaktionskostentheorie [für Ansatzpunkte zu deren Integration vgl. Mahoney/Pandian 1992; Conner/Prahalad 1996 mit einer Kritik von Foss 1996; Wernerfelt 1999] bis hin zu industrieökonomischen Ansätzen [für Ansatzpunkte zu deren Integration vgl. Conner 1991; Porter 1991; Mahoney/Pandian 1992; Bamberger/Wrona 1996; Börner 2000].

Die hier kurz zusammengefassten Vorzüge des Ansatzes müssen mit seinen Schwachstellen abgewogen werden. Es lassen sich die folgenden Punkte kritisch anmerken:

- Am Resource-based View sind zunächst terminologische Probleme zu bemängeln. Da es bislang noch kein kohärentes Theoriegebäude gibt, werden die Fachtermini von verschiedenen Autoren unterschiedlich genutzt [zu dieser Kritik vgl. auch Bouncken 2000]. Dies beginnt bei der Begriffsbestimmung von Ressourcen und setzt sich in den unterschiedlichen Auslegungen von Kompetenzen fort, umschrieben mit den englischen Ausdrücken capabilities, dynamic capabilities, competences oder core competences [vgl. hierzu insbesondere Collis 1994; 6.2.1.2]. Durch die Übertragung ins Deutsche werden diese Probleme tendenziell noch verstärkt. Eine zu breite Auffassung des Ressourcen- bzw. Kompetenzbegriffs führt dabei leicht zu tautologischen Aussagen [vgl. Porter 1991, S. 108], auf Basis derer sich keinerlei Handlungsempfehlungen ableiten lassen.
- Intangiblen Ressourcen, zu denen an dieser Stelle auch alle Ausprägungen von Kompetenzen gezählt werden können, kommt im Resource-based View eine besondere Bedeutung zu. Deren Identifikation ist aufgrund ihrer Intangibilität, die oft mit kausalen Ambiguitäten einhergeht, nicht einfach. Die vorliegenden Ansätze [zu einer Übersicht vgl. Bouncken 2000] sind dabei im Kontrast zu den oft sehr theoretischen Ausführungen eher praxeologisch orientiert. Theoriegeleitete Ansätze decken die Problematik der Operationalisierung der Bewertungskriterien auf. Messbarkeit und Bewertung intangibler Ressourcen sind somit als schwierig zu bezeichnen. Im Resource-based View finden sich zu dieser Problematik derzeit nur bedingt Empfehlungen [für eine Ausnahme vgl. Hall 1992].
- Die Integration mit anderen theoretischen Ansätzen ist noch nicht weit fortgeschritten. Insbesondere mit industrieökonomischen Ansätzen gehen Vertreter

des Resource-based View traditionell eher simplifizierend um [vgl. etwa Barney 1991, S. 100]. Auch wenn die Kompatibilität des Resource-based View als Vorteil gewertet worden ist, muss an dieser Stelle noch viel Arbeit geleistet werden. Mittlerweile liegen allerdings einige Ansätze vor, zumindest zur Integration mit der Industrieökonomie [vgl. insbesondere Börner 2000]. Nur unter dem Gesichtspunkt der noch unvollständigen Berücksichtigung bestehender industrieökonomischer Ansätze kann dem Resource-based View eine zu starke Innenzentrierung vorgeworfen werden.

- Prinzipiell argumentiert der ressourcenorientierte Ansatz inside-out, hat also den Wettbewerb auf Produktmärkten durch die Strategierelevanz von Ressourcen immer im Blick. Dies wird anhand der Forderung deutlich, dass distinktive Ressourcen zur Effizienz der Strategieimplementierung beitragen. Allerdings ist – einhergehend mit einer schwachen Integration industrieökonomischer Überlegungen – die Rolle von Industrieumfeld und Rahmenbedingungen nicht überzeugend formuliert [vgl. dennoch etwa Amit/Schoemaker 1993; Foss/Eriksen 1995].
- Durch den Fokus auf die zur Generierung von Wettbewerbsvorteilen notwendigen Eigenschaften von Ressourcen erhält der Resource-based View einen statischen Charakter im Sinne einer Gleichgewichtsbetrachtung. Wettbewerbsvorteile werden so lediglich in einer ex post Analyse zugänglich [vgl. Foss/Knudsen/Montgomery 1995, S. 8]. Dynamischen Anforderungen, denen Autoren zufolge aufgrund sich immer schneller wandelnder Rahmenbedingungen eine hohe Bedeutung zukommt, wird durch die Einführung von Kompetenzen höherer Ordnung begegnet. Im Endeffekt lässt sich jedoch jede Kompetenz durch eine Kompetenz überlegener Qualität substituieren. Durch diese Vorgehensweise kann es leicht zu Problemen des infiniten Regresses sowie zu Tautologien kommen [vgl. Collis 1994; s. noch einmal 6.2.1.2].
- Auch unter einem weiteren Aspekt lässt sich Kritik formulieren, die eine zu statische Betrachtungsweise moniert. Obwohl der vornehmlich betrachtete Ort des Wettbewerbs Faktormärkte sind, auf denen Ressourcen beschafft werden, ist der Prozess der Ressourcenentwicklung nur am Rande thematisiert worden. Dies führt bis hin zum Paradoxon, dass die Beschaffung von Ressourcen über Faktormärkte postuliert [vgl. Barney 1986; Barney 1988], Distinktivität von einigen Autoren jedoch nur bei interner Entwicklung für möglich gehalten wird [vgl. etwa Dierickx/Cool 1989]. In diesem Zusammenhang wird möglichen Synergieeffekten oftmals zu wenig Aufmerksamkeit geschenkt. Auch werden dynamische Lernprozesse bei der Entwicklung der Ressourcenbasis angesprochen, aber nicht im Detail behandelt [für neuere Beiträge in diesem Zusammenhang vgl. Andreu/Ciborra 1996; Galunic/Rodan 1998; Winter 2000]. Wenig Berücksichtigung findet in diesem Zusammenhang auch das unternehmerische Streben nach Innovationsrenten im schumpeterschen Sinn, denn für Innovationen im Sinn von Rekombination ist zumindest teil-

weise ein Zugriff auf neue Ressourcen erforderlich [für einen interessanten Ansatz vgl. Moran/Ghoshal 1999].

Die vorliegende Arbeit widmet sich vornehmlich der Konkretisierung und Zusammenführung ressourcenorientierter Ansätze hinsichtlich des letztgenannten Kritikpunktes der Ressourcenentwicklung über Faktormärkte, d.h. Unternehmensübernahmen. Eine explizite Aufnahme schumpeterscher Gedanken wird dabei allerdings nicht vorgenommen. Weiterhin wird ein Versuch unternommen, die Rolle der Rahmenbedingungen im Resource-based View im Zusammenhang mit Prozessen der Ressourcenentwicklung klarer als bisher herauszuarbeiten. Dieses Anliegen mündet in die Konzeption von Ressourcendefiziten und Markteintrittsbarrieren. In den folgenden Ausführungen werden drei Begründungsmuster für externe Ressourcenentwicklung – entsprechend der formulierten Anforderungen [vgl. 5.2] – zu einem integrativen theoretischen Argumentationskonzept zusammengeführt: Synergien als Grundbedingung, Diversifikation & Internationalisierung und Ressourcendefizite & Markteintrittsbarrieren. Zunächst wird herausgearbeitet, dass Synergien notwendige Bedingung für die Erzielung von Wettbewerbsvorteilen durch Unternehmensübernahmen sind.

6.3 Synergien bei der Entwicklung der Ressourcenbasis als grundlegendes Übernahmemotiv

6.3.1 Die Entwicklung der Ressourcenbasis

Ressourcenentwicklung kann als Aufbau und Erhalt der Ressourcen und Kompetenzen eines Unternehmens umschrieben werden. Aufgrund ihrer Abnutzung – insbesondere der physischen Ressourcen [vgl. Bamberger/Wrona 1996, S. 135] – besteht ständig die Notwendigkeit, in die bestehende Ressourcenbasis zu investieren, um diese aufrechtzuerhalten [vgl. Grant 1991, S. 124-125]. Zudem kann es notwendig sein, aufgrund der Entwicklungen des Umfelds das Ressourcenportfolio der Unternehmung anzupassen oder neue Kompetenzen aufzubauen [vgl. Collis/Montgomery 1995, S. 122; sowie Abschnitt 6.5 unten].[41]

Optionen der Ressourcenentwicklung bewegen sich zwischen einem internen und einem externen Pol. Kompetenzen werden dabei selbst erstellt oder über den Markt beschafft. Dazwischen ergeben sich Optionen, Zugriff auf die Leistungen

---

[41] Ressourcenentwicklung wird hier analog zu dem Prozess verstanden, den Hamel – mit einem Fokus auf das seiner Kompetenzdefinition zufolge maßgebliche Wissen – als den Aufbau von Kernkompetenzen beschreibt [vgl. 1994, S. 28]: „Building core competence requires the accumulation and integration of knowledge, residing both within the firm and without."

von Ressourcen und Kompetenzen über verschiedene Arten von Kooperationen zu erlangen [vgl. Bamberger/Wrona 1996, S. 141].

Wendet man sich zunächst der Unterscheidung von interner und externer Ressourcenentwicklung zu, so kann man feststellen, dass sich diese nicht so einfach voneinander abgrenzen lassen, wie es oftmals angenommen wird [vgl. hierzu auch den Dialog Dierickx/Cool 1989 und Barney 1989]. Auch der Erhalt und Aufbau einer Ressourcenbasis durch interne Entwicklung ist auf externe Ressourcen angewiesen. Barney weist in diesem Zusammenhang auf die entstehenden Aufwendungen hin [vgl. 1989]. So müssen für den Erhalt oder Aufbau einer Unternehmenskultur über Jahre hinweg ‚passende' Mitarbeiter rekrutiert und in die Unternehmung integriert werden.[42] Interne Ressourcenentwicklung ist so auf externe Ressourcen angewiesen. Dies ist nicht nur zum Aufbau einer Kompetenz notwendig, sondern auch zu deren Erhalt, bei dem einer Kompetenz einzelne Ressourcen zugeführt werden.

Hier soll die Unterscheidung zwischen interner und externer Ressourcenentwicklung anhand des Kompetenzkonzepts erfolgen. Erwirbt eine Unternehmung vollständig aufgebaute Kompetenzen, so liegt eine externe Entwicklung vor. Zu diesem Zweck wird typischerweise eine Unternehmensübernahme stattfinden. Neben Übernahmen ist auch der Kauf einzelner Kompetenzen denkbar, beispielsweise die Übertragung eines Filialnetzes von einer anderen Unternehmung [vgl. Chi 1994, S. 272]. Im Folgenden wird die Übernahme als Regelfall der externen Ressourcenentwicklung betrachtet. Sie bietet dabei den Vorteil, den Zugriff auf Kompetenzen zu erlauben, die ansonsten nur einer internen Entwicklung zugänglich sind. Immobile Kompetenzen, für die sich kein Faktormarkt herausbilden kann, können einzeln nur intern entwickelt werden. Über das Vehikel der Übernahme können solche Kompetenzen aber als Bestandteil der Ressourcenausstattung eines Unternehmens erworben werden [vgl. Bamberger/Wrona 1996, S. 142; Grant 1991, S. 126 führt dies für das Beispiel der Reputation an]. Der eigentliche Aufbau solcher Kompetenzen erfolgt aber als interne Entwicklung im Sinne eines schrittweisen Aufbaus durch die Beschaffung und Integration einzelner Ressourcen sowie durch die Rekombination einer vorhandenen Ressourcenbasis.

Bevor auf die Erzielung von Synergien als Ziel externer Ressourcenentwicklung eingegangen wird, sollen mögliche Optionen erläutert werden, die zwischen interner und externer Entwicklung liegen. Chi sieht zwei Möglichkeiten für einen marktlichen Zugang zu Kompetenzen, die nicht in Unternehmensübernahmen bestehen [vgl. 1994, S. 272]:

- Durch eine Kooperation – oder auch mittels einer kurzfristigeren Marktbeziehung – kann eine Unternehmung die Leistungen von Kompetenzen erwerben [vgl. auch Verdin/Williamson 1994, S. 91].

---

42 Dieses Beispiel ist dabei nur unter der Annahme haltbar, Unternehmenskultur ließe sich durch Instrumente des Personalmanagement beeinflussen.

- Eine Unternehmung kann mit Unterstützung der eine Kompetenz kontrollierenden Unternehmung versuchen, diese zu replizieren. Diese Art der Imitation von Kompetenzen kann beispielsweise durch die Ausbildung von Personal oder durch den temporären Transfer von Personal- und Sachressourcen erfolgen.

Bei beiden Optionen verliert die kontrollierende Unternehmung nicht den Zugriff auf die Kompetenzen. Es werden lediglich Leistungen übertragen bzw. Kompetenzen unter Mitwirkung des derzeitigen Inhabers repliziert. Daher ist davon auszugehen, dass eine Unternehmung als Inhaber einer Kompetenz auf die Abschöpfung ihrer Renten abzielt und daher die Kosten der erbrachten Leistungen oder der Unterstützung im Kompetenzaufbau den zurechenbaren Erlösen entsprechen. Das Potenzial, Renten zu erwirtschaften, verbleibt damit beim ursprünglichen Inhaber der Kompetenz [vgl. Chi 1994, S. 273]. Traditionellen Ansichten des Resource-based View folgend, bestehen durch Kooperationen somit wenig Möglichkeiten Wettbewerbsvorteile aufzubauen.[43] Folglich bezieht der Resource-based View Kooperationen ursprünglich nicht in die Optionen der Ressourcenentwicklung mit ein [vgl. z.B. Wernerfelt 1984; Grant 1991, S. 131-133]. Erst im Rahmen der Zusammenführung ressourcenorientierter Ansätze mit Theorien von Unternehmensnetzwerken ist die Überlegung aufgegriffen worden, Wettbewerbsvorteile könnten auf der Basis einer Initiierung gegenseitiger Lernprozesse durch Kooperationen erzielt werden [vgl. Hamel 1991; Grant 1996; Lorenzoni/Lipparini 1999; Gulati/Nohria/Zaheer 2000]. Die Netzwerkperspektive sieht Kooperationen im Kern als Möglichkeit des externen Erwerbs von Wissen an [vgl. Grant 1996, S. 383]. Unternehmensübernahmen stellen in diesem Zusammenhang eine weitere Möglichkeit dar, Lernprozesse auszulösen. Unter den Synergieeffekten wird die Initiierung von Lernprozessen als dynamischer Kompetenztransfer angesprochen [vgl. 6.3.3].

6.3.2 Wettbewerbsvorteile durch Übernahmen: Synergien als Voraussetzung

Bislang ist der Zusammenhang zwischen der Übernahme von Kompetenzen und Wettbewerbsvorteilen nicht en détail betrachtet worden. Die vorgenommenen Ausführungen lassen u.U. sogar den Eindruck zu, vornehmlich der interne Aufbau von Kompetenzen würde Wettbewerbsvorteile ermöglichen, da so Historizität, Spezifität, soziale Komplexität und kausale Ambiguität mit höherer Wahrscheinlichkeit zu den Ressourceneigenschaften zu zählen sind [zu dieser Aussage vgl. Dierickx/Cool 1989; Conner 1991, S. 137].

---

[43] Mangels Alternativen können dennoch Anreize bestehen, den Zugriff auf Kompetenzen oder ihre Leistungen über marktliche Koordinationsmechanismen herzustellen [vgl. Chi 1994, S. 275].

Die externe Entwicklung greift mittels Unternehmensübernahme auf Faktormärkte zu. Wie geschildert geht es bei der Unternehmensübernahme nicht um den Zugriff auf einzelne Ressourcen, vielmehr werden bestehende Kompetenzen hinzugewonnen und sollen für die aufnehmende Unternehmung nutzbar gemacht werden. Die Bedingung für die Erzielung von Wettbewerbsvorteilen auf der Basis erworbener Kompetenzen lässt sich eindeutig formulieren: Die Kosten von Erwerb und Integration der Kompetenzausstattung anderer Unternehmen darf die zurechenbaren Erlöse der kombinierten Kompetenzen des gemeinsamen Unternehmens nicht überschreiten [vgl. ähnlich Barney 1988, S. 72]. Diese Bedingung kann nur erfüllt werden, wenn Faktormärkte aufgrund von Marktfriktionen unvollkommen sind [vgl. Barney 1988, S. 73; Peteraf 1993, S. 185].

Am besten nähert man sich dieser Anforderung ausgehend von der Situation, in der sie nicht erfüllt werden kann. Nimmt man also an, es bestünden vollkommene Faktormärkte, auf denen Kompetenzen handelbar seien und über zurechenbare Erlöse Gewissheit bestehen würde, so entspräche der Preis einer Kompetenz den zukünftig erwarteten Erlösen [vgl. Barney 1988, S. 73; Knyphausen 1993, S. 775]. In einer strategischen Perspektive würde die Kompetenz zur Unternehmensstrategie beitragen, aber die Kosten des Erwerbs würden die Erlöse aufzehren [vgl. Barney 1986, S. 1233]. Die Erwirtschaftung einer Rente ist nicht möglich und es können lediglich normale Gewinne erzielt werden. Ökonomische Renten können durch Übernahme also nur erwirtschaftet werden, wenn Faktormärkte unvollkommen sind.

Die oben beschriebene Aussage, interne Entwicklung führe am wahrscheinlichsten zu Distinktivität, geht unter dieser Perspektive darauf zurück, dass eine interne Entwicklung die unvollkommenste Ausprägung eines Faktormarkts darstellt [vgl. Dierickx/Cool 1989]. Barney weist allerdings darauf hin, dass über die Zeit auch für interne Ressourcenentwicklung Aufwendungen entstehen, die mit den erwarteten Erlösen verglichen werden müssen [vgl. 1989]. Im Falle vollkommener Märkte würden auch hier die aufzuwendenden Kosten den zu erwartenden Erlösen entsprechen. Damit lässt sich das Kalkül des Vergleichs zurechenbarer Kosten und Erlöse analog für internen Ressourcenaufbau anwenden.

Das soeben formulierte Kalkül weist direkt darauf hin, dass Synergieeffekte, als ein zu Wertsteigerungen führendes Zusammenwirken von Kompetenzen, notwendige Bedingung für Wettbewerbsvorteile durch externe Ressourcenentwicklung sind [vgl. schon Wernerfelt 1984, S. 175; auch Seth 1990, S. 100; Chi 1994, S. 275], denn Synergien bezeichnen eine Differenz zwischen den aufzuwendenden Kosten des Kompetenzerwerbs und den nachfolgend zurechenbaren erwirtschafteten Erträgen. Diese Vorgehensweise verdeutlicht noch einmal den wertschaffenden Aspekt eines Wettbewerbsvorteils. Da Kosten und Erlöse über die Zeit entstehen, greifen Synergiedefinitionen in der Regel auf Kapitalwerte zurück.

Damit können noch einmal die Definitionen aufgegriffen werden, die eingangs des vierten Kapitels bereits zur Systematisierung der Übernahmemotive in der bankbetrieblichen Literatur gemacht worden sind [vgl. 4.3.1]. Synergien zwischen den Unternehmen A und B liegen vor, wenn der kapitalisierte Cash-flow der kombinierten Unternehmung (W_{AB}) – und damit der Wert ihrer kombinierten Kompetenzen – größer ist als die Cash-flows der separaten Unternehmen [vgl. ähnlich Barney 1988, S. 72].

$$W_{AB} > W_A + W_B$$

Zusätzlich sind die Kosten der Integration (IK) sowie der Preiszuschlag (P), den ein übernehmendes Unternehmen zusätzlich zum eigenständigen Marktwert des Übernahmeobjekts zu entrichten hat, zu beachten. Etwaige, langfristig wirksame Dyssynergien – durch eine höhere Komplexität der kombinierten Unternehmung etwa – sind bereits in den Synergieeffekten enthalten. Unter Berücksichtigung von Preiszuschlag und Integrationskosten ergibt sich der Wertzuwachs, den eine Übernahme schafft, folgendermaßen als Netto-Akquisitionswert (NAW_{AB}) [vgl. Gaughan 1996, S. 104-105; ähnlich Barney 1988, S. 72]:

$$NAW_{AB} = [W_{AB} - (W_A + W_B)] - (IK + P) > 0$$

Sirower untersucht den Effekt, den Preiszuschläge auf den Übernahmeerfolg haben en détail [vgl. 1997]. Diese Prämien haben den Charakter, einen Großteil der erwarteten Synergien vorwegzunehmen. Sie heben damit die Anforderungen an den Übernahmeerfolg und an die tatsächlich zu realisierenden Synergien. Erschwerend kommt hinzu, dass Prämien mit Sicherheit bezahlt werden müssen, während die Realisierung von Synergien von Unsicherheit gekennzeichnet ist [vgl. 1997, S. 57]. Sirower kommt zu dem Schluss, dass die meisten Übernahmen als nicht erfolgreich bezeichnet werden können, da sie nicht in der Lage sind, Synergien zu realisieren, die ihre Übernahmeprämie übersteigen [vgl. 1997, S. 123]. Er stellt dies sogar für verbundene Übernahmen fest, von denen in der Regel positive Synergien und Wertsteigerungen erwartet werden [vgl. 1997, S. 129]. Allerdings definiert er Verbundenheit anhand marktlicher Kriterien und vernachlässigt moderne ressourcenorientierte Indikatoren für Verbundenheit [vgl. 1997, S. 106, er geht anhand der SIC-Codes vor]. Jüngere Studien, die letztere Maßstäbe anlegen, kommen zu positiven Ergebnissen in Bezug auf die realisierbaren Synergien [vgl. 6.4.2, auch für eine Kritik an den SIC-Codes]. Der Hinweis auf den Einfluss der Übernahmeprämie ist als heilsam zu bezeichnen, da ihr als maßgebliches Erfolgskriterium oftmals zu wenig Beachtung geschenkt wird.

Integrationskosten (IK) und der Preiszuschlag (P) werden trotz ihres Einflusses auf die Wertsteigerung für die Anteilseigner nicht in den Untersuchungsumfang dieser Arbeit einbezogen. Der Fokus liegt vielmehr auf den Synergien als grundlegendes Übernahmemotiv ($[W_{AB} - (W_A + W_B)]$), die zur Beurteilung der Vorteilhaftigkeit einer Übernahme eingeschätzt werden müssen, bevor die Kosten der Integration und der Übernahmepreis in das Kalkül einfließen können.

Sirower geht in seiner Untersuchung davon aus, dass die Übernahmeprämie nicht von den Synergieerwartungen abhängig ist [vgl. 1997, S. 91]. An dieser Stelle besteht ein enger Zusammenhang mit dem Resource-based View. Synergieerwartungen gehen in das Kalkül der übernehmenden Unternehmung ein. Die Übernahmeprämie ergibt sich aufgrund der Erwartungen des übernommenen Unternehmens und/oder der Teilnehmer am Kapitalmarkt. Eine Unabhängigkeit der Synergieerwartung und der Übernahmeprämie ist gerade dann gegeben, wenn Marktfriktionen der adäquaten Einschätzung der realisierbaren Synergieeffekte durch die übernommene Unternehmung und/oder Marktteilnehmer entgegenstehen. An diesem Punkt anknüpfend sollen die Aspekte der Unvollkommenheit von Faktormärkten behandelt werden, die dazu führen, dass die realisierbaren Synergieeffekte – und damit das Wertsteigerungspotenzial des kombinierten Unternehmens – nicht ex ante in den Kaufpreis einfließen.

Grundlegende Determinanten unvollkommener Faktormärkte sind die verwandten Gesichtspunkte differierender Erwartungen der Marktteilnehmer unter Ungewissheit und Informationsasymmetrien [vgl. Rumelt 1984, S. 561; Barney 1986; S. 1233-1234; Rumelt 1987, S. 144; Barney 1988, S. 77; Yao 1988, S. 61; Knyphausen 1993, S. 775; Peteraf 1993, S. 185]. Die Akkumulation von Kompetenzen über Faktormärkte kann bei Vorliegen einer der folgenden Konstellationen zu synergetischen Wertsteigerungen und damit zu Wettbewerbsvorteilen führen:

- Der Erwerber kann Synergien realisieren, die beim Verkäufer nicht vorliegen. Die erworbenen Kompetenzen sind dem Käufer somit mehr Wert als dem Verkäufer. Liegt dieses Wertverhältnis nicht offen und ist es dem Verkäufer nicht bewusst, so wird dieser die Kompetenzen zu einem Preis veräußern der unter dem eigentlichen Wert für den Käufer liegt [vgl. Knyphausen 1993, S. 775]. Die unterschiedlichen Erwartungen basieren also auf privaten Informationen zum eigentlichen Wert der Kompetenzen für den Käufer [vgl. Barney 1988, S. 74-75]. Diese Position ist allerdings problematisch, wenn anderen Unternehmen äquivalente Synergiepotenziale offen stehen. Treten diese in den Verkaufsprozess ein, so wird der Marktpreis letztlich steigen, bis er den Wert der Synergiepotenziale widerspiegelt und der Käufer kann nur normale Gewinne erzielen.
- Der Erwerber kann Synergien realisieren, die so bei keinem weiteren potenziellen Käufer vorliegen und demnach unternehmensspezifisch bzw. idiosynkratisch sind. Die erworbenen Kompetenzen sind dem Käufer folglich mehr Wert als allen anderen potenziellen Käufern. In dieser Situation besteht die Gefahr nicht, dass der Marktpreis bis zum eigentlichen Wert der Kompetenzen für den Käufer steigt. Es ist zudem wahrscheinlich, dass der wirkliche Wert der Kompetenzen für den Käufer eine private Information darstellt, die anderen Marktteilnehmern – inklusive dem Verkäufer – nicht zur Verfügung steht [vgl. Barney 1988, S. 75-76; Knyphausen 1993, S. 775].
- Marktbedingungen werden von Erwerber und Verkäufer unterschiedlich eingeschätzt. Wenn andere Unternehmen die Marktentwicklung unterschätzen,

können Kompetenzen unter ihrem eigentlichen Wert erworben werden und so Grundlage für ökonomische Renten sein [vgl. Barney 1986, S. 1233-1234]. Es ist allerdings unwahrscheinlich, dass Unternehmen systematisch in der Lage sind, Marktbedingungen besser vorherzusagen als ihre Wettbewerber. Dies ist nicht zuletzt deshalb der Fall, da allen prinzipiell die gleichen Konzepte und Modelle für Marktprognosen zur Verfügung stehen. Es liegt also nahe, Quellen für ökonomische Renten eher privaten Informationen über die eigene Ressourcenbasis zuzuschreiben. Diese können dann Ausgangspunkt sein für auf privaten Informationen basierende oder gänzlich idiosynkratische Synergien. Unerwartete Änderungen der Marktbedingungen sollten dabei eher als Glück bezeichnet werden [vgl. Barney 1986, S. 1238-1239; Barney 1988, S. 76-77].

Nachfolgend werden die Synergieeffekte aus ressourcenorientierter Sicht betrachtet, die den ersten beiden Bedingungen zu Grunde liegen. Vor dem Hintergrund der Erklärung von Übernahmen aus strategischer Perspektive ist eine solche Fokussierung geboten. Der Aspekt des Glücks soll in den weitergehenden Ausführungen nicht betrachtet werden, da er definitionsgemäß außerhalb des Einflussbereichs des Management liegt. Aussagen mit diesem Fokus werden so zur Tautologie, da sich alle beobachtbaren Wettbewerbsvorteile auf Glück zurückführen ließen [vgl. auch Schoemaker 1990, S. 1180].

6.3.3 Synergiearten aus Sicht des Resource-based View

Komplementaritäten beschreiben Beziehungen zwischen Kompetenzen, die zu Synergien führen [vgl. etwa Chi 1994, S. 274]. Mit obigen Ausführungen ist noch nicht erklärt, welcher Art Komplementaritäten zwischen Kompetenzen und die daraufhin realisierbaren Synergien sein können. Insbesondere muss der Synergiebegriff für eine ressourcenorientierte Betrachtungsweise geklärt werden. Synergieeffekte lassen sich in der hier verfolgten Perspektive, die auf eine Analyse von Diversifikationsstrategien Porters zurückgeht, durch das Sharing einer Kompetenz oder durch deren Transfer erzielen [vgl. 1987, S. 14-19; sowie 1992b, S. 413]. Mit Sharing und Transfer wird damit die Komplementarität der Kompetenzen von erworbener und erwerbender Unternehmung beschrieben. Sharing bezeichnet – vereinfacht ausgedrückt – die Erzielung von Größen- und Verbundeffekten auf der Basis von Unteilbarkeiten, während Transfer den Zugriff auf neue Kompetenzen beinhaltet.

Einige Autoren haben diese Synergiekonzepte im Rahmen des Resource-based View aufgegriffen [vgl. Haspeslagh/Jemison 1991, S. 28-32; Hill/Hit/Hoskisson 1992, S. 502; Farjoun 1994, S. 186; Markides/Williamson 1996, S. 342-343; Collis/Montgomery 1997, S. 76; s. auch die empirischen Arbeiten unter 6.3.4.3]. Die Komplementaritäten des Sharings und Transfers lassen sich beide als statisches oder als dynamisches Konzept auffassen, wie Abbildung 6-3 zusammenfasst. Die vier damit möglichen Synergiearten können hier aus Sicht des Resource-based

View konkretisiert werden; sie können jeweils Kosten und Ertragsaspekte beinhalten [vgl. noch einmal 4.3.1].

Perspektive / Komplementarität	Statisch	Dynamisch
Sharing	Ausnutzung der Kapazität unteilbarer Kompetenzen	Verbesserung der Effektivität und Effizienz des Einsatzes unteilbarer Kompetenzen
Transfer	Zugriff auf zuvor nicht zugängliche komplementäre Kompetenzen	Dynamische Lernprozesse als Rekombination komplementärer Kompetenzen

Abbildung 6-3: Synergiearten aus ressourcenorientierter Sicht

Sharingsynergien

Statische Synergien durch Sharing liegen vor, wenn eine unteilbare Kompetenz über eine erweiterte Wertekette oder gemeinsam von mehreren Werteketten genutzt werden kann [vgl. Porter 1992b, S. 418-421]. Die Nutzung einer Kompetenz in zwei Wertschöpfungsketten impliziert einen heterogenen Produkt- oder Leistungsoutput, so dass Verbundeffekte vorliegen. Oftmals handelt es sich dabei um Wertschöpfungsketten verschiedener Industrien, so dass es zur Diversifikation kommt [vgl. 6.4]. Ähnliche Synergien können auch bezogen auf einen homogenen Output vorliegen, also entlang einer Wertschöpfungskette, so dass es zu Skaleneffekten kommt [vgl. Singh/Montgomery 1987, S. 379; Capron 1999, S. 989]. Beispielsweise kann zusätzliches Geschäftsvolumen über ein gemeinsames Rechenzentrum abgewickelt werden und vorhandene Kapazitäten besser auslasten. Voraussetzung für Wertsteigerungen ist, dass die Mehrkosten einer gemeinsamen Nutzung entstehende Kosteneinsparungen oder Erlössteigerungen nicht überkompensieren [vgl. Seth 1990, S. 101-104]. Dies kann vor allem bei ungenutzten Kapazitäten und unteilbaren Kompetenzen gewährleistet werden. Ausführungen zu Diversifikationsstrategien werden diesen Fall genauer beleuchten [vgl. 6.4.3.2]. Mögliche Erlössteigerungen können sich insbesondere durch intangible Ressourcen wie die gemeinsame Nutzung einer Marke ergeben. Indirekt kann es auch zu einer verbesserten Profitabilität durch Marktmachteffekte kommen, da diese letztlich auf Ressourcenknappheit zurückgeführt werden können [vgl. noch einmal 6.2.2.1]. Weiterhin umfassen Sharingsynergien auch finanzielle Größen- und Verbundeffekte, die durch die Diversifikation von Risiken und geringere Finanzierungskosten am Kapitalmarkt entstehen [vgl. Haspeslagh/Jemison 1991, S. 29]. Voraussetzung für eine Vorteilhaftigkeit finanzieller Synergien aus Sicht der Anteilseigner ist allerdings, dass sie diese Effekte nicht selbst nachbilden können [vgl. Seth 1990, S. 105].

Dynamische Synergien durch Sharing unterstützen die Effektivität und Effizienz der vorhandenen oder erworbenen unteilbaren Kompetenzen. In einem ersten Schritt kann man die intertemporale Nutzung vorhandener Kapazitäten von Kompetenzen dazu zählen. Diese kann zu geringeren Auslastungsschwankungen und Leerkosten führen [vgl. Porter 1992b, S. 418]. Solche Stabilitätseffekte sind auch für finanzielle Kompetenzen relevant [vgl. Haspeslagh/Jemison 1991, S. 29]. Weiterhin können über die Zeit Erfahrungskurveneffekte erreicht werden [vgl. Porter 1992b, S. 418; Capron 1999, S. 989]. Lässt sich durch das Sharing der unteilbaren Kompetenz das Geschäftsvolumen steigern, so wächst der kumulierte Output und ermöglicht Erfahrungskurveneffekte, die sich in Effizienzverbesserungen niederschlagen. Da diese Effekte auf der Zunahme des kumulierten Output basieren, lassen sie sich nicht direkt einer Übernahme zurechnen, sondern entstehen in der Zeit nach erfolgter Übernahme.

Transfersynergien

Statische Synergien durch Transfer entstehen durch den Zugriff auf zuvor nicht kontrollierte komplementäre Kompetenzen. Die Idee der Akquisition komplementärer Kompetenzen findet sich schon bei Wernerfelt, ohne dass jedoch die Bedingungen der Vorteilhaftigkeit genauer analysiert werden [vgl. 1984, S. 175]. Eine statische Synergiewirkung entfalten komplementäre Kompetenzen im Zuge ihres Transfers durch deren gegenseitige Ergänzung [vgl. Chi 1994, S. 274; ähnlich für Aktivitäten vgl. Porter 1996, S. 71]. So kann die Vervollständigung einer Produktpalette einen Differenzierungsvorteil begründen, wenn Kunden in der Folge aus einer Hand im Sinne eines Cross-selling beliefert werden können [vgl. Capron 1999, S. 990]. Je nach Sichtweise kommt so eine neue Wertschöpfungskette hinzu, deren Leistungen an bestehende Kunden abgesetzt werden bzw. einer neuen Kundenbasis wird umgekehrt der Zugang zum existierenden Output ermöglicht. Ähnlich sind Kosteneinsparungen möglich, beispielsweise durch die Nutzung bislang nicht vorhandener Logistikketten. An der Grenze von einer statischen zu einer dynamischen Betrachtung sind Synergien komplementärer Kompetenzen anzusiedeln, wenn diese in der Form der „asset interconnectedness" im Sinne von Dierickx und Cool vorliegen [1989, S. 1508]: „Accumulating increments in an existing stock may depend not just on the level of that stock, but also on the level of other stocks." Hier unterstützt der Aufbau oder die Nutzung einer Kompetenz Aufbau bzw. Nutzung einer anderen Kompetenz. So kann ein Außendienst- und Wartungsnetz das Produktdesign maßgeblich beeinflussen, wenn die zur Verfügung gestellten Kundeninformationen aufgrund dessen Größe zuverlässig nutzbar sind. Diese Interdependenzen sind nicht auf die interne Ressourcenentwicklung zu beschränken, sondern können auch bei erworbenen Kompetenzen positive Synergien beisteuern.

Dynamische Synergien durch Transfer lassen sich erzielen, wenn durch Übernahme der Zugriff auf neue Kompetenzen hergestellt werden kann und diese sich in lerninduzierten Verbesserungen niederschlagen [vgl. Haspeslagh/Jemison 1991, S.

30; Markides/Williamson 1994, S. 150; Capron 1999, S. 990]. Schon in Porters Ausführungen geht Transfer über statische Komplementaritäten hinaus und hat mit der Verbesserung von Kompetenzen im Hinblick auf einen Kosten- oder Differenzierungsvorteil einen dynamischen Charakter [vgl. 1992b, S. 445]. Übernahmen sind dabei nur eine mögliche Form des Zugriffs auf Kompetenzen, von denen positive Lerneffekte erwartet werden. So sieht Hamel Übernahmen in diesem Zusammenhang als ein Mittel von vielen an, den Zugriff auf Kompetenzen herzustellen [1994, S. 28-29]: „One way of reducing the costs of competence building is to borrow skills and technologies from other companies. This can be done through small targeted acquisitions, licensing agreements, joint ventures, alliances or competitive hiring." Dem marktlichen Zugang können dabei allerdings Unvollkommenheiten entgegenstehen [vgl. Capron 1999, S. 990], wie beispielsweise übermäßige Transaktionskosten [für eine Analyse vgl. Chi 1994] oder die Immobilität von Ressourcen [vgl. 6.2.3.3], so dass Übernahmen der einzige Weg sein können, der dynamische Transfersynergien ermöglicht. Kompetenzverbesserungen können sich sowohl auf die neu erworbenen als auch auf bestehende Kompetenzen beziehen [vgl. Very 1993, S. 80; Capron 1999, S. 990].[44] Im Zusammenhang mit Diversifikationsstrategien sehen Markides und Williamson ebenfalls bidirektionale ‚Lernpotenziale', die sie unter dem Label „asset improvement" betrachten [vgl. 1994, S. 150]. Lernprozesse basieren dabei, vergleichbar mit den schöpferischen Prozessen des Unternehmertums im Sinne Schumpeters, auf der Rekombination von Kompetenzen [vgl. Galunic/Rodan 1998; Capron 1999, S. 990]. Schon Penrose sieht die Weiterentwicklung der Ressourcenausstattung unter ähnlichen Gesichtspunkten [vgl. 1966, S. 25]: Durch Übernahme komplementärer Kompetenzen erweitert die Unternehmung ihre „productive opportunity" und damit ihr Lernpotenzial im Sinne der Möglichkeiten für Rekombinationen [vgl. auch Moran/Ghoshal 1999, S. 394-395]. Diese Synergien entstehen damit nicht direkt infolge der Übernahme. Dennoch schafft erst die Übernahme der Kompetenzen die Möglichkeit für die entsprechenden Lernprozesse. Die besondere Bedeutung von Lernprozessen ist darin zu sehen, dass sie aufgrund ihrer Idiosynkrasie nicht imitiert werden können [vgl. Andreu/Ciborra 1996, S. 113-114]: sie sind langwierig, sozial komplex, für Außenstehende schwer beobachtbar und situationsspezifisch. Die entstehende Ressourcenausstattung ist damit schwer imitierbar und mit hoher Wahrscheinlichkeit distinktiv.

Es stellt sich nun die Frage, ob und auf welche Art und Weise Synergien im Rahmen einer Unternehmensübernahme realisiert werden können. In diesem Zusam-

---

[44] Hier ist beispielsweise daran zu denken, dass eine Unternehmung mit Kompetenzen erworben wird, die in bestimmten Prozess- oder Marktkenntnissen bestehen. Diese können sodann in der übernehmenden Unternehmung zur Verbesserung der Produktion oder des Absatzes genutzt werden. Umgekehrt kann eine Unternehmung ihre überlegenen Kompetenzen in das Akquisitionsobjekt hineintragen und dessen Kompetenzausstattung verbessern.

menhang ist auf die entstehenden Kosten sowie auf Kritik einzugehen, distinktive Kompetenzen ließen sich nicht in ein anderes Unternehmen integrieren.

6.3.4 Realisierung von Synergien

6.3.4.1 Zur Integrationsfähigkeit erworbener Ressourcen

Die Vorstellung, der Erwerb von Kompetenzen durch Unternehmensübernahme könne in Folge der Integration von Kompetenzen zu Wettbewerbsvorteilen führen, ist in Kritik geraten [vgl. etwa Rasche 1994, S. 237-242; Börner 2000, S. 315-317]. Dierickx und Cool stellen in ihrer in dieser Arbeit bereits kommentierten Aussage die Möglichkeit, distinktive Ressourcen auf Faktormärkten zu erwerben und in eigene Wettbewerbsvorteile umzusetzen sogar grundsätzlich in Frage [vgl. 1989]. Sjurts kritisiert Übernahmen folgendermaßen [2000, S. 135]: „Dieser idiosynkratische Charakter von Ressourcen bringt es mit sich, daß solche (*distinktiven, Anm. des Autors*) Ressourcen nicht aus einem Unternehmen herausgelöst werden können, ohne daß sie dadurch ihre vorteilsstiftende Kraft verlieren."

Kritik an dem Beitrag von Übernahmen zu Wettbewerbsvorteilen kann zusammenfassend an drei Eigenschaften distinktiver Kompetenzen festgemacht werden. Erstens stünde die geforderte Immobilität einer Übernahme entgegen. Zweitens wären distinktive Kompetenzen aufgrund ihrer Unternehmensspezifität nicht in eine andere Unternehmung integrierbar, womit sich auch Synergieeffekte nicht erzielen lassen. Drittens ließen sich distinktive Kompetenzen von Wettbewerbern aufgrund von kausalen Ambiguitäten in der Regel nicht einwandfrei identifizieren und könnten daher kein Ziel von Übernahmen sein. Alle Kritikpunkte halten einer aufmerksamen Analyse allerdings nicht stand, wie die folgenden Ausführungen belegen werden.

Der erste Kritikpunkt spricht die geforderte Immobilität distinktiver Kompetenzen an. Diese Eigenschaft fordert der Resource-based View im Hinblick auf die Abwerbung einzelner Ressourcen oder Kompetenzen von der Unternehmung [vgl. Grant 1991, S. 128-129] und die damit verbundene Aneignungsfähigkeit der Renten [vgl. Peteraf 1993, S. 183]. Die Immobilität einzelner Kompetenzen steht einer Übernahme der Unternehmung als Ganzes – mit allen Kompetenzen – nicht entgegen. Durch Übernahmen wird gewissermaßen ein Faktormarkt für immobile und schwer transferierbare Kompetenzen geschaffen [vgl. Wernerfelt 1984, S. 175; Mahoney/Pandian 1992, S. 370; Capron 1999, S. 990]. Unternehmenskultur ist ein gutes Beispiel. Sie ist losgelöst vom Unternehmen nicht transferierbar. Wird jedoch die gesamte Unternehmung als Kompetenzbündel erworben, so geht auch die Unternehmenskultur an den Käufer über.

Der zweite Kritikpunkt streicht die Spezifität distinktiver Kompetenzen heraus, die einer Integrationsfähigkeit und damit der Synergierealisierung entgegenstehen [vgl. etwa Sjurts 2000, S. 135]. Die Nutzung einer unternehmensspezifischen Kompetenz durch ein anderes Unternehmen scheidet in der Tat definitionsgemäß aus, nicht jedoch die Verbesserung der spezifischen Kompetenz selbst durch externe Kompetenzen. In diesem Zusammenhang rückt das Konzept der kospezialisierten Kompetenzen ins Blickfeld [für die folgenden Ausführungen vgl. Teece 1986]. Hier handelt es sich um eine bestimmte Form komplementärer Kompetenzen [für die Äquivalenz der Konzepte vgl. auch Chi 1994, S. 275]. Im Unterschied zur Spezifität, die als Beziehung einer Kompetenz zu dem sie kontrollierenden Unternehmen definiert ist, sind Komplementarität und Kospezialisierung als Beziehungen zwischen Kompetenzen definiert. Kospezialisierte Kompetenzen wirken dabei bidirektional synergetisch zu einer anderen Kompetenz. Die jeder Kompetenz zurechenbaren Erlöse profitieren demnach beide von einem Zusammenwirken. Eine intern entwickelte unternehmensspezifische Kompetenz kann demnach als kospezialisierte Kompetenz von extern erworbenen Kompetenzen profitieren. Eine unternehmensspezifische Markenreputation (z.B. für Qualität) kann von neu hinzukommenden Produkten profitieren, die sich in das bestehende Produktportfolio einfügen oder dieses sogar aufwerten (z.B. weil es sich um innovative Produkte handelt). Gleichsam kann die Markenreputation den Absatz der neuen Produkte fördern (z.B. wenn deren Qualitätseindruck bislang mangelhaft war). Allerdings kann die spezifische Kompetenz nicht von ihrem Unternehmen getrennt werden.

Es ist insgesamt davon auszugehen, dass sich Integrationsprobleme vornehmlich bei hochgradig distinktiven Kompetenzen ergeben. Die Möglichkeit der Integration hängt dabei stark von der verfolgten Kompetenzdefinition ab [vgl. 6.2.1.2]. Je abstrakter die Kompetenzauffassung gewählt wird, d.h. je mehr sich die Argumentation auf komplexe Kompetenzen höherer Ordnung konzentriert, desto kritischer muss die Möglichkeit der Integration gesehen werden. Dies gilt beispielsweise für Innovationsfähigkeit oder Unternehmenskultur. Erwerb und Integration einfacherer Kompetenzen – man denke beispielsweise an ein physisches Vertriebsnetz – sind hingegen relativ unkritisch. Es ist allerdings zu vermuten, dass die Distinktivität mit dem Komplexitätsgrad einer Kompetenz korreliert. So werden relativ einfache Kompetenzen einen geringen Grad sozialer Komplexität und kausaler Ambiguität aufweisen. Einfachere Kompetenzen sind dabei unter Umständen leichter einzeln transferierbar. Chi unterscheidet in diesem Zusammenhang strategische und normale Kompetenzen [vgl. 1994, S. 275]. Letztere wirken nicht distinktiv. Hier wird die Ansicht vertreten, dass diese normalen Kompetenzen vielfach das wesentliche Akquisitionsobjekt bei Unternehmensübernahmen sind. Dies ist der Fall, da Kompetenzen höherer Ordnung und ihre Kausalität für den Unternehmenserfolg von außen kaum evaluiert werden können und die Kompetenzen, sollten sie dennoch erworben werden, Integrationsprobleme offenbaren. Mit diesem Argument wird auch der dritte Kritikpunkt entkräftigt. Wenn es auf eine ex ante Distinktivität nicht ankommt und normale Kompetenzen Ziel einer Übernahme sein können, so lassen sich auch keine Informationsasymmetrien und kausale Ambiguitäten ins Feld führen, die schon die Identifikation komplementärer Kompetenzen vereiteln.[45]

Schließlich ist die Frage zu klären, ob auf der Basis der Übernahme normaler Kompetenzen Wettbewerbsvorteile realisierbar sind. Dies ist zu bejahen, da lediglich die ex post Distinktivität der resultierenden Ressourcenposition relevant ist. Übernimmt eine Unternehmung normale Kompetenzen, so besteht aufgrund der eigenen heterogenen Ressourcenausstattung dennoch die Möglichkeit, idiosynkratische oder weitgehend private – also Dritten unbekannte – Synergien zu realisieren. Diese können aufgrund der geschilderten Marktfriktionen nicht im Veräußerungspreis berücksichtigt werden. Damit können normale Kompetenzen im Zusammenwirken mit der bestehenden Ressourcenausstattung zu Wettbewerbsvorteilen führen. So sind für die Initiierung von Lernprozessen als Synergien durch dynamischen Transfer keine distinktiven Kompetenzen erforderlich. Es zählt lediglich das Ergebnis der Rekombination aus einer ex post Perspektive. Ähnlich fassen dies auch Bamberger und Wrona zusammen [1996, S. 141-142]: „Die externe Beschaffung von Ressourcen wird der Begründung von (dauerhaften) Wettbewerbsvorteilen speziell dann nicht im Wege stehen, wenn die extern beschafften Ressourcen über die spezifische Verwendung im Unternehmen oder eine (komplexe) Kombination mit verschiedenen anderen, gegebenenfalls auch idiosynkratischen Ressourcen in der Unternehmung einen höheren Wert besitzen als in anderen Unternehmen oder über den Erwerb von Verfügungsrechten in ihrer Verwendung geschützt sind."

Zusammenfassend lässt sich feststellen, dass auch die externe Ressourcenentwicklung die Realisierung von Wettbewerbsvorteilen ermöglicht. Distinktivität gehört dabei nicht zu den erforderlichen Eigenschaften extern erworbener Kompetenzen. Da bei ‚abstrakten' Kompetenzen – wie etwa Innovationsfähigkeit – vermutlich Integrationsprobleme bestehen, sollte die Diskussion von Übernahmen aus Sicht des Resource-based View eine verhältnismäßig konkrete Kompetenzauffassung verfolgen.[46] Regelmäßig vorgebrachte Kritikpunkte an der Realisierung von Wettbewerbsvorteilen durch Übernahmen werden weitgehend entkräftigt, da lediglich eine ex post Distinktivität der entstehenden Ressourcenausstattung notwendig ist. Damit soll nicht konstatiert werden, dass Synergieeffekte einfach zu erzielen seien. Die Realisierung von Synergien erfordert vielmehr einen hohen Aufwand, der sich in den nachfolgend analysierten Kostenkomponenten niederschlägt.

---

[45] Diese Argumentation lässt sich auch auf die Ausführungen zur Spezifität übertragen, bei denen eine distinktive, unternehmensspezifische Kompetenz durch normale Kompetenzen komplementiert und weiter verbessert wird.

[46] Auf diese Art und Weise gelangt man am ehesten zu praktisch relevanten Überlegungen. Daneben könnte sicherlich auch eine Übernahme- oder Integrationsfähigkeit als Kompetenz höherer Ordnung diskutiert werden.

6.3.4.2 *Die Kosten der Realisierung von Synergien*

Übernahmen verursachen vielfältige Kosten. Es entstehen etwa juristische Kosten, die sich direkt in Anwalts- und Gerichtskosten ausdrücken [vgl. Singh/Montgomery 1987, S. 379]. Indirekt können Beschränkungen von Wettbewerbsbehörden auferlegt werden, welche die Vorteilhaftigkeit des Kompetenzerwerbs zu schmälern in der Lage sind [vgl. Barney 1999, S. 142]. Einmalig fällt in der Regel auch eine Übernahmeprämie an [vgl. Sirower 1997, S. 45-46]. Die angestrebten Synergien entstehen in der Regel nicht ohne umfassende Restrukturierungsmaßnahmen. Diese verursachen einmalig wirksame Integrationskosten, die beispielsweise durch Sozialpläne für die Freisetzung von Personal oder durch die Restrukturierung eines Vertriebsnetzes verursacht werden. Langfristig beeinflussen Dyssynergien bestehende Wertsteigerungspotenziale negativ [vgl. Ghemawat 1986, S. 55; Porter 1987, S. 15 und S. 18; Porter 1992b, S. 422-428; Larsson/Finkelstein 1999; ausführlich zum Integrationsprozess vgl. Haspeslagh/Jemison 1991]. Zunächst sollen kurzfristig anfallende Integrationskosten – klassifiziert nach den Synergiearten – analysiert werden:

- Bei Synergien durch Sharing kommt es besonders auf die vorliegende Kapazität der unteilbaren Kompetenz an. Muss diese zusätzlich ausgeweitet werden, so entstehen nicht unerhebliche Mehrkosten. Sowohl ein Rechenzentrum als auch bestehende Vertriebswege sind unter Umständen bereits derart ausgelastet, dass zusätzliche Leistungen nur mit großen Mehrkosten erbracht werden können [vgl. Porter 1987, S. 18].
- Auch die Realisierung von Synergien durch Transfer kann sehr kostenträchtig sein. Die Nutzung eines übernommenen Markennamens für bestehende Produkte, beispielsweise in der Sportartikelindustrie, wird wenig Mehrkosten verursachen. Anders verhält es sich bereits, wenn ein Markenname zu diesem Zweck erst aufwendig eingeführt werden muss oder wenn ein dynamischer Transfer von Kompetenzen erfolgen soll. Dieser involviert den Transfer von Personal oder Schulungsmaßnahmen, die Anpassung von Strukturen, die Unterstützung des Management und die Überwindung interner Wiederstände, die alle mit hohen Kosten verbunden sind [vgl. Porter 1987, S. 15].

Langfristig wirksame Dyssynergien schmälern direkt das angestrebte Synergiepotenzial. Es finden sich vielfältige Beispiele, die hier in Anlehnung an Barney [vgl. 1999] zusammengefasst werden:

- Durch Kompetenzerwerb im Rahmen einer Übernahme kann der Wert sowohl erworbener als auch bestehender Kompetenzen langfristig auch vermindert werden [vgl. Barney 1999, S. 142]. Diese Kosten sind als Dyssynergien zu berücksichtigen. So können beispielsweise Kunden abwandern, insbesondere wenn eine Unternehmung durch einen ausländischen Wettbewerber akquiriert wird. Weiterhin kann die entstehende Unsicherheit und der Widerstand des Personals gegen eine Übernahme dazu führen, dass insbesondere hochqualifizierte Mitarbeiter, die schnell einen anderen Arbeitgeber finden, die Unternehmung verlassen und wichtiges Know-how verloren geht [vgl. Larsson/Finkelstein 1999, S. 6-7].

- Die gestiegene Unternehmensgröße erhöht langfristig Komplexität und Koordinationsaufwand [vgl. Barney 1999, S. 142-143]. Durch die gemeinsame Nutzung von Kompetenzen können Kosten entstehen, die auf eine erhöhte Inflexibilität zurückgehen, auf dynamische Marktveränderungen reagieren zu können [vgl. Porter 1987, S. 18; 1992b, S. 422-428].
- Der Erwerb eines Kompetenzbündels im Rahmen einer Übernahme wird in aller Regel nicht ausschließlich komplementäre Kompetenzen zum Gegenstand haben. Vielmehr werden aller Wahrscheinlichkeit nach auch Kompetenzen erworben, die zu den bestehenden nicht komplementär und damit unbrauchbar sind [vgl. Chatterjee 1990]. In einigen Fällen können diese – beispielsweise durch eine Ausgliederung – abgespalten werden. In anderen Fällen, etwa wenn eine Kompetenz im Sinne des Sharing in weiten Teilen der Unternehmung zum Einsatz kommt, ist dies nicht problemlos möglich [vgl. Barney 1999, S. 143].

6.3.4.3 Empirische Arbeiten

Die Frage nach der praktischen Realisierbarkeit von Synergiepotenzialen kann unter mehrere Gesichtspunkte gestellt werden. Zunächst kann gefragt werden, ob sich die vermuteten Synergieeffekte in Performanceverbesserungen oder Wertsteigerungen niederschlagen. An dieser Stelle ist an die Agency Theorie zu erinnern, die für den kombinierten Wert von übernehmendem und übernommenen Unternehmen eine negative Veränderung voraussagt [vgl. 4.3.4]. Für die entsprechenden aktienwertorientierten Untersuchungen ist auf bestehende Messproblematiken hingewiesen worden. Aufgrund des Einflusses von Übernahmeprämie und Integrationskosten werden bei diesen Untersuchungen nicht exklusiv die Synergieeffekte gemessen.

Allgemeine Literatur, welche die Auswirkungen von Übernahmen auf den Aktienwert unabhängig von der Bankindustrie untersucht, kommt zumindest für den Fall der Akquisition verbundener Unternehmen zu ähnlichen Ergebnissen [für eine Darlegung des Konzepts der Verbundenheit vgl. 6.4.2]. Übernehmende Unternehmen können in der Regel keine signifikanten Wertsteigerungen realisieren oder müssen leicht negative Wertänderungen verzeichnen [vgl. etwa Sirower 1997, der aber keine aggregierte Betrachtung durchführt]. Übernommene Unternehmen realisieren in der Regel signifikante Wertzuwächse, so dass es auf aggregierter Basis zu insignifikanten Effekten oder zu leichten Wertzuwächsen kommt [vgl. Singh/Montgomery 1987; Seth 1990; einen Überblick bieten Weston/Chung/Hoag 1990, S. 249-272]. Die Untersuchung von Lubatkin kann dabei sogar Wertsteigerungseffekte für übernehmende und übernommene Unternehmen nachweisen, aber die Vorteilhaftigkeit verbundener Übernahmen nicht bestätigen [vgl. 1987]. Untersuchungen am deutschen Kapitalmarkt kommen zu ähnlichen Ergebnissen [vgl. Bühner 1990a; Gerke/Garz/Oerke 1995].

Nachdem die verschiedenen Synergiearten aus ressourcenorientierter Sicht differenziert analysiert worden sind, stellt sich zudem die empirische Frage, ob diese bei der praktischen Durchführung von Übernahmen relevant sind, d.h. ob sie empirisch beobachtet werden können. Weiterhin ist dem Wertsteigerungspotenzial der verschiedenen Synergiearten nachzugehen. Jüngere Studien unterscheiden die analysierten Synergiearten differenziert und bekräftigen im Rahmen von Übernahmen und Allianzen insbesondere die Bedeutung von Synergien durch Transfer:

- Dussauge, Garrette und Mitchell [vgl. 2000] beschäftigen sich in einer empirischen Untersuchung mit den beiden Synergiearten des Sharings und Transfers im Rahmen von Allianzen. Sie differenzieren dabei Allianzen, zu denen die Partner ähnliche Kompetenzen beisteuern und Allianzen, bei denen Partner unterschiedliche Kompetenzen einbringen. Erstere nennen sie „scale alliances". Bei diesen Kollaborationen sehen sie die hier als Sharing aufgefassten Potenziale für Skaleneffekte und eine bessere Kapazitätsauslastung. In Kontrast dazu stehen „link alliances", bei denen unterschiedliche Kompetenzen kombiniert werden und damit Potenziale für Transfersynergien entstehen [2000, S. 103]: „In scale alliances, in contrast with link alliances, the very similarity in the resources each partner contributes limits the extent to which the collaboration will cause the firms to gain new skills and other intangible resources." Die Autoren können nachweisen, dass „link alliances" zu signifikant mehr Reorganisationen führen als auf Skaleneffekte abzielende Allianzen. Dies geht bis zur anschließenden Übernahme des Allianzpartners. Sie vertreten die Ansicht, dass Reorganisationen Ausdruck der Nutzung vorhandener Lernpotenziale durch Kompetenztransfer sind und messen Transfersynergien daher einen hohen Stellenwert zu.
- In einer vorausgehenden Studie zur Realisierung von Synergieeffekten durch horizontale Übernahmen stellen Capron, Dussauge und Mitchell [vgl. 1998] fest, dass sowohl Sharing als auch Transfer bidirektional zwischen übernehmenden und übernommenen Unternehmen stattfindet. Dabei werden häufig Übernahmen zwischen Unternehmen mit stark unterschiedlichen Ressourcenausstattungen getätigt. Übereinstimmend mit den obigen Ausführungen wird also nicht nur der Transfer eigener Stärken in übernommene Unternehmen zum Ziele, sondern auch die Verbesserung der eigenen Kompetenzen.
- Anhand einer Fallstudienuntersuchung begutachten Larsson und Finkelstein [vgl. 1999] die Realisierung von Synergien durch Sharing oder Transfer im Rahmen von Unternehmensübernahmen. Die gefundenen Synergiepotenziale fassen die Autoren folgendermaßen zusammen [1999, S. 6]: „Hence, synergies can be achieved through both "economies of sameness" (from accumulating similar operations) and "economies of fitness" (from combining different, but complementary, operations). We therefore conceptualize the combination potential of M&As in terms of both strategic similarity and the strate-

gic complementarity of operations of joining firms." In ihrer Studie haben Komplementaritäten auf der Basis unterschiedlicher Kompetenzen und somit Transfer eine wesentlich größere Auswirkung auf die Realisierung von Synergien als Sharing.

- Capron differenziert in einer empirischen Studie zwischen kosten- und ertragsseitigen Synergien horizontaler Übernahmen [vgl. 1999]. Die Verfolgung von Kosteneffizienzen kann dabei als Synergie durch Sharing interpretiert werden, die durch begleitende Restrukturierungsmaßnahmen – hauptsächlich Desinvestitionen – umgesetzt wird. Laut Capron lassen sich durch Restrukturierungsmaßnahmen beim übernehmenden Unternehmen Kosten- und Ertragssynergien im Sinne des Sharing realisieren, während Restrukturierungen beim übernommenen Unternehmen eine Performanceverschlechterung bewirken. Allerdings sind Restrukturierungen beim übernommenen Unternehmen bis zu fünf mal häufiger als beim übernehmenden. Synergien durch Transfer von Kompetenzen zur übernommenen Unternehmung führen sowohl zu Kosten- als auch zu Ertragssynergien. In der umgekehrten Richtung – von übernommener zu übernehmender Unternehmung – löst Transfer lediglich ertragsorientierte Synergien aus. Insgesamt findet die Studie positive Synergieeffekte auf der Basis der Rekombination von Kompetenzen zwischen den Unternehmen einer horizontalen Übernahme.

Die Ergebnisse sind in sofern erstaunlich, als dass Größenvorteile zu den am häufigsten vorgebrachten Begründungsmustern für Unternehmensübernahmen zählen. Damit liegt der Fokus der meisten Autoren eindeutig auf Synergien durch Sharing. Lernpotenzialen durch Erwerb und Integration neuer Kompetenzen wird wesentlich weniger Aufmerksamkeit geschenkt. Hier ist ein Umdenken erforderlich, welches Transfersynergien und der Initiierung von Lernprozessen eine größere Bedeutung zumisst. Aus einer ressourcenorientierten Perspektive sehen einige Autoren Lerneffekte durch Transfer bereits als die Synergien mit dem größten Potenzial für Wettbewerbsvorteile an [vgl. Haspeslagh/Jemison 1991, S. 109; Capron 1999, S. 989]. Insgesamt finden sich Belege für beide Synergiearten. Beide können auch zum Motiv für den Eintritt in neue Märkte werden. Diese als Diversifikation & Internationalisierung zu bezeichnende Marktausweitung soll nun analysiert werden. Dabei gilt der Resource-based View als besonders geeignet, Diversifikationsstrategien von Unternehmen zu erklären [vgl. Bamberger/Wrona 1996, S. 143-146; diese Ansicht teilt auch der sonst kritisch eingestellte Porter 1991, S. 109]. Eine Analyse von Diversifikationsstrategien im Resource-based View ist in der Lage, die oben beschriebenen Komplementaritäten zu konkretisieren und Unternehmensübernahmen als Mittel zur Erzielung der angestrebten Wertsteigerungseffekte genauer zu beleuchten [vgl. Salter/Weinhold 1979].

6.4 Synergien im Rahmen von Diversifikation und Internationalisierung als Übernahmemotiv

6.4.1 Zur gemeinsamen Behandlung von Diversifikation und Internationalisierung

In den nachfolgenden Ausführungen werden Übernahmemotive analysiert, die mit Strategien der Diversifikation und Internationalisierung in Zusammengang stehen. An dieser Stelle sollen zunächst die Begriffe eingeführt werden und begründet werden, warum Diversifikation und Internationalisierung an dieser Stelle gemeinsam behandelt werden.

Einer frühen Auffassung von Ansoff folgend lässt sich Diversifikation von Marktdurchdringung sowie von Markt- und Produktentwicklung abgrenzen [vgl. 1968, S. 108-120]. Im Fall der Marktdurchdringung werden bestehende Produktmärkte lediglich intensiver bearbeitet. Marktentwicklung bezeichnet die Expansion in neue regionale Märkte auf der Basis bestehender Produkte und kann auch als Internationalisierung bezeichnet werden. Bei der Produktentwicklung werden hingegen neue Produkte auf vertrauten Märkten angeboten, die über eine bloße Variation bestehender Produkte hinausgehen. Abbildung 6-4 fasst die Abgrenzung zusammen.

Markt / Produkt	Gegenwärtig	Neu
Gegenwärtig	Marktdurchdringung	Marktentwicklung (Internationalisierung)
Neu	Produktentwicklung	Diversifikation

Abbildung 6-4: Produkt/Markt-Strategien nach Ansoff

In einer engen Definition stellt Diversifikation den Eintritt in neue Produktmärkte (Industrien) dar [vgl. Ansoff 1968, S. 98; Salter/Weinhold 1979, S. 5]. Es ist fraglich, ob im Kontext des Resource-based View eine solch enge Abgrenzung sinnvoll ist. Letztlich wird es um die Frage gehen, welche vorhandenen Kompetenzen im Rahmen der Diversifikation genutzt werden können und auf welche externen

Kompetenzen ein Zugriff hergestellt werden muss. Somit erscheint es sinnvoll, Markt- und Produktentwicklung in die Betrachtung mit einzubeziehen und einen sehr breiten Diversifikationsbegriff zugrunde zu legen. Durch diese Betrachtungsweise können unter Umständen Übernahmen zur Überwindung von Markteintrittsbarrieren im Rahmen einer Internationalisierungsstrategie erklärt werden. Auch andere weit gefasste Begriffsauslegungen subsumieren solche Aspekte unter den Diversifikationsbegriff. So können auch die Ausdehnung bestehender Vertriebsnetze, die Nutzung neuer Technologien und die Bedienung anderer Kundengruppen als Diversifikationsstrategien bezeichnet werden [vgl. z.B. Ramanujam/Varadarajan 1989, S. 525-526].

Aus zwei Gründen soll die Begriffsauslegung an dieser Stelle dennoch etwas eingeschränkt werden. Erstens soll eine sinnvolle Unterscheidung von Diversifikation und allgemeinen Prozessen externen Kompetenzerwerbs möglich sein. Somit ist beispielsweise der Erwerb einer Unternehmung aufgrund ihrer Technologie nicht als Diversifikation aufzufassen. Zweitens soll die Produktentwicklung nicht unter die Diversifikation subsumiert werden, da Kompetenzen als die Quelle verschiedenster Produkte und Produktlinien angesehen werden. In dieser Hinsicht umschließt die zweite Einschränkung die erste. Sie wird notwendig, da der Resource-based View den Produktfokus zugunsten der tieferliegenden Ressourcen- und Kompetenzperspektive vermeidet [vgl. Hamel/Prahalad 1990].[47] Aus ressourcenorientierter Sicht kommt es zu einer Dominanz des Marktkriteriums über das Produktkriterium in der Ansoff-Matrix. In obiger Abbildung sind die für diese Arbeit relevanten und zusammen behandelten Aspekte der Marktentwicklung daher grau unterlegt.

Die hier vertretene Sichtweise behandelt Diversifikation in neue Produktmärkte – Eintritt in eine neue Industrie – also weitgehend gleichwertig mit der Internationalisierung auf der Basis bestehender Produkte – Eintritt in einen neuen regionalen Markt. Diese Vorgehensweise ist im Zusammenhang mit der später vorzunehmenden Konzeption von Markteintrittsbarrieren relevant [vgl. 6.5].

6.4.2 Verbundenheit von Märkten

Diversifikation als Eintritt in neue Märkte kann nach dem Grad der Verbundenheit zum Stammgeschäft unterschieden werden. Art und Ausmaß der Verbundenheit bestimmen die Richtung der Diversifikation [vgl. Ramanujam/Varadarajan 1989, S. 526]. In diesem Zusammenhang ist es bemerkenswert, dass es entscheidend auf die Konzeptionalisierung der Verbundenheit ankommt, wenn man den Zusammenhang zwischen der Richtung der Diversifikation und dem Unternehmenserfolg

47 Da eine externe Ressourcenentwicklung durch Übernahme im Ergebnis jedoch oft zu einer Produktentwicklung führt, werden im bankbetrieblichen Kapitel einige Synergien unter dem Leitmotiv der Sortimentserweiterung zusammengefasst und Implikationen aus Sicht des Resource-based View diskutiert [vgl. 7.3].

analysieren will. Aufgrund der Bedeutung industrieökonomischer Arbeiten in den achtziger Jahren ist es nicht überraschend, dass in der Regel marktliche Kriterien bei der Definition der Verbundenheit zur Anwendung gekommen sind, die weiter auf die jeweiligen Erzeugnisse und Dienstleistungen bezug genommen haben. Zur Operationalisierung sind oftmals SIC-Codes (Standard Industrial Classification) oder subjektive Kriterien, festgelegt von den jeweiligen Autoren, herangezogen worden [vgl. Markides/Williamson 1996, S. 343; eine Kritik findet sich auch bei Robins/Wiersema 1995].

Abgegrenzt nach diesen marktlichen Kriterien werden horizontale und vertikale Diversifikation als verbunden klassifiziert. Bei horizontaler Diversifikation stehen die Produkte in enger Verbindung zu dem bestehenden Produktionsprogramm. Der Eintritt in vor- oder nachgelagerte Produktmärkte entlang der Wertschöpfungskette wird als vertikale Diversifikation bezeichnet. Unverbunden oder lateral ist eine Diversifikation in Märkte, die solche Zusammenhänge nicht aufweisen, so dass sich lediglich finanzielle Synergien erzielen lassen [vgl. Staehle 1994, S. 626]. Werden solche Verbundenheitskriterien genutzt, kommen empirische Arbeiten zu Auswirkungen von Diversifikationsstrategien auf den Unternehmenserfolg in der Regel zu dem Schluss, dass sich unverbundene Diversifikation in Performanceverschlechterungen niederschlägt, während sich verbundene Diversifikation meist mit Performanceverbesserungen in Zusammenhang bringen lässt [vgl. Salter/Weinhold 1979, S. 22-33; Mahoney/Pandian 1992, S. 368; Barney 1996, S. 387-390; Collis/Montgomery 1997, S. 85-87]. Insgesamt sind die verschiedenen Untersuchungen allerdings noch schwer zu einem kohärenten Ergebnis zusammenzuführen [vgl. Ramanujam/Varadarajan 1989; Chatterjee/Wernerfelt 1991].

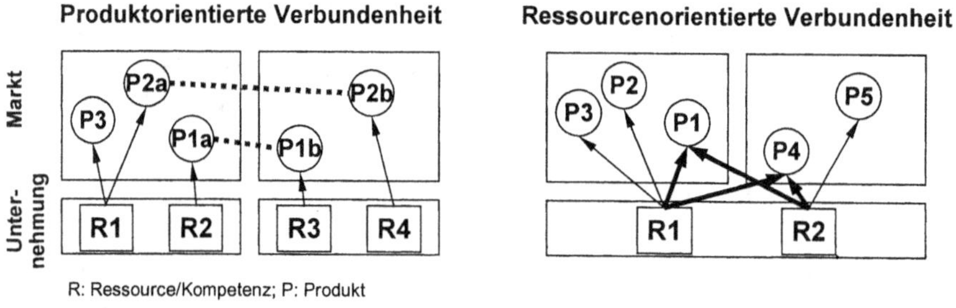

Abbildung 6-5: Produkt- vs. ressourcenorientierte Verbundenheit

Aus einer ressourcenorientierten Perspektive rückt eine andere Verbundenheitsauffassung in den Vordergrund, die sich nicht durch marktliche oder produktorientierte Kriterien fassen lässt [vgl. Abbildung 6-5]. Es ist vielmehr entscheidend, welche Kompetenzen eine Unternehmung kontrolliert und wie diese sich in verschiedenen Märkten einsetzen lassen [vgl. Farjoun 1994; Robins/Wiersema 1995, Markides/Williamson 1996, S. 343]. Die Einsatzmöglichkeit bemisst sich nach den Anforderungen, die ein Wettbewerbsumfeld an die Ressourcenausstattung von Unternehmen stellt. Dabei können verschiedene Industrien verwandte Anforderungen an die Ressourcenausstattung stellen [vgl. Farjoun 1994]. Dies gilt entsprechend auch für die Anforderungen regionaler Märkte und damit für die Internationalisierung. Die Empfehlung des Resource-based View ist offensichtlich: Unternehmen sollten in Märkte diversifizieren, in denen sie ihre vorhandenen Kompetenzen nutzen können. Die Ähnlichkeit der Ressourcenanforderungen bestimmt das Potenzial für Synergieeffekte zwischen den Kompetenzen, bei ihrem Einsatz in verschiedenen Märkten [vgl. Robins/Wiersema 1995, S. 283; Farjoun/Lai 1997, S. 259].

Salter und Weinhold [vgl. 1979] verfolgen in ihrer frühen Arbeit zu Diversifikationsstrategien bereits eine derartige Sichtweise. Sie sehen Verbundenheit als gegeben an, wenn eine Unternehmung in neue Märkte eintritt, die ähnliche Produktionstechnologien, Forschungsfähigkeiten oder funktionale Fähigkeiten erfordern. Gleichsam liegt eine verbundene Diversifikation vor, wenn eine Unternehmung ähnliche Märkte bearbeitet, die vornehmlich anhand der erforderlichen Vertriebsstrukturen identifizierbar sind[48] [vgl. 1979, S. 134-135]. Die Anforderungen für Marktentwicklung (Internationalisierung) führen Salter und Weinhold damit – zumindest teilweise – auf den Einsatz ähnlicher Kompetenzen (Technologien, Vertriebsstrukturen, ...) zurück. Diese Vorgehensweise belegt noch einmal, dass sich Diversifikation in neue Industrien und in neue regionale Märkte aus ressourcenorientierter Sicht gemeinsam behandeln lassen.

Es stellt sich die Frage, wie Verbundenheit in ressourcenorientierter Sicht operationalisiert wird. Verdin und Williamson formulieren zu diesem Zweck ein Konzept, das in empirischen Untersuchungen bereits erfolgreich zur Anwendung gekommen ist [vgl. 1994, S. 80-83; sowie Markides/Williamson 1994, S. 157-160; Markides/Williamson 1996, S. 348-351; aufgegriffen wurde das Konzept bspw. von Tsai 2000]. Sie schlagen vor, über die Ähnlichkeit eingesetzter Ressourcen auf die vorliegenden Ressourcenanforderungen und damit auf die Verbundenheit der Märkte zu schließen. Zu diesem Zweck identifizieren sie die folgenden Ressourcenklassen:

- Input-Kompetenzen: Zuliefererloyalität, finanzielle Kapazität, Reputation, Zugriff auf Rohstoffe, ...
- Prozess-Kompetenzen: Forschungsfähigkeiten, Technologie-Know-how, Produktionserfahrung, organisatorische Prozesse, ...
- Absatzkanal-Kompetenzen: Vertriebsnetz, Vertriebspartner-Loyalität, Marktanteil, Kundenzugang, ...

[48] Salter und Weinhold sehen eine Diversifikation als verbunden an, die auf die Bearbeitung verschiedener Stufen der Wertschöpfungskette abzielt [vgl. 1979, S. 135]. Verbundenheit ist bei einer solchen vertikalen Diversifikation auch in ressourcenorientierter Hinsicht oftmals gegeben.

- Absatzkanal-Kompetenzen: Vertriebsnetz, Vertriebspartner-Loyalität, Marktanteil, Kundenzugang, ...
- Kunden-Kompetenzen: Reputation, Marke, Kundenbasis, ...
- Generelle Kompetenzen und Marktkompetenzen: Marktkenntnisse, Behördenbeziehungen, weiteres Humankapital, Informationssysteme, finanzielle Kapazität, ...

Die Studie von Markides und Williamson [vgl. 1996] ist in der Lage, Performanceverbesserungen durch Diversifikation anhand ressourcenorientiert definierter Verbundenheit zu erklären. Eine vergleichende Betrachtung zu marktorientierten Verbundenheitsmaßen zeigt dabei die Überlegenheit des ressourcenorientierten Erklärungsansatzes. Robins und Wiersema kommen zu ähnlichen Ergebnissen [vgl. 1995], die sich für diversifizierende Unternehmen aus dem deutschsprachigen Raum bestätigen lassen [vgl. Szeless/Wiersema/Müller-Stewens 2000]. Ohne Performanceeffekte zu testen kommt Farjoun zu dem Ergebnis, dass Unternehmen signifikant mehr in Industrien diversifizieren, die ähnliche Anforderungen an die Ressourcen stellen wie bestehende Märkte. Die Anforderungen operationalisiert er als benötigte Personalkenntnisse, die anhand von Arbeitsstatistiken identifiziert werden [vgl. 1994]. In einer späteren Studie ist Farjoun in der Lage, anhand der Kombination der physischen Verbundenheit von Produktcharakteristika sowie der Verbundenheit von Personalanforderungen positive Performanceeffekte zu erklären [vgl. 1998]. Insgesamt deuten die Ergebnisse darauf hin, dass Unternehmen Wettbewerbsvorteile durch Diversifikation in Märkte realisieren können, in denen ähnliche Anforderungen an die Ressourcenausstattung gestellt werden wie in ihrem Stammgeschäft [vgl. auch 6.5.2.3]. Letztlich entscheiden damit Synergiepotenziale auf Ressourcenbasis über die Richtung von Diversifikation und Internationalisierung [vgl. Rasche 1994, S. 321; Robins/Wiersema 1995, S. 283]. Die bereits eingeführten Synergiepotenziale können als Motiv für Diversifikationsstrategien konkretisiert und erweitert werden.

6.4.3 Motive für Diversifikation und Internationalisierung

6.4.3.1 Überblick

> „The resource-based perspective puts both vertical integration and diversification into a new strategic light. Both can be viewed as ways of capturing rents on scarce, firm-specific assets whose services are difficult to sell in intermediate markets. (...) if control over scarce resources is the source of economic profits, then it follows that such issues as skill acquisition, the management of knowledge and know-how, and learning become fundamental strategic issues" [Teece/Pisano/Shuen 1997, S. 514].

Ressourcenorientierte Motive für Diversifikation und Internationalisierung basieren im Wesentlichen auf dem Streben nach Wertsteigerungspotenzialen durch kationsstrategien, die weitgehend auf die oben beschriebenen Synergiearten zurückgehen und diese im Hinblick auf den Eintritt in neue Märkte konkretisieren [vgl. Very 1993, S. 88; Rasche 1994, S. 333; Teece/Pisano/Shuen 1997, S. 514]:

1. Bestehende Überkapazitäten vorhandener distinktiver Kompetenzen werden in neuen Märkten genutzt [vgl. auch Teece 1982; Chatterjee/Wernerfelt 1991; Peteraf 1993]. Damit ist eine Nähe zum Sharing gegeben.
2. Durch den Zugriff auf neue Kompetenzen bzw. durch die Entwicklung von Kompetenzen in zuvor unbedienten Märkten können Transfersynergien realisiert werden, die zu Verbesserung der vorhandenen oder der neuen Kompetenzen führen [vgl. auch Haspeslagh/Jemison 1991, S. 33; Markides/Williamson 1994 und 1996; Collis/Montgomery 1995, S. 127].

6.4.3.2 Überkapazitäten

Aufgrund von Unteilbarkeiten und zyklischen Nachfrageveränderungen kommt es in vielen Unternehmen leicht zu Überkapazitäten [vgl. Mahoney/Pandian 1992, S. 366]. Schon Penrose hat beobachtet, dass sich Angebot von Kompetenzen und Nachfrage nach deren Leistungen nie vollends im Gleichgewicht befinden, da schon die Ressourcen, welche die Kompetenzen ausfüllen, größtenteils Unteilbarkeiten unterliegen und sich damit nicht flexibel an Marktveränderungen anpassen lassen. Dies gilt insbesondere aufgrund der Vielzahl der in einer Unternehmung eingesetzten Ressourcen, die unterschiedliche Leistungen in unterschiedlichen Quantitäten erbringen [vgl. 1966, S. 67-74; Singh/Montgomery 1987, S. 378].

Unausgelastete Kapazitäten führen durch Leerkosten zu Ineffizienzen [vgl. Peteraf 1993, 188]. Auf der Basis solcher Überkapazitäten haben Unternehmen Anreize, nach einer effizienten Verwendungsmöglichkeit für die Kompetenzen zu suchen. Handelt es sich bei den unausgelasteten Kompetenzen um distinktive Kompetenzen, so können diese in der Regel nicht einfach verkauft bzw. reduziert werden [vgl. Teece 1982, S. 48-54; Peteraf 1993, S. 188], beispielsweise weil sie unternehmensspezifisch sind oder Unteilbarkeiten aufweisen. Überkapazitäten der vorhandenen Ressourcenausstattung werden so zu einem Diversifikationsmotiv [vgl. Teece 1982, S. 47; Singh/Montgomery 1987, S. 378; Peteraf 1993, S. 188; Farjoun 1994, S. 186 ; s. schon Penrose 1966, S. 129]. Im Grunde werden so Synergien durch das Sharing einer Kompetenz erreicht, die entlang von Wertschöpfungsketten eingesetzt wird, die verschiedene Märkte bedienen. Aufgrund der Überkapazitäten kommt es nur zu unwesentlichen Mehrkosten. Dabei ist der Markteintritt zunächst nicht auf Übernahmen angewiesen. Der Zusammenhang zur externen Ressourcenentwicklung wird unten hergestellt [vgl. 6.4.4].

Das Ausmaß der Verbundenheit bestimmt die Höhe der Renten, die sich im Rahmen der Diversifikation erzielen lassen. Je verbundener die Märkte sind – und je homogener die Ressourcenanforderungen damit sind –, desto größer ist das Potenzial, Renten zu erwirtschaften. Das mögliche Ausmaß der Diversifikation hängt dabei von der Spezifität der Kompetenzen in Bezug auf die marktlichen Ressourcenanforderungen ab [vgl. Montgomery/Wernerfelt 1988, S. 625; Chatterjee/Wernerfelt 1991, S. 34]. Ein Vorteil unspezifischer oder flexibler Kompetenzen ist, dass sie sich in mehreren Märkten einsetzen lassen. Spezifische Kompetenzen unterliegen dabei mit höherer Wahrscheinlichkeit einer großen Knappheit und sind damit eher distinktiv. Für spezifische und unspezifische Kompetenzen nimmt das Potenzial Renten zu erwirtschaften mit der Entfernung zum Stammgeschäft allerdings ab, da die Effizienz in entfernten Märkten nachlässt [vgl. Montgomery/Wernerfelt 1988, S. 625]. Es kommt zu einem optimalen Grad der Diversifikation, ab dem zusätzliche Erlöse von den Mehrkosten, die Kompetenzen in diesen Industrien einzusetzen, kompensiert werden [vgl. Peteraf 1993, S. 189]. Unternehmen mit spezifischen Kompetenzen diversifizieren weniger weit, haben aber das Potenzial hohe Renten auf der Basis ihrer Kompetenzen in sehr verwandten Märkten zu erwirtschaften [vgl. Montgomery/Wernerfelt 1988, S. 626]. Abbildung 6-6 verdeutlicht die Zusammenhänge.

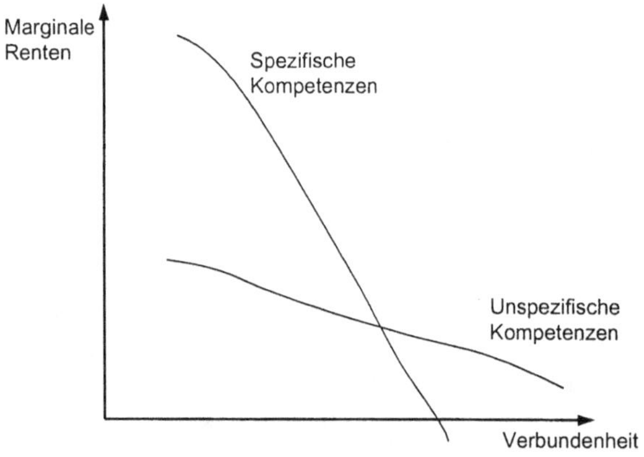

Abbildung 6-6: Diversifikation und Spezifität [vgl. Montgomery/Wernerfelt 1988, S. 626]

Empirische Ergebnisse verweisen darauf, dass insbesondere Kompetenzen eine hohe Spezifität zugeschrieben werden kann, die weitgehend auf physischen Ressourcen basieren, so dass nur eine stark verbundene Diversifikation möglich ist [vgl. Chatterjee/Wernerfelt 1991]. Auf intangiblen Ressourcen basierende Kompetenzen sind weniger spezifisch. Bei Kompetenzen, die allein auf finanziellen Ressourcen basieren, ist die Spezifität noch geringer, so dass auch eine Diversifikation in entferntere Märkte durchführbar ist. Unter den finanziellen Ressourcen lassen sich weitere Unterscheidungen treffen: Interne finanzielle Ressourcen – Potenziale für Innenfinanzierung aus laufenden Cash-flows etwa –, die nicht der Kontrolle des Kapitalmarktes unterliegen, motivieren zu unverbundener Diversifikation.[49] Für externe finanzielle Ressourcen liegen keine signifikanten Ergebnisse vor. Unternehmen mit guter Performance folgen empirisch den aufgestellten Hypothesen und diversifizieren entsprechend ihrer Ressourcenbasis in mehr oder weniger stark verbundene Märkte.

6.4.3.3 Transfersynergien

Transfersynergien können aus zwei Perspektiven zu Motiven für Diversifikation und Internationalisierung gezählt werden. Erstens kann die Übernahme einer Unternehmung und ihrer Kompetenzen aus einem verbundenen Markt statische Transfersynergien auslösen oder dynamische Lernprozesse initiieren. Wie zuvor beschrieben [vgl. 6.3.3] sind Transfersynergien zwischen Kompetenzen ein bidirektionales Konzept, das die Kompetenzen im Stammgeschäft ebenso ergänzen und weiterentwickeln kann wie die Kompetenzen der Unternehmung eines neuen Marktes [vgl. Markides/Williamson 1994, S. 150 unter dem Rubrum „asset improvement"; aber auch Very 1993, S. 80; Capron 1999, S. 989-990]. Beispielsweise kann eine Unternehmung überlegene Prozesstechnologien zur Verbesserung der Produktion in einem verbundenen Markt einsetzen oder umgekehrt Technologien dieser Märkte in ihrem Stammgeschäft nutzen. Zweitens können Lernprozesse von den Wettbewerbskräften eines Marktes ausgehen und die Verbesserung der Kompetenzen in einem verwandten Markt bewirken [vgl. Markides/Willliamson 1994, S. 150]. Auch diese Transfersynergien wirken bidirektional zwischen neuen Märkten und dem Stammgeschäft. Nach ihren Quellen können dynamische Transfersynergien damit in das Lernen von Kompetenzen sowie das Lernen vom Wettbewerb in einem verbundenen Markt unterteilt werden [vgl. ähnlich Andreu/Ciborra 1996]. An dieser Stelle sollen die noch nicht behandelten Lernprozesse analysiert werden, die vom Marktumfeld ausgehen.

Wenn eine Unternehmung und damit ihre Kompetenzen dem Wettbewerb ausgesetzt sind, muss sie mit den wesentlichen Wettbewerbsdeterminanten umgehen. Sie lernt dabei welche Kompetenzen in einem Markt strategischen Einfluss auf die Effizienz einer Unternehmung haben, welche weit verbreitet oder knapp sind und welche leicht oder schwer zu imitieren sind [vgl. Andreu/Ciborra 1996, S. 116-117]. Diese Wettbewerbserfahrungen schlagen sich mit der Zeit in der Ressourcenausstattung einer Unternehmung nieder, so dass sich Kompetenzen entwickeln bzw. weiterentwickeln, die auf die Wettbewerbsdynamik des Marktes abgestimmt sind. Für die Unternehmung bestehen nun zwei Möglichkeiten, diese Lernprozesse

---

[49] Einen ähnlichen Zusammenhang hat Jensen mit seiner Free Cash-flow Hypothese vorhergesehen. Allerdings geht Jensen davon aus, dass unverbundene Diversifikation zu verschlechterter Performance führt [vgl. 1986]. Chatterjee und Wernerfelt finden hingegen Unterstützung für die Auffassung, dass Unternehmen auch bei unverbundener Diversifikation vorteilhafte Strategien aus Perspektive der Anteilseigner realisieren können und lediglich auf interne Mittel zurückgreifen, da sie sich bewusst sind, dass die Märkte lediglich verbundene Diversifikation unterstützen [vgl. 1991, S. 44-45].

im Rahmen von Diversifikation und Internationalisierung zu nutzen [vgl. ähnlich auch Collis/Montgomery 1995, S. 127]:

- Eine Unternehmung nutzt bereits aufgebaute Kompetenzen aus dem Wettbewerb im Stammgeschäft für den Aufbau neuer Kompetenzen in einem verbundenen Markt [vgl. Markides/Williamson 1994, S. 150 für das Konzept des „asset creation"].
- Eine Unternehmung baut neue Kompetenzen in einem verbundenen Markt auf und nutzt das dort generierte Erfahrungswissen zur Verbesserung der Kompetenzen im Stammgeschäft [vgl. Markides/Williamson 1994, S. 150 für das Konzept des „asset fission"].

Diese beiden Optionen, die durch die Wettbewerbskräfte ausgelösten Lernprozesse zu nutzen, sehen Markides und Williamson als den wesentlichen Vorteil diversifizierter Unternehmen an [1996, S. 345]: „The core competence accumulated by one division acts, in effect, as a catalyst in building new strategic assets for another division." Mit dem Aufbau von Kompetenzen zur Erzielung dieser Lerneffekte werden – im Gegensatz zu Transfersynergien durch externe Kompetenzen – interne Entwicklungsprozesse angesprochen. Auch die Nutzung dieser Lernprozesse beim internen Kompetenzaufbau ist auf die Verbundenheit der Märkte angewiesen [vgl. Markides/Williamson 1994, S. 155-157]. Der Zusammenhang zu Übernahmen wird im folgenden Abschnitt hergestellt.

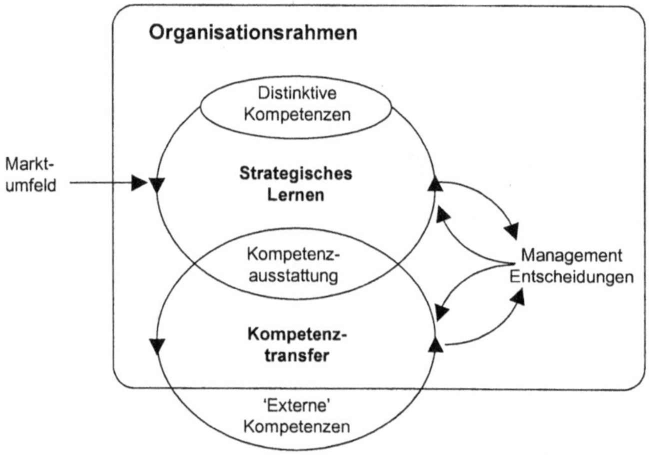

Abbildung 6-7: Der Einfluss neuer Kompetenzen und der Umwelt auf die Lernprozesse der Unternehmung [in Anlehnung an Andreu/Ciborra 1996, S. 118]

In Anlehnung an ein Modell, mit dem Andreu und Ciborra [vgl. 1996] die Entwicklung distinktiver Kompetenzen beschreiben, kann Abbildung 6-7 die beiden unterschiedlichen Quellen für dynamische Transfersynergien verdeutlichen. Einmal kann der Zugriff auf neue ‚externe' Kompetenzen Lernprozesse anregen, die zusammen mit der bestehenden Kompetenzausstattung im organisatorischen Kontext ablaufen. Externe Kompetenzen wirken sich unter Einfluss von Managemententscheidungen auf die bestehenden Kompetenzen aus und sind in der Lage, diese fortzuentwickeln. Dabei werden sie in die bestehende Kompetenzausstattung integriert. Dieser Kompetenztransfer führt in einem weiteren Schritt des strategischen Lernens zu distinktiven Kompetenzen. Strategisches Lernen findet unter Einfluss der Wettbewerbeskräfte des Marktumfelds statt und kann auch losgelöst vom Erwerb externer Kompetenzen erfolgen. Die Abbildung verdeutlicht dabei, dass das Wettbewerbsumfeld einen unmittelbaren Einfluss auf die Distinktivität von Kompetenzen hat. Dies ist der Fall, da Wettbewerbskräfte – weitgehend im Sinne Schumpeters – bestimmen, welche Kompetenzen sich als erfolgreich erweisen, d.h. am Markt durchsetzen. Externe Kompetenzen müssen hingegen zunächst in die Unternehmung integriert werden, bevor sie gemeinsam mit den bestehenden den Wettbewerbskräften ausgesetzt werden.

6.4.4 Übernahmemotive bei Diversifikation und Internationalisierung

Die oben beschriebenen Motive für Diversifikation und Internationalisierung setzen ein hohes Maß an ressourcenorientiert definierter Verbundenheit voraus, damit die angestrebten Synergieeffekte erzielt werden können. Die nachfolgenden Ausführungen gehen somit immer von einer Diversifikation und Internationalisierung in verbundene Märkte aus.

Lediglich im Fall der Transfersynergien durch externe Kompetenzen können die entsprechenden Strategien nur durch Unternehmensübernahmen umgesetzt werden. Durch die Einführung der Verbundenheit liefert die Analyse von Diversifikations- und Internationalisierungsstrategien weitere Erkenntnisse für die Realisierung von Synergieeffekten durch Übernahmen. Dabei ist es aufgrund der Ähnlichkeit der Ressourcenanforderungen wahrscheinlicher, dass sich Synergien durch Kompetenztransfer zwischen verbundenen Märkten ergeben, sei es bei Eintritt in eine neue Industrie oder einen regionalen Markt.

Ähnliche Synergien lassen sich u.U. durch Allianzen oder andere marktliche Arrangements erzielen. In dieser Arbeit steht die Übernahme im Mittelpunkt der Betrachtung. Es ist im Einzelfall abzuwägen, ob sie die effizienteste Möglichkeit darstellt Lerneffekte zu internalisieren. Mit der Untersuchung von Dussauge, Garrette und Mitchell [vgl. 2000] existieren aber empirische Hinweise, dass die langfristige Realisierung solcher Lerneffekte eher durch Übernahmen als durch Kooperationen erfolgen kann, da durch diese hierarchische Koordinationsform der Wert der entwickelten Kompetenzen geschützt werden kann [vgl. noch einmal 6.3.4.3]. Mit diesen Ergebnissen vereinbare Thesen formulieren Dowling und Lechner. Sie stellen einen Zusammenhang der Verbundenheit von Märkten mit Kooperationsbeziehungen her, die neben kooperativen auch wettbewerbliche Elemente enthalten (Kooperative Wettbewerbsbeziehungen). Dowling und Lechner sehen Übernahmen als Ausweg an, die schwierig zu managenden Kooperativen Wettbewerbsbeziehungen zu vermeiden, indem der Partner akquiriert und das Konkurrenzelement der Beziehung integriert wird [vgl. 1998]. Die Ausführungen verweisen noch einmal darauf, dass Übernahmen in vielen Fällen eine der Kooperation überlegene Möglichkeit für die Realisierung von Synergien sind.

Die Nutzung vorhandener Überkapazitäten erfordert wie der Markteintritt zur Initiierung von wettbewerbsinduzierten Lernprozessen primär keine externe Ressourcenentwicklung. Übernahmen kann allerdings eine unterstützende Wirkung zur Überwindung von Markteintrittsbarrieren zukommen [vgl. ähnlich Collis/Montgomery 1997, S. 90]. Durch den Eintritt in einen neuen Markt entfernt sich eine Unternehmung von ihrem angestammten Wettbewerbsumfeld. Auch wenn ein hohes Ausmaß an Verbundenheit besteht und sich Ressourcenanforderungen ähneln, können Kompetenzen für eine erfolgreiche Teilnahme am Wettbewerb fehlen. Diese können beispielsweise in einem Markennahmen, einem Vertriebsnetz oder in der Beherrschung von Produktionstechnologien bestehen. In diesen Fällen wird der Erwerb komplementärer Kompetenzen für den Markteintritt im Zuge einer Diversifikation oder Internationalisierung unabdingbar [vgl. auch Haspeslagh/Jemison 1991, S. 24]. Dies führen auch Collis und Montgomery aus [1997, S. 79]: „(...) when entering a new business, the firm must compete on *all* the resources that are required to produce and deliver the product or service. One great resource does not ensure successful diversification, (...).“ Analog zur obigen Argumentation ist eine ex ante Distinktivität übernommener Kompetenzen nicht erforderlich [vgl. 6.3.4.1]. Es kann sich also um normale Kompetenzen handeln.

Man kann den Zugriff auf komplementäre Kompetenzen als die Überwindung von Markteintrittsbarrieren interpretieren [vgl. ähnlich die Resource Position Barriers bei Wernerfelt 1984 oder den Zugriff auf komplementäre Kompetenzen bei Foss/Eriksen 1995, S. 55]. Der Zukauf komplementärer normaler Kompetenzen zur Überwindung von Markteintrittsbarrieren leitet über zu einer genaueren Analyse der Beziehung zwischen marktlichen Ressourcenanforderungen und Wettbewerbsvorteilen. Dabei stellt sich die Frage, ob die Erfüllung dieser Anforderungen zu Wettbewerbsvorteilen beiträgt oder ob die Übernahme normaler Kompetenzen nicht vielmehr unter dem Gesichtspunkt der Gewährleistung der Teilnahme am Wettbewerb gesehen werden muss.

6.5 Ressourcendefizite und die Überwindung von Markteintrittsbarrieren als Übernahmemotiv

6.5.1 Überblick

Die bisherige Analyse der durch Unternehmensübernahmen realisierbaren Synergiepotenziale aus Sicht des Resource-based View lässt einen wichtigen Aspekt offen: Es ist unwahrscheinlich, dass Übernahmen ausschließlich mit der Zielsetzung vorgenommen werden, Wettbewerbsvorteile durch den Aufbau einzigartiger Ressourcenpositionen zu realisieren. Zwar lässt der Resource-based View in seiner Argumentation Raum für einen gewissen Grad der Homogenität von Ressourcenpositionen [vgl. Barney 1991, S. 107; Peteraf 1993, S. 181; im Zusammenhang mit Übernahmen auch Barney 1988, S. 73], dennoch läuft die Argumentation in letzter Konsequenz auf einzigartige Ressourcenpositionen hinaus, da sie der Erzielung von Wettbewerbsvorteilen verhaftet ist. Allerdings können Übernahmen auch als Mittel zur Sicherung und Erhalt der Wettbewerbsfähigkeit angesehen werden [vgl. Barney 1996, S. 449-450]. Mit anderen Worten, geht es um das Überleben einer Unternehmung in Industrie und Marktumfeld.

Es kann davon ausgegangen werden, dass externe Rahmenbedingungen wesentliche Auswirkungen auf die Ressourcenausstattung und ihren Wettbewerbsbeitrag haben. Entsprechend gelangt man zu der bekannten Aufgabe des Strategischen Management, einen Fit zwischen Ressourcenausstattung und Marktumfeld zu schaffen, oder wie Rumelt es ausdrückt [1984, S. 558]: „The task of general management is to adjust and renew these resources and relationships as time, competition and change erode their value." In diesem Abschnitt soll daher zunächst die Rolle der Rahmenbedingungen im Resource-based View geklärt werden. Dies geschieht im Einklang mit den Anforderungen an das zu formulierende Theoriekonzept [vgl. 5.2] sowie in Entgegnung auf bestehende Kritik am Resource-based View [vgl. 6.2.4]. Das häufig genutzte Konzept des Fit zwischen Unternehmung und Industrie ist die zentrale Metapher dieser Ausführungen. In der Folge erlaubt eine Analyse des Erfolgsfaktorenkonzepts die Ableitung marktlicher Mindestanforderungen an Ressourcenpositionen in einer ressourcenorientierten Interpretation.

Es soll die These entwickelt werden, dass marktliche Mindestanforderungen an die Ressourcenausstattung von Unternehmen ihre Wettbewerbsfähigkeit bestimmen. Ob diese Wettbewerbsfähigkeit in einem nächsten Schritt zu Wettbewerbsvorteilen, führt lässt sich mit Gewissheit nur aufgrund einer ex post Analyse feststellen. Zwischen Marktanforderungen und Ressourcenausstattungen können Diskrepanzen auftreten, sei es über die Zeit im Stammgeschäft oder bei Eintritt in einen neuen Markt. Übernahmen finden statt, um solche Ressourcendefizite gegenüber den Marktanforderungen im Stammgeschäft auszugleichen oder um im Rahmen von Diversifikation und Internationalisierung Markteintrittsbarrieren zu überwinden.

6.5.2 Marktaspekte im Resource-based View

6.5.2.1 Die Rolle von Produktmärkten

Ein Fit zwischen internen Ressourcen und externen Anforderungen liegt dem Verständnis des Strategischen Management seit seinen Anfängen zu Grunde [vgl. Ansoff 1968; Andrews 1971]. Der Gedanke der Abstimmung tritt im SWOT-Ansatz zutage [vgl. 6.1.1]. Damit besteht eine Dualität zwischen interner und externer Perspektive. Der Resource-based View nimmt sich vornehmlich der internen Analyse an. Dennoch existiert auch im Resource-based View eine Orientierung an den externen Anforderungen und Rahmenbedingungen. Die verschiedenen Aspekte sollen hier herausgearbeitet werden.

Zunächst gilt das Augenmerk des Resource-based View den Faktormärkten auf denen Ressourcen und Kompetenzen beschafft werden [vgl. Barney 1986, 1988]. Produktmärkte, d.h. die Anforderungen einer Industrie oder eines regionalen Marktes müssen betrachtet werden, wenn begründet wird, wie eine Kompetenz einen Wert schafft. Den Blick wendet der Resource-based View also immer dann nach Außen, wenn es gilt, die wertschaffenden Eigenschaften – im Kontrast zu den Nachhaltigkeit erzeugenden Determinanten – von Kompetenzen zu beurteilen. Ohne Einbezug des Marktes ist die Bewertung einer Ressource nicht durchführbar [vgl. Levinthal 1995, S. 27]. Dieser Gedanke geht dabei bis auf die begriffsprägende Veröffentlichung Wernerfelts zurück [vgl. 1984, S. 171]. So formuliert auch Porter in einer kurzen Ausführung zum Resource-based View [1991, S. 108]: „Resources are not valuable in and of themselves, but because they allow firms to perform activities that create advantages in particular markets.“

Externe Anforderungen finden sich auch im Argumentationsrahmen von Barney wieder. Dieser fordert, Ressourcen müssen wertschaffend sein, indem sie die Formulierung und Implementierung von Strategien erlauben, die Effektivität und Effizienz der Unternehmung verbessern [vgl. 1991, S. 106]. Über die Strategie gelangt man zu deren Implementierung am Markt. Damit scheint es primär die Strategierelevanz der Kompetenzen [vgl. 6.2.3.1] zu sein, die mit den externen Rahmenbedingungen im Zusammenhang steht.

Collis erkennt die Notwendigkeit, die Analyse distinktiver Ressourcen in ihrem marktlichen Kontext vorzunehmen explizit an [vgl. 1994, S. 150].

> „(...) valuable capabilities are dependent on the context of the industry and the time. At any point in time in any one industry it may, therefore, be possible to identify

the capability that currently underpins, or possibly will in the near future underpin, sustainable competitive advantage" [1994, S. 150].

Das Umfeld stellt damit maßgebliche Anforderungen an die Ressourcenausstattung von Unternehmen [vgl. auch Amit/Schoemaker 1993, insbesondere S. 36; Bamberger/Wrona 1996, S. 132]. Folglich wirken sich auch Veränderungen der externen Rahmenbedingungen auf den Wettbewerbsbeitrag der vorhandenen Ressourcenbasis aus [vgl. Mahoney/Pandian 1992, S. 371] und zwingen Unternehmen zu einer dynamischen Anpassung ihrer Ressourcenausstattung [vgl. McGrath/MacMillan/Venkataraman 1995, S. 228]. Damit erhalten Aussagen zur Abnutzbarkeit von Kompetenzen eine Dimension, die über den Verschleiß hinausgeht und Änderungen der Rahmenbedingungen einbezieht [vgl. Grant 1991, S. 124; Bamberger/Wrona 1996, S. 135].

6.5.2.2 Das Konzept des Fit aus ressourcenorientierter Sicht

Auch wenn obige Ausführungen in der Lage sind zu belegen, dass im Resource-based View durchaus eine Außenorientierung präsent ist, so ist sie dennoch nur schwach entwickelt. Die Zusammenhänge zwischen Ressourcen und Marktanforderungen sind weitgehend unklar. Genauso bleibt der Prozess, der zur Erreichung der Abstimmung (Fit) notwendig ist, im Dunkeln. Dabei sollte Fit ein dynamisches Konzept darstellen [vgl. Venkatraman 1989, S. 441]. Einen dynamischen Aspekt, sehen auch Miles und Snow [1984, S. 11]: „Fit is a process as well as a state–a dynamic search that seeks to *align* the organization with its environment and to *arrange* resources internally in support of that alignment." Diese Position bringt mit sich, dass Unternehmen nach dem optimalen Fit strebend, diesen Zustand selten erreichen. Eine Ausnahme bilden stabile Umweltbedingungen, die – bei Vorhandensein einer optimalen Ressourcenposition – zu keiner weiteren Ressourcenentwicklung anregen [vgl. Zajac/Kraatz/Bresser 2000, S. 434-435]. Die dynamische Sicht weist auf die Notwendigkeit einer Umweltanalyse und Prognose hin, die nur in den seltensten Fällen von einer reinen Extrapolation ausgehen kann.

Den dynamischen Charakter des Fit zwischen Kompetenzen und Marktanforderungen verdeutlicht auch ein Ansatz Levinthals, der eine wechselseitige Beeinflussung von Ressourcenausstattung und Markt sieht [vgl. 1995; sowie Levinthal/Myatt 1994, S. 46-49]. Bei Entscheidungen zur Weiterentwicklung der Ressourcenbasis durch Eintritt in eine Industrie oder einen regionalen Markt muss das Management berücksichtigen, wie sich die Wettbewerbskräfte auf die Entwicklung der Kompetenzen auswirken (Lernen vom Wettbewerbsumfeld) und dabei die Ressourcenausstattung des Unternehmens als gegeben hinnehmen. Die vorhandene, langfristig entstandene Ressourcenbasis, schränkt die Handlungsmöglichkeiten weitgehend ein. Levinthal beschreibt diese einschränkende Wirkung als Focusing Forces. Sie lassen sich beispielsweise durch Distinktivitäten und Überkapazitäten charakterisieren, die in der vorhandenen Ressourcenausstattung bestehen. Das Management sollte versuchen, die vom Wettbewerbsumfeld ausgehende

Entwicklung der Kompetenzen antizipatorisch vorwegzunehmen. Die Überlegungen sind kompatibel zu den dynamischen Transfersynergien, die bei Diversifikation und Internationalisierung ihre Quelle im Wettbewerbsumfeld haben [vgl. 6.4.3.3].

Es ist möglich, Fit unter verschiedenen Perspektiven für die empirische Forschung zu operationalisieren [vgl. Venkatraman 1989]. Grundgedanke bei der Bestimmung des Fit ist ein Vergleich von Variablenausprägungen, die zum einen auf der Ebene der Unternehmung und zum anderen auf der Ebene des Marktes definiert und in Zusammenhang mit der Unternehmensperformance gebracht werden. Die Ansätze reichen von einem paarweisen Vergleich von Einzelvariablen – beispielsweise Organisation und Unternehmenserfolg sowie Marktkonzentration und Unternehmenserfolg – bis hin zu Mustervergleichen komplexer Konfigurationen von Ressourcen, die in Beziehung zu einem Erfolgsmaßstab der Unternehmung gesetzt werden. Letztere Perspektive ist mit der Vorgehensweise von Venkatraman und Prescott vereinbar, die ihre zu Grunde liegende Forschungsfrage folgendermaßen formulieren [1990, S. 1]: „Does a business that aligns its strategic resource deployments to the *specific* requirements of its environmental context (i.e. achieve an acceptable level of environment-strategy coalignment) perform significantly better than a business unit that does not achieve the requisite match?" Ihre Studie identifiziert Muster der Ressourcennutzung erfolgreicher Unternehmen und typische Umweltszenarien. Im Ergebnis führen Abweichungen von dem idealen Ressourcenprofil für ein Umweltszenario zu signifikanten Performance-Verschlechterungen [vgl. Venkatraman/Prescott 1990], womit die Bedeutung externer Anforderungen empirisch unterstrichen wird.

6.5.2.3 Verbundenheit von Märkten und Anforderungen an die Ressourcenausstattung

Es besteht ein Zusammenhang zwischen den Ressourcenanforderungen, die hier im Rahmen des Fit genauer untersucht werden sollen, und der Verbundenheit im Rahmen von Diversifikation und Internationalisierung. Es lohnt daher, noch einmal die Konzeption der Verbundenheit aus ressourcenorientierten Perspektive zu rekapitulieren [vgl. noch einmal 6.4.2]. Verbundene Märkte werden anhand der Anforderungen beschrieben, die sie an die Ressourcenausstattung stellen: „‚Strategic relatedness' between two markets, in the sense that they value nontradable, nonsubstitutable assets with similar production functions is a requirement for diversification to yield super-normal profits in the longrun" [Markides/Williamson 1994, S. 157].

Ansätze zur Operationalisierung der Verbundenheit interpretieren den beobachtbaren Einsatz von Ressourcen und Kompetenzen in einem Markt als dessen Anforderungen an die Ressourcenausstattung [vgl. Farjoun 1994; Markides/Williamson 1994; Robins/Wiersema 1995; Markides/Williamson 1996; Farjoun 1998]. Vom aktuellen Ressourceneinsatz ausgehend, versuchen sie Gemeinsamkeiten in der

Nutzung von Ressourcen in verschiedenen Märkten aufzudecken. Im Rahmen der empirischen Überprüfung von Diversifikationsstrategien sind die Studien in der Lage, für Unternehmen eine bessere Performance nachzuweisen, wenn diese in Märkte mit zum Stammgeschäft vergleichbaren Ressourcenanforderungen eintreten. Dies gilt jedoch nur relativ zu Unternehmen, die in unverbundene Märkte diversifizieren. Aussagen zur Performance gegenüber nicht diversifizierten Unternehmen, die im jeweiligen Markt am Wettbewerb teilnehmen, finden sich in der Regel nicht.[50] Damit sind in letzter Konsequenz noch keine Aussagen zur Erzielung von Wettbewerbsvorteilen durch die Erfüllung von Marktanforderungen getroffen.

In diesem Zusammenhang stellt sich die Frage, ob auf der Grundlage marktlicher Rahmenbedingungen Ressourcenanforderungen formuliert werden können, deren Erfüllung nur durch distinktive Kompetenzen erfolgen kann – d.h., dass eine Unternehmung bei Erfüllung der Anforderungen einen Wettbewerbsvorteil genießt – oder ob alternativ nur Anforderungen formuliert werden können, deren Erfüllung die Teilnahme am Wettbewerb mittels strategierelevanter – aber nicht notwendigerweise distinktiver – Kompetenzen gestattet. Dieser Frage widmet sich der nachfolgend besprochene Ansatz der Strategic Industry Factors.

6.5.2.4 Strategic Industry Factors

Amit und Schoemaker stellen bei der Entwicklung ihres Konzepts der Strategic Industry Factors (SIF) einen Zusammenhang zwischen Marktanforderungen und distinktiven Kompetenzen her [für die folgenden Ausführungen vgl. 1993]. Kompetenzen sehen sie als intangible Meta-Ressourcen an, die den Ressourceneinsatz steuern. Sie sehen diese zugleich aber auch als Kombination physischer, menschlicher und technologischer Ressourcen an, so dass ihre Aussagen mit dem hier verfolgten Kompetenzkonzept weitgehend vereinbar sind [vgl. 6.2.1].

SIF beruhen auf der Überlegung, dass zu einer bestimmten Zeit in einem gegebenen Wettbewerbsumfeld bestimmte Ressourcen und Kompetenzen distinktiv wirken. Sie haben den Autoren zufolge die folgenden Charakteristika [Amit/Schoemaker 1993, S. 36]:

> „a. Stock type *Resources and Capabilities* that ex post are shown to be the key determinants of firm profitability in an industry;
> b. Determined at the market level through complex interactions among industry rivals, new entrants, customers, regulators, innovators, suppliers, and other stakeholders;

[50] Verdin und Williamson [vgl. 1994] unternehmen einen Versuch in diese Richtung. Sie untersuchen die Überlebenschancen unabhängiger Unternehmen im Vergleich zu Unternehmensdivisionen diversifizierter Unternehmen. Die höhere Überlebenschance von Divisionen in den ersten 5 Jahren schreiben sie der Möglichkeit zu, aufgrund der Diversifikation Synergien zu nutzen.

c. Strategic in that they are subject to market failures and may be the basis for competition among rivals;
d. The bundle of SIF changes over time and is not known ex ante;
e. Their development takes time, skill and capital; they may be specialized to particular uses;
f. Investments in them are largely irreversible (i.e., entail sunk costs);
g. Their values deteriorate or appreciate, over time, at varying rates of change;
h. Their pace of accumulation may be affected by a range of managerial actions (policy levers) and by the magnitude of other *Resources* and *Capabilities* that are controlled by industry rivals. One cannot easily speed up their development (e.g., doubling investment will not usually halve the time);
i. Their value to any particular firm may depend on its control of other factors-the complementarity property. For instance the value of a firm's product design capability may depend upon the effectiveness of its distribution network;
j. Not all aspects of their development and interactions will be known or controllable."

Distinktive Ressourcen und Kompetenzen, die den aufgeführten Eigenschaften entsprechen, werden als SIF definiert. Aufgrund ihrer Distinktivität beruhen sie auf Marktversagensgründen und sind heterogen auf die Wettbewerber verteilt. Als distinktive Ressourcen und Kompetenzen erlauben sie die Erwirtschaftung ökonomischer Renten [vgl. auch Eriksen/Amit 1996, S. 103]. Von der externen Perspektive ausgehend, entwickeln sich SIF durch komplexe Wechselwirkungen mit Wettbewerbern, Kunden, Behörden und anderen Stakeholdern. Welche Ressourcen und Kompetenzen zu SIF werden, lässt sich ex ante nicht vorhersagen. Die relevanten SIF verändern sich im Zeitablauf und lassen sich lediglich ex post mit Sicherheit bestimmen.[51] Distinktivität wird damit insgesamt im Wesentlichen zu einem ex post Konzept [vgl. auch Foss/Knudsen/Montgomery 1995, S. 8]. Abbildung 6-8 gibt die Zusammenhänge zwischen Ressourcen und Kompetenzen auf der einen Seite und dem externen Umfeld auf der anderen Seite wieder.

---

[51] Vgl. zu dieser Sicht noch einmal das oben bereits wiedergegebene Zitat von Collis, das ebenfalls die Bedeutung des Wettbewerbsumfelds und die Unsicherheit zukünftiger Entwicklungen betont [1994, S. 150]: „(...) valuable capabilities are dependent on the context of the industry and the time. At any point in time in any one industry it may, therefore, be possible to identify the capability that currently underpins, or possibly will in the near future underpin, sustainable competitive advantage“.

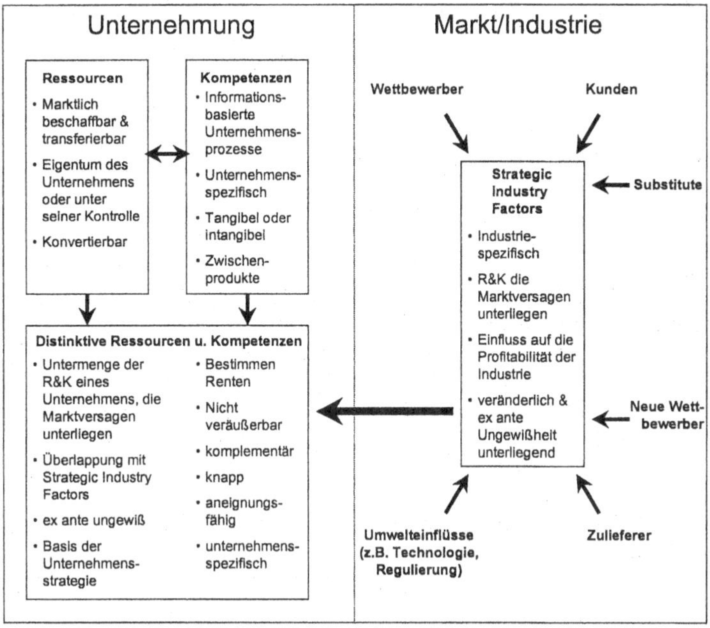

Abbildung 6-8: Strategic Industry Factors [nach Amit/Schoemaker 1993, S. 37]

Für Unternehmen stellt sich nach Amit und Schoemaker die Aufgabe, vorherrschende SIF zu identifizieren und ihre Veränderungen zu prognostizieren, um auf Unternehmensebene bestehende Kompetenzen bestmöglich ausnutzen und weiterentwickeln zu können. Die Übereinstimmung der kontrollierten Kompetenzen mit den SIF ist die Basis für die Erzielung ökonomischer Renten, kann aber nur als einer der vorteilsstiftenden Faktoren gelten. Knappheit und Inimitierbarkeit haben weiteren maßgeblichen Einfluss auf das Potenzial, Renten zu erwirtschaften. Damit kommt es zu einem Trade-off zwischen dem Ausmaß der Überlappung eigener Kompetenzen mit den SIF – die Knappheit und Einzigartigkeit einschränkt – und einer einzigartigen und unternehmensindividuellen Ressourcenposition.

Damit trägt das Konzept zur Konkretisierung des Fit zwischen internen Ressourcen und externen Marktanforderungen bei. Jede Unternehmung kann eine Überlappung mit den SIF durch – leicht – abweichende Ressourcen und Kompetenzen erzielen und zusätzlich unternehmensspezifische Ressourcen zu ihrem Vorteil einsetzen. Das Konzept der SIF lässt damit Freiheitsgrade für Unternehmen zu [vgl. Eriksen/Amit 1996, S. 104]. Ähnlich vertreten auch andere Autoren die Ansicht, die für Wettbewerbsvorteile geforderte Heterogenität der Ressourcenausstattung benötige keine Einzigartigkeit der Ressourcen und Kompetenzen [vgl. Barney 1991, S. 107; Peteraf 1993, S. 181].

Mit zunehmenden Freiheitsgraden weicht die Verbindung zwischen Marktanforderungen und Distinktivität tendenziell auf. Zusammen mit der nur ex post möglichen Identifikation der SIF – und damit der distinktiven Kompetenzen – ist davon auszugehen, dass eine ex ante vorgenommene externe Analyse lediglich Anforderungen an normale – strategierelevante aber nicht distinktive – Kompetenzen beschreibt. Damit ist die Rolle der ex ante identifizierbaren Ressourcenanforderungen sowie der entsprechenden normalen Kompetenzen noch nicht abschließend geklärt. Fraglich ist die Notwendigkeit der auf Marktanforderungen beruhenden normalen Kompetenzen für die Teilnahme am Wettbewerb. Diese hängt entschieden von der theoretischen und empirischen Konzeption der Marktanforderungen und unternehmensseitigen Kompetenzen ab. Die Erfolgsfaktorenforschung bietet in diesem Zusammenhang Anhaltspunkte, die in einer ressourcenorientierten Interpretation den Gedanken extern bestimmbarer Mindestanforderungen an die Ressourcenausstattung von Unternehmen verdeutlichen.

6.5.3 Erfolgsfaktoren als externe Anforderungen an die Ressourcenausstattung

6.5.3.1 Grundlagen der Erfolgsfaktorenforschung

Die Erfolgsfaktorenforschung versucht, meist anhand empirischer Untersuchungen, signifikant ausschlaggebende Einflussgrößen für den Unternehmenserfolg zu ermitteln. In Anerkennung der Mehrdimensionalität und Mehrkausalität des Unternehmenserfolges sollen die letztlich ausschlaggebenden Schlüsselfaktoren herausgefiltert werden [vgl. Grabner-Kräuter 1993, S. 1993; Steinle/Schmidt/Lawa 1995, S. 311]. Eine Kenntnis dieser Faktoren erlaubt einer Unternehmung, ihre individuelle Ausgestaltung im Hinblick auf die Realisierung von Erfolgspotenzialen [vgl. Krüger/Schwarz 1990, S. 179-180]. Da Erfolgsfaktoren der Charakter empirisch gesicherter Marktgesetze zugeschrieben wird [vgl. Rasche 1994, S. 42] liegt es nahe, nach dem Zusammenhang mit den hier zu entwickelnden externen Ressourcenanforderungen zu fragen. Zu diesem Zweck ist eine genauere Analyse der Erfolgsfaktorenforschung notwendig.

Der Zusammenhang zwischen Erfolgsfaktoren und Unternehmenserfolg wird meist dergestalt angenommen, dass Faktoren den Unternehmenserfolg determinieren, die in positiver Ausprägung bei einer Vielzahl überdurchschnittlich erfolgreicher Unternehmen gemeinsam vorhanden sind. Anspruchsvolle Studien ermitteln empirisch die Faktoren, welche den größten Erklärungsgehalt zur Varianz eines Erfolgsmaßstabes beisteuern [vgl. Buzzell/Gale 1989; Vasconcellos/Hambrick 1989]. Einfache Untersuchungen beschränken sich auf die Messung von Häufigkeiten und Korrelationen [vgl. Krüger 1988]. Die Vorgehensweise der Erfolgsfaktorenforschung und ihr Einbezug marktlicher Faktoren können anhand von drei Beispielen verdeutlicht werden:

- Prominentestes Vorhaben der Erfolgsfaktorenforschung ist das PIMS-Projekt (Profit Impact of Market Strategies) [vgl. Buzzell/Gale 1989]. Entstanden aus einem Forschungsprojekt bei General Electric wird es seit den siebziger Jahren durch das Strategic Planning Institute in Cambridge, Mass. durchgeführt [zu dem Forschungsprogramm vgl. Vernohr 1988, S. 47-50; Buzzell/Gale 1989, S. 29; Staehle 1994, S. 615]. Im Rahmen des Projektes wird versucht, Erfolgsfaktoren auf Geschäftsbereichsebene anhand von Regressionsanalysen zu erklären. Dabei werden sowohl externe Faktoren der Marktstruktur als auch eher interne Aspekte der relativen Wettbewerbsposition und Strategie berücksichtigt [vgl. Buzzell/Gale 1989, S. 25-26]. 37 Einzelfaktoren, die zu 7 Klassen strategischer Erfolgsfaktoren verdichtet werden, erklären dem Projekt zufolge mit rund 70 % einen Großteil der Varianz des als Erfolgsmaßstab herangezogenen ROI. Zu den Haupteinflussfaktoren mit jeweils ca. 10 % Erklärungsgehalt der ROI-Varianz zählen der relative Marktanteil, die relative Produktqualität und – mit negativem Einfluss – die Kapitalintensität. Die unterstellte Deterministik der Erklärungsvariablen für den Unternehmenserfolg ist insbesondere angesichts der Tatsache, dass keine Hypothesen aufgestellt und überprüft werden erheblich in Kritik geraten [vgl. Vernohr 1988].

- In einer deutschen Untersuchung ergründet Krüger anhand eines mehrstufigen Ansatzes Erfolgs- und Misserfolgsfaktoren [für die folgenden Ausführungen vgl. 1988; sowie Krüger/Schwarz 1990]. Ausschlaggebend für den Unternehmenserfolg ist demnach das Vorhandensein „analytisch gewonnener" Einzelfaktoren in sechs Segmenten:[52]
  1. Qualifikation, Motivation und Führungsverhalten der Unternehmungsträger
  2. Philosophie und Kultur
  3. Markt- und Wettbewerbsstrategien
  4. Regelungen der Organisation und rechtlichen Konstitution als Unternehmungsstruktur
  5. Führungsmodelle, Anreiz-, Planungs-, Steuerungs- und Kontrollsysteme
  6. Realisationspotenzial in Verfügbarkeit, Ausgestaltung und Ausnutzung von Produktionsfaktoren

  Ein Vorhandensein von Einzelfaktoren positiver Ausprägung in jedem der sechs Segmente wird als Intra-Segment-Fit bezeichnet. Dem Gedanken des Fit als Abstimmung der internern Ressourcenausstattung mit den externen Anforderungen folgend, versucht Krüger zusätzlich den Einfluss von Interdependenzen zwischen den Segmenten sowie zwischen Unternehmung und Umwelt zu erfassen. Auf der Basis deskriptiver Empirie schreibt er Unternehmenserfolg und -misserfolg im Ergebnis identischen Erklärungsmustern zu, bei denen das Segment Strategie die stärkste Wirkung hat.
- Vasconcellos und Hambrick verbinden Erfolgsfaktorenforschung ebenfalls mit dem Konzept eines Fit zwischen der Unternehmung und ihrem Wettbe-

[52] Dabei wird allerdings nicht klar, vor welchem theoretischen Hintergrund die analytische Ableitung der Faktoren stattgefunden hat.

werbsumfeld [für die folgenden Ausführungen vgl. 1988]. Sie sehen kritische Erfolgsfaktoren als durch die unmittelbare Umwelt vorgegeben an. An diese Erfolgsfaktoren muss die Unternehmung sich mit ihren Stärken anpassen. Zur Beurteilung ist eine externe Analyse der Erfolgsfaktoren sowie interne Analyse der Unternehmung vorzunehmen. Abbildung 6-9 verdeutlicht diese Grundannahmen. Die externe Analyse führen die Autoren anhand einer Literaturrecherche, aus der sie ein differenziertes Erfolgsfaktorenmodell entwickeln. Unternehmensseitige Stärken werden anhand eines Expertenscoring ermittelt. Im Ergebnis können Vasconcellos und Hambrick bestätigen, dass ein Fit zwischen Unternehmensstärken und Erfolgsfaktoren zu Performanceverbesserungen (Return on Assets) führt.

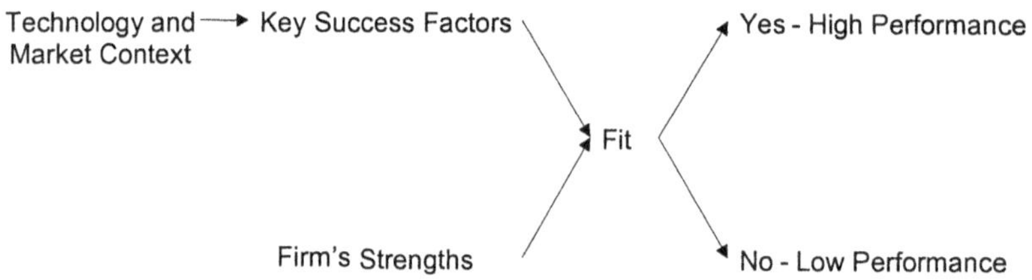

Abbildung 6-9: Herkunft und Implikationen von Erfolgsfaktoren [in Anlehnung an Vasconcellos/Hambrick 1989, S. 368]

Als Fazit bleibt zunächst festzuhalten, dass die Mehrzahl der Studien das Konzept des Fit zwischen der Unternehmung und den Anforderungen, die von außen auf sie einwirken, explizit oder implizit beherzigen. Die Identifikation von Erfolgsfaktoren erfolgt in der Regel durch eine Ermittlung der Gemeinsamkeiten erfolgreicher Unternehmen. Faktoren, die statistisch signifikant bei erfolgreichen Unternehmen identifiziert werden, gelten als Erfolgsfaktoren.

6.5.3.2 Kritik

Wie schon angeführt geht die empirische Erfolgsfaktorenforschung anhand einer Durchschnittsbetrachtung vor. Es werden Gemeinsamkeiten erfolgreicher Unternehmen herausgefiltert, die schließlich für deren Erfolg verantwortlich gemacht werden [vgl. auch Rasche 1994, S. 53-54]. Die Vorgehensweise führt die vorteilsstiftende Relevanz der ermittelten Faktoren ad absurdum. Wenn alle Unternehmen danach streben, die identifizierten allgemeingültigen Erfolgsfaktoren für sich auszunutzen, so ist durch die gesteigerte Wettbewerbsintensität eine Angleichung ihrer Positionen bezüglich der verfolgten Erfolgsfaktoren zu erwarten [vgl. Ghemawat 1991, S. 8]. Die Intensivierung des Wettbewerbs negiert damit gefundene Erfolgsfaktoren. Schwächere Unternehmen werden – aufgrund ihres Strebens nach den gleichen Erfolgsfaktoren wie stärkere Wettbewerber – teilweise sogar aus dem Markt ausscheiden müssen [vgl. Rasche 1994, S. 49]. Am Ende dieses Prozesses resultiert ein Gleichgewichtszustand, in dem alle Wettbewerber normale Gewinne erwirtschaften. Unternehmerische Renten durch die Entdeckung neuer Erfolgsfaktoren sind zu diesem Zeitpunkt bereits dem Wettbewerb zum Opfer gefallen [vgl. Foss/Harmsen 1996, S. 136-137]. Daher werden die Studien der Ungewissheit und Komplexität der Umwelt nicht gerecht, die eine Erwirtschaftung von Renten ermöglicht [vgl. Amit/Schoemaker 1993, S. 34]. Der Hinweis, sich auf Erfolgsfaktoren zu konzentrieren, die noch nicht ‚besetzt' seien [vgl. Steinle/Schmidt/Lawa 1995, S. 316], kann in keinerlei Hinsicht überzeugen. Schließlich werden gerade die unbesetzten Erfolgsfaktoren von den empirischen Studien aufgrund ihrer Vorgehensweise nicht gefunden.

Der Erfolgsfaktorenforschung fehlt weitgehend eine grundlegende theoretische Konzeption, so dass sich Kausalzusammenhänge nicht begründen lassen [vgl. Grabner-Kräuter 1993, S. 278]. So erläutert beispielsweise Krüger, der in seiner Untersuchung mittels einfacher Häufigkeitsstatistiken und Korrelationen vorgeht, seine Sicht der Erfolgsfaktoren folgendermaßen [1988, S. 28]: „Es sind die Inputgrößen zu ermitteln, die den Charakter von »strategischen Erfolgsfaktoren« tragen und den Unternehmenserfolg als Outputgröße verursachen." Werden Erfolgsfaktoren auf diese Art ermittelt, lassen sich aus den Ergebnissen keinerlei unternehmensspezifische Empfehlungen ableiten [vgl. Ghemawat 1991, S. 7-8]. Die Umsetzbarkeit in die Unternehmenspraxis bedingt eine Kenntnis der Kausalzusammenhänge. Es muss begründet sein, auf welche Art und Weise beispielsweise Marktanteile auf den Unternehmenserfolg wirken, damit schließlich Handlungsempfehlungen ausgesprochen werden können. Da eine zu Grunde liegende Theorie nicht vorhanden ist, fehlt den vorliegenden Arbeiten ihre normative Kraft [für diese Kritik im Zusammenhang mit den PIMS-Studien vgl. Vernohr 1988]. Die nachträgliche Suche nach Zusammenhängen zwischen Erfolgsfaktorenforschung und bestehenden Theorien – wie der Transaktionskostentheorie, Kontingenztheorie oder Industrieökonomie [vgl. hierzu Grabner-Kräuter 1993] – erfolgen gewissermaßen durch die Hintertür und sind kein Ersatz für die inhärente Theorielosigkeit. Weiterhin sind nur in wenigen Ausnahmefällen branchenspezifische Untersuchungen vorgenommen worden. Erfolgsfaktoren werden zumeist als allgemeingültig und branchenübergreifend begriffen [vgl. Rasche 1994, S. 49].

Neben und teilweise aufgrund dieser fundamentalen Kritik an der Erfolgsfaktorenforschung kommt es zu weiteren Problemfeldern, die kurz angesprochen werden sollen [hierfür sowie für eine ausführliche Kritik vgl. Ghemawat 1991, S. 5-9; sowie Rasche 1994, S. 44-55, der Ghemawats Systematik aufgreift]:

- Die Faktoren, welche als erfolgskritisch angesehen werden, sind über ein weites Spektrum verteilt. Sie reichen von Unternehmenskultur als komplett intangibler Faktor bis hin zu physischen Faktoren wie Informationstechnologien. Die empirischen Arbeiten, wie die PIMS-Studien, konzentrieren sich auf die quantifizierbaren tangiblen Faktoren und vernachlässigen die intangiblen. Weiterhin weisen die Faktoren Interdependenzen auf, die nicht berücksichtigt werden, da sie in empirischen Arbeiten als unabhängig behandelt werden.

- Erfolgsfaktoren sind ein statisches Konzept. Die historische Entwicklung sowie die aktuelle Ressourcenlage, die Unternehmen in ihren Entscheidungsoptionen beschränkt, werden nicht thematisiert. Ohne Berücksichtigung dynamischer Prozesse wirken Empfehlungen kurzsichtig und sind ohne strategische Relevanz.

Ghemawat resümiert treffend [1991, S. 11]: „But the whole idea of identifying a success factor and then chasing it seems to have something in common with the ill-considered medieval hunt for the *philosopher's stone*, a substance that would transmute everything it touched into gold." In der vorliegenden Form sollte der Erfolgsfaktorenforschung im Kontext dieser Arbeit somit keine Bedeutung beigemessen werden. Allerdings besteht die Möglichkeit einer ressourcenorientierten Interpretation der Ergebnisse der empirischen Studien.

6.5.3.3 Erfolgsfaktoren in ressourcenorientierter Interpretation

Vor dem Erklärungshintergrund dieser Arbeit lassen sich Erfolgsfaktoren als Ressource oder Kompetenz auffassen. Die Verbindung liegt nahe, da Erfolgsfaktoren ein signifikanter Einfluss auf den Unternehmenserfolg zugeschrieben wird [vgl. ähnlich Foss/Harmsen 1996, S. 141]. Auch marktliche Aspekte von Erfolgsfaktoren – etwa die Forderung eines hohen Marktanteils aus der PIMS Forschung – lassen sich aus der Sicht des Resource-based View auf unternehmensinterne Charakteristika zurückführen. Für Monopolrenten ist dies bereits thematisiert worden [vgl. 6.2.2.1]. An dieser Stelle ist der Zusammenhang zwischen Erfolgsfaktoren aus ressourcenorientierter Sicht und Wettbewerbsvorteilen kritisch zu analysieren.

Eine Analyse aus ressourcenorientierter Perspektive erlaubt theoretisch fundierte Aussagen bezüglich des in der Erfolgsfaktorenforschung vorherrschenden Erfolgsmaßstabes, d.h. ob sich Wettbewerbsvorteile oder lediglich normale Gewinne erzielen lassen. Erfüllen Erfolgsfaktoren die für Ressourcen und Kompetenzen geforderten Eigenschaften der Strategierelevanz, Knappheit, Inimitierbarkeit, Nicht-Substituierbarkeit und Immobilität, so lässt sich ein Zusammenhang zu Wettbewerbsvorteilen herstellen. Erfüllen sie diese Anforderungen nicht, so lässt sich aus der Vorgehensweise der empirischen Erfolgsfaktorenforschung unter Umständen der Charakter von Erfolgsfaktoren aus ressourcenorientierter Perspektive genauer ableiten. Zunächst ist also die potenzielle Distinktivität von Erfolgsfaktoren zu prüfen.

Das Kriterium der Strategierelevanz kann als erfüllt angenommen werden, da Erfolgsfaktoren aus der Analyse erfolgreicher Unternehmen gewonnen werden und dort überdurchschnittlich eingesetzt werden. Hinsichtlich Knappheit und Imitierbarkeit bestehen zwei mögliche Interpretationsweisen, durch die möglicherweise erklärt werden kann, wie eine Vielzahl von Unternehmen in der Lage ist, einen Erfolgsfaktor zu realisieren [vgl. ähnlich Foss/Harmsen 1996, S. 141-142]:

- Erstens besteht die Möglichkeit, dass die hinter einem Erfolgsfaktor stehenden Kompetenzen frei und ohne Marktfriktionen beschafft werden können. Alternativ können frei zugängliche Substitute bestehen bzw. die Imitierbarkeit der Kompetenzen ist wenig eingeschränkt. Dies erklärt zwar, warum alle erfolgreichen Unternehmen einen Erfolgsfaktor besetzen, widerspricht aber klar den Kriterien der Distinktivität. In diesem Fall ist es wahrscheinlich, dass der wahre kausale Zusammenhang zwischen Kompetenzen und Unternehmenserfolg bei anderen Faktoren zu suchen ist, die empirische Untersuchungen nicht erfasst haben. Es besteht das Problem von Scheinkorrelationen.[53]
- Zweitens ist es möglich, dass Unternehmen Erfolgsfaktoren mit unterschiedlichen Kompetenzen realisieren können. Erfolgsfaktoren sind in dieser Sichtweise abstrakte Marktanforderungen, nach denen sich Unternehmen mit eigenen – heterogenen – Kompetenzen ausrichten. Sind diese knapp, inimitierbar und haben keine frei verfügbaren Substitute, so wirken sie distinktiv. Die Offenlegung eines Erfolgsfaktors als Weg zu Wettbewerbsvorteilen zerstört kausale Ambiguitäten aber weitgehend. Es ist zu vermuten, dass ein intensiver Wettbewerb um die notwendigen Kompetenzen entsteht, in dem Unternehmen versuchen diese zu imitieren oder Substitute zu finden [vgl. noch einmal obige Kritik 6.5.3.2]. Auch ist es bei industrieweit bekannten Erfolgsfaktoren unwahrscheinlich, dass Unternehmen für den internen Aufbau benötigte Ressourcen auf Faktormärkten unter den ihnen zurechenbaren erwarteten Erlösen beschaffen können [vgl. Barney 1986]. In der Folge sind langfristig lediglich normale Gewinne zu erwarten.

Vieles spricht also dafür, dass Empfehlungen der Erfolgsfaktorenforschung langfristig nicht zu Wettbewerbsvorteilen führen können. Die Vorgehensweise der empirischen Arbeiten unterstreicht diese Aussage noch einmal. Sie identifizieren Kompetenzen, die bei der Mehrzahl erfolgreicher Unternehmen zum Einsatz kommen. Der Unterschied zwischen Erfolgsfaktoren und SIF – als einem ressourcenbasierten Pendant extern determinierter Faktoren mit Einfluss auf die Unternehmensperformance – besteht in einer unterschiedlichen Auffassung des Kriteriums Erfolg. Der Resource-based View und damit SIF gehen im Zusammenhang mit Wettbewerbsvorteilen ökonomisch korrekt von der Erzielung von Renten aus. Durch die in der Erfolgsfaktorenforschung vorgenommene Durchschnittsbetrachtung kommt lediglich die Erwirtschaftung normaler Gewinne in Betracht. Entsprechende Kompetenzen werden zur Mindestausstattung von Unternehmen, um erfolgreich am Wettbewerb teilnehmen zu können [vgl. Foss/Harmsen 1996, S. 143]. Eine frühe Aussage Wernerfelts stützt diese Ansicht [1984, S. 171]: „By

[53] Befürworter der Erfolgsfaktorenforschung argumentieren, dass kombinierte Längs- und Querschnittsuntersuchungen in der Lage sind, unbeobachtete Faktoren zu identifizieren und Scheinkorrelationen zu vermeiden [vgl. Hildebrandt/Annacker 1996]. Probleme der Theorielosigkeit werden so allerdings nicht behoben, so dass kausale Zusammenhänge unklar bleiben.

specifying the size of the firm's activity in different product markets, it is possible to infer the minimum necessary resource commitments." In der Regel kommt solchen Kompetenzen damit Strategierelevanz zu. In diesem Sinn fördern sie Effektivität und Effizienz der Unternehmung und sind relevant für die Umsetzung der Unternehmensstrategie. Ob sie die weiteren Kriterien der Distinktivität erfüllen, lässt sich nicht aus den marktlichen Anforderungen ableiten. Barney verdeutlicht die Bedeutung solcher Kompetenzen [1996, S. 149]: „To observe that common (not rare) resources or capabilities cannot generate a competitive advantage is not to dismiss them as unimportant for strategic managers. Instead, valuable but common resources and capabilities can help ensure a firm's survival when they are exploited to create competitive parity in an industry. Under conditions of competitive parity, though no one firm gains a competitive advantage, firms do increase their probability of survival."

6.5.4 Minimumressourcen, Ressourcendefizite und Übernahmemotive

6.5.4.1 Eine Konzeption von Minimumressourcen

Als Fazit der Ausführungen zu Marktaspekten im Resource-based View und zu den Beiträgen der Erfolgsfaktorenforschung kann man zu folgender Konzeption kommen: Es lassen sich externe Anforderungen an die Ressourcenausstattung identifizieren. Marktanforderungen werden durch Minimumressourcen repräsentiert. Diese werden durch die Wettbewerbskräfte des Marktumfelds determiniert. Minimumressourcen beschreiben damit eine den Marktanforderungen genügende Ressourcenausstattung. Entspricht die unternehmensseitige Ressourcenausstattung den geforderten Minimumressourcen eines Marktumfelds, so kann eine Unternehmung normale Gewinne erwirtschaften und ihre Wettbewerbsfähigkeit sichern.

Minimumressourcen erfüllen das Kriterium der Strategierelevanz und lassen sich im Umkehrschluss auch über dieses Kriterium identifizieren. Aufgrund der eingeschränkten Anforderungen an Kriterien wie Knappheit, kausale Ambiguität und Spezifität kann die Möglichkeit, Minimumressourcen ex ante zu identifizieren, vorteilhafter bewertet werden als für distinktive Ressourcen und Kompetenzen. Weiterhin besteht ein Zusammenhang zwischen Minimumressourcen und der Verbundenheit von Märkten. Da ressourcenorientierte Arbeiten zu Diversifikation und Internationalisierung Verbundenheit anhand der Anforderungen beschreiben, die sie an die Ressourcenausstattung stellen, lässt sich diese anhand äquivalenter Minimumressourcen zweier Märkte beschreiben [vgl. hierzu noch einmal 6.5.2.1 und grundlegend 6.4.2].

Minimumressourcen lassen sich am Beispiel von Informationstechnologie als Ressource verdeutlichen. Gehen frühe Arbeiten noch davon aus, dass Informationstechnologie entscheidend zu Wettbewerbsvorteilen beitragen kann [vgl. Porter/Millar 1985; Clemons 1986; Rockart/Short 1989], so hat sich in der späteren

Diskussion eine abweichende Meinung durchgesetzt. Es gibt heute kaum Unternehmen, die auf den Einsatz von Informationstechnologien verzichten können. Die Mehrzahl beschafft die Ressource IT dabei über Märkte. Auch die unternehmensspezifische Anpassung komplexer IT-Systeme ist eine Dienstleistung, die von Softwarehäusern und Beratungen eingekauft wird. Mittlerweile geht man davon aus, dass IT im Sinne einer Minimumressource eine strategische Notwendigkeit ist, welche die Wettbewerbsfähigkeit sichert, ohne jedoch für Wettbewerbsvorteile kausal verantwortlich zu sein [vgl. Floyd/Wooldridge 1990; Clemons/Row 1991; Kettinger et al. 1994]. In Kombination mit komplementären Ressourcen kann IT zu einer distinktiven Kompetenz beitragen. Beispielsweise im Zusammenspiel mit Mitarbeitern, welche sich in besonderer Art und Weise auf den Einsatz der Informationstechnologien für die Unternehmung verstehen [vgl. Powell/Dent-Micallef 1997].

6.5.4.2 Übernahmen zur Überwindung von Ressourcendefiziten und Markteintrittsbarrieren

Wenn, den obigen Ausführungen folgend, Marktanforderungen identifiziert werden können, deren unternehmensseitige Entsprechung durch die Ressourcenausstattung die Sicherung der Wettbewerbsfähigkeit und die Erwirtschaftung normaler Gewinne ermöglicht, so liegt die Verbindung zu Übernahmen auf der Hand. Weicht die interne Ressourcenausstattung von den über die Marktanforderungen beschriebenen Minimumressourcen ab, so bestehen Ressourcendefizite, die ausgeglichen werden müssen [vgl. ähnlich Hofer/Schendel 1978, S. 93-98; Grant 1991, S. 131-133; McGrath/MacMillan/Venkataraman 1995, S. 252]. Ressourcendefizite können einerseits aufgrund der Veränderung von Rahmenbedingungen im Stammgeschäft entstehen. Das Management hat die Aufgabe, diese Veränderungen möglichst genau zu prognostizieren und die Ressourcenausstattung entsprechend anzupassen. Ressourcendefizite können andererseits beim Eintritt in einen Markt im Rahmen von Diversifikation und Internationalisierung entstehen. In diesem Fall haben die fehlenden Kompetenzen – wie oben beschrieben – den Charakter von Markteintrittsbarrieren, die überwunden werden müssen, um die eigentlichen Ziele der Diversifikation oder Internationalisierung zu erreichen. Wie geschildert, bestehen deren primäre Ziele in der Ausnutzung bestehender Kapazitäten sowie in Transfersynergien durch Kompetenzen aus diesen Märkten und das Lernen vom neuen Wettbewerbsumfeld. Ähnlich sehen dies auch Haspeslagh und Jemison in einer ausführlichen Abhandlung zu Übernahmen [1991, S. 24]: „Faced with a constant need to renew its competitive position, the firm seeks to add new capabilities or change the product market where its existing capabilities are applied. These choices are not independent. Entry into new product-markets, which may be driven by the desire to exploit existing capabilities, usually brings with it the need for complementary new capabilities to compete effectively."

Zum Ausgleich von Ressourcendefiziten stehen die oben beschriebenen Optionen der Ressourcenentwicklung zur Verfügung, die zwischen den beiden Extremen der internen und externen Entwicklung angesiedelt sind [vgl. Grant 1995, S. 142-144; 6.3.1]. Einige Gründe sprechen in diesem Zusammenhang für die externe Entwicklung mittels Unternehmensübernahmen:

- Bei der Beseitigung von Ressourcendefiziten geht es um die Überlebensfähigkeit der Unternehmung. Da ein interner Aufbau von Kompetenzen einen hohen Zeitaufwand erfordert [vgl. Barney 1999, S. 140-141], sind Übernahmen oder Allianzen aufgrund ihrer schnelleren Durchführbarkeit u.U. eine vorteilhafte Option der Ressourcenentwicklung.
- Auch wenn bei normalen Kompetenzen keine derart ausgeprägte kausale Ambiguität bezüglich ihres Wettbewerbsbeitrags zu erwarten ist, wie dies bei distinktiven Kompetenzen der Fall ist, so spricht dennoch die Notwendigkeit, die Teilnahme der Unternehmung am Wettbewerb zu sichern dafür, am Markt bewährte Kompetenzen zu erwerben. Die Alternative der internen Entwicklung ist demgegenüber mit einem erheblichen Grad von Ungewissheit behaftet [vgl. Barney 1999, S. 142].
- Da die identifizierten Ressourcendefizite durch normale Kompetenzen ausgefüllt werden können, ist die Integrationsfähigkeit ungleich höher als bei distinktiven Kompetenzen. Übernahmen werden damit tendenziell vorteilhafter gegenüber interner Entwicklung.

6.5.4.3 Minimumressourcen und Wettbewerbsvorteile

Werden fehlende Minimumressourcen durch Übernahme erworben, bestimmt erst die aus der Integration erwachsende Ressourcenausstattung, ob sich normale Gewinne einstellen oder darüber hinaus Wettbewerbsvorteile erwirtschaftet werden können. Es kann nicht ausgeschlossen werden, dass auch die Beseitigung von Ressourcendefiziten Synergien entstehen lässt – beispielsweise durch initiierte Lernprozesse –, die Distinktivität herbeiführen. Solche Entwicklungen können darauf basieren, dass der Abbau von Ressourcendefiziten mittels Übernahme untrennbar mit Erwerb und Integration komplementärer Kompetenzen verbunden ist. Fehlende Kompetenzen sind zur bestehenden Ressourcenausstattung per Definition komplementär. Sie vervollständigen die Ressourcenausstattung und schnüren ein kohärentes Ressourcenbündel, welches alle Wettbewerbsanforderungen erfüllt. Ob die angestrebte Wettbewerbsfähigkeit in einem nächsten Schritt zu Wettbewerbsvorteilen führt, lässt sich nur aufgrund einer ex post Analyse mit Gewissheit feststellen und ist Ergebnis eines Zusammenspiels der Ressourcenausstattung und der Wettbewerbskräfte.

Die Konzeption von Minimumressourcen, die auf externen Marktanforderungen basieren, ist imstande eine Häufung ähnlicher Übernahmevorhaben in einem Marktumfeld zu erklären [zu dieser Möglichkeit vgl. auch Barney 1988, S. 73]. Im

Zuge sich ändernder Rahmenbedingungen kommt es dabei zu Veränderungen der geforderten Minimumressourcen. Einige Unternehmen werden diese Anforderungen bereits erfüllen, bei anderen werden Ressourcendefizite entstehen. Da sie den selben Rahmenbedingungen ausgesetzt sind benötigen viele Unternehmen im selben Zeitraum ähnliche neue Kompetenzen. Es kommt zur Übernahme von Wettbewerbern, welche die gesuchten Kompetenzen aufweisen. Dabei kann es sich beispielsweise um kleinere oder jüngere Unternehmen handeln. Auch 'kollektive' Diversifikations- und Internationalisierungsbestrebungen lassen sich so erklären. Es ist durchaus möglich, dass Marktanforderungen im Stammgeschäft den Zugriff auf Kompetenzen eines angrenzenden Marktes erfordern.

Die Bankindustrie weist Beispiele auf, die in der Lage sind diesen Zusammenhang zu verdeutlichen. Die Bedeutungszunahme der Kapitalmärkte und die zunehmende Disintermediation machen das Vorhandensein von Kompetenzen im Investment Banking immer wichtiger. Entsprechende Kompetenzen lassen sich extern durch die Abwerbung großer Mitarbeiterstämme oder durch die Übernahme spezialisierter Investmentbanken entwickeln. Beide Vorgehensweisen lassen sich am Markt beobachten. So haben eine Vielzahl kontinentaleuropäischer Universalbanken seit Ende der achtziger Jahre britische Investmentbanken erworben. Die Deutsche Bank hat nach der Übernahme von Morgan Grenfell versucht, ihre neuen Kompetenzen im Investment Banking zusätzlich durch die massive Abwerbung von Personal auszubauen. Auch die jüngst angekündigten Akquisitionen europäischer Universalbanken in Amerika weisen in diese Richtung. Dabei erscheint internationale Präsenz und ein Zugang zum amerikanischen Markt im Investment Banking weiter an Bedeutung zu gewinnen [vgl. 7.4.4].

6.6 Synthese: Ein theoretisches Argumentationskonzept zur Erklärung der Motive für Unternehmensübernahmen

6.6.1 Übernahmemotive im theoretischen Argumentationskonzept

Ausgehend von der Annahme, dass externe Wettbewerbskräfte Anforderungen an die Ressourcenausstattung von Unternehmen stellen, soll an dieser Stelle ein Argumentationsrahmen für die Erklärung der Motivation für Unternehmensübernahmen formuliert werden. Die nur ex post mögliche Beobachtung von Wettbewerbsvorteilen fließt als wesentliches Ergebnis obiger Ausführungen in das Modell ein. Die Distinktivität von Ressourcen kann somit ex ante nicht aus dem Wettbewerbsumfeld abgeleitet werden. Zwei wesentliche Motive für Übernahmen sind zentral in dem nachfolgend vorgestellten Konzept verankert. Erstens finden Übernahmen zum Abbau von Ressourcendefiziten statt. Dies kann entweder zur Sicherung der Wettbewerbsfähigkeit im Stammgeschäft erfolgen oder zur Unterstützung von Diversifikation und Internationalisierung. Dabei werden durch Übernahme komplementärer Kompetenzen Markteintrittsbarrieren überwunden. Zweitens erfolgen Übernahmen zur proaktiven Ausnutzung von Wertsteigerungschancen in Form von Synergieeffekten, ausgehend von der bestehenden heterogenen Ressourcenausstattung einer Unternehmung. Werden diese Synergieeffekte durch Übernahme von Kompetenzen in zuvor unbedienten Industrien oder regionalen Märkten erzielt, so kommt es ebenfalls zu Diversifikation oder Internationalisierung. Abbildung 6-10 gibt die grundlegenden Zusammenhänge wieder, die ausführlich erläutert werden.

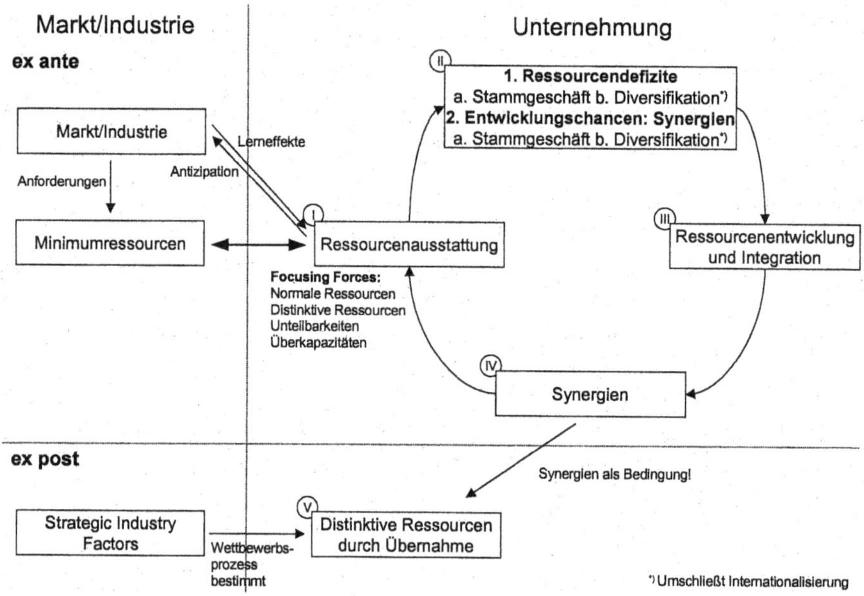

Abbildung 6-10: Externe Ressourcenentwicklung im Marktkontext und die ex post Erzielung von Distinktivität

Als Ausgangspunkt kann der Vergleich zwischen Marktanforderungen und Ressourcenausstattung gewählt werden (I). Marktanforderungen erwachsen aus den komplexen Austauschbeziehungen von Marktteilnehmern, Zulieferern, Kunden und anderen Stakeholdern sowie technologischen und regulatorischen Entwicklungen. Sie machen dabei keine Aussagen über den Beitrag von Ressourcen oder Kompetenzen zu Wettbewerbsvorteilen, sondern beschreiben Minimumressourcen, die durch ihre Strategierelevanz gekennzeichnet sind [vgl. 6.5.3.3]. Durch die Erfüllung der Mindestanforderungen durch eine entsprechende Ressourcenausstattung können lediglich normale Gewinne erwirtschaftet werden.

Im Zusammenhang mit den Wettbewerbskräften, den sich daraus ergebenden Anforderungen und den möglichen Handlungsoptionen nimmt die bestehende

Ressourcenausstattung eine besondere Rolle ein. Die vorliegende Ressourcenausstattung ist durch die historische Entwicklung der Unternehmung determiniert und kann umfassend nicht ad hoc angepasst werden [vgl. 6.2.2]. Sie übt damit die oben beschriebenen Focusing Forces aus und beschränkt so die Handlungsoptionen der Unternehmung [vgl. 6.5.2.1]. Hier sind insbesondere der Grad der Distinktivität der Kompetenzen sowie Unteilbarkeiten und Überkapazitäten relevant. Diese Charakteristika determinieren die realisierbaren Synergiepotenziale hinsichtlich Sharing und Transfer. Gleichsam wird die Ressourcenausstattung von den Wettbewerbskräften beeinflusst. Strategische Entscheidungen im Spannungsfeld zwischen Ressourcenausstattungen und Marktanforderungen müssen die entstehenden Lerneffekte durch das Wettbewerbsumfeld antizipatorisch berücksichtigen. Besonders relevant ist die Antizipation von Lerneffekten bei Diversifikation und Internationalisierung, da hier Kompetenzen in ein neues Marktumfeld eingebracht werden. An dieser Schnittstelle zwischen Wettbewerbskräften, Marktanforderungen und Ressourcenausstattung findet sich auch der dem Strategischen Management innewohnende Gedanke des Abgleichs interner und externer Faktoren zur Erzeugung eines bestmöglichen Fit wieder, der hier dem dynamischen Konzept Levinthals entspricht [vgl. ebenfalls 6.5.2.1].

Die im Mittelpunkt dieser Arbeit stehenden Übernahmemotive sollen noch einmal im Gesamtzusammenhang betrachtet werden (II). Zwei Motivklassen, die jeweils im Stammgeschäft oder im Rahmen von Diversifikation und Internationalisierung verfolgt werden können, lassen sich auf der Basis der obigen Analyse identifizieren. Erstens kommen Übernahmen in dem vorgestellten Modell in Betracht, wenn Ressourcendefizite vorliegen. Ressourcendefizite bestehen bei einer Diskrepanz zwischen der Ressourcenausstattung einer Unternehmung und den Marktanforderungen [vgl. 6.5.4; Grant 1991, S. 131-133]. Sie können aus dem vorhergehenden Schritt (I) als Ergebnis einer externen und internen Analyse abgeleitet werden und sowohl im Stammgeschäft als auch in neuen Märkten auftreten. Treten sie außerhalb des Stammgeschäfts auf haben sie den Charakter von Markteintrittsbarrieren. Zweitens können Übernahmen Bestandteil einer Strategie sein, bei der eine Unternehmung proaktiv Entwicklungschancen für ihre Ressourcenbasis verfolgt. Liegen diese Chancen in einem neuen Markt, so handelt es sich auch hier um Diversifikation oder Internationalisierung.[54]

---

54 Die beschriebenen Motive für Übernahmen basieren auf der vorausgegangenen theoretischen Analyse. Sie sind in umgekehrter Reihenfolge abgeleitet worden, da der Resource-based View zunächst von dem Streben nach Wettbewerbsvorteilen ausgeht. Die Verfolgung von Synergieeffekten mit anderen Unternehmen ist in Abschnitt 6.3 als Grundmotiv von Übernahmen dargestellt worden. Diversifikation und Internationalisierung sind als Sonderfall der Verfolgung von Synergien in Abschnitt 6.4 beschrieben worden. Dort wird auch die Überwindung von Markteintrittsbarrieren angesprochen. Abschnitt 6.5 analysiert die Überwindung von Ressourcendefiziten durch Übernahme als Mittel zur Erfüllung marktlicher Mindestanforderungen und konkretisiert die Überwindung von Markteintrittsbarrieren.

1a) *Ressourcendefizite im Stammgeschäft*
Liegen Defizite der Ressourcenausstattung gegenüber den Mindestanforderungen vor, die der Wettbewerb in einem bestehenden Markt an die Ressourcenbasis eines Unternehmens stellt, so ist dessen Überleben in Gefahr. Langfristig wird es aus dem Wettbewerb ausscheiden [vgl. 6.5.3.3]. Übernahmen stellen einen Weg dar, diese Defizite zu überwinden. Da bereits aufgebaute Kompetenzen erworben werden und damit die Ungewissheit bezüglich der Einsatzmöglichkeit in dem relevanten Wettbewerbsumfeld reduziert wird, stellen Übernahmen in diesem Zusammenhang eine effiziente und zügige Option der Ressourcenentwicklung dar [vgl. 6.5.4]. Da in der Regel normale Kompetenzen übernommen werden entfällt die Integrationsproblematik distinktiver Kompetenzen weitgehend [vgl. 6.3.4.1]. Ex ante können aufgrund dieser Strategie allerdings nur durchschnittliche Gewinne erwartet werden.

1b) *Ressourcendefizite im Rahmen von Diversifikation und Internationalisierung*
Diversifikation und Internationalisierung kann aufgrund einer Vielzahl von Motiven durchgeführt werden [vgl. 6.4.3]. Dabei kann es dazu kommen, dass der Eintritt in eine neue Industrie oder einen regionalen Markt die Übernahme komplementärer Kompetenzen zur Überwindung von Markteintrittsbarrieren erforderlich macht [6.4.4]. Dies kann bei einer angestrebten Nutzung von Überkapazitäten distinktiver Kompetenzen oder aufgrund der Verfolgung von Lerneffekten aus dem Wettbewerbsumfeld der Fall sein. Der Wettbewerbseintritt muss die neuen Marktanforderungen berücksichtigen. Es ist wahrscheinlich, dass sich bei einer Unternehmung im Rahmen der Verfolgung derartiger Strategien Defizite gegenüber den Minimumressourcen des neuen Marktes auftun, die den Charakter von Eintrittsbarrieren haben und durch Übernahme der benötigten Kompetenzen überwunden werden können 6.5.4].

2a) *Entwicklungschancen: Synergien im Stammgeschäft*
Die zweite wesentliche Motivklasse für Übernahmen besteht im proaktiven Streben nach Wettbewerbsvorteilen, die ausgehend von einer vorhandenen – über Unternehmen heterogenen – Ressourcenbasis angestrebt werden. Grundlage ist die Verfolgung von Synergieeffekten mit den Kompetenzen anderer Wettbewerber. Potenziale für Sharing oder Transfer [vgl. 6.3.3] können auf Basis der Analyse der vorliegenden Ressourcenbasis erkannt werden und den Ausgangspunkt für die Suche nach Wettbewerbern mit komplementären Kompetenzen gemacht werden. Synergieeffekte können dabei jeweils bidirektional realisiert werden. Eine ex ante Distinktivität der Kompetenzen der Zielunternehmen ist nicht erforderlich [vgl. 6.3.4]. Ziel entsprechender Übernahmen sind Wettbewerbsvorteile, die sich ex post auf der Basis der integrierten Ressourcenausstattung ergeben können, wenn sich letztere im Wettbewerb bewährt.

2b) *Entwicklungschancen: Synergien in neuen Märkten*
Die Abgrenzung proaktiver Übernahmestrategien der Diversifikation und Internationalisierung gegenüber der Verfolgung von Synergien im Stammgeschäft ist trivial. Werden Synergien durch Übernahme von Kompetenzen in neuen Märkten verfolgt, so liegt ein zu 2a) äquivalentes Übernahmemotiv mit dem Ziel der Realisierung von Wettbewerbsvorteilen im Rahmen von Diversifikation oder Internationalisierung vor [vgl. 6.4.4]. Beim Eintritt in neue Märkte zur Nutzung von Überkapazitäten oder zum Lernen vom Wettbewerbsumfeld erfolgen Übernahmen nur unterstützend und sind entsprechend Punkt 1b) der Überwindung von Markteintrittsbarrieren zuzurechnen.

Die Umsetzung dieser Motive erfolgt durch externe Ressourcenentwicklung (III), d.h. durch Übernahme einer Unternehmung mit den benötigten Kompetenzen sowie der Integration derselben mit der bestehenden Ressourcenausstattung. Für eine Unternehmung, die Ressourcendefizite feststellt, ist ein Screening von Wettbewerbern im Hinblick auf die benötigten komplementären Kompetenzen somit ein wichtiger Schritt vor der eigentlichen Übernahme und Integration. Die Verfolgung von Entwicklungschancen schließt bei der externen Betrachtung die Analyse von Wettbewerbern mit ein, so dass die Identifikation von Übernahmekandidaten mit der Ableitung der Synergiepotenziale zusammenfällt und diese bereits bekannt sein sollten.

Nach Durchführung der Übernahme und Integration können sich die erwarteten Synergien ergeben (IV). Zu berücksichtigen sind auftretende Dyssynergien, die das Wertsteigerungspotenzial im Zusammenwirken der kombinierten Kompetenzen direkt schmälern sowie die Kosten der Integration [vgl. 6.3.4.2]. Die Perspektive muss noch um die Übernahmeprämie erweitert werden, soll der Wertsteigerungseffekt aus Sicht der Unternehmenseigentümer beurteilt werden [vgl. 6.3.2]. Im Fokus dieser Arbeit stehen die Synergien aus dem Zusammenwirken der Kompetenzen, so dass von Integrationskosten und Übernahmeprämie abstrahiert wird. Bei der Beseitigung von Ressourcendefiziten (Motiv 1a) zielt die Übernahme auf den Erhalt der Wettbewerbsfähigkeit und durchschnittliche Gewinne ab. Werden Ressourcendefizite beim Eintritt in einen neuen Markt abgebaut (Motiv 1b), so werden durch Übernahme Eintrittsbarrieren überwunden. Etwaige Renten und damit Wettbewerbsvorteile sind in diesem Fall der Diversifikations- oder Internationalisierungsstrategie zuzurechen. Gelingt es einer Unternehmung, Wettbewerber mit komplementären Kompetenzen zu übernehmen und diese unter ihrem Wert für die Unternehmung zu erwerben, kommt es zu den angestrebten Synergieeffekten im Rahmen proaktiver Strategien (Motiv 2a und 2b). Im Ergebnis gelangt der Prozess der Übernahme, Integration und Synergierealisierung zu einer Weiterentwicklung der vorhandenen Ressourcenbasis. So kommt es zu einer neuen Ressourcenausstattung, die wiederum mit den Marktanforderungen in Einklang gebracht werden muss (I). Bei seinen Entscheidungen muss das Management dabei den gesamten Prozess antizipatorisch vorhersehen.

Die bisherigen Zusammenhänge sind der oberen ex ante Seite des Modells zuzurechnen. Insbesondere die Minimumressourcen und damit auch die Ressourcendefizite gegenüber der vorhandenen Ausstattung lassen sich relativ sicher prognostizieren. Die angestrebten proaktiven Synergieeffekte sind allerdings von einer größeren Unsicherheit gekennzeichnet. Ob Wettbewerbsvorteile erlangt werden können zeigt sich mit Sicherheit schließlich erst ex post als Ergebnis eines Bewährungsprozesses der neuen Ressourcenposition im Wettbewerb (V) und ist auf der unteren Seite des Modells abgebildet.

Die entstandene Ressourcenausstattung ist als Ergebnis des Integrationsprozesses dem Wandel der Nachfragebedingungen, Technologieinnovationen, Gesetzesinitiativen sowie der Reaktionen von Wettbewerbern ausgesetzt. Diese und andere Wettbewerbskräfte können die ex ante vorhergesehene Distinktivität einer angestrebten Ressourcenposition nachhaltig beeinträchtigen oder verbessern. Die Erwirtschaftung von Wettbewerbsvorteile hängen dabei direkt vom Ausmaß der realisierten Synergieeffekte ab (IV). Gelingt es, auf der Basis des neuen Ressourcenportfolios Renten im Markt zu erwirtschaften, genießt die Unternehmung einen Wettbewerbsvorteil [vgl. 6.2.2.2].

Die entstandene Ressourcenposition ist sodann als distinktiv zu charakterisieren. Die distinktiven Kompetenzen sind ein Bestandteil der Strategic Industry Factors (SIF) des Marktes, in dem sie eingesetzt werden. Dies entspricht exakt der Definition von SIF durch Amit und Schoemaker [vgl. 1993, sowie 6.5.2.4] als der Ressourcen und Kompetenzen, die sich in einem Marktumfeld ex post als distinktiv herausgestellt haben. Dabei kommt es für die Gewissheit der Identifikation des Zusammenhangs von Kompetenzen und Wettbewerbsvorteilen entscheidend auf den ex post Zeitpunkt an. Allerdings ist auch die ex post Beobachtbarkeit durch kausale Ambiguitäten und soziale Komplexitäten eingeschränkt.

Das formulierte Theoriekonzept ist als Synthese der vorausgehenden Betrachtung theoretischer Arbeiten zu Synergieeffekten, Diversifikation und Internationalisierung und Marktanforderungen zu verstehen. Er bezieht insbesondere den ex post Charakter distinktiver Ressourcen analog zu Amit und Schoemaker [vgl. 1993] und die Möglichkeit dynamischer Lerneffekte durch das Wettbewerbsumfeld mit ein [vgl. Levinthal 1995; Markides/Williamson 1994; Andreu/Ciborra 1996]. Diese können im Stammgeschäft ebenso auftreten wie in verbundenen Märkten. Das Konzept ist weitgehend kompatibel mit ressourcenorientierten Auffassungen von Diversifikationsstrategien [vgl. etwa Verdin/Williamson 1994]. Bestehende ressourcenorientierte Ansichten werden durch die integrative Berücksichtigung von Synergieeffekten im Stammgeschäft und in verbundenen Märkten wesentlich erweitert. Hinzu kommt die Konzeption der Minimumressourcen, die sich nahtlos in das Gesamtkonzept einfügt und in der Lage ist, Anpassungsprozesse an sich ändernde Rahmenbedingungen ebenso zu erklären wie die Überwindung von Markteintrittsbarrieren.

6.6.2 Ein Vorgehensvorschlag zur Anwendung des Argumentationskonzepts

Das Kapitel abschließend sollen die oben ausführlich besprochenen Zusammenhänge in ein anwendungsgerechtes Vorgehensmodell für die Identifikation vorteilhafter Übernahmeoptionen überführt werden. Dies geschieht entsprechend der Anforderung, praxisorientierte Gestaltungsempfehlungen zu geben. Die Vorgehensskizze kann im Sinne des von Salter und Weinhold beschriebenen Screening Systems verstanden werden, dessen Grundgedanke die Aufdeckung von Wertschöpfungspotenzialen bei Akquisitionsobjekten ist [vgl. 1979, S. 182]: „The process of screening potential acquisitions involves identifying companies with characteristics that fit the needs of the diversifying company and assessing their appropriateness for acquisition.“ Analog wird hier die systematische Aufdeckung von Synergiepotenzialen verfolgt. Durch die folgenden Ausführungen wird ein Rahmen abgesteckt, der die wesentlichen Schritte beschreibt [vgl. Abbildung 6-11].

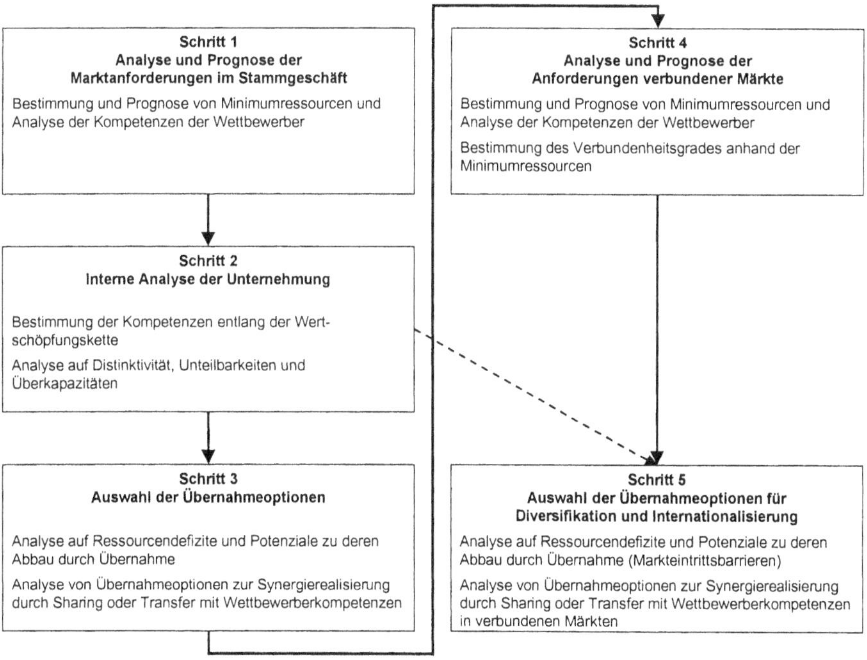

Abbildung 6-11: Schrittfolge des Vorgehensvorschlags

Ausgangspunkt des Vorgehensmodells ist das Ziel des Fit zwischen Marktanforderungen und Ressourcenausstattung. Auf der Basis einer externen und internen

Analyse und Prognose erfolgt die Genese von Handlungsoptionen, analog zu einer Vielzahl von Modellen des Strategischen Management [vgl. Ansoff 1968; Hofer/Schendel 1978 Hill/Jones 1992; Schoemaker 1992; Barney 1996; Collis/Montgomery 1997]. Die Handlungsoptionen bestehen in der Auswahl von Akquisitionsobjekten als Gegenstand externer Ressourcenentwicklung [vgl. ähnlich Salter/Weinhold 1979, S. 50]. Ziel ist dabei die Erwirtschaftung von Synergien – auch in der Form des Abbaus von Ressourcendefiziten bzw. der Überwindung von Markteintrittsbarrieren – durch Kombination der eigenen Kompetenzen mit denen des Übernahmekandidaten. Die möglichen Quellen für Übernahmemotive werden in Abbildung 6-12 in einen Gesamtzusammenhang mit den erforderlichen Analyseschritten gebracht, die sowohl für das Stammgeschäft als auch für verbundene Märkte durchzuführen sind.

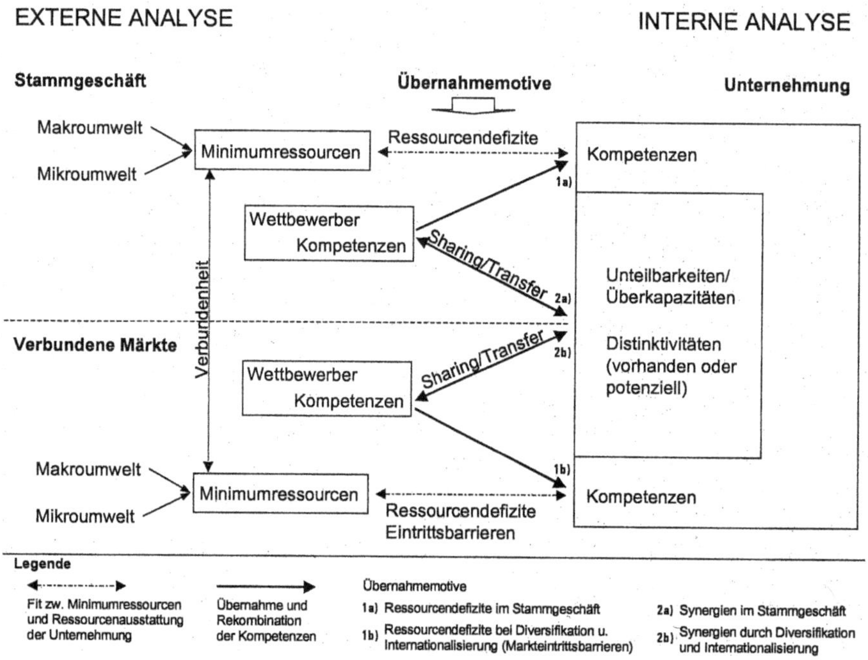

Abbildung 6-12: Quellen für Übernahmemotive und Analyseschritte im Gesamtzusammenhang

1. Analyse und Prognose der Marktanforderungen im Stammgeschäft

Durch die externe Analyse soll zunächst ein Verständnis des allgemeinen Wettbewerbsumfelds sowie der relevanten Entwicklungen der Rahmenbedingungen erzeugt werden. Analyse und Prognose der Makroumwelt bilden den Ausgangspunkt, der unter anderem politisch-rechtliche Faktoren, die volkswirtschaftliche

Entwicklung, Technologien und ökologische Faktoren begutachtet [vgl. etwa Hill/Jones 1992, S. 92-97; Hungenberg 2000, S. 73-77]. Auf die verschiedenen Techniken soll hier nicht eingegangen werden. In dynamischen Umfeldbedingungen hat sich jedoch die Szenario-Analyse als ein probates Mittel erwiesen [vgl. Schoemaker 1992, S. 69; für eine kritische Beurteilung s. Kreikebaum 1993, S. 95-97]. Weiterhin muss die Mikroumwelt – das engere Wettbewerbsumfeld des Marktes – inklusive der direkten Wettbewerber analysiert werden [vgl. Schoemaker 1992, S. 72]. Für die praktische Anwendung hat sich die Branchenanalyse nach Porter bewährt [vgl. 1992a; für Lehrbuchzusammenfassungen s. etwa Hill/Jones 1992, S. 72-83; Barney 1996, S. 68-97; Hungenberg 2000, S. 82-89].[55]

Bestandteil der externen Analyse und Prognose ist eine Konkurrentenanalyse [vgl. Kreikebaum 1993, S. 63]. Die Analyse von Wettbewerbern sollte neben ihrer strategischen Positionierung deren typischen Kompetenzen und etwaige Wettbewerbsvorteile identifizieren [vgl. Schoemaker 1992, S. 72]. Ergebnisse dieser Analyse fließen in die Formulierung der Minimumressourcen ein und sind Ausgangspunkt für die Suche nach Übernahmekandidaten. Die Ermittlung etwaiger distinktiver Kompetenzen von Wettbewerbern als Grundlage ihres Wettbewerbsvorteils ist ein schwieriges Unterfangen. Distinktive Kompetenzen sind durch kausale Ambiguitäten und soziale Komplexitäten vor der Identifikation durch Externe weitgehend geschützt [vgl. 6.2.3.2]. Die Wettbewerberanalyse wird sich daher teilweise auf die Begutachtung normaler Kompetenzen beschränken müssen. Obige Ausführungen haben deutlich gemacht, dass auch die Übernahme normaler Kompetenzen – nicht zuletzt wegen ihrer besseren Integrationsfähigkeit – die Realisierung von Synergien erlaubt und so zu Wettbewerbsvorteilen führen kann [vgl. 6.3.4.1].

Primäres Ziel der externen Analyse – inklusive der Wettbewerberanalyse, welche deren Kompetenzen aufdeckt – ist die Identifikation und Prognose der Marktanforderungen im Stammgeschäft und der erforderlichen Minimumressourcen als ihr unternehmensseitiges Pendant.[56] Minimumressourcen sind dabei als strategierelevante Kompetenzen definiert worden, die sich ex ante identifizieren lassen und für die Teilnahme am Wettbewerb in einem Markt erforderlich sind [vgl. 6.5.3.3]. Entsprechend des Kriteriums der Strategierelevanz lassen sie sich über ihren Beitrag zu einer effizienten Implementierung der Unternehmensstrategie ableiten.

Die Formulierung von Minimumressourcen entlang der Wertschöpfungskette – der typischen Wertschöpfungskette eines Marktes oder einer Industrie – ermög-

---

[55] Mit dieser ‚Empfehlung' für den porterschen Ansatz industrieökonomischer Prägung für die praktische Anwendung ist – ausdrücklich – nicht dessen direkte Integration in die Kausalzusammenhänge des Argumentationsrahmens beabsichtigt [zur Problematik der Integration vgl. 6.1.1]. Für die praktische Anwendung in der Analysephase ist Porters Modell jedoch geeignet.

[56] Zu der Möglichkeit der Ableitung von Minimumressourcen aus einer externen Analyse vgl. analog Hofer/Schendel 1978, S. 61; Grant 1996, S. 74.

licht den späteren Vergleich mit dem Ergebnis der internen Kompetenzanalyse, für die viele Autoren eine Analyse entlang der Wertschöpfungskette propagieren [vgl. Grant 1995, S. 127-132; Barney 1996, S. 175]. Markt oder Industrie müssen dabei verhältnismäßig eng abgegrenzt werden und auch die strategische Positionierung der Unternehmung berücksichtigen [vgl. Schoemaker 1992, S. 73; Rouse/Daellenbach 1999, S. 489]. Somit ist eher an die Formulierung von Minimumressourcen einer strategischen Gruppe zu denken.[57] So macht die Formulierung von Minimumressourcen für die gesamte Automobilindustrie wenig Sinn und sollte verschiedene Marktsegmente bzw. strategische Positionierungen getrennt analysieren. Ohne diese Fokussierung ließen sich strategierelevante Kompetenzen schwerlich formulieren. Dennoch bleiben Minimumressourcen im Ergebnis relativ allgemeine Kompetenzbeschreibungen, da sie für mehrere Unternehmen gültig sind. Beispielsweise können diese in einem engmaschigen Vertriebsstellennetz, einer hohen Markenreputation oder in Produktionskapazitäten mit einer bestimmten kritischen Masse bestehen.

Zweites Ziel der externen Analyse ist eine Vorauswahl potenzieller Akquisitionsobjekte. Ein umfassendes Screening der Wettbewerber und eine Analyse ihrer Kompetenzen identifiziert potenzielle Übernahmekandidaten, deren Kompetenzen Synergieeffekte mit der eigenen Ressourcenausstattung erwarten lassen. Eine genaue Analyse muss neben der Aufdeckung von Synergiepotenzialen auch Aspekte wie Risiken, Übernahmeprämien und Integrationskosten berücksichtigen [vgl. bspw. die ‚Checkliste' für Akquisitionsobjekte im Rahmen von Diversifikationsstrategien von Salter/Weinhold 1979, S. 184-185].

2. Interne Analyse der Unternehmung

Pendant der externen ist die interne Analyse der Unternehmung. Die vorhandenen Kompetenzen sollten analog zu den Minimumressourcen entlang der Wertschöpfungskette identifiziert werden [vgl. Grant 1995, S. 127-132; Barney 1996, S. 175; Bouncken 2000 analysiert mehrere Vorgehensmodelle zur Kompetenzidentifikation]. Die Vorgehensweise der internen Analyse beruht auf dem oben vorgestellten Grundmodell des ressourcenorientierten Ansatzes, welches die notwendigen Eigenschaften von Ressourcen und Kompetenzen für die Realisierung von Wettbewerbsvorteilen beschreibt [vgl. 6.2]. Somit sollten Kompetenzen anhand der Kriterien Strategiebeitrag, Knappheit, Inimitierbarkeit, Nicht-Substituierbarkeit und Immobilität beurteilt werden [vgl. 6.2.3]. Normale Kompetenzen, die in einer Unternehmung identifiziert werden, sollten auf ihre potenzielle Distinktivität untersucht werden. Dabei muss die Frage gestellt werden, ob diese Kompetenzen

---

[57] Für ein Konzept der strategischen Gruppen, welches durch Rückgriff auf die Isolationsmechanismen Rumelts Gedanken des Resource-based View beinhaltet vgl. McGee/Thomas [1986]. Mehra hat in einer empirischen Untersuchung gezeigt, dass sich strategische Gruppen in einer ressourcenorientierten Betrachtungsweise besser nachweisen lassen als anhand von Produkt- und Markteigenschaften [vgl. 1996].

durch Transfer neuer Ressourcen oder Kompetenzen in die Unternehmung Distinktivität erlangen können, mit anderen Worten, ob potenzielle Transfersynergien in Richtung der Unternehmung bestehen. Vorhandene Distinktivitäten weisen auf Potenziale für Transfersynergien zu anderen Unternehmen hin. Empirische Ergebnisse bekräftigen, dass Potenziale für Transfersynergien besonders bei einer unterschiedlich ausgeprägten Kompetenzstärke bestehen [vgl. 6.3.4.3]. Davon ist bei distinktiven Kompetenzen auszugehen. Auch sollten Kompetenzen auf Unteilbarkeiten und Überkapazitäten analysiert werden, da diese Sharingpotenziale im Stammgeschäft oder durch Eintritt in einen neuen Markt hervorbringen können.

3. Auswahl der Übernahmeoptionen

Aus der Zusammenführung externer und interner Analyse ergeben sich die strategisch relevanten Übernahmeoptionen der Unternehmung. Es kommen die beiden oben angesprochenen Übernahmeziele für eine Akquisition im Stammgeschäft in Betracht. Identifiziert die Unternehmung Ressourcendefizite zwischen den aus den externen Anforderungen erwachsenen Minimumressourcen und den gegebenen Kompetenzen, müssen die Defizite ausgeglichen werden [vgl. Grant 1995, S. 143]. Dies kann auch antizipatorisch gegenüber einem prognostizierten Ressourcendefizit erfolgen. Die Kompetenzen der Wettbewerber sind durch die externe Analyse bereits identifiziert worden. Liegen Kandidaten mit komplementären – meist normalen – Kompetenzen vor, ist die Übernahme oftmals eine effiziente Option der Ressourcenentwicklung [vgl. 6.5.4]. Ein wesentlicher Bestimmungsfaktor für die Möglichkeit, Ressourcendefizite durch Übernahmen abzubauen, sind nicht benötigte Kompetenzen, die mit dem Übernahmekandidaten zusammen erworben werden. Beim Abbau von Ressourcendefiziten im Stammgeschäft ist die Gefahr, unbenötigte Kompetenzen zu erwerben im Verhältnis zu einer Übernahme zur Überwindung von Markteintrittsbarrieren besonders groß. Eine Vielzahl der Minimumressourcen sind bei beiden Unternehmen vorhanden, da sie im selben Markt im Wettbewerb stehen [vgl. auch Chatterjee 1990]. Damit entsteht ein kostenträchtiger Restrukturierungsbedarf, der beispielsweise durch die Freisetzung von Personal oder die Veräußerung nicht benötigter Kompetenzen abgedeckt werden kann. Gleichsam entstehen Synergiepotenziale, die mit den Kosten der Restrukturierung zusammen abgewogen werden müssen.

Zur Verbesserung der Wettbewerbsposition sollten proaktiv Synergien des Sharings oder Transfers durch die Übernahme von Wettbewerbern verfolgt werden. Synergien durch Sharing basieren auf den durch die interne Analyse gefundenen Unteilbarkeiten und werden hauptsächlich in der Form von Skaleneffekten realisierbar sein. Synergien durch Transfer entstehen auf der Basis eigener distinktiver Kompetenzen, welche die Erweiterung und Verbesserung der Kompetenzen des Übernahmekandidaten ermöglichen. Transfer ist auch in umgekehrter Richtung möglich und basiert in diesem Fall auf dem Potenzial, mit Hilfe der Kompetenzen des übernommenen Unternehmens eine Distinktivität der eigenen Kompetenzen zu erreichen oder zu verbessern.

Die Realisierung von Wertsteigerungen aus Anteilseignersicht hängt neben dem Realisierungsgrad der angestrebten Synergiepotenziale – inklusive auftretender Dyssynergien – zusätzlich von den Integrationskosten und der Übernahmeprämie ab [vgl. 6.3.2]. Der Resource-based View verweist in diesem Zusammenhang auf die Bedingungen auf Faktormärkten, die dazu führen, dass der Preis des Kompetenzerwerbs die zurechenbaren Erlöse nicht übersteigt. Damit der Verkäufer oder andere Bieter den Preis nicht in die Höhe treiben, sollten die Synergiepotenziale dem Verkäufer und anderen Wettbewerbern nicht bewusst sein und somit privaten Charakter haben. Liegen die erwarteten Synergien auf der Hand und können sie auch durch andere Wettbewerber realisiert werden, so ist es wahrscheinlich, dass diese in den Bietungsprozess einsteigen und die Kosten des Kompetenzerwerbs in die Höhe treiben. Neben privaten Synergien schützen einzigartige Synergien – auf der Basis der eigenen heterogenen Ressourcenausstattung – vor dem Eintritt von Wettbewerbern in den Bietungsprozess. Die Aufdeckung möglichst einzigartiger, zumindest aber nicht offensichtlicher Synergiepotenziale, wird zur Voraussetzung, Wettbewerbsvorteile durch Übernahme erzielen zu können.

4. Analyse und Prognose der Anforderungen verbundener Märkte

Auf einer nächsten Ebene können die Schritte ähnlich für die Analyse der Potenziale für Diversifikation und Internationalisierung durchgeführt werden. Die externe Analyse muss dafür Märkte identifizieren, die in ressourcenorientierter Definition mit dem Stammgeschäft verbunden sind. Dies kann für den Eintritt in eine neue Industrie oder auch für die Entwicklung eines neuen regionalen Absatzgebietes erfolgen. Für diese Märkte wird eine Analyse entsprechend Schritt 1 durchgeführt. Verbundenheit der Märkte bedeutet, dass ähnliche Anforderungen an die Ressourcenausstattungen von Unternehmen gestellt werden und sich Minimumressourcen damit in Teilbereichen entsprechen. Verbundenheit lässt sich in ressourcenorientierter Sicht somit an ähnlichen Marktanforderungen und damit an den Minimumressourcen festmachen [vgl. 6.5.3.3]. Eine Klassifikation kann, Verdin und Williamson folgend, anhand von Input-, Prozess-, Vertriebs-, Kunden- und generellen Kompetenzen vorgenommen werden [vgl. 1994; 6.4.2]. Generelle Kompetenzen umfassen Marktkenntnisse, die bei Internationalisierungsschritten relevant sind. Eine erneute externe Analyse der Makro- und Mikroumwelt angrenzender Märkte sowie der Kompetenzen der Wettbewerber liefert die gesuchten Minimumressourcen und erlaubt eine Bestimmung der Verbundenheit zum Stammgeschäft.

5. Auswahl der Übernahmeoptionen für Diversifikation und Internationalisierung

Eine interne Analyse wurde der vorgeschlagenen Vorgehensweise entsprechend bereits durchgeführt. Überkapazitäten und Unteilbarkeiten erlauben bei Kompetenzen mit geringer Spezifität für das Stammgeschäft den Eintritt in einen neuen Markt. Die Eignung der eigenen Kompetenzen für die analysierten Märkte muss anhand des identifizierten Grads der Verbundenheit abgeschätzt werden. Die Nutzung von Überkapazitäten distinktiver Kompetenzen kann beispielsweise zur

Realisierung von Verbundeffekten als Sharingsynergie führen. Daneben können durch den Markteintritt Lerneffekte durch das Wettbewerbsumfeld angestrebt werden. Bei beiden Strategien ist das Auftreten von Ressourcendefiziten wahrscheinlich, da die Unternehmung alle Ressourcenanforderungen des Marktes erfüllen muss. Somit müssen Markteintrittsbarrieren überwunden werden, was durch Übernahme von Unternehmen mit den benötigten – meist normalen – Kompetenzen erfolgen kann [vgl. 6.4.4]. Mit der Entfernung zum Stammgeschäft sinkt dabei die Gefahr, neben den gesuchten auch unbenötigte Kompetenzen zu erwerben.

Von Kompetenzen ausgehende Transfersynergien können unabhängig von Eintrittsbarrieren ein Übernahmemotiv darstellen. Für solche Transfersynergien gelten analoge Argumente wie für die oben analysierten proaktiv verfolgten Synergien innerhalb des Stammgeschäfts und hinsichtlich der Erzielung der Wertsteigerungspotenziale aus Anteilseignersicht. Mit diesen Ausführungen sind die Übernahmemotive in ein Vorgehensmodell für die Identifikation potenziell vorteilhafter Übernahmeoptionen in einem ressourcenorientierten Kontext eingearbeitet.

Im nächsten Kapitel folgt eine exemplarische Anwendung des hier formulierten Vorgehensmodells für Unternehmensübernahmen von Universalbanken. Damit kehrt die Arbeit zu der zunächst gesetzten bankspezifischen Problemstellung zurück und nimmt die geforderte Identifikation von Wettbewerbspotenzialen – anhand einer Betrachtung der geschäftsfeldspezifischen Kompetenzen – und Übernahmemotiven in der Bankbranche vor. Bei dieser Vorgehensweise kann nicht von der Perspektive einer individuellen Bank ausgegangen werden. Die interne Analyse hat daher den Charakter einer Exemplifizierung. Auch auf der Basis einer solchen beispielhaften Darstellung lassen sich Potenziale für Distinktivitäten, Unteilbarkeiten und Überkapazitäten beschreiben, die in der Lage sind den aufgebauten Argumentationsrahmen zu konkretisieren. Auch die externe Analyse und Ableitung der Minimumressourcen erfolgt allgemeiner, als dies im praktischen Anwendungsfall zu erfolgen hat. Dabei wird von einer konkreten strategischen Gruppe abstrahiert. Die exemplarische Analyse wird allerdings in der Lage sein, Minimumressourcen zu identifizieren, potenzielle Distinktivitäten und damit Wettbewerbpotenziale abzuleiten, Überkapazitäten und Unteilbarkeiten als Grundlage für Synergien darzustellen sowie die Verbundenheit der exemplarisch behandelten Bank-Geschäftsfelder und damit Diversifikationspotenziale aufzuzeigen. Insbesondere werden die ersten drei Schritte des Vorgehensmodells ausführlich besprochen. Die mit Diversifikation und Internationalisierung im Zusammenhang stehenden Schritte vier und fünf werden vornehmlich anhand einer Betrachtung der Verbundenheit und Übernahmeoptionen zwischen den exemplarisch untersuchten Geschäftsfeldern analysiert. Internationalisierung wird geschäftsfeldspezifisch behandelt, wenn sie ein besonders relevantes Übernahmemotiv bereitstellt.

7 Geschäftsfeldspezifische Analyse von Bank-Wettbewerbspotenzialen und Synergieeffekten: Anwendung des Theoriekonzepts

In various ways the related pressures of competition, declining entry barriers, deregulation, financial innovation, and technology have eroded some of the comparative advantages of banks in their traditional intermediation business. They are also transforming the fundamental economics of banking.

David T. Llewellyn, 1999

Bank consolidation is the result of fundamental economic forces which have increased competition and improved the efficiency of our financial system.

Frederic S. Mishkin, Federal Reserve Bank of New York, 1998

7.1 Vorgehensweise

Dieses Kapitel konkretisiert das erarbeitete Argumentationskonzept exemplarisch anhand der Bankindustrie. Neben einer Überprüfung und Verdeutlichung der Aussagen des Argumentationskonzepts werden die Ziele verfolgt, die Wettbewerbspotenziale von Universalbanken zu identifizieren und herauszuarbeiten, wie Bankmerger zum Erreichen derselben beitragen können. Damit widmet sich dieses Kapitel den eingangs dieser Arbeit formulierten bankbetrieblichen Aufgabestellungen [vgl. 1.2]. Wettbewerbspotenziale werden anhand der potenziellen Distinktivität bankbetrieblicher Kompetenzen analysiert. Der Beitrag von Bankmergern fließt in der Form von Synergiepotenzialen in die Analyse ein. Die branchenbezogene Konkretisierung ist nicht nur aufgrund der gegebenen Problemstellung erforderlich, sondern auch eine wesentliche Voraussetzung für die Identifikation der Wettbewerbspotenziale und der ihnen zu Grunde liegenden Kompetenzen. Über Branchen hinweg unterscheiden sich Faktormärkte. Die Identifikation potenziell distinktiver Kompetenzen erfordert daher zumindest die Beschränkung der

Analyse auf eine Branche oder weitergehend auf eine strategische Gruppe [vgl. Rouse/Daellenbach 1999, S. 489].

Bankbetriebliche Wettbewerbpotenziale und die ihnen zu Grunde liegenden Kompetenzen sowie Übernahmemotive und die ihnen zu Grunde liegenden Synergiepotenziale werden nach dem Kenntnisstand des Autors das erste Mal aus ressourcenorientierter Sicht geschäftsfeldspezifisch analysiert.[58] Als Geschäftsfelder werden das Retail, Private und Wholesale Banking sowie das Corporate Finance Geschäft behandelt.[59] Diversifikation wird als geschäftsfeldübergreifende Übernahme analysiert. Durch eine Betrachtung auf der Ebene der Geschäftsfelder wird der Informationsgehalt der theoretischen Aussagen des Argumentationskonzepts erhöht. Sie kann als Annäherung an die geforderte Analyse strategischer Gruppen angesehen werden. Tatsächlich konzentrieren Universalbanken ihr Geschäft oftmals auf das Retail Banking, das Private Banking oder auf Wholesale Banking und Corporate Finance gemeinsam. Klassische Investmentbanken haben einen exklusiven Fokus auf das Corporate Finance Geschäft.

Das Kapitel geht weitgehend anhand des Vorgehensvorschlags vor, der aus dem Theoriekonzept abgeleitet worden ist [vgl. 6.6.2]. Zunächst wird aus ressourcenorientierter Sicht eine Wertschöpfungskette für Banken eingeführt [vgl. 7.2]. Sie dient als Analyseraster. Nachfolgend wird die Sortimentserweiterung als Leitmotiv für eine Reihe von Transfersynergien analysiert, um die nachfolgende Analyse zu erleichtern [vgl. 7.3]. Unterstützende Wertschöpfungsaktivitäten werden außerhalb der geschäftsfeldspezifischen Analyse behandelt, da sie für mehrere Geschäftsfelder gemeinsam durchgeführt werden. Dies erfolgt gemeinsam mit der Wertschöpfungsaktivität Transformation, die ebenfalls die Gesamtbank betrifft [vgl. 7.4]. Für diese Aktivitäten werden aufgrund des fehlenden direkten Marktbezugs lediglich eine interne Analyse sowie eine Genese von Übernahmeoptionen entsprechend dem Vorgehensvorschlag durchgeführt. Der erste Schritt der Marktanalyse wird demnach nur für die primären Wertschöpfungsaktivitäten benötigt.

Bei der geschäftsfeldspezifischen Analyse der primären Wertschöpfungsaktivitäten werden die ersten drei Schritte der Vorgehensskizze, (1) die externe Analyse der Marktanforderungen und die Ableitung von Minimumressourcen, (2) die interne Ressourcenanalyse auf Distinktivität, Unteilbarkeiten und Überkapazitäten

---

[58] Auf Gesamtbankebene analysiert Börner Kompetenzen und ihre potenzielle Distinktivität [vgl. 2000]; Mehra identifiziert auf derselben Ebene Kompetenzen der amerikanischen Bankindustrie durch Experteninterviews [vgl. 1996]; einige kurze Ausführungen für die Gesamtbankebene finden sich auch bei Böhme [vgl. 1997]. Synergiepotenziale sowie eine Verbindung zu Übernahmemotiven formuliert keiner der Autoren zufriedenstellend.

[59] Das Retail Banking umfasst dabei vornehmlich das Privatkundengeschäft, Private Banking das Anlagegeschäft mit vermögenden Privatkunden, Wholesale Banking das Firmenkundenkreditgeschäft und Corporate Finance das Kapitalmarktgeschäft mit Firmenkunden. Genaue Beschreibungen der Geschäftsfelder finden sich in Abschnitt 7.5.

und (3) die Genese von Übernahmeoptionen und die Identifikation von Synergiepotenzialen relativ direkt übernommen [vgl. 7.5]. Dabei erfolgt eine branchenbezogene Exemplifizierung, die vom Einzellfall abstrahiert, aber die Vorgehensweise ebenso konkretisieren kann wie die Wettbewerbspotenziale (potenziell distinktive Kompetenzen) und Übernahmemotive (Synergiepotenziale). Möglichkeiten der Internationalisierung werden in relevanten Fällen geschäftsfeldbezogen beachtet.

Da Diversifikation als Übernahme zwischen den betrachteten Geschäftsfeldern analysiert wird (Inter-Geschäftsfeld Synergiepotenziale), deren Marktanforderungen aus den vorausgegangenen externen Analysen bereits bekannt sind, entfällt der vierte Schritt des Vorgehensvorschlags zum Teil (Analyse der Marktanforderungen und Ableitung von Minimumressourcen verbundener Märkte). Es ist lediglich auf die Verbundenheit der Geschäftsfelder und auf daraus erwachsende Übernahmeoptionen entsprechend Schritt fünf einzugehen. Dies geschieht anhand einer etwas verkürzten Betrachtung, die wesentliche Übernahmemotive herausarbeitet. Der Einfachheit und klaren Darstellung halber werden die Geschäftsfelder bei dieser Analyse an der Wertschöpfungskette orientiert zusammengefasst betrachtet [vgl. 7.6]. Abbildung 7-1 fasst die Vorgehensweise der ressourcenorientierten Analyse für Kapitel 7 zusammen.

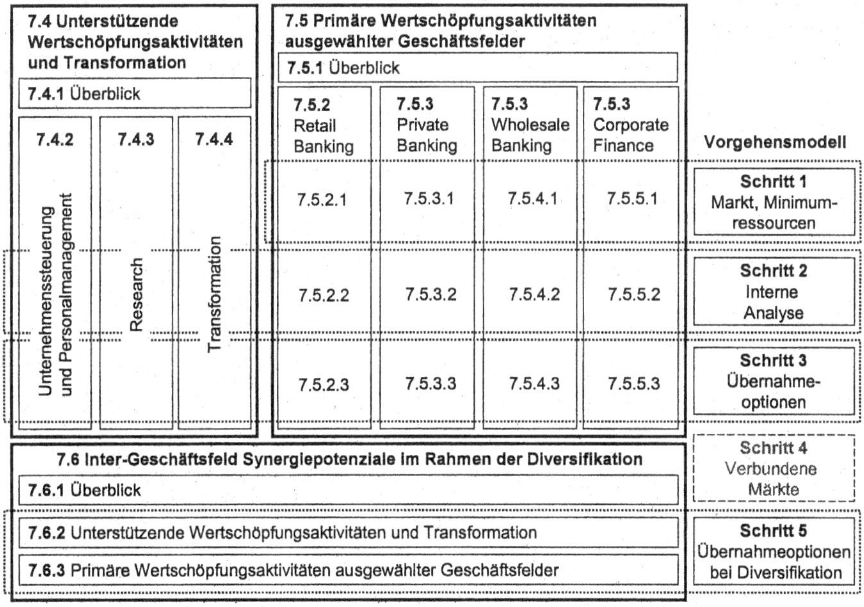

Abbildung 7-1: Vorgehensweise der ressourcenorientierten Analyse des Kapitels

7.2 Bank-Wertschöpfungsketten als Analyseraster

7.2.1 Ableitung einer bankbetrieblichen Wertschöpfungskette

Sowohl für die Formulierung der Minimumressourcen als auch für die interne Kompetenzanalyse wird das Konzept der Wertschöpfungskette als Analyseraster herangezogen. Damit wird der Empfehlung einiger Vertreter des Resource-based View gefolgt [vgl. Grant 1995, S. 127-132; Barney 1996, S. 175]. An dieser Stelle wird eine an Banken angepasste Wertschöpfungskette zunächst skizziert. Dabei werden die hinter den Aktivitäten stehenden Kompetenzen aus ressourcenorientierter Sicht eingeführt und grundlegend charakterisiert. Im nachfolgenden Abschnitt ist nach dem Zusammenhang der den Wertschöpfungsaktivitäten zugeordneten Kompetenzen mit einer in der Bankbetriebslehre geläufigen Unterscheidung technisch-organisatorischer und finanzieller Einsatzfaktoren zu fragen, um Verwechslungen mit der hier verfolgten ressourcenorientierten Interpretation der Bankunternehmung auszuschließen.

Für die Beschreibung der Wertschöpfungskette von Banken soll die Darstellungsweise Porters zum Ausgangspunkt genommen werden [vgl. 1992b, S. 62- 63]. Die Unternehmung wird dabei als Ansammlung von Aktivitäten angesehen, die sich in Primär- und Unterstützungsaktivitäten aufteilen lassen. Es ist bereits darauf hingewiesen worden, dass die Möglichkeit Aktivitäten durchzuführen auf den Ressourcen und Kompetenzen der Unternehmung beruht [vgl. 6.1.1]. Die Nutzung der Wertschöpfungskette in einer ressourcenorientierten Analyse ist damit unproblematisch.

Die vorwiegend auf Industrieunternehmen ausgerichtete Formulierung der Wertschöpfungsaktivitäten muss an bankbetriebliche Besonderheiten angepasst werden [vgl. auch Praxmarer 1993, S. 228].[60] Die finanzwirtschaftliche Sphäre wird in industriell orientierten Wertschöpfungsketten nicht zulänglich abgebildet. Für Banken bedarf es der expliziten Aufnahme der Transformation für alle Geschäfte, bei denen sie als Kontraktpartner für finanzielle Assets auftreten. Umgekehrt kommt beispielsweise der Beschaffung bei Banken eine eher untergeordnete Bedeutung zu und kann – zumindest als bankbetriebliche Besonderheit – vernachlässigt werden.[61] Im Vorgriff auf die folgenden Ausführungen gibt Abbildung 7-2 die

---

60 Ähnlich lassen sich Produktionsfaktorensysteme nicht direkt von Industrieunternehmen auf Finanzdienstleister übertragen [vgl. Deppe 1969, S. 18].

61 Dies soll nicht ausschließen, dass sich durch ein Sharing von Beschaffungsaktivitäten im Zuge eines Bankzusammenschlusses beträchtliche Kosten einsparen lassen [für die UBS vgl. Cabiallavetta 1998]. In dieser Arbeit soll aber die bankbetriebliche Motivation für Übernahmen im Vordergrund stehen.

hier genutzte Konfiguration einer generischen Wertschöpfungskette von Banken wieder und knüpft die Verbindung zu den oben besprochenen Funktionen von Finanzintermediären [vgl. 2.3]. Durch diese Vorgehensweise können die bereits abgeleiteten generischen Wettbewerbpotenziale zur Bestimmung möglicher Distinktivitäten der den entsprechenden Wertschöpfungsaktivitäten zugeordneten Kompetenzen herangezogen werden [vgl. 2.4]. An dieser Stelle wird eine Wertekette formuliert, die auf einen Finanzintermediär im engeren Sinn abstellt und die Transformation beinhaltet. In der späteren Analyse werden die primären Aktivitäten den geschäftsfeldspezifischen Anforderungen angepasst [vgl. 7.5].

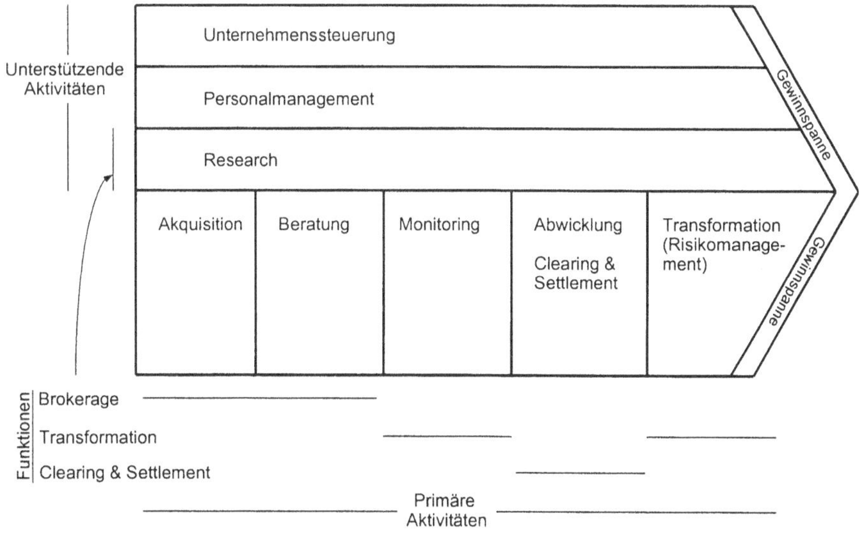

Abbildung 7-2: Generische Wertschöpfungskette und Funktionen für Banken[62]

Als Beleg für die nachfolgend skizzierten Kompetenzen, die den unterstützenden und primären Aktivitäten zu Grunde liegen, kann in einer Mehrzahl der Fälle eine empirische Untersuchung von Mehra herangezogen werden. Dieser hat für Banken maßgebliche Kompetenzen in Experteninterviews identifiziert [vgl. 1996]. Er ist in der Lage, auf Basis der Kompetenzen signifikante Belege für strategische Gruppen zu finden, deren Aussagegehalt denjenigen marktorientierter Gruppierungen übertrifft, die vergleichend herangezogen werden. Stellenweise weicht

[62] Ähnlich systematisieren Börner [vgl. 2000, S. 169-180] und für Direktbanken Moormann und Frank [vgl. 2000, S. 13]. Wertschöpfungsketten für das Bankgeschäft finden sich auch bei Praxmarer [vgl. 1993, S. 228], Strutz [vgl. 1993, S. 226] oder Böhme [vgl. 1997, S. 114-115].

Mehras Systematik allerdings von der hier vorgenommenen Strukturierung von Kompetenzen und Wertekette ab; in diesen Fällen finden sich andere Belege für die Relevanz der Kompetenzen, beispielsweise aus einer ökonomischen Analyse von Llewellyn [vgl. 1999, insb. S. 59].

Als unterstützende Aktivitäten eines Finanzintermediärs kommen Unternehmenssteuerung, Personalmanagement und Research in Betracht, die hier kurz charakterisiert werden:

- Der Unternehmenssteuerung liegt eine Koordinationskompetenz zu Grunde, die eine Abstimmung der Aktivitäten auf die übergeordneten Unternehmensziele vornimmt. Sie besteht weitgehend aus personellen Ressourcen, die durch Informations-, Planungs- und Anreizsysteme komplementiert werden. Mehra identifiziert die Koordinationskompetenz als „management quality and depth" sowie als „resource management efficiency" [vgl. 1996]. Letztere bezieht sich entsprechend des Gedankens der Koordination auf den Einsatz von Ressourcen und kommt damit der Konzeption einer Kompetenz höherer Qualität sehr nahe, die den zielorientierten Ressourceneinsatz bewerkstelligt [vgl. 6.2.1.2]. Zur Unternehmenssteuerung lässt sich auch das für Banken wichtige Management des Technologieeinsatzes subsumieren, das Mehra als „technological expertise" auffasst [vgl. 1996].
- Das Personalmanagement wird ebenfalls von personellen Ressourcen dominiert. Es hat die Rekrutierung sowie Aus- und Weiterbildung der Mitarbeiter zum Gegenstand. Die Personalmanagement-Kompetenz kann als zusätzlicher Aspekt der Managementqualität Mehras angesehen werden.
- Research hat eine besondere Relevanz für Banken, da es die Generierung und Aufbereitung von Informationen über Finanztitel und volkswirtschaftliche Trends zum Gegenstand hat. Damit ist es Bestandteil der Brokerfunktion [vgl. 2.3.2]. Researchinformationen werden übergreifend für mehrere Geschäftsfelder generiert, so dass die Aktivität als unterstützend betrachtet werden soll. Hinter einer Researchkompetenz stehen vornehmlich die personellen Fähigkeiten und Erfahrungen von Mitarbeitern. Da es sich um die Aufbereitung komplexer Informationen handelt, unterliegen diese hohen Anforderungen. Die generischen Wettbewerbspotenziale des Brokerage verdeutlichen die Bedeutung der Skills und Fähigkeiten des Personals [vgl. 2.4.2]. Mehra identifiziert die resultierenden Informationsvorsprünge als Kompetenz [vgl. 1996; s. auch Llewellyn 1999].

Als Ausgangspunkt der primären Wertschöpfungsaktivitäten sollen Akquisition und Beratung behandelt werden. Beide können als kundenorientierter Bestandteil der Vertriebs- und Vermittlungsfunktion eines Intermediärs angesehen werden und sind somit der Brokerfunktion zuzuordnen [vgl. 2.3.2]. Sie sind unabhängig davon durchzuführen, ob eine Bank als Kontraktpartner für eigene Transformationsleistungen auftritt oder lediglich eine Beratungs- und Vermittlungsfunktion wahrnimmt. In letzterem Fall agiert sie rein als Broker. Tritt sie als Kontraktpartner für Transformationsleistungen im Aktivgeschäft auf, so schließt sich das Monitoring als weitere Wertschöpfungsaktivität an [vgl. 2.3.3]. In jedem Fall folgt die Abwicklung der Transaktionen, sei es im Anlagebereich (Beschaffung bzw. Veräußerung von Finanztiteln), im Kreditbereich (Auszahlung und Kapitaldienst), direkt im Zahlungsverkehr oder bei der Zusammenführung von Angebot und Nachfrage bei komplexen Transaktionen im Corporate Finance. Die Abwicklung leitet sich damit aus dem Clearing & Settlement ab [vgl. 2.3.4]. Tritt eine Bank als Kontraktpartner auf, finden schließlich Transformation und Risikomanagement statt [vgl. 2.3.3].

Die primären Wertschöpfungsaktivitäten und die damit im Zusammenhang stehenden Kompetenzen lassen sich folgendermaßen charakterisieren:

- Akquisitionskompetenz stützt sich als Bestandteil des Brokerage auf einen vorhandenen Kundenstamm und Reputation als wesentliche Ressourcen, hinzu kommt das Vertriebswegenetz [vgl. 2.4.2; s. auch Böhme 1997, S. 66-68]. Reputation erwächst aus den gesammelten Erfahrungen Dritter mit der Qualität der Bankdienstleistungen und gibt damit eine Einschätzung des gesamten Ressourcenbündels der Bank wieder [vgl. allgemein Hall 1992, S. 138]. Eine weitere Rolle spielt das Produktsortiment, das sich als vorstrukturiertes Leistungsangebot charakterisieren lässt [vgl. Hein 1993, S. 228-239]. Es ist als abgeleitete intangible Ressource aufzufassen, welche die Fähigkeit der Bank zur Leistungserstellung wiedergibt. Es bildet damit die Mehrzahl der Kompetenzen entlang der primären Wertschöpfungsaktivitäten ab. Mehra identifiziert Kundenstamm und Kundenbindung als Kompetenz und bezeichnet diese als das „franchise" einer Bank [vgl. 1996]. Reputation wird von Llewellyn ähnlich als „trust" identifiziert [vgl. 1999]. Die generischen Wettbewerbspotenziale im Brokerage stellen eine weitere überzeugende Begründung für die Bedeutung der Reputation bei der Akquisition dar [vgl. 2.4.2].
- Beratungskompetenz greift als Bestandteil der vermittelnden Brokerfunktion im Wesentlichen auf personelle Ressourcen und deren informationstechnische Unterstützung zurück [vgl. 2.4.2; s. auch Böhme 1997, S. 67]. Die Anforderungen an die persönlichen Fähigkeiten und das gesammelte Erfahrungswissen der Berater steigt mit zunehmender Komplexität der Transaktionen [vgl. 2.4.2]. Dabei löst die erzielte Beratungsqualität Rückkopplungseffekte auf die Reputation der Banken aus. Von besonderer Bedeutung zur Ausfüllung der Beratungskompetenz sind die aus dem Research bereitgestellten Informationen sowie interne Kundeninformationen aus bereits durchgeführten Transaktionen. Personelle Kompetenzen unterhalb des oberen Management sieht Mehra nicht [vgl. 1996]. Eine Berücksichtigung ist aufgrund der für die generischen Wettbewerbspotenziale bestimmten Ressourcen und der Personallastigkeit des Finanzdienstleistungssektors geboten.
- Monitoring wird bei dem Eintritt der Bank als Kontraktpartner notwendig. Es hat seinen Ursprung damit in der Transformation, ist im Grunde aber eine informationsverarbeitende Tätigkeit [vgl. 2.3.3]. Eine Kompetenz des Monito-

ring ist über den gesamten Zeitraum des Engagements relevant und ist insbesondere als Kreditwürdigkeitsprüfung und -überwachung zu verstehen [vgl. ähnlich Böhme 1997, S. 67, der diese Kompetenz als Kreditfähigkeit bezeichnet]. Den generischen Wettbewerbspotenzialen zufolge werden für das Monitoring insbesondere personelle Ressourcen benötigt. Informationstechnologien unterstützen die Ausfüllung dieser Kompetenz durch Scoring- und Analysesysteme für die Kreditwürdigkeitsprüfung [vgl. 2.4.3]. Es gibt bereits die ersten automatisierten Kreditzusagen, die auf Scoringsystemen beruhen [vgl. Böhme 1997, S. 118]. Llewellyn identifiziert Monitoringkompetenz direkt als Wettbewerbspotenzial [vgl. 1999]. Mehra sieht entsprechend die Fähigkeit zum Risikomanagement als Kompetenz an [vgl. 1996].

- Mithilfe der Abwicklungskompetenz bewerkstelligt die Bank die ‚technische' Zusammenführung von Angebot und Nachfrage. Für das Mengengeschäft sind Informationssysteme und -netze als wesentliche Ressourcen anzuführen. Daher kann Abwicklungskompetenz als weiterer Aspekt der „technological expertise" Mehras aufgefasst werden [vgl. 1996]. Entsprechend der generischen Wettbewerbspotenziale im Clearing & Settlement lassen sich Skalenpotenziale im Mengengeschäft nur auf der Basis eines umfangreichen Kundenstamms erwirtschaften, der so zur Ressource wird, aber primär der Akquisition zuzuordnen ist [vgl. 2.4.4]. Im Emissionsgeschäft werden Transaktionen abgewickelt, indem Wertpapiere bei Kunden platziert werden. Platzierungskraft – bei Mehra „placing power" [vgl. 1996] – wird dabei zu einer maßgeblichen Ressource, die aus Kontakten zu abnahmebereiten Investoren aus dem privaten und institutionellen Bereich besteht. Llewellyn identifiziert ähnlich eine Maklerfähigkeit als Wettbewerbspotenzial [vgl. 1999].

- Eine Bank führt die Wertschöpfungsaktivität der Transformation durch, wenn sie als Kontraktpartner auftritt und Risiken übernimmt. Da Monitoring als eigene Wertschöpfungsaktivität behandelt wird, verbleibt hier die Kompetenz zum Risikomanagement. Diese macht den Kern der Transformation aus [vgl. 2.3.3]. Risikomanagement hat zunächst einen Steuerungsaspekt. Es umfasst damit die Personalressourcen, die zur Durchführung der Aktiv-Passiv Steuerung erforderlich sind. Ähnlich der Unternehmenssteuerung werden sie durch organisationale Informations-, Anreiz- und Planungssysteme komplementiert. Mehra fasst diese Kompetenz zur Risikosteuerung neben dem Monitoring als weiteren Aspekt des „risk management" auf [vgl. 1996; s. auch Llewellyn 1999]. Die Umsetzung dieser Risikosteuerung erfolgt durch den Handel, der auf personelle Ressourcen und einen technischen sowie qualitativen Marktzugang angewiesen ist. Transformation beinhaltet darüber hinaus die Fähigkeit zur Risikoübernahme, die entsprechend der generischen Wettbewerbspotenziale als finanzielle Kapazität beschrieben werden soll [vgl. 2.4.3]. Sie begrenzt Anzahl und Volumen der möglichen Kreditvergabe sowie die maximalen Risiken, die eine Bank im Emissionsgeschäft und Eigenhandel eingehen kann. Von Mehra wird sie als „adequacy of capital base" aufgefasst [vgl. 1996]. Die entstehende Risikomenge hängt mit Qualität, Umfang und Streuung der Risikoaktiva zusammen, die so charakterisiert als Kompetenz aufgefasst werden kann. Die Streuung der Kundenbasis und die Qualität des Monitoring im Kundengeschäft beeinflussen die Struktur der Risikoaktiva, die von Mehra als „asset/credit quality" bezeichnet wird [vgl. 1996].

7.2.2 Abgrenzung der Wertschöpfungsaktivitäten von Einsatzfaktoren in der bankbetrieblichen Literatur

In der Bankbetriebslehre ist mit Deppe eine Abgrenzung der Einsatzfaktoren bankbetrieblicher Leistungserstellung in einen technisch-organisatorischen (TOB) und einen liquiditätsmäßig-finanziellen (LFB) Bereich geläufig [vgl. im Folgenden 1969, S. 17-35; 1978]. Eine kurze Abgrenzung dieser Sichtweise von der oben eingeführten ressourcenorientierten Sicht auf die Bankunternehmung und ihre Wertschöpfungsaktivitäten ist geboten, um Verwechslungen zu vermeiden [vgl. ähnlich Börner 2000, S. 146-152]. Von den zur Leistungserstellung notwendigen Einsatzfaktoren unterscheidet Deppe einen geschäftspolitischen Bereich, der Normen als Ausfluss von Führungsentscheidungen sowie Ziel- und Kontrollsysteme des Bankbetriebs umfasst. Abbildung 7-3 gibt die Systematik für die Einsatzfaktoren wieder [vgl. Hein 1993, S. 125]. In der Sicht Deppes wird der TOB durch personelle und intangible Ressourcen und weitere, vorwiegend physische Betriebsmittel konstituiert. Finanzielle Mittel werden zusammen mit ihrer Beschaffung und Verwendung gedanklich davon getrennt als LFB bezeichnet.[63] Bei der Abgrenzung der Transformation als eigenständige Wertschöpfungsstufe in der obigen Systematik ist nach der Kongruenz dieser Vorgehensweise mit der Unterteilung in TOB und LFB zu fragen. Zudem soll einer möglichen Übereinstimmung der unterstützenden Aktivitäten mit dem geschäftspolitischen Bereich Deppes nachgegangen werden.

---

[63] In der ursprünglichen Ansicht Deppes werden Depositen vorwiegend als Beschaffung finanziellen Inputs für die Finanzierung von Kreditgeschäften auf der Aktivseite aufgefasst [vgl. 1978, S. 26-28]. Dieser Ansicht kann – auch unter Hinweis auf die Marktzinsmethode – heute nicht mehr entsprochen werden. Depositen stellen eine Leistung an den Kunden in der Form der Bereitstellung von Liquidität unter Verknüpfung mit den Möglichkeiten des Zahlungsverkehrs dar. Diese Leistung wird der Bank in der Form von Gebühren und einer unter dem Marktzins liegenden Habenverzinsung vergütet [vgl. für eine ähnliche Argumentation Börner 2000, S. 151-152]. Ähnlich lässt sich für ökonometrische Arbeiten ein Intermeditations- und Produktionsansatz unterscheiden. Letzterer sieht Banken als Produzent von Konten auf der Aktiv- und Passivseite und umfasst somit Depositen als Output und nicht lediglich als Beschaffung finanzieller Mittel [vgl. Hartmann-Wendels/Pfingsten/Weber 1998, S. 78-79].

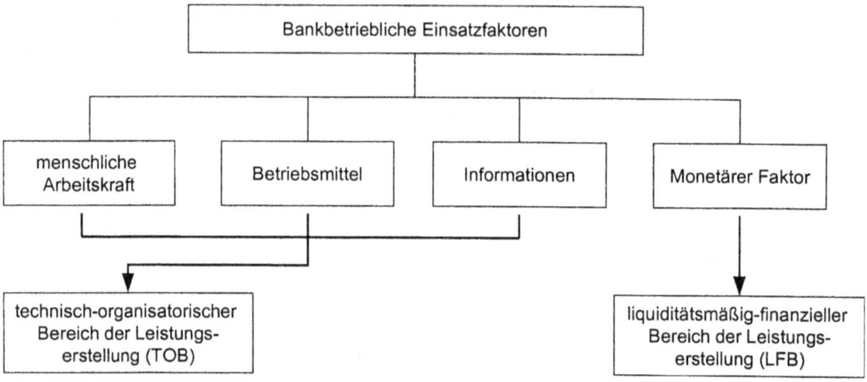

Abbildung 7-3: Das System bankbetrieblicher Einsatzfaktoren

In dieser Arbeit umfasst Transformation als Wertschöpfungsaktivität eine Mischung finanziell basierter Kompetenzen (Streuung der Risikoaktiva und finanzielle Kapazität) und zusätzlicher tangibler und personeller Ressourcen, die sich zu einer Kompetenz für die Risikosteuerung formieren. Letztere beinhaltet im Zusammenhang mit dem Handel auch technische Ressourcen sowie die Reputation der Bank an den Kapitalmärkten als intangible Ressource. Diese Ressourcen sind vornehmlich dem TOB zuzuordnen. Die ebenfalls zur Transformation zu subsumierende finanzielle Kapazität ist hingegen dem LFB zuzurechnen. Dies gilt weitgehend auch für die Struktur der Risikoaktiva, die den erforderlichen Umfang des Haftungspotenzials, also des haftenden Eigenkapitals als Bestandteil der finanziellen Kapazität bestimmen [vgl. auch Hein 1993, S. 147].

Insgesamt ist damit eine Kongruenz der Wertschöpfungsaktivität Transformation und Risikomanagement mit dem LFB zu verneinen. Die Isolierung des LFB ist allerdings in der Lage, die finanzielle Kapazität genauer zu charakterisieren, welche die Fähigkeit begrenzt Risiken zu übernehmen. Die Kapazität Kredite zu vergeben wird maßgeblich von der Liquiditätsreserve sowie dem Eigenkapital der Bank bestimmt. Die Liquiditätsreserve umfasst die noch nicht durch Geschäftsvolumen gebundenen liquiden Mittel, zu denen u.a. mobilisierbare Anlagen, Kundeneinlagen, Interbankenkredite und Zentralbankgelder zu zählen sind. Die finanzielle Kapazität hat eine haftungsbegrenzende Wirkung, die in der aufsichtrechtlich geforderten Unterlegung der Risikoaktiva mit haftendem Eigenkapital deutlich wird. Dies gilt ebenso für Risikopositionen im Eigenhandel [vgl. Büschgen 1998, S. 1098-1100]. Im Ergebnis begrenzt die finanzielle Kapazität sowohl die Kreditvergabekapazität als auch die Fähigkeit zur Risikoübernahme im Eigenhandel.

Schließlich lässt sich eine gewisse Nähe des von Deppe identifizierten geschäftspolitischen Bereichs zu den unterstützenden Wertschöpfungsaktivitäten beobachten, die dazu anregt beide Bereiche gleichzusetzen. Dies muss ebenfalls abgelehnt werden, da der geschäftspolitische Bereich – der Auffassung Deppes folgend –

den Charakter einer intangiblen Ressource hat, der die Ergebnisse von Handlungsentscheidungen umfasst und diese strikt von den Handelnden trennt. In dieser Arbeit setzen sich unterstützende Kompetenzen – beispielsweise eine Kompetenz zur Unternehmenssteuerung – aus vielfältigen personellen und organisationalen Ressourcen zusammen, so dass eine Übereinstimmung mit der Sicht Deppes nicht vorliegt. Diese abstrakte Auffassung muss schon daher abgelehnt werden, da sie in ressourcenorientierter Interpretation zu einer Kompetenz höherer Ordnung führen würde, deren Integrationsfähigkeit im Rahmen einer Übernahme zweifelhaft ist [vgl. 6.3.4.1].

7.3 Sortimentserweiterung zur Erzielung von Transfersynergien

Die Erweiterung des Sortiments kann als Leitmotiv für die Erzielung vielfältiger Synergien des Transfer und Sharing angesehen werden. Die Analyse an dieser Stelle vereinfacht die nachfolgende Argumentation mit einem Fokus auf die Transfersynergien und grenzt die Sortimentserweiterung durch Übernahme von der Alternative der Sortimentserweiterung durch Kooperation ab. Im Grunde handelt es sich bei der Sortimentserweiterung um die Produkterweiterung innerhalb eines Geschäftsfeldes. Bei einer breit ausgelegten Begriffsauffassung ließe sich eine Sortimentserweiterung damit als Sonderfall der Diversifikation auffassen. Es soll hier noch einmal daran erinnert werden, dass dem in einer ressourcenorientierten Sichtweise nicht entsprochen werden kann, da Ressourcen und Kompetenzen als Quelle vielfältiger Produkte angesehen werden [vgl. 6.4.1]. Die nachfolgenden Überlegungen können allerdings in der späteren Analyse der Diversifikation zwischen Geschäftsfeldern herangezogen werden, wenn Transfersynergien durch Cross-selling zu deren Ziel werden [vgl. 7.6.3.1]. An dieser Stelle wird der Fall behandelt, dass die vorhandenen Ressourcen und Kompetenzen innerhalb eines Geschäftsfeldes nicht ausreichend sind, das erweiterte Sortiment anzubieten. Da die Sortimentserweiterung an dieser Stelle geschäftsfeldintern aufgefasst wird, werden in der Regel lediglich einige komplementäre Kompetenzen benötigt. Ein gewisses Ausmaß an Verbundenheit wird also vorausgesetzt.

Das Sortiment ist als abgeleitete intangible Ressource beschrieben worden, die alle Kompetenzen entlang der primären Wertschöpfungsaktivitäten wiedergibt, die zur Leistungserstellung benötigt werden. Unter Umständen beinhaltet es auch die Möglichkeit des Zugriffs auf Kompetenzen aus unterstützenden Wertschöpfungsaktivitäten. Ziel der Sortimentserweiterung ist in der Regel das Cross-selling neuer Leistungen an einen bestehenden Kundenstamm [vgl. auch 4.3.2.2.2]. Auch wenn hier von Sortimentserweiterung gesprochen wird ist eine umgekehrte Perspektive des Cross-selling – also des Absatzes bestehender Dienstleistungen an einen neuen Kundenstamm – äquivalent zu betrachten.

Damit Synergiepotenziale durch eine Sortimentserweiterung realisiert werden können, müssen Kundenstamm und Sortiment sich gegenseitig ergänzen. Die gegenseitige Ergänzung ist Ausdruck der Verbundenheit, die im Zuge einer Sortimentserweiterung herrscht. Sowohl der Kundenstamm – als Träger von Bedürfnissen, die sich in Nachfrage niederschlagen – als auch das Sortiment können dabei als Minimumressourcen aufgefasst werden, die bei einer Entsprechung Verbundenheit indizieren. Verbundenheit herrscht damit, wenn eine Kundengruppe Nachfrage nach verschiedenen erweiterten Sortimentsbestandteilen entwickelt. Der Gedankengang kann auch umgekehrt vorgenommen werden und ist für die spätere Analyse von Transfersynergien mit dem Ziel des Cross-selling im Rahmen der Diversifikation höchst relevant [vgl. 7.6.3.1]: Verbundenheit liegt vor, wenn mit demselben Sortiment die Bedürfnisse verschiedener Kundengruppen befriedigt werden können bzw. wenn verschiedene Kundengruppen auf der Basis weitgehender Bedürfnishomogenität dieselben Sortimentsleistungen nachfragen. Die Sortimentserweiterung wird zur Diversifikationsstrategie, wenn Kunden verschiedener Geschäftsfelder das gesamte Sortiment eines anderen Geschäftsfeldes angeboten wird. Die Grenzen zwischen Sortimentserweiterung und Diversifikation sind als fließend zu betrachten.

Im Zuge der Erweiterung ihres Sortiments muss eine Bank den Zugriff auf alle bisher nicht zur Verfügung stehenden Kompetenzen herstellen, die für das neu hinzukommende Leistungsangebot erforderlich sind. Eine Sortimentserweiterung als Leitmotiv umfasst damit zunächst Transfersynergien, die durch Zugriff auf zuvor nicht kontrollierte Kompetenzen entstehen. Für die nachfolgende Analyse ist die potenzielle Distinktivität dieser Ressourcen von Bedeutung, die hier im Vorgriff auf die geschäftsfeldspezifischen Ausführungen kurz angesprochen werden soll. Sowohl das Sortiment als auch der Kundenstamm haben dabei ein hohes Potenzial distinktiv zu wirken:

- Das Sortiment ist – vielleicht mit der Ausnahme des Retail Banking – von hinreichender Komplexität, so dass es nicht kurzfristig imitiert werden kann, da es aus dem Zusammenspiel vieler Ressourcen entlang der primären Wertschöpfungsaktivitäten erwächst. Umfasst es komplexe Dienstleistungen oder eine umfangreiche Fähigkeit zur Risikoübernahme, sind die entsprechend benötigten Ressourcen und Kompetenzen mit hoher Wahrscheinlichkeit knapp und haben ein Potenzial distinktiv zu wirken. Damit sind sie eigenständig nicht kurzfristig imitierbar. Zur Vermittlung anspruchsvoller Dienstleistungen werden beispielsweise qualifizierte personelle Ressourcen aus der Beratung benötigt. Wenn kundenseitig eine große Qualitätsunsicherheit besteht, kommt der Reputation eine wesentliche Bedeutung zu. Als langfristig aufgebaute Ressource ist diese mit der Bank auf das engste verknüpft und lässt sich weder getrennt von ihr übertragen noch kurzfristig aufbauen.
- Der Kundenstamm erlangt seine strategische Bedeutung durch die Generierung von Geschäftsvolumen für das erweiterte Leistungsspektrum. Für viele Wertschöpfungsaktivitäten stellt er eine wichtige Informationsbasis dar, wenn

er langfristig mit der Bank verbunden ist. Aufgrund seiner Historizität ist er schwer imitierbar. In seiner Zusammensetzung, seinem Umfang und seiner Bindungsdauer an die Bank kann er oftmals als knapp bezeichnet werden. Auch der Kundenstamm kann eigenständig nur langfristig aufgebaut werden.

Transfersynergien, die durch Cross-selling erzielt werden können, stützen sich auf das Zusammenspiel von Kundenstamm und Sortiment als Träger von Bedürfnissen und Mittel der Bedürfnisbefriedigung [vgl. ähnlich Capron 1999, S. 990]. Daran anschließend ergeben sich weitere Synergiepotenziale, die nicht mehr ausschließlich aus Transfersynergien bestehen müssen. So kann der Zugriff auf bislang nicht zugängliche Abwicklungskompetenzen einerseits im Sinne des Transfers neue Dienstleistungen ermöglichen. Andererseits können die Abwicklungskapazitäten aufgrund ihrer Unteilbarkeiten im Sinn des Sharings gemeinsam über einen erweiterten Kundenstamm genutzt werden. Im Zuge der Sortimentserweiterung sind somit auch Kosteneinsparungen durch eine gemeinsame Nutzung von Kompetenzen und einer verbesserten Kapazitätsauslastung derselben möglich.

Es ist an dieser Stelle danach zu fragen, ob Kooperationen eine Alternative zu Übernahmen für die Ausweitung des Sortimentsumfangs darstellen. Dies kann beispielsweise durch Rahmenverträge zum Vertrieb von Fonds anderer Anbieter, durch Zukauf von Researchergebnissen oder im Zuge einer Zusammenarbeit mit einer Maklergesellschaft für die Immobilienvermittlung erfolgen. Aus ressourcenorientierter Sicht wird so der Zugriff auf die Kompetenzen anderer Wettbewerber ermöglicht. Allerdings verbleibt das Potenzial, Renten zu erwirtschaften, primär beim ursprünglichen Kompetenzinhaber [vgl. 6.3.1]. Durch den Zukauf standardisierter Leistungen – wie Fonds anderer Anbieter – dürften sich daher nur eingeschränkte Wertsteigerungspotenziale ergeben. Solche statischen Transferpotenziale können voraussichtlich vom Kooperationspartner gut bepreist werden, so er mögliche Renten vereinnahmt.[64] Bei komplexeren Leistungen als Gegenstand einer Kooperation ist dies unter Umständen nicht der Fall.

Im Rahmen von Kooperationen bestehen Synergiepotenziale in dynamischen Lernprozessen [vgl. noch einmal Arbeiten des Resource-based View zum Lernen durch Kooperationen Hamel 1991; Lorenzoni/Lipparini 1999; Gulati/Nohria/Zaheer 2000]. Um diese zu initiieren, muss eine Kooperation auf eine enge Zusammenarbeit zweier Banken ausgelegt sein. Beispielsweise können Mitarbeiter einer kooperierenden Bank in Beratungsteams einer anderen mitarbeiten und dort ihre Expertise einbringen, die nachfolgend in die Bank diffundiert. Dies ist im Zuge einer gegenseitigen Kooperation zweier Banken möglich, die unterschiedliche Leistungsspektren abdecken. Mitarbeiter können dabei den Kunden des jeweils

---

[64] Als Alternative kann das Potenzial einer Bank, mit dem Angebot von Standarddienstleistungen Renten zu erwirtschaften auch in anderen Kompetenzen als dem Sortiment liegen, beispielsweise in der Reputation und im Kundenstamm. In diesem Fall ist die Sortimentserweiterung durch Kooperation aber nicht ursächlich für die Generierung der Renten dieser Bank.

anderen Hauses beispielsweise komplexe Anlageprodukte aus ihrem Bereich erläutern. Der Kompetenztransfer im Zuge entsprechend gestalteter Kooperationen soll an dieser Stelle nicht bestritten werden, dennoch ergeben sich Probleme hinsichtlich des Transfers distinktiver Ressourcen, die durch Übernahmen zumindest teilweise besser gelöst werden können als durch Kooperationen. Reputation und Kundenstamm können zur Erläuterung dieser Problematik im Zuge der Sortimentserweiterung in Geschäftsfeldern mit einem komplexen Leistungsangebot herangezogen werden:

- Sollen neue komplexe Leistungen an Kunden abgesetzt werden, so muss ein kundenseitiges Vertrauen in die Produktexpertise der Bank generiert werden. Reputation ist daher als Bestandteil eines Sortiments mit komplexen Leistungsinhalten anzusehen. Mit einer Kooperation kann zwar die Beratungsexpertise des Kooperationspartners übertragen werden, ein analoger Transfer der Reputation findet aber nur eingeschränkt statt. Damit er ansatzweise erfolgt, muss die Kooperation aufwendig kommuniziert werden. Durch eine Übernahme kann eine historisch gewachsene Reputation für eine entsprechende Produktexpertise hingegen einfacher transferiert werden [vgl. Grant 1991, S. 126].
- Anstelle der Übertragung von Beratungsleistungen im Rahmen einer Kooperation ist der Transfer von Kundeninformationen denkbar, um im Sinn des Cross-selling Kundenbedürfnisse und Leistungsangebot zusammenbringen zu können. Damit ließe sich das Problem des Reputationstransfers umgehen. Die Bank mit dem entsprechenden Dienstleistungsangebot – und der entsprechenden Reputation – kann so die Bedürfnisse neuer Kunden evaluieren und ihnen ihre Leistungen vermitteln. Hier besteht das Problem, dass die Ansprache von Kunden durch Mitarbeiter einer anderen Bank kaum verständlich gemacht werden kann. Annahmegemäß geht es ja um komplexe Leistungen, die eine Beratung erfordern. Steht diese Problematik der Übertragung der Kundendaten schon weitgehend entgegen, so treten zusätzlich Anreizprobleme zwischen den kooperierenden Banken auf. Dabei besteht eine kaum zu kontrollierende Gefahr, dass lediglich qualitativ minderwertige Informationen weitergegeben werden [vgl. auch Chan/Greenbaum/Thakor 1986, S. 244].[65]

Als Fazit lässt sich festhalten, dass Kooperationen als Weg zur Sortimentsausweitung als Alternative weitgehend ausscheiden, wenn distinktive Ressourcen und Kompetenzen – wie eine ausgeprägte Reputation – zwingend benötigt werden. Die Übertragung der Kundeninformationen scheidet als Alternative ebenfalls aus. Die Sortimentserweiterung standardisierbarer Leistungen ist durch eine Kooperation auf der anderen Seite einfacher zu realisieren als im Fall komplexer Leistungen, die auf distinktive Ressourcen angewiesen sind [zu diesem Fazit im Bankenkontext vgl. auch Doerig 1996, S. 276]. Kooperationen sind ähnlich Gegenstand von

---

[65] Weitergehend ergibt sich eine rechtliche Problematik bei der Weitergabe von Kundeninformationen.

Ansätzen sogenannter Virtueller Banken, die standardisierbare Dienstleistungen durch ein flexibles Netz von Kooperationspartnern erbringen [vgl. etwa Disterer/Teschner/Visser 1997; Stockmann 1998]. In diesem Fall sind die Synergiepotenziale allerdings eingeschränkt und die Möglichkeit Renten zu erwirtschaften verbleibt beim Leistungserbringer.

7.4 Unterstützende Wertschöpfungsaktivitäten und Transformation

7.4.1 Überblick

Für unterstützende Wertschöpfungsaktivitäten und Transformation wird eine von den nachfolgenden Analysen der Geschäftsfelder leicht abweichende Vorgehensweise verfolgt. Unterstützenden Aktivitäten fehlt aufgrund der nicht direkt gegebenen Kundenbeziehung die enge Verbindung zu einem marktlichen Wettbewerbsumfeld. Eine externe Analyse zur Ableitung wettbewerbsrelevanter Minimumressourcen gerät so zu einem sehr abstrakten Vorhaben. Gleichwohl ist ein Einfluss des Wettbewerbsumfeldes in letzter Konsequenz gegeben, so dass eine Analyse durchführbar wäre. Letztlich kann nur gedanklich von einer Verbindung abstrahiert werden. Um Wiederholungen zu vermeiden, werden die gemeinsam für mehrere Geschäftsbereiche erbrachten unterstützenden Aktivitäten dennoch gedanklich losgelöst von ihrem Wettbewerbsumfeld behandelt und damit die Unterteilung in externe und interne Analyse aufgebrochen. Transformation wird gemeinsam mit den unterstützenden Aktivitäten behandelt, da sie unter dem Aspekt des Risikomanagement auf Gesamtbankebene relevant ist und so ebenfalls für alle Geschäftsfelder gemeinsam durchgeführt wird, in denen eine Risikoübernahme stattfindet. Eine Analyse von Marktanforderungen wird in diesem Abschnitt damit nicht vorgenommen. Es werden lediglich die interne Analyse der relevanten Kompetenzen sowie die Genese der Übernahmeoptionen auf der Basis der bestehenden Synergiepotenziale vorgenommen.

7.4.2 Unternehmenssteuerung und Personalmanagement

Unternehmenssteuerung: Koordinationskompetenz

Die Unternehmenssteuerung hat die Aufgabe der Koordination der Unternehmensaktivitäten. Koordination umfasst die Abstimmung interdependenter Aktivitäten auf die Ziele der Unternehmung [vgl. Staehle 1994, S. 528]. Eine – die Aktivität der Unternehmenssteuerung ausfüllende – Kompetenz kann damit als eine Koordinationskompetenz angesehen werden, die aus personellen und organisationalen Ressourcen besteht [s. Drumm 1990, zu einem die personelle Führung sowie

Organisationsstrukturen umfassendem Konzept der Koordination]. Neben der Unternehmenssteuerung im eigentlichen Sinn ist hier auch das für Banken bedeutsame Management des Technologieeinsatzes anzusiedeln [vgl. etwa Mehra 1996 zu der Bedeutung von „technological expertise"; ähnlich Börner 1997, S. 68]. Eine Diskussion der Strategierelevanz der Koordinationskompetenz erübrigt sich aufgrund ihrer Orientierung an den Unternehmenszielen. Die Bedeutung des Technologiemanagement lässt sich mit dem Einfluss der technologischen Rahmenbedingungen begründen [vgl. 3.2; s. auch Strutz 1993, S. 168].

Die wesentliche personelle Ressource ist in dem taziten Erfahrungswissen zu sehen, das im Industrieumfeld bzw. im Rahmen des Technologieeinsatzes erworben wurde. Dabei kommt es weniger auf einzelne Kompetenzträger an, als vielmehr auf die gewachsene Zusammensetzung und das resultierende Zusammenwirken des Management-Teams. Aufgrund der vorliegenden sozialen Komplexitäten sind entsprechende Teams schwer imitierbar. Man kann allerdings davon ausgehen, dass die Skills und Fähigkeiten einzelner Manager relativ unspezifisch für die einzelne Bank sind und ihnen daher ein Wechsel zu Wettbewerbern freisteht. Diese Mobilität kann dazu führen, dass sich Manager in oberen Führungsebenen oder mit speziellen Fachkenntnissen Teile der erwirtschafteten Renten selbst aneignen [vgl. auch Grant 1991, S. 129; s. auch Coff 1999]. Gerade bei amerikanischen Banken sind teilweise exorbitant hohe Vorstandsbezüge zu beobachten, die dies belegen [vgl. etwa die Diskussion um die Bezüge bei Bankers Trust bei Knipp 1999]. Die Mobilität hochqualifizierter personeller Ressourcen, die deren Potenzial für die Bank distinktiv zu wirken beschränkt, ist aufgrund der Personalintensität der Finanzdienstleistungsbranche auf der einen und der Homogenität ihrer Leistungsangebote auf der anderen Seite eine Problematik, die in dieser Arbeit noch des öfteren aufscheinen wird [vgl. ausführlich 7.4.3].

Planungs-, Informations- und Anreizsysteme komplettieren die Koordinationskompetenz als organisationale Ressourcen. Planungssysteme dienen der Vorstrukturierung von Entscheidungen und damit der Komplexitätsreduktion für das Management [vgl. Mag 1995, S. 2]. Informationssysteme unterstützen die Koordination in der Unternehmung durch die Informationsversorgung der Entscheider sowie durch die Bereitstellung von Analyseinstrumenten zur Erhöhung ihrer Problemlösungskapazität [vgl. Frese 1990, S. 31].[66] Anreizsysteme bieten auf die Bedürfnisse des Personals abgestimmte Belohnungen, die den Unternehmenszielen zuträgliche Verhaltensweisen auslösen können [vgl. Drumm 1995, S. 446-448]. Die einzelnen Systeme, mehr noch aber das Zusammenspiel von Management, Planungs-, Informations- und Anreizsystem ist historisch gewachsen und

---

66 Die Nutzung eines Management-Informationssystems bildet dabei nicht den Kern des Management des Technologieeinsatzes, bei dem es vielmehr um Technologien in Vertrieb oder Abwicklung geht. Die interne, die Koordination unterstützende IT ist gleichwohl ein verwandter Aspekt. Es entstehen aber nur geringe Überschneidungen.

komplex. Insgesamt schließt dies die Imitation durch Wettbewerber weitgehend aus, so dass potenzielle Distinktivitäten bestehen.

Das Wesen der Koordinationskompetenz liegt in einer Kombination personeller und organisationaler Ressourcen. Der Kombinationsaspekt begrenzt die angesprochene Verhandlungsmacht des Management und deren Möglichkeit, sich aufgrund seiner Mobilität Renten selbst aneignen zu können. Dies führt dazu, dass der Koordinationskompetenz Wettbewerbspotenziale zurechenbar sind obwohl das Management Teile der Renten abschöpfen kann. Als Substitute können lediglich einzelne Ressourcen der Koordinationskompetenz untereinander aufgefasst werden. So kann ein Informations- und Planungssystem teilweise auch qualifiziertes Personal ersetzen [vgl. Barney 1991, S. 114]. Eine Betrachtung in diesem Detail ist im Zusammenhang mit Übernahmemotiven aber nicht erforderlich, da Koordinationskompetenz im Ganzen erworben wird.

Personalmanagement-Kompetenz

Personalmanagement-Kompetenz ist als Kombination personeller und intangibler Ressourcen anzusehen. Das Erfahrungswissen des Personalmanagement-Teams fließt in Auswahl und Weiterbildung von Mitarbeitern ein. Je anspruchsvoller die benötigten Skills und Fähigkeiten der Mitarbeiter in den Geschäftsbereichen, desto größer ist die Bedeutung der Personalmanagement-Kompetenz. Offensichtlich hat sie eine hohe Bedeutung im Private Banking [vgl. Bicker 1996, S. 37] sowie im Corporate Finance [vgl. Raettig 1990, S. 50-54]. In diesen Geschäftsfeldern spielt auch die Reputation der Bank bei der Einstellung hochqualifizierten Personals eine wesentliche Rolle, um im harten Wettbewerb um talentierte und erfahrene Mitarbeiter adäquates Personal rekrutieren zu können. Reputation ist dabei eine in einem langfristigen Entwicklungsprozess aufgebaute intangible Ressource.[67] Sie spiegelt die Erfahrungen und Eindrücke Dritter wider, die auf der gesamten Ressourcenposition der Bank beruhen und historisch gewachsen sind. Die Imitation der Reputation ist daher nicht möglich. Ist Reputation zweckdienlich, d.h. fördert sie die Rekrutierung geeigneter Mitarbeiter, da diese den Eindruck eines passenden Arbeitgebers von der Bank haben, kann sie für die Personalbeschaffung distinktiv wirken. Reputation ist als intangible Ressource unteilbar und daher geeignete Grundlage für Synergien des Sharing. Beispielsweise kann die Personalbeschaffung weniger angesehener Geschäftsbereiche von einer mit der gesamten Bank verbundenen Reputation profitieren. Voraussetzung ist allerdings eine hinreichende Verwandtschaft der Geschäfte.

---

67 Eine genaue Analyse wird im Rahmen der Ausführungen zum Private Banking [vgl. 7.5.3] und Corporate Finance [vgl. 7.5.5] vorgenommen.

Synergiepotenziale und Übernahmen

Unteilbarkeiten der Koordinationskompetenz können an den organisationalen Informations- und Steuerungssystemen festgemacht werden, aber auch am Erfahrungswissen des Management. Wenn die Belastung des Management unterproportional zum operativen Geschäftsvolumen wächst, lassen sich auf dem Weg der Übernahme Sharingsynergien realisieren. Dies gilt analog für die Kompetenzen des Personalmanagement und für die Reputation als unteilbare intangible Ressource. Aufgrund des zu erwartenden Komplexitätsanstiegs – dieser wird in der Praxis eher unterschätzt – sollte diesem Motiv allerdings nicht zu viel Bedeutung beigemessen werden [zu Dyssynergien und Integrationskosten vgl. theoretisch 6.3.4.2 und für Banken 4.3.3]. Insbesondere wenn es sich beim Sharing um Verbundeffekte durch den Eintritt in einen neuen Markt handelt, steigt die Komplexität der Koordinationsaufgabe, da das Management sich in diesem Fall auf neue Kunden und Wettbewerber einstellen muss [vgl. ausführlich 7.6.2].

Als weiteres Übernahmemotiv kommen Transfersynergien in Betracht, bei denen insbesondere das Erfahrungswissen des Management-Teams bei der Unternehmenssteuerung oder im Technologieeinsatz zu Lerneffekten zwischen den Banken führen können. Zu diesen Erfahrungen gehört auch die Ausgestaltung der Planungs-, Informations- und Anreizsysteme. Dabei können eigene Schwächen durch die Akquisition einer Bank ausgeglichen werden, bei der eine überlegene Kompetenz vermutet oder die eigene Kompetenz in eine neu erworbene Bank eingebracht wird. Das Personalmanagement ist in vielerlei Hinsicht dafür verantwortlich, Transfersynergien zu realisieren, die auf dynamische Lerneffekte abzielen. Als Instrumente können einfache Weiterbildungsmaßnahmen ebenso angewendet werden wie eine temporäre oder permanente Versetzung erfahrenen Personals in Abteilungen, in die das neue Erfahrungswissen diffundieren soll. Dabei ist zu bedenken, dass Führungskräfte eines übernommenen Unternehmens dieses in Folge einer Übernahme oftmals verlassen, so dass Dyssynergien zu erwarten sind, die sich im Abfluss von Erfahrungswissen und Kontakten niederschlagen [vgl. 4.3.3.3]. Auf Personalressourcen aus dem oberen Management übernommener Banken ist eine übernehmende Bank besonders bei Internationalisierungsschritten oder beim Eintritt in neue Geschäftsfelder angewiesen – also bei der Durchführung von Diversifikationsstrategien [vgl. 7.6.2]. Der Weggang wichtiger Manager ist zudem kostenträchtig für die übernehmende Bank, da in der Regel hohe Abfindungen gezahlt werden müssen [vgl. 4.3.3.2]. Ein prominentes Beispiel ist Frank Newman, ehemals Vorsitzender des von der Deutschen Bank akquirierten Bankers Trust, der mit seinem Weggang eine Abfindung von US-$ 100 Millionen erhalten hat. Daneben wurden erhebliche Treueprämien für das Verbleiben wichtiger Mitarbeiter der Führungsebene bezahlt [vgl. o.V. 1999b].

7.4.3 Research

Researchkompetenz

Gegenstand des Research ist die Aufbereitung externer Informationen im Rahmen eines Aktien-, Renten-, Länder- und volkswirtschaftlichen Research [vgl. Achleitner 1999, S. 3-34]. Die generierten Informationen fließen in die Entscheidungsfindung bei vielfältigen Kundengeschäften mit ein. Auf Informationsasymmetrien beruhende Theorien zur Existenz der Bank als Broker machen die Bedeutung dieser Wertschöpfungsaktivität deutlich [vgl. 2.3.2; s. auch Strutz 1993, S. 171-172]. Researchkompetenz basiert entscheidend auf Erfahrungswissen und Talent des Personals. Zur Bestimmung ihres Wettbewerbspotenzials muss die Problematik hochqualifizierter Personalressourcen mit bankbetrieblichen Fachkenntnissen differenziert besprochen werden. Zuvor kann konstatiert werden, dass Reputation für hochqualitatives Research erforderlich ist, wenn Researchergebnisse im direkten Kundenkontakt zur Anwendung kommen, etwa bei der Anlageberatung oder bei der Emissionsberatung. So gehört Objektivität der Researchergebnisse beispielsweise zu dieser Reputation [vgl. Strutz 1993, S. 172]. Eine Researchreputation ist branchenbezogen oder regional differenziert zu betrachten. Wie bereits kurz ausgeführt, hat sie ein hohes Distinktivitätspotenzial.[68]

Zur Distinktivität hochqualifizierter Personalressourcen im Bankgeschäft

An dieser Stelle sollen die Ausführungen zur Distinktivität hochqualifizierter Personalressourcen aufgegriffen werden, die im Rahmen der Unternehmenssteuerung kurz angesprochen worden sind. Wie geschildert schränkt die Mobilität der Personalressourcen ihre Distinktivität ein. Ein erneutes Aufgreifen der Thematik ist erforderlich, da Aufgaben der Unternehmenssteuerung oftmals im Sinn eines allgemeinen Management-Know-how beschrieben werden, dem ein sehr unspezifisches Wissen – in Bezug auf die Unternehmung, für die das Wissen eingesetzt wird – zu Grunde liegt. So sprechen etwa Salter und Weinhold davon, bei unverbundener Diversifikation Managementfähigkeiten transferieren zu können [vgl. 1979, S. 145]. Es ist zu prüfen, ob die Mobilität von Personalressourcen mit bankbetrieblichen Spezialkenntnissen im Research oder in den Geschäftsbereichen ähnlich zu werten ist, wie die der Personalressourcen in der Unternehmenssteuerung.

Die Tätigkeiten qualifizierter Mitarbeiter in Banken ranken sich um die Erhebung, Aufbereitung oder Nutzung von Informationen. Sie stellen höhere Anforderungen an Skills und Fähigkeiten der Mitarbeiter, je weniger beobachtbar die Informationen sind und je komplexer sie zu interpretieren sind. Damit steigt das durch die

---

[68] Eine genaue Analyse wird im Rahmen der Ausführungen zum Private Banking [vgl. 7.5.3] und Corporate Finance [vgl. 7.5.5] vorgenommen.

entsprechenden Kompetenzen entstehende Wettbewerbspotenzial, wie die Ausführungen zu generischen Wettbewerbspotenzialen des Brokerage gezeigt haben [vgl. 2.4.2]. Aus ressourcenorientierter Sicht sind hochqualifizierten Skills und Fähigkeiten eine weitgehende Knappheit zuzuschreiben. Die benötigten Skills und Fähigkeiten bestehen aus dem erlernten Erfahrungswissen der Mitarbeiter. Dieses ist historisch gewachsen und kann damit nicht imitiert werden. Der Einsatz qualifizierter Personalressourcen in anspruchsvollen Unternehmensbereichen hat somit ein hohes Potenzial Renten zu erzeugen. Das entsprechende Erfahrungswissen entsteht bei Mitarbeitern unterschiedlicher Banken allerdings in einem relativ homogenen Wettbewerbsumfeld im Rahmen der Erstellung ebenfalls sehr homogener Dienstleistungen [vgl. ähnlich auch Ausführungen zur Imitierbarkeit von Finanzdienstleistungen bei MacMillan/McCaffery/Wiyk 1985; Makadok 1998]. Letztlich unterscheiden sich die jeweiligen Angebote von Banken nicht grundlegend. Dies gilt auch für komplexe Transaktionen, die ein tiefgehendes Spezialwissen verlangen, wie die Erstellung eines Researchberichts oder die Durchführung einer Emission. Die erworbenen Skills und Fähigkeiten sind in ihren Einsatzmöglichkeiten daher relativ unspezifisch für einzelne Banken und bei verschiedenen Wettbewerbern einsetzbar. Qualifizierte Mitarbeiter erhalten so eine Chance, ihre Arbeits- und Einkommenssituation durch einen Wechsel des Arbeitgebers zu verbessern. Die Personalressourcen werden damit mobil und sind nur schwer an die Bank zu binden. In der Folge können sie über Gehälter und Prämien nicht unwesentliche Teile der durch sie generierten Renten für sich selbst vereinnahmen [vgl. ähnlich Grant 1991, S. 129; s. auch Coff 1999].

Im Ergebnis kann hochqualifizierten Personalressourcen im Bankgeschäft – sei es im Research oder in den Geschäftsbereichen – nur eine eingeschränkte Distinktivität zukommen. Das Potenzial der Bank, die Renten nicht an die Mitarbeiter abgeben zu müssen, steigt allerdings, wenn die Personalressourcen nur im Zusammenwirken mit unternehmensspezifischen Ressourcen rentabel eingesetzt werden können. Hier ist zunächst an das Zusammenwirken der Mitarbeiter im Team sowie an die Zusammenarbeit verschiedener Teams zu denken. Allerdings wechseln im Investment Banking des öfteren auch ganze Teams die Bank, um sich bessere Arbeitsbedingungen und Gehälter zu sichern, so dass weniger eine Verbindung unter den Mitarbeitern, sondern vielmehr eine Komplementarität mit intangiblen unternehmensspezifischen Ressourcen in Frage kommt.

Eine Reputation für hochqualitatives Research in einer ‚exotischen' Branche und Analysten, die auf diesen Bereich spezialisiert sind, können als Beispiel herangezogen werden. Unter der Annahme, dass eine Bank aufgrund ihrer überlegenen Reputation in dem betrachteten Spezialgebiet Renten erwirtschaften kann, ist sie in der Lage, ihre Mitarbeiter besser zu entlohnen als andere Wettbewerber und kann sie dadurch an sich binden. Eine erschwerte Zurechenbarkeit der Erträge aus Kundengeschäften zu den unterstützenden Researchergebnissen, die mehrfach eingesetzt werden, erhöht das Distinktivitätspotenzial trotz der Mobilität der Mitarbeiter weiter. Als Fazit kann der Researchkompetenz eine weitreichende Distinktivität zugesprochen werden, obwohl sie auf mobilen Personalressourcen beruht. Auch empirischen Ergebnissen zufolge sollte sie nicht unterschätzt werden. So sind Makadok und Walter in der Lage, Prognosefähigkeiten als distinktive Kompetenz für Fondsgesellschaften empirisch nachzuweisen [vgl. 2000].

Synergiepotenziale und Übernahmen

Informationen sind unteilbar. Sie lassen sich cross-sektoral und intertemporal wiederverwerten. Researchergebnisse können daher für mehrere Transaktionen in verschiedenen Geschäftsfeldern genutzt werden. Im Kundenkontakt gilt dies für eine entsprechende Reputation. Damit ergeben sich Sharingpotenziale für die Researchkompetenz [für empirische Ergebnisse für solche Skaleneffekte bei Fondsgesellschaften vgl. Makadok 1999, insb. S. 940]. Durch Übernahmen können diese Sharingpotenziale genutzt werden, wenn sich die Researchabdeckung zweier Banken ex ante überlappt oder eine Erweiterung der Kundenbasis erfolgt.

Weiterhin bestehen Synergiepotenziale für Transfereffekte dynamischer und statischer Art. Dynamische Transfersynergien können durch die Initiierung von Lernprozessen entstehen, bei denen Mitarbeiter vom Erfahrungswissen neuer Kollegen profitieren [vgl. Börner 2000, S. 224]. Statische Transfersynergien beruhen auf einer Vervollständigung der Researchabdeckung, indem zuvor nicht beachtete Unternehmen, Branchen oder Regionen analysiert werden. Für die Durchführung vieler Kundengeschäfte sind Banken immer mehr auf eine Researchkompetenz angewiesen, die eine breite Unternehmens- und Produktpalette abdeckt [vgl. Rometsch 1999a, S. 817]. Der Transfer von Researchkompetenz hinsichtlich einer bestimmten Branche oder eines bestimmten Landes kann damit zum Übernahmemotiv werden. So gehört es zu der strategischen Begründung der Akquisition der amerikanischen PaineWebber durch die Schweizer UBS, dass sich die Researchabdeckung des S&P 500 von 65 % auf 90 % und die Abdeckung des NASDAQ 100 von 60 % auf 80 % erweitert [vgl. UBS/PaineWebber 2000]. Eine Vervollständigung des Research kann dabei zu Neugeschäften führen. So sind Corporate Finance Transaktionen auf weitreichende Researchunterstützung angewiesen, die Kunden beispielsweise bei der Wahl einer Emissionsbank oder eines Beraters für Unternehmensübernahmen berücksichtigen [vgl. ähnlich Achleitner 1999, S. 245]. Wenn Researchkompetenz auf diesem Weg relativ direkt in die Leistungserstellung einfließt, handelt es sich bei ihrer Erweiterung im Grunde um eine Sortimentserweiterung [vgl. 7.3].

7.4.4 Transformation (Risikomanagement)

Aus Funktionensicht und Existenztheorien ist abgeleitet worden, dass sich Transformation in Monitoring und Risikomanagement unterscheiden lässt [vgl. 2.3.3]. Gegenstand des Risikomanagement ist die Übernahme von Risiken und ihrer Steuerung auf Gesamtbankebene. Es stellt damit den Kern der Transformation dar.

Monitoring wird als eigene Wertschöpfungsaktivität behandelt, da es mit seinem Fokus auf dem Einzelrisiko keine geschäftsfeldübergreifenden Aspekte beinhaltet. Das hier zu behandelnde Risikomanagement umfasst – den Ausführungen der generischen Wettbewerbspotenziale entsprechend – die folgenden drei Kompetenzen [vgl. 2.4.3; s. Abbildung 7-4]:

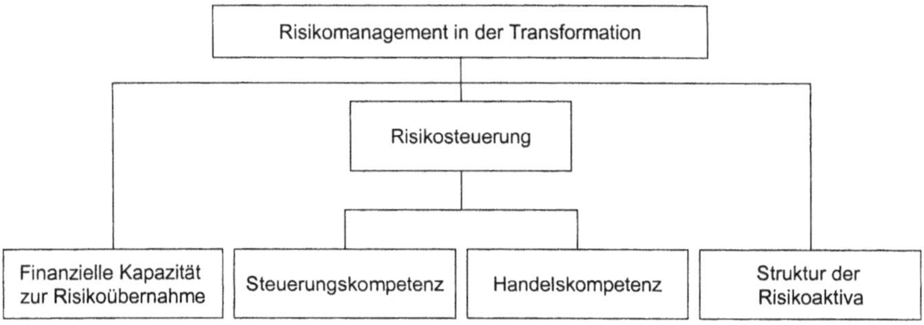

Abbildung 7-4: Kompetenzen im Risikomanagement als Bestandteil der Transformationsfunktion

- Die finanzielle Kapazität setzt sich aus Liquiditätsreserve und Eigenkapital zusammen und bestimmt die Fähigkeit einer Bank zur Übernahme von Risiken [vgl. 7.2.2]. Da sie aus mehreren Ressourcen besteht, kann sie als Kompetenz aufgefasst werden.
- Die Struktur der Risikoaktiva kann über deren Qualität, Umfang und Streuung charakterisiert werden. Entlang dieser Dimensionen setzt sie sich zu einer Kompetenz zusammen, die entstehende Risiken maßgeblich beeinflusst. Sie basiert letztlich auf der Kundenbasis und den damit verbundenen Geschäften.
- Die Risikosteuerung bezeichnet das Management der entstehenden aggregierten Risiken. Sie beinhaltet eine Steuerungskompetenz, die auf personelle und organisationale Ressourcen zurückgreift. Die Steuerungskompetenz nimmt auf die entstehenden Risiken indirekt über die Struktur der Risikoaktiva Einfluss. Sie kann Risiken auch direkt über den Eigenhandel beeinflussen. Zu diesem Zweck bedient sie sich der Handelskompetenz, die sich aus Personalressourcen, Technologie und einem unter qualitativen Aspekten zu betrachtenden Marktzugang zusammensetzt.

Finanzielle Kapazität

Durch die Übernahme von Risiken entsteht die Möglichkeit Transformationserträge zu erwirtschaften. Die Fähigkeit zur Risikoübernahme wird dabei von der oben beschriebenen finanziellen Kapazität im LFB determiniert [vgl. 7.2.2]. Die finanzielle Kapazität beschränkt die Möglichkeit, Aktivgeschäfte mit Kunden einzugehen und Risiken aktiv im Eigenhandel zu übernehmen [vgl. auch Jacob/Klein

1996, S. 36; Achleitner 1999, S. 76]. Durch ihre Auswirkung auf die Durchführbarkeit von Kundengeschäften wird finanzielle Kapazität zu einer strategisch bedeutsamen Ressource im Rahmen der Transformation. Mit Eigenkapital und Liquiditätsreserve setzt sie sich aus der Verfügbarkeit finanzieller Mittel zusammen, denen eine große Homogenität zugeschrieben werden kann. Dennoch begrenzen einige Faktoren die finanzielle Kapazität einer Bank und machen sie zu einer knappen Ressource. Externe Mittel, beispielsweise in der Form von Kapitalerhöhungen oder Genussrechten, können nicht unbegrenzt zugeführt werden. Die Möglichkeit der Kapitalaufnahme hängt primär vom Standing der Bank auf dem Kapitalmarkt ab, das ihre Kapitalkosten beeinflusst [vgl. Raettig 1990, S. 43]. Dieses Standing entspricht einer kundenzentrierten Reputation, beschreibt jedoch die Reputationseinschätzung der Kapitalmarktteilnehmer von der Bank [vgl. auch 4.3.2.2.1]. Es reflektiert das gesamte Ressourcenportfolio einer Bank oder – genauer – dessen Einschätzung durch Externe. Aspekte der Geschäftsstrategie, der Qualität der Risikoaktiva oder der Personalressourcen, die sämtlich Ergebnis des historischen Entwicklungsprozesses der Bank sind, fließen in ihr Kapitalmarktstanding ein. Die Imitation der finanziellen Kapazität einer Bank müsste ihr gesamtes Ressourcenportfolio nachbilden, was aufgrund von Historizität, kausaler Ambiguitäten und sozialer Komplexitäten nicht möglich ist.[69] Substituierbar ist finanzielle Kapazität im Hinblick auf die Übernahme von Risiken nicht. Hierzu führen schon die aufsichtsrechtlichen Anforderungen, ausgehend von Grundsatz I des KWG an die Unterlegung der Risiken aus dem Anlage- und Handelsbuch mit haftendem Eigenkapital [vgl. für eine Übersicht Büschgen 1998, S. 1106-1168].

Zusätzlich sind gesetzliche Rahmenbedingungen zu berücksichtigen, auf die Markteilnehmer keinen direkten Einfluss haben. So werten Anstaltslast und Gewährträgerhaftung das Kapitalmarktstanding der öffentlich rechtlichen Banken in Deutschland auf. Dies ermöglicht ihnen über die Landesbanken eine verbilligte Refinanzierung, die wiederum ihre finanzielle Kapazität erhöht. Diese gesetzlichen Rahmenbedingungen sind für Banken außerhalb des öffentlich-rechtlichen Sektors nicht direkt beeinflussbar. Entsprechend lassen sich die Vorteile in der Refinanzierung durch sie nicht imitieren. Für Sparkassen und Landesbanken ergibt sich ein erhebliches Wettbewerbspotenzial, dessen Umfang durch die wettbewerbsrechtlichen Klagen der privaten Banken bei der EU verdeutlicht wird. Diese zielen auf die Abschaffung von Anstaltslast und Gewährträgerhaftung als deutsche Besonderheiten ab, da sie nach Ansicht der privaten Banken die im europaweiten Wettbewerb verzerrend wirken [BDB 2000a, S. 55-65].

---

[69] Eine ähnliche Argumentation findet sich bei Börner [vgl. 2000, S. 226]. Er schränkt die Distinktivität finanzieller Kapazität allerdings wegen des fehlenden Kundennutzens ein, den er ähnlich dem Kriterium der Strategierelevanz heranzieht. Dem muss entgegengehalten werden, dass haftendes Eigenkapital vielfältige Kundengeschäfte erst ermöglicht. Somit ist von einem Kundennutzen auszugehen.

Struktur der Risikoaktiva

Die bestehende Qualität und der Umfang der Risikoaktiva einer Bank sowie deren Streuung über Branchen und Regionen haben durch ihren Diversifikationseffekt Einfluss auf die von einer Bank getragene Risikomenge [vgl. z.B. Hein 1993, S. 149]. Diese Zusammenhänge sind schon für die generischen Wettbewerbspotenziale beschrieben worden [vgl. 2.4.3]. Sie haben auch in der traditionellen Literatur zu bankbetrieblichen Synergiepotenzialen eine herausragende Bedeutung und sind dort empirisch bestätigt worden [vgl. 4.3.2.3.3]. Dabei steht hier die Diversifikation von Kreditrisiken im Vordergrund und nicht die umstrittene Glättung von Ergebnisschwankungen. Strategierelevanz kommt der als Kompetenz zu betrachtenden Struktur der Risikoaktiva aufgrund ihrer unmittelbaren Ergebniswirkung durch Adressausfälle und Preisschwankungen zu. Die entsprechenden Risiken schlagen dabei auf die finanzielle Kapazität durch, da sie Eigenkapital aufzehren [vgl. Hein 1993, S. 147]. Risikoaktiva beruhen weitgehend auf Kundengeschäften, die über die Zeit hinweg akquiriert werden. Eine Beeinflussung ist nur langfristig über die Qualität des Monitoring [vgl. Hartmann-Wendels/Pfingsten/Weber 1998, S. 218] sowie durch eine aktive Risikosteuerung im Rahmen des Aktiv-Passiv Management möglich. Letzterer Aspekt wird nachfolgend als Risikosteuerung analysiert. Das Instrumentarium zur Steuerung der Struktur der Risikoaktiva umfasst dabei Zielvereinbarungen, Richtkonditionen, Limite und Bonus-/Malus-Systeme [vgl. Schierenbeck 1999, S. 284-287].

Eine Imitation der Struktur der Risikoaktiva ist sowohl aufgrund ihrer in den Kundengeschäften begründeten Historizität als auch wegen der Komplexitäten bei ihrer Steuerung nicht möglich. Die Verbindung zur Monitoringkompetenz macht die Struktur der Risikoaktiva zusätzlich von stark dezentralisierten Personalentscheidungen abhängig. Als Substitut für die Übernahme von Risiken zur Erwirtschaftung von Transformationserträgen kommt die Realisierung von Provisionseinkünften in Betracht. Letztlich führt dies zur Migration der Bank als Transformator finanzieller Assets hin zu einem reinen Broker, der keine Risiken mehr übernimmt. Die Übernahme der Transformationsfunktion durch Banken spielt jedoch eine wichtige Rolle bei der Entwicklung neuer Finanzdienstleistungen. Aus diesem Grund soll von dieser Substitutionsgefahr abgesehen werden. Die aufgeworfene Argumentation führt letztlich zur Diskussion um die Disintermediation der Bank als Transformator, die an anderer Stelle bereits geführt worden ist [vgl. 3.5.4]. Sollen Transformationserträge erwirtschaftet werden, müssen Risiken übernommen werden. Diversifikation ist dabei die einzige Möglichkeit, Risiken wirksam zu reduzieren ohne die Ertragsseite negativ zu beeinflussen, wie dies durch kompensatorische Handelsgeschäfte erfolgt. Als Fazit kommt der Struktur der Risikoaktiva damit ein großes Distinktivitätspotenzial zu.

Risikosteuerung: Steuerungs- und Handelskompetenz

Die Risikosteuerung bei der Transformation finanzieller Assets kann in eine Steuerungs- und in eine Handelskompetenz aufgeteilt werden. Mit der Steuerungskompetenz wird die Gesamtrisikoposition der Bank im Sinne einer Aktiv-Passiv Steuerung beeinflusst, welche die anzustrebende Gesamtrisikoposition der Bank festlegt und die zu deren Erreichung notwendigen Maßnahmen bestimmt. Hauptbestandteil dieser Steuerungskompetenz sind personelle Managementressourcen sowie organisatorische Ressourcen. Letztere umfassen Anreizsysteme und organisatorischen Regelungsmechanismen. Durch die organisatorischen Ressourcen werden Vorgaben der Aktiv-Passiv Steuerung indirekt über die Struktur der Risikoaktiva umgesetzt. Damit ist die Steuerungskompetenz hinsichtlich ihrer Distinktivität und Unteilbarkeit ähnlich wie die Koordinationskompetenz zu werten. Aufgrund des wesentlich geringeren Umfangs an erforderlichem Personal, fallen die Sharingpotenziale allerdings geringer aus. Die Planungs-, Informations- und Anreizsysteme, auf die zurückgegriffen wird, sind dabei weitgehend miteinander verbunden.

Die Steuerungskompetenz wird durch die Handelskompetenz komplementiert, die zur direkten und aktiven Umsetzung der Vorgaben dient, indem durch den Eigenhandel Risiken bewusst aufgenommen oder an den Markt weitergegeben werden [vgl. Schierenbeck 1999, S. 284-287]. Damit kann die Handelskompetenz als Bestandteil der Steuerungskompetenz aufgefasst werden. Sie soll hier aufgrund der Bedeutung des Eigenhandels im modernen Bankgeschäft getrennt behandelt werden. Der Schwerpunkt der folgenden Ausführungen soll auf der Handelskompetenz liegen, über die eine Steuerung der Risikoposition direkt umgesetzt wird. Dies erfolgt durch Hedging und Versicherung von Risikopositionen an den Finanzmärkten, womit die Bank eine aktive Rolle als Investor einnimmt [vgl. Böhme 1997, S. 41]. Eine Handelskompetenz erwächst im Wesentlichen aus drei Ressourcen. Es wird (1) tazites Wissen der Mitarbeiter auf einem hohen Anspruchsniveau benötigt, welches (2) durch Informationssysteme technisch und (3) durch den Marktzugang einer Bank qualitativ unterstützt wird.

Es ist zunächst nach der Strategierelevanz des Eigenhandels zu fragen und damit verbunden nach den Möglichkeiten, auch langfristig Überrenditen zu generieren. Geht man davon aus, dass eine Markteffizienz im halbstrengen Sinn vorherrscht und damit alle frei verfügbaren Informationen in den Preisen enthalten sind [vgl. Fama 1970], so lassen sich Überrenditen nur auf der Basis von Insiderinformationen erzielen. Ein dauerhaft wirksamer Vorteil einer Bank ist daher nicht zu vermuten. Da Preise bei halbstrenger Markteffizienz nicht alle Informationen enthalten, können durch die Suche nach privaten Informationen und den Versuch einer überlegenen Interpretation öffentlicher Informationen dennoch Informationsvorsprünge erzeugt werden. Dies ist Aufgabe des Research, dessen Informationen im Handel in Erträge umgesetzt werden können. Zudem sind Banken in der Lage, öffentliche Informationen schneller als andere Investoren zu nutzen, so dass sich Chancen für temporäre Überrenditen ergeben [vgl. ähnlich Böhme 1997, S. 43].

Strategierelevanz kommt dem Eigenhandel auch durch Marktnähe zu, die er erzeugt. So können wichtige Informationen generiert werden, beispielsweise für die Bepreisung von Emissionen [vgl. Jacob/Klein 1996, S. 11]. Zudem werden durch die Durchführung des Eigenhandels Sharingpotenziale für bereits erstellte Researchergebnisse geschaffen [vgl. ähnlich Freixas/Rochet 1997, S. 6]. Eine Strategierelevanz der Handelskompetenz kann damit bejaht werden, so dass auf ihre oben genannten drei konstitutiven Ressourcen eingegangen werden kann.

Die Durchführung des Eigenhandels erfordert hochqualifizierte Skills und Fähigkeiten rund um den Handel auf Kapitalmärkten. Damit ergibt sich die oben diskutierte Problematik mobiler Personalressourcen [vgl. 7.4.3]. Der Expertise der Mitarbeiter im Eigenhandel kann eigenständig damit nur eine begrenzte Distinktivität zukommen. Von technischer Seite aus wird eine effiziente Anbindung an die Börsenhandelssysteme wie DTB oder Xetra benötigt. Die meisten Banken haben auch Zugänge zu anderen Brokergesellschaften und Market Makern, wie beispielsweise Trade Point [vgl. Böhme 1997, S. 129]. Die Investitionserfordernisse für die Infrastruktur, die für eine eigene professionelle Abwicklung der Handelsgeschäfte bewältigt werden müssen sind hoch. Die zu implementierenden Systeme sind komplex. Schon die Kommunikationsinfrastruktur beinhaltet Spezialfunktionen, wie ständig offene Sprachverbindungen, weltweite Konferenzschaltungen, Sprachaufzeichnung und eine Integration mit anderen IT-Anwendungen, beispielsweise Kundendatenbanken [vgl. Leclerc 1999, S. 272-273]. Da aber Systemlieferanten bereits Lösungen zur Verfügung stellen [für eine Erhebung vgl. Weithofer 1997], ist nur auf eine bedingte Distinktivität der IT-Systeme zu schließen. Zaheer und Mosakowski finden in einer empirischen Untersuchung trotz ihres Commodity Charakters nur eine langsame Adaption neuer Technologien in internationalen Handelsräumen. Dies veranlasst sie zu der Aussage, kausale Ambiguitäten bezüglich der Vorteilhaftigkeit effizienter Standardtechnologien im Eigenhandel könnten diesen – trotz ihrer Verfügbarkeit – eine bedingte Distinktivität zukommen lassen [vgl. 1997, S. 459]. Umfangreiche Infrastrukturen rentieren sich allerdings nur bei ausreichenden Handelsvolumina, welche die bestehenden Unteilbarkeiten der Systeme ausnutzen. Immerhin werden allein für die IT-Systeme eines Devisenhandelsraums Investitionen von bis zu US-$ 50 Mio. veranschlagt [vgl. Weithofer 1997]. Handelsinfrastrukturen können dabei – insbesondere in ihrer örtlichen Präsenz an den weltweiten Finanzzentren – als Unteilbarkeiten begriffen werden. Daher erscheint es vorteilhaft, an jedem Finanzplatz mit nur einem Handelsraum präsent zu sein.

Der Marktzugang hat neben der technischen Grundlage eine nicht zu unterschätzende qualitative Dimension [vgl. Börner 2000, S. 243]. Diese ergibt sich aus der Intensität der Marktnutzung und der damit verbundenen Reputation der Bank als

Handelspartner an den Kapitalmärkten.[70] Diese qualitative Dimension des Marktzugangs ist nur schwer zu imitieren, da sie auf einem historischen Entwicklungsprozess basiert. Da über die Handelsräume auch Kundengeschäfte abgewickelt werden, hängt die Intensität der Marktnutzung zusätzlich vom Umfang der Kundengeschäfte ab, auf die eine Bank kurzfristig keinen Einfluss hat. Eine weltumspannende geographische Präsenz an den Handelsplätzen ist darüber hinaus als qualitativer Aspekt zu werten, der nur langfristig realisiert werden kann und Einfluss auf die Reputation der Bank als Handelspartner hat [vgl. ähnlich Büschgen 1998, S. 607]. Distinktivität erwächst der Handelskompetenz damit vornehmlich aus dem qualitativen Marktzugang als intangible Ressource.

Die als komplementär zu betrachtenden Kompetenzen des Research und des Eigenhandels können aufgrund einer höheren gemeinsamen Komplexität ihr Distinktivitätspotenzial ausweiten. Dabei werden Researchergebnisse im Handel genutzt und dort gleichsam Informationen für Kundengeschäfte generiert, insbesondere für Emissionsgeschäfte. In Verfolgung dieser Verbundeffekte sind spezialisierte Investmentbanken im Eigenhandel aktiv, obwohl sie aufgrund des weitgehenden Fehlens von Transformationsleistungen nur begrenzt auf eine aktive Risikosteuerung angewiesen sind.

Praktiker haben eine ähnliche Auffassung von den Funktionen des Eigenhandels. So führt Lemmer [vgl. 1999] für die Commerzbank den Ausgleich offener Positionen aus dem Kundengeschäft (Steuerung der aggregierten Risikoposition), Proprietary Trading und Arbitrage (Nutzung vorhandener Researchergebnisse) sowie schließlich die Generierung verwertbarer Marktinformationen (Informationsgewinnung für Kundengeschäfte) an.

Synergiepotenziale und Übernahmen

Ein Zusammenhang zwischen Transformation – mit dem Fokus auf das Risikomanagement – und Bankübernahmen ist relativ einfach herzustellen. Die Struktur der Risikoaktiva gewinnt mit Umfang und Streuung an Distinktivität. Zunächst stabilisiert ein größenmäßig steigendes Kreditportfolio die Ausfallrate. Übernahmen von Banken im Stammgeschäft, die einen Schwerpunkt auf dem Kreditgeschäft haben, können so Sharingsynergien erzeugen. Es ist allerdings strittig, bis zu welcher Größe diese Synergien realisierbar sind [vgl. 4.3.2.3.3]. Weiterhin kommt es durch die geographische und branchenbezogene Streuung der Risikoaktiva zu Diversifikationseffekten, die eine Distinktivität der Risikoaktiva erhöhen können. Diversifikation und Internationalisierung können so Sharingsynergien durch den Eintritt in neue Märkte hervorrufen und werden zum Übernahmemotiv [vgl. auch 7.6.2].

---

70 Das oben beschriebene Kapitalmarktstanding für die Aufnahme von Eigenmitteln ist ähnlich aufzufassen, bezieht sich aber auf die Emissionsfähigkeit und nicht auf die Bank als Handelspartner.

Die Erweiterung der finanziellen Kapazität kann zu Synergieeffekten führen, wenn eine Bank ungenutzte finanzielle Kapazität zu einem Zusammenschluss beisteuert und die andere Bank vorteilhafte Kundengeschäfte einbringt, die sie aufgrund der eigenen bereits ausgenutzten finanziellen Kapazität nicht selbst tätigen kann [für eine Betrachtung dieser Effekte zwischen den Geschäftsfeldern vgl. 7.6.2]. Unter dem Blickwinkel bestehender Überkapazitäten der gesamten finanziellen Kapazität sind entsprechende Synergien als Sharingsynergien aufzufassen. Betrachtet man lediglich die ungenutzte finanzielle Kapazität, so lassen sich auch Transfersynergien formulieren, bei denen ihre Übertragung auf die andere Bank stattfindet. Hier handelt es sich allerdings lediglich um einen Unterschied in der Terminologie, der denselben Effekt beschreibt.

Im Rahmen der Kompetenzen in Risikosteuerung und Handel ist weniger an das Motiv des dynamischen Transfers von Personalkompetenzen zu denken – diese können u.U. einen Großteil der Renten für sich vereinnahmen – als vielmehr an den Transfer des qualitativen Marktzugangs an einem zuvor nicht bedienten Handelsplatz. Potenzielle Synergien können auch den beschriebenen Verbundeffekten mit der Researchkompetenz entstammen. Unteilbarkeiten hinsichtlich der technischen Ausstattung von Handelsräumen – aber auch hinsichtlich des qualitativen Marktzugangs – lassen sich zusätzlich über die größeren Geschäftsvolumina und die größere finanzielle Kapazität eines fusionierten Instituts nutzen. Folglich können durch die Bereinigung etwaiger Überlappungen, bei denen zwei Handelsräume an einem Standort zusammengelegt werden, Sharingsynergien erzeugt werden. Dies gilt insbesondere für die internationale Präsenz in den Finanzzentren, die hohe Kosten verursacht.

7.5 Primäre Wertschöpfungsaktivitäten ausgewählter Geschäftsfelder

7.5.1 Überblick

Das aus dem Theoriekonzept hervorgehende Vorgehensmodell wird in diesem Abschnitt entlang der ersten drei Schritte für die exemplarisch untersuchten Geschäftsfelder angewendet. Diese drei Schritte ermöglichen die Ableitung von Synergiepotenzialen und der damit in Verbindung stehenden Übernahmemotive in angestammten Märkten. Dabei wird anhand einer auf die jeweiligen Geschäftsfelder abgestimmten Wertschöpfungskette vorgegangen. Im Zusammenhang mit der hier vorgenommenen Exemplifizierung, lassen sich die Schrittfolge und ihre Ziele noch einmal wie folgt zusammenfassen:

1. Eine externe Analyse identifiziert die Marktanforderungen für jedes der untersuchten Geschäftsfelder. Aus diesen sollen anhand des Kriteriums der Strategierelevanz Minimumressourcen abgeleitet werden.
2. Im Rahmen der internen Analyse wird die potenzielle Distinktivität der abgeleiteten Minimumressourcen in jedem Geschäftsfeld beurteilt. Strategierelevanz ist bei Minimumressourcen definitionsgemäß gegeben, so dass für die Prüfung auf Distinktivität noch die Kriterien Knappheit, Inimitierbarkeit und Nicht-Substituierbarkeit beachtet werden müssen. Eine Immobilität ist in aller Regel gegeben; sie wird nur analysiert, wenn sie zweifelhaft erscheint. Dies ist insbesondere bei Personalressourcen der Fall. Weiterhin erfolgt eine Untersuchung auf mögliche Unteilbarkeiten und Überkapazitäten. Die Sicht einer individuellen Unternehmung wird hier durch eine potenzialorientierte Untersuchung ersetzt. Potenziell distinktive Kompetenzen beschreiben dabei die Wettbewerbspotenziale von Banken in einem Geschäftsfeld.
3. Die Genese von Übernahmeoptionen erfolgt als Schluss von den analysierten Eigenschaften der Kompetenzen auf besonders relevante Synergiepotenziale. Distinktive Kompetenzen können als Anhaltspunkt für mögliche Transfersynergien gewertet werden, die auf der Basis „starker" Kompetenzausstattungen besonders erfolgsversprechend sind [vgl. 6.3.4.3]. Allerdings ist darauf hinzuweisen, dass Transfersynergien auch auf der Basis normaler Kompetenzen realisiert werden können [vgl. 6.3.4.1]. Unteilbarkeiten und Überkapazitäten sind eine Grundlage für Synergien durch Sharing. Dabei wird Internationalisierung unter der Annahme angesprochen, dass die regionale Geschäftsausdehnung in stark verbundene Märkte stattfindet. Die Synergiepotenziale durch Transfer und Sharing werden anhand konkreter Übernahmebeispiele verdeutlicht. Dabei kann nicht unterschieden werden, ob ein Übernahmemotiv auf die Beseitigung von Ressourcendefiziten abzielt oder – darüber hinausgehend – auf Synergien im Zuge des proaktiven Strebens nach Wettbewerbsvorteilen.

Es werden die Geschäftsfelder Retail, Private und Wholesale Banking sowie Corporate Finance exemplarisch analysiert. Retail Banking umfasst Mengenkundengeschäfte mit hoch-standardisierten Bankdienstleistungen für Privat- und Geschäftskunden sowie kleine mittelständische Firmenkunden. Private Banking soll das Anlagegeschäft mit vermögenden Privatkunden umfassen. Wholesale Banking ist vornehmlich auf Finanzierungen und Cash Management für mittlere und große Firmenkunden fokussiert. Corporate Finance deckt das kapitalmarktorientierte Firmenkundengeschäft ab. Die wesentlichen Geschäftsfelder einer Universalbank werden so einer Analyse zugänglich gemacht [vgl. z.B. die Geschäftsfeldeinteilung bei Doerig 1996, S. 39]. Nicht direkt berücksichtigt wird lediglich ein heute oftmals als Asset Management bezeichnetes Geschäftsfeld, welches die institutionelle Vermögensverwaltung und das Fondsgeschäft abdeckt. Dies erscheint vertretbar, weil das Asset Management als eigenes Geschäftsfeld hauptsächlich von sehr großen Universalbanken oder spezialisierten Anbietern abgedeckt wird.

7.5.2 Retail Banking

7.5.2.1 Marktanforderungen und Minimumressourcen

Charakterisierung des Wettbewerbsumfeldes

Zu den Kunden des Retailgeschäfts sind Privat- und Geschäftskunden sowie kleine Firmenkunden zu zählen. Die ihnen angebotenen Produkte sind stark standardisiert und haben in der Regel ein Kontokorrentkonto für die Liquiditätsversorgung und die Durchführung des Zahlungsverkehrs zur Grundlage. Komplementiert wird dieses Angebot durch das Kartengeschäft, einfache Konsumentenkredite, standardisierte Anlageangebote sowie Fonds. Dominanter Wettbewerber im deutschen Retailgeschäft sind die Sparkassen mit über 50 % der Hauptbankverbindungen, gefolgt von den Genossenschaftsbanken [vgl. Grebe/Kreuzer 1997]. Diesen Marktanteil führen die Sparkassen auf ihre Kunden- und Marktnähe zurück, welche stark auf ihrem dichten Vertriebsstellennetz und ihrer regionalen Verankerung basiert [vgl. Köhler 1998, S. 27]. Private Geschäftsbanken haben es aufgrund der Marktstellung der Sparkassen und Genossenschaftsbanken schwer, die für die rentable Durchführung der Standardgeschäfte notwendigen Volumina zu realisieren. Die vier großen privaten Geschäftsbanken in Deutschland kommen zusammen auf einen Marktanteil von 13 % [vgl. Grebe/Kreuzer 1997]. Allerdings bestehen regionale Unterschiede. So fokussiert die HypoVereinsbank ihre Geschäftstätigkeit auf ausgewählte Gebiete, ohne den Anspruch in ganz Deutschland flächendeckend vertreten zu sein, um in ausgewählten Regionen einen höheren Marktanteil zu realisieren [vgl. Schmidt 1999; s. Kapitel 8]. Die Verteilung der Marktanteile ändert sich bei komplexeren und für die Banken ertragsstärkeren Dienstleistungen wie Depot- und Anlagegeschäften. Generell kann die Tendenz festgestellt werden, dass der Marktanteil privater Geschäftsbanken mit der Komplexität der Dienstleistungen steigt. Es kann vermutet werden, dass sich Geschäftsbanken aufgrund der höheren Ertragschancen in den entsprechenden Marktsegmenten stärker engagieren [vgl. Krupp 1998, S. 55]. So hat beispielsweise die Stadtsparkasse Köln einen Marktanteil von 54 % der Erstbankverbindungen in ihrem Geschäftsgebiet. Allerdings halten lediglich 56 % ihrer Kunden auch ein Depot, während dieser Wert bei privaten Geschäftsbanken bis zu 70 % erreicht [vgl. Schröder/Schweizer 1997, S. 399]. Beratungsintensive Dienstleistungen des Anlagebereichs, die über das Depotgeschäft hinausgehen, sollen dem Geschäftsbereich Private Banking zugeordnet werden [vgl. 7.5.3].

Sparkonten und Sparbriefe werden bei den Anlagegeschäften durch Privatanleger derzeit stark durch Fonds und die Direktanlage in Wertpapiere substituiert. 1999 hielten fast 20 % der Deutschen privat Aktien, während dieser Wert drei Jahre zuvor noch bei 13 % lag [vgl. BDB 2000a, S. 67]. Die Anlageberatung mit Retailkunden beschränkt sich oftmals auf die Vermittlung von Fonds. Sophistifizierte Kunden nehmen die Anlage in Einzeltiteln oft selbst vor. Direktbroker sind als neue Wettbewerber in diesen Markt eingestiegen und haben klassischen Filialbanken aufgrund ihrer kostengünstigen Angebote und ihrer ständigen ortsungebundenen Erreichbarkeit hohe Geschäftsvolumina abgenommen [vgl. J.P. Morgan 1999]. Ähnliche Vorteile führen auch Direktbanken ins Feld. Bei diesen ist eine schnelle Transaktionsdurchführung allerdings nicht derart entscheidend, so dass die Konkurrenz um Kontokorrentkunden nicht so ausgeprägt ist wie um die Direktanlagekunden. Immerhin gab es in Deutschland im Jahr 2000 bereits 1,5 Mio. Kunden, die ihre Wertpapieranlage über das Internet durchführten [vgl. BDB 2000a, S. 72] und über 10 Mio. Onlinekonten [vgl. BDB 2000b, S. 20].

Insgesamt bietet das Privatkundengeschäft den Vorteil eines relativ stetigen Einkommensstromes bei leicht kalkulierbaren Risiken [vgl. Krupp 1998, S. 54]. Nachteilig sind die hohen Fixkostenbelastungen durch das Zweigstellennetz und die geringe Profitabilität der standardisierten Transaktionen zu nennen, die ein hohes Geschäftsvolumen erforderlich machen. Dabei bekommen Filialbanken die Konkurrenz von Direktbanken und -brokern zu spüren, die insbesondere durch den Verzicht auf ein Zweigstellennetz zu kostengünstigen Angeboten in der Lage sind. So werden von den meisten Banken erst seit dem Aufkommen der Direktbanken Zinsen auf Kontokorrentguthaben angeboten. Neue Vertriebstechnologien haben Markteintrittsbarrieren hier entscheidend gesenkt [vgl. 3.5.2; Bernet 1997, S. 349-350]. Filialbanken stehen vor dem Dilemma, einerseits auf den Kostendruck durch die Angebote der Direktbanken reagieren zu müssen, andererseits aber auf ihr Filialnetz nicht zu stark restrukturieren zu können: ihre Kunden sind meist nicht zu den neuen Wettbewerbern abgewandert, weil sie auf den Besuch der Filiale nicht verzichten möchten.

Auf der Basis des so charakterisierten Wettbewerbsumfelds lassen sich Minimumressourcen im Privatkundengeschäft exemplarisch entlang einer Wertschöpfungskette für das Retail Banking formulieren. Diese sind überblicksartig in Abbildung 7-5 wiedergegeben. Nachfolgend werden aus Sicht des Resource-based View die Strategierelevanz der identifizierten Kompetenzen analysiert. Die Beurteilung hinsichtlich der potenziellen Distinktivität erfolgt in Abschnitt 7.5.2.2.

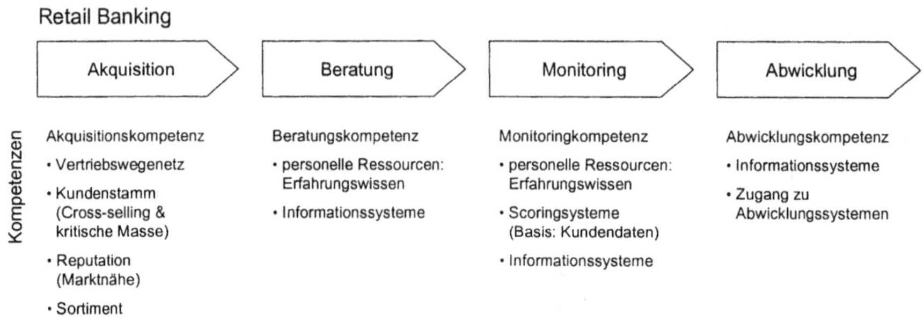

Abbildung 7-5: Minimumressourcen entlang der Wertschöpfungskette im Retail Banking

Akquisition

Basis der Akquisition im Retailgeschäft waren lange Zeit die Zweigstellennetze der Banken. Aufgrund der Vielfalt moderner Vertriebswege sind heute das Zweigstellennetz, Geldausgabeautomaten und Elektronische Vertriebswege wie Internet, T-Online und Call Center in ihrer Gesamtheit als Ressourcen zu betrachten, die zur Akquisitionskompetenz beitragen [vgl. ähnlich Börner 2000, S. 231-232, s. auch Ausführungen zum Multikanalmanagement Holmsen et al. 1998; Paulhuhn 1998]. Mengenkunden im Retailgeschäft präferieren dabei einen geringen ‚Beschaffungsaufwand‘ für ihre Standardtransaktionen. Es ist daher notwendig, eine hohe Vertriebsdichte zu erzeugen. Dies kann über ein dichtes Zweigstellennetz oder durch eine fortdauernde Erreichbarkeit über elektronische Vertriebswege realisiert werden.

Ein bestehender Kundenstamm kann als strategierelevante Ressource für eine kostengünstige Abwicklung des Standardgeschäftes angesehen werden. Hierzu muss eine kritische Masse überschritten werden, welche die hohe Fixkostenbelastung des Zweigstellennetzes und der Abwicklungskapazitäten rechtfertigt. Ein Kundenstamm mit einem hohen Anteil wohlhabender Kunden erlaubt dabei den Absatz ertragsstarker Dienstleistungen [vgl. Büschgen 1992, S. 34]. Vorhandene Kunden sind zudem Ausgangsbasis für das Cross-selling weiterer Dienstleistungen [vgl. ähnlich Strutz 1993, S. 178-180, der eine Cross-selling Fähigkeit identifiziert, diese aber als überschätzt ansieht].

Im Allgemeinen kommt der Reputation eine wesentliche Bedeutung bei der Entscheidung eines Kunden zu, eine Banken auszuwählen. Grund hierfür ist die nur ex post mögliche Evaluation des Dienstleistungsergebnisses sowie die Vertrauensempfindlichkeit von Finanzdienstleistungen. Aufgrund der relativ geringen Komplexität der Transaktionen im Retailgeschäft und der daraus folgenden geringen Qualitätsunsicherheit, relativiert sich – entsprechend der Ausführungen zu generischen Wettbewerbspotenzialen – die Bedeutung der Reputation [vgl. 2.4.2]. Im Retailgeschäft honorieren die Kunden vielmehr eine große Kunden- und Marktnähe, die vielfach bei Sparkassen und Genossenschaftsbanken vermutet wird [vgl.

Köhler 1998, S. 27]. Man kann daher eine Reputation für Marktnähe als strategierelevante Ressource identifizieren. Ein Produktsortiment, das aktuelle und potenzielle Kundenbedürfnisse weitgehend abdeckt, ist ebenfalls Bestandteil der Akquisitionskompetenz [vgl. Krupp 1998, S. 55-56]. Der Sortimentsumfang ist positiv mit der Möglichkeit zum Cross-selling und mit der Kundenbindung verknüpft [vgl. 7.3; Spremann/Buermeyer 1997, S. 171-172], so dass ihm gerade im Mengengeschäft, bei dem es auf die Generierung hoher Geschäftsvolumina ankommt, Strategierelevanz zukommt.

Beratung

In der Beratung wird der Leistungsbedarf des Kunden konkretisiert. Im Retailgeschäft werden vornehmlich Standarddienstleistungen aus dem gegebenen Produktsortiment vermittelt, so dass die Anforderungen an die Beratungskompetenz als personengebundenes tazites Erfahrungswissen nicht sehr hoch sind. Für den Kundenkontakt und zur Erzeugung einer engen Kundenbindung kommt es vielmehr auf die sozialen Fähigkeiten der Berater an [vgl. Gierl/Helbich 1997, S. 541]. Wichtig erscheint ebenso ihre informationstechnische Unterstützung, die einen effizienten Ablauf des Mengengeschäfts ermöglicht und die Informationsversorgung gewährleistet [vgl. Meyer zu Selhausen 1989, S. 84]. Dabei erleichtern durch Data Warehousing und Data Mining bereitgestellten Kundeninformationen eine aktive und bedürfnisgerechte Ansprache [vgl. Steiner 1999, S. 319]. Viele Leistungen im Kontokorrent und Wertpapierhandel werden in der Form der Selbstbedienung in Anspruch genommen. Dabei kommt es lediglich zu einer Beratung bei der Eröffnung eines Kontos oder Depots. Allerdings können den Kunden beispielsweise über das Internet Informationen zur Verfügung gestellt werden, die ihre Entscheidungsgrundlage verbessern. Solche Informationsdienste sind vor allem für das Direktanlagegeschäft von Bedeutung [vgl. Bartmann/Wörner 1997, S. 222-223].

Monitoring

Die Entscheidung über eine Kreditvergabe im Mengengeschäft wird stark durch Informationstechnologien in der Form von Scoringsystemen[71] unterstützt [für eine Einschätzung als Ressource vgl. Böhme 1997, S, 118]. Ziel des Systemeinsatzes ist eine effiziente und objektivierte Durchführung der Bonitätsprüfung im Retailgeschäft [vgl. Knoth 1998, S. 192]. Da Scoringsysteme erst auf der Basis vorhandener Kundendaten erarbeitet werden können, ist ein bestehender Kundenstamm mit einem ausreichenden Geschäftsvolumen unabdingbar [vgl. Knoth 1998, S. 194]. Ohne geeignete Datenbasis können die gängigen statistischen oder künstlich

---

[71] Der Begriff Scoringsystem wird hier als Oberbegriff für informationstechnische Applikationen verwendet, die eine Offenlegung und Kontrolle des Kreditrisikos zum Ziel haben. Keineswegs sollen nur herkömmliche Punktbewertungsverfahren angesprochen werden. Der Begriff hat sich jedoch in der Praxis durchgesetzt.

intelligenten Verfahren zur Erstellung des Scoringsystems nicht angewandt werden [vgl. zu dieser Problematik für statistische Punktbewertungsverfahren Hein 1993, S. 186]. Die letzte Entscheidungsbefugnis bleibt insbesondere bei komplexeren oder höheren Engagements beim Kundenberater, wie beispielsweise eine Immobilienfinanzierung. Die Überwachung der Engagements während der Laufzeit ist ebenfalls Aufgabe der Mitarbeiter, kommt aber nur bei komplexeren Engagements zum Einsatz [vgl. Hein 1993, S. 207]. Monitoringkompetenz im Retailgeschäft setzt sich damit aus IT-Systemen und Personalressourcen zusammen, die vor dem Hintergrund bestehender Kundeninformationen zum Einsatz kommen. Ihre Strategierelevanz erhält das Monitoring durch seine direkte Verbindung zu Adressausfallrisiken. Es besteht ein enger Zusammenhang zur Struktur der Risikoaktiva und zur Risikosteuerung, auf die im Wholesale Banking umfassend eingegangen wird [vgl. 7.5.4], da die Risiken in diesem Geschäftsbereich ungleich höher sind als im Retailgeschäft.

Abwicklung

Die Abwicklung der Geschäftsvorfälle beginnt in der Regel mit einer informationstechnischen internen Bearbeitung. Dies geschieht bei größeren Banken in zusammengefassten Back-office Zentren. Hier kommt es in erster Linie auf die informationstechnische Unterstützung an, die eine zügige und fehlerfreie Bearbeitung ermöglicht [vgl. Hein 1993, S. 200-203]. Sparkassen und Genossenschaftsbanken haben diese Aufgaben vielfach an Abwicklungszentren und Rechenzentralen ausgelagert, die gemeinsam für mehrere Primärbanken agieren. Seit den achtziger Jahren sind die Prozesse im Back-office Gegenstand permanenter Rationalisierungsbemühungen [vgl. Büschgen 1998, S. 417]. IT im Back-office und ein ausreichendes Geschäftsvolumen als Voraussetzung für die notwendigen Infrastrukturinvestitionen machen dabei den Kern der Abwicklungskompetenz aus. Zu beurteilen ist zusätzlich die Anbindung an die eigentlichen Clearing & Settlement Systeme. Diese unterscheidet sich stark mit den vorliegenden Geschäftsvorfällen. Damit ist auch die Strategierelevanz nach den verschiedenen Geschäftsvorfällen differenziert zu beurteilen.

Der Massenzahlungsverkehr läuft beleglos durch elektronischen Datenaustausch ab, vornehmlich über die Gironetze der Bundesbank, der Großbanken, der Sparkassen, der Genossenschaftsbanken sowie der Postbank [vgl. Büschgen 1998, S. 414]. Banken ohne eigenes Gironetz nutzen die Infrastrukturen der Wettbewerber bzw. der Bundesbank [vgl. Hartmann 1999, S. 555]. Die Abwicklung von Kartentransaktionen ist auf wenige Anbieter wie GZS und B+S Card Service konzentriert, die oftmals aus der Kooperation mehrerer Kreditinstitute hervorgegangen sind. Sie wird von den Banken in der Regel nicht selbst vorgenommen [vgl. Fotschki. 1998, S. 170]. Im Massenzahlungsverkehr und Kartengeschäft bestehen damit keine wesentlichen Beschränkungen des Zugangs zu den Zahlungsverkehrssystemen. Großbanken können durch eine Zahlungsverkehrsabwicklung innerhalb der eigenen Netze allerdings Kostenvorteile erzielen.

Zur Durchführung von Wertpapiertransaktionen nehmen größere Institute in der Regel eine direkte Anbindung an die Börsenhandelssysteme vor. Die erforderlichen Ressourcen bestehen aus informationstechnischen Systemen, die eine Anbindung an die vorherrschenden Drittsysteme ermöglichen. Das Xetra System der Deutschen Börse AG beruht beispielsweise auf einer Client-Server Architektur, dessen Front-end Applikationen auf gängigen Betriebssystemen laufen und von der Börse zur Verfügung gestellt werden. Die technischen Anforderungen sind im Vergleich zu den Systemen für den Eigenhandel geringer und ermöglichen auch kleinen Instituten einen kostengünstigen Zugang [vgl. 7.4.4; Hille/Braue 1999, S. 501-504]. Ähnlich gestaltet sich der Zugang zu Brokergesellschaften wie Trade Point, die schon auf der Basis handelsüblicher PCs und einer gemieteten Standleitung zuverlässig erreichbar sind und die Anbindung an mehrere Handelsplätze anbieten. Alternativ stehen Market Maker wie Madoff oder Investmentbanken als Kontraktpartner zur Verfügung [vgl. Böhme 1997, S. 129].[72] Sparkassen und Genossenschaftsbanken sind oftmals über ihre Zentralinstitute an die Handelsplätze angebunden, da diese unterstützende Dienstleistungen – beispielsweise Research – zur Verfügung stellen und Kosten der Börsenmitgliedschaft auf mehrere Mitglieder verteilen. So lohnt sich die direkte Börsenteilnahme bei Sparkassen – gegenüber der Abwicklung über ihre Zentralinstitute – derzeit schon wegen der Mitgliedsgebühren erst ab etwa 20.000 Orders pro Jahr mit einem Ordervolumen von durchschnittlich DM 20.000 [vgl. Hille/Braue 1999, S. 509]. Sind die gängigen Anforderungen an die bankseitige Ressourcenausstattung den obigen Ausführungen entsprechend eher als gering zu bezeichnen, so ergeben sich vergleichsweise hohe Anforderungen an die IT und Organisation der Wertpapierabwicklung im Direktanlagegeschäft, bei dem die Kunden eine direkte Weiterleitung ihrer über elektronische Vertriebswege abgegebenen Orders an die angebundenen Handelsplätze erwarten. Die Erfahrungen der vergangenen Jahre haben gezeigt, dass insbesondere Direktbroker oftmals Probleme bei der Skalierbarkeit und Zuverlässigkeit ihrer Systeme hatten [vgl. Carignani/Seifert 2000, S. 809]. Damit kommt der IT in diesem Fall eine hohe Strategierelevanz zu.

Die Anbindung des Back-office an die Zahlungs- und Wertpapierabwicklungssysteme hat sich mittlerweile zu einem Geschäftsfeld entwickelt [vgl. Bösch 1998; Schüller 1999, Lamberti 2000]. Es existieren Angebote von Großbanken und spezialisierten Instituten, für kleinere Wettbewerber diese Wertschöpfungsstufe zu übernehmen. So haben die HypoVereinsbank die Financial Markets Service Bank (ehemals Probank) und die Deutsche Bank die european transaction bank (e.t.b.) als Konzerngesellschaften für derartige Dienstleistungen gegründet [vgl. Bösch 1998; Lamberti 2000].

---

72 Market Maker gehen über das Angebot von Brokergesellschaften hinaus, indem sie eigene Liquidität bereitstellen und Risiken übernehmen, wenn sich keine Gegenpartei für eine Transaktion findet. Sie stellen dann selbst einen Preis und führen die Transaktion direkt oder zeitversetzt aus.

7.5.2.2 Interne Ressourcenanalyse

Akquisitionskompetenz

Akquisitionskompetenz setzt sich aus dem Vertriebswegenetz, einem vorhandenen Kundenstamm, einer Reputation für Markt- und Kundennähe sowie dem Sortiment der Bank zusammen. Inimitierbarkeit und Knappheit einzelner Vertriebswege sind kaum zu vermuten. Insbesondere Direktvertriebswege im Internet werden oft auf der Basis von Standardapplikationen mit der Unterstützung von Beratern und Softwarehäusern implementiert. Ähnliches gilt für die Einrichtung von Call Centern. Einzig das Zweigstellennetz kann als historisch gewachsen betrachtet werden. Zweigstellen in besonders günstigen Lagen sind sogar als einzigartig und nicht imitierbar anzusehen. Auf diese Art und Weise kann das gesamte Zweigstellennetz in seiner Zusammensetzung den Charakter einer knappen und inimitierbaren Ressource annehmen. Es wird allerdings teilweise durch neue Vertriebswege substituiert, ohne dass diese das Zweigstellennetz in einer Gesamtperspektive gänzlich ersetzen können. Insgesamt ist davon auszugehen, dass die Vertriebswege als Ganzes betrachtet werden müssen und lediglich in ihrer Konfiguration distinktiv wirken können [vgl. Börner 2000, S. 231-232]. Der starke Fixkostencharakter des Zweigstellennetzes hat in vielen Fällen dazu geführt, dass dieser Vertriebsweg überdimensioniert ist und Überkapazitäten aufweist [vgl. 3.4.2].[73] Im Kern kann nur ein wohldimensioniertes Zweigstellennetz im Kanon mit modernen Direktvertriebswegen Distinktivität begründen und einen breiten Marktzugang sichern. Ähnlich identifiziert Leichtfuß ein Distributionsnetz mit großer Reichweite als strukturellen Vorteil im Retail Banking [vgl. 1998, S. 99]. Direktvertriebswege weisen aufgrund ihres Fixkostencharakters Unteilbarkeiten auf [vgl. ähnlich Bernet 1998, S. 140]. Diese und die für das Zweigstellennetz zu vermutenden Überkapazitäten lassen auf Synergiepotenziale durch Sharing schließen.

Ein Kundenstamm wird aufgrund seiner Zusammensetzung, seines Umfangs und seiner Bindung an die Bank unter Vertriebsaspekten zu einer distinktiven Ressource [vgl. grundlegend 2.4.2; zu ähnlichen Ergebnissen kommt Börner 2000, S. 236]. Im Grunde hat eine Bank kein direktes Verfügungsrecht über den Kunden an sich. Dennoch ist ihr die Kundenverbindung zuzuschreiben und sie kann über die generierten Informationen verfügen. Die im Retailgeschäft historisch langfristigen Kundenbeziehungen verweisen damit – trotz einer steigenden Wechselbereitschaft [vgl. 3.4.1] – eine Immobilität auf, die sich als Kundenbindung beschreiben lässt. Eine spezifische Zusammensetzung eines langfristig an die Bank gebundenen Kundenstamms ermöglicht das Cross-selling ertragreicher Produkte. Basis hierfür ist die Nutzung vorhandener Kundeninformationen, im Sinn einer intertemporalen Wiederverwertung. Diese erleichtert dabei die nachfolgenden Schritte der Bera-

---

[73] Dies muss dem Knappheitsargument nicht widersprechen, da sich dieses in der Zusammensetzung und Konfiguration der Vertriebswege begründet.

tung und der Risikoeinschätzung im Monitoring. Die notwendige kritische Masse für das Retailgeschäft kann nur über einen umfangreichen Kundenstamm generiert werden, der ein entsprechendes Geschäftsvolumen erzeugt. Ein derart nach Zusammensetzung, Umfang und Bindung charakterisierter Kundenstamm ist als knappe Ressource zu beschreiben, die nur langsam aufgebaut werden kann und daher nicht leicht imitierbar ist, d.h. Wettbewerber benötigen viel Zeit zum eigenständigen Aufbau eines ähnlichen Kundenstamms. Für die Informationen und das Geschäftsvolumen, die aus einem Kundenstamm hervorgehen, bestehen keine Substitute. Durch eine steigende Informationsverfügbarkeit werden Kunden informierter und selbständiger und nutzen die resultierende Markttransparenz zur Auswahl der für sie besten Anbieter [vgl. 3.4.1]. Damit gewinnt die konsequente Nutzung vorhandener Kundeninformationen weiter an Bedeutung. Die hohen Akquisitionskosten von Direktbanken deuten den Wert der Kundenbeziehung im Internetvertrieb an. Ähnlich sehen andere Autoren Kundenstamm und Kundenbindung als erfolgskritische Faktoren im Retail Banking an [vgl. Bernet 1997; Leichtfuß 1998, S. 99]. Aus seiner ressourcenorientierten empirischen Untersuchung von Fondsgesellschaften schließt Makadok zudem, dass vorhandene Kundenbeziehungen eine kritische Ressource sind, die auch der Realisierung von Skaleneffekten zu Grunde liegt [vgl. 1998, S. 693].

Im Retail Banking kommt es weniger auf eine Reputation für eine überlegene Produktqualität und -expertise an, als vielmehr auf die einem Institut zugeschriebene Markt- und Kundennähe. Großbanken werden gegenüber Sparkassen und Genossenschaften als weitaus weniger kundennah angesehen. Kundennähe ist von dieser Bankgruppe aufgrund ihres überregionalen Geschäftsgebietes und ihrer Produkt- und Kundenstruktur schwieriger zu erzeugen [vgl. ähnlich Heitmüller 1997, S. 459]. Eine Reputation für Markt- und Kundennähe wird so zu einer knappen und schwer zu imitierenden Ressource, der ein gewisses Distinktivitätspotenzial im Retailgeschäft zukommt. Substitute könnten sich beispielsweise aus einer überlegenen Produktqualität, Erreichbarkeit oder Preiswürdigkeit anderer Banken ergeben. Die Substitutionsgefahr wird abschließend durch die Kunden determiniert. Die Marktposition der Sparkassengruppe weist auf einen Bestand der Reputation für Marktnähe hin [vgl. auch Hoppenstedt 1999, S. 517]. Das Wachstum einiger Direktbanken lässt auf die zunehmende Bedeutung anderer Kriterien aus Kundensicht schließen. Somit kann an dieser Stelle keine abschließende Beurteilung vorgenommen werden. Als intangible Ressource ist Reputation unteilbar und daher eine geeignete Grundlage für Synergien des Sharing. Voraussetzung ist allerdings, dass eine ausreichende Verwandtschaft der Geschäfte die gemeinsame Nutzung erlaubt. Daher können der Reputation für Markt- und Kundennähe nur Sharingsynergien für das Sortiment der Retailprodukte zugeschrieben werden.

Ein umfassendes Sortiment deckt die Kundenbedürfnisse in Finanzierung, Anlage und Zahlungsverkehr weitgehend ab. Im Retailgeschäft ist ein vollständiges Produktsortiment nicht schwer zu realisieren. Der leichte Markteintritt von Direktbanken, wie der Allgemeinen Deutsche Direktbank, oder die Sortimentsausweitung einiger Autobanken, wie der Volkswagen Bank direct, können als Indiz für die geringe Knappheit einer Ressource Sortimentumfang gewertet werden [zum Hintergrund vgl. etwa Schuster 1998, S. 69-70]. Weiterhin nehmen Retailbanken mehr und mehr Fremddienstleistungen in ihr eigenes Sortiment auf. Dies ist beispielweise bei Fonds und in der Baufinanzierung zu beobachten [vgl. Wimmer 2000]. Wie bereits gezeigt, stehen aufgrund des Standardcharakters der Dienstleistungen im Retail Banking Kooperationen als Alternative bzw. als Substitut für die Eigenerstellung eines breiten Sortiments offen [vgl. 7.3]. Aus diesem Grund kann das Sortiment nicht zu den distinktiven Ressourcen im Retail Banking gezählt werden. Zwar muss die Sortimentsbreite als Grundvoraussetzung für das Cross-selling angesehen werden. Eine mögliche Distinktivität muss in diesem Zusammenhang aber dem Kundenstamm zugeschrieben werden.

Beratungskompetenz

Die fachlichen Anforderungen an die Personalressourcen, die einen Großteil der Beratungskompetenz ausmachen, sind aufgrund des Standardisierungsgrads der Dienstleistungen im Retailgeschäft als gering zu bezeichnen. Aus diesen geringen Anforderungen folgt eine geringe Knappheit und ein zu vernachlässigendes Distinktivitätspotenzial [vgl. 2.4.2]. Anforderungen bestehen allerdings an die sozialen Fähigkeiten der Mitarbeiter [vgl. Gierl/Helbich 1997, S. 541; Heitmüller 1997, S. 464]. Aufgrund des breiten Mitarbeiterstamms, der für die Beratung im Retail Banking benötigt wird, soll nicht von der systematischen Variation der Mitarbeiterfähigkeiten im sozialen Bereich unter Banken ausgegangen werden, so dass vermutlich keine Bank einen wesentlichen Wettbewerbsvorteil aufgrund einer überlegenen sozialen Fähigkeiten ihrer Berater erzielen kann.

Hinsichtlich der Informationssysteme zur Beratungsunterstützung drängen mehr und mehr Standardapplikationen auf den Markt, so dass Knappheit auch diesbezüglich auszuschließen ist.[74] Es ist zu vermuten, dass Wettbewerber durch Einsatz von Standardsoftware eine zumindest ebenbürtige Beratungsunterstützung gegenüber eigenerstellten Systemen realisieren können. Die bestehenden Altsysteme können aufgrund ihrer Inflexibilität und mangelnden Erweiterbarkeit sogar zu einer Last werden [vgl. ähnlich Moormann 1999, S. 12].

Im Zusammenhang mit der Rolle der IT und ihrem Beitrag zur Beratungskompetenz sollen an dieser Stelle einige Überlegungen angestellt werden, die auch für die nachfolgenden Ausführungen im Rahmen der anderen Geschäftsfelder Bestand haben. Zunächst ist davon auszugehen, dass auch im Private und Wholesale Banking sowie im Corporate Finance die Verfügbarkeit von Standardapplikationen die Knappheit der Ressource IT in der Beratung grundlegend einschränkt. IT-Systeme steuern somit keine direkten Distinktivitäten bei. Wettbewerbspotenziale in der Beratungsphase sind in der Kundenansprache sowie in der Umsetzung des Cross-

[74] So ist das deutsche Softwarehaus SAP massiv in den Bankenmarkt eingetreten.

selling zu vermuten. Voraussetzung hierfür ist ein komplexes Zusammenspiel von Informationstechnologien zur Auswertung und Bereitstellung von Kundeninformationen mit der Fähigkeit der Kundenberater, diese Informationen einzusetzen [vgl. ähnlich Strutz 1993, S. 179]. Unter der plausiblen Annahme, dass die benötigten Informationssysteme am Markt verfügbar sind, können Knappheit und Inimitierbarkeit zunächst auf den Kundenstamm als Informationsquelle und -senke oder auf die Personalressourcen zurückgeführt werden. Beide Ressourcen werden jeweils analysiert werden. Aus ressourcenorientierter Sicht können Wettbewerbsvorteile weiterhin vielfach in dem Zusammenspiel von Mensch, Organisation und Technik begründet liegen [vgl. empirisch Powell/Dent-Micallef 1997], etwa bei dem hier anzusprechenden Zusammenwirken von Beraterfähigkeiten, Kundeninformationen und Informationssystemen für die Kundenansprache. Ein Distinktivitätspotenzial aus dem Zusammenspiel personeller, organisatorischer und technischer Ressourcen lässt sich für alle technikintensiven Bereiche formulieren. Es soll daher in dieser Arbeit nicht weiter thematisiert werden. Der Beitrag, den die Ressourcen in ihrem Zusammenwirken zu Wettbewerbsvorteilen beisteuern, dürfte weitgehend durch kausale Ambiguitäten geschützt sein, so dass eine entsprechende Kompetenz schwerlich zu einer Grundlage für Übernahmen wird. In den folgenden Ausführungen wird daher der Kundenstamm detailliert im Rahmen der Akquisitionskompetenz analysiert. Für die Analyse der Beratungskompetenz wird vornehmlich die Bedeutung der Personalressourcen beurteilt. Für Ausführungen zur Informationstechnologie oder dem Zusammenspiel der Ressourcen wird an diese Stelle verwiesen.

Monitoringkompetenz

Monitoringkompetenz ist im Grunde eine Personalkompetenz, die nur bei anspruchsvollen Transaktionen als distinktiv zu werten ist. Im Retail Banking sind die Engagements relativ einfacher Natur. Ähnlich wie bei der Beratungskompetenz ist eine singuläre Distinktivität der Personalressourcen nicht zu vermuten. Bedeutung kommt allerdings den Kundeninformationen zu. Wie bereits geschildert ermöglicht die langfristige Bindung der Kunden an die Bank eine intertemporäre Wiederverwertung von Bonitätseinschätzungen und anderen Informationen, die Wettbewerbern nicht zur Verfügung stehen.

Scoringsysteme und die dazugehörige IT sind mittlerweile in der Lage, Monitoring durch Personalressourcen in weiten Teilen zu substituieren [vgl. Knoth 1998, S. 192]. Sie ermöglichen sogar die Kundenselbstbedienung über elektronische Vertriebswege. An dieser Stelle ist nach der potenziellen Distinktivität der Scoringsysteme selbst zu fragen. Zur Anwendung statistischer Verfahren oder Methoden der künstlichen Intelligenz sind modernen Scoringsystemen zu Grunde liegenden Verfahren auf eine ausreichende Datenbasis in der Form historischer Kundeninformationen angewiesen [vgl. Hein 1993, S. 186; Knoth 1998, S. 194]. Dies ist analog zu einer cross-sektoralen Wiederverwertbarkeit der Informationen zu verstehen [vgl. 2.4.3]. Allerdings ist zu vermuten, dass die meisten Institute über einen ausreichenden Kundenstamm verfügen. Ob die Kundendaten in der benötigten Form vorliegen ist eine andere Frage, die im Einzelfall beantwortet werden muss. Der bislang nur beschränkt vorgenommene Einsatz sophistifizierter Systeme [vgl. etwa Elsas et al. 1999, S. 196] lässt zumindest eine temporäre Distinktivität zu. Unteilbarkeiten der Systeme können dabei zu Synergiepotenzialen durch Sharing beitragen, die sich durch eine Ausweitung von Kundenbasis und Geschäftsvolumen realisieren lassen.

Abwicklungskompetenz

Im Rahmen der Abwicklungskompetenz ist eine zuverlässige und skalierbare IT im Back-office als strategierelevante Ressource herausgearbeitet worden. Der Zugang zu den erforderlichen externen Systemen ist dabei in aller Regel nicht beschränkt[75], so dass der Fokus hier auf den internen Bearbeitungssystemen liegen soll.

In der Vergangenheit sind Informationssysteme im Back-office weitgehend selbst erstellt worden [vgl. Moormann 1999, S. 12]. Aufgrund der Eigenerstellung sind komplexe Systemlandschaften entstanden, auf deren Basis sich Wartung und Ausbau als schwierig erweisen. So kann es beispielsweise zu einer aufwendigen Aufgabe werden, den Zugang zu neuen ausländischen Börsenhandelsplätzen bankseitig zu implementieren. Besitzt eine Bank dennoch ein zuverlässiges, leicht wartbares und skalierbares eigenerstelltes System, ist dieses als knappe und inimitierbare Ressource zu bezeichnen. Die schlechten Erfahrungen vieler Direkt-Boker mit der Systemzuverlässigkeit bei schnellem Kundenwachstum und an hektischen Handelstagen belegen die Bedeutung entsprechender Abwicklungssysteme [vgl. Carignani/Seifert 2000, S. 808-810].[76]

Aufgrund der hohen Fixkostenbasis sind Unteilbarkeiten und Sharingsynergien zu erwarten, die zu starken Größenvorteilen führen [vgl. auch Betsch 1998, S. 1276]. Ähnlich verweist obige Betrachtung der generischen Wettbewerbspotenziale im Clearing & Settlement auf entsprechende Sharingpotenziale, die bei einem umfangreichen Kundenstamm über das generierte Geschäftsvolumen realisiert werden können [vgl. 2.4.4]. Makadok betont als Folgerung einer ressourcenorientierten empirischen Untersuchung ebenfalls die Bedeutung der Kundenverbindungen bei der Realisierung von Skaleneffizienzen im Fondsgeschäft. Technologische Ressourcen im Back-office sieht er demgegenüber als weniger bedeutend an [vgl. 1998, S. 693].

Eine umfassende Beurteilung der Knappheit eigenerstellter Systeme muss allerdings die Knappheit ihrer möglichen Substitute berücksichtigen. In diesem Zu-

---

[75] Es bestehen Ausnahmen, wie beispielsweise die Teilnahme am privat organisierten Euro Clearing System ‚Euro 1' für Großzahlungen [vgl. Riedl 2000].

[76] Eine andere Meinung vertritt Börner, da er keine Differenzierungsmöglichkeiten im standardisierten Mengengeschäft sieht [vgl. 2000, S. 241].

sammenhang sind Standardapplikationen und Outsourcing-Angebote zu besprechen [vgl. auch Carignani/Seifert 2000]:

- Standardapplikationen für die bankseitige Systemanbindung im Back-office, sogenannte Middleware, stehen als Produkt mittlerweile allen Wettbewerbern zur Verfügung. So bieten Softwarehäuser wie SAP, Siemens/Kordoba oder Brokat umfassende Back-office Lösungen für Banken an. Lässt man die durchaus plausible Annahme zu, dass – aufgrund des zu Grunde liegenden hohen Entwicklungsaufwandes der Systemanbieter – Standardapplikationen eine effizientere Lösung als eigenerstellte Systeme darstellen, so erodiert das Wettbewerbspotenzial letzterer durch Substitution einer überlegenen und frei verfügbaren Marktlösung.
- Weiterhin sind die am Markt zunehmenden Outsourcing-Angebote zu berücksichtigen [vgl. Schüller 1999, S. 437-438].[77] Hier ist zu vermuten, dass durch das Insourcing fremder Transaktionsvolumina langfristig umfangreichere Skaleneffekte erzielbar sind, als dies kleinen und mittelgroßen Banken eigenständig möglich ist. Letztere können – sobald wettbewerbsfähige Angebote am Markt verfügbar sind und angenommen werden – auf der Basis einer eigenständigen Lösung damit keine Wettbewerbsvorteile erwirtschaften, da sie einen starken Kostennachteil haben. Durch die Wahrnehmung der Outsourcing-Angebote können sie andererseits von überlegenen Skaleneffizienzen profitieren [vgl. Pöhler 2000, S. 21].

Als Fazit sind temporäre Wettbewerbsvorteile auf der Basis skalierbarer und zuverlässiger Systeme durchaus möglich. Ihre Realisierung steht eng mit der vorhandenen Kundenbasis in Zusammenhang. Diese Wettbewerbspotenziale werden allerdings durch das Angebot von Standardapplikationen und Outsourcing-Angeboten bedroht, die eine überlegene Technik und Potenziale für Skaleneffekte für sich in Anspruch nehmen können [vgl. auch Carignani/Seifert 2000, S. 810].

7.5.2.3 Intra-Geschäftsfeld Synergiepotenziale und Übernahmen

Übernahmen innerhalb des Geschäftsfelds Retail Banking können unter zwei Aspekten betrachtet werden. Zunächst kommen Übernahmen zur Realisierung von Sharingsynergien in überlappenden Geschäftsgebieten in Frage, wie zum Beispiel bei den Fusionen von Bayerischer Hypotheken- und Wechselbank mit Bayerischer Vereinsbank zur Bayerischen HypoVereinsbank oder des Schweizerischen Bankverein (SBC) mit der Schweizerischen Bankgesellschaft (UBS alt) zur neuen UBS. Transfersynergien spielen bei Übernahmen im heimatlichen Markt eine untergeordnete Rolle. Dies liegt wesentlich an der geringen Bedeutung des Sortimentsumfangs. Daher sollen an dieser Stelle Fusionen und Übernahmen als Inter-

---

[77] Die Perspektive der Anbieter dieser Abwicklungsdienstleistungen für Dritte soll hier nicht besprochen werden. Dieses Angebot ist lediglich für sehr große Banken denkbar.

nationalisierungsschritt betrachtet werden, die neben Sharing auch auf Transfersynergien abzielen und zudem aufgrund der Rahmenbedingungen von aktueller Relevanz sind. Im Retailgeschäft können unter diesen Punkt auch Fusionen von Sparkassen und Genossenschaftsbanken subsumiert werden, die durch Zusammenschluss aufgrund ihres Regionalprinzips ebenfalls eine regionale Geschäftsausdehnung vornehmen. Vornehmlich ist aber an grenzüberschreitende Konsolidierungsschritte zu denken, die – wie in Benelux oder Skandinavien – auch das Retailgeschäft betreffen. Ein Beispiel stellt die Fusion zur finnischen-schwedischen MeritaNordbanken 1997 [vgl. Scharrer/Stahn 1998] und ihre anschließende Erweiterung nach Dänemark im Jahr 2000 durch die Übernahme der Unidanmark Group dar.

Sharingsynergien: Übernahmen in sich überlappenden Geschäftsgebieten

Die zunächst betrachteten Übernahmen von Banken in sich überlappenden Geschäftsgebieten im Retailgeschäft zielen vornehmlich auf Synergiepotenziale durch Sharing im Bereich der Akquisitions- und Abwicklungskompetenz ab. Die für diese Kompetenzen identifizierten Unteilbarkeiten und Überkapazitäten sind hierfür die Grundlage. Die Rahmenbedingungen haben maßgeblichen Einfluss auf die Bedeutung der Sharingsynergien. Dabei ist ein tendenzielles Ansteigen der Skaleneffekte zu berücksichtigen [vgl. 3.5.3], das insbesondere vor dem Hintergrund der europäischen Integration und des Euros zu sehen ist [vgl. 3.3]. Zusätzliches Geschäftsvolumen durch Zusammenlegung von Kundenstämmen in überlappenden Geschäftsgebieten führt dazu, dass die bestehenden Kapazitäten besser ausgelastet werden können. Übernahmen stellen dabei einen gangbaren und unter Umständen den einzigen Weg dar, schnell die distinktive Ressource Kundenstamm und das damit verbundene Geschäftsvolumen aufzubauen [vgl. Chan/Greenbaum/Thakor 1986, S. 244].

Die einem Kundenstamm zuzuschreibenden Eigenschaften der Inimitierbarkeit und Immobilität verdeutlichen aus der Perspektive des Resource-based View seine mangelnde Übertragbarkeit über einen anderen Weg als den einer Übernahme. Berücksichtigt man weiter, dass ein Kundenstamm – neben dem Geschäftsvolumen – Wettbewerbern nicht zur Verfügung stehende Informationen für die Individualisierung der Angebote in der Beratung und für die Bonitätseinschätzung im Monitoring zur Verfügung stellt, so wird seine Übernahme vermutlich zu dem wichtigsten Mergermotiv im Retail Banking.

Da mit einem Kundenstamm und Geschäftsvolumen auch weitere Vertriebskapazitäten akquiriert werden, ist eine Restrukturierung des Zweigstellennetzes im Zuge einer solchen Fusion in der Regel unausweichlich. Im Back-office ist die Zusammenlegung der Systeme und Datenbestände erforderlich [für eine umfassende Beschreibung der Integrationsschritte vgl. Penzel/Pietig 2000].

Kritisch sollen an dieser Stelle zumindest drei Aspekte angemerkt werden, die einerseits die identifizierten Sharingsynergien begrenzen, aber andererseits auch zu neuen Synergien führen können:

1. Überkapazitäten und Unteilbarkeiten im Filialvertrieb sind begrenzt. Das aus einem Zusammenschluss hervorgehende Zweigstellennetz muss in der Lage sein, das kombinierte Geschäftsvolumen zuverlässig abzuwickeln. Dies kann dazu führen, dass selbst direkt nebeneinander liegende Filialen weiterbetrieben werden müssen, wenn eine der Filialen nicht in der Lage ist, den kombinierten Geschäftsanfall zu bewältigen. Die Ausnutzung von Überkapazitäten und Unteilbarkeiten ist dabei stark von dem lokalen Verhältnis von Kundennachfrage und Angebotskapazität abhängig.
2. Physische Vertriebswege werden zunehmend durch elektronische substituiert, so dass es allein aus diesem Grund zur Restrukturierung der Zweigstellennetze kommen muss. Mit dem Kostenanteil der Zweigstellen im Vertriebswegenetz sinkt auch das ihnen zurechenbare Synergiepotenzial. Allerdings sind auch Plattformen für elektronische Vertriebswege im Internet oder über das Telefon als Unteilbarkeiten anzusehen, die hohe Investitionskosten erfordern. [vgl. Bernet 1998, S. 140]. Es entsteht ein neues Potenzial für Synergien durch Sharing in der Form, Investitionen zu teilen und die resultierenden Systeme über ein erweitertes Geschäftsvolumen zu nutzen. Wenn man sich vor Augen hält, dass Großbanken derzeit Investitionssummen zwischen DM 350 und 500 Mio. für ihre E-Commerce Entwicklungsarbeiten innerhalb eines Zweijahreszeitraums einplanen [vgl. z.B. Deutsche Bank/Dresdner Bank 2000], wird das Sharingpotenzial offensichtlich, das durch eine gemeinsame Entwicklung realisiert werden kann.
3. Skaleneffekte im Abwicklungsbereich sind nur relevant, wenn es sich für die Banken lohnt, diese Wertschöpfungsaktivität selbst durchzuführen. Bei Großbanken wird dies regelmäßig der Fall sein. Kleinere Wettbewerber werden vielfach Outsourcing-Angebote annehmen können. Skaleneffekte in der Abwicklung verlieren in diesem Fall als Übernahmemotiv ihre Bedeutung. Den Vorteil der Partizipation an überlegenen Skaleneffekten führt beispielsweise Deutsche Bank für die Kunden ihrer Transaktionsbank e.t.b. an [vgl. Pöhler 2000, S. 21].

Internationalisierung und regionale Geschäftsausdehnung

Der zweite Aspekt einer Übernahme innerhalb des Geschäftsfelds Retail Banking betrifft die regionale Geschäftsausdehnung. Eine besondere Bedeutung kommt der Analyse grenzüberschreitender Übernahmen zu, da die Rahmenbedingungen zwar eine weitgehende Internationalisierung ermöglichen [vgl. 3.5.2], dieser im Retail Banking aber noch gewisse Barrieren entgegenstehen. Somit ist zu diskutieren, ob

Übernahmen einen Weg zur Überwindung dieser Markteintrittsbarrieren darstellen.

Der Eintritt in einen neuen regionalen Markt mittels Übernahme stellt zunächst einen Zugriff auf ein bestehendes Vertriebswegenetz und einen bestehenden Kundenstamm her [für das Vertriebswegenetz vgl. Büschgen 1992, S. 47]. Beide Ressourcen erfordern im Aufbau viel Zeit und haben ein gewisses Distinktivitätspotenzial, so dass insbesondere aufgrund des erforderlichen Umfangs des Kundenstamms im Retailgeschäft und der erforderlichen Vertriebsdichte von der Überwindung von Markteintrittsbarrieren ausgegangen werden kann [vgl. ähnlich Doerig 1996, S. 279]. Darüber hinaus ist der Zugriff auf eine lokale Markenreputation notwendig. Kundennähe ließe sich mit einem eigenständigen Markteintritt nur sehr langfristig aufbauen; es besteht ein klares Ressourcendefizit neuer ausländischer Wettbewerber. Reputation – insbesondere eine Reputation für Marktnähe und eine lokale bzw. regionale Identität – lässt sich losgelöst von der Bank nicht übertragen und macht daher eine Übernahme erforderlich [vgl. Grant 1991, S. 126]. Die Akquisitionskompetenz einer ausländischen Bank wird durch eine Übernahme im Rahmen eines Markteintritts folglich in all ihren Facetten zum Gegenstand von Transfersynergien. Der Schwerpunkt liegt dabei auf der Nutzung von Reputation und Kundenstamm.

Selbst in der zusammenwachsenden Europäischen Union bestehen gerade im Retail Banking noch erhebliche kulturelle Barrieren gegenüber grenzüberschreitenden Übernahmen. Die Übernahme einer Bank durch einen ausländischen Wettbewerber kann kundenseitig daher negativ aufgefasst werden, so dass sich übernehmende Banken oft bemühen, die lokale Identität der akquirierten Bank zu erhalten und Übernahmen als gleichberechtigte Fusion darzustellen. So werden bei der grenzüberschreitenden Fusion der MeritaNordbanken und der Unidanmark beispielsweise die lokalen Marken in allen drei Ländern erhalten [vgl. Nordic Baltic Holding 2000].

Neben der Überwindung von Markteintrittsbarrieren können verschiedene andere Synergiepotenziale bei der regionalen Geschäftsausdehnung im Retail Banking identifiziert werden, die hier kurz angeführt werden sollen:

- Die Übernahme des lokalen Kundenstamms kann zur Grundlage für grenzüberschreitende Sharingsynergien der Abwicklungskompetenz werden. Sparkassen und Genossenschaftsbanken streben solche Sharingsynergien bei Fusionen zur regionalen Erweiterung des Geschäftsgebietes ebenso an wie private Großbanken bei Internationalisierungsschritten. So führt die HypoVereinsbank bei ihrem Fusionsvorhaben mit der Bank Austria die Nutzung der entstehenden kritischen Masse von 8 Mio. Privatkunden im Rahmen der gemeinsamen Transaktionsabwicklung an [vgl. HVB/Bank Austria 2000; s. Kapitel 8]. Zusätzlich haben elektronische Vertriebswege aufgrund ihrer Fixkostenintensität ein Potenzial für grenzüberschreitende Sharingsynergien. Solche Synergien werden auch von der Erweiterung der MeritaNordbanken um Unidanmark erwartet [vgl. Nordic Baltic Holding 2000]. Die regulatorischen Rahmenbedingungen müssen dabei grenzüberschreitende Transaktionen ermöglichen, was nicht in jedem Fall gegeben ist. In der Europäischen Union sind die Voraussetzungen dafür mittlerweile allerdings weitgehend vorhanden [vgl. 3.3.1].

- Transfersynergien in Beratung und Monitoring ergeben sich lediglich bei konkreten Ressourcendefiziten individueller Banken. Weiterhin besteht die Möglichkeit für Transfersynergien von Abwicklungskompetenzen hinsichtlich der Anbindung an nationale Börsenplätze oder Zahlungsverkehrssysteme. So erlaubt die Fusion der finnischen Merita Pankki mit der schwedischen Nordbanken letzterer die Nutzung des Großbetrags-Zahlungssystems TARGET, die ihr aufgrund der fehlenden EU-Mitgliedschaft zuvor verwehrt war [vgl. o.V. 1997].

7.5.3 Private Banking

7.5.3.1 Marktanforderungen und Minimumressourcen

Charakterisierung des Wettbewerbsumfeldes

In der hier gewählten Sichtweise beinhaltet Private Banking als Geschäftsfeld das beratungsorientierte Anlagegeschäft mit vermögenden Privatkunden [vgl. bspw. Platzek 1998, S. 648]. Dieses Geschäft bildet einen Schwerpunkt größerer Privatbanken und ist darüber hinaus in Universalbanken oft einem eigenen Private Banking Geschäftsbereich zugeordnet. Vermögende Privatkunden werden dabei vorwiegend in Geldanlageproblemen beraten [vgl. Hein 1993, S. 218].

Die im Private Banking zusammengefassten Dienstleistungen umfassen Vermögensplanung, -verwaltung und Portfoliomanagement, Immobilienmanagement sowie eine Beratung in Erb- und Stiftungsangelegenheiten [vgl. Platzek 1998; Rometsch 1999c]. Banken offerieren ihr Leistungsspektrum in der Vermögensverwaltung meist ab einer Anlagesumme von etwa DM 200.000 - 300.000. So bietet HSBC Trinkhaus die Vermögensverwaltung ab DM 250.000 an, bei der die Bank die gesamte Betreuung in Vermögensangelegenheiten übertragen wird. Andere Dienstleistungen werden erst ab einer Anlagesumme von DM 500.000 offeriert [vgl. Rometsch 1999b, S. 13].

In der Vermögensverwaltung für vermögende Privatkunden kommen komplexe Finanzinstrumente zum Einsatz. So erfolgt die Absicherung von Depots immer mehr durch derivative Finanzinstrumente, deren Einsatz von den Beratern beherrscht werden muss [vgl. Rometsch 1999b, S. 17]. Kundenseitig steigen die Ansprüche an eine professionelle Vermögensverwaltung zusehends. Der Anlagebedarf ist aufgrund verbesserter Kundeninformationen und einer weitgehenden

Internationalisierung der Wirtschaft dabei zunehmend global ausgerichtet [vgl. Platzek 1998, S. 650; Merrill Lynch/Gemini Consulting 1999, S. 6].

Es wird erwartet, dass das Volumen der verwalteten Vermögen in den nächsten Jahren weltweit durchschnittlich 9 % pro Jahr ansteigen wird [vgl. Merrill Lynch/Gemini Consulting 1999, S. 4]. Dieses Wachstum wird in Deutschland und Europa nicht zuletzt vom erwarteten Anstieg der privaten Altersvorsorge getragen [vgl. 3.4.1]. Die damit verbundenen hohen Ertragsaussichten führen zu einem ansteigenden Wettbewerb im Private Banking, bei dem auch internationale Anbieter ihre hohe Reputation kapitalisieren möchten.

Trotz der Attraktivität des Geschäftsfeldes gehören deutsche Geschäftsbanken nicht zu den Marktführern. Explizite Strategien für das Private Banking haben sie erst spät formuliert; so hat die Deutsche Bank erst 1996 eine eigenständige Private Banking Einheit eingerichtet. Stark sind traditionell die Schweizer Privatbanken – wie Julius Bär oder Pictet & Cie. – und die großen Schweizer Geschäftsbanken [vgl. Klöppelt 1996, S. 204]. So ist die UBS mit einem verwalteten Vermögen von US-$ 1.145 Mrd. der größte Vermögensverwalter der Welt [vgl. o.V. 1999c]. Amerikanische Groß- und Investmentbanken – wie Chase Manhattan und Merrill Lynch – spielen auch in Europa eine gewisse Rolle. Konkurrenz erwächst zusätzlich von Versicherungen. Diese positionieren sich sowohl als Vermögensverwalter für Privatkunden als auch für institutionelle Kunden, wie beispielsweise Fondsgesellschaften. So liegt die Allianz nach dem Erwerb des amerikanischen Vermögensverwalters Pimco gemessen am verwalteten Vermögen weltweit auf Platz 5 [vgl. o.V. 1999c] und verstärkt sich zusätzlich durch die Übernahme der ebenfalls amerikanischen Gesellschaft Nicholas-Applegate. Abbildung 7-6 fasst die nachfolgend besprochenen Minimumressourcen im Private Banking zusammen.

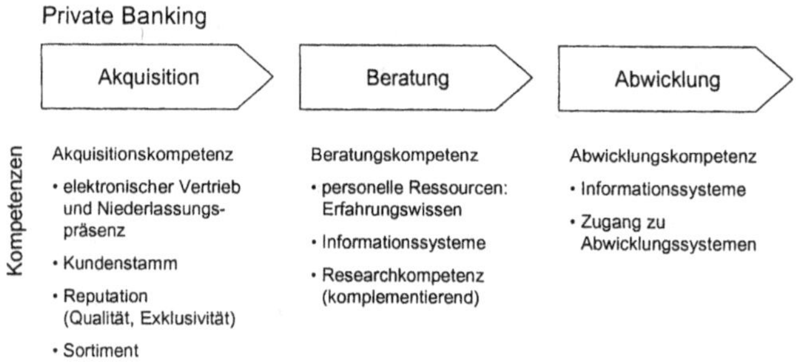

Abbildung 7-6: Minimumressourcen entlang der Wertschöpfungskette im Private Banking

Akquisition

Die Akquisitionskompetenz im Private Banking unterscheidet sich wesentlich von der im Retail Banking, da eine Beschränkung auf wenige Niederlassungen möglich ist. So bietet die Deutsche Bank ihr Private Banking lediglich an 370 ihrer 1.400 Standorte in Deutschland an [vgl. Deutsche Bank 1999, S. 18]. Ein dichtes Vertriebswegenetz scheint somit nicht erforderlich zu sein. Allerdings kommt elektronischen Vertriebswegen aufgrund ihres Potenzials, Informationen schnell und transparent zur Verfügung zu stellen, auch im Private Banking eine wachsende Bedeutung zu [vgl. Merrill Lynch/Gemini Consulting 1999, S. 9]. Da Neukunden oftmals durch die Weiterempfehlung zufriedener Kunden akquiriert werden, kommt dem Kundenstamm in Umfang und Zusammensetzung eine wesentliche Strategierelevanz zu [vgl. Jacobi 1997, S. 249; Rometsch 1999c, S. 98; sowie Bicker 1996, S. 33, die allerdings darauf hinweist, dass diese sehr passive Art der Kundenakquisition auch aktiv unterstützt werden muss]. Eine Reputation für Beratungs- und Produktqualität, aber auch für Diskretion und eine hohe Exklusivität stellt eine zweite wesentliche Ressource für die Neukundengewinnung dar. So nennen 67 % der vermögenden Privatkunden in einer Umfrage die Reputation als Hauptkriterium für die Auswahl einer Privatbank [vgl. Bicker 1996, S. 28]. Bestandteil der Akquisitionskompetenz ist auch die Fähigkeit der Bank, die Bedürfnisse des Kunden umfassend durch ihr vorstrukturiertes Leistungsangebot abdecken zu können. Damit wird das Produktsortiment zu einer wichtigen Ressource, insbesondere weil Bankgeschäfte für den angesprochenen Kundenkreis besonders vertrauensempfindlich sind [vgl. Schäli 1998, S. 100]. Da Kunden ihre Vermögenssituation für eine qualifizierte Beratung weitgehend offen legen müssen, wird ein Angebot aus einer Hand präferiert.

Beratung

Im Private Banking werden aufgrund der Komplexität der Beratungsleistungen hohe Ansprüche an die personellen Ressourcen und das durch sie verkörperte Erfahrungswissen gestellt [vgl. etwa Schröder/Schweizer 1997, S. 400]. Es wird insbesondere im Private Banking von einem „people business" gesprochen [Bicker 1996, S. 22], so dass von einer hohen Strategierelevanz der Personalressourcen ausgegangen werden kann [vgl. auch Ausfelder/Kühne/Wöhler 1999, S. 528]. Berater sind auf unterstützenden Informationsinput angewiesen. Ohne Unternehmens-, Branchen- und Marktanalysen aus dem Research kann eine qualifizierte Anlageberatung und ein anschließendes Portfoliomanagement nicht stattfinden. Dabei besteht zunehmender Bedarf an weltweiter Marktexpertise in vielfältigen Anlageinstrumenten, so dass bei einer Ausrichtung der Bank auf entsprechend sophistifizierte Kunden im Research eine Präsenz an den weltweiten Handelsplätzen und Finanzzentren erforderlich wird [vgl. Rometsch 1999b, S. 16]. Zudem werden Informationssysteme zur Unterstützung von Beratung und Portfoliomanagement benötigt, die den Mitarbeiter in seinen Entscheidungen unterstützen [vgl. Kobmann 1997, S. 56].

Abwicklung

Die Abwicklung im Private Banking hat vornehmlich die Ausführung von Wertpapiertransaktionen zum Gegenstand. Beratern und Portfoliomanagern muss zu diesem Zweck ein effizienter Zugang zu Börsenhandelssystemen, Brokergesellschaften und Market Makern bereitgestellt werden. Die IT-basierten Skaleneffekte eigener Systeme zur Börsenanbindung sowie die Problematik des Outsourcing der Abwicklungsdienstleistungen sind bereits ausführlich für das Retail Banking geschildert worden. Im Private Banking ergeben sich dabei keine wesentlichen neuen Anforderungen. Es ist lediglich die Bereitstellung von Handelssystemen am Arbeitsplatz der Portfoliomanager erforderlich [für die dabei entstehenden Fixkosten vgl. Bicker 1996, S. 22]. Da das Retailgeschäft oftmals auf den weniger zeitkritischen Fondsvertrieb ausgerichtet ist und auch Sparpläne und verwandte Anlageformen vermittelt werden, sind die informationstechnischen Anforderungen in diesem Fall geringer. Prinzipiell ist die auftretende Problematik im Rahmen des Retailgeschäfts aber schon umfassend geschildert worden, so dass an dieser Stelle auf eine Wiederholung der Ausführungen verzichtet werden kann.

7.5.3.2 Interne Ressourcenanalyse

Akquisitionskompetenz

Dem Vertriebswegenetz als Bestandteil der Akquisitionskompetenz kommt im Private Banking eine untergeordnete Bedeutung zu. Dies zeigt die bei der Analyse der Minimumressourcen festgestellte geringe Strategierelevanz. Ein für das Private Banking erforderliches nationales Niederlassungsnetz kann nicht als knapp aufgefasst werden. Allenfalls, wenn die Internationalisierung des Geschäfts eine weltweite Präsenz erforderlich macht, können Knappheitseffekte auftreten. Auslandsniederlassungen erfordern einen hohen Kapitaleinsatz für ihren Aufbau und operativen Betrieb. Hinzu kommt die Ausstattung mit haftendem Eigenkapital [vgl. Büschgen 1998, S. 613]. In der Praxis ist damit nur ein schrittweiser Aufbau einer internationalen Niederlassungspräsenz möglich, bei dem das Kundengeschäft für ausländische Niederlassungen komplementär mitwächst [vgl. ähnlich etwa Klöppelt 1996, S. 207; zu den Risiken s. Röller 1992, S. 134]. Ein schneller interner Aufbau einer weltweiten Präsenz ist ohne entsprechende Umsatzaussichten nicht rentabel durchführbar. Damit ist die Imitierbarkeit eingeschränkt und es kann von einem gewissen Distinktivitätspotenzial ausgegangen werden. Aufgrund der geringen erforderlichen Dichte einer entsprechenden Präsenz bestehen Sharingpotenziale an internationalen Niederlassungsstandorten. Aufgrund der Bedeutung der persönlichen Beratung und der Bindung zwischen Kunde und Berater kann eine grundlegende Distinktivität elektronischer Vertriebsplattformen verneint werden. Allerdings ergeben sich aufgrund ihres Fixkostencharakters weitere Sharingpotenziale über einen erweiterten Kundenstamm.

Das Potenzial vermögender Privatkunden ist trotz des Marktwachstums sehr begrenzt. Schon aus diesem Grund kann ein größerer Kundenstamm von Anlegern mit entsprechenden Vermögenswerten und Beratungsbedarf in seiner Zusammensetzung als knapp angesehen werden. Aufgrund der – wie bereits erwähnt – oftmals auf Weiterempfehlungen basierenden Neukundengewinnung steigen die Wachstumschancen in diesem Segment mit dem Umfang des bereits akquirierten Kundenstamms im Sinne eines „success-breeds-success". Dieser Effekt, der sich in Skaleneffizienzen ausdrückt, erschwert die Imitation der Ressource Kundenstamm durch internen Aufbau, wenn diese von einer geringen Kundenbasis ausgehend erfolgt [vgl. Dierickx/Cool 1989]. Die gegenüber Retailkunden geringe Wechselbereitschaft der Private Banking Kunden [vgl. Bicker 1996, S. 22] verweist auf eine gewisse Immobilität und verstärkt diesen Effekt. Damit lässt sich auf eine weitgehende Distinktivität des Kundenstamms im Private Banking schließen. Allerdings muss einschränkend konstatiert werden, dass eine Vielzahl der Kunden über die Zeit eine enge Bindung mit ihrem Berater aufbauen und die Verfügungsgewalt über die Kundenbeziehung damit zum Teil von der Bank auf den Berater übergeht. Die Mobilität der Berater ist dabei in der Lage, die Distinktivität der Ressource Kundenstamm abzuschwächen. Schäli sieht in diesem Zusammenhang die Fähigkeit der Bank zur Kundenbindung – bestehend aus einer Kombination von Kundenstamm und Beratungspersonal – als ‚Kernkompetenz' im Private Banking an [vgl. 1998, S. 244]. Dem soll hier nicht widersprochen werden, allerdings trägt der Kundenstamm in der hier vertretenen Sicht eigenständig zur Distinktivität dieser ‚Kernkompetenz' bei.

Reputation hat ein hohes Potenzial, im Private Banking distinktiv zu wirken [vgl. Klöppelt 1996, S. 206; Ausfelder/Kühne/Wöhler 1999, S. 528]. Strategierelevanz ist der Reputation – wie oben beschrieben – aufgrund ihres Potenzials zur Kundengewinnung zuzuschreiben. Hintergrund ist, dass die Qualität – gerade komplexer Dienstleistungen in der Vermögensanlage – nur ex post anhand der erzielten Rendite festgestellt werden kann. Auf diesen Zusammenhang zwischen der Qualitätsunsicherheit einer Dienstleistung und der Distinktivität der Reputation weisen schon die generischen Wettbewerbspotenziale hin [vgl. 2.4.2]. Ein Distinktivitätspotenzial lässt sich jedoch auch anhand der einzelnen Kriterien einer ressourcenorientierten Analyse feststellen:

- Reputation ist – in praktischer Hinsicht – nicht substituierbar. Allenfalls rechtsverbindliche Garantien oder Bürgschaften haben aus Kundensicht einen ähnlichen Effekt wie die Reputation, sind aber für Anlagegeschäfte nicht praktisch implementierbar, da sie eine Performancegarantie für die Anlagebeträge der Kunden zum Gegenstand hätten.[78]

---

[78] Ähnlich kann Finanzkapital als Substitut für Reputation bei Finanzierungsgeschäften im Corporate Finance angesehen werden [vgl. 7.5.5.2]. Allerdings erscheint ein fortwährender Einsatz nicht möglich, da er die finanzielle Kapazität aufzehrt.

- Inimitierbarkeit ergibt sich aus dem nur langfristig möglichen Aufbau einer Reputation, da diese die Erfahrungen von Kunden mit der Bank im Zeitablauf wiederspiegelt. Für den Aufbau einer Reputation für Produktexpertise muss daher eine hohe Angebotsqualität langfristig aufrecht erhalten werden. Mit der Nennung der Tradition als maßgebliches Einflusskriterium auf die Reputation im Private Banking [vgl. etwa Klöppelt 1996, S. 206] weisen Autoren weiter auf den Zeithorizont des Reputationsaufbaus hin.
- Da Reputation die Erfahrungen mit dem Dienstleistungsangebot der Bank aus Kundensicht wiederspiegelt stellt sie ein Abbild ihrer Ressourcenausstattung und des Ressourceneinsatzes in der Vergangenheit dar. Weisen einige dieser Ressourcen Knappheitsaspekte auf, so ist die Reputation selbst als hochgradig knapp anzusehen, da sie auf ihre Kombination im Zeitablauf zurückgeht. Voraussetzung für die Dienstleistungserstellung im Private Banking ist eine hochqualifizierte Produkt- und Marktexpertise mit internationalem Fokus sowie die Verfügbarkeit qualifizierter Berater, die eine enge Kundenbindung erzeugen und die Dienstleistungen auf die Kundenbedürfnisse abgestimmt absetzen können [vgl. ähnliche Aspekte bei Schäli 1998, S. 244-246]. Zumindest in ihrer Kombination sind diese Ressourcen als knapp anzusehen.
- Aus dem geschilderten Entwicklungsprozess der Reputation ergibt sich direkt ihre enge Bindung an die Bank und damit ihre Immobilität.

Im Ergebnis kann der Reputation ein hohes Distinktivitätspotenzial zugeschrieben werden [vgl. auch Schäli 1998, S. 246]. So sehen die Sparkassen in diesem Bereich Nachteile aufgrund ihrer historisch schlechten Position in diesem Geschäft, die ihnen den Aufbau einer Reputation bislang verwehrt hat [vgl. Schröder/Schweizer 1997, S. 399]. Als Fazit ist festzuhalten, dass die Distinktivität einer Reputation für Dienstleistungsqualität und Produktexpertise mit der Distinktivität der zur Produkterstellung erforderlichen Ressourcen steigt. Aufgrund der Intangibilität der Reputation bestehen Potenziale für Sharing, im Hinblick auf ihre Wiederverwertbarkeit in intertemporaler und cross-sektoraler Hinsicht.

Die Ressource Sortimentsumfang ist ähnlich wie die Reputation von anderen Ressourcen abgeleitet und damit intangibel. Sie greift auf die zur Dienstleistungserbringung notwendigen Primärressourcen zurück [vgl. 7.3]. Damit begründet sich ihre Distinktivität in der Knappheit und Inimitierbarkeit der ihr zu Grunde liegenden Ressourcen. Im Private Banking sind für ein umfassendes Produktsortiment die schon für die Reputation beschriebenen Ressourcen in einem alle Produktkategorien umfassenden Umfang erforderlich. Insbesondere kommt es hier auf eine researchgestützte Expertise und qualifizierte Berater an. Aufgrund des Zusammenwirkens vielfältiger teils knapper Ressourcen kann ein umfassendes Produktsortiment im Private Banking als knappe und schwer imitierbare intangible Ressource ohne wesentliche Substitute aus Kundensicht angesehen werden.[79] Ihr kann damit ein Beitrag zur Distinktivität der Akquisitionskompetenz zugeschrieben werden.

Beratungskompetenz

Es lässt sich bereits anhand der generischen Wettbewerbspotenziale ableiten, dass die Distinktivität der Beratungskompetenz, aufgrund der Anforderungen an die Skills und Fähigkeiten der personellen Ressourcen, mit der Komplexität der zu vermittelnden Dienstleistung steigt [vgl. 2.4.2]. Aus den Gründen, aus denen eine Distinktivität der Beratungskompetenz im Mengengeschäft abgelehnt werden muss, kann sie für das Private Banking vermutet werden. Dabei gilt die Einschränkung, die bereits für hochqualifiziertes Management [vgl. 7.4.2] und das Personal im Research [vgl. 7.4.3] gemacht worden ist, dass die Mobilität der Personalressourcen die Erwirtschaftung von Renten einschränkt. In der oft engen Beziehung zwischen Beratern und Kunden [vgl. Schäli 1998, S. 148] kann ein verstärkendes Element vermutet werden. Wechselt ein Berater, so ist davon auszugehen, dass er auch Teile des von ihm betreuten Kundenstamms mit sich nimmt. Damit steht Beratern ein hohes Drohpotenzial zur Verfügung, das sie zur Aneignung von Renten ausnutzen können. Andererseits sind sie einer der maßgeblichen Faktoren für eine hohe Kundenbindung. Es kann vermutet werden, dass die aufgrund einer starken Bindung hochprofitabler vermögender Privatkunden an eine Bank erzeugten Renten langfristig größer ausfallen als die Teile der Renten, die sich Berater selbst aneignen können. Folglich kann im Private Banking von einem gewissen Distinktivitätspotenzial der Beratungskompetenz ausgegangen werden. Die hohe Bedeutung der Personalressourcen in der Beratung wird in dem Geschäftsfeld regelmäßig anerkannt [vgl. etwa Ausfelder/Kühne/Wöhler 1999, S. 528]. Qualifizierte Personalressourcen weisen Unteilbarkeiten auf, da sie weitgehend ausgelastet werden müssen. Fehlt die kontinuierliche Nachfrage nach ihren spezialisierten Kenntnissen kommt es zu Leerkosten. Es besteht demnach ein Potenzial für dynamische Sharingsynergien durch die Verminderung von Auslastungsschwankungen im Zeitablauf.

Für die Durchführung einer Kundenberatung und das Portfoliomanagement sind Berater auf unterstützende Analysen und aktuelle Informationen aus dem Research angewiesen [vgl. Jacobi 1997, S. 254, der von einer researchgestützen Beratung spricht]. Der kundenseitige Anlagebedarf ist dabei mehr und mehr internationaler Natur, so dass ein internationales Researchnetzwerk mit der Präsenz hochqualifizierter Mitarbeiter an den wichtigsten Handelsplätzen notwendig ist

---

[79] Dies gilt natürlich nicht für einfache Produktvariationen. Diese sind vielmehr relativ einfach imitierbar, wenn eine Bank bereits die erforderlichen Ressourcen zum Angebot ähnlicher Dienstleistungen kontrolliert. Angesprochen sind vielmehr Sortimentserweiterungen wie ein Eintritt ins Fondsgeschäft oder ein Angebot in der Immobilienverwaltung.

[vgl. Rometsch 1999b, S. 16]. Es ist davon auszugehen, dass sich eine entsprechende Researchpräsenz nur langfristig aufbauen lässt und nicht zuletzt aufgrund der erforderlichen Personalkapazität knapp ist. Dabei besteht für die Informationsbasis aus dem Research kein Substitut. Der – undifferenzierte – Einsatz von Fonds kommt für vermögende Privatkunden nicht in Frage. Die qualifizierte Auswahl von Fonds erfordert auf der anderen Seite wiederum Researchaktivitäten. Researchkompetenz hat aufgrund der Wiederverwertbarkeit von Informationen den Charakter einer Unteilbarkeit, die ein Sharing der generierten Informationen erlaubt. Mit anderen Worten lassen sich die Analysen über eine weite Kundenbasis einsetzen. Insgesamt kommt einer solchen internationalen Researchkompetenz trotz der Mobilität und Verhandlungsmacht einzelner Analysten damit ein hohes Distinktivitätspotenzial zu [für eine ähnliche ‚Kernkompetenz' vgl. Schäli 1998, S. 250]. Es ist nicht zu erwarten, dass sich Mitarbeiter Renten in dem Ausmaß aneignen, in dem ihre Analysen für verschiedene Transaktionen eingesetzt werden können.

Abwicklungskompetenz

Prinzipiell lassen sich die bezüglich des Retailgeschäfts getätigten Ausführungen für die Analyse der Abwicklungskompetenz auf Distinktivität im Private Banking analog anwenden. Dabei ist lediglich zu bedenken, dass rein auf das Private Banking spezialisierte Institute (Privatbanken) regelmäßig zu den kleineren Wettbewerbern im Markt gehören, so dass sich ein großes Potenzial für das Outsourcing der Abwicklungskompetenz ergibt [vgl. Kiehling 1999, S. 514].

Insgesamt weisen die identifizierten Distinktivitätspotenziale eine hohe Übereinstimmung mit der Einschätzung von Praktikern zu den Erfolgspotenzialen im Private Banking auf. So führt Klöppelt unter anderem die Kompetenz der Berater, das Image der Bank, ihre Präsenz sowie Umfang und Bedürfnisadäquanz der Produktpalette an [vgl. 1996, S. 206].

7.5.3.3 Intra-Geschäftsfeld Synergiepotenziale und Übernahmen

Für das Private Banking lassen sich sowohl Sharing- als auch Transfersynergien als Übernahmemotiv identifizieren. Die Transfersynergien können dabei aufgrund der oben beschriebenen Bedeutung des Sortiments unter dem übergeordneten Ziel der Sortimentsausweitung analysiert werden.

Sharingsynergien

Im Gegensatz zum Retail Banking kommt es aufgrund der geringen Bedeutung eines dichten Vertriebswegenetzes im Zusammenhang mit Übernahmemotiven im Private Banking weniger auf den regionalen Überlappungsgrad an. Von der Akquisitionskompetenz ausgehende Sharingsynergien lassen sich daher nur sehr bedingt realisieren. Eine Ausnahme bilden kostenträchtige Auslandsstandorte, bei denen für gewöhnlich eine Repräsentanz vor Ort ausreichend ist. Ebenso kann eine Plattform für elektronische Vertriebswege gemeinsam genutzt werden. Dieses Sharingpotenzial sollte auch im Private Banking nicht unterschätzt werden.

Grundlage für Sharingsynergien auf der Basis des nationalen und internationalen Niederlassungsnetzes ist der Zugriff auf den Kundenstamm des Übernahmeobjektes als distinktive Ressource. Eine Übertragung des Kundenstamms im Private Banking ist aufgrund der engen Bindung zwischen Berater und Kunde stark auf die vorhandenen personellen Beratungsressourcen angewiesen. Die Ausführungen verdeutlichen, dass Übernahmen für die Realisierung der angestrebten Sharingsynergien eine besondere Relevanz zukommt, da Kundenstamm und Berater gemeinsam erworben werden. Ein umfangreicherer Kundenstamm ist dabei, zusätzlich zu den statischen Synergien, in der Lage, Beratungskompetenzen besser auszulasten und somit Leerkosten zu vermeiden. Weitere dynamische Sharingsynergien können auf der Basis der Infrastruktur sowie des Research generiert werden. Aufgrund der Kundenfokussierung auf einzelne Berater sind die dynamischen Sharingsynergien allerdings begrenzt. Überzogene Rationalisierungsbemühungen dürften sich in Kundenverlusten niederschlagen [vgl. Schäli 1998, S. 148].

In der Abwicklung lässt sich durch den vergrößerten Kundenstamm eine bessere Kapazitätsauslastung erzielen. Wie gezeigt ist für eigenständige Privatbanken allerdings mit attraktiven Outsourcing Angeboten zu rechnen, die unter Umständen größere Skaleneffizienzen zulassen als Übernahmen. So hat die Kölner Privatbank Sal. Oppenheim jr. & Cie. ihre Abwicklung bereits an die Deutsche Bank ausgelagert [vgl. Lamberti 2000, S. 19]. Wird kein Outsourcing vorgenommen, so ergeben sich – von der oftmals geringen Kundenbasis einer Privatbank ausgehend – jedoch Potenziale für weitreichende Skaleneffekte. Diese können durch die Eingliederung einer Privatbank in eine größere Universalbank erzielt werden und die Kostenbelastung der Privatbank erheblich vermindern. Umgekehrt fällt ein durch das Private Banking generiertes Abwicklungsvolumen für eine größere Universalbank nicht wesentlich ins Gewicht, so dass zu vermuten ist, dass ihre Übernahmemotive auf andere Synergiepotenzialen zurückgehen.

Transfersynergien: Sortimentserweiterung

Als Leitmotiv für Transfersynergien innerhalb des Private Banking kann die Erweiterung bzw. Vervollständigung des Sortimentsumfangs angesehen werden [vgl. 7.3]. Andere Synergiepotenziale lassen sich zumindest teilweise von diesem Motiv ableiten. Die zur Sortimentserweiterung benötigten Kompetenzen weisen im Private Banking teilweise ein hohes Distinktivitätspotenzial auf. Sie sind daher weder problemlos einzeln zu erwerben noch über Kooperationen zugänglich.

Zur Leistungserstellung und zum -absatz im Private Banking nehmen Reputation, Beratungs- und Researchkompetenz eine herausragende Stellung ein. Die Möglichkeit des Reputationstransfers durch Übernahmen ist bereits erläutert worden. Aufgrund der Distinktivität der Reputation kommt diesem Motiv im Private Banking eine hohe Bedeutung zu. Transfersynergien der Beratungskompetenz müssen differenziert begutachtet werden. Kunden werden im Private Banking regelmäßig festen Beratern zugeordnet. Zum Absatz der neu hinzukommenden Produkte an den bestehenden Kundenstamm benötigen Berater eine entsprechende Expertise für die neuen Produkte. Zunächst ist an die Hinzuziehung von Produktspezialisten zu denken [vgl. ähnlich für Firmenkunden Kern 1998]. Langfristig kann darauf gesetzt werden, dass die vorhandenen Berater die Produktexpertise durch Lernprozesse erwerben. Die erweiterte Researchabdeckung kann problemlos im gemeinsamen Beratungsgeschäft genutzt werden. Weiterhin ist es ein nicht zu unterschätzender Vorteil, dass im Zuge einer Übernahme der Zugriff auf sämtliche Kompetenzen entlang der Wertschöpfungskette hergestellt wird. Erfordern neue Dienstleistungen beispielsweise eine Abwicklung an zuvor nicht bedienten Handelsplätzen, so kann die Abwicklungskompetenz der übernommenen Bank für die Transaktionen der bestehenden Kunden genutzt werden.

Grundlage für das mit der Sortimentserweiterung angestrebte Potenzial zum Cross-selling ist der Zugriff auf einen neuen Kundenstamm, dem insbesondere im Private Banking eine hohe Distinktivität zukommt. Diese umgekehrte Perspektive der Sortimentserweiterung mit einem Fokus auf dem Transfer des Kundenstamms verdeutlicht noch einmal die Eignung von Übernahmen zur Realisierung der angestrebten Synergien.

Ein empirisch relevanter Fall ist die Übernahme von Privatbanken durch größere Universalbanken. Letztere kontrollieren bereits viele der zur Sortimentsausweitung benötigten Kompetenzen, beispielsweise im Research und in der Abwicklung [vgl. Schäli 1998, S. 201]. Über ihre Konzerngesellschaften erhalten übernommene Privatbanken Zugriff auf Abwicklungssysteme und ein internationales Researchnetzwerk [vgl. Rometsch 1999b, S. 16]. Großen Universalbanken fehlt, auch wenn sie in der Vermögensverwaltung bereits aktiv sind, oftmals aber die entsprechende Reputation für das Private Banking. So kann eine Universalbank von der Reputation einer Privatbank durch eine Übernahme profitieren. Folgerichtig behalten Universalbanken nach deren Übernahme oftmals den Markennamen einer Privatbank bei, wie im Fall von Trinkhaus & Burghardt (HSBC Group) oder der Bank Leu (Credit Suisse).

Fazit

In der Praxis wird sich in der Regel eine Mischung aus Transfer- und Sharingsynergien realisieren lassen. Auch wenn Transfersynergien angestrebt werden, ist die Wahrscheinlichkeit zusätzlicher Sharingpotenziale durch Überlappungen hoch. Dies kann beispielsweise das Research bei Standardprodukten, die Präsenz in international bedeutenden Finanzzentren oder die Anbindung an die Heimatbörsen betreffen. Solche Überlappungen können für Sharingsynergien genutzt werden. So führt Brunner für den Zusammenschluss der Schweizer Privatbanken Darier & Cie. mit Hentsch & Cie. ähnlich Kostendegressionen in der Informatik und die

Vermeidung von Doppelaktivitäten im Research, bei Börsenaktivitäten sowie beim Aufbau eines internationalen Niederlassungsnetzes an [vgl. 1994, S. 179].

7.5.4 Wholesale Banking

7.5.4.1 Marktanforderungen und Minimumressourcen

Charakterisierung des Wettbewerbsumfeldes

Das hier als Wholesale Banking bezeichnete Geschäft mit mittelgroßen bis großen Firmenkunden umfasst vornehmlich Transformationsdienstleistungen im Aktivgeschäft sowie Clearing & Settlement Leistungen. Die Bezeichnung Wholesale Banking hat gegenüber dem Terminus Firmenkundengeschäft den Vorteil zu indizieren, dass ein stark standardisiertes Geschäft mit kleinen Firmenkunden – beispielsweise Gewerbetreibenden – nicht Gegenstand dieses Geschäftsfeldes ist und dem Retailgeschäft zuzuordnen ist.[80]

Vor der Analyse der Marktanforderungen im Wholesale Banking ist dieses Geschäftsfeld vom anschließend behandelten Corporate Finance abzugrenzen. Dies ist erforderlich, da sich die Kundenstrukturen der Geschäftsfelder stark überschneiden. Auf den ersten Blick ist eine Unterscheidung der Geschäftsfelder anhand des Eintritts der Bank als Kontraktpartner für finanzielle Assets denkbar. Corporate Finance würde auf die Brokerfunktion beschränkt werden und damit Transformationsleistungen ausgrenzen, die dem Wholesale Banking zugeordnet würden. Diese Unterscheidung ist aber nur dann haltbar, wenn sie sich anhand der in der Praxis durchgeführten Geschäftstätigkeit beobachten lässt. So ist zu prüfen, ob die primär auf die Vermittlungs- und Beratungsfunktion abzielenden Geschäfte von Investmentbanken oder Universalbanken in ihrem Corporate Finance Bereich Aspekte der Transformation beinhalten. In der Tat übernehmen Investmentbanken in der Praxis hohe Risiken, so dass sie finanzielle Kapazität benötigen, um Transformationsleistungen durchzuführen [vgl. Achleitner 1999, S. 76-77]. So werden bei Beratungen im Mergers & Acquisitions Geschäft beispielsweise Zwischenfinanzierungen angeboten, bei der die Bank als Kontraktpartner auftritt und Ausfallrisiken übernimmt. Weiterhin werden Emittenten ihre Emissionserlöse in einem „firm commitment underwriting“ seitens der Konsortialführer garantiert [vgl. Büschgen 1998, S. 349]. Zusätzlich betätigen sich auch spezialisierte Investmentbanken im Eigenhandel und als Market Maker und übernehmen so Preis- und Zinsrisiken [vgl. Jacob/Klein 1996, S. 14]. Es soll daher eine Abgrenzung der Geschäftsfelder Wholesale Banking und Corporate Finance anhand der Kapital-

---

80 Der Begriff ist dabei nicht auf den angelsächsischen Sprachraum beschränkt und findet in der deutschen Bankbetriebslehre Verwendung [vgl. etwa Büschgen 1998, S. 624].

marktorientierung der Transaktionen sowie ihrer realiter zu beobachtenden institutionellen Zuordnung vorgenommen werden.

Die Untersuchung des Wholesale Banking wird an dieser Stelle auf zwei Geschäftsarten beschränkt. Erstens soll das Aktivgeschäft mit Firmenkunden im Vordergrund stehen. Im Rahmen dieser Finanzierungsgeschäfte werden begleitend Besonderheiten der Außenhandelsfinanzierung behandelt. Zweitens soll das Angebot im Cash Management sowie die damit verbundene Durchführung von Zahlungsverkehrstransaktionen untersucht werden. Anlagegeschäfte mit Firmenkunden werden im Rahmen dieser Arbeit nicht analysiert. Die so vorgenommene Fokussierung entspricht dabei Beobachtungen aus der Praxis, die belegen, dass zwei Drittel der bilanzwirksamen Aktivgeschäfte mit Firmenkunden abgewickelt werden, wohingegen auf diese Kundengruppe nur ein Drittel der Passivgeschäfte entfallen [vgl. Schierenbeck 1993, S. 118]. Eine dedizierte Behandlung des Anlagegeschäftes mit Firmenkunden würde zudem die Analyse des Angebots von Spezialfonds erfordern [vgl. Rometsch 1998, S. 98]. Darauf soll hier verzichtet werden. Für ‚einfache' Anlagegeschäfte können die Ausführungen zum Private Banking weitgehend analog herangezogen werden. Entsprechend hat beispielsweise die Deutsche Bank ein „Anlagemanagement für Firmen" in ihr Private Banking Konzept integriert [vgl. Maltzahn 1998, S. 915].

Im Kreditgeschäft mit Firmenkunden kämpfen die Banken mit sinkenden Margen und erhöhten Ausfallrisiken [für eine Gegenüberstellung der Risikokosten im Retail- und Wholesale Geschäft vgl. Schierenbeck 1993, S. 120]. Diese gehen einher mit der lange Zeit in Deutschland vorherrschenden Hausbankbeziehung, die oftmals dazu geführt hat, dass Kredite unter den eigentlich erforderlichen risikoadjustierten Preisen vergeben worden sind [vgl. 3.4.1]. Die in letzter Zeit steigenden Beträge für die Risikovorsorge verdeutlichen die Problematik. Für viele Banken ist eine Restrukturierung des Kundenportfolios sowie ein Übergang zu einer konsequent an Risikoaspekten orientierten Preisfestsetzung der Kreditvergabe erforderlich [vgl. Stehmann 1999].

Die Intermeditationsleistung der Kreditvergabe ist allerdings insgesamt der Gefahr der Disintermediation ausgesetzt, durch eine direkte Kapitalmarktfinanzierung der Unternehmen sowie durch eine nachträgliche Verbriefung übernommener Risiken [vgl. Stehmann 1999; Llewellyn 1999, S. 51]. In dieser Arbeit wird allerdings der oben begründete Standpunkt vertreten, dass sich durch die Entwicklung von Informationstechnologien und Finanzierungstheorien das Monitoring komplexerer Risiken und damit ihre Übernahme ermöglicht wird [vgl. vgl. 3.5.1], so dass sich eine Ausdehnung des Geschäftsvolumens hin zu undurchsichtigeren Risiken ergibt und von einer kompletten Substitution der Kreditvergabe keine Rede sein kann [vgl. 3.5.4].

Wettbewerb um rentable Kreditgeschäfte mit Firmenkunden guter Bonität herrscht unter allen deutschen Banken und Bankgruppen. Bei anspruchsvolleren Dienstleistungen, die beispielsweise anspruchsvollere Währungsabsicherungen beinhalten, werden Sparkassen und Genossenschafsbanken tendenziell weniger frequentiert als große Universalbanken und spezialisierte Privatbanken. Für das Gros der Mittelstandskunden bieten Sparkassen und Genossenschaften aber eine ausreichende Sortimentsbreite. Allerdings tendieren heute auch Mittelstandskunden dazu, komplexere Dienstleistungen nachzufragen [vgl. Dambmann 1999, S. 300].

Ein weiterer Untersuchungsgegenstand des Wholesale Banking ist ein internationales Cash Management Angebot für Firmenkunden [vgl. einführend 3.2.2]. Dieses besteht im Kern aus Clearing & Settlement Dienstleistungen und wird daher der Abwicklung zugeordnet. Das Basisangebot bildet die Durchführung des Zahlungsverkehrs sowie eine unterstützende kurzfristige Liquiditäts- und Finanzdisposition sowie -planung. Für die kundenseitige Anbindung setzt eine Mehrzahl der Banken mit Multicash ein Front-end ein, das auf dem multibankfähigen Kommunikationsstandard BCS basiert (Banking Communication Standard) [vgl. Terrahe/Schuck 1993, S. 433; Schulz 1999, S. 231]. Damit besteht weder ein ausreichendes Differenzierungspotenzial noch werden die Ansprüche großer international agierender Firmenkunden abgedeckt [vgl. Burchard/Eistert 1996]. Für diese Kunden müssen Banken anspruchsvolle Infrastrukturen und individualisierte Lösungen anbieten [vgl. Holland et al. 1994]. Umfassende Angebote ermöglichen unter anderem eine schnelle und einfache Disposition und Steuerung inländischer und ausländischer Zahlungsströme hinsichtlich Zeitpunkt und Ort der Zahlungen, eine Optimierung der kurzfristigen Geldanlage und -aufnahme sowie ein Währungsrisiken und Transaktionskosten begrenzendes Pooling und Netting [vgl. Büschgen 1998, S. 424-427]. Da die Anforderungen damit weit über die des einfachen Zahlungsverkehrs hinausgehen, sind nur wenige Banken in diesem Geschäft aktiv [vgl. Schulz 1999, S. 232]. Ein umfassendes Angebot bieten nach einer Einschätzung der Deutschen Bank lediglich ABN Amro, Bank of America, ING, Merrill Lynch, Citibank, Goldman Sachs und HSBC an [vgl. Endres 1998]. Abbildung 7-7 fasst die unten anhand ihrer Strategierelevanz identifizierten Minimumressourcen des Geschäftsbereichs Wholesale Banking zusammen.

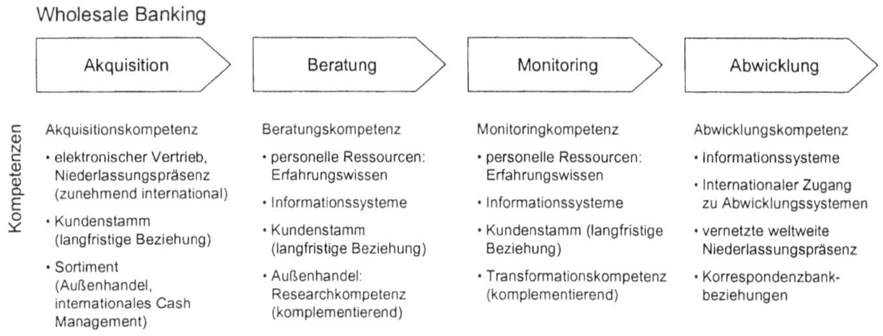

Abbildung 7-7: Minimumressourcen entlang der Wertschöpfungskette im Wholesale Banking

Akquisition

Die Akquisition im Wholesale Banking ist im Gegensatz zum Retailgeschäft nicht von einem dichten Zweigstellennetz abhängig [vgl. Juncker 1993, S. 79]. Ähnlich dem Private Banking genügt eine Niederlassungspräsenz für die Akquisition und anschließende Beratung der Firmenkunden. Betreuer sind dabei oftmals beim Kunden vor Ort. Im zunehmend internationaler werdenden Geschäft gewinnt allerdings eine internationale Niederlassungspräsenz an Bedeutung [vgl. Büschgen 1992, S. 46; Müller/Gruber/Grete 1993, S. 762]. Auch der elektronische Vertrieb spielt eine immer größer werdende Rolle [vgl. Theilmann/Fotschki 1999, S. 253-255], insbesondere für Routinetransaktionen. Für Zahlungsverkehrstransaktionen ist eine Online-Anbindung bereits unabdingbar und auch für Kreditgeschäfte lassen sich elektronische Vertriebswege mehr und mehr nutzen. So hat die Dresdner Bank bereits mehrere Call Center für Firmenkunden eingerichtet [vgl. Tigges 1999].

Zur Beurteilung der Strategierelevanz der Reputation für die Akquisition im Wholesale Banking kann die Qualitätsunsicherheit als Kriterium herangezogen werden. In diesem Zusammenhang ist zu vermuten, dass die Aktivgeschäfte mit Firmenkunden einerseits oftmals von einer hohen Komplexität gekennzeichnet sind, die erhebliche Anforderungen an die Beratung und an das Monitoring stellen [vgl. etwa Feldhaus/Renziehausen 1998; Rometsch 1998, S. 103-105], dass andererseits aber eine geringe kundenseitige Qualitätsunsicherheit besteht. Für den Kunden ist bei der Einholung eines Angebots nicht klar, welche Transaktionsstruktur empfohlen wird, welche Konditionen angeboten werden und in welchem Ausmaß Sicherheiten gefordert werden. Der Erfolg der Transaktion aus Kundensicht hängt so mit der Erstellung eines den Kundenbedürfnissen entsprechenden Angebots zusammen. Erst wenn die Bank ein solches abgegeben hat und als Kontraktpartner eintritt geht der Kunde eine Vertragsbindung ein. Mit diesem Zeitpunkt entfällt aber auch die Qualitätsunsicherheit. Kosten der Qualitätsunsicherheit entstehen dem Kunden damit nur bezüglich der ihm entstehenden Transaktionskosten bei der Einholung eines Angebots. Dies ist im Kontrast zu den hier dem Private Banking zugeordneten Anlagegeschäften zu sehen, bei denen der Erfolg nur ex post anhand der Performance der eingesetzten Anlageinstrumente festgestellt werden kann. Eine hohe Qualitätsunsicherheit herrscht insbesondere auch im kapitalmarktorientierten Corporate Finance Geschäft. Hintergrund ist der Ursprung der Reputationsfunktion in der Rolle der Bank als Broker [vgl. 2.4.2]. Die sich damit ergebende untergeordnete Bedeutung der Reputationsfunktion im Wholesale Banking korrespondiert mit der an ihrer Stelle durchgeführten Transformationsfunktion durch den Eintritt der Bank als Kontraktpartner und die Übernahme von Risiken.

Aus Kundensicht ist als besonderer Aspekt der Transformationsfunktion die Rolle der Bank als Versicherer gegen Liquiditätsrisiken von Bedeutung. Auf der Basis einer intensiven und langfristigen Bank-Kunde-Beziehung im Sinn einer Hausbankverbindung stellen Banken bei einer leichten Verschlechterung der Bonität noch zusätzliche Finanzmittel bereit [vgl. 3.4.1; Elsas et al. 1999, S. 195]. Bankseitig ist eine enge Kundenbindung zunächst aufgrund des generierten Geschäftsvolumens vorteilhaft, aber auch aufgrund der Informationsbasis, die Kunden zur Verfügung stellen. Auf der Basis bestehender Kundenkontakte hat die Bank einen Informationsvorsprung, der anderen Wettbewerbern verwehrt bleibt [vgl. empirisch Burghof 2000, S. 302]. So fällt es einer Bank auf der Basis einer bestehenden Kundenbeziehung, bei der sie zuvor bereits Einblick in die Geschäfte des Kunden hatte leichter, eine bedarfsadäquate Finanzierungslösung anzubieten sowie Risiken und Bonitäten abzuschätzen. Damit werden die Chancen Kundengeschäfte zu akquirieren erhöht und Ausfallrisiken gesenkt. Kundeninformationen spielen somit auch in Beratung und Monitoring eine Rolle und ziehen sich damit durch einen Großteil des Kreditprozesses. Von einer Strategierelevanz des Kundenstamms kann damit ausgegangen werden.

Anforderungen an die Sortimentsbreite werden vornehmlich an das Außenfinanzierungsangebot mit verschiedenen Ländern sowie an ein internationales Cash Management gestellt. Diese Punkte werden unten genauer angesprochen. Das Angebot kapitalmarktorientierter Dienstleistungen kann als Sortimentsbestandteil angesehen werden. Aufgrund der hier gewählten Unterscheidung von Wholesale Banking und Corporate Finance muss dieser Aspekt der Sortimentserweiterung als Diversifikation gewertet werden und wird daher im entsprechenden Abschnitt analysiert [vgl. 7.6.3].

Beratung

Als Ausgangspunkt einer Beratung mit dem Ziel der bestmöglichen Problemlösung kommt der Einschätzung des Kundenbedarfs eine entscheidende Bedeutung zu. Aufgrund der teilweise gegebenen Komplexität des Firmenkreditgeschäfts sind relativ umfangreiche Kenntnisse und Fähigkeiten der Firmenkundenberater erforderlich, denen in diesem Zusammenhang die Aufgabe eines Problemlösers zukommt [vgl. Feldhaus/Renziehausen 1998]. IT kann durch Produktinformationen und Analysewerkzeuge die Strukturierung eines individualisierten Angebots unterstützen [vgl. Bodo 1993, S. 175; Kern 1998, S. 667]. Durch die Verbesserung der Informationsgrundlage können Beratern auch größere Entscheidungsbefugnisse eingeräumt werden [vgl. Kobmann 1997, S. 56]. Sowohl Personalressourcen als auch IT können damit als strategierelevante Ressourcen herausgearbeitet werden.

Der Kundenstamm ist bereits als strategierelevante Ressource für die Akquisition identifiziert worden. Über die Informationsbasis, die er aufgrund einer langfristigen Beziehung zur Verfügung stellt, ist er für eine bedarfsadäquate Beratung von Bedeutung [vgl. Kern 1998, S. 669]. Für die Beratung und Angebotserstellung in der Außenhandelsfinanzierung ist eine Bank zusätzlich auf Informationen aus einem Länderresearch angewiesen, welches Währungsrisiken aufdeckt, aber auch politische Risiken.

Monitoring

Die Bedeutung des Monitoring im Kreditgeschäft mit Firmenkunden erwächst aus den erheblichen Risiken, die im Wholesale Banking übernommen werden [vgl. Schierenbeck/Hölscher 1998, S. 437]. Die Anforderungen an die Berater richten sich dabei auf eine adäquate Einschätzung und Überwachung der Bonität des Kreditnehmers.[81] Bei Firmenkundenkrediten kommt es mehr noch als im Retailgeschäft auf das Erfahrungswissen der Personalressourcen an. Wie angeführt erleichtern bestehende langfristige Kundenbeziehungen das Monitoring, da Kundenhistorien und vorhandene Bonitätseinschätzungen genutzt werden können [vgl. Burghof 2000].

Zwischen der Qualität des Monitoring und dem Management von Risiken in der Wertschöpfungsstufe der Transformation besteht eine enge Verbindung, die darauf hinweist, dass eine gegenseitige Abstimmung der entsprechenden Kompetenzen zusätzliche Strategierelevanz in sich birgt [vgl. grundlegend 2.3.3 und in ressourcenorientierter Perspektive 7.4.4]:

- Die Qualität der Risikoaktiva und damit ein Teil der entstehenden Gesamtrisiken ist von der Güte der Monitoringkompetenz abhängig. Die Steuerung der Risiken auf aggregierter Ebene erfordert dabei eine grundlegende Einschätzung der Risiken der Einzelgeschäfte durch das Monitoring [vgl. Hartmann-Wendels/Pfingsten/Weber 1998, S. 218].
- Die Risikosteuerung nimmt ihrerseits durch Richtlinien und Limite Einfluss auf die Entscheidungskriterien im Monitoring [für die Steuerung von Firmenkundenkrediten vgl. auch Juncker 1993, S. 85-89]. Dies erfolgt zum Teil auch durch die Nutzung von Kreditinformationen in Scoring- und Expertensystemen für die Kreditwürdigkeitsprüfung im Monitoring.

Abwicklung: Angebot eines internationalen Cash Management

Die Durchführung des Cash-Management für Firmenkunden bietet die Chance, Kundenbeziehung zu intensivieren und gleichsam die Informationsbasis über den Kunden zu erweitern [vgl. Büschgen 1998, S. 427]. Damit besteht eine Ausgangsbasis für das Cross-selling weiterer Leistungen [vgl. Schulz 1999, S. 229-230]. Dieses Potenzial ist bei einfachen Lösungen allerdings eingeschränkt, wenn durch eine Bank oder einen Softwareanbieter lediglich ein multibankfähiges System zur Verfügung gestellt wird, wenig mit dem Kunden zusammengearbeitet wird und diesem auch andere Banken für die Nutzung des Systems offen stehen [vgl. Eistert 1994, S. 82]. Informationsgenerierung und gesteigerte Kundenbindung können vornehmlich als Vorteil eines individualisierten und international angebotenen

---

[81] Für Projektfinanzierungen ist darüber hinaus ein Verständnis für die Branche des finanzierten Projekts erforderlich [vgl. Achleitner 1999, S. 352]. Projektfinanzierungen, die ihren Kapitaldienst aus dem Projekt-Cash-flow abdecken sollen, stehen hier allerdings nicht im Mittelpunkt der Diskussion.

Cash Management gewertet werden. Diese mit der Kundenbindung verknüpften Ziele sind die wesentliche Begründung für den Eintritt von Banken in das Cash Management. Im Allgemeinen werden die erzielbaren Provisionseinkünfte als gering gewertet, da sie mit Ertragsminderungen im traditionellen Zahlungsverkehr einhergehen. Ertragsmindernd wirken sich ein durch Pooling entstehender Verlust an Zinsgewinnen, ein durch Netting ausgelöster Rückgang an Zahlungstransaktionen auf aggregierter Basis sowie ein durch eine zügigere Abwicklung schwindender Floatgewinn aus [ähnlich Steiner/Teixera 1990, S. 158; Börner 1997, S. 133; Büschgen 1998, S. 428].

Damit die entsprechende Kundenbindung erreicht und etwaige Provisionsüberschüsse erwirtschaftet werden können ist somit ein anspruchsvolles individualisiertes Angebot erforderlich. Den für ein solches Angebot erforderlichen Ressourcen kann damit Strategierelevanz zugesprochen werden. Hier handelt es sich zunächst um umfangreiche technologische Infrastrukturen im Back-office. Weiter ist für die zügige grenzüberschreitende Durchführung der Zahlungstransaktionen ein internationaler Zugang zu Clearingsystemen erforderlich, der bis in die nationalen Abwicklungssysteme hineinreicht. Ein effizientes, internationales Cash Management basiert daher zumindest auf engen Korrespondenzbankbeziehungen. Anspruchsvollere Lösungen sind mit einer weitreichenden Niederlassungspräsenz und der Bewirtschaftung eigener Netze darstellbar [vgl. Juncker 1993, S. 78; Essmann 1996, S. 74]. Ein wesentlicher Vorteil einer vernetzten internationalen Niederlassungspräsenz ist eine rasche Transaktionsdurchführung ohne Zwischenschaltung fremder Gironetze sowie die direkte Teilnahme an den jeweiligen nationalen Clearingsystemen [vgl. Essmann 1996, S. 164]. Die damit aufgebaute lokale Expertise gewährleistet zusätzlich einen an die jeweiligen nationalen Erfordernissen angepassten Service [vgl. Endres 1998], so dass einer entsprechenden Präsenz und der damit verbundenen Infrastruktur Strategierelevanz zukommt.

7.5.4.2 Interne Ressourcenanalyse

Akquisitionskompetenz

Hinsichtlich der Akquisitionskompetenz sind im Wholesale Banking die internationale Niederlassungspräsenz, das elektronische Vertriebsangebot, der Kundenstamm sowie die Sortimentsbreite zu beurteilen. Die Kriterien einer möglichen Distinktivität einer internationalen Niederlassungspräsenz sind bereits im Zusammenhang mit dem Private Banking herausgearbeitet worden [vgl. 7.5.3.2]. Hohe Kapitalerfordernisse für Aufbau und operativen Betrieb sowie für die Kapitalausstattung von Niederlassungen machen ein mitwachsendes Kundengeschäft erforderlich. Bis zu einem gewissen Grad bestehen durch den ausschließlich sukzessive möglichen Aufbau einer weitverzweigten internationalen Präsenz Inimitierbarkeiten. Auch wenn größere Wettbewerber mittlerweile zwar an den wichtigsten Handelsplätzen präsent sind, so ist damit noch nicht in jedem Fall eine wirkliche internationale Betreuung im Firmenkundengeschäft möglich. Beispielsweise haben erst wenige westeuropäische Banken eine ausgebaute Niederlassungspräsenz in den neuen Märkten Mittel- und Osteuropas. Somit kann von einer gewissen Knappheit und Distinktivität ausgegangen werden.

Die hohe potenzielle Distinktivität eines Kundenstamms beruht auf dem generierten Geschäftsvolumen sowie auf der aus ihm exklusiv hervorgehenden Informationsbasis [zur Bedeutung der Kundenbeziehung im Wholesale Banking vgl. etwa Bürkner/Woerz 1993, S. 725]. Da entsprechende Informationen über die Kundensituation Wettbewerbern nicht zur Verfügung stehen, sind sie als knapp zu bezeichnen. Dies gilt besonders bei langfristigen Kundenbeziehungen, die es erlauben, die intern gewonnenen und Außenstehenden nicht zur Verfügung stehenden Kundeninformationen zur Angebotserstellung sowie für das Monitoring intertemporal zu nutzen. Die Vorteilhaftigkeit langfristiger Kundenbeziehungen korrespondiert mit einer ausgeprägten Inimitierbarkeit durch den für ihren Aufbau erforderlichen Zeitbedarf. Die immer noch enge Bindung zwischen Bank und Kunde im Firmenkundengeschäft, die aus Kundensicht den Vorteil einer Liquiditätsversicherung durch die Bank bietet, ist aus Bankensicht Basis für das Cross-selling [vgl. Rometsch 1998, S. 100]. Bei einer solchen Bindung ist auch die Immobilität eines Kundenstamms weitgehend gegeben. Knappheit kann dabei zusätzlich vom Umfang des Kundenstamms ausgehen, der ein Geschäftvolumen mit sich bringt, welches Investitionen in fixkostenintensive Bereiche wie elektronische Vertriebswege und Abwicklungskapazitäten erlaubt [vgl. 2.4.2].

Der Sortimentsumfang ist als abgeleitete Ressource von den Primärressourcen zur Dienstleistungserbringung abhängig [vgl. 7.3] und kann zumindest an zwei Punkten distinktive Aspekte aufweisen. Erstens müssen für ein umfassendes Angebot in der Außenhandelsfinanzierung ein Länder- und Währungsresearch, Korrespondenzbankbeziehungen und für umfangreichere Geschäfte eine – wenn auch begrenzte – Präsenz im Ausland vorhanden sein, die beispielsweise eine Bonitätsprüfung vor Ort und den Zugang zum lokalen Kapitalmarkt erlaubt [für die Rolle von Auslandniederlassungen in diesem Zusammenhang vgl. Büschgen 1998, S. 603-607]. Der Aufbau solcher international verteilten Ressourcen benötigt Zeit und lässt sich nur über ihr komplexes Zusammenspiel in ein kundengerechtes Angebot umsetzen. Die entsprechende Ressourcenposition ist in ihrer Kombination daher als verhältnismäßig distinktiv anzusehen. Zweitens ist das Angebot eines internationalen Cash Management als Sortimentsbestandteil anzusehen. Die Ressourcen zur Erstellung eines solchen Angebots werden im Rahmen der Abwicklungskompetenz in diesem Abschnitt auf ihr Distinktivitätspotenzial analysiert. Wie diese Betrachtung zeigen wird, steigt die potenzielle Distinktivität vornehmlich mit der Internationalität des Angebots.

Beratungskompetenz

Wie geschildert werden an die personellen Ressourcen in der Beratung nicht unerhebliche Anforderungen gestellt, die zumindest über die des Retail Banking hinausgehen. Insbesondere gilt dies für die Erstellung eines bedarfsadäquaten Kundenangebots als Voraussetzung für Neugeschäfte. Dem Berater im Wholesale Banking kommt allerdings weniger die Rolle des Spezialisten als vielmehr die Rolle des Beziehungsmanagers zum Firmenkunden zu, der die Problemlage des Kunden versteht und das Sortiment der Bank in seinen Basisprodukten beherrscht [vgl. Müller/Schnittler 1993, S. 151-152; Feldhaus/Renziehausen 1998, S. 278]. Die Anforderungen an die Fachkompetenz steigen dabei in aller Regel mit Größe und Internationalität der Firmenkunden. Damit – aber keinesfalls ausschließlich mit Größe und Internationalität – geht in aller Regel eine höhere Bedeutung kapitalmarktorientierter Transaktionen einher, so dass die entsprechenden Transaktionen dem Corporate Finance zugeordnet werden sollen. Nimmt man daher mittlere Anforderungen an Firmenkundenbetreuer an, die als Beziehungsmanager und Problemlöser vor allem auf den individuellen Kundenbedarf eingehen können, so ist zu vermuten, dass entsprechend befähige Firmenkundenbetreuer am Markt verfügbar sind oder entsprechend ausgebildet werden können. Damit ist die Knappheit der Ressource Personal in diesem Fall eingeschränkt und daraus folgend ebenso ihr Distinktivitätspotenzial.

Aufgrund der gegenüber Standardgeschäften größeren Komplexität der Angebote kommt der Nutzung von Kundeninformationen eine große Bedeutung zu. Eine Distinktivität der Beratungskompetenz ist lediglich auf der Basis einer überlegenen Kundenansprache und Bindung zu vermuten, die auf einem Zusammenspiel von Kundeninformationen und personellen Fähigkeiten beruht [vgl. allgemein auch Börner 2000, S. 237]. Weitere Informationen können aus dem Research bereitgestellt werden. Im Wholesale Banking sind insbesondere ein (nationales) Branchenresearch für die Kreditfinanzierung sowie ein Länder- und Währungsresearch für den Außenhandel relevant.

Monitoringkompetenz

Im Monitoring bestehen zur Beratung äquivalente Anforderungen an die personellen Ressourcen mit der entsprechenden Implikation, dass das Distinktivitätspotenzial eingeschränkt ist. Eine besondere Bedeutung hat wiederum der Kundenstamm, der auf der Basis einer langfristigen Bindung die bestehende Informationsbasis durch vorhandene Bonitätseinschätzungen, durchgeführte Beratungen, Kenntnisse aus dem Zahlungsverkehr und ähnliche Quellen determiniert [vgl. ähnlich auch Böhme 1997, S. 112]. Thießen kritisiert in diesem Zusammenhang, dass Banken die Möglichkeit nicht nutzen, zukunftsorientierte Finanzpläne für die Kreditbeurteilung zu verlangen und damit wichtige Informationspotenziale verschenken [vgl. 1994, S. 688]. Burghof findet allerdings empirische Belege, dass Banken auf die ihnen exklusiv zur Verfügung stehenden Informationsquellen zurückgreifen und beim Auftreten von Problemen in einer Kreditbeziehung zusätzlich verstärkt prospektive Daten angefordert sowie beurteilt werden [vgl. 2000]. Damit lässt sich die Nutzung potenziell vorhandener Informationsvorsprünge auf der Basis vorhandener Kundenbeziehungen auch empirisch nachweisen.

Daneben lassen sich auch cross-sektoral wertvolle Informationen aus den vorhandenen Kreditengagements ableiten [vgl. 2.4.3], die in die Vorgaben aus der Risikosteuerung einfließen können und damit der Qualität des Monitoring wieder zugute kommen. Als konkretes Beispiel lässt sich der Aufbau einer Daten- bzw. Wissensbasis für ein Neuronales Netz bzw. Expertensystem in der Kreditwürdigkeitsprüfung anführen [vgl. Schierenbeck/Hölscher 1998, S. 449-459]. Somit kann es zu moderaten Skalen- und Verbundeffekten aufgrund eines langfristig stabilen, umfangreichen und über Branchen und Regionen gestreuten Kundenstamms kommen.

Die enge Verbindung zwischen Monitoring und Risikomanagement in der Transformation führt dazu, dass beiden gemeinsam in einer abgestimmten Kombination ein zusätzliches Distinktivitätspotenzial zukommt, welches auf der größeren Komplexität der Ressourcenkonfiguration beruht. Hält man sich vor Augen, wie sehr die Struktur der Risikoaktiva von der Qualität des Monitoring abhängig ist und zu welchem Ausmaß das Monitoring wiederum auf bestehende Kundeninformationen angewiesen ist, werden Knappheit und Inimitierbarkeit einer kombinierten Transformations- und Monitoringkompetenz deutlich.

Abwicklungskompetenz

Ein umfassendes, internationales und kundenindividuelles Cash Management Angebot erfordert bankseitig selbst erstellte IT-Infrastrukturen im Back-office, einen Zugang zu nationalen und internationalen Clearingsystemen und Korrespondenzbankbeziehungen bzw. eine durch eigene Netzwerke verbundene internationale Niederlassungspräsenz. Eigenerstellte IT-Systeme und proprietäre Netzwerke zeugen von der hohen Kapitalintensität eines solchen Angebots [vgl. Meyer zu Selhausen 1989, S. 84], die zu Unteilbarkeiten führt. Entsprechende Investitionen sind dabei oft nur für große Banken möglich, weil diese ein entsprechendes Geschäftsvolumen realisieren können [vgl. Bösch 1998]. Damit kommt einem umfangreichen Kundenstamm, der ein großes Geschäftsvolumen generiert, Bedeutung für die Realisierung von Sharingsynergien zu [vgl. noch einmal Makadok 1998, S. 693].[82]

Ein proprietärer Systemaufbau sowohl im Back-office als auch die eigenen Netze betreffend unterliegt einem langfristigen Entwicklungsprozess und ist daher

[82] Einerseits ist das internationale Cash Management kein Mengengeschäft, wie die Zahlungsverkehrsabwicklung im Retail Banking, andererseits generieren Firmenkunden ein hohes Transaktionsvolumen.

schwer zu imitieren. Dies gilt ebenso für die Installierung einer weitreichenden internationalen Niederlassungspräsenz, den lokalen Zugang zu Clearingsystemen und für den Aufbau von Korrespondenzbankbeziehungen. Die Ressourcen wirken dabei vornehmlich zusammen, womit ihnen und der Abwicklungskompetenz im Cash Management insgesamt Inimitierbarkeit zukommt. Je weiter gespannt das technische, das Niederlassungs- sowie das Beziehungsnetzwerk der Korrespondenzbanken ist, desto höher kann dessen Knappheit und schließlich seine Distinktivität eingeschätzt werden. Dies zeigt sich in der Einschätzung, dass nur wenige internationale Großbanken in der Lage sind, die anspruchsvollen Bedürfnisse im Cash Management großer Konzerne abzudecken [vgl. noch einmal Endres 1998]. Ähnlich sieht auch Eistert die Komplexität des Cash Management in der geographischen Verteilung der Konten und in der Handhabung mehrerer Währungen begründet [vgl. 1994, S. 13].

Angesichts der Verfügbarkeit frei zugänglicher weltumspannender Netzwerkstrukturen (z.B. Internet) und offener Standards (z.B. EDI/EDIFACT) sind proprietäre Netzstrukturen, die eine effiziente internationale Abwicklung über die Niederlassungen ermöglichen, der Gefahr der Substitution ausgesetzt [vgl. Theilmann/Fotschki 1999, S. 251-252]. Damit kann die Ressource der proprietären Netzwerkstrukturen weitgehend entwertet werden. Mit Großrechnersystemen, dem Zugang zu Clearingsystemen – auch in die jeweiligen nationalen Systeme über die Niederlassungen vor Ort – verbleibt jedoch ein weitreichendes Distinktivitätspotenzial.

7.5.4.3 Intra-Geschäftsfeld Synergiepotenziale und Übernahmen

Die nachfolgend zunächst identifizierten Sharing- und Transfersynergien im Kreditgeschäft sind als Motiv für Fusionen von Großbanken zu werten, wie die Schweizer Fusion zur UBS. Internationale Übernahmen sind dabei eingeschlossen. Die Motive sind auch für Sparkassen und Genossenschaftsbanken relevant, wobei in diesem Zusammenhang die Bezeichnung Wholesale Banking ebenso ungewöhnlich erscheint wie der Gedanke an eine Internationalisierung. Für Sparkassen und Genossenschaftsbanken sind entsprechende Ausführungen daher als regionale Marktausdehnung im Firmenkundengeschäft zu interpretieren. Die anschließend analysierten Übernahmemotive bezüglich eines internationalen Cash Management sind für sie allerdings von untergeordneter Bedeutung. Hinsichtlich der Abwicklungskompetenz gelten für sie die Ausführungen aus dem Retail Banking.

Sharing- und Transfersynergien im Kreditgeschäft durch lokale und internationale Übernahmen

Aus obiger Analyse geht ein enger Zusammenhang zwischen Kundenstamm, Monitoring und Risikomanagement hervor. Aufgrund dieser engen Verbindung sowie der potenziell hohen Risikobelastung durch das Firmenkundenkreditgeschäft sind Synergiepotenziale, die von der Transformationskompetenz ausgehen, insbesondere durch Übernahmen im Wholesale Banking realisierbar [vgl. 7.4.4]. Die Übernahmemotive können in diesem Zusammenhang noch einmal rekapituliert werden:

1. Die Erweiterung des Umfangs der Risikoaktiva durch Ausdehnung der Kundenbasis stabilisiert die Ausfallrate aufgrund des Gesetzes der großen Zahl und ist als dynamische Sharingsynergie aufzufassen.
2. Die Erweiterung der Risikoaktiva durch Ausdehnung der Kundenbasis in regionaler und branchenbezogener Hinsicht führt zu Diversifikationsvorteilen, die über die Umfangseffekte hinausgehen. Durch eine Senkung der Markteintrittsbarrieren wird der Eintritt in neue Märkte und damit die grenzüberschreitende Risikodiversifikation erleichtert [vgl. 3.5.2].
3. Der Transfer ungenutzter finanzieller Kapazität wirkt sich positiv auf die Akquisition von Kundengeschäften aus, die im Fall einer zuvor beschränkten finanziellen Kapazität nicht durchgeführt werden konnten.

Aufgrund des wachsenden Finanzierungsbedarfs im Firmenkundenbereich [vgl. etwa Sirri/Tufano 1995] kommt dem dritten Motiv im Wholesale Banking eine große Bedeutung zu, andererseits verlagern sich Finanzierungsgeschäfte zusehends an den Kapitalmarkt. Während der Umfang der meisten Kreditportfolien keine nennenswerten Skaleneffekte mehr erwarten lässt – und damit das erste Motiv abschwächt –, erlangt das zweite Motiv aufgrund tendenziell sinkender Markteintrittsbarrieren zusehends an Bedeutung.

Diese Synergieeffekte im Transformationsbereich sind weitgehend ohne nennenswerte Integrationsaufwendungen realisierbar. Grundlage für die Diversifikations- und Umfangseffekte der Risikoaktiva ist die Erweiterung des Kundenstamms. Durch eine Übernahme kann der Zugriff auf den Kundenstamm hergestellt werden. Ebenso lässt sich freie finanzielle Kapazität als distinktive Kompetenz bevorzugt durch eine Übernahme transferieren. Über die Synergien im Transformationsbereich hinaus lassen sich durch das vergrößerte Geschäftsvolumen weitere Sharingsynergien erreichen, etwa durch eine dynamische Auslastung der Beratungskapazitäten oder durch das Sharing der IT-Systeme in der Abwicklung. Von einem geringen Kundenstamm ausgehend kann eine Erweiterung der Informationsbasis, die den Einsatz anspruchsvoller Systeme im Monitoring ermöglicht, als Sharingsynergie angesehen werden.

Büschgen zieht ein passendes Fazit für eine internationale Strategie im Wholesale Banking, welches in seiner Abgrenzung allerdings auch anspruchsvollere Dienstleistungen des Corporate Finance umfasst [1992, S. 47]:

> „Wenn schließlich im Zuge des europäischen Konzentrationsprozesses der Nichtbankunternehmen entsprechende Betriebsgrößen der Banken erforderlich werden, um als adäquate Marktpartner auftreten zu können, um auf der Basis ausreichender Kapitalkraft, Refinanzierungs- und Platzierungsfähigkeit, Leistungskreativität, Mitarbeiterexpertise, technisch-organisatorischer Kapazität sowie Managementkompetenz den Leistungsbedarf der wachsenden Unternehmen und „Europa-Konzerne“

> decken zu können, so reichen hierfür bloße Kooperationen nicht aus. Vielmehr wird dafür, wenn überhaupt Größenentsprechung von Bank und Unternehmenskunden erforderlich ist, externes Wachstum durch Akquisition oder Fusion notwendig."

Im Retailgeschäft ist die Fusion zur finnischen-schwedischen MeritaNordbanken bereits angesprochen worden. Bei der Erweiterung nach Dänemark mit der Übernahme der Unidanmark Group ist deren Kundenstamm bei Firmenkunden, erklärtes Übernahmeziel. Dabei sollen 45 % aller geplanten Synergien aus dem Firmenkundengeschäft sowie aus dem Geschäft mit institutionellen Kunden stammen [vgl. Nordic Baltic Holding 2000].

Sharing- und Transfersynergien eines internationalen Cash Management

Die technischen Ressourcen eines internationalen Cash Management Angebots bergen aufgrund ihrer Unteilbarkeiten hohe Synergiepotenziale. Ein zusätzliches Geschäftsvolumen durch die Akquisition von Kundenverbindungen ermöglicht die Realisierung dieser Synergien. Dabei müssen Verbindungen zu international agierenden Firmenkunden übernommen werden, die eine entsprechende Nachfrage haben. Die zunehmende Vernetzung und Internationalisierung der Wirtschaft verdeutlicht das Potenzial für diese Synergien [vgl. grundlegend Röller 1992, S. 137].

Ein Ausbau der internationalen Niederlassungspräsenz kann durch eine Übernahme erfolgen, die aufgrund der potenziellen Distinktivität eines umfangreichen Niederlassungsnetzes ein geeignetes Mittel zur Realisierung der angestrebten Transfersynergien ist. Durch die Erweiterung der Präsenz kann das Angebot der betreuten Länder ausgebaut werden. Zur Realisierung dieser Synergien bietet sich die Akquisition von Banken mit einer komplementären Auslandspräsenz an oder – alternativ – die Übernahme kleiner lokaler Banken. Es fällt allerdings schwer, dieses Übernahmemotiv auf den Ausbau eines Cash Management Angebots zu beschränken. Zusätzlich werden durch die erweiterte Präsenz eine verbesserte Betreuung international agierender Firmenkunden und eine höhere Expertise in der Außenhandelsfinanzierung ermöglicht. Außenhandelsfinanzierung und Cash Management fließen gemeinsam in die Sortimentsbreite im Wholesale Banking ein und stärken so die Akquisitionskompetenz durch ein erleichtertes Cross-selling [vgl. 7.3]. Zusätzlich wird durch die internationale Präsenz der Gefahr begegnet, dass Geschäftsbeziehungen ausländischer Wettbewerber auf das Geschäft im Inland ausgeweitet werden. Im Ergebnis kann damit Kundenabwanderungen vorgebeugt werden [vgl. Büschgen 1992, S. 46].

Bei der Fusion von ABN Bank und AMRO Bank zu ABN AMRO in den Niederlanden boten die jeweils vorhandenen internationalen Niederlassungen einen geeigneten Ausgangspunkt für den Aufbau eines internationalen Cash Management Angebots [vgl. auch im Folgenden Geertsema 1993]. Überlappungen an einigen Standorten führten dabei in Folge von Zusammenlegungen zu Kosteneinsparungen. Ziel waren dennoch weniger die Kosteneinsparungen als vielmehr Transfersynergien durch den Ausbau der Niederlassungspräsenz. Im Ergebnis hat ABN AMRO mit 450 Niederlassungen in 60 Ländern eine beachtliche internationale Präsenz. Diese fungiert als Grundlage für die internationale Betreuung von Firmenkunden sowie für ein effizientes Cash Management, das ohne fremde Gironetze oder Korrespondenzbanken auskommt. Nach Einschätzung von Wettbewerbern gehört ABN AMRO heute zu den führenden Anbietern im internationalen Cash Management [vgl. Endres 1998].

7.5.5 Corporate Finance

7.5.5.1 Marktanforderungen und Minimumressourcen

Charakterisierung des Wettbewerbsumfeldes

Wie schon geschildert sollen im Abschnitt Corporate Finance kapitalmarktorientierte Dienstleistungen für Firmenkunden behandelt werden, die den Leistungsumfang spezialisierter Investmentbanken weitgehend abdecken. Diese Unterscheidung ist zumindest aus zwei Gründen sinnvoll. Erstens erlaubt sie eine praxisorientierte Analyse des Marktumfelds und der Ressourcenausstattung maßgeblicher Wettbewerber, die als angelsächsische Investmentbanken historisch dem Trennbanksystem entstammen. Zweitens ermöglicht diese Abgrenzung eine Diskussion der Vorteile einer gemeinsamen Durchführung von Commercial und Investment Banking aus ressourcenorientierter Sicht, die unter dem Aspekt der Diversifikation noch Gegenstand der Analyse sein wird [vgl. 7.6]. Innerhalb des Investment Banking lassen sich mit Jacob und Klein folgende Geschäftsarten abgrenzen [vgl. 1996, S. 14]:

- Primärmarkttransaktionen (Emissionsbegleitung und Platzierung von Wertpapieren);
- Sekundärmarkttransaktionen (Funktion des Händlers und/oder Brokers);
- Anlageberatung (Vermögensanlageberatung, Vermögensverwaltung/Portfolio Management);
- Beratungsleistungen für Firmenkunden und öffentliche Institutionen (Finanzierungs- und Privatisierungskonzepte, Financial Engineering, Risikomanagement, Mergers & Acquisitions).

Das Primärmarktgeschäft umfasst die Emission und Platzierung von Wertpapieren, die sowohl Eigenkapital, Fremdkapital als auch hybride Mittel verbriefen. Der Eigenhandel komplementiert das Emissionsgeschäft und ist in vielerlei Hinsicht eine wichtige Komponente für dessen Durchführbarkeit. In Abgrenzung zum Emissionsgeschäft kann er auch als die Durchführung von Sekundärmarkttransaktionen beschrieben werden. Der Eigenhandel selbst ist als Handelskompetenz bereits im Rahmen der Transformation behandelt worden [vgl. 7.4.4]. In diesem

Abschnitt ist damit lediglich auf seine Bedeutung im Emissionsgeschäft einzugehen. Die vielfältigen Beratungsleistungen teilen sich in eine Anlageberatung und eine finanzierungsorientierte Beratung auf. Die Anlageberatung ist im Wesentlichen im Rahmen des Geschäftsfelds Private Banking behandelt worden, so dass das Emissionsgeschäft und die Finanzierungsberatung als Untersuchungsgegenstand dieses Abschnitts verbleiben.

Im Corporate Finance ist es in den letzten Jahren zu einer starken Internationalisierung des Geschäfts gekommen. Dies drückt sich beispielsweise in gleichzeitigen Listings und Emissionen an verschiedenen internationalen Handelsplätzen aus. Der gestiegene Finanzierungsbedarf großer Unternehmen und die Vorteile einer breiten Streuung der Kapitaleigner tragen zu diesem Entwicklungstrend bei [vgl. Achleitner 1999, S. 73]. Bei der Beratung von Unternehmensübernahmen kommt es immer mehr zu grenzüberschreitenden Übernahmen, die eine Kenntnis der gesetzlichen und politischen Rahmenbedingungen, der Kapitalmärkte sowie der Wettbewerber und Wettbewerbsbedingungen der betreffenden Märkte erforderlich machen [vgl. Jacob/Klein 1996, S. 17]. Vom generellen Markttrend der Deregulierung ist das Corporate Finance Geschäft durch die Aufhebung der Trennung von Commercial und Investment Banking in den USA besonders betroffen [vgl. 3.3.3]. Diese Deregulierung ist in der Lage, die Internationalisierung weiter zu beschleunigen.

Der Trend zu einer verstärkten Nutzung der Kapitalmärkte für die Unternehmensfinanzierung [vgl. 3.5.4] schafft Wachstumschancen, ist aber auch für eine Verschärfung des Wettbewerbs verantwortlich, die zu geringeren Margen und höheren Kosten – vornehmlich für Personal – geführt hat [vgl. Hunt 1995, S. 109]. Dabei ist das Geschäft aufgrund der Abhängigkeit von den Rahmenbedingungen an den Kapitalmärkten ohnehin sehr volatil [vgl. Raettig 1990, S. 45; Rometsch 1999a, S. 815].

Die führenden Institute im globalen Corporate Finance Geschäft sind angelsächsische Spezialbanken. Amerikanische Banken sind mittlerweile auch zu den Marktführern in Europa aufgestiegen [vgl. Kollar 1997, S. 268]. Der durch das Trennbanksystem hervorgerufene Spezialisierungs- und Innovationsgrad hat für diese Banken einen großen Druck erzeugt, in diesem Geschäftsfeld erfolgreich zu sein und damit die Entwicklung ihrer Wettbewerbsposition begünstigt [vgl. Börner 1997, S. 77]. Investmentbanken aus Großbritannien und den USA profitieren zusätzlich von einer starken Kapitalmarktorientierung in ihren Heimatmärkten, die sich zunächst bei der Unternehmensfinanzierung beobachten lässt, aber auch im Zusammenhang mit der ausgeprägteren Aktienkultur der Privatanleger zu sehen ist [vgl. Börner 1997, S. 79]. So steht die benötigte Liquidität für die nach Finanzmitteln suchenden Unternehmen zur Verfügung und beschert den Investmentbanken eine hohe Nachfrage nach ihren Dienstleistungen.

2000	1999			*Grand total* (aus 1.000)	*Underwriting* (aus 350)	*Trading* (aus 350)	*Advising* (aus 300)
1	3	Deutsche Bank	D	637,31	237,36	240,47	159,47
2	2	Merrill Lynch	USA	587,08	234,73	179,99	172,37
3	7	Morgan Stanley Dean Witter	USA	490,11	240,09	116,17	133,85
4	1	Warburg Dillon Read	USA	472,32	146,81	195,31	130,20
5	5	Citigroup	USA	453,86	154,16	161,49	138,21
6	6	Goldman Sachs	USA	440,11	203,71	125,20	111,20
7	4	JP Morgan	USA	409,98	154,25	137,63	118,10
8	8	ABN Amro	NL	285,86	94,36	116,13	75,37
9	9	Chase Manhattan	USA	260,33	64,60	121,80	73,93
10	10	Credit Suisse First Boston	CH	220,43	101,49	60,11	58,83
11	12	Lehman Brothers	USA	162,88	70,78	57,97	34,12
12	11	HSBC Group	UK	160,47	51,09	69,17	40,20
13	15	Dresdner Kleinwort Benson	D	157,29	75,17	47,22	34,90
14	-/-	BNP Paribas	F	147,28	57,78	61,38	28,12
15	13	Barclays Capital	UK	123,91	40,32	53,93	29,67
16	17	Société Générale	F	117,42	35,08	56,34	26,00
17	20	Bank of America	USA	107,33	21,24	52,36	33,73
18	19	Crédit Lyonnais	F	86,27	16,91	39,47	29,90
19	16	NatWest Group	UK	86,02	6,16	60,82	19,04
20	18	ING Barings	NL	84,17	28,75	33,12	22,31

Tabelle 7-1: Euromoney Ranking 2000 [Euromoney 2000]

Regelmäßig durchgeführte Rankings als Ergebnis von Expertenbefragungen sowie Umsatzzahlen der Banken belegen die Vormachtstellung angelsächsischer Institute. Tabelle 7-1 gibt ein solches Ranking für den europäischen Markt wieder. Dabei ist allerdings zu beachten, dass in der Praxis bei der Auswahl einer Bank sehr differenziert nach ihrer Erfahrung mit bestimmten Transaktionsstrukturen, Branchen und Kapitalmärkten unterschieden wird. Diesen Detaillierungsgrad kann die nebenstehende Tabelle nicht wiedergeben, die pauschal das Emissionsgeschäft (Underwriting), den Handel (Trading) und das Beratungsgeschäft (Advising) aufführt. Die Deutsche Bank hat dabei die Phalanx angelsächsischer Institute durchbrochen und nimmt zumindest in Europa eine vordere Marktstellung ein. Es ist zu vermuten, dass die Übernahmen von Morgan Grenfell und Bankers Trust der Deutschen Bank auf dem Weg an die Spitze dieses Rankings zuträglich gewesen sind.

Bislang hat allerdings noch kein europäischer Wettbewerber die Marktstellung der drei großen Häuser, der sogenannten Bulge-Bracket-Firmen, Goldman Sachs, Morgan Stanley Dean Witter und Merrill Lynch erreicht. Dies gilt auch für die Deutsche Bank. So vereinen diese drei Institute beispielsweise im prestigeträchtigen Geschäft in der Mergers & Acquisitions-Beratung einen Drittel der Marktanteile auf sich [vgl. Achleitner 1999, S. 81]. Ausgehend von dieser einführenden Charakterisierung des Marktumfelds lassen sich die Minimumressourcen für das Geschäftsfeld Corporate Finance entsprechend der Übersicht in Abbildung 7-8 herleiten.

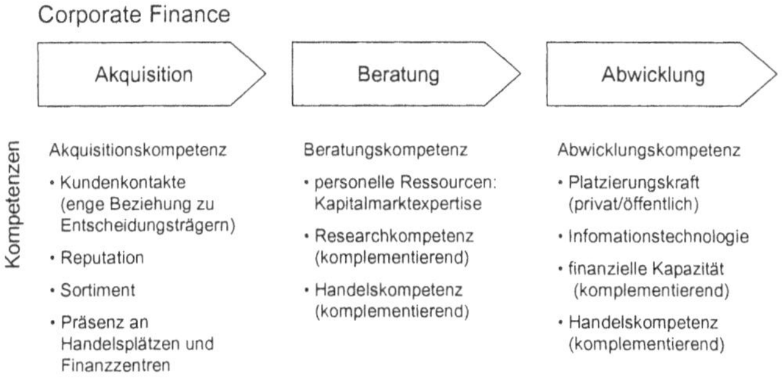

Abbildung 7-8: Minimumressourcen entlang der Wertschöpfungskette im Corporate Finance

Akquisition

Bei der Analyse der Minimumressourcen in der Akquisitionsphase muss berücksichtigt werden, dass eine enge Kundenbindung im Sinne einer Hausbankbeziehung, bei der ein überwiegender Teil des Finanzierungsbedarfs einer Unternehmung von einer Bank abgedeckt wird, im angelsächsisch geprägten Corporate Finance nie vorherrschend gewesen ist. In den meisten Fällen werden Transaktionen nach einem sogenannten „Beauty-Contest" an die Bank mit dem Konzept vergeben, das den Kundenvorstellungen am besten entspricht [vgl. Kollar 1997, S. 275]. Nur teilweise lässt sich auch im Corporate Finance eine enge Bank-Kunde-Beziehung im Sinne eines Relationship Banking beobachten, bei der die wichtigsten Transaktionen mit einer Bank durchgeführt werden [vgl. Achleitner 1999, S. 93-95]. Auch in diesen Fällen werden standardisierte Transaktionen an den Anbieter mit dem günstigsten Preisangebot vergeben. Insgesamt kann also von einer starken Transaktionsorientierung ausgegangen werden.

Ein enger Kundenkontakt – hiervon sollte im Corporate Finance eher gesprochen werden als vom Kundenstamm – ermöglicht auch bei der beschriebenen Transaktionsorientierung eine gezielte Ansprache der relevanten Entscheidungsträger. Im Beratungsgeschäft mit Unternehmensübernahmen sind diese beispielsweise auf Vorstandsebene angesiedelt. Dabei erlaubt ein bestehender Kundenkontakt eine bessere Berücksichtigung der Kundenwünsche und schafft damit eine vorteilhafte Position gegenüber Wettbewerbern bei der Mandatsgewinnung. Ein langjähriger Kundenkontakt ist zudem der Vertrauensbasis zuträglich und erleichtert die Weitergabe interner Informationen an die Bank vor und während der Durchführung der Transaktion. Dabei werden Kundenbeziehungen auch im Corporate Finance als „Produktionsfaktor“ aufgefasst [vgl. Etzel 1997, S. 135], was ihre Strategierelevanz verdeutlicht. Bei der Kundenakquisition ist aus Sicht der Bank eine aktive und eine passive Vorgehensweise zu unterscheiden. Bei der aktiven Akquise geht die Bank auf den Kunden zu, während der Kunde bei der passiven Variante mit einem Transaktionswunsch an eine oder mehrere Banken herantritt. Insbesondere bei der Akquisition von Beratungsmandaten für Unternehmensübernahmen treten Banken regelmäßig aktiv mit fertigen Transaktionskonzepten an Kunden heran [vgl. Achleitner 1999, S. 156]. Ein langfristiger Kundenkontakt trägt zu dem Gelingen einer aktiven Kundenansprache bei. Unterstützt werden muss die Vorbereitung einer solchen Ansprache durch ein intensives Research. Letzteres wird der Beratung als komplementierende Ressource zugeordnet.

Nur durch eine weltweite Präsenz an den wichtigsten internationalen Handelsplätzen und Finanzzentren kann die erforderliche Marktnähe in Research und Beratung erzeugt werden und einen engen Kundenkontakt für den reibungslosen Ablauf komplexer Transaktionen gewährleisten [vgl. Büschgen 1992, S. 35; Jacob/Klein 1996, S. 17; Kollar 1997, S. 265]. Die internationale Präsenz wird aus Kundensicht damit zum Kriterium für die Auswahl einer Bank bei einer Transaktion [vgl. Achleitner 1999, S. 75]. So hat die Vielzahl der Börsengänge und Übernahmen von Hochtechnologie-Firmen aus dem Silicon-Valley dazu geführt, dass internationale Investmentbanken ihre Technologiegruppen ebenfalls dort ansiedeln. Beispielsweise sind dort Morgan Stanley Dean Witter und Goldman Sachs mit ihren Hauptquartieren für Technologieunternehmen vertreten [vgl. Celarier 1999, S. 93].

Eine herausragende strategische Relevanz für die Wahl eines Beraters oder einer Emissionsbank hat die Reputation. Aufgrund der hohen Qualitätsunsicherheit der komplexen Transaktionen ist sie aus Kundensicht das maßgebliche Kriterium [vgl. etwa Jacob/Klein 1996, S. 37]. Rankings in der oben dargestellten Art geben dabei die Qualitätseinschätzung aus Kundensicht wieder, wenn auch etwas undifferenzierter als in der praktischen Anwendung. Im Emissionsgeschäft wird die Qualitätssicherungsfunktion der Reputation besonders deutlich. Dabei setzt die Bank ihre Reputation für den Emittenten ein, bezüglich dessen Qualität aus Investorensicht ex ante eine hohe Unsicherheit besteht. Der Emittent entleiht die Reputation der Bank, die mit größter Sorgfalt vorgehen wird, um ihre gute Reputation nicht zu gefährden und diese gegebenenfalls – bei Durchführung einer erfolgreichen Transaktion – weiter auszubauen. Aus Emittentensicht lassen sich so die Kosten der Qualitätsunsicherheit verringern, die in einer verminderten Zahlungsbereitschaft der Investoren bestehen [vgl. Carter/Manaster 1990, S. 1046]. Aus Bankensicht kann eine hohe Reputation die Provisionseinkünfte verbessern, da sie dem Emittenten zu geringeren Preisabschlägen verhilft [vgl. Jacob/Klein 1996, S. 28-30].

Es ist bereits angeführt worden, dass Kunden bezüglich der Erfahrungen einer Bank entlang der verschiedenen Transaktionsarten, Branchen und Kapitalmärkte stark differenzieren. Die Komplexität der Transaktionen erfordert dabei eine starke Spezialisierung, so dass nur wenige große Banken in der Lage sind, ein umfassendes Sortiment an Dienstleistungen des Corporate Finance anzubieten. Eine volle Sortimentsbreite kann dabei lediglich den bereits genannten Bulge-Bracket Firmen zugeschrieben werden [vgl. Hunt 1995, S. 108; Achleitner 1999, S. 15]. Trotz der vorherrschenden Transaktionsorientierung in der Kundenbeziehung kann die Sortimentsbreite zu den wesentlichen Ressourcen gezählt werden, da durch sie Folgegeschäfte im Sinn des Cross-selling generiert werden können. Erst so können bestehende Kundenkontakte und die damit verbundenen Kenntnisse über die Unternehmenssituation ausgenutzt werden, um aktiv mit neuen Transaktionsideen auf Kunden zuzugehen.

Beratung

Wie kein anderes Geschäftsfeld ist das Corporate Finance von den Mitarbeitern abhängig, die Kundenprobleme analysieren, Transaktionen strukturieren und deren Ausführung begleiten und koordinieren [vgl. etwa Hunt 1995, S. 111-112; Jacob/Klein 1996, S. 37]. Einzelne Transaktionen – beispielsweise die Beratung zu einer feindlichen Übernahme oder deren Abwehr – ziehen sich über einen längeren Zeitraum hinweg und binden damit beträchtliche Mitarbeiterkapazitäten. Der Wettbewerb um die qualifiziertesten Kräfte führt dabei sogar so weit, dass Henry Paulson, CEO von Goldman Sachs, die Umwandlung seiner Bank von einer Partnerschaft in eine Aktiengesellschaft mit der Möglichkeit des Angebots eines Aktienoptionsprogramms zur Mitarbeitergewinnung begründet [vgl. Paulson 2000, S. 160]. Die Strategierelevanz von Personalressourcen ist nicht zu bezweifeln. In die Beratungskompetenz fließen zusätzlich umfangreiche Informationsressourcen ein.

Treffend charakterisiert Kollar, der Kern des Corporate Finance sei „die Identifizierung von Problemen und die Entwicklung von Lösungen unter Ausnutzung researchgestützter Kenntnisse von Märkten“ [1997, S. 264]. Im Corporate Finance ist dabei ein globales Kapitalmarktresearch erforderlich, das zumindest die Branchen umfassend abdeckt, in denen ein Großteil des Kundengeschäfts akquiriert wird. In den meisten Fällen, so beispielsweise für die Gestaltung einer Equity Story bei einer Börseneinführung, sind Analysten direkt in das Beratungsteam eingebunden [vgl. Achleitner 1999, S. 243]. Bei Unternehmensübernahmen erleichtert das Research durch die kontinuierliche Beobachtung vielfältiger Unternehmen die Auswahl geeigneter Akquisitionskandidaten und eine Unternehmensbewertung anhand marktorientierter Verfahren. Die Expertise im Research ist dabei vornehmlich als Personalressource aufzufassen, die sich in den gesammelten Erfahrungen der Mitarbeiter ausdrückt [vgl. 7.4.3].

Neben dem Research leistet auch die Durchführung von Eigenhandelsaktivitäten – in dieser Arbeit der Transformation zugeordnet – einen Informationsbeitrag für die Strukturierung von Transaktionen. Im Rahmen des Emissionsgeschäftes liefert der Eigenhandel wertvolle Informationen für die Festlegung von Emissionszeitpunkt und -preis [vgl. Jacob/Klein 1996, S. 11]. So muss die Marktsituation für die Festlegung von Mindestgeboten im Tenderverfahren oder – je nach angewendetem Verfahren – für die Festlegung von Bookbuilding-Spanne und Ausgabekurs berücksichtigt werden.

Eine ergänzende Bedeutung haben bestehende Kundenkontakte. Diese gehen einher mit einer Kenntnis des Unternehmens und der Unternehmensvertreter. Damit erleichtern sie – wie schon erwähnt – die Mandatsgewinnung, da sie einen den Kundenbedürfnissen angepassten Transaktionsvorschlag ermöglichen. Die Durchführung der Transaktion selbst ist allerdings als Individualgeschäft zu kennzeichnen, dass in enger Zusammenarbeit mit dem Kunden gemeinsam erarbeitet wird und daher wenig von vorliegenden, vergangenheitsbezogenen Kundeninformationen profitiert. Kundenkontakte werden damit der Akquisition zugeordnet und für die Beratung nicht weiter beachtet. Weiterhin werden Informationstechnologien zur Beratungsunterstützung und als Analyseinstrument genutzt. Ein entscheidender Einfluss auf die Beratungsqualität, der in der Lage ist verschiedene Wettbewerber voneinander zu differenzieren, ist dabei vermutlich nicht gegeben.

Abwicklung

Die Wertschöpfungsaktivität Abwicklung wird hier auf die Durchführung von Emissionen beschränkt. Vornehmlich in diesem Fall hat die Abwicklung den Charakter der Zusammenführung von Angebot und Nachfrage als eigenständige Wertschöpfungsaktivität. Bei Beratungsleistungen bildet die Beratungsphase auch den Abschluss einer Transaktion.[83] Die Emissionsabwicklung umfasst die Übernahme der Wertpapiere und ihre Platzierung bei Investoren.

Im Zuge der Emission von Wertpapieren bieten auch klassische Investmentbanken den Emittenten die Möglichkeit, das Absatzrisiko ganz oder teilweise zu übernehmen. Führen sie lediglich die Absatzvermittlung entsprechend des bestmöglichen Einsatzes ihrer Vertriebskapazitäten durch (best effort), so trägt der Emittent das Absatzrisiko komplett. Gibt die Bank jedoch eine Garantie bezüglich des Absatzes der Wertpapiere (firm commitment underwriting), so übernimmt sie das Risiko einer zeitlichen Verzögerung oder einer falschen Preiseinschätzung vom Emittenten gegen eine risikoadjustierte Prämie [vgl. Büschgen 1998, S. 346;

[83] Beratungsleistungen im Zuge von Unternehmensübernahmen erfordern allerdings eine Art Abwicklung, die in der abschließenden Vertragsaushandlung besteht [für die Phasen solcher Übernahmeberatungen vgl. Achleitner 1999, S. 137-225]. Weiter gefasst lässt sich auch die Integration zweier Unternehmen dieser Aktivität zurechnen. Soweit soll an dieser Stelle nicht gegangen werden.

Achleitner 1999, S. 384-385]. Die Fähigkeit der Bank im Rahmen der Emission von Wertpapieren für größere Chargen das Absatzrisiko zu übernehmen hat aufgrund ihres Einflusses auf das Leistungsangebot eine hohe Strategierelevanz und wird von der finanziellen Kapazität der Bank bestimmt [vgl. Raettig 1990, S. 40; Jacob/Klein 1996, S. 36; Büschgen 1998, S. 347]. Durch Risikoübernahme erfüllt die Bank eine Transformationsfunktion. Da im Corporate Finance regelmäßig hohe Risiken übernommen werden, ist die finanzielle Kapazität von erheblicher Bedeutung für das Leistungsangebot einer Bank. Daher wird dieser Aspekt im Rahmen der Abwicklung explizit angesprochen, obwohl Transformation zuvor übergreifend behandelt wurde [vgl. 7.4.4]. Große sowie internationale Emissionen übersteigen oftmals die finanzielle Kapazität und die Platzierungskraft einzelner Banken, so dass Konsortien mit dem Ziel der Risikoteilung und der Erhöhung des Platzierungserfolges gebildet werden [vgl. Jacob/Klein 1996, S. 146; Achleitner 1999, S. 394].

Beim Absatz der Wertpapiere an Investoren ist die private von der öffentlichen Platzierung zu unterscheiden [vgl. etwa Jacob/Klein 1996, S. 141-142]. Im Wesentlichen unterscheiden sich beide anhand der Investorengruppen, die sie ansprechen. Als maßgebliche Ressource kann die Platzierungskraft angeführt werden, die eine Fähigkeit der Bank Angebot und Nachfrage zusammenzuführen beschreibt:

- Privatplatzierungen werden bei institutionellen und anderen großen Investoren durch eine persönliche Ansprache vorgenommen. Hier sind insbesondere gute Investorenkontakte und eine hohe Reputation gefragt [vgl. Achleitner 1999, S. 386; ähnlich Büschgen 1998, S. 348 für internationale Emissionen]. Kontakte erwachsen aus bestehenden Geschäftsbeziehungen (vorausgegangenen Transaktionen) und aus der Durchführung von Handelsaktivitäten auf fremde Rechnung. Auch die Researchabteilung kann oft Kontakte beitragen.
- Öffentliche Platzierungen werden unter teils erheblichen Marketingaufwendungen Retailinvestoren angeboten. Sie bieten den Emittenten den Vorteil einer breiten Streuung des Anlegerkreises. Der erfolgreiche Absatz von Wertpapieren in einer öffentlichen Platzierung ist auf Vertriebskapazitäten in Form eines großen Kundenstamms aus dem Bereich der Mengen- und vermögenden Privatkunden angewiesen. Das Verhältnis zwischen öffentlicher und privater Platzierung verschiebt sich aufgrund der steigenden Aktienkultur in vielen Ländern zugunsten des Absatzes an Retailinvestoren. Damit erhöht sich auch die Bedeutung der Vertriebskraft in diesem Segment. So sind beispielsweise 29 % Emission der Deutschen Telekom, die bis dato die größte deutsche Emission darstellt, alleine durch die Sparkassenorganisation zugeteilt worden [vgl. Köhler 1998, S. 27].

Bei der Platzierung sind Banken mehr und mehr auf Informationstechnologien angewiesen. Die Zuteilung der Wertpapiere erfolgt oftmals nach einem komplexen Schlüssel, der die Wünsche des Emittenten nach internationaler Streuung und dem

Verhältnis zwischen institutionellen und privaten Anlegern berücksichtigen muss. Ein solches Verfahren nimmt bei größeren Emissionen trotz intensiver IT-Unterstützung teilweise einige Tage in Anspruch [vgl. Achleitner 1999, S. 463]. Weiterhin setzt sich die Distribution der Wertpapiere bzw. die Durchführung von Zeichnungsverfahren über das Internet immer mehr durch, so dass auch diese Technologien beherrscht werden müssen [vgl. Bongartz 2001].

Emittenten sind in der Regel an einer stetigen Kursentwicklung interessiert, so dass Banken insbesondere in den ersten Handelstagen oftmals stabilisierend in die Kursentwicklung eingreifen [vgl. Achleitner 1999, S. 399]. Zu diesem Zweck müssen sie im Eigenhandel aktiv sein. Auch die Kurspflege erfordert eine ausreichende finanzielle Kapazität. Sie dient dabei auch dem eigenen Interesse der emissionsbegleitenden Banken, die durch Gewährleistung einer reibungslosen Platzierung und einer stabilen Kursentwicklung einem Reputationsverlust begegnen können [vgl. Büschgen 1998, S. 353]. Das Motiv des Reputationserhalts und -aufbaus spielt aus Bankensicht eine wesentliche Rolle bei der Entscheidung, eine Unternehmung bei ihrem Gang die Börse zu begleiten. Es lässt sich empirisch nachweisen, dass Banken mit hoher Reputation und damit mit einer hohen Gefahr des Reputationsverlustes weniger risikoreiche Emissionen begleiten [vgl. Carter/Manaster 1990].

7.5.5.2 Interne Ressourcenanalyse

Akquisitionskompetenz

Der Akquisitionskompetenz kommt im Corporate Finance aufgrund der tendenziell losen Kundenbeziehung und dem starken Wettbewerb um Mandate ein hohes Distinktivitätspotenzial zu. Corporate Finance Transaktionen gehören zu den komplexesten im Bankgeschäft, so dass sich die Bedeutung der Reputation bei der Kundengewinnung maßgeblich auswirkt. Hintergrund für die Bedeutung der Reputation ist die hohe Qualitätsunsicherheit der vornehmlich die Brokerfunktion betreffenden Geschäfte [vgl. 2.4.2]. Die Argumentation zur Inimitierbarkeit der Reputation ist als bekannt vorauszusetzen. Ihre Knappheit geht auf die Verfügbarkeit der reputationsbildenden Ressourcen und ihren Einsatz in der Vergangenheit zurück [für das Corporate Finance vgl. etwa Neus 1993], die im Corporate Finance vornehmlich aus den personellen Fähigkeiten der Mitarbeiter in Beratung und Research sowie in der geographischen Präsenz, der finanziellen Kapazität und der Platzierungskraft der Bank bestehen. Da Reputation sich nur durch einen kontinuierlich den Kundenansprüchen genügenden und aufeinander abgestimmten Einsatz dieser Ressourcen erzeugen lässt, ist sie als knapp zu bezeichnen [in weiterem Detail vgl. 7.5.3.2].

Für die Übernahme von Wertpapieren im Zuge einer Emission (Underwriting) besteht die Möglichkeit der Substitution der Reputation durch den Einsatz finanzieller Kapazität [vgl. grundlegend Boot/Greenbaum/Thakor 1993]. Aufgrund der äquivalenten Einsetzbarkeit dieser Ressourcen kann auch von Reputationskapital gesprochen werden. Ähnlich wie im Fall rechtsverbindlicher Bürgschaften und Garantien im Anlagegeschäft [vgl. 7.5.3] kann die Bank bei der Übernahme von Wertpapieren und ihrer Platzierung – beispielsweise im Falle einer falschen Markteinschätzung – eigenes Kapital zur Kurspflege einsetzen. Entspricht der Kursverlauf so den Erwartungen von Emittent, Investoren sowie der übrigen Marktteilnehmer, lässt sich das aufgebaute Reputationskapital erhalten. Ähnlich dient der Verzicht auf Provisionseinnahmen durch die Begleitung qualitativ minderwertiger Emissionen Aufbau und Erhalt der Reputation [vgl. Jacob/Klein 1996, S. 28; s. auch 2.3.2]. Dauerhaft ist eine Substitution der Reputation durch Finanzkapital allerdings nicht durchführbar, da sie langfristig die knappe finanzielle Kapazität aufzehrt. Somit ist ihr ein herausragendes Distinktivitätspotenzial zuzuschreiben.

Eine hohe Reputation, die jeweils sehr spezifisch für eine bestimmte Transaktionsart in einem bestimmten Markt- und Branchensegment zu sehen ist, kann aufgrund ihrer Unteilbarkeit als intangible Ressource mehrfach eingesetzt und für Sharingsynergien genutzt werden. Deutlich wird das beim Reputationstransfer im Zuge einer Emission, der für mehrere Unternehmen zugleich oder zeitlich versetzt erfolgen kann [vgl. Jacob/Klein 1996, S. 30; Neus 1993, S. 903]. Empirisch lässt sich die Beobachtung, dass reputationsstarke Investmentbanken bei der Preisfestsetzung von Emissionen weniger zu Preisabschlägen neigen, als Beleg des Reputationstransfers werten [vgl. Balvers/McDonald/Miller 1988; Carter/Manaster 1990].

Ähnlich wie die Reputation beruht ein umfassendes Sortiment auf den zur Erbringung der entsprechenden Dienstleistungen erforderlichen Ressourcen und ist so eine abgeleitete intangible Ressource [vgl. 7.3]. Die hohen Anforderungen an die Ressourcenausstattung für die Durchführung von Corporate Finance Transaktionen und die Marktbeobachtung, dass nur die wenigen Bulge-Bracket-Firmen in der Lage sind eine umfassende Sortimentsbreite anzubieten [vgl. Hunt 1995, S. 108; Achleitner 1999, S. 15], lässt auf deren große Knappheit und weitgehende Inimitierbarkeit schließen. Daraus folgt ein hohes Distinktivitätspotenzial. Sortimentsbreite ist die Grundlage für ein Cross-selling durch die Generierung von Folgegeschäften, beispielsweise einer Kapitalerhöhung in Folge einer Übernahmeberatung. Eine auf die Beratung spezialisierte Boutique ist dazu nicht in der Lage. Für kleinere Wettbewerber kann allerdings ein Spezialisierungsvorteil ausgemacht werden. Bei einem Verzicht auf die Potenziale des Cross-selling lässt die kundenseitige Transaktionsorientierung eine Fokussierung auf ausgewählte Transaktionsarten, Branchen oder Märkte als Strategieoption zu [vgl. Hunt 1995, S. 113-115].

Cross-selling ist auf bestehende Kundenkontakte angewiesen, die ebenso wie ein Kundenstamm in anderen Geschäftsbereichen nur über eine wiederholte Transaktionsdurchführung aufgebaut werden können. Da es sich in der Regel um Kontakte mit hochrangigen Unternehmensvertretern bis hinauf zur Vorstandsebene handelt, ist dieser Kundenkreis sehr beschränkt. Entsprechende Kontakte sind damit als knappe Ressource zu werten. Zu klären ist, ob sich die Verfügungsgewalt über die Kundenkontakte eher bei der Bank oder den Mitarbeitern befindet. In letzterem Fall könnten diese bei einem Wechsel des Arbeitgebers ein umfangreiches Geschäftspotenzial mit sich nehmen und so die Distinktivität der Kundenkontakte aufgrund einer Erhöhung ihrer Mobilität mindern. Problematisch kann sich der Weggang einflussreicher Investmentbanker erweisen, die in ihrem Bereich eine anerkannte Position einnehmen und viele Kundenkontakte pflegen. So wechselte der in der Beratung von Technologieunternehmen sehr angesehene Frank Quattrone 1996 zunächst mit einem großen Mitarbeiterstamm von Morgan Stanley zur Deutschen Morgan Grenfell, um darauf hin, im Juli 1998, zur Credit Suisse First Boston zu gehen. Während Morgan Stanley trotz des Weggangs durch den Transfer angesehener Mitarbeiter in die vakanten Positionen in der Lage war, seine Marktposition in der Beratung von Technologieunternehmen aufrecht zu erhalten, traf es die Deutsche Morgan Grenfell härter. Der damals noch eigenständigere Investment Banking Arm der Deutschen Bank musste den gesamten Bereich neu aufbauen und verlor wichtige Kundenkontakte [vgl. Celarier 1999]. Ein entsprechender persönlicher Einfluss und Status kann aber nur einem sehr geringen Anteil der Mitarbeiter zugeschrieben werden. Ebenso bauen oftmals mehrere an einer Transaktion beteiligte Mitarbeiter enge Kundenkontakte auf. Umfrageergebnisse bestätigen, dass aus Kundensicht im Corporate Finance ein Verständnis ihrer Problemlage und innovative Transaktionsvorschläge wichtiger sind als die Beziehung zu individuellen Beratern [vgl. Crane/Eccles 1993, S. 140]

Eine internationale Präsenz wird kundenseitig oft gefordert und ist für die Durchführung von Transaktionen in vielerlei Hinsicht notwendig. Eine entsprechende weltweite Präsenz an den Finanz- und Handelszentren erfordert einen langwierigen Aufbauprozess. Mangelnde Imitierbarkeit und Knappheit beruht in diesem Zusammenhang auf der Knappheit eines komplementär mitwachsenden Kundengeschäfts, das eine laufende Rentabilität des Auslandsgeschäft ermöglicht [vgl. auch 7.5.3.2]. Damit geht das Potenzial einer internationalen Präsenz distinktiv zu wirken letztlich auf entsprechende Kundenkontakte und die Reputation der Bank an den ausländischen Märkten zurück, die ihr die Akquisition lokaler Neugeschäfte ermöglicht.

Beratungskompetenz

Die persönlichen Kenntnisse und Fähigkeiten der Mitarbeiter können aufgrund der Komplexität der Transaktionen als die erfolgsentscheidende Ressource im Corporate Finance angesehen werden [vgl. etwa Raettig 1990, S. 53]. Obige Ausführungen belegen die Strategierelevanz der Personalressourcen und lassen auf eine weitgehende Knappheit schließen. Auch lassen sich persönlich erworbene Fähigkeiten nicht imitieren, so dass Personalressourcen ein großes Potenzial haben distinktiv zu wirken. Aussagen zur Distinktivität bedürfen allerdings einer weitergehenden Analyse, die auch die Mobilität der Mitarbeiter mit einbezieht [vgl. grundlegend bereits 7.4.3].

Die starke Mobilität der Mitarbeiter relativiert das hohe Distinktivitätspotenzial, das Personalressourcen im Corporate Finance besitzen [aus ressourcenorientierter Sicht vgl. Grant 1991, S. 129]. Der effiziente Arbeitsmarkt für Investmentbanker und die – aufgrund der Homogenität von Finanzdienstleistungen – universelle Einsetzbarkeit ihrer Kenntnisse bei mehreren Wettbewerbern erlaubt ihnen unter Ausnutzung der Angebotsknappheit qualifizierter Mitarbeiter die Aneignung umfangreicher Renten. So lässt sich belegen, dass die Mitarbeiter in spezialisierten Investmentbanken in der Lage gewesen sind, in der Vergangenheit mit dem Wertzuwachs ihres Humankapitals die Kapitalgewinne der Anteilseigner zu übertreffen [vgl. Hunt 1995, S. 112]. Beispiele aus der Praxis verdeutlichen die Mobilität der Mitarbeiter und die resultierende Höhe ihrer Einkommen. Der Einfachheit halber lässt sich noch einmal der Fall Frank Quattrone anführen, der durch seinen Wechsel zur Deutschen Morgan Grenfell neben einem lukrativen Fixum einen Anspruch auf die Hälfte der Netto-Erträge für sich und sein Team hatte [vgl. o.V. 1998b]. Dennoch wechselte er zur Credit Suisse First Boston. Eine direkt auf die Mitarbeiter zurechenbare Distinktivität ist im Corporate Finance somit nur sehr eingeschränkt gegeben. Auch ist zu bedenken, dass im Zuge einer Übernahme lukrative Treueprämien für Mitarbeiter im Corporate Finance üblich sind, die diese an die Unternehmung binden sollen aber im Gegenzug die Kosten der Akquisition erhöhen. Werden Spezialkenntnisse erworben, die zuvor nicht in der Bank vorhanden sind, so können allerdings statische (Erweiterung des Sortimentsumfangs) und dynamische Transfersynergien (Lerneffekte unter den Mitarbeitern) erwartet werden.

Den erforderlichen Informationsinput für die Beratung liefert das Research, teilweise unter direkter Mitarbeit von Analysten. Die Distinktivität einer höchsten Anforderungen genügenden internationalen Researchkompetenz ist bereits analysiert worden [vgl. 7.4.3]. Die Bedeutung des Research im Corporate Finance belegen dabei auch Einschätzungen von Praktikern [vgl. Kollar 1997, S. 264]. Obwohl Researchkompetenz weitgehend auf dem taziten Erfahrungswissen der Mitarbeiter beruht, begrenzt vor allem die eingeschränkte Zurechenbarkeit ihrer Leistungen zu Kundengeschäften deren Möglichkeiten, Renten von der Bank abzuziehen. Anhand des Corporate Finance können die bestehenden umfangreichen Sharingpotenziale des Research noch einmal verdeutlicht werden. So trägt Researchkompetenz bereits zur Mandatsgewinnung bei, wenn die Researchabdeckung eines Emittenten für die Zeit nach dem Börsengang in der Akquisitionsphase zugesagt werden kann [vgl. Achleitner 1999, S. 245]. In der Beratung ist eine Informationsunterstützung für die Strukturierung von Finanzierungsoptionen, für das Pricing einer Emission und die Identifikation sowie Analyse von Akquisitionsobjekten erforderlich [vgl. ähnlich Jacob/Klein 1996, S. 12].

Die Handelskompetenz liefert in der Beratungsphase Informationsinput für die Preisfindung. Ihr kommt insbesondere aufgrund des qualitativen Aspekts des Marktzugangs Distinktivität zu.

Abwicklungskompetenz

Das große Potenzial der finanziellen Kapazität, die für Zwischenfinanzierungen und das Underwriting benötigt wird, Wettbewerbsvorteile zu erzeugen ist bereits im Rahmen der Transformation geschildert worden. Ihr Potenzial distinktiv zu wirken geht auf ihre historische Entwicklung und das Kapitalmarktstanding der Bank zurück, das eine besondere Ausprägung der Reputation darstellt [vgl. 7.4.4]. Aufgrund der oft beträchtlichen Risiken, die bei Zwischenfinanzierungen sowie im Underwriting übernommen werden, kommt ihr gerade im Corporate Finance eine hohe Bedeutung zu und determiniert die Möglichkeiten einer Bank, Transaktionen durchzuführen. Deutlich wird dies anhand der Auffassung der finanziellen Kapazität als Produktionsfaktor [vgl. Etzel 1997, S. 135] oder als Markteintrittsbarriere [vgl. Raettig 1990, S. 40; Achleitner 1999, S. 76-77].

Private und öffentliche Platzierungen sind hinsichtlich ihrer Ressourcen und damit hinsichtlich ihrer Distinktivität zu unterscheiden. Beide Platzierungsarten benötigen Informationstechnologien zur Durchführung der Zuteilung, diesen kommt aber keine wettbewerbsentscheidende Rolle zu, so dass sie hier vernachlässigt werden können. Komplexere Fremdkapitalemissionen und Hybride-Finanzierungstitel werden teilweise ausschließlich institutionellen Investoren angeboten. Eigenkapitalemissionen sind zumeist auf Retailinvestoren und damit eine öffentliche Platzierung angewiesen. Eine fehlende Platzierungskraft bei privaten oder institutionellen Investoren kann durch Konsortialbildung ausgeglichen werden – so hat beispielsweise Goldman Sachs keinen nennenswerten Kundenstamm im Retailgeschäft aber dennoch eine starke Stellung im Emissionsgeschäft [vgl. noch einmal Tabelle 7-1]. In diesem Zusammenhang verweist Büschgen darauf, dass die nicht vorhandenen Retail-Vertriebskapazitäten reiner Investmentbanken dazu geführt haben, dass sich eine Konsortialtechnik entwickelt hat, die eine risikotragende Übernahmegruppe von einer Selling-Gruppe trennt. Erstere benötigt dabei keine Platzierungskraft, letztere nur eine geringe oder keine finanzielle Kapazität. Im Ergebnis kommt es zu einer Trennung von Risikotragung und Distribution [vgl. 1998, S. 349].

Einerseits kommt einer solchen Konsortialtechnik der Status eines möglichen Substituts für eine eigene Platzierungskraft bei Retailinvestoren zu. Andererseits können Emittentenwünsche nach einer eigenen Vertriebskraft der Bank für öffentliche Platzierungen einer Substitution entgegenstehen. Im Bedarfsfall entgeht der Bank damit das Mandat zu einer Emissionsbegleitung. Die meisten Banken versuchen daher Vertriebskraft für beide Kundengruppen aufzubauen:

- Private Platzierungen stützen sich auf Kontakte zu institutionellen Investoren und die Reputation, die eine Bank bei dieser Kundengruppe genießt. Beide

Ressourcen sind bereits als weitgehend distinktiv beschrieben worden. Als intangible Ressource ermöglicht Reputation Skalen- und Verbundeffekte. Wie schon angedeutet ist die Distribution über das Internet in der Lage, die bestehenden Kundenkontakte – aufgrund der ausgeweiteten Möglichkeit Investoren anzusprechen – teilweise zu entwerten. Ein Einfluss auf die Reputation ergibt sich nicht.

- Für die öffentliche Platzierung von Wertpapieren werden Vertriebskapazitäten bei Mengen- und vermögenden Privatkunden benötigt. Deren Grundlage ist ein entsprechender Kundenstamm, der in der Praxis nur auf der Basis eines Sortiments an eine Bank zu binden ist, dessen Umfang über die Möglichkeit der Zeichnung von Emissionen hinausgeht. Die Ausführungen zum Retail und Private Banking haben die für ein solches Sortiment benötigten Ressourcen aufgezeigt. Somit wird ein vollständiges Ressourcenportfolio eines anderen Geschäftsbereichs benötigt, das in seiner Zusammensetzung sicherlich als distinktiv anzusehen ist. Eine Erweiterung des Ressourcenportfolios einer spezialisierten Investmentbank zum Ausbau ihrer Platzierungsstärke bei privaten Kunden ist damit aber als Diversifikation zu kennzeichnen. Aus diesem Grund wird dieser Aspekt weiterführend unter den Inter-Geschäftsfeld Synergiepotenzialen besprochen [vgl. 7.6].

Die potenziell hohe Distinktivität sowohl der finanziellen Kapazität als auch der Handelskompetenz sind bereits analysiert worden. Gemeinsam schaffen sie die Möglichkeit nach erfolgter Emission stabilisierend in den Kursverlauf einzugreifen und dienen damit eigenen Interessen des Reputationserhalts sowie Emittenteninteressen.

7.5.5.3 Intra-Geschäftsfeld Synergiepotenziale und Übernahmen

Im Corporate Finance lassen sich Transfersynergien durch eine Erweiterung des Sortiments erzielen. Aufgrund der Distinktivität des Sortiments kommt diesem Übernahmemotiv eine hohe Bedeutung zu. So profitieren auch große Banken durch die Übernahme von Wettbewerbern mit einem spezialisierten Angebot. Ein Beispiel ist die Übernahme der auf Technologieunternehmen spezialisierten Boutique Hambrecht & Quist durch Chase Manhattan. Weitere Transfersynergien lassen sich bei Vorliegen ungenutzter finanzieller Kapazität erzielen. Sharingsynergien spielen eine untergeordnete Rolle, lassen sich aber in einigen wenigen Punkten identifizieren. Vor dem Hintergrund der sinkenden Eintrittsbarrieren in viele Märkte, der erweiterten Internationalität vieler großer Firmenkunden und einer verstärkten Kapitalmarktorientierung spielt die Internationalisierung allerdings eine wichtige Rolle [vgl. 3.5.2]. Die jüngsten Übernahmen amerikanischer Investmentbanken durch europäische Wettbewerber verdeutlichen dies. So strebt die Credit Suisse die Übernahme von Donaldson, Lufkin & Jenrette (DLJ) an, die UBS die Akquisition von PaineWebber und die Dresdner Bank den Kauf von Wasserstein Perella.

Transfersynergien: Sortimentserweiterung und ungenutzte finanzielle Kapazität

Eine Erweiterung des Sortimentsumfangs kann aufgrund ihres Charakters als abgeleitete intangible Ressource nur unter Zugriff auf sämtliche Ressourcen entlang der Wertschöpfungskette erfolgen, die für das Dienstleistungsangebot genutzt werden [vgl. 7.3]. Die hohe potenzielle Distinktivität des Sortiments im Corporate Finance geht aus der großen Knappheit verfügbarer finanzieller Kapazität, personeller Ressourcen in Beratung und Research sowie aus dem Zeitbedarf für den Aufbau einer entsprechenden Reputation hervor. Sie lässt vermuten, dass sowohl Kooperationen als auch der interne Ausbau der Sortimentsbreite in vielen Fällen gegenüber einer externen Entwicklung durch Übernahme unvorteilhaft sind. Im Corporate Finance ist das Motiv der Sortimentserweiterung für viele Wettbewerber von besonderer Bedeutung, da ein umfassendes Sortiment bislang nur von den sogenannten Bulge-Bracket Firmen angeboten wird.

Bestehende Arbeiten zu Übernahmemotiven verweisen ähnlich auf Ertragssynergien durch die Erweiterung des Leistungsprogramms sowie auf die Akquisition von Know-how [vgl. 4.3.2.2.2]. Diese Aussagen sind für das Corporate Finance auf der einen Seite zu bestätigen, auf der anderen Seite müssen sie differenzierter betrachtet werden. Problematisch erscheint, dass die Verfügbarkeit von Mitarbeitern als Träger von Fähigkeiten und Erfahrungswissen ein wesentlicher Bestandteil bei der Erweiterung des Dienstleistungsangebots im Corporate Finance ist. Dabei können selbige – wie oben begründet – einen Großteil der auf sie zurechenbaren Renten selbst vereinnahmen. Allerdings kann die Sortimentserweiterung nicht ausschließlich unter dem Aspekt der Mitarbeiter betrachtet werden, da durch Übernahme ein Zugriff auf das gesamte Ressourcenportfolio hergestellt wird. Somit kann – aufgrund ihrer potenziell hohen Distinktivität – insbesondere die Übertragung von Reputation und finanzieller Kapazität zu Transfersynergien führen. Während Mitarbeiter mobil sind, besteht bei diesen Ressourcen bzw. Kompetenzen eine enge Bindung an die Bank. Bei der Sortimentserweiterung durch Übernahme sind diese Ressourcen gemeinsam zu betrachten und die vielgerühmten Skills der Investmentbanker nur ein Bestandteil eines aufeinander abgestimmten Ressourcenportfolios. Verlassen zu viele Mitarbeiter aus dem Corporate Finance im Zuge einer auf die Sortimentsausweitung abzielenden Übernahme die Bank, lassen sich Reputation und finanzielle Kapazität allerdings nicht einsetzen. Die Bedeutung der Personalressourcen drückt sich in den immensen Halteprämien aus, die beispielsweise im Fall der Übernahme von PaineWebber durch die UBS die weiterhin anfallenden Integrationskosten um ein mehrfaches übersteigen [vgl. UBS/PaineWebber 2000].

Die Bedeutung der Sortimentserweiterung als Übernahmemotiv spiegelt sich in Begründungen zu aktuellen Übernahmen wieder, so in der Erklärung von Chase Manhattan CEO Harrison zur Übernahme der auf IT und Biotechnologie spezialisierten Investment-Boutique Hambrecht & Quist [Chase 1999]: „It (die Akquisition von Hambrecht & Quist) extends Chase's one stop investment banking range of products in the highest growth sector of the U.S. economy, where media, telecommunications, information technology, and the Internet converge. Chase clients will benefit immediately from Hambrecht & Quist's award-winning equity research and its high-quality equity platform." Im Zusammenhang mit der Sortimentsbreite ist – auch in Verbindung mit der Aussage Harrisons – eine entsprechende Researchkompetenz zu sehen, die ein umfassendes Produkt- und Marktspektrum abdeckt. Aufgrund der Wiederverwertbarkeit von Informationen lassen sich Doppelaktivitäten vermeiden, so dass es neben den Transfersynergien einer größeren Researchabdeckung ebenfalls zu Sharingsynergien kommen kann.

Gegenpart eines erweiterten Sortimentsumfangs sind die ebenfalls als distinktive Ressource aufzufassenden Kundenkontakte, die Transfersynergien durch Crossselling erst ermöglichen, wenn man von der erleichterten Neukundengewinnung absieht. Die Bedeutung bestehender Kundenverbindungen wird auch in der Praxis gesehen, beispielsweise bei dem Zusammenschluss von Chase Manhattan Corporation und J.P. Morgan, der nach der Übernahme von Hambrecht & Quist angekündigt worden ist. In der Pressemitteilung heißt es mit den Worten von Harrison [Chase 2000]: „This transaction combines the most comprehensive group of clients with extensive financial and intellectual capital. We will have the capability to meet our clients' needs anywhere in the world with trusted advice and integrated execution."

Mit der finanziellen Kapazität – die auch in obigen Zitat erwähnt wird – soll ein Aspekt des Sortiments aufgrund seiner Bedeutung im Corporate Finance noch einmal hervorgehoben werden. So führen Internationalisierung und das damit verbundene Wachstum der Unternehmensgrößen zu einem steigenden Finanzierungsbedarf und damit zur erhöhten Ansprüchen an die finanzielle Kapazität der Banken. Gerade im Corporate Finance, bei dem Risiken weniger langfristig übernommen werden als vielmehr temporär im Zuge einer Kapitalmarkttransaktion, kann im Zuge einer Übernahme die finanzielle Kapazität gut ausgeweitet werden [vgl. Achleitner 1999, S. 74-76]. Im Gegensatz dazu wird durch Übernahmen innerhalb des Wholesale Banking ein wesentlich größerer Anteil gebundener finanzieller Kapazitäten erworben, die folglich nicht für Neugeschäfte genutzt werden können. So verweisen auch Wettbewerber wie die Dresdner Bank bei der Übernahme von Wasserstein Perella [vgl. Dresdner Bank 2000], Credit Suisse First Boston bei der Übernahme von Donaldson, Lufkin & Jenrette [vgl. Credit Suisse Group 2000] oder Chase Manhattan beim Zusammenschluss mit J.P. Morgan [vgl. Chase 2000] auf den Transfer ungenutzter finanzieller Kapazität und die resultierende Erweiterung des Geschäftspotenzials.

Sharingsynergien

Zu einer Erhöhung der Platzierungskraft durch Übernahme kann es durch eine Erweiterung der Investorenkontakte kommen, die gemeinsam für eine Emission genutzt werden können. In diesem Sinne lassen sich Sharingsynergien erzielen. In der Praxis kommt der Erweiterung der bei spezialisierten Investmentbanken beschränkten Vertriebskapazitäten bei Retailinvestoren eine größere Bedeutung zu. Da diese Vorgehensweise einer Diversifikation gleichkommt, ist sie im folgenden Abschnitt zu behandeln. Weitere Sharingsynergien lassen sich in dynamischer Hinsicht durch eine bessere Auslastung der Berater oder durch eine Zusammenlegung von Auslandsstandorten in statischer Hinsicht realisieren. Ähnlich können kostenträchtige Kapazitäten zusammengelegt werden, die Standardtransaktionen betreffen [zu den Überkapazitäten bei diesen Leistungen vgl. Hunt 1995, S. 110]. Dies ist beispielsweise bei den personellen Beratungskapazitäten, im Research sowie bei technischen Ressourcen möglich, beispielsweise durch die Zusammenlegung von Handelsräumen.

Internationalisierung

Übernahmen bieten sich für die Umsetzung einer Internationalisierungsstrategie an, da so eine lokale Markenreputation und Kundengeschäft erworben werden. Es ist bereits angeführt worden, dass ohne das komplementäre Wachstum von internationalen Kundentransaktionen auch der Ausbau der geographischen Präsenz schwer fällt. Somit ist als maßgeblicher Vorteil einer Übernahme der sofortige Zugriff auf bestehende Kundentontakte und Geschäftsvolumina zu nennen. Aufgrund der hohen Fixkostenbelastungen einer internationalen Niederlassungspräsenz lassen sich bei Überlappungen im Zuge von Restrukturierungsmaßnahmen auch Sharingsynergien erzielen [vgl. Achleitner 1999, S. 75].

Wie schwer der Aufbau geographischer Präsenz ist, belegen die – zumindest bis zur Übernahme von Bankers Trust im Jahre 1998 – nicht erfolgreich verlaufenen Bemühungen der Deutschen Bank, auf dem amerikanischen Markt Fuß zu fassen. In einem ähnlichen Internationalisierungsschritt strebt die Dresdner Bank die Integration ihrer Investmentbank Dresdner Kleinwort Benson mit der amerikanischen Bank Wasserstein Perella an, die im M&A-Geschäft sehr erfahrenen ist. Dabei zielt die Dresdner Bank vornehmlich auf Transfersynergien durch die Ausweitung der geographischen Präsenz ab [vgl. Fischer 2000].

Fazit

Insgesamt ist zu vermuten, dass Transfersynergien von Reputation, finanziellem Kapital und personellen Fähigkeiten im Corporate Finance ein dominantes Übernahmemotiv darstellen. Auch wenn Personalressourcen nur eingeschränkte Distinktivität zukommt, so zählen sie doch zu den für die Dienstleistungserstellung maßgeblichen Ressourcen. In diesem Zusammenhang sind Überlappungen, die zu Sharingsynergien führen relativ kritisch zu betrachten. Bei Standardprodukten liegen diese oftmals vor [vgl. Hunt 1995, S. 110-111]. Kosteneinsparungen können im Zuge dieser Sharingsynergien nur durch einen Abbau von Personalkapazitäten realisiert werden. Ein bevorstehender Personalabbau trägt aber eine erhebliche Unsicherheit in die Organisationen hinein, die sich auch auf die Mitarbeiter auswirkt, die gehalten werden sollen. Die Überlappungen im Standardgeschäft in

London sowie New York bei der angestrebten Fusion von Morgan Stanley und S.G. Warburg im Jahre 1994 gehörten zu den maßgeblichen Gründen für das Scheitern des Vorhabens [vgl. Harvard Business School 1998a]. Dies ist vor dem Hintergrund einer ohnehin hohen Wechselbereitschaft der Mitarbeiter im Corporate Finance zu sehen. In der Regel wird es dabei nur durch die Zahlung hoher Prämien möglich sein, entscheidende Mitarbeiter an die neue Bank zu binden. Erschwerend kommt hinzu, dass schon bei rein ertragsorientierten Übernahmen hohe Halteprämien üblich sind.

7.6 Inter-Geschäftsfeld Synergiepotenziale im Rahmen der Diversifikation

7.6.1 Überblick

In diesem Abschnitt werden die Synergiepotenziale zwischen den exemplarisch betrachteten Geschäftsfeldern identifiziert. In der Sichtweise dieser Arbeit stellen Synergiepotenziale ein Motiv für diversifizierende Übernahmen dar. Allerdings treten sie auch im Zuge eines Zusammenschlusses von Universalbanken auf, die bereits in allen Geschäftsfeldern aktiv sind. In diesem Fall können Ressourcendefizite ausgeglichen werden. Die folgenden Ausführungen unterscheiden nicht zwischen dem Eintritt in ein Geschäftsfeld und Übernahmen unter bereits diversifizierten Banken.

Der Grad der Verbundenheit zweier Geschäftsfelder steigt mit der Äquivalenz der Minimumressourcen [vgl. 6.5.4]. Aus dieser Verbundenheit ergeben sich Synergiepotenziale für Sharing und Transfer. In diesem Abschnitt werden die Schritte vier und fünf des Vorgehensvorschlags zusammengefasst [vgl. 6.6.2]. Die Analyse der Marktanforderungen – als Bestandteil des vierten Schritts – ist dabei bereits durchgeführt worden, da die schon bekannten exemplarischen Geschäftsfelder betrachtet werden. Zunächst wird daher (Schritt 4) die Verbundenheit von Geschäftsfeldern anhand der Minimumressourcen untersucht und anschließend, auf der Basis der bereits erfolgten internen Analyse eines jeden Geschäftsfeldes (Schritt 5), die Identifikation von Synergiepotenzialen und Übernahmemotiven vorgenommen. Mit dem Ziel einer lesbaren und knappen Darstellung der Ergebnisse orientiert sich die Analyse an den Aktivitäten der Wertschöpfungskette und geht nicht anhand der Geschäftsfelder vor.

7.6.2 Unterstützende Wertschöpfungsaktivitäten und Transformation

Unterstützende Wertschöpfungsaktivitäten und Transformation werden hier nur knapp analysiert, da insbesondere auf den zu Grunde liegenden Kompetenzen realisierbare Sharingsynergien bereits ausführlich besprochen worden sind. Auf ein Potenzial für Sharingsynergien der Kompetenzen in Unternehmenssteuerung, Personalmanagement und Research deutet bereits deren Zuordnung zu den unterstützenden Wertschöpfungsaktivitäten hin. Die primäre Wertschöpfungsaktivität der Transformation wird hauptsächlich durch das Risikomanagement bestimmt. Dieses hat die Steuerung der aggregierten Risikoposition einer Bank zum Gegenstand [vgl. 2.3.3] und verweist damit bereits auf seine geschäftsfeldübergreifende Relevanz, so dass es ebenfalls an dieser Stelle analysiert werden soll.

Auf entsprechende Potenziale für geschäftsfeldübergreifende Synergien ist am Rande bereits hingewiesen worden [vgl. noch einmal 7.4]. An dieser Stelle werden die obigen Ergebnisse noch einmal im Hinblick auf Inter-Geschäftsfeld Synergiepotenziale zusammengefasst, da sie einen Großteil der Wertsteigerungsmöglichkeiten im Rahmen von Diversifikationsstrategien beisteuern.

Unternehmenssteuerung und Personalmanagement

Auf der Basis der unterstützenden Wertschöpfungsaktivitäten Unternehmenssteuerung und Personalmanagement bestehen Potenziale für Sharingsynergien aufgrund von Unteilbarkeiten bei den personellen und physischen Ressourcen. Bei der Ausweitung des Geschäftsvolumens durch eine Übernahme im Stammgeschäft kann erwartet werden, dass die Belastung des Management nur gering ansteigt. Davon kann bei Diversifikation in neue Geschäftsfelder nicht ausgegangen werden. Der Komplexitätsanstieg ist ungleich höher. Das Management benötigt Erfahrungswissen bezüglich der Wettbewerbsdynamik, der Wettbewerber, der Kunden und weiterer Determinanten der neuen Geschäftsfelder. Überlegungen zur Spezifität von Kompetenzen für die Märkte, in denen sie eingesetzt werden, bilden die theoretische Grundlage für eine Begrenzung der möglichen Entfernung vom Stammgeschäft im Rahmen verbundener Diversifikation [vgl. 6.4.3.1].

Aufgrund des neuen Wettbewerbsumfelds bietet eine Übernahme den Vorteil, das Erfahrungswissen des bestehenden Management mit zu erwerben. So werden bestehende Ressourcendefizite überwunden, die eine Eintrittsbarriere darstellen. Dabei gilt es die Manager der übernommenen Bank zu halten. Dies erfolgt oftmals durch das Angebot hoher Bonuszahlungen. Deutlich wird dies noch einmal durch die Zahlungen an das Management von Bankers Trust durch die Deutsche Bank [vgl. Knipp 1999]. Allerdings kann der Markteintritt auch Lerneffekte durch das neue Wettbewerbsumfeld beisteuern[vgl. 6.4.3.2]. Ob Lerneffekte aus dem Wettbewerbsumfeld den Komplexitätsanstieg kompensieren, kann nur im Einzelfall evaluiert werden.

Research

Mittels Diversifikation können Transfersynergien durch die Vervollständigung des Researchnetzwerkes erzielt werden, beispielsweise wenn sich die Researchkompetenzen einer Privatbank (Private Banking) und einer Investmentbank (Corporate

Finance) ergänzen. Neue Researchkompetenzen spielen dabei eine Rolle zur Erweiterung des Sortiments und können so zum Cross-selling und zur Kundengewinnung beitragen. Die zusammengeführte Researchkompetenz ist darüber hinaus Gegenstand von Sharingsynergien und lässt sich über den erweiterten Kundenstamm beider Geschäftsfelder nutzen, ohne dass sich die potenziell nachteilige Wirkung eines wesentlichen Komplexitätsanstiegs entfaltet. An dieser Stelle wird noch einmal deutlich, dass ein wesentliches Synergiepotenzial einer Übernahme in den akquirierten Kundenbeziehungen besteht.

Transformation

Die Durchführung der Wertschöpfungsaktivität der Transformation ist im engen Sinn weitgehend auf eine gemeinsame Durchführung eines primär auf der Aktivseite stattfindenden Firmenkundengeschäfts zusammen mit einem vornehmlich passivlastigen Privatkundengeschäft angewiesen.[84] Weiter aufgefasst finden Transformation und Risikoübernahme auch schon bei der alleinigen Durchführung von Handelsaktivitäten statt. Von der engen Perspektive ausgehend ergeben sich Verbundeffekte zwischen Wholesale Banking auf der einen sowie Retail und Private Banking auf der anderen Seite. Einschränkend ist allerdings anzumerken, dass ein Teil der Transformation bereits innerhalb des Geschäftsfelds Retail Banking erfolgt, da kleine Firmenkunden und Gewerbetreibende mit Standard-Kreditbedürfnissen in diesem Geschäftsfeld zusammengefasst sind.

Seitens der Struktur der Risikoaktiva ergeben sich geschäftsbereichsübergreifende Diversifizierungsvorteile durch Streuung der Risikoaktiva, etwa zwischen den Krediten im Retail und Wholesale Banking.

Die Handelskompetenz kommt allen an der Transformation beteiligten Geschäftsfeldern als Instrument der Risikosteuerung zugute. Sie hat zudem die wichtige Funktion, sowohl Lieferant von Informationen für viele Transaktionen im Corporate Finance zu sein als auch bestehende Informationsvorsprünge am Markt in Handelsüberschüsse umsetzen zu können. Es bestehen damit Sharingsynergien zu allen Geschäftsfeldern, die auf den technisch notwendigen Infrastrukturen sowie dem qualitativen Marktzugang beruhen. Sie finden ihren Ausdruck im Abbau von Überlappungen in den internationalen Handelszentren infolge von Übernahmen. Ein Beispiel kann die Dimension dieser Synergien verdeutlichen: So wollen HypoVereinsbank und BankAustria bei ihrer geplanten Fusion mehr als 20 % ihrer Kostensynergien in den Handelszentren erwirtschaften [vgl. HVB/Bank Austria 2000; s. Kapitel 8]. Die gemeinsame Durchführung der eigentlichen Risikosteuerung wird lediglich moderate Sharingsynergien auf der Basis der erforderlichen Personalressourcen erzeugen.

---

[84] Zu den Schwerpunkten in der Geschäftstätigkeit in den Geschäftsfeldern Retail und Wholesale Banking s. Schierenbeck [1993].

Der Transfer ungenutzter finanzieller Kapazität kann problemlos geschäftsfeldübergreifend erfolgen. Dabei sind insbesondere die hohen aber nur temporär beanspruchten finanziellen Kapazitäten für das Corporate Finance anzusprechen. Sie lassen sich als Markteintrittsbarriere auffassen [vgl. Achleitner 1999, S. 76-77]. Ausgehend von ungenutzten finanziellen Kapazitäten in anderen Geschäftsfeldern können diese Barrieren durch diversifizierende Übernahmen überwunden werden, wenn seitens der Kunden im Corporate Finance eine ausreichende Nachfrage besteht. Ähnliche Synergien zwischen dem Corporate Finance und der finanziellen Kapazität einer großen Universalbank führt auch Leonard Fischer, Vorstandsmitglied der Dresdner Bank im Zusammenhang mit dem Kauf von Wasserstein Perella an [vgl. Fischer 1999]: „Einer unserer Wettbewerbsvorteile besteht darin, über eine tragfähige Bilanz zu verfügen, die wir unseren Kunden zur Verfügung stellen können. Das heißt zum Beispiel: Wenn sich eine Finanzierung über den Kapitalmarkt, etwa mittels einer Anleihe für ein Unternehmen aufgrund der Marktlage vorübergehend schwierig gestaltet, können wir alternativ mit einem Kredit einspringen."

7.6.3 Primäre Wertschöpfungsaktivitäten

7.6.3.1 Akquisitionskompetenz

Ein mit der Akquisitionskompetenz im Zusammenhang stehendes Übernahmemotiv besteht insbesondere im Cross-selling von Leistungen, die zuvor exklusiv dem Kundenstamm eines anderen Geschäftsfelds angeboten worden sind. Es ist bereits erläutert worden, dass sich diese Transfersynergien unter dem Leitmotiv der Sortimentsausweitung zusammenfassen lassen [vgl. 7.3]. Daran anschließend ergeben sich weitere Synergiepotenziale, die nicht mehr ausschließlich aus Transfersynergien bestehen müssen und insbesondere über das Sharing von Kompetenzen auch Kostensenkungspotenziale einschließen.

Ausgehend von dem Leitmotiv der Sortimentserweiterung ist ein Cross-selling neuer Dienstleistungen über die hier exemplarisch gezogenen Grenzen der Geschäftsfelder hinweg vorteilhaft – d.h. Quelle von Synergieeffekten –, wenn sich die Kundenbedürfnisse in den Geschäftsfeldern teilweise entsprechen. Nur in diesem Fall entsteht zusätzliche Nachfrage nach den Dienstleistungen eines Sortiments bzw. kann die Bank Kundenbedürfnisse befriedigen, für die ihre Kunden zuvor auf andere Banken zurückgreifen mussten.

Kundenbedürfnisse und ein entsprechender Kundenstamm als Träger dieser Bedürfnisse sind damit als Minimumressourcen aufzufassen, die eine Verbundenheit der Geschäftsfelder indizieren können. Als Mittel zur Realisierung der aus dieser Verbundenheit erwachsenden Synergiepotenziale kommen insbesondere dann Übernahmen in Betracht, wenn eine Sortimentserweiterung den Zugriff auf potenziell stark distinktive Ressourcen und Kompetenzen entlang der neuen Wertschöpfungsaktivitäten erfordert. Kooperationen und eine eigenständige Sortimentserweiterung lassen sich vornehmlich mit standardisierten Dienstleistungen in Zusammenhang bringen [vgl. noch einmal 7.3]. Eine entsprechende Komplexität und damit einhergehend eine potenziell hohe Distinktivität der für die Leistungserbringung erforderlichen Ressourcen kann – außer im Retail Banking – bei allen Geschäftsfeldern weitgehend als gegeben angesehen werden.

Zwischen dem Kundenstamm im Retail und Private Banking besteht zunächst die Verbindung, dass auch Private Banking Kunden einfache Dienstleistungen im Zahlungsverkehr nutzen. Die entsprechenden Kompetenzen, die zu einem Sortimentsumfang des Retailgeschäfts zählen und Unteilbarkeiten aufweisen, lassen sich damit gemeinsam für beide Kundengruppen nutzen und es kommt zu Sharingsynergien. Dieses ist bei der Abwicklungskompetenz besonders relevant und wird für diese noch einmal thematisiert [vgl. 7.6.3.4]. Weiterhin ist auch die physische Vertriebspräsenz, die Private Banking Kunden auf der Basis eines ausgebauten Retail Vertriebsnetzes zur Verfügung gestellt werden kann, Quelle von Sharingsynergien. Das anspruchsvolle Dienstleistungsangebot des Private Banking kann darüber hinaus zu Transfersynergien führen, wenn ein Teil der Retailkunden einen Anlage- und Beratungsbedarf hat, der über die üblichen standardisierten Dienstleistungen hinausgeht. Die Sortimentserweiterung kann diese Kunden anregen, Private Banking Angebote wahrzunehmen. Hierzu sind in erster Linie die Qualitäten der Berater im Private Banking sowie das entsprechende Research im Hintergrund erforderlich. Weiterhin kann es zu einer Migration von Retailkunden in das Private Banking Segment kommen, wenn diese ihre Ansprüche und das ihnen zur Verfügung stehende Anlagevolumen im Laufe ihres Lebens steigern und so in die Kundenklasse der vermögenden Privatkunden ‚aufsteigen' [vgl. Merrill Lynch/Gemini Consulting 1999, S. 7]. Einer in beiden Geschäftsfeldern tätigen Bank ist es möglich, Retailkunden früh an die Bank zu binden und ihnen im Bedarfsfall anspruchsvolle Produkte des Private Banking anzubieten. Spezialisierten Wettbewerbern steht diese Option nicht offen. Reputationseffekte zwischen Retail und Private Banking sind vorsichtig zu beurteilen. Einerseits kann eine gute Reputation für das Private Banking nur sehr langfristig intern aufgebaut werden [für die Nachteile der Sparkassen in diesem Zusammenhang vgl. Schröder/Schweizer 1997, S. 399]. Insofern stellt der Zugriff auf die Reputation mittels Übernahme einen Vorteil dar. Andererseits können Retailkunden von der exklusiven Reputation des Private Banking abgeschreckt werden und umgekehrt die Reputation des Private Banking durch eine Kombination mit dem Retailgeschäft an Exklusivität verlieren. In der Regel wird daher eine Marke im Private Banking beibehalten und den vermögenden Privatkunden die Leistungen des Retailbereichs zugänglich gemacht.

Hinsichtlich einer Verbundenheit von Private und Wholesale Banking ist an die vielen persönlichen Kontakte zu Unternehmern und Unternehmensvertretern aus dem Wholesale Banking zu denken, die alle einen persönlichen Anlage und Beratungsbedarf haben [vgl. etwa Jacobi 1997, S. 249]. Zusätzlich wird ein unternehmensseitiger Anlagebedarf im Wholesale Banking weitgehend über ähnliche Produkte abgedeckt wie im Private Banking. Spezialfonds bilden dabei eine Ausnahme. Dennoch können auch diese auf ein einheitliches Research zurückgreifen, so dass sich Synergien aus der gemeinsamen Nutzung von Researchergebnissen für beide Kundengruppen ergeben [vgl. Merrill Lynch/Gemini Consulting 1999, S. 7]. Retail und Wholesale Banking sind hinsichtlich der Kundenbedürfnisse vornehmlich über die Abwicklung standardisierter Leistungen miteinander verbunden. Zwischen beiden Geschäftsfeldern dominiert die Durchführung der Transformationsfunktion als Grundlage für Synergien [vgl. 7.6.2].

Die identifizierten Synergieeffekte zwischen Retail, Private und Wholesale Banking rechtfertigen die Struktur der in Deutschland üblichen Universalbanken, die diese Geschäftsfelder unter einem Dach vereinen. Synergiepotenziale aus dem Sharing der Unternehmenssteuerung sowie Potenziale für Transfer- und Sharingsynergien, die dem Transformationsbereich entstammen kommen zu diesen noch hinzu. Noch nicht in die Analyse eingeflossen ist das Corporate Finance, das bei deutschen Universalbanken traditionell schwach ausgeprägt ist. Die Entwicklungen der Rahmenbedingungen der letzten Jahre führen zu einer Zunahme der Bedeutung kapitalmarktorientierter Finanztransaktionen von Unternehmen [vgl. 3.5.4]. Damit steigt der Grad der Verbundenheit zwischen den Kundenbedürfnissen im Wholesale Banking und Corporate Finance [vgl. etwa Rometsch 1999a, S. 815]. Wholesale Banking Kunden fragen dabei immer mehr Kapitalmarktfinanzierungen und ähnliche Produkte nach, die eine Bank ohne Corporate Finance Geschäft nicht anbieten kann. Zum Aufbau dieses Know-how-intensiven und reputationsabhängigen Geschäfts liegen Übernahmen nahe. Dabei lassen sich die oben angesprochenen Synergien durch den Transfer ungenutzter finanzieller Kapazitäten in das Corporate Finance nutzen, um dort die Geschäftsmöglichkeiten zu erweitern. Weiterhin steuert das Geschäftsfeld Wholesale Banking einen Kundenstamm mit einer engen Bindung an die Bank bei. Eine Ressource, über die im Corporate Finance gerade nicht verfügt wird [vgl. Rometsch 1998, S. 99]. Den seit Ende der achtziger Jahre stattgefundenen Käufen britischer Investmentbanken durch deutsche, schweizerische und niederländische Universalbanken liegt zu einem wesentlichen Teil dieses Cross-selling Motivs zu Grunde. So wurde Morgan Grenfell von der Deutschen Bank erworben, die Dresdner Bank kaufte Kleinwort Benson, die UBS übernahm SG Warburg und ING das damals angeschlagene Haus Barings. Mit dem Cross-selling Motiv verwandt und nur analytisch separierbar ist der weiter unten angeführte Know-how-Transfer innerhalb der Beratungskompetenz. Bei den aufgeführten Übernahmen kommt diesem Motiv eine hohe Relevanz zu.

Weitere auf der Verbundenheit von Kundenbedürfnissen beruhende Transfersynergien lassen sich zwischen Retail Banking und Corporate Finance realisieren. Dabei stehen allerdings nicht die Firmenkunden als Emittenten, sondern die institutionellen Kunden als Abnehmer von Emissionen im Vordergrund. Retailinvestoren nehmen als Abnehmer von Emissionen an Bedeutung zu. Vor dem Hintergrund einer steigenden Aktienkultur bei Privatkunden [vgl. 3.4.1] nähern sich die Anlageschwerpunkte zwischen institutionellen und Retailinvestoren insbesondere hinsichtlich der Emission von Eigenkapitaltiteln immer mehr an.

Bei der Analyse des Corporate Finance Geschäfts ist die Platzierungskraft als maßgebliche Ressource identifiziert worden, die eine Vertriebskraft der Bank für Emissionsprodukte beschreibt. Dabei ist der bei einer privaten Platzierung durchgeführte Vertrieb an institutionelle Kunden von der öffentlichen Platzierung an Mengen- und vermögende Privatkunden zu unterscheiden. Die Platzierungskraft profitiert von Vertriebskapazitäten an Privatkunden, die sich vornehmlich an einem vorhandenen Kundenstamm festmachen lassen. Auch hier spielt das Sortiment eine Rolle, da sich ein Kundenstamm nur durch ein umfassendes Dienstleistungsangebot langfristig halten lässt. Zur Verbesserung der Platzierungskraft ist damit ein Zugriff auf die gesamte Wertschöpfungskette im Retail bzw. Private Banking notwendig. Dieser Zugriff wird – mit einem Fokus auf die vorhandenen Kundenbeziehungen – zu einem Übernahmemotiv, für das es einige Beispiele gibt. Der Zusammenschluss von Morgan Stanley, eine der drei Bulge-Bracket Investmentbanken, mit Dean Witter, Discover & Co., zum Zeitpunkt der Übernahme im Jahr 1997 der drittgrößte amerikanische Wertpapierbroker mit mehr als 9.000 Beratern, stellt in diesem Zusammenhang den wohl bedeutendsten Zusammenschluss dar [vgl. Harvard Business School 1998b]. Als aktuelles Beispiel lässt sich auch der Zusammenschluss von UBS Warburg, dem Corporate Finance Arm der Schweizer Großbank UBS, mit PaineWebber im Jahr 2000 anführen. PaineWebber ist ein amerikanischer Wertpapierbroker, der mit 8.500 Beratern in 380 Niederlassungen vermögende Privatkunden betreut und ein Vermögen von 484 Milliarden US-$ verwaltet. Ziel der Übernahme ist unter anderem die Vergrößerung der Platzierungskraft bei privaten amerikanischen Investoren [vgl. UBS/PaineWebber 2000].

Im Ergebnis erfolgt die Vergrößerung der Platzierungskraft sowohl zum Vorteil des Retail und Private Banking als auch zum Vorteil des Corporate Finance, so dass gegenseitige Transfersynergien vorliegen. Eine Bank, die das Privatkundengeschäft und Corporate Finance kombiniert, kann ihren Privatkunden den Zugang zu interessanten Neuemissionen als Investitionsmöglichkeit bieten. Die Emittenten profitieren auf der anderen Seite von einer breiten Streuung ihrer Titel [vgl. etwa Fischer 2000].

7.6.3.2 Beratungskompetenz

Eine, die Grenzen von Geschäftsfeldern überschreitende, Übernahme von Beratungskompetenzen ist im Rahmen der Sortimentsausweitung bereits angesprochen worden. Beratungskompetenz gehört im Regelfall zu den Voraussetzungen für das Dienstleistungsangebot. Komplementiert wird sie – insbesondere in Private Banking und Corporate Finance – von einer entsprechenden Researchkompetenz. Aufgrund der Bedeutung personeller Ressourcen stehen bei Übernahmen Lernprozesse der Mitarbeiter im Vordergrund, die durch neue Produktexpertise und Erfahrungen aus einem anderen Geschäftfeld initiiert werden. So können Kundenberater das Produktverständnis des anderen Geschäftsfelds erwerben und die neuen Leistungen an ihre Kunden vermitteln. Die angesprochenen Transfersynergien können sich entlang der Verbundenheit der Kundenbedürfnisse materialisieren. Da diese bereits ausführlich diskutiert worden sind, bietet sich eine knappe exemplarische Analyse anhand von Wholesale Banking und Corporate Finance an.

Berater im Wholesale Banking müssen für ein erfolgreiches Cross-selling ein Verständnis für Corporate Finance Produkte erwerben [vgl. Rometsch 1999a, S. 815-816]. Dieser Transfereffekt erscheint besonders bedeutsam, da Corporate Finance Mitarbeiter ein tiefes Spezialwissen haben, Firmenkundenbetreuer aber oftmals Generalisten mit einem Fokus auf die Kundenbeziehung sind. Dem entsprechend haben sie einen engen Kontakt und tiefe Kenntnisse über die Firmenkunden aus vergangenen Transaktionen. Ein Verständnis für Corporate Finance Dienstleistungen können Berater vornehmlich durch Teilnahme an der Strukturierung von Kapitalmarkttransaktionen erlernen. Bei der Arbeit im Team können sie ihrerseits Kenntnisse über die Kunden zur Verfügung stellen. Mit der Zeit können Berater ein Zusatzwissen erwerben, das ihnen die Generierung von Transaktionsideen und damit ein erfolgreiches Cross-selling ermöglicht. Im Ergebnis verbleibt das Relationship Management beim Firmenkundenbetreuer, der für die Umsetzung von Transaktionsideen Produktspezialisten hinzuzieht [für einen ähnlichen Vorschlag vgl. Kern 1998].

Zusammenschlüsse zwischen Geschäftsbanken und spezialisierten Investmentbanken erlauben entsprechende Synergien. Entsprechende Beispiele sind oben angeführt worden. Allerdings sind besonders bei diesen Transfersynergien starke Integrationsprobleme zu bewältigen, die wiederum anhand eines Beispiels erläutert werden können [vgl. hierzu u.a. o.V. 1998a; o.V. 1998b; Büschgen 1999]. So traten bei der Integration von Morgan Grenfell in die Deutsche Bank deutliche kulturelle Unterschiede zutage. Infolge der Übernahme im Jahre 1989 wurde die Corporate Finance Einheit zunächst sehr eigenständig belassen, was nur unter Verzicht auf die Realisierung des Großteils der Synergieeffekte – auch im Cross-selling – erfolgen konnte. Bei der später verfolgten Integration der Investmentbank in das Wholesale Banking traten unter anderem die unterschiedlichen Leistungskulturen, ein abweichendes Sicherheitsdenken und differierende Entlohnungsstrukturen zutage. Gleichsam versuchte die Deutsche Bank den Ausbau des Corporate Finance durch die massive Abwerbung von Mitarbeitern auszubauen, die sich zusätzlich in die Teams einfügen mussten. Somit hat es eine sehr lange Zeit in Anspruch genommen, bis die Integrationsproblematik als weitgehend bewältigt bezeichnet werden konnte. Dabei kam erschwerend hinzu, das die Leistungskultur des Investment Banking einen wesentlichen Wettbewerbsparameter in ihrem Stammgeschäft darstellt. Bei der aufgeführten Konstellation entsteht ein Dilemma, da die Kultur der Investmentbank durch die Integration geschwächt werden kann. Damit verliert die Bank in ihrem angestammten Markt aber an

Wettbewerbsfähigkeit. Es stellt sich also die Frage einer weitgehenden Integration zur Nutzung von Synergieeffekten mit der Gefahr der Schwächung des Corporate Finance Bereichs auf der einen und der Beibehaltung seiner weitgehenden Selbständigkeit auf der anderen Seite, unter Verzicht auf Synergieeffekte [vgl. ähnlich Büschgen 1999]. Die Ausführungen zeigen, dass die im Theorieteil angesprochene Integrationsproblematik distinktiver Kompetenzen sehr ernst zu nehmen ist [vgl. 6.3.4.1].[85]

Wholesale Banking und Corporate Finance sind nur ein Beispiel. Ähnliche Lerneffekte - aber ansatzweise auch eine ähnliche Integrationsproblematik - lassen sich zwischen dem Corporate Finance und Private Banking erzielen, da bedeutende private Investoren Beratungsbedarf für immer komplexere Produkte haben. Zudem profitieren sie von der Researchkompetenz aus dem Corporate Finance [vgl. Bicker 1996, S. 21; Merrill Lynch/Gemini Consulting 1999, S. 7]. In dem Zuge, in dem Retailkunden komplexere Beratungsanforderungen stellen, kann eine Beratungskompetenz im Retail Banking von der Beratungskompetenz des Private Banking profitieren.

7.6.3.3 Monitoringkompetenz

Monitoringkompetenz kann hier knapp behandelt werden, da sie bei der in dieser Arbeit vorgenommenen Aufteilung der Dienstleistungen auf die Geschäftsfelder nur im Retail und Wholesale Banking relevant ist. In diesen Geschäftsfeldern wird sie aber durch weitgehend unterschiedliche Ressourcen ausgefüllt. Damit sind Transfersynergien im Sinne eines Erfahrungsaustausch der Mitarbeiter und gegenseitigen Lerneffekten nur eingeschränkt relevant.

Synergiepotenziale können durch die im Zusammenhang mit dem Monitoring generierten Informationen erzeugt werden. Bestehende Bonitätseinschätzungen und Erfahrungen aus Kreditbeziehungen lassen sich geschäftsfeldübergreifend nutzen. So können Bonitätseinschätzungen großer Firmenkunden aus dem Wholesale Banking einen Informationsinput für Corporate Finance Transaktionen konstituieren, indem sie Informationen über eine spezifische Kundensituation liefern. Dies ist zumindest für die Mandatsgewinnung im Corporate Finance von Relevanz.

---

85 Unternehmenskultur ist in dieser Arbeit nicht näher betrachtet worden, da sie als Kompetenz höherer Ordnung angesehen werden muss. Dies zeigt sich auch an der in dem Beispiel aufgetretenen Integrationsproblematik. Es wird daher die Ansicht vertreten, dass der Zugriff auf eine Unternehmenskultur und ähnliche Kompetenzen höherer Ordnung kein sinnvolles Ziel für Unternehmensübernahmen sein kann.

7.6.3.4 Abwicklungskompetenz

Die Abwicklung im Mengengeschäft weist durch den starken Einsatz informationstechnischer Systeme große Unteilbarkeiten auf, die Sharingsynergien über Geschäftsfelder hinweg ermöglichen. An dieser Stelle ist wiederum nach der Äquivalenz von Kundenanforderungen zu fragen, die gegebenenfalls ein Motiv für die Übernahme von Kundenverbindungen zur Realisierung der Sharingsynergien darstellt. Betrachtet man die exemplarisch abgegrenzten Geschäftsfelder, so ist eine Bedürfnishomogenität in erster Linie bei einfachen Dienstleistungen wie Wertpapierabwicklung und Zahlungsverkehr festzustellen. Das Processing von Wertpapiertransaktionen kann für Mengen- und vermögende Privatkunden gemeinsam durchgeführt werden [vgl. auch Schäli 1998, S. 201]. Beide Kundengruppen profitieren von der Möglichkeit einer direkten Anbindung an die Börsensysteme im Sinne eines Straight-through-processing, so dass entsprechende Systeme Sharingsynergien aufweisen können. Einfache Zahlungsverkehrstransaktionen werden zudem von allen Privatkunden sowie von Firmenkunden nachgefragt. Sie bieten damit ein Motiv, das für eine integrierte Universalbank über die Geschäftsfelder Retail, Private und Wholesale Banking spricht.

Allerdings müssen die Skaleneffekte einer geschäftsfeldübergreifenden Abwicklung sorgfältig geprüft werden. Für kleinere Institute dürfte eine Vergabe an externe Dienstleister vorteilhaft erscheinen. In diesem Fall entfällt das Motiv des Sharing der Abwicklungskompetenz über verschiedene Kundengruppen weitgehend. Für große Banken stellt sich die bereits diskutierte Frage der Öffnung ihrer Abwicklungskapazitäten für Wettbewerber, um Skaleneffekte zu maximieren. Wie bereits erwähnt sind Deutsche Bank und HypoVereinsbank diesem Modell gefolgt. Die jeweiligen Konzerngesellschaften e.t.b. und Financial Markets Services Bank fungieren geschäftsbereichsübergreifend als interne Dienstleister sowie als Anbieter am Markt für Fremdinstitute [vgl. Bösch 1998; Lamberti 2000]. Für dieses Angebot sind die Institute zunächst auf ein stabiles Transaktionsvolumen aus dem eigenen Haus angewiesen, um die hohen Investitionsvolumina für den Systemaufbau bewältigen zu können. Im Zuge von Übernahmen kann ein erweitertes Transaktionsvolumen durch Zugriff auf einen externen Kundenstamm Synergieeffekte auslösen.

7.7 Zwischenergebnis

Die obige Analyse hat in der Form potenziell distinktiver Ressourcen und Kompetenzen eine Vielzahl von Wettbewerbspotenzialen von Banken geschäftsfeldspezifisch identifiziert. Diese bilden die Grundlage für Synergiepotenziale, die als Übernahmemotive innerhalb und zwischen den Geschäftsfeldern herausgearbeitet worden sind. Gegenüber der traditionellen bankbetrieblichen Literatur zu Übernahmemotiven [vgl. 4.3] besteht bei der hier vorgenommenen Analyse zunächst der Vorteil, dass Wettbewerbs- und Synergiepotenziale aus einem theoretisch fundierten Gesamtkonzept hervorgehen und in einen gegenseitigen Zusammenhang gebracht werden können. Dabei rücken zunächst die Erkenntnisse in den Mittelpunkt, die hinsichtlich der Wettbewerbspotenziale von Banken gewonnen werden konnten. Zu charakterisieren sind diese anhand der potenziell distinktiven Ressourcen und Kompetenzen der Geschäftsfelder.

In jedem Geschäftsfeld kommt dem Kundenstamm ein großes Wettbewerbspotenzial zu. Seine Distinktivität steht mit den Charakteristika Umfang, Zusammensetzung und langfristige Bindung an die Bank im Zusammenhang. Unter der Voraussetzung der Kundenbindung ist er inimitierbar und immobil, so dass Übernahmen ein geeignetes Mittel darstellen, Zugriff auf einen neuen Kundenstamm herzustellen. Seine Strategierelevanz entstammt zunächst dem Geschäftsvolumen, das er beisteuert, seine Knappheit der Zusammensetzung und dem Umfang. Weiterhin ist er Informationsquelle und -senke für vielfältige Aktivitäten entlang der Wertschöpfungskette, so dass sich eine langfristige Bindung an die Bank aufgrund der zur Verfügung stehenden Informationen positiv auswirkt. Deutlich wird dies etwa im Monitoring, das durch bestehende Kundenkontakte erheblich erleichtert wird. Damit ist der Kundenstamm auch die Quelle einer Vielzahl von Synergieeffekten. Über den Umfang des Geschäftsvolumens ermöglicht er Sharingsynergien, die besonders im Retail Banking relevant sind; über die Streuung des Kundenstamms bestimmt sich die Streuung der Risikoaktiva und damit das Ausmaß der möglichen Risikodiversifikation; in seiner Zusammensetzung erlaubt der Kundenstamm Transfersynergien durch Cross-selling und stellt damit den Gegenpart der Sortimentserweiterung dar. In diesem Zusammenhang bestimmt er bei Diversifikation in neue Geschäftsfelder zur Sortimentserweiterung die Verbundenheit der Märkte anhand seiner Bedürfnisse. Bei dem Eintritt in neue Märkte gehört er zu den Eintrittsbarrieren. Die aufgeführten Synergiepotenziale entsprechen in der klassischen Literatur dem Cross-selling Motiv [vgl. 4.3.2.2.2] und den kostenorientierten Synergien [vgl. 4.3.2.3]. Die Bedeutung und Distinktivität des Kundenstamms können durch die hier durchgeführte Analyse als neuer Aspekt ergänzt werden.

Neben dem Kundestamm sind insbesondere Reputation, Personal und finanzielle Kapazität als potenziell distinktive Ressourcen herausgearbeitet worden. Über deren Bedeutung hinausgehend ergeben sich aus der geschäftsfeldspezifischen Analyse differenzierte Wettbewerbspotenziale und Übernahmemotive, für die auf die obigen Ausführungen verwiesen wird.

Reputation dient der Verminderung der Qualitätsunsicherheit aus Kundensicht und ist daher vornehmlich für die komplexeren Transaktionen in Private Banking und Corporate Finance von Bedeutung. Darüber hinaus wird im Retail Banking mit Markt- und Kundennähe eine Reputation benötigt, die unter Umständen nur ähnlich langfristig aufgebaut werden kann, wie die in den anderen Geschäftsfeldern geforderte Produktexpertise. Die Übernahme einer solchen Reputation wird zu einem wichtigen Motiv grenzüberschreitender Zusammenschlüsse im Retail Banking, die so maßgebliche Eintrittsbarrieren überwinden können. Dies gilt auch für den diversifizierenden Eintritt in dieses Geschäftsfeld. Bei der Erweiterung des Sortiments um komplexe Produkte – etwa im Private Banking oder Corporate Finance – wird ähnlich die Übernahme einer Reputation für Produktexpertise zu einem Motiv für einen Zusammenschluss.

Eine besondere Problematik hat die Analyse des Personals auf seinen Wettbewerbsbeitrag hervorgebracht. Obwohl Personalressourcen die Anforderungen der Strategierelevanz und Knappheit bei anspruchsvollen Bankdienstleistungen durchaus erfüllen, steht ihre hohe Mobilität einer Distinktivität zumindest teilweise entgegen. Besonders deutlich ist dies im Corporate Finance. Relevant ist die Argumentation allerdings auch für die Personalressourcen, die den unterstützenden Wertschöpfungsaktivitäten Unternehmenssteuerung und Research zugeordnet werden. Der von der traditionellen Literatur teilweise als Übernahmemotiv angeführte Transfer von Know-how, der allerdings nur selten detailliert analysiert wird [vgl. 4.3.2.2.2], steht damit einer differenzierten Analyse offen, die auch die Mobilität hochqualifizierter Personalressourcen und damit ihr Potenzial berücksichtigt, Renten für sich zu vereinnahmen.

Als Bankspezifikum ist die als Kompetenz aufzufassende finanzielle Kapazität hervorzuheben. Durch ihre Inimitierbarkeit und enge Verknüpfung mit der Bank ist sie vornehmlich durch Übernahmen übertragbar. Als maßgebliche Einflussgröße auf die Fähigkeit Risiken zu übernehmen kommt ihr, beispielsweise für das Corporate Finance, eine hohe Distinktivität zu. Ungenutzte finanzielle Kapazität wird damit zum Ziel von Transfersynergien. Eigene Überkapazitäten regen zur Diversifikation und Internationalisierung an. Während die bestehende Literatur die Bedeutung der finanziellen Kapazität für die Geschäftsmöglichkeiten anerkennt [vgl. 4.3.2.2.1], liefert die ressourcenorientierte Analyse weitere Einsichten bezüglich ihres Wettbewerbspotenzials.

Auf der Basis dieser Wettbewerbspotenziale können noch einmal die wesentlichen Synergiepotenziale und Übernahmemotive rekapituliert werden, die aus der ressourcenorientierten Analyse hervorgehen:

- Kosteneffekte durch economies of scale und scope sowie finanzielle Synergien durch Risikodiversifikation sind die von der traditionellen Literatur hervorgehobenen Motive für Bankübernahmen [vgl. 4.3.2.3]. In der Sicht dieser Arbeit handelt es sich um Sharingsynergien, die sich durch die ressourcenorientierte Analyse bestätigen lassen. Dies gilt auch und insbesondere für die finanziellen Synergien. Wie schon ausgeführt lenkt die ressourcenorientierte Analyse in diesem Zusammenhang den Blick auf die Bedeutung des Kundenstamms. Die traditionelle Literatur betont demgegenüber die unteilbaren Ressourcen im Filialvertrieb, in der Abwicklung und in der Unternehmenssteuerung. Beide Sichten sind relevant. Allerdings kommt der Übernahme des Kundenstamms auch in der Praxis vermutlich eine größere Bedeutung zu als der Übernahme eines Rechenzentrums oder eines Filialnetzes. Der Resource-based View begründet dies mit dem geringeren Distinktivitätspotenzial dieser

Ressourcen. Hinsichtlich der Sharingsynergien in der Abwicklung ist die Problematik eines Outsourcing der Informationssysteme in dieser Arbeit differenziert besprochen worden. Die Sharingpotenziale der Unternehmenssteuerung einschränkend wurde der mögliche Komplexitätsanstieg angeführt, der sich auch ressourcenorientiert begründen lässt.

- Über die Sharingsynergien hinaus legt die ressourcenorientierte Analyse eine größere Beachtung der Transfersynergien nahe. In diesem Zusammenhang gibt es eine Vielzahl von Ansatzpunkten. Unter dem Leitmotiv der Sortimentserweiterung lassen sich diese teilweise zusammenfassen. Dem Kundenstamm kommt auch in diesem Fall eine große Bedeutung zu, die auf die Schaffung der notwendigen Nachfrage für die Leistungen eines Sortiments zurückgeht. Übernahmen sind vornehmlich im Fall der Erweiterung des Sortiments um komplexe Dienstleistungen erforderlich, die entlang der Wertschöpfungskette auf Ressourcen und Kompetenzen mit hohem Distinktivitätspotenzial angewiesen sind. So kann beispielsweise die zur Sortimentserweiterung teilweise notwendige Reputation nur durch Übernahmen transferiert werden. Ähnlich sind Übernahmen und Reputationstransfer bei einer Diversifikation in das Private Banking oder Corporate Finance notwendig. Transfersynergien im Rahmen der Sortimentserweiterung lassen sich beispielsweise durch die Erweiterung der finanziellen Kapazität, durch Lernprozesse des Personals oder die durch Vervollständigung eines Niederlassungs- oder Researchnetzwerks erzielen.
- Im Rahmen der Diversifikation spielen Synergien eine wichtige Rolle, die von unterstützenden Wertschöpfungsaktivitäten und Transformation ausgehen. Insbesondere bei der Transformation können Synergien durch Risikodiversifikation und die Erweiterung der finanziellen Kapazität erzeugt werden. Hinsichtlich der primären Wertschöpfungsaktivitäten ergeben sich vielfältige Synergien, die wiederum als Sortimentserweiterung aufgefasst werden können. Auch hier zeigt sich, dass Diversifikation mittels Übernahme insbesondere dann relevant ist, wenn (1) eine Verbundenheit der Geschäftsfelder anhand einer Bedürfnishomogenität der Kunden festgestellt werden kann und (2) das Sortiment um komplexe Leistungen erweitert wird, die auf distinktive Kompetenzen zurückgehen.

Die Bedeutung der Rahmenbedingungen ist in der in diesem Kapitel vorgenommenen Analyse ein wenig aus dem Fokus gerückt. Bei der Bestimmung der Strategierelevanz der Minimumressourcen ist die externe Perspektive zwar präsent, eine direkte Verknüpfung mit den Synergiepotenzialen ist allerdings nur in Einzelfällen vorgenommen worden [vgl. etwa 7.5.4.3]. Die nachfolgende Fallstudie soll daher auch dazu genutzt werden, den Zusammenhang von Rahmenbedingungen und Synergiepotenzialen anhand eines konkreten Praxisbeispiels zu erläutern.

8 Fallstudie

8.1 Einführung

Die Fallstudie umfasst mehrere Übernahmen und dient der kritischen Überprüfung der Aussagen des theoretischen Argumentationskonzeptes anhand von konkreten Banküberrnahmen. Ziel ist es, die Relevanz der herausgearbeiteten bankbetrieblichen Synergiepotenziale für die Praxis zu hinterfragen, d.h. zu analysieren, ob die Synergiepotenziale aus Sicht der Banken, die eine Übernahme vornehmen, eine Rolle bei ihrer Entscheidung spielen. Dies soll vor dem komplexen Erklärungshintergrund der Rahmenbedingungen der jeweiligen Übernahmen erfolgen. Weitergehend soll die Möglichkeit der Realisierung dieser Synergiepotenziale analysiert werden.

Hinsichtlich des Stellenwerts der Fallstudie muss kritisch bedacht werden, dass der Stichprobenumfang für einen umfassenden Versuch der Falsifikation der getroffenen Aussagen zu gering ist. Bei den Ergebnissen kann es sich um nicht reproduzierbare Einzelergebnisse handeln. In diesem Fall kann kein Effekt beschrieben werden, der den aufgestellten Thesen widerspricht [vgl. Popper 1976, S. 54]. Allerdings sind einzelne Fälle – und damit im Rahmen der Fallstudie betrachteten Übernahmen – Bestandteil einer intersubjektiven Überprüfung der aufgestellten Thesen [vgl. Popper 1976, S. 18-21] und damit ein erster Schritt einer umfassenden Falsifikation [im Zusammenhang mit Fallstudien vgl. Eisenhardt 1989, S. 542].

Im Mittelpunkt der Fallstudie steht die Fusion der Bayerische Hypotheken- und Wechsel-Bank AG (Hypo-Bank) mit der Bayerische Vereinsbank AG (Vereinsbank) zur zweitgrößten deutschen Geschäftsbank, Bayerische Hypo- und Vereinsbank AG (HypoVereinsbank) in dem bis dato größten Bankenzusammenschluss in Deutschland. Sie bildet die Ausgangsbasis der weitergehenden Betrachtung der Übernahme der Bank Przemyslowo-Handlowy SA (BPH), Krakau, sowie der beabsichtigten Übernahme der Bank Austria AG. Die Übernahmen der BPH sowie der Bank Austria waren zu Beginn der Untersuchung noch nicht absehbar, erweisen sich aber als geeignete Fallbeispiele, die Vielfalt der Übernahmemotive zu belegen. Während die Fusion zur HypoVereinsbank vornehmlich einen Kostenfokus hat und daher Sharingsynergien ohne Diversifikationseffekt nahe legt, erlauben die beiden anderen Übernahmen eine Evaluierung der Aussagen bezüglich möglicher Transfersynergien und der Überwindung von Markteintrittsbarrieren im Zuge der Internationalisierung.

Die Fallstudie stützt sich auf einen Mix von externen (Jahresberichte, Presseartikel, Pressemitteilungen, IR-Mitteilungen) und internen Informationen (interne Präsentationen, Geschäftsabläufe, Stellenbeschreibungen) sowie auf Expertengespräche [vgl. Eisenhardt 1989, S. 537-538]. In einer ersten Runde ist das Untersuchungskonzept in zwei Workshops im August und November 1998 mit der Struktur der HypoVereinsbank abgestimmt worden. Dabei wurde die Übertragbarkeit der Kompetenzauffassung dieser Arbeit und ihre Anwendbarkeit auf das Fallbeispiel der HypoVereinsbank festgestellt. In einer zweiten Runde, bestehend aus Materialanalyse und Expertengesprächen, sind die drei Geschäftsbereiche Privat- und Geschäftskunden (Retail Banking), Immobilienfinanzierungskunden (Immobilienfinanzierung, in der Fallstudie lag der Schwerpunkt auf dem Retailgeschäft) und Firmenkunden (Wholesale Banking und Corporate Finance) auf ihre Kompetenzen hin analysiert worden. Diese Phase fand von November 1998 bis April 2000 statt. In einer abschließenden dritten Runde wurden im Dezember 2000 und Januar 2001 zwei Experten aus dem oberen Management zur Fusion von Hypo-Bank und Vereinsbank sowie zu den Fusionen der HypoVereinsbank mit der BPH und der Bank Austria befragt, um die Übernahmemotive genau zu analysieren.

8.2 Die Entwicklung ab Juli 1997 im Überblick

Die Vereinsbank hat in den neunziger Jahren mit der Übernahme der österreichischen Schoellerbank und der Integration der Vereins- und Westbank bereits einige Übernahmeerfahrungen gesammelt. Vor dem Hintergrund des Erwerbs von mehr als 5 % der Vereinsbank Anteile durch die Deutsche Bank – mit Bekanntgabe am 10.07.1996 – und der sich wandelnden Rahmenbedingungen erscheint die Unabhängigkeit der Bank gefährdet [vgl. ähnlich Balzer 1997]. Dieser Gefahr wird mit der Ankündigung der Fusion von Hypo-Bank und Vereinsbank zur HypoVereinsbank am 21.07.1997 durch die jeweiligen Vorstandsvorsitzenden Albrecht Schmidt (Vereinsbank) und Eberhard Martini (Hypo-Bank) zunächst begegnet. Der Zusammenschluss wird durch einen steuerbefreiten Tausch der Allianz Beteiligung der Vereinsbank in Hypo-Bank-Anteile abgewickelt. Die steuerfreie Nutzung stiller Reserven führt dabei zu einer politischen Diskussion.

	Fusions- und Integrationsschritte
21.07.1997	Bekanntgabe der Fusionsabsichten von Hypo-Bank und Vereinsbank
01.08.1997	Umtauschaktion von Hypo-Bank in Allianz Aktien aus dem Bestand der Vereinsbank
05.09.1997	Zustimmung des Bundeskartellamtes
10.09.1997	Ergebnis Umtauschaktion: Vereinsbank ist Großaktionär der Hypo-Bank mit 47 %
16.09.1997	Ankündigung einer fusionsbedingten Kapitalerhöhung DM 3,6 Mrd. für die neue Bank
21.10.1997	Verkauf der Advance Bank an Dresdner Bank
04.11.1997	Vorstandsbesetzung mit 5 Vorständen der ehemaligen Hypo (von 14)
11.11.1997	Bekanntgabe EDV-Plattform
17.12.1997	Besetzung zweiter Führungsebene
18.02.1998	Beschluss des Tauschverhältnisses Hypo- zu Vereinsbank 40:60
31.03.1998	Wertberichtung der Hypo-Bank i.H.v. DM 1,5 Mrd. für Immobilienkredite
19.05.1998	HV-Zustimmung der Hypo-Bank zur Fusion
26.05.1998	HV-Zustimmung der Vereinsbank zur Fusion
01.09.1998	Aufnahme der Geschäftstätigkeit der HVB
22.10.1998	*Erwerb von 37 % der polnischen BPH im Zuge ihrer Privatisierung und Ankündigung des Ausbaus der strategischen Beteiligung über 50 %, Expansion in Polen angekündigt*
28.10.1998	Wertberichtigungsbedarf alter Immobilienprojekte der Hypo, Streit Martini-Schmidt
15.11.1998	3,5 Mrd. Wertberichtigungsbedarf durch Methodenwechsel bei der Bewertung erklärt
23.11.1998	Beginn von Ermittlungen der Staatsanwaltschaft
13.01.1999	*Aufstockung des BPH-Anteils um weitere 9,95 % (aus Besitz EBRD)*
29.01.1999	Gerüchte über weitere Altlasten i.H.v. DM 11 Mrd.
23.02.1999	Verkauf ADIG Anteil an Commerzbank
10.03.1999	Hausdurchsuchungen bei ex Hypo-Bank Mitarbeitern
12.03.1999	Beschluss über Bestellung eines Sonderprüfers auf der nächsten HV
03.05.1999	Kurt Viermetz wird neuer Aufsichtsratsvorsitzender nach Rücktritt Götte im März
06.05.1999	HV bestellt Sondergutachter und verschiebt Entlastung; Schmidt kündigt Verkürzung der Fusionszeit von 5 auf 3 Jahre an
29.06.1999	*Anteile BPH über 50 % erhöht, Tender offer der HVB für Minderheitsaktionäre der BPH*
23.10.1999	Sondergutachten bestätigt 3,6 Mrd. Wertberichtigung, Hypo Vorstand hätte Wertberichtigungsbedarf erkennen können, Umtauschverhältnis wird bestätigt
11.08.1999	*Abschluss Tenderverfahren mit 77,85 % Anteilsbesitz an BPH; Konkretisierung der Expansion von 200 auf 400 Filialen*
16.08.1999	*Kapitalerhöhung der BPH gegen Sacheinlage der Polen-Aktivitäten der HVB (Hypo-Bank Polska); resultierender Kapitalanteil 81,46 %*
26.10.1999	Martini und die vier Hypo-Vorstände verlassen die Bank, HVB: „Neustart“
Dez. 1999	*Erhöhung des BPH-Anteils um weitere 4,6 % auf 86,1 % aus Anteilsbesitz ERBD*
01.12.1999	*Geschäftserlaubnis für Hypothekengeschäft der HypoVereinsbank Bank Hipoteczny SA als 100 % Tochter der BPH, hervorgehend aus Hypo-Bank Polska SA*
08.12.1999	Abschluss der Integration der HVB mit Umbau Konzernführung
03.05.2000	Vorstandsvorsitzender Schmidt auf der HV: Mit der genehmigten Kapitalerhöhung sei die Einkaufskasse gefüllt, mit dem Spielraum, im In- und Ausland zu wachsen
23.07.2000	*Übernahmeankündigung der Bank Austria (BA)*
13.09.2000	*Übernahmekommission genehmigt BA-Fusion*
27.09.2000	*Zustimmung auf HV der BA zur Übernahme*
25.10.2000	*Aufnahme von Gerhard Randa (Vorstandsvorsitzender BA) in Vorstand*
15.11.2000	*Zustimmung der EU-Kommission zur BA-Fusion ohne Auflagen*
07.12.2000	*Kapitalerhöhung gegen Sacheinlage des ausgegliederten operativen Geschäfts der BA*
22.12.2000	Einigung über Verkauf der Beteiligung an Foreign & Colonial der ehem. Hypo-Bank

Tabelle 8-1: Fusions- und Integrationsschritte [Pressemitteilungen und -berichte; Geschäfts- und Zwischenberichte][86]

86 Übernahmeschritte, die nicht die Fusion zur HypoVereinsbank betreffen, sind kursiv dargestellt.

Am 01.09.1998 nimmt die neue Bank als zweitgrößtes Kreditinstitut in Deutschland seine Geschäftstätigkeit auf. Vorstandsvorsitzender wird Albrecht Schmidt von der Vereinsbank. Eberhard Martini zieht als ehemaliger Vorstandsvorsitzender der Hypo-Bank in den Aufsichtsrat der gemeinsamen Bank ein. In der Zwischenzeit tritt ein erheblicher Wertberichtigungsbedarf von DM 3,5 Mrd. für Immobilienaltlasten der Hypo-Bank zutage, obwohl diese in ihrem Geschäftsbericht 1997 noch verkündet [vgl. 1998, S. 5]: „Wir starten unbelastet in den Zusammenschluss mit der Bayerischen Vereinsbank. Die Risiken zurückliegender Jahre, die aus konjunkturellen oder marktbedingten Verwerfungen vor allem an den Immobilienmärkten entstanden waren, haben wir bewältigt.“ Der öffentlich ausgetragene Streit entzweit schließlich Schmidt und Martini.

Kurz nach dem Start der neuen Bank werden am 21.10.1998 Anteile in Höhe von 37 % an der polnischen BPH-Bank erworben. Damit werden Ankündigungen umgesetzt, die HypoVereinsbank sei eine „Bank der Regionen“, die insbesondere in Mittel- und Osteuropa mit hoher Präsenz vertreten sein möchte. Bis Ende 1999 wird der Anteil an der BPH auf 86,1 % aufgestockt und die bestehenden polnischen Tochtergesellschaften in die BPH eingebracht. Mit dem Rücktritt von Eberhard Martini aus dem Aufsichtrat zum 26.10.1999 gilt der Immobilienskandal als ausgestanden. Mit ihm treten sämtliche Vorstände zurück, die aus der Hypo-Bank in das Leitungsgremium der neuen Bank eingezogen sind. Zum Jahresende ist das Gros der Integrationsarbeiten zur HypoVereinsbank beendet, Nacharbeiten reichen noch bis in das Jahr 2000 hinein.

Am 23.07.1999 wird der grenzüberschreitende Zusammenschluss mit der Bank Austria angekündigt und erhält anschließend die Zustimmung der österreichischen Übernahmekommission sowie der EU-Kommission. Tabelle 8-1 gibt einen Überblick der Fusions- und Integrationsschritte des Zeitraums der Fallstudie über die Jahre 1997 bis 2000.

8.3 Konsolidierung in Deutschland: Hypo-Bank und Vereinsbank

8.3.1 Ausgangslage

Hypo-Bank

Die Hypo-Bank geht auf eine Notenbankgründung unter König Ludwig I aus dem Jahre 1835 zurück. Neben der Banknotenausgabe vereinte die Hypo-Bank zusätzlich das Hypothekenbank- und Versicherungsgeschäft unter ihrem Dach. Seit 1849 ist die Bank im Wertpapiergeschäft tätig. Das Notenbankprivileg und Versicherungsgeschäft wurden im Laufe der Jahre abgegeben, so dass die Bank sich traditionell im Hypothekenbankgeschäft in Bayern verwurzelt sieht. Nach einer moderaten Geschäftsausdehnung in den 60er und 70er Jahren, gründete die Hypo-Bank ab Ende der 70er Jahre Niederlassungen in London, New York und Hongkong. Die deutsche Wiedervereinigung läutete den Aufbau eines eigenen Filialnetzes in den neuen Bundesländern ein, für die mit der Hypo Service-Bank auch eine eigene Filialbank für das stark standardisierte Privatkundengeschäft geschaffen wurde. Mit einer Gründung in Prag leitete die Hypo-Bank 1992 die Internationalisierung nach Osteuropa ein, die sich in Ungarn, Polen und Slowenien fortsetzte [vgl. Hypo-Bank/Vereinsbank 1998, S. 6-7]. 1994 gründete die Hypo-Bank als erste deutsche Großbank eine Direktbanktochter, die Direkt Anlage Bank.

Die Hypo-Bank ist stark divisionalisiert, was zu einer Spezialisierung der Berater führt und diese getrennt auf Kunden zugehen lässt. Dabei werden die Divisionen Privatkunden und Service, Geschäftskunden und Freie Berufe, Investment Management (Vermögensberatung), Immobilienkunden, Firmenkunden (Mittelstandskunden), Großunternehmen und Finanzmärkte (inkl. Kapitalmarktgeschäft) unterschieden [vgl. Hypo-Bank 1998]. So kann die Hypo-Bank zwar ihr Spezialwissen an die Kunden vermitteln, diese sehen sich allerdings jeweils mit verschiedenen Ansprechpartnern konfrontiert. Bei der Umsetzung dieses stark zergliederten Konzepts, ist somit auch von großen Problemen berichtet worden, da viele Schnittstellen auftreten und der Kundenfokus verloren geht [vgl. Balzer 1995, S. 66]. Besondere Stärken sieht die Hypo-Bank im Immobiliengeschäft, mit einem Hypothekenbestand von DM 120 Mrd. sowie in der Vermögensverwaltung, in der eine Mehrheitsbeteiligung an Foreign & Colonial besteht, die einen Großteil der Fonds verwaltet. Im internationalen Geschäft sieht die Hypo-Bank insbesondere Chancen durch die Öffnung osteuropäischer Länder und ist dort besonders im Immobiliengeschäft tätig [vgl. Hypo-Bank/Vereinsbank 1998, S. 16]. Im Privatkundengeschäft ist die Hypo-Bank durchaus innovativ, wie die frühe Gründung eines Direktbrokers oder der Aufbau von Discount Filialen mit dem Schwerpunkt auf der bedienten Selbstbedienung (Hypo-Service Bank, HSB) in Ostdeutschland belegen. Diese Innovationen sind allerdings von gemischtem Erfolg gekrönt. Während die Direkt Anlage Bank 1999 erfolgreich an den Neuen Markt gebracht worden ist, schreibt die HSB lange Zeit Verluste [vgl. Balzer 1995, S. 65]. Im Firmenkundengeschäft liegt der Schwerpunkt auf dem Mittelstand. 1997 hat die Hypo-Bank eine Bilanzsumme von DM 366 Mrd., 636 Filialen, 44 Auslandsfilialen und 18.000 Mitarbeiter. Die Bank arbeitet im Deutschen Großbankvergleich außerordentlich effizient, mit einer Cost-Income Ratio von 54,2 % [vgl. Hypo-Bank 1998].

Vereinsbank

Die Gründung der Vereinsbank im Jahre 1869 geht auf König Ludwig II zurück. Als Universalbank vereint sie Kredit -und Einlagengeschäft mit dem Wertpapiergeschäft. Die Vereinsbank ist ebenso wir die Hypo-Bank als gemischte Universalbank zum Hypothekenbankgeschäft berechtigt, da sie länger als 20 Monate vor dem Inkrafttreten des Hypothekenbankgesetzes zum 01.01.1900 schon in diesem Geschäftsfeld tätig war. Ihre Präsenz in Deutschland baute die Vereinsbank vornehmlich mit Beteiligungen und Übernahmen aus, unter anderem durch die Übernahme der Vereins- und Westbank in Hamburg und der Noris Verbraucherkreditbank, Nürnberg. Mit der Wiedervereinigung startete der Filialaufbau aus eigener Kraft in den neuen Bundesländer. Außerhalb Deutschlands wurde seit den 70er Jahren ein weitverzweigtes Niederlassungsnetz aufgebaut. Seit Ende der 80er Jahre fokussierte sich die Vereinsbank auf die Expansion nach Osteuropa, Südostasien und Fernost. Mit dem Erwerb der Schoellerbank AG 1992 war die Vereinsbank flächendeckend in Österreich vertreten [vgl. Hypo-Bank/Vereinsbank 1998, S. 10-11]. 1996 gründete die Vereinsbank die Advance Bank als eine Direktbanktochter, die auch Beratungsdienstleistungen über elektronische Vertriebskanäle anbietet. 1996 gab die Deutsche Bank bekannt, mehr als 5 % am Kapital der Vereinsbank zu halten.

Organisatorisch ist die Vereinsbank im Vergleich zur Hypo-Bank weniger spezialisiert und damit stärker auf die Bedürfnisse von Kundengruppen als auf Produkte ausgerichtet [vgl. Schmidt 1995, S. 751]. Es bestehen lediglich 4 Unternehmensbereiche, die sich in Privatkunden, Firmenkunden (inkl. des Corporate Finance Geschäfts), Finanzinstitute, Immobilienkunden und Kommunaldarlehen sowie in Financial Markets unterteilen [vgl. Vereinsbank 1998a]. Lediglich Immobilien und Financial Markets bringen kundengruppenübergreifend ihre Produktkompetenz ein [vgl. Schmidt 1995, S. 752]. Ähnlich wie die Hypo-Bank sieht die Vereinsbank ihre Stärken zunächst in der Immobilienfinanzierung bei einem Darlehensbestand von DM 139 Mrd. und im Asset Management sowie darüber hinaus auch in der Strukturierten Finanzierung (Projektfinanzierungen) sowie im Treasury, insbesondere im Eigenhandel und bei Pfandbriefemissionen. Im Firmenkundengeschäft liegt der Fokus auf dem Mittelstand. 1997 betreibt die Vereinsbank 823 Geschäftsstellen, davon rund 120 im Ausland, mit 22.000 Mitarbeitern. Bei einer Bilanzsumme von DM 449 Mrd. arbeitet sie mit einer Cost-Income Ratio von 61,0 % [vgl. Vereinsbank 1998a].

Strategisch verfolgt die Vereinsbank das Konzept einer fokussierten Universalbank, die eine starke Marktstellung bei ausgewählten Kunden und Produkten sowie in ausgewählten Regionen anstrebt. Sie siedelt dieses Konzept zwischen einer Spezialisierung auf Nischen und der Zielsetzung, den Anschluss an Global Player zu erreichen an [vgl. Schmidt 1995, S. 747-748]. Bei diesem Konzept orientiert sie sich zunächst an ihren vorhandenen Stärken und fokussiert sich auf wachstumsstarke und rentable Geschäftsfelder auf „denen man Wettbewerbsvorteile hat bzw. erzielen kann“ [Schmidt 1995, S. 747]. Vor diesem Hintergrund werden das Immobiliengeschäft, das Firmenkundengeschäft im Mittelstand, ausgewählte Spezialdienstleistungen (strukturierte Finanzierungen) und Treasury als Kerngeschäftsfelder angesehen [vgl. auch Hypo-Bank/Vereinsbank 1998, S. 18]. Darüber hinaus werden nachhaltig rentable Geschäftsfelder besetzt, wie das Privatkundengeschäft. Ausgehend von ihrer vorhandenen Wettbewerbsposition beschränkt sie ihren regionalen Wirkungskreis auf den Kernmarkt Deutschland und angrenzende Wirtschaftsregionen wie Österreich und Osteuropa. Durch eine hohe Marktpräsenz in diesen Gebieten kann dabei nicht nur eine oft notwendige kritische Masse leichter realisiert werden, sondern auch eine gewisse Markt- und Kundennähe erzeugt werden. Außerhalb der genannten Regionen sollen lediglich Geschäfte angeboten werden, bei denen die Bank international einsetzbare „Kernkompetenzen" [Schmidt 1995, S. 748] besitzt. Tabelle 8-2 fasst die quantitativen Aspekte der Ausgangslage beider Banken vor ihrem Zusammenschluss zusammen.

1997, Mio. DM	*Hypo-Bank*	*(Vorjahr)*	*(Veränd.)*	*Vereinsbank*	*(Vorjahr)*	*(Veränd.)*
Bilanz-/Unternehmenszahlen						
Bilanzsumme	366.014	339.404	7,8 %	449.197	403.581	11,3 %
Mitarbeiter (Anzahl)	18.409	18.391	0,1 %	22.001	21.825	0,8 %
Eigenkapital	9.711	9.015	7,7 %	15.425	10.829	42,4 %
Forderungen an Kunden	245.552	229.755	6,9 %	312.537	285.263	9,6 %
Hypothekendarlehen	121.354	114.046	6,4 %	139.361	123.635	12,7 %
Erfolgs-/Effizienzzahlen						
Eigenkapitalrentabilität n.St.	8,5 %*)	7,6 %*)		8,6 %	8,8 %	
Betriebsergebnis n. Risiko	1.401	1.191	17,6 %	2.021	1.636	23,5 %
Cost/Income Ratio	54,2 %	57,3 %		61,0 %	62,3 %	
Ergebnisstruktur						
Zinsüberschuss	4.455	4.408	1,1 %	5.130	4.753	7,9 %
Provisionsüberschuss	1.516	1.176	28,9 %	1.495	1.214	23,1 %
Nettoergebnis Finanzgeschäfte	250	222	12,6 %	383	254	50,8 %
Verwaltungsaufwand	3.374	3.328	1,4 %	4.273	3.875	10,3 %
Risikovorsorge	1.327	1.315	0,9 %	810	7.04	15,1 %
Anteil Provisionsüberschuss	24,4 %	20,3 %		21,3 %	19,5 %	
Eigenkapitalquoten						
Kernkapitalquote (KWG)	4,9 %	4,9 %		5,5 %	5,3 %	
Gesamtkapitalquote (KWG)	8,5 %	8,5 %		9,4 %	9,5 %	
Gesamtkapital (BIZ)	8,7 %	n.a.		9,1 %	n.a.	

Tabelle 8-2: Hypo-Bank und Vereinsbank 1997 im Vergleich [Geschäftsberichte][87]

8.3.2 Übernahmemotive

Am 21.07.1997 geben die Vorstände der Hypo-Bank und Vereinsbank ihre Fusionsabsichten zur HypoVereinsbank bekannt. Die Verschmelzung wird als Zu-

---

[87] Die Berechnung der Eigenkapitalrendite basiert auf dem Eigenkapitalbestand im Jahresdurchschnitt. Die Hypo-Bank macht keine Angaben, daher wurden die Quote näherungsweise ermittelt; eigene Berechnung von Cost/Income Ratio und Anteil Provisionsüberschuss.

sammenschluss gleichberechtigter Partner dargestellt. Die Vereinsbank ist dabei der größere dieser Partner, die Hypo-Bank aber – zumindest wenn man die später auftretenden Immobilienaltlasten zunächst außer Betracht lässt – der etwas effizientere. Das Tauschgutachten vom 18.02.1998 kommt zu einem Wertverhältnis von 60:40 zugunsten der Vereinsbank. Es entsteht nach der Bilanzsumme das zweitgrößte Kreditinstitut in Deutschland mit 3,7 Mio. Privatkunden und 150.000 Firmenkunden. Durch die gewählte Transaktionsstruktur kann der Status einer gemischten Universal- und Hypothekenbank mit dem Recht zur Pfandbriefemission beibehalten werden.

Insbesondere in Immobilengeschäft und Außenhandel kann die gemeinsame Bank eine führende Position in Deutschland durch die Fusion realisieren, wenn man den Marktanteil als wesentliches Kriterium gelten lässt. Im Privat- und Firmenkundengeschäft kann das Geschäftsvolumen in etwa verdoppelt werden [vgl. Tabelle 8-3].

Marktanteile	*Hypo-Bank*	*Vereinsbank*	*HypoVereinsbank*
Gewerbliche Immobilien	7,2 %	9,2 %	16,4 %
Wohnungsbau	5,8 %	5,4 %	11,2 %
Außenhandel	4,3 %	12,1 %	16,4 %
Privatkunden	2,0 %	2,3 %	4,3 %
Firmenkunden	2,2 %	2,3 %	4,5 %

Tabelle 8-3: Marktanteilsverbesserungen durch die Fusion zur HypoVereinsbank [Vereinsbank 1998b, S. 20]

Die gemeinsame Bank untergliedert sich in die Geschäftsbereiche Privat- und Geschäftkunden (PuG), Firmenkunden (FKD), Immobilienfinanzierungsgeschäft und Immobilienkunden (IFK), International Markets (INM) und Asset Management (AM). Hinzu kommen als Dienstleistungsbereiche der Bankbetrieb, dem Zahlungsverkehr und Abwicklung zugeordnet werden sowie die Konzernservices, in denen die Unternehmenssteuerung angesiedelt ist [vgl. Vereinsbank 1998b]. Damit folgt die HypoVereinsbank weitgehend der ursprünglichen Divisionalisierung der Vereinsbank. Als „Kernkompetenzen" der gemeinsamen Bank werden Immobilienfinanzierung, Asset Management, Strukturierte Finanzierungen (Projektfinanzierungen und Außenhandelsfinanzierungen, Kapitalmarktgeschäfte wie IPOs und M&A für den Mittelstand) und Treasury (Derivate- und Devisenhandel sowie Pfandbriefemission) genannt [vgl. Hypo-Bank/Vereinsbank 1998, S. 21-22]. Zu diesen wahrgenommenen Stärken tragen beide Partner relativ gleichmäßig bei, es zeigen sich – bei genauerem Hinsehen – aber Nuancierungen [vgl. Expertenaussage]. So war die Hypo-Bank durch ihre Beteiligung an Foreign & Colonial im Asset Management kompetenter als die Vereinsbank [vgl. ähnlich Schmidt 1999, S. 94] und in diesem Geschäftsbereich dezentraler gesteuert, was sich als vorteilhaft herausgestellt hat. Im Zuge einer Zentralisierung ihrer ‚Produktionsprozesse' leitet die HypoVereinsbank Ende 2000 jedoch den Verkauf der Beteiligung ein [vgl. HVB 2000d]. In der strukturierten Finanzierung hat die Vereinsbank eine größere Fachkompetenz und ein Mehr an Kundenverbindungen eingebracht, die sich auch marktlich an ihrer Stellung bei IPOs am Neuen Markt, in der Projektfinanzierung und in der Securitization zum Fusionszeitpunkt offenbaren. Im für die HypoVereinsbank sehr wichtigen Immobiliengeschäft hat sich erst während der Integration herausgestellt, dass die Kompetenzen der Vereinsbank aufgrund der übermäßigen Risikobereitschaft überlegen waren. Dies gilt insbesondere im Lichte eines schwieriger werdenden Marktumfeldes in Ostdeutschland. Heute sind daher die Immobilienprozesse stark von der alten Vereinsbank übernommen.

Als wirtschaftliches Motiv für den Zusammenschluss werden – vor dem Hintergrund der sich wandelnden Rahmenbedingungen – offiziell drei Gründe angeführt, die nachfolgend Gegenstand einer detaillierten Analyse sein sollen [vgl. Hypo-Bank/Vereinsbank 1998, S. 20]:

- Wahrung der Unabhängigkeit und Sicherung der Wettbewerbsfähigkeit in Europa;
- Erhöhung des Investitionspotenzials;
- Steigerung der Rentabilität (vornehmlich durch bessere Kosteneffizienz).

Wahrung der Unabhängigkeit und Sicherung der Wettbewerbsfähigkeit in Europa

Obwohl Größe allein nicht vor Übernahmen schützt, nimmt die Wahrung der Unabhängigkeit eine prominente Stellung in der Begründung für den Zusammenschluss ein. Durch das erreichte Geschäftsvolumen sieht sich die Bank befähigt, „auch im europäischen Markt wettbewerbsfähig zu bleiben und selbständig agieren zu können" [Hypo-Bank/Vereinsbank 1998, S. 20]. Die Bedrohung der Unabhängigkeit muss zunächst vor dem Hintergrund des Kapitalanteils an der Vereinsbank gewertet werden, den die Deutsche Bank ein Jahr zuvor erworben hat. Steigende Größe und Geschäftsvolumen ermöglichen in diesem Zusammenhang die Realisierung von Skalenvorteilen, die sich in Rentabilitätsgewinnen niederschlagen, die wiederum die Marktkapitalisierung erhöhen. In dieser Hinsicht kommt sogar einem Zusammenschluss der Größe von Hypo- und Vereinsbank ein defensiver Charakter zu [vgl. Expertenaussage].

Die Verfolgung von Rentabilitätsgewinnen durch Skaleneffekte deutet auf ein Ressourcendefizit hinsichtlich des Geschäftsvolumens hin, das die Banken vor dem Hintergrund der Rahmenbedingungen ausgemacht haben. Der offizielle Verschmelzungsbericht von Hypo-Bank und Vereinsbank macht die sich wandelnden Rahmenbedingungen entsprechend zum Ausgangspunkt für die wirtschaftliche Begründung der Fusion. Im einzelnen werden die folgenden Einflusskräfte als maßgeblich für die Fusionsentscheidung identifiziert [Hypo-Bank/Vereinsbank 1998, S. 14]:

- Größere Finanzmärkte im Zeichen der Europäischen Währungsunion;
- Überkapazitäten und Fragmentierung am deutschen Bankenmarkt;
- Deregulierung und Abbau von Markteintrittsbarrieren;
- Sinkende Margen;
- Neue Kundenbedürfnisse (steigende Ansprüche, komplexere und kapitalmarktorientierte Finanzierungsinstrumente);
- Neue Technologien und Investitionserfordernisse.

Betrachtet man die Aussagen zur Fusionsbegründung im Lichte des Resource-based View und der Konzeption der Ressourcendefizite, so kann konstatiert werden, dass die Banken – vor dem Hintergrund von Überkapazitäten, Deregulierung und Europäischer Union – Defizite gesehen haben, potenziell realisierbare Sharingsynergien zu nutzen, da ihnen eigenständig ein zu geringer Kundenstamm zur Verfügung stand. Die marktlichen Rahmenbedingungen favorisieren gewissermaßen Skaleneffekte [vgl. Expertenaussage]. Potenziale für Sharingsynergien ziehen sich bei der Fusion zur HypoVereinsbank durch weite Teile der Wertschöpfungskette; in Vertrieb und Abwicklung sind sie besonders groß [vgl. Expertenaussage]. Dynamischen Sharingsynergien kommt eine zusätzliche Relevanz zu: bei den personellen Beratungskapazitäten lassen sich Kapazitätsschwankungen, die Leerkosten verursachen, aufgrund der größeren Nachfrage optimieren [vgl. Expertenaussage].

Wesentliche Voraussetzung für diese Synergien sind die Erweiterung des Kundenstammes und die Restrukturierung des Vertriebsnetzes sowie der Abwicklungskapazitäten. Da beide Banken vornehmlich im standardisierten Privat- und mittelständischen Firmenkundengeschäft tätig sind, ergibt sich durch Verdoppelung der Marktanteile viel Raum für Effizienzverbesserungen und damit Sharingsynergien. Die Realisierung dieser Synergien wird unten im Rahmen einer Betrachtung der Rentabilitätssteigerungen analysiert.

Erhöhung des Investitionspotenzials

Zu den maßgeblichen Rahmenbedingungen zählt der technologische Wandel, der insbesondere den Bankvertrieb betrifft. Vor diesem Hintergrund antizipierten die Banken aufkommende Unteilbarkeiten, die nur unter einem hohen technischen, finanziellen und personellen Aufwand zu bewältigen sind. Damit wird die Möglichkeit, diese Investitionen auf der Basis des gesteigerten Geschäftsvolumens bewältigen zu können, zu einem weiteren Zusammenschlussmotiv. So begründen die Banken, es „können doppelte Investitionskosten vermieden werden. Die Verschmelzung schafft die Basis, um zusätzlich hohe Investitionen für den Ausbau des Vertriebs vorzunehmen (...)“ [Hypo-Bank/Vereinsbank 1998, S. 20]. Ähnlich ist die Rolle der zum Fusionszeitpunkt absehbaren Investitionen hinsichtlich der Jahr 2000 Problematik und der Euro-Umstellung zu beurteilen. Zwei Jahre später nimmt die HypoVereinsbank auch die antizipierten Investitionen im Vertrieb vor: Es werden in einem umfangreichen Programm € 250 Mio. in die Internet-Strategie und -technologie des Konzerns investiert [vgl. HVB 2000a].

Steigerung der Rentabilität

Es ist bereits angeführt worden, dass von Hypo-Bank und Vereinsbank nur in geringem Maße unterschiedliche Kompetenzen in die gemeinsame Bank eingebracht werden. Während Transfersynergien sich daher nur in geringem Maße einstellen, ist ein erhebliches Potenzial für Sharingsynergien gegeben [vgl. Expertenaussage]. So soll die angestrebte Verbesserung der Rentabilität vornehmlich durch Kosteneffizienzen im Zuge des Sharing von Vertriebs- und Abwicklungskapazitäten erreicht werden. Die komplexe EDV-Integration wird mit 18 Monaten veranschlagt [vgl. HVB 1998a] und von 17 gemeinsamen Abwicklungszentren sollen nach der Integration nur noch 5 bestehen [vgl. HVB 1998b].

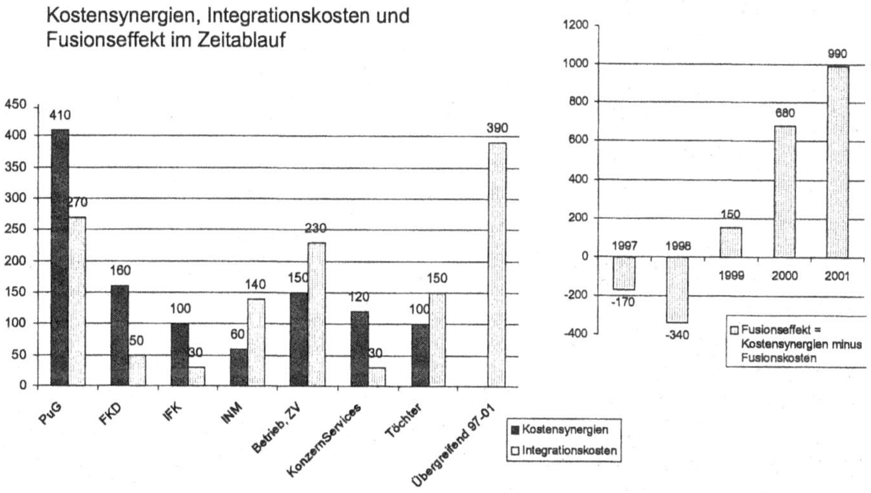

Abbildung 8-1: Kostensynergien und ihre Realisierung über die Integrationsphase in Mio. DM [Expertenaussage, interne Unterlagen][88]

Die Zielvorgabe für diese Kostensynergien ist DM 1 Mrd. jährliche Einsparungen, die mit einem Kostenaufwand für Restrukturierungsmaßnahmen von maximal DM 1,3 Mrd. erreicht werden sollen [vgl. HVB 1997]. Der Integrationszeitraum wird auf fünf Jahre veranschlagt und später auf drei Jahre verkürzt [vgl. HVB 1999a]. Abbildung 8-1 verdeutlicht die Synergien und den Zeitraum, bis das Synergiepotenzial vollständig realisiert werden kann. In der Summe sind die angestrebten Kostensynergien mit DM 1,1 Mrd. um 10 % übertroffen worden. Bei der Vertei-

88 Übergreifende Kosten sind keinem Unternehmensbereich zugeordnet.

lung der nach Abschluss der Integrationsarbeiten erzielten Kostensynergien fällt auf, dass mit DM 410 Mio. (37 %) der größte Anteil im Mengengeschäft (PuG) erreicht werden kann. Die geringsten Synergien entstammen dem Kapitalmarktgeschäft (INM). Sie resultieren teilweise aus einem Sharing der Handelsinfrastrukturen. Dabei ist zu konstatieren, dass beide Banken in diesem Bereich nicht übermäßig aktiv sind. So erwirtschaften sie vor der Fusion 1997 lediglich 5 % der Überschüsse aus Eigenhandelsgeschäften, bei der Deutschen Bank betrug der Anteil 1997 über 15 %.

In einer anderen Aufgliederung zeigt sich, dass – entsprechend der Bedeutung des Privatkundengeschäfts (PuG) – 43 % der Synergien auf der Basis der Restrukturierung des Filialnetzes erwirtschaftet werden [vgl. Tabelle 8-4]. Die HypoVereinsbank hat es mit ihrem Merger somit verstanden, die Sharingpotenziale der Akquisitionskompetenz zu realisieren. Weitere 33 % der Kostensynergien sind unter dem Punkt „Zentrale" zusammengefasst. Nach Expertenaussagen lassen sich diese weiter unterteilen in:

- Synergien aus der Unternehmenssteuerung (zentrale Stäbe, Rechnungswesen, Controlling, Personal), die prozentual zu hohen Kostendegressionen führen, aber in ihrer absoluten Höhe gering sind.
- Synergien aus dem Abwicklungsbereich (zentrale IT, Zahlungsverkehr, Wertpapierabwicklung, Bauten), die sowohl prozentual als auch absolut hohe Kostendegressionen erbringen.

Die Resultate der HypoVereinsbank bestätigen damit die Bedeutung der Sharingsynergien in der Abwicklung durch die hohen Degressionseffekte aus zentraler IT und Zahlungsverkehr. Hinsichtlich der Unternehmenssteuerung verfolgt die HypoVereinsbank keine vollständige Zentralisierung. Die strategische Planung und das Risikocontrolling werden in der Regel zusammengefasst, Einheiten wie der Norisbank oder den Auslandstöchtern allerdings eine dezentralisierte Marketingplanung gestattet [vgl. HVB 1998c, S. 6]. Vor dem Hintergrund der in ihrer absoluten Höhe eher geringen Synergien in diesem Bereich erscheint dies konsequent, um beispielsweise die Marktkenntnis einer Tochterbank zu nutzen.

Filialnetz	*EDV*	*Zentrale*	*Ausland/ Töchter*	***Konzern***
470	150	360	120	1.100
43%	14%	33%	11%	100%

Tabelle 8-4: Verteilung der Kostensynergien in Mio. DM [Expertenaussage, interne Unterlagen]

Synergien in Höhe von DM 120 Mio. stammen aus der Zusammenlegung der Auslandsaktivitäten in Osteuropa und Österreich sowie aus Sharingsynergien der deutschen Tochtergesellschaften. Hier ist der Fixkostenanteil aufgrund des geringen Geschäftsvolumens sehr hoch, so dass sich intern die Regel herausgebildet hat, etwa die Hälfte der Kosten der kleineren Einheit einsparen zu können [vgl. Expertenaussage]. In den Regionen Osteuropas waren beide Partner vor dem Zusammenschluss mit Eigengründungen und Übernahmen aktiv. So wurden in Österreich die Schoellerbank und Salzburger Kredit und Wechselbank (SKWB) zusammengeführt. Mit Wirkung zum 01.01.1999 werden die Tochtergesellschaften beider Institute in der Tschechischen Republik verschmolzen [vgl. HVB 1998d]. Im ersten Quartal 1999 wird die HSB in Ostdeutschland mit der Norisbank integriert [vgl. HVB 1999b]. Auf der Hauptversammlung am 06.05.1999 bezeichnet Schmidt die Integration der Tochtergesellschaften und Auslandsfilialen als abgeschlossen [vgl. HVB 1999a].

Darüber hinaus hat die HypoVereinsbank durch ihr Größenwachstum auch finanzielle Synergien realisieren können. Diese sind in obige Kosteneffizienzen nicht eingerechnet, dennoch heißt es beispielsweise im Geschäftsbericht 1998 [HVB 1999c, S. 68]: „Schon kurz nach der Bekanntgabe der Fusion im Jahre 1997 haben wir konsequent unsere langfristige Fundingstrategie überarbeitet und 1998 an die neue Größenordnung herangeführt.“ Interviewaussagen bestätigen eine erleichterte Refinanzierung durch besseres Kapitalmarktstanding und einen geringeren Fixkostenanteil großvolumiger Mittelaufnahmen [vgl. Expertenaussage]. Solche Synergien haben zudem den Vorteil, ohne wesentliche Integrationskosten erzielbar zu sein. Auch sind aus Expertensicht Synergien bei der Diversifikation der Risikoaktiva schon durch ein Volumenwachstum möglich, obwohl der Merger von Hypo-Bank und Vereinsbank keine weitere Streuung der Risikoaktiva ermöglicht hat [vgl. Expertenaussage]. Da bei beiden Partnern zum Fusionszeitpunkt wenig freie finanzielle Eigenkapitalkapazitäten vorhanden waren, wurde die Fusion zum Anlass für eine Kapitalerhöhung genommen. Transfersynergien hinsichtlich eines verbesserten Cross-selling durch Sortimentsausweitung gehören ebenfalls nicht zu den positiven Effekten dieser Fusion [vgl. Expertenaussage]. Über die in dieser Arbeit analysierten Synergien hinausgehend wird Sharingsynergien durch eine gemeinsamen Beschaffung bei der Größenordnung der HypoVereinsbank durchaus Relevanz zugemessen [vgl. Expertenaussage]. Allerdings liegt in diesem Fall keine bankbetriebliche Besonderheit vor.

Der Zusammenschluss von Hypo-Bank und Vereinsbank verdeutlicht eindrucksvoll die Sharingpotenziale, die vor allem in Vertrieb und Abwicklung, aber auch durch die Integration von Auslandsaktivitäten realisiert werden können. Die Integrationskosten fallen über die Jahre 1997-2001 an und liegen leicht unterhalb der angestrebten DM 1,3 Mrd. Die Immobilienaltlasten in Höhe von DM 3,6 Mrd. verdeutlichen, dass Synergiepotenziale ex ante schwer genau geplant werden können und ihre Realisierung risikobehaftet ist. Kompetenzen, die man einem Fusionspartner aus externer Sicht zuschreibt, können bei genauerer Betrachtung oder wenn die Rahmenbedingungen sich unerwartet ändern in weitaus schlechterem Licht erscheinen [vgl. Expertenaussage].

Die integrierte Bank wird gemäß dem Strategiekonzept der „Bank der Regionen" geführt und knüpft damit an das fokussierte Konzept der alten Vereinsbank an, das oben bereits beschrieben worden ist [Schmidt 1999, S. 93-94].

> „Die Bank der Regionen muß global sein, weil der Shareholder Value und der Wettbewerb sich international orientieren, weil bestimmte Geschäfte nur international betrieben werden können und auch lokale Kunden internationale Leistungsstandards und Expertise erwarten. Und dennoch ist die Bank der Regionen eine eindeutige Absage an das Konzept des Global Player. Denn sie muß regional sein und vor Ort Kompetenz, Schnelligkeit und Qualität beweisen."

Vor dem Hintergrund der gesteigerten Größe rückt die Ausweitung der Präsenz durch internationale Expansion, insbesondere in Mittel- und Osteuropa weiter in den Mittelpunkt. So verkündet bereits der Verschmelzungsbericht, dass nach dem Zusammenschluss bestehender Auslandseinheiten „in einem zweiten Schritt (...) gezielte Akquisitionen die Präsenz in ausgewählten Regionen stärken" werden [vgl. Hypo-Bank/Vereinsbank 1998, S. 22]. Übergeordnetes Ziel dieser Expansion ist eine einzige „Produktionsbank" für die Abwicklung des Geschäftsvolumens aller regionalen Einheiten, die in der Lage ist, große Skaleneffekte zu realisieren [vgl. Expertenaussage]. Ebenso kann die Refinanzierung über die Regionen hinweg zentralisiert werden. Hier zeigt sich wieder der Einfluss der Rahmenbedingungen, da es noch Jahre oder Jahrzehnte dauern kann, bis alle regulatorischen Hindernisse für ein solches Vorhaben überwunden sind. Dennoch ist es der HypoVereinsbank wichtig, bereits jetzt die regionale Präsenz aufzubauen.

8.4 Expansion in Polen: Bank Przemyslowo-Handlowy

8.4.1 Ausgangslage

Die BPH ist eine ertragsstarke Bank, die sich auf das Privatkundengeschäft in Südpolen sowie auf das mittelständische Firmenkundengeschäft konzentriert. Die Geschäftsausrichtung passt damit mit den Schwerpunkten der HypoVereinsbank in ihrem Stammgeschäft zusammen [vgl. Expertenaussage]. Die BPH erwirtschaftet 1998 eine Eigenkapitalrendite von 19,6 %, die allerdings aufgrund der nachlassenden Wirtschaftsdynamik in Polen und der hohen Investitionstätigkeit der Bank bis zum Geschäftsjahr 1999 auf 4,0 % zurückgeht [vgl. BPH 2000]. Ähnlich verschlechtert sich die Cost-Income Ratio von 44,3 % auf 68,2 %. Mit einer Bilanzsumme von rund € 3,62 Mrd., 1,26 Mio. Retail- und 76.000 Firmenkunden, denen bankseitig 220 Filialen und 6.560 Mitarbeiter gegenüberstehen [vgl. BPH 2000], ist die BPH im Verhältnis zur HypoVereinsbank relativ klein. Die Übernahme stellt dennoch einen aggressiven Schritt in die osteuropäischen Märkte dar, da sie vielen Wettbewerbern zuvor kommt.

8.4.2 Übernahmemotive

Die Übernahme läuft in mehreren Schritten ab. Noch während der Zusammenschluss von Hypo-Bank und Vereinsbank durch die Altlastenproblematik belastet ist, erwirbt die HypoVereinsbank, beginnend mit dem 22.10.1998, sukzessive eine Mehrheitsbeteiligung an der BPH-Bank in Polen. Grundlage ist eine Privatisierung der Staatsanteile. Ende 1999 hält die HypoVereinsbank 86,1 % der BPH. Hintergrund für die Übernahme ist die zu diesem Zeitpunkt bereits starke Präsenz der HypoVereinsbank in Polen mit zwei Tochtergesellschaften, der Hypo-Bank Polska SA sowie der HypoVereinsbank Polska SA [vgl. Expertenaussage]. Polen ist zudem ein aussichtsreicher Beitrittskandidat für die EU und ein ausgesprochener Wachstumsmarkt mit einer geringen Bankdichte [vgl. HVB 1998e]. Da vor dem Hintergrund der absehbaren Aufnahme Polens in die EU mit einer Angleichung der regulatorischen Rahmenbedingungen gerechnet werden kann, besteht langfristig die Möglichkeit, die Idee einer gemeinsamen Abwicklungsbank aus dem Konzept der „Bank der Regionen“ zu verwirklichen.

Damit ist die Übernahme der BPH und der Markteintritt in Mittel- und Osteuropa ein erster großer Schritt bei der Umsetzung der Strategie der „Bank der Regionen“, die die HypoVereinsbank sich gegeben hat [vgl. HVB 1998e]. Durch die Erweiterung um 6.550 Mitarbeiter trägt die Übernahme maßgeblich zur Internationalisierung des Konzerns bei [vgl. Expertenaussage]. Da die Banken einen ähnlichen Geschäftsfokus aufweisen, nimmt sich die BPH schnell ihrer Rolle als Bestandteil des übergeordneten Strategiekonzepts an [vgl. auch BPH 2000, S. 14].

Durch die Übernahme überwindet die HypoVereinsbank Expertenaussagen zufolge wesentliche Eintrittsbarrieren in den polnischen Markt, die vor allem im Retail Banking bestehen, im Wholesale oder Corporate Finance hingegen von geringerer Bedeutung sind. Hierbei handelt es sich um Marktkenntnisse, den bestehenden Kundenstamm, Mitarbeiter- und Managementkapazitäten in einem für das Retailgeschäft erforderlichen Umfang sowie – nicht zuletzt – um eine Reputation, die sich in einer gesellschaftlichen Verankerung ausdrückt und damit für Kundenakzeptanz im Markt sorgt [vgl. Expertenaussage]. Mit Marktanteilen von 20 % - 30 % in Südpolen besitzt die BPH viele dieser Ressourcen und bietet eine Ausgangsbasis für eine weitergehende Expansion, die durch eine Ausweitung der Geschäftsstellen von 220 auf 400 erreicht werden soll [vgl. HVB 1999e]. Die finanziellen Aufwendungen sowie die rechtlichen und nationalen Widerstände eines Eintritts in das Privatkundengeschäft aus eigener Kraft wären prohibitiv gewesen. Lediglich die physische Vertriebspräsenz hätte – wenn auch nicht in der entsprechenden Vertriebsdichte – nach Experteneinschätzung auch durch Eigeninvestitionen aufgebaut werden können, keinesfalls jedoch Reputation oder Kundenstamm [vgl. Expertenaussage]. So ist es verständlich, dass die Marke der BPH in Polen erhalten bleibt und die Bank eine weitreichende Autonomie behält [vgl. HVB 1998e].

Auch eine Akquisition wie die der BPH, die der Umsetzung eines übergeordneten Strategiekonzepts dient, ist auf die Realisierung von Synergieeffekten des Sharing oder Transfers angewiesen, die zur Verbesserung der Wettbewerbsposition beitragen. Das größte Potenzial für Sharingsynergien liegt in der Realisierung einer gemeinsamen Abwicklung im Back-office für alle Kundengeschäfte. Noch stehen diesem Vorhaben die regulatorischen Rahmenbedingungen entgegen, so dass diese Synergien lediglich sehr langfristig antizipiert werden können. Sie haben daher bei der Entscheidung im Übernahmezeitpunkt keine wesentliche Rolle gespielt [vgl. Expertenaussage]. Sharingsynergien durch eine gemeinsame IT-Plattform waren hingegen im Übernahmezeitpunkt fest beabsichtigt. Allerdings hat sich das Vorhaben als komplex erwiesen und ist zunächst zurückgestellt worden. Lediglich eine gemeinsame Nutzung der Systeme für das internetbasierte Cash-Management für Firmenkunden ist derzeit geplant. Zunächst liegt der Schwerpunkt der Integrationsmaßnahmen auf der Realisierung von Transfersynergien [vgl. Expertenaussage].

Besondere Aufmerksamkeit verdient der gegenseitige Kompetenztransfer im Hypothekenbankgeschäft, da die HypoVereinsbank dieses als ihre Kernkompetenz ansieht [vgl. Hypo-Bank/Vereinsbank 1998, S. 21]. Im Zuge der BPH-Übernahme werden die Immobilienkompetenzen der HypoVereinsbank in die HypoVereinsbank Bank Hipoteczny SA als neue Tochtergesellschaft der BPH eingebracht, die aus einer bestehenden Tochtergesellschaft der HypoVereinsbank hervorgeht (Hypo Bank SA). Die neue BPH-Tochtergesellschaft konzentriert sich auf die Finanzierung gewerblicher Immobilienprojekte. In dieser werden die Geschäftsprozesse und Bewertungsmethoden der HypoVereinsbank übernommen und polnische Mitarbeiter entsprechend geschult [vgl. Expertenaussage]. Auf diesem Weg findet ein weitgehender Transfer der Immobilienkompetenz in den polnischen Markt statt. Im Gegenzug profitiert die HypoVereinsbank von der Marktkenntnis, dem Privatkundenstamm sowie der Präsenz der BPH und überwindet so maßgebliche Eintrittsbarrieren in das Immobiliengeschäft in Polen. Insbesondere für die Wohnbaufinanzierung erachtet die HypoVereinsbank die Nutzung des dichten Filialnetzes der BPH sowie deren langjähriger Erfahrung im polnischen Markt als wertvoll, um finanzierte Objekte an die Privatkunden der BPH absetzen zu können [vgl. HVB 1999f].

Das Ziel des Kompetenztransfers wird auch in expliziten Aussagen des Vorstandsmitglieds Stephan Schüller deutlich [HVB 1999g]: „Durch die Bündelung unserer Kräfte und den Transfer von Know-how wollen wir die Schlagkraft der BPH-Bank im Geschäft mit Privat- und Firmenkunden noch bedeutend erhöhen." Die vielfältigen Integrationsmaßnahmen haben zusätzliche Rückkopplungseffekte zur Unternehmenssteuerung der HypoVereinsbank: diese erweitert so stark ihr Know-how im Integrations- und Projektmanagement [vgl. Expertenaussage]. Die außerhalb des Hypothekengeschäfts angestrebten Transfersynergien, die vornehmlich eine Verbesserung der Kompetenzen der BPH zum Ziel haben, lassen sich anhand der Wertschöpfungskette strukturieren. Sie sind für jede Wertschöpfungsaktivität relevant und sollen hier knapp zusammengefasst werden [vgl. Expertenaussage]:

- Hinsichtlich der Akquisitionskompetenz werden Konzepte der Filialstrukturierung und Regionalisierungskonzepte des Vertriebsnetzes auf die BPH übertragen. Auch beim Aufbau eines Call Centers für Retailkunden wird auf die Erfahrungen der HypoVereinsbank zurückgegriffen. Die IT-Unterstützung im Front-office wird im Zuge der Übernahme zwar angepasst, jedoch geschieht dies weitgehend ohne Transfer von Kompetenzen der HypoVereinsbank. Im Internetvertrieb ist die BPH ohnehin einer der Vorreiter im polnischen und internationalen Geschäft [vgl. auch BPH 2000, S. 24].
- Sowohl im Retail als auch im Wholesale Banking wird die Beratungskompetenz mittels einer Schulung der Mitarbeiter durch die HypoVereinsbank verbessert. Im Retailbereich hat dies eine höhere Vertriebsorientierung zum Ziel [vgl. auch BPH 2000, S. 44]. Daneben werden Wohnungsbaufinanzierungen nach dem Modell der HypoVereinsbank eingeführt und die Produkte den Mitarbeitern vermittelt. Im Wholesalebereich soll vor allem die fachliche Beratungskompetenz durch Schulungen verbessert werden. Zudem werden Konzepte für die Außenhandelsfinanzierung auf die BPH übertragen. Produkte des Cash Management werden direkt übernommen. Im Kapitalmarktgeschäft werden Mitarbeiter der ehemaligen Tochtergesellschaft der HypoVereinsbank (HypoVereinsbank Polska SA) eingesetzt, die in die BPH aufgegangen ist. So können neue Produkte in der strukturierten Finanzierung angeboten werden und das Wissen der Mitarbeiter kann in die örtlichen Teams diffundieren. Damit kommt es zu Kompetenztransfer und Sortimentsausweitung. Es ist durchaus denkbar, dass sich langfristig weitere Cross-selling Potenziale durch die Nutzung der internationalen Platzierungskraft der HypoVereinsbank für lokale Kunden ergeben [vgl. auch BPH 2000, S. 22].
- Im Wholesalegeschäft kommt es zu einer Anwendung von Kreditprozessen und -standards im Monitoring nach dem Muster der HypoVereinsbank. Die Einführung eines Scoringsystems im Retail Banking ist geplant. Auf Gesamtbankebene werden die Standards im Risikomanagement mit Unterstützung der HypoVereinsbank an ein europäisches Niveau angepasst [vgl. auch BPH 2000, S. 16].
- Im gesamten Back-office und insbesondere im Zahlungsverkehr verbessern und erweitern Experten der HypoVereinsbank die örtlichen Systeme und Abläufe.
- Durch die Kapitalkraft der HypoVereinsbank eröffnen sich neue Geschäftsmöglichkeiten mit Firmenkunden in Polen, da größere Risiken übernommen werden können [vgl. auch BPH 2000, S. 12]. Zudem kommt es zu einem verbesserten Standing am Kapitalmarkt und zu einer erleichterten Refinanzierung, so dass die finanzielle Kapazität nachhaltig gestärkt wird. Positive Ef-

fekte durch eine bessere Diversifikation der Risikoaktiva werden durch die Experten verneint.

- Hinsichtlich der unterstützenden Kompetenzen werden vielfältige Synergien angestrebt. In das Management Board der BPH werden erfahrene Mitarbeiter der HypoVereinsbank aufgenommen. Dieser Aspekt wird für besonders wichtig gehalten, so leitet der Geschäftsbericht 1999 der BPH den Abschnitt über das Integrationsvorhaben mit folgenden Worten ein [2000, S. 22]: „A particularly important function of the Integration Project is the transfer of know-how". Zu diesem Know-how gehören auch Erfahrungen im Projektmanagement. Das Integrationsprojekt läuft unter gemeinsamer Leitung ab und wird zusätzlich durch Projektmanager der HypoVereinsbank unterstützt. Organisationsstrukturen, der Grad der Divisionalisierung und die Regionalisierung der Vertriebseinheiten in den Geschäftsbereichen werden nach den Erfahrungen der HypoVereinsbank neu gestaltet. Im Personalmanagement werden Vergütungssysteme, Ausbildungskonzepte und Recruitingmaßnahmen mit Hilfe der HypoVereinsbank modernisiert.

Als Ergebnis der BPH-Übernahme hat die HypoVereinsbank ihre Stellung in Mittel- und Osteuropa stark ausgebaut. Das Volumen der Bilanzaktiva westeuropäischer Banken in Mittel- und Osteuropa kann dies verdeutlichen. Ausgehend von € 5,7 Mrd. Ende 1998 hat die HypoVereinsbank diesen Wert bis Ende 1999 – vornehmlich durch die Ausweitung des BPH-Anteils – auf € 8,3 Mrd. erhöht [vgl. Ermisch 2000]. Dies muss vor dem Hintergrund der sich anbahnenden Integration dieser Regionen in die Europäische Union beurteilt werden.

8.5 Internationalisierung in Österreich und Osteuropa: Bank Austria

8.5.1 Ausgangslage

Die Bank Austria ist 1991 aus der Verschmelzung von Zentralsparkasse und Länderbank hervorgegangen, daher besteht traditionell ein erheblicher staatlicher Einfluss auf die derzeit größte österreichische Bank. Am 12.01.1997 erwirbt die Bank Austria 48,6 % des Grundkapitals der angeschlagenen Creditanstalt, die 69,35 % des stimmberechtigten Kapitals der Bank entsprechen. Bis zum November 1997 stockt die Bank Austria diesen Anteil mittels eines öffentlichen Umtauschangebots bis auf 98,2 % auf. Die Creditanstalt behält ihre eigenständige Marke in Österreich. Die Aktivitäten im Corporate Finance werden in einer gemeinsamen Investmentbank (CA IB Investmentbank) zusammengefasst, ebenso wie die Tochtergesellschaften in Mittel- und Osteuropa, die vornehmlich im Firmenkundengeschäft aktiv sind [vgl. Bank Austria 2000a].

Im Juni 2000 erweitert die Bank Austria ihre Beteiligung an der polnischen Powszechny Bank Kredytowy (PBK) und hält damit 53 % an der viertgrößten Bank Polens mit einer Bilanzsumme von € 4,2 Mrd. [vgl. Bank Austria 2000a]. Die PBK ist eine landesweit agierende Universalbank mit 1,2 Mio. Privatkunden und 150.000 Firmenkunden [vgl. Bank Austria 2000b, S. 68]. Somit wird in diesem Markt nach den Aktivitäten im Firmenkundengeschäft auch eine Präsenz im Privatkundengeschäft aufgebaut.

Mit der Bank Austria erwirbt die HypoVereinsbank Assets in Höhe von € 140 Mrd. Die Bank ist im Privat- und Firmenkundengeschäft tätig und hat in Österreich 1,7 Mrd. Privatkunden und kommt damit auf Marktanteile bis zu 20 %. Tabelle 8-5 gibt einen Überblick zur Geschäftssituation der Bank Austria im Vergleich zur HypoVereinsbank. Mit ihrer Präsenz in Osteuropa ist sie dort auch im Corporate Finance Geschäft führend, so hat Euromoney die CA IB Investmentbank oder ihre jeweilige Tochtergesellschaft als bestes ausländisches Wertpapierhaus in Ungarn, Polen, Rumänien, Slowenien und der Ukraine ausgezeichnet [vgl. o.V. 1999].

1999, Mio. €	*HVB*	*(Vorjahr)*	*(Veränd.)*	*Bank Austria*	*(Vorjahr)*	*(Veränd.)*
Bilanz-/Unternehmenszahlen						
Bilanzsumme	503.255	460.735	9,2 %	139.999	123.938	13,0 %
Mitarbeiter (Anzahl)	46.170	39.447	17,0 %	19.032	19.164	-0,7 %
Eigenkapital	12.440	12.236	1,7 %	4.441	4.182	6,2 %
Forderungen an Kunden	325.771	310.112	5,0 %	74.648	66.391	12,4 %
Hypothekendarlehen	159.455	149.452	6,7 %	4.592	4.481	2,5 %
Erfolgs-/Effizienzzahlen						
Eigenkapitalrentabilität n.St.	3,0 %	6,1 %		11,9 %	4,7 %	
Betriebsergebnis n. Risiko	371	1.261	-70,6 %	587	189	210,6 %
Cost/Income Ratio	61,6 %	59,7 %		71,7 %	72,0 %	
Ergebnisstruktur						
Zinsüberschuss	5.045	5.035	0,2 %	2.034	2.023	0,5 %
Provisionsüberschuss	1.876	1.631	15,0 %	777	707	9,9 %
Nettoergebnis Finanzgeschäfte	401	487	-17,7 %	187	210	-11,0 %
Verwaltungsaufwand	4.570	4.324	5,7 %	2.149	2.116	1,6 %
Risikovorsorge	2.472	1.659	49,0 %	400	754	-46,9 %
Anteil Provisionsüberschuss	25,6 %	22,8 %	12,4 %	25,9 %	24,0 %	7,8 %
Eigenkapitalquote						
Kernkapital (BIZ)	6,4 %	6,0 %		5,9 %	7,0 %	

Tabelle 8-5: HypoVereinsbank und Bank Austria im Vergleich [Geschäftsberichte]

8.5.2 Übernahmemotive

Am 23.07.2000 wird die Übernahme der Bank Austria angekündigt. Bis zum Ende des Jahres erfolgen die Zustimmung der österreichischen Übernahmekommission, der Hauptversammlung sowie der EU-Kommission. Das entstehende Institut hat 65.000 Mitarbeiter, 2.000 Filialen, ein Eigenkapital von € 17 Mrd. und eine Bilanzsumme von € 650 Mrd., davon € 12,8 Mrd. in Osteuropa. Mit der räumlichen Nähe der Bank Austria zum Stammgeschäft der HypoVereinsbank in Bayern und ihrem starken Engagement in Mittel- und Osteuropa ist die Übernahme offensichtlich ein weiterer Schritt zur Implementierung der „Bank der Regionen" Strategie [vgl. Expertenaussage]. Die Übernahme ist bis dato die größte grenzüberschreitende Transaktion innerhalb Europas und schafft nach der Bilanzsumme den drittgrößten Bankkonzern Europas. Im Eigenkapital liegt sie auf Platz fünf, bei der Kundenanzahl auf dem neunten Platz [vgl. HVB/Bank Austria 2000, S. 6].

Rahmenbedingungen und einheitliches Strategiekonzept

Vor dem Hintergrund der sich öffnenden Märkte im Osten, der technologischen Entwicklungen und der damit in Zusammenhang stehenden Investitionserfordernisse, führt die Bank Austria in ihrem Geschäftsbericht 1999 – also lange vor der Fusionsankündigung – aus, dieses Wettbewerbsumfeld gebiete, „sich zu konzentrieren, die Kräfte zu bündeln und vorhandene Wettbewerbsvorteile weiter auszubauen. Strategisch denkt die Bank Austria nicht mehr in Kategorien von Staaten und Grenzen. Sie versteht sich als regionale Bank, und ihre Kernregion ist das zusammenwachsende Mittel- und Osteuropa" [Bank Austria 2000b, S. 21]. Die verfolgte Strategie einer „fokussierten Universalbank" [Bank Austria 2000b, S. 22] zeigt damit eine enge Verwandtschaft zum Konzept der „Bank der Regionen", welches die HypoVereinsbank verfolgt [vgl. auch Randa 2000, S. 9]. Zusätzlich geben beide Banken ein Commitment zum Retailgeschäft ab.

Mit dem Geschäftsvolumen der Bank Austria wird die Realisierung von Skaleneffekten für die geplante einheitliche Transaktionsbank im Back-office der „Bank der Regionen" langfristig ermöglicht. Immerhin vergrößert sich der Kundenstamm um 1,7 Mrd. Privatkunden in Österreich. Ohne Übernahme wären die Eintrittsbarrieren eines besetzten Marktes nicht zu überwinden gewesen. Kundenstamm und Markenreputation hätte die HypoVereinsbank nicht im Alleingang aufbauen können [vgl. Expertenaussage].

Der Einfluss der Rahmenbedingungen auf eine derartige Übernahmeentscheidung ist unverkennbar. Dabei spielt die Europäische Union, mit Österreich als Mitglied, ebenso eine Rolle wie deren absehbare Osterweiterung und – damit in Verbindung stehend – die starke Präsenz der Bank Austria in diesen Regionen. Zu den Rahmenbedingungen zählt auch der zunehmende Kapitalmarkteinfluss auf die Bank Austria und der Rückzug des Staates als Gewährträger der ehemaligen Sparkasse. Vorstandsvorsitzender Randa sieht in diesem Zusammenhang die Eigenkapitalanforderungen auf eine Kernkapitalquote von 8 % ansteigen [vgl. 2000, S. 8]. Bei derzeit 5,9 % profitiert die Bank Austria von der Kapitalkraft der HypoVereinsbank.

Bereits quantifizierte Synergiepotenziale und allgemeine Sharingsynergien

Ein Ziel der Übernahme sind nach gemeinsamer Ankündigung der Vorstandsvorsitzenden der HypoVereinsbank, Albrecht Schmidt und der Bank Austria, Gerhard Randa, die Erzielung von Kostensynergien in Höhe von € 320 Mio. p.a. Mit € 200 Mio. kommen 62,5 % dieser Synergien durch Überlappungen bei den Auslandsaktivitäten. Die Aktivitäten der HypoVereinsbank in Österreich werden dabei in die Bank Austria integriert, sämtliche internationalen Aktivitäten in den Finanzzentren komplett in die HypoVereinsbank. Diese Arbeiten sollen alle bis Ende 2003 abgeschlossen werden [vgl. HVB 2000b]. Der Rest der Kostensynergien in Höhe von € 120 Mio. entfällt auf zukünftig konzernweit gemeinsam genutzte Informationstechnologien, die so zu „Bindegliedern der Tochtergesellschaften im Rahmen der ‚Bank der Regionen'-Strategie" [Randa 2000, S. 12] werden. Dabei sind bislang nur die IT-Entwicklungskosten quantifiziert worden, die sich jährlich einsparen lassen [vgl. Expertenaussage].

Synergien	*€ Mio.*	*% Kostenbasis*)*	*Maßnahmen*
Eurozone	**65**		
HVB in Bank Austria	42	50 %	Integration der SKWB in Bank Austria Gruppe
Bank Austria in HVB	6	80 %	Eingliederung von BA Deutschland in HVB
Stabsfunktionen und übrige Länder	17	-	Integration, Aufbau einer gemeinsamen Infrastruktur
CEE Länder	**70**	**15 %**	
Davon Ungarn	10	20 %	Integration von HVB in Bank Austria
Davon Tschechien	10	15 %	Integration von HVB in Bank Austria
Davon Polen	50	15 %	Regionale Ergänzung und gemeinsame Plattform
Financial Centres	**65**	**20 %**	
Westeuropa	27	23 %	Integration von Bank Austria in HVB
Amerika	27	19 %	Integration von Bank Austria in HVB
Asien/Australien	11	18 %	Integration von Bank Austria in HVB
IT	**120**		Gemeinsame Weiterentwicklung vorhandener Software und Prozesse, Einführung System E
	320		

Tabelle 8-6: Quantifizierte Synergiepotenziale HypoVereinsbank - Bank Austria [HVB/Bank Austria 2000, S. 12][89]

89 „% Kostenbasis" ist bezogen auf die gemeinsame Kostenbasis, außer bei „Eurozone" (hier bezogen auf die Kostenbasis der jeweils integrierten Einheit).

Die bereits quantifizierten Synergiepotenziale bestehen ohne Ausnahme aus Sharingsynergien. Tabelle 8-6 gibt diese im Überblick mit den dazugehörigen Maßnahmen wieder. Die einmalig anfallenden Integrationskosten sollen € 350 Mio. nicht übersteigen [vgl. HVB/Bank Austria 2000]. Die Banken geben in ihrer offiziellen Dokumentation zusätzlich Effekte aus einer Kostenoptimierung im Zuge der Integration der Creditanstalt an [vgl. HVB/Bank Austria 2000]. Diese Synergien dürfen allerdings nicht der Fusion zwischen HypoVereinsbank und Bank Austria angerechnet werden, da sie auch ohne diese Transaktion erzielt werden.

Neben diesen bereits quantifizierten Synergiepotenzialen sehen HypoVereinsbank und Bank Austria weitere Synergiepotenziale, die auf gemeinsam genutzte Infrastrukturen zurückgehen [vgl. HVB/Bank Austria 2000, S. 13; Randa 2000, S. 12]:

- Eine gemeinsame Transaktionsbank mit höherem Geschäftsvolumen bei Internettransaktionen – auf Basis der Financial Markets Service Bank der HypoVereinsbank – ermöglicht Skaleneffekte. Aufgrund der fortgeschrittenen Harmonisierung der Rahmenbedingungen innerhalb der EU kann dieses Vorhaben als Bestandteil des „Bank der Regionen“ Konzepts voraussichtlich bald umgesetzt werden, zumindest rascher als ähnliche Pläne für außereuropäische Einheiten [vgl. auch Expertenaussage].
- Überlappende Investitionen im Bereich der Internettechnologien können gemeinsam erfolgen und schaffen so Kostensynergien und ein größeres Investitionspotenzial. Die kritische Masse für derartige Investitionen verschiebt sich immer weiter nach oben. Die Entwicklung ist auch für die Märkte im Osten relevant und ermöglicht weitere Kostendegressionseffekte [vgl. auch Randa 2000, S. 7].
- Die Banken planen den Aufbau gemeinsamer Informationssysteme in den Bereichen Risikomanagement, Controlling und Auditing. Auch diese Investitionen können gemeinsam erfolgen.

Darüber hinaus bestehen finanzielle Synergiepotenziale. Zunächst bringt die HypoVereinsbank ihr Standing am Kapitalmarkt in die Fusion ein. Gemeinsam profitiert das Standing der Banken vom kombinierten Geschäftsvolumen, Eigenkapital und Assetvolumen, die über das Rating die Refinanzierungskosten beeinflussen können [vgl. Randa 2000, S. 11]. Wie viele Synergien durch die Zusammenlegung der Zentralfunktionen in der Unternehmenssteuerung erwirtschaftet werden können ist noch nicht geklärt, da die Struktur noch festgelegt wird [vgl. Expertenaussage].

Transfersynergien mit der Bank Austria in Österreich

Neben den kostenorientierten Sharingsynergien identifizieren die Banken in ihrer Fusionsbegründung auch Potenziale für Ertragssynergien, die vornehmlich auf Transfersynergien beruhen. Beispiele beinhalten das Cross-selling an einen neuen

Kundenstamm und die Nutzung neuen Know-hows [vgl. HVB/Bank Austria 2000, S. 14-15].

In diesem Zusammenhang ist die Ausweitung des Vertriebsnetzes zwischen Deutschland und Österreich zu nennen. Aufgrund der engen wirtschaftlichen Verflechtung der Regionen werden Wachstumspotenziale erzeugt: Gerade für größere Firmenkunden und Immobilienprofis ist eine grenzüberschreitende Betreuung vorteilhaft [vgl. Expertenaussage]. Dabei stellt sich allerdings die Frage, ob diese Potenziale – zumindest seitens der HypoVereinsbank in Österreich – nicht bereits über ihre Tochtergesellschaften vorhanden waren. Umgekehrt wird die Betreuung für österreichische Kunden in Deutschland stärker ausgebaut. Da es sich bei Deutschland und Österreich um besetzte Märkte handelt, werden durch die Übernahme in erster Linie Markteintrittsbarrieren in Form eines aufgebauten Kundenstamms und einer gewachsenen Markenreputation übernommen [vgl. Expertenaussage].

Weiterhin werden verschiedene Kompetenzen der beiden Partner bidirektional übertragen:

- Die Expertise der HypoVereinsbank im Internet Broking sowie in der Vertriebswegeintegration (Multichannel-Management) kann auf die Bank Austria ausgedehnt werden. Kompetenzen aus dem E-Commerce Projektteam der HypoVereinsbank werden bereits durch die Entsendung von Experten nach Österreich und den Aufbau einer spiegelbildlichen Organisation transferiert [vgl. Expertenaussage].
- Im Asset Management sieht die gemeinsame Bank das Potenzial, durch Cross-selling an den vergrößerten Kundenstamm schneller zu wachsen [vgl. Randa 2000, S. 12]. Dabei verwaltet die HypoVereinsbank ein Vermögen von € 130 Mrd. und die Bank Austria € 25 Mio. Bei dem beträchtlichen Abstand zu Wettbewerbern wie dem Weltmarktführer UBS (1.746 Mrd. CHF oder etwa € 1.150 Mrd. im 3. Quartal 2000) kann hier mit den zusätzlichen € 25 Mio. allerdings nicht von einer entscheidenden Verbesserung gesprochen werden.
- Durch die größere Basis an Retailkunden und die erweiterten Kontakte zu institutionellen Investoren erhöht die gemeinsame Bank ihre Platzierungskraft und damit ihre Chance, Provisionseinnahmen durch die Teilnahme an Begebungskonsortien zu erwirtschaften oder die Konsortialführung zu übernehmen. „Was heute besonders ins Gewicht fällt ist eine ausreichende Platzierungskraft (auf Weltfinanzmärkten und in der Direktplatzierung, zum Beispiel im zukunftsträchtigen Private Equity). Die haben wir einfach in unserem kleinen Markt nicht. Und abgesehen davon sollte eine Bank in bezug auf das Kapitalmarktstanding stets mit ihren besten Kunden mithalten können“ [Randa 2000, S. 4]. In diesem Zusammenhang bringt die HypoVereinsbank finanzielle Kapazität in die Fusion ein [vgl. HVB 2000c]. Im Vergleich zur Bank Austria hat sie ein fast dreimal so hohes Eigenkapital und kann Wholesale

Kunden in Österreich so die Übernahme höherer Risiken anbieten [vgl. Expertenaussage].

Synergien im Rahmen der Osteuropa-Präsenz

Mit der Bank Austria stärkt die HypoVereinsbank auch ihre Präsenz in Mittel- und Osteuropa. Dies erhöht die Attraktivität bei international agierenden Firmenkunden und damit das Ertragspotenzial. Nach Einschätzung von Gerhard Randa passen die Banknetze zusammen wie Puzzle-Stücke an der ehemaligen Schnittstelle zwischen Ost und West [vgl. 2000, S. 10].

Insgesamt ist die kombinierte Bank mit € 12,8 Mrd. Assets die größte Auslandsbank in Mittel- und Osteuropa, gefolgt von der amerikanischen Citigroup, der belgischen KBC und der italienischen Unicredito [vgl. HVB/Bank Austria 2000, S. 22]. Die Bank Austria bringt 400 der gemeinsamen 670 Filialen in dieser Region ein. Wie sehr beide Banken gemeinsam den Markauftritt in Mittel- und Osteuropa stärken wird besonders in Polen deutlich.

Während die HypoVereinsbank die bereits beschriebene BPH kontrolliert, besitzt die Bank Austria eine Mehrheitsbeteiligung an der größeren und in ganz Polen vertretenen PBK. Damit kann die HypoVereinsbank auf weitere 1,3 Mio. Privatkunden, 150.000 Firmenkunden, 8.500 Mitarbeiter und 332 Niederlassungen zurückgreifen [vgl. Bank Austria 2000b, S. 68]. Tabelle 8-7 vergleicht die beiden polnischen Banken anhand einiger Kriterien. Im Falle einer Integration, die gemessen an der Bilanzsumme die drittgrößte Bank Polens schaffen würde, können die Investitionen eingespart werden, die für den Filialausbau der BPH auf 400 Niederlassungen geplant sind. Dieses Potenzial schlägt sich in den € 50 Mio. Kostensynergien durch die Integration in Polen nieder.

	BPH (HVB)	*PBK (BA)*	***HVB/BA Polen***
Kunden (Mio.)	0,8	1,3	2,1
Filialen (Anz.)	220	330	550
Marktanteil	5,5 %	5,3 %	10,8 %
Mitarbeiter	6.500	8.500	15.000

Tabelle 8-7: Die Polen-Aktivitäten im Vergleich

Über die Verstärkung der Vertriebspräsenz hinaus werden vielfältige Know-how Synergien und Lerneffekte angestrebt. Deutlich wird dies im Corporate Finance, indem das Angebot durch die marktliche Expertise der CA IB Investmentbank in Osteuropa regional ausgedehnt werden kann [vgl. HVB/Bank Austria 2000, S. 15]. Die HypoVereinsbank bringt hingegen ihre Expertise in der Immobilienfinanzierung in den Zusammenschluss ein. Der Transfer dieser „Kernkompetenz" nach Osteuropa erfolgt über die Gründung von Tochtergesellschaften und ist ein wichtiges Element der Strategie der „Bank der Regionen" [vgl. Expertenaussage]. Umgekehrt profitieren die neuen Tochtergesellschaften von der Marktkenntnis,

Reputation und Präsenz der vorhandenen Gesellschaften, die durch die Bank Austria beigesteuert werden.

Vor der Fusion hat die Bank Austria bereits die weitere Expansion in Mittel- und Osteuropa angestrebt. Sie sah in der erreichten Positionierung lediglich eine Ausgangsbasis für weiteres Wachstum. Aufgrund der gestiegenen Konkurrenz durch internationale Bankkonzerne erreicht die Bank Austria aber erst durch die Fusion mit der HypoVereinsbank die notwendige Kapitalstärke, um das notwendige Wachstum rasch zu finanzieren [vgl. Randa 2000, S. 5-7]. Finanzielle Kapazität spielt somit offensichtlich auch über das primäre Geschäftspotenzial hinausgehend eine Rolle.

Die Tatsache, dass der Bank Austria die Koordination der Aktivitäten des gemeinsamen Konzerns in Osteuropa übertragen wird [vgl. HVB 2000c], lässt weiter darauf schließen, dass sie durch ihre frühe Präsenz in dieser Region ein Marktverständnis aufgebaut hat, das die HypoVereinsbank nutzen möchte [vgl. auch Expertenaussage]. Gerhard Randa spricht selbst von einer „Kernkompetenz" [2000, S. 10]. Dabei hat sie sich durch ihr frühes Engagement auch eine Reputation im Firmenkundengeschäft dieser Länder aufgebaut, die die HypoVereinsbank durch Beibehaltung der Marke der Bank Austria bzw. ihrer Investmentbank kapitalisieren kann: Die HypoVereinsbank bringt also vielmehr ihre Osteuropa-Aktivitäten in die Bank Austria ein als umgekehrt.

Zusammenfassend betrachtet, zeigt die Übernahme der Bank Austria – vor dem Hintergrund der wahrscheinlichen Osterweiterung der EU – die Bedeutung der Rahmenbedingungen für Bankübernahmen. Bilaterale Synergieeffekte werden dabei im hohen Umfang auch grenzüberschreitend angestrebt. Sie belegen die Relevanz von Internationalisierungsstrategien zwischen verbundenen Märkten. Eine marktliche Verbundenheit kann dabei für Deutschland und Österreich vermutet werden. Die Freiheiten, die lokalen Markteinheiten belassen werden, weisen auf die Bedeutung von Marktkenntnissen und einer lokalen Reputation für Kundennähe als Markteintrittsbarrieren hin. Ebenso erscheint es möglich, durch den Eintritt in das Wettbewerbsumfelds eines neuen Marktes über die Zeit Kompetenzen für das Management in diesem Wettbewerbsumfeld aufzubauen. Ob es gelingt, diese Kompetenzen im Zuge eines Zusammenschlusses zu integrieren, kann erst zukünftig beurteilt werden.

8.6 Das Theoriekonzept im Lichte der Fallstudie

Die Ergebnisse der Fallstudie verifizieren die Bedeutung von Synergien vor dem Hintergrund der marktlichen Rahmenbedingungen. Eine Interviewaussage ging sogar soweit zu konstatieren, dass Rahmenbedingungen der Treiber seien, die einen Zwang für Übernahmen ausüben. Übernahmen schaffen dabei Vorteile durch Synergieeffekte, von denen allerdings nur die Kostensynergien vorab zuverlässig quantifizierbar seien [vgl. Expertenaussage]. Mit dieser Aussage wird sowohl das Potenzial von Sharingsynergien als auch die Charakterisierung dynamischer Transfersynergien in der Gestalt von Lernprozessen gestützt, die als idiosynkratischer Prozess beschrieben worden sind [vgl. 6.3.3]. Daher entziehen sich Lernpotenziale auch einer ex ante Quantifizierung in der Praxis.

Synergiepotenziale, die nur sehr langfristig realisierbar und damit wenig greifbar sind, werden bei Übernahmeentscheidungen zwar berücksichtigt, sie scheinen aber kurzfristig erreichbaren Synergien stark untergeordnet zu werden. Dies stellt aufgrund des höheren Risikos, langfristig prognostizierte Synergien zu realisieren, eine rationelle Vorgehensweise dar. Das nicht konkret in der Übernahmeentscheidung berücksichtigte Potenzial, eine gemeinsame Transaktionsbank mit der BPH aufzubauen, ist Indiz für diese Aussage.

Vergleicht man die drei Übernahmen zunächst untereinander, so fallen Gemeinsamkeiten und Unterschiede auf. Gemeinsam ist allen drei Übernahmen, dass den Rahmenbedingungen entscheidende Bedeutung zukommt. Sie determinieren die erzielbaren Synergien und fließen so in die Entscheidung ein, eine Übernahme durchzuführen oder nicht. Synergien sind letztlich das allen Übernahmen zugrundeliegende Motiv. Sie gehen vielfach auf die Übernahme eines vorhandenen Kundenstamms zurück, dennoch ergeben sich Unterschiede hinsichtlich der angestrebten Synergien einer jeden Übernahme:

- Der Zusammenschluss zur HypoVereinsbank wird vornehmlich vom Streben nach Sharingsynergien in Abwicklung und Vertrieb bestimmt. Die Vergrößerung des Geschäftsvolumens durch die Verdoppelung des Kundenstamms in einem sich überlappenden Geschäftsgebiet war die wesentliche Voraussetzung dafür, dass die angestrebten Synergien sogar über den Planvorgaben realisiert werden konnten.
- Zu den wesentlichen Zielen der Übernahme der BPH gehört der Transfer eigener Kompetenzen der HypoVereinsbank sowie die Überwindung von Markteintrittsbarrieren. Dies geschieht unter starkem Einfluss der Rahmenbedingungen, die eine weitere Öffnung Osteuropas erwarten lassen. Vor diesem Hintergrund werden Transfersynergien angestrebt, mit denen die Kompetenz in der Immobilienfinanzierung auch in dieser Region eingesetzt werden soll. Mit der BPH werden wichtige Markteintrittsbarrieren überwunden, die in einer lokalen Reputation und Marktkenntnis sowie im Kundenstamm zu suchen sind. Weitere Transfersynergien zielen auf eine Verbesserung der Kompetenzen der BPH ab.
- Die Übernahme der Bank Austria zielt auf Transfersynergien ab, mit denen die Immobilienkompetenz – und teilweise die vorhandene finanzielle Kapazität – der HypoVereinsbank zu einer breiteren regionalen Anwendung kommen soll. Dies fußt auf der komplementären Präsenz der Bank Austria in Österreich und in den Regionen Osteuropas. Mit der Bank Austria übernimmt die HypoVereinsbank aber auch eine gewachsene Kompetenz zum Manage-

ment in den osteuropäischen Märkten sowie deren Reputation im lokalen Corporate Finance. Letztendlich erfolgt die Übernahme auch in der Antizipation künftiger Sharingsynergien in der Abwicklung.

Widmet man sich konkreter den Thesen des oben formulierten Argumentationskonzepts, so kann konstatiert werden, dass die Fallstudie das formulierte Theoriekonzept weitgehend stützt:

- Rahmenbedingungen können Ressourcendefizite auslösen und so zu externem Ressourcenerwerb durch Übernahmen motivieren. Sie stellen einen wesentlichen Treiber für Unternehmensübernahmen dar (z.B. bei fehlender kritischer Masse in einem zusammenwachsenden Europa und Verdoppelung des Geschäftsvolumens durch Übernahme eines großen Kundenstamms).
- Bei Internationalisierungsstrategien dienen Übernahmen der Überwindung von Markteintrittsbarrieren (z.B. beim Eintritt in einen besetzten Markt und Übernahme von Reputation und Kundenstamm). Verbundene Märkte gestatten dabei eine enge Integration, bei der umfassende Synergien angestrebt werden (z.B. zwischen der HypoVereinsbank und der Bank Austria in Österreich).
- Die vier für den Resource-based View formulierten Synergiearten lassen sich alle in der Praxis beobachten. Statische Sharingsynergien sind unter anderem im Filialvertrieb, in der IT-Entwicklung und der Abwicklung realisierbar. Praktiker sehen ebenso Potenziale für finanzielle Synergien durch Risikodiversifikation. Ein dynamisches Sharing kommt durch eine bessere intertemporale Auslastung von Beratungskapazitäten zustande. Die Erweiterung der finanziellen Kapazität erfolgt durch einen Transfer haftenden Eigenkapitals und erweitert die Geschäftspotenziale ‚kleinerer' Institute. Lerneffekte (dynamischer Transfer) werden durch Entsendung von Experten oder Bereitstellung von Ausbildungskapazitäten angestrebt.
- Synergieeffekte sind ein bidirektionales Konzept, dass in beide Richtungen wirkt (z.B. beim Eintritt in die Immobilienfinanzierung, bei denen ein Partner Produktexpertise und der andere lokale Marktkenntnis, Kunden und Vertriebskompetenz einbringt).
- Ex ante lassen sich Wettbewerbsvorteile und auch die Realisierung einzelner Synergien nicht mit Gewissheit vorhersagen. Dies verdeutlichen die Problematik der Immobilienaltlasten sowie die Schwierigkeiten bei der Quantifizierung der Effekte aus Transfersynergien. Ein weiteres Indiz für Integrationsprobleme liefert die nicht zustande gekommene gemeinsame IT-Plattform mit der BPH.

Insgesamt lässt sich durch die umfassende Fallstudie die Struktur des theoretischen Argumentationskonzeptes nicht entkräftigen. Diversifikation ließ sich im Rahmen der vorliegenden Fälle allerdings nicht eingehend überprüfen, da Diversifikationsmotive in den betrachteten Übernahmen nicht präsent sind. Allerdings bieten die ausgewählten Fälle den Vorzug, mehrere Internationalisierungsschritte abzubilden und die getroffenen Aussagen hinsichtlich der Interpretation von Ressourcendefiziten als Markteintrittsbarriere zu unterstützen. Auch die Konkretisierung der Übernahmemotive in der Form von Synergiepotenzialen für Bankübernahmen aus dem siebten Kapitel lässt sich bestätigen. Eine Vielzahl der theoretisch herausgearbeiteten Übernahmemotive lässt sich in den drei Fällen beobachten. Die ausführlichen Fallbeschreibungen haben dies schon verdeutlicht, an dieser Stelle soll eine kurze Zusammenfassung erfolgen:

- Kundenstamm und Reputation haben ein ausgeprägtes Distinktivitätspotenzial. Sie werden dadurch zu maßgeblichen Eintrittsbarrieren, die durch Übernahme überwunden werden können.
- Sharingsynergien zeigen sich vornehmlich in den Bereichen physischer Vertrieb, IT-Entwicklung und Abwicklung. Sie gehen auf die Übernahme eines umfangreichen Kundenstamms zurück.
- Auch in weniger offensichtlichen Bereichen wie der Beratungskompetenz ergeben sich Sharingsynergien, die im dynamischen Sinn auf der Auslastung der personellen Ressourcen im Zeitablauf beruhen.
- Transfersynergien zeigen sich beispielsweise bei der Immobilienkompetenz, dem Mitarbeitertransfer bei komplexen Kapitalmarktgeschäften oder bei der Bereitstellung von allgemeinen Ausbildungskapazitäten. In diesem Zusammenhang ist der Transfer ungenutzter finanzieller Kapazität als Bankspezifikum relevant.

Hinsichtlich der bankbetrieblichen Konkretisierung des Theoriekonzepts konnten durch die Fallstudie noch nicht alle Synergien bestätigt werden. So spielt für die HypoVereinsbank das Research eine untergeordnete Rolle. Auch die Synergien im Corporate Finance sind nur am Rande von Bedeutung. Wenig Bestätigung fand sich ebenfalls für die Sortimentsausweitung, da sowohl Hypo-Bank als auch Vereinsbank und Bank Austria ein relativ vollständiges Sortiment besaßen. Aspekte dieses Motivs finden sich bei der Erweiterung der Immobilienfinanzierungsprodukte für Privatkunden der BPH nach Vorbild der HypoVereinsbank. Enttäuschend ist die fehlende Quantifizierung der Transfersynergien in der Praxis, wird ihnen doch vor dem Hintergrund des Resource-based View eine hohe Bedeutung zugemessen. Theoretisch lassen sich die Probleme bei der Quantifizierung dieser Synergien durch die Idiosynkrasie der Lernprozesse begründen. Zuversichtlich stimmt, dass Transfersynergien durchaus in der Praxis beobachtet werden und ihre Realisierung Gegenstand vieler Integrationsmaßnahmen ist.

9 Ergebnisse und offene Probleme

Die vorliegende Arbeit konzipiert einen umfassenden strategieorientierten Argumentationsrahmen des Beitrags von Unternehmensübernahmen zu Wettbewerbsvorteilen. Dabei werden marktliche Rahmenbedingungen und Strategien der Diversifikation sowie Internationalisierung berücksichtigt. Die Argumentationslogik fußt mit dem Resource-based View auf einer ökonomisch fundierten Theorie des Strategischen Management, in der Übernahmen – als Ressourcenerwerb auf Faktormärkten – eine wichtige Rolle spielen, die allerdings bislang nicht integrativ betrachtet worden ist. Die theoretisch-konzeptionellen Aussagen werden anhand einer exemplarischen Analyse von vier Bank-Geschäftsfeldern konkretisiert. Durch diese Vorgehensweise werden bankbetriebliche Wettbewerbspotenziale und der Beitrag von Bankmergern zum Aufbau und Erhalt derselben abgeleitet.

Im ersten Teil der Arbeit sind die Grundlagen für die nachfolgende Analyse gelegt worden. Um eine fundierte Analyse der Wettbewerbspotenziale von Banken zu ermöglichen, wurde – nach der Einführung – im zweiten Kapitel die Rolle der Banken im Prozess der Finanzintermediation analysiert [vgl. 2.1]. Auf der Basis der ökonomischen Theorien zur Existenzberechtigung von Banken als Finanzintermediär [vgl. 2.3] sind erste Anhaltspunkte für bankbetriebliche Wettbewerbspotenziale formuliert worden [vgl. 2.4]. Mit der einführenden Betrachtung der Wettbewerbspotenziale werden die ersten strategischen Überlegungen hinsichtlich des Resource-based View aufgegriffen. Die Möglichkeit Wettbewerbspotenziale und Bankexistenz in Verbindung zu bringen beruht darauf, dass beide auf Marktversagensgründe zurückgehen. Da sich Wettbewerbspotenziale nicht losgelöst vom Wettbewerbsumfeld realisieren lassen, sind im dritten Kapitel die maßgeblichen Rahmenbedingungen und ihre wettbewerblichen Auswirkungen thematisiert worden.

Der zweite Teil der Arbeit sollte sich den aktuellen Erklärungsansätzen für Bankmerger widmen und weiteren Forschungsbedarf aufdecken. Zu diesem Zweck ist im vierten Kapitel – nach einer Betrachtung der Marktsituation [vgl. 4.2], anhand derer eine rege Übernahmetätigkeit festgestellt werden konnte – die bestehende Literatur zu Übernahmemotiven von Banken untersucht worden [vgl. 4.3]. Die theoretische Literatur hat die Übernahmemotive stark fragmentiert dargestellt, ohne auf eine fundierte Theoriebasis zurückzugreifen. Die empirische Literatur ist zu widersprüchlichen Aussagen gekommen. Dabei nähren Untersuchungen, die jüngeres Datenmaterial nutzen und damit die aktuellen Rahmenbedingungen einigermaßen abbilden, Hoffnungen auf positive Synergieeffekte durch Banküber-nahmen. Ausgehend von dieser Betrachtung formuliert das fünfte Kapitel, anhand des identifizierten Forschungsbedarfs, Anforderungen an ein theoretisches Argumentationskonzept zur Erklärung von Übernahmemotiven.

Im dritten Teil der Arbeit wurde der geforderte theoretisch-konzeptionelle Argumentationsrahmen erarbeitet und anhand der Bankbranche konkretisiert. Das sechste Kapitel leistet dabei den Beitrag, auf der Grundlage des Resource-based View [vgl. 6.2] drei für den Zusammenhang von Übernahmen und Wettbewerbsvorteilen maßgebliche Aspekte detailliert herauszuarbeiten. Erstens hat sich das Vorliegen von Synergieeffekten als Grundlage für den Wettbewerbsbeitrag von Übernahmen erwiesen [vgl. 6.3]. Zweitens sind Diversifikation und Internationalisierung als Strategien analysiert worden, die oftmals durch Übernahme umgesetzt werden. Es hat sich gezeigt, dass Synergieeffekte ebenfalls ein Motiv für diversifizierende oder grenzüberschreitende Übernahmen darstellen [vgl. 6.4]. Daneben hat die Analyse von Diversifikation und Internationalisierung darauf hingewiesen, dass die Überwindung von Markteintrittsbarrieren ein Übernahmemotiv darstellt, das im Resource-based View aufgrund einer nachlässigen Behandlung der Rahmenbedingungen wenig thematisiert wird. Daher wurde drittens die Rolle der Rahmenbedingungen im Resource-based View herausgearbeitet und das Konzept der Minimumressourcen formuliert [vgl. 6.5]. Dieses besagt, dass sich externe Anforderungen identifizieren lassen, denen durch die unternehmensseitige Ressourcenausstattung entsprochen werden kann. Eine Erfüllung dieser Anforderungen durch eine Kontrolle der entsprechenden Minimumressourcen sichert die Wettbewerbsfähigkeit einer Unternehmung. Im Fall des Markteintritts im Zuge von Diversifikation oder Internationalisierung besitzt eine Unternehmung in der Regel nicht alle erforderlichen Minimumressourcen. Die bestehenden Ressourcendefizite stellen Markteintrittsbarrieren dar, die durch Übernahmen überwunden werden können. Im Stammgeschäft können solche Ressourcendefizite durch eine Veränderung der Rahmenbedingungen entstehen und Übernahmen zur Anpassung der Ressourcenausstattung induzieren. Die drei Bausteine sind zu einem integrativen Theoriekonzept zusammengeführt worden, auf dessen Basis ein Vorgehensvorschlag für die Praxis skizziert wurde [vgl. 6.6]. Das integrierte Konzept stellt einen deutlichen Erkenntnisgewinn gegenüber der isolierten Behandlung der verschiedenen Teilaspekte dar. Insbesondere die Konzeption der Minimumressourcen ist als Fortschritt zu werten, der einen Ansatzpunkt für die stärkere Berücksichtigung der Rahmenbedingungen im Resource-based View sein kann.

Die eingangs der Arbeit formulierte Problemstellung hat nach dem Beitrag von Bankmergern zu Wettbewerbspotenzialen gefragt. Daher ist das Theoriekonzept im siebten Kapitel anhand der Schritte des Vorgehensvorschlags bankbetrieblich konkretisiert worden. In diesem Zuge sind Wettbewerbspotenziale – als potenziell distinktive Kompetenzen – und Übernahmemotive – als Synergiepotenziale – identifiziert worden. Dies ist nach einigen einführenden Schritten geschäftsfeldspezifisch erfolgt [vgl. 7.5]. Eine Analyse der Synergiepotenziale zwischen den Geschäftsfeldern ist in der Lage gewesen, Anhaltspunkte für Diversifikationsbestrebungen offen zu legen [vgl. 7.6]. Beide Untersuchungsschritte haben zu detaillierten Ergebnissen geführt. Es zeigt sich, dass der Erwerb von Kompetenzen, die sich außerhalb einer Übernahme schwer transferieren lassen, eine geeignete Quelle für Synergieeffekte darstellt. Im Bankkontext ist an den Kundenstamm, die Reputation, die Personalressourcen und an finanzielle Kapazität zu denken. Gegenüber der bestehenden Literatur [vgl. noch einmal 4.3] weisen diese Ergebnisse auf neue Schwerpunkte bei der Beurteilung der Vorteilhaftigkeit von Banküberнahmen hin, die Transfersynergien – gegenüber den üblicherweise angeführten Kostensynergien durch Sharing – in den Vordergrund stellen [vgl. 7.7]. Die erarbeiteten Übernahmemotive bzw. Synergiepotenziale sind abschließend anhand einer ausführlichen Fallstudie überprüft worden [vgl. Kapitel 8].

Vor dem Hintergrund dieser Beiträge der Arbeit ergeben sich Ansatzpunkte für Kritik und weiteren Forschungsbedarf. Eine Fundamentalkritik könnte – auf der These sich immer schneller wandelnder Rahmenbedingungen aufbauend – an der Grundlegung dieser Arbeit im Resource-based View festmachen. Auf der Basis einer sogenannten „Hypercompetition" gelten langfristige Wettbewerbsvorteile als nicht realisierbar [vgl. D'Aveni 1994]. Für diese Kritik ist allerdings zunächst der Nachweis sich immer schneller wandelnder Rahmenbedingungen zu führen, die seit geraumer Zeit konstatiert werden [zu einer solchen Position s. auch Lechner 2000]. Selbst wenn man die Annahme der „Hypercompetition" zulässt, wird der Resource-based View aus mehreren Gründen nicht obsolet. Erstens sind Vertreter des Resource-based View seit einiger Zeit darum bemüht, Kompetenzen höherer Ordnung zu erforschen, die eine Lern- und Anpassungsfähigkeit der Organisation beschreiben [vgl. etwa Teece/Pisano/Shuen 1997]. Der Resource-based View ist damit in der Lage, gerade die Kompetenzen einer Unternehmung zu identifizieren, die es ihr erlauben mit einem raschem Wandel umzugehen. Zweitens legt der Resource-based View den Zeitraum nicht fest, über den Wettbewerbsvorteile Bestand haben müssen. Vor dem Hintergrund des Wandels der Rahmenbedingungen sieht der Ansatz durchaus die Abnutzbarkeit distinktiver Kompetenzen. Drittens wird die fundamentale ökonomische Argumentationslogik des Resource-based View durch einen schnelleren Wandel nicht außer Kraft gesetzt. Verfechter einer „Hypercompetition" nutzen diese für ihre eigene Argumentation [vgl. etwa D'Aveni 1994, S. 99-147]. Die grundlegenden Bestimmungsfaktoren für einen Wettbewerbsvorteil sind auch über kürzere Zeiträume hinweg relevant, in denen die Rahmenbedingungen eine Erwirtschaftung desselben zulassen. Viertens thematisiert diese Arbeit das Problem sich wandelnder Rahmenbedingungen anhand der Konzeption von Marktanforderungen und Minimumressourcen. Sie zeigt, dass Übernahmen einen Weg darstellen, den Wandel der Rahmenbedingungen zu bewältigen.

Auch wenn die Rolle von Industrie und Rahmenbedingungen aus Sicht des Resource-based View in dieser Arbeit durch die Konzeption der Minimumressourcen weiterentwickelt worden ist, bestehen weitere theoretisch-konzeptionelle Aufgaben im Hinblick auf die Integration anderer Ansätze. Dies gilt insbesondere für die Industrieökonomie. Minimumressourcen könnten einen neuen Ansatzpunkt darstellen, dessen Integration mit dem Resource-based View voranzutreiben. Von der Berücksichtigung industrieökonomischer Konzepte können dabei weitere Erkenntnisse für den Zusammenhang externer Marktanforderungen und interner Ressourcenausstattungen erhofft werden. Unter Umständen kann genauer dargelegt werden, wie sich aus der externen Analyse Minimumressourcen ableiten lassen. Aus Praktikersicht besteht vor allem das Problem einer Prognose zukünftig relevanter Minimumressourcen. Eine Unterstützung durch die Industrieökonomie ist in diesem Zusammenhang von großem Interesse.

Unter den Synergieeffekten sind Lernprozesse behandelt worden. Da diese stark schöpferischen Charakter haben, fällt auf, dass der Zusammenhang zwischen Unternehmensübernahmen und Innovation sowie Entrepreneurship schwach ausgearbeitet ist. Im Sinne von Penrose erweitert die Übernahme von Kompetenzen die Productive Opportunity einer Unternehmung und damit das Potenzial für Innovationen [vgl. 1966, S. 31-42], die als Rekombination von Kompetenzen angesehen werden können [vgl. Schumpeter 1964]. Genauere Ausführungen bezüglich des Zusammenhangs zwischen dem Zugriff auf externe Kompetenzen und Innovationsprozessen finden sich allerdings nicht. Erste Ansätze einer Integration schumpeterscher Innovationskonzepte in den Resource-based View finden sich bei Moran und Goshal [vgl. 1999].

Es ist fraglich, ob Synergiepotenziale ausschließlich durch Übernahmen realisiert werden können. Kooperationen stehen als alternativer Weg externer Ressourcenentwicklung zur Verfügung. Gerade aus der Bankperspektive betonen Autoren die Vorteilhaftigkeit vernetzter Strukturen [vgl. etwa Stockmann 1998; Llewellyn 1999, S. 79-84]. Im Zusammenhang mit der Sortimentserweiterung ist die Problematik kurz angesprochen worden [vgl. 7.3]. Die in dieser Arbeit identifizierten Wettbewerbspotenziale bieten einen Ansatzpunkt für die weitere Diskussion mit einem Fokus auf die Bankbranche. Branchenunabhängig betrachtet können Netzwerke und Allianzen vermutlich aufgrund von Synergieeffekten, die auf Lernprozessen basieren zu Wettbewerbsvorteilen beitragen. In der jüngeren Vergangenheit haben Vertreter des Resource-based View sich diesen Lernpotenzialen durch Kooperationen und Netzwerke gewidmet [vgl. Hamel 1991; Lorenzoni/Lipparini 1999]. Aus ressourcenorientierter Sicht kann die in diesem Zusammenhang vorhandene Literatur die Vorteilhaftigkeit von Übernahme oder Kooperation allerdings noch nicht umfassend begründen. Eine Integration der Transaktionskostentheorie mit dem Resource-based View kann an dieser Stelle voraussichtlich weitere Erkenntnisse für die vorteilhafteste Option externer Ressourcenentwicklung beisteuern. Mit anderen Worten wird die Frage nach der transaktionskostenminimalen Koordinationsform des Ressourcenzugriffs gestellt. Erste Überlegungen in diese Richtung hat es bereits gegeben [vgl. Barney 1999]. Dabei hat die Transaktionskostentheorie ein zusätzliches Potenzial zur Operationalisierung von Kompetenzen beizutragen [vgl. Williamson 1999, S. 1097].

Die Integrationsphase hat großen Einfluss auf die ex post Vorteilhaftigkeit und damit den Wettbewerbsbeitrag einer Übernahme. Der Integrationsprozess ist selten Gegenstand betriebswirtschaftlicher Untersuchungen. Er ist auch in dieser Arbeit – jenseits der entstehenden Kosten und ihrer Quellen [vgl. 6.3.4] – nicht thematisiert worden. Eine differenzierte Analyse der Integrationsphase [für einen ersten Ansatz vgl. Haspeslagh/Jemison 1991] kann Möglichkeiten und Probleme ausleuchten, Wettbewerbsvorteile durch die Realisierung vorhandener Synergiepotenziale zu erlangen. Die in dieser Arbeit identifizierten Wettbewerbs- und Synergiepotenziale bieten in diesem Zusammenhang einen Anknüpfungspunkt für die weitere Analyse des Integrationsprozesses. Dabei können die Erfahrungen von Praktikern, wie sie für Banküberbernahmen von Penzel und Pietig formuliert worden sind, wertvollen Input für weitergehende Forschungsarbeiten darstellen [vgl. 2000].

Schließlich gibt es Bedarf, die Thesen des hier formulierten theoretischen Argumentationskonzepts und seine bankbetrieblichen Implikationen in Hypothesenform zu konkretisieren und einer quantitativen empirischen Überprüfung zu unterziehen.

Als Fazit lässt sich festhalten, dass Bankübernahmen eine Vielzahl von Wertsteigerungspotenzialen offen stehen, die anhand des vorliegenden integrierten Theoriekonzepts und der bankbetrieblichen Ausführungen fundiert analysiert werden können. Die in der Fallstudie untersuchten Bankübernahmen können dies belegen. Die Nutzung des Resource-based View lenkt den Blick von den Kostendegressionseffekten durch das Sharing von Ressourcen, die ansonsten als Übernahmemotiv oft im Vordergrund stehen, auf Transfersynergien als alternativen Grund für eine Bankübernahme. Dennoch bieten beide Synergiearten Wertsteigerungspotenziale durch Bankübernahmen. In der hier vertretenen, ressourcenorientierten Sichtweise geht die Relevanz von Kostendegressionen als Übernahmemotiv hauptsächlich auf die Erweiterung des Kundenstamms als wettbewerbsrelevante Ressource zurück. Technische Ressourcen rücken demgegenüber in den Hintergrund. Neben dem Kundenstamm sind insbesondere Reputation, Personal und finanzielle Kapazität als Ressourcen zu nennen, die in Banken ein hohes Wettbewerbspotenzial haben. Ein Zugriff auf diese Ressourcen wird damit zu einer wesentlichen Quelle für Transfersynergien im Zuge von Bankübernahmen, sei es im Stammgeschäft oder zur Überwindung von Markteintrittsbarrieren.

Verzeichnis der Abkürzungen

AG	Aktiengesellschaft
AR	Aufsichtsrat
BA	Bank Austria
BdB	Bundesverband deutscher Banken
BIP	Brutto-Inlandsprodukt
bspw.	beispielsweise
bzw.	beziehungsweise
d.h.	das heißt
CEE	Central and Eastern Europe
DV	Datenverarbeitung
DWH	Data Warehouse
EDI	Electronic Data Interchange
EDIFACT	Electronic Data Interchange for Adminsitration, Commerce and Trade
EWU	Europäische Währungsunion
FAZ	Frankfurter Allgemeine Zeitung
GAA	Geldausgabeautomat
http	hypertext transfer protocol
HV	Hauptversammlung
HVB	HypoVereinsbank
i.e.S.	im engen Sinn
i.H.v.	in Höhe von
IPO	Initial Public Offering
IR	Investor Relations
IS	Informationssystem(e)
IT	Informationstechnologie
i.w.S.	im weiten Sinn
KAG	Kapitalanlagegesellschaft
KWG	Kreditwesengesetz
o.O.	ohne Ort

o.V.	ohne Verfasser
p.a.	per annum
PC	Personal Computer
PDA	Personal Digital Assistant
POS	Point of Sale
ROI	Return on Investment
s.	siehe
S.	Seite
SB	Selbstbedienung
SIF	Strategic Industry Factors
sog.	sogenannt
Sp.	Spalte
u.a.	unter anderem
u.U.	unter Umständen
vgl.	vergleiche
Vol.	Volume
vs.	versus
WAP	Wireless Application Protocoll
ZV	Zahlungsverkehr

Verzeichnis der Abbildungen

Verzeichnis der Tabellen

Literaturverzeichnis

[Achleitner 1999]
Achleitner, Ann-Kristin (Hrsg.): Handbuch Investment Banking. Wiesbaden 1999.

[Adolf/Cramer/Ollmann 1991]
Adolf, Rüdiger; Cramer, Jürgen; Ollmann, Michael: Synergien realistisch einschätzen: Fusionen im Bankwesen. In: Die Bank (1991) 1, S. 4-9.

[Akerlof 1970]
Akerlof, George A.: The market for "lemons": Quality uncertainty and the market mechanism. In: Quarterly Journal of Economics (1970), S. 488-500.

[Amihud/Dodd/Weinstein 1986]
Amihud, Yakov; Dodd, Peter; Weinstein, Mark: Conglomerate mergers, managerial motives and stockholder wealth. In: Journal of Banking and Finance, Vol. 10 (1986), S. 401-410.

[Amihud/Lev 1981]
Amihud, Yakov; Lev, Baruch: Risk reduction as a managerial motive for conglomerate mergers. In: Bell Journal of Economics, Vol. 12 (1981), S. 605-617.

[Amit/Schoemaker 1993]
Amit, Raphael; Schoemaker, Paul J.H.: Strategic assets and organizational rent. In: Strategic Management Journal, Vol. 14 (1993), S. 33-46.

[Andreu/Ciborra 1996]
Andreu, Rafael; Ciborra, Claudio: Organisational learning and core capabilities development: The role of IT. In: Journal of Strategic Information Systems, Vol. 5 (1996), S. 111-127.

[Andrews 1971]
Andrews, Kenneth R.: The concept of corporate strategy. Homewood, Illinois 1971.

[Ansoff 1968]
Ansoff, Igor H.: Corporate stategy - An analytic approach to business policy for growth and expansion. Harmondsworth, Middlesex 1968.

[Ausfelder/Kühne/Wöhler 1999]
Ausfelder, Richard; Kühne, Giselher; Wöhler, Jens: Attraktives Geschäftsfeld Affluent Banking. In: Die Bank (1999) 8, S. 526-529.

[Baltensperger 1972]
Baltensperger, Ernst: Costs of banking activities - Interactions between risk and operating costs. In: Journal of Money, Credit, and Banking, Vol. 4 (1972), S. 595-611.

[Balvers/McDonald/Miller 1988]
Balvers, Ronald J.; McDonald, Bill; Miller, Robert E.: Underpricing of new issues and the choice of auditor as a signal of investment banker reputation. In: Accounting Review, Vol. 63 (1988) 4, S. 605-622.

[Balzer 1995]
Balzer, Arno: Bavaria Blues. In: manager magazin, Vol. 25 (1995) 8, S. 58-66.

[Balzer 1997]
Balzer, Arno: Operation Bill und Jim. In: manager magazin, Vol. 27 (1997) 9, S. 14-15.

[Bamberger/Wrona 1996]
Bamberger, Ingolf; Wrona, Thomas: Der Ressourcenansatz und seine Bedeutung für die Strategische Unternehmensführung. In: Zeitschrift für betriebswirtschaftliche Forschung, Vol. 48 (1996) 2, S. 130-153.

[Bank Austria 2000a]
Bank Austria: Bank Austria Milestones. Http://www.bankaustria.com/deutsch/ir/texte/d/group6.html vom 07.12.2000.

[Bank Austria 2000b]
Bank Austria: Geschäftsbericht 1999. Wien 2000.

[Barney 1986]
Barney, Jay B.: Strategic factor markets: Expectations, luck, and business strategy. In: Management Science, Vol. 32 (1986) 10, S. 1231-1241.

[Barney 1988]
Barney, Jay B.: Returns to bidding firms in mergers and acquisitions: Reconsidering the relatedness hypothesis. In: Strategic Management Journal, Vol. 9 (1988), S. 71-78.

[Barney 1989]
Barney, Jay B.: Asset stocks and sustained competitive advantage: A comment. In: Management Science, Vol. 35 (1989) 12, S. 1511-1514.

[Barney 1991]
Barney, Jay B.: Firm resources and sustained competitive advantage. In: Journal of Management, Vol. 17 (1991) 1, S. 99-120.

[Barney 1996]
Barney, Jay B.: Gaining and sustaining competitive advantage. Reading, Massachusetts 1996.

[Barney 1996b]
Barney, Jay B.: The resource based theory of the firm. In: Organization Science, Vol. 7 (1996) 5, S. 469.

[Barney 1999]
Barney, Jay B.: How a firm's capabilities affect boundary decisions. In: Sloan Management Review, Vol. 40 (1999) Spring, S. 137-145.

[Bartmann/Fotschki 1997]
Bartmann, Dieter; Fotschki, Christiane: Elektronische Geldbörse. Gutachten im Auftrag der Friedrich-Ebert-Stiftung. Bonn 1997.

[Bartmann/Stahl/Wimmer 2000]
Bartmann, Dieter; Stahl, Ernst; Wimmer, Andreas: Leistungsspektrum und Entwicklungstendenzen im Electronic Banking. In: HMD - Praxis der Wirtschaftsinformatik, Vol. 37 (2000) 10, S. 17-30.

[Bartmann/Stahl/Wimmer 2001]
Bartmann, Dieter; Stahl, Ernst; Wimmer, Andreas: Electronic Banking. Erscheint. Erscheint in: Gehrke, Wolfgang; Steiner, Manfred (Hrsg.): Handwörterbuch des Bank- und Finanzwesens. 2001.

[Bartmann/Wörner 1997]
Bartmann, Dieter; Wörner, Gerald: Erfolgsfaktoren für die Präsenz im Internet. In: Die Bank (1997) 4, S. 222-226.

[BdB 2000a]
Bundesverband deutscher Banken: Banken 2000 - Fakten, Meinungen, Perspektiven. Berlin 2000.

[BdB 2000b]
Bundesverband deutscher Banken: E-Commerce als Bankdienstleistung. Oktober Berlin 2000.

[Becker 1999]
Becker, Dirk: Bewertung von Bankakquisitionen unter Einbeziehung von Zusammenschlußeffekten. Berlin 1999.

[Benston 1990]
Benston, George J.: The separation of commercial and investment banking: The Glass-Steagall Act revisited and reconsidered. New York 1990.

[Benston/Smith 1976]
Benston, George J.; Smith, Clifford W. Jr.: A transactions cost approach to the theory of financial intermediation. In: Journal of Finance, Vol. 31 (1976), S. 215-231.

[Berger 1998]
Berger, Allen N.: The efficiency effects of bank mergers and acquisition: A preliminary look at the 1990s data. In: Amihud, Yakov; Miller, Geoffrey (Hrsg.): Bank mergers & acquisitions. Boston, Dotrecht, London 1998, S. 79-111.

[Berger/Demsetz/Strahan 1999]
Berger, Allen N.; Demsetz, Rebecca S.; Strahan, Philip E.: The consolidation of the financial services industry: Causes, consequences and implications for the future. In: Journal of Banking and Finance, Vol. 23 (1999), S. 135-194.

[Berger/Hanweck/Humphrey 1987]
Berger Allen N.; Hanweck, Gerald A.; Humphrey, David B.: Competitive viability in banking. In: Journal of Monetary Economics, Vol. 20 (1987), S. 501-520.

[Berger/Humphrey 1991]
Berger, Allen N.; Humphrey, David B.: The dominance of inefficiencies over scale and product mix economies in banking. In: Journal of Monetary Economics, Vol. 28 (1991), S. 117-148.

[Berger/Hunter/Timme 1993]
Berger, Allen N.; Hunter, William C.; Timme, Stephen G.: The efficiency of financial institutions - A review of research past, present and future. In: Journal of Banking and Finance, Vol. 17 (1993), S. 221-249.

[Berger/Mester 1997]
Berger, Allen N.; Mester, Loretta J.: Inside the black box: What differences in the efficiencies of financial institutions? Wharton School, Financial Institutions Center, Working Paper 97-04. Pennsylvania 1997.

[Bernet 1997]
Bernet, Beat: Künftige wettbewerbsstrategische Rahmenbedingungen im Retail Banking. In: Sparkasse, Vol. 114 (1997) 8, S. 349-351.

[Bernet 1998]
Bernet, Beat: Warum fusionieren Banken. In: Siegwart, Hans; Neugebauer, Gregory (Hrsg.): Megafusionen: Analysen - Kontroversen - Perspektiven. Bern, Stuttgart, Wien 1998, S. 131-145.

[Bernet 1999]
Bernet, Beat: Bankstrategische Aspekte der Verbriefung von Kreditpositionen. In: Die Bank (1999) 6, S. 396-400.

[Betsch 1998]
Betsch, Oskar: Privatkundengeschäft quo vadis? In: Betsch, Oskar; van Hooven, Eckart; Krupp, Georg (Hrsg.): Handbuch Privatkundengeschäft. Frankfurt/Main 1998, S. 1275-1292.

[Bhattacharya/Thakor 1993]
Bhattacharya, Sudipto; Thakor, Anjan V.: Contemporary banking theory. In: Journal of Financial Intermediation (1993) 3, S. 2-50.

[Bicker 1996]
Bicker, Lyn: Private banking in Europe. London, New York 1996.

[BIS 1999]
Bank for International Settlements: Restructuring in the global banking industry. In: BIS Quarterly Review (1999) August, S. 35-47.

[Blitz 1999]
Blitz, Jürgen: Das nationale und internationale Clearing von Wertpapiergeschäften. In: Moormann, Jürgen; Fischer, Thomas (Hrsg.): Handbuch Informationstechnologie in Banken. Wiesbaden 1999, S. 511-520.

[Bodo 1993]
Bodo, Rudolf: Technologie als Wettbewerbsfaktor. In: Juncker, Klaus; Priewasser, Erich (Hrsg.): Handbuch Firmenkundengeschäft - Das Firmenkundengeschäft auf dem Weg ins 21. Jahrhundert. Frankfurt/Main 1993, S. 171-181.

[Böhme 1997]
Böhme, Markus: Die Zukunft der Universalbank: Strategie, Organisation und Shareholder Value im Informationszeitalter. Wiesbaden 1997.

[Bongartz 2001]
Bongartz, Ulrich: Investment Banking: Die Internet-Herausforderung. In: Die Bank (2001) 1, S. 16-20.

[Boot/Greenbaum/Thakor 1993]
Boot, Arnoud W.A.; Greenbaum, Stuart I.; Thakor, Anjan V.: Reputation and discretion in financial contracting. In: American Economic Review, Vol. 83 (1993) 5, S. 1165-1183.

[Börner 1997]
Börner, Christoph J.: Nationale Wettbewerbsvorteile im investment banking - untersucht am Beispiel des Finanzplatzes London. In: Bierbaum, Detlef; Feinen, Klaus (Hrsg.): Bank- und Finanzwirtschaft im Wandel. Wiesbaden 1997, S. 65-88.

[Börner 1998]
Börner, Christoph J.: Die Konzentration im Bankwesen - Ursachen und Folgen. In: Büschgen, Hans E. (Hrsg.): Finanzplatz Deutschland an der Schwelle zum 21. Jahrhundert. Frankfurt/Main 1998, S. 29-45.

[Börner 2000]
Börner, Christoph J.: Strategisches Bankmanagement: Ressourcen- und marktorientierte Strategien von Universalbanken. München, Wien, Oldenbourg 2000.

[Bösch 1998]
Bösch: Wertpapierabwicklung: Optimierung durch Outsourcing. In: Die Bank (1998) 12, S. 752-754.

[Botsis/Lorenz 1998]
Botsis, Dionysios; Lorenz, Christian: Standardsoftware für das Risikomanagement. In: Die Bank (1998) 1, S. 54-56.

[Bouncken 2000]
Bouncken, Ricarda B.: Dem Kern des Erfolges auf der Spur? State of the Art zur Identifikation von Kernkompetenzen. In: Zeitschrift für Betriebswirtschaft, Vol. 70 (2000) 7/8, S. 865-885.

[BPH 2000]
Bank Przemyslowo-Handlowy: Annual Report 1999. Krakau 2000.

[Brealey/Myers 1991]
Brealey, Richard A.; Myers, Stewart C.: Principles of corporate finance. New York u.a. 1991.

[Breuer 1998]
Breuer, Rolf-E.: Europäische Währungsunion und Kapitalmärkte. In: Die Bank (1998) 6, S. 328-333.

[Brunner 1994]
Brunner, Christoph: Bankübernahmen in der Schweiz: horizontale Übernahmen als Element einer wertorientierten Bankstrategie. Bern u.a. 1994.

[Bryan 1993]
Bryan, Lowell L.: The forces reshaping global banking. In: McKinsey Quarterly (1993) 2, S. 59-72.

[Bühler 1999]
Bühler, Wilhelm: Qualitätsdifferenzierung durch Value-added-Services. In: Die Bank (1999) 1, S. 25-31.

[Bühner 1990a]
Bühner, Rolf: Reaktionen des Aktienmarktes auf Unternehmenszusammenschlüsse. In: Zeitschrift für Betriebswirtschaftliche Forschung, Vol. 42 (1990) 4, S. 295-316.

[Bühner 1990b]
Bühner, Rolf: Der Jahresabschlußerfolg von Unternehmenszusammenschlüssen. In: Zeitschrift für Betriebswirtschaft, Vol. 60 (1990) 12, S. 1275-1294.

[Bühner/Spindler 1986]
Bühner, Rolf; Spindler, Hans-Joachim: Synergieerwartungen bei Unternehmenszusammenschlüssen. In: Der Betrieb, Vol. 39 (1986) 12, S. 601-606.

[Bundesbank 1997]
Deutsche Bundesbank: Asset-Backed Securities in Deutschland: Die Veräußerung und Verbriefung von Kreditforderungen durch deutsche Kreditinstitute. In: Deutsche Bundesbank Monatsbericht (1997) 7, S. 57-67.

[Bundesbank 1998a]
Deutsche Bundesbank: Strukturveränderungen am deutschen Kapitalmarkt im Vorfeld der Europäischen Währungsunion. In: Deutsche Bundesbank Monatsbericht (1998) 4, S. 55-70.

[Bundesbank 1998b]
Deutsche Bundesbank: Entwicklung des Bankensektors und Marktstellung der Kreditinstitutsgruppen seit Anfang der neunziger Jahre. In: Deutsche Bundesbank Monatsbericht (1998) 3, S. 33-64.

[Bundesbank 1998c]
Deutsche Bundesbank: Die Sechste Novelle des Kreditwesengesetzes. In: Deutsche Bundesbank Monatsbericht (1998) 1 Frankfurt/Main 1998, S. 61-71.

[Burchard 1997]
Burchard, Ulrich: Kompetenz-Netzwerk versus Universalbank. In: Die Bank (1997) 1, S. 4-7.

[Burchard/Eistert 1996]
Burchard, Ulrich; Eistert, Thorsten: Electronic services: vom Cash Management zum effizienten Vertriebsweg. In: Die Bank (1996) 5, S. 260-264.

[Burghof 2000]
Burghof, Hans-Peter: Credit and information in universal banking. In: Schmalenbach Business Review, Vol. 52 (2000) 3, S. 282-309.

[Burghof/Rudolph 1996]
Burghof, Hans-Peter; Rudolph, Bernd: Bankenaufsicht: Theorie und Praxis der Regulierung. Wiesbaden 1996.

[Bürkner/Woerz 1993]
Bürkner, Hans-Paul; Woerz, Claudia: Entwicklung und Implementierung von Strategien im Firmenkundengeschäft. In: Juncker, Klaus; Priewasser, Erich (Hrsg.): Handbuch Firmenkundengeschäft - Das Firmenkundengeschäft auf dem Weg ins 21. Jahrhundert. Frankfurt/Main 1993, S. 715-738.

[Büschgen 1992]
Büschgen, Hans E.: Zukunftsorientierte Gestaltung der Geschäftsstrukturen internationaler Banken. In: Zeitschrift für Betriebswirtschaft-Ergänzungsheft, Vol. 62 (1992) 2, S. 27-50.

[Büschgen 1998]
Büschgen, Hans E.: Bankbetriebslehre: Bankgeschäfte und Bankmanagement. Wiesbaden 1998.

[Büschgen 1999]
Büschgen, Hans E.: Deutsche Bank und Bankers Trust: Suche nach "Synergien". In: Zeitschrift für Betriebswirtschaft, Vol. 69 (1999) 9, S. 955-956.

[Buzzell/Gale 1989]
Buzzell, Robert D.; Gale, Bradley T.: Das PIMS-Programm, Strategien und Unternehmenserfolg. Wiesbaden 1989.

[Cabiallavetta 1998]
Cabiallavetta, Mathis: Die zunehmende Größe muss Führungsaufgaben nicht erschweren. In: Siegwart, Hans; Neugebauer, Gregory (Hrsg.): Megafusionen: Analysen - Kontroversen - Perspektiven. Bern, Stuttgart, Wien 1998, S. 153-162.

[Capron 1999]
Capron, Laurence: The long-term performance of horizontal aquisitions. In: Strategic Management Journal, Vol. 20 (1999), S. 987-1018.

[Capron/Dussauge/Mitchell 1998]
Capron, Laurence; Dussauge, Pierre; Mitchell, Will: Resource redeployment following horizontal acquisitions in Europe and North America, 1988 - 1992. In: Strategic Management Journal, Vol. 19 (1998), S. 631-661.

[Carignani/Seifert 2000]
Carignani, Andrea; Seifert, Frank: Competitive advantage, online brokerage and IT: Evidence from Italian and German companies. In: Hansen, Hans Robert; Bichler, Martin; Mahrer, Harald (Hrsg.): Proceedings of the 8th European conference on information systems. Wien 2000, S. 803-811.

[Carter/Manaster 1990]
Carter, Richard; Manaster/Steven: Initial public offerings and underwriter reputation. In: Journal of Finance, Vol. 45 (1990), S. 1045-1067.

[Chan/Greenbaum/Thakor 1986]
Chan, Yuk-Shee; Greenbaum, Stuart I.; Thakor, Anjan V.: Information reusability, competition and bank asset quality. In: Journal of Banking and Finance, Vol. 10 (1986), S. 243-253.

[Channon 1998]
Channon, Derek F.: The strategic impact of IT on the retail financial services industry. In: Journal of Strategic Information Systems (1998), S. 183-197.

[Chase 1999]
Chase Manhattan Corporation: Chase in agreement to acquire Hambrecht & Quist. Pressemitteilung vom 28.09.1999, New York 1999.

[Chase 2000]
Chase Manhattan Corporation: Chase and J.P. Morgan agree to merge. Pressemitteilung vom 13.09.2000, New York 2000.

[Chatterjee 1990]
Chatterjee, Sayan: Excess resources, utilization costs, and mode of entry. In: Academy of Management Journal, Vol. 33 (1990), S. 780-800.

[Chatterjee/Wernerfelt 1991]
Chatterjee, Sayan; Wernerfelt, Birger: The link between resources and type of diversification: Theory and evidence. In: Strategic Management Journal, Vol. 12 (1991), S. 33-48.

[Chi 1994]
Chi, Tailan: Trading in strategic resources: Necessary conditions, transaction cost problems, and choice of exchange structure. In: Strategic Management Journal, Vol. 15 (1994), S. 271-290.

[Chmielewicz 1979]
Chmielewicz, Klaus: Forschungskonzeptionen der Wirtschaftswisenschaft. Stuttgart 1979.

[Clearier 1999]
Celarier, Michelle: Morgan Stanley's head start. In: Euromoney (1999) 1, S. 92-94.

[Clemons 1986]
Clemons, Eric K.: Information systems for sustainable competitive advantage. In: Information & Management (1986) 11, S. 131-136.

[Clemons/Row 1991]
Clemons, Eric K.; Row, Michael C.: Sustaining IT advantage: The role of structural differences. In: MIS Quarterly (1991) September, S. 275-292.

[Coff 1999]
Coff, Russell W.: When competitive advantage doesn`t lead to performance: The stakeholder resource-based view and stakeholder bargaining power. In: Organization Science, Vol. 10 (1999) 2, S. 119-133.

[Collis 1991]
Collis, David J.: A resource-based analysis of global competition: The case of the bearings industry. In: Strategic Management Journal, Vol. 12 (1991), S. 49-68.

[Collis 1994]
Collis, David J.: Research note: How valuable are organizational capabilities? In: Strategic Management Journal, Vol. 15 (1994), S. 143-152.

[Collis/Montgomery 1995]
Collis, David J.; Montgomery, Cynthia A.: Competing on resources: Strategy in the 90s. In: Harvard Business Review, Vol. 73 (1995) 4, S. 118-128.

[Collis/Montgomery 1997]
Collis, David J.; Montgomery, Cynthia A.: Corporate strategy: Resources and the scope of the firm. o.O. 1997.

[Conner 1991]
Conner, Kathleen R.: A historical comparison of resource-based theory and five schools of thought within industrial organization economics: Do we have a new theory of the firm? In: Journal of Management, Vol. 17 (1991) 1, S. 121-154.

[Conner/Prahalad 1996]
Conner, Kathleen; Prahalad, C.K.: A resource based theory of the firm: Knowledge versus opportunism. In: Organization Science, Vol. 7 (1996) 5, S. 477-501.

[Cornett/Tehranian 1992]
Cornett, Marcia Millon; Tehranian, Hassan: Changes in corporate performance associated with bank aquisitions. In: Journal of Financial Economics, Vol. 31 (1992), S. 211-234.

[Crane/Bodie 1996]
Crane, Dwight B.; Bodie, Zvi: Form follows function: The transformation of banking. In: Harvard Business Review, Vol. 74 (1996) 2, S. 109-117.

[Crane/Eccles 1993]
Crane, Dwight B.; Eccles, Robert G.: Customer relationships in the 1990s. In: Hayes, Samuel L. III (Hrsg.): Financial services - Perspectives and challenges. Boston 1993, S. 131-144.

[Credit Suisse Group 2000]
Credit Suisse Group: Credit Suisse Group to acquire DLJ - A leading U.S. investment bank and financial services provider. Pressemitteilung vom 30.08.2000, Zürich, New York 2000.

[Cybo-Ottone/Murgia 2000]
Cybo-Ottone, Alberto; Murgia, Maurizio: Mergers and shareholder wealth in European banking. In: Journal of Banking and Finance, Vol. 24 (2000), S. 831-859.

[Czayka 1991]
Czayka, Lothar: Formale Logik und Wissenschaftsphilosophie. München, Wien 1991.

[D'Aveni 1994]
D'Aveni, Richard A.: Hyperwettbewerb - Strategien für die Dynamik der Märkte. Frankfurt/Main, New York 1994.

[Dambmann 1999]
Dambmann, Wolfgang: Strukturwandel der Märkte erfordert Strukturwandel in der Kundenbetreuung. In: Die Bank (1999) 5, S. 300-304.

[Davidson/Ledger/Viani 1998]
Davidson, Jonathan A.; Ledger, Alison R.; Viani, Giovanni: Wholesale banking: The ugly implications of EMU. In: McKinsey Quarterly (1998) 1, S. 66-81.

[Deppe 1969]
Deppe, Hans-Dieter: Bankbetriebliches Wachstum - Funktionalzusammenhänge und Operations Research in Kreditinstituten. Stuttgart 1969.

[Deppe 1978]
Deppe, Hans-Dieter: Eine Konzeption wissenschaftlicher Bankbetriebslehre in drei Doppelstunden. In: Deppe, Hans-Dieter (Hrsg.): Bankbetriebliches Lesebuch. Stuttgart 1978, S. 3-98.

[Deutsche Bank 1999]
Deutsche Bank: Ausgliederung des Teilbetriebs Privat- und Geschäftskunden der Deutsche Bank AG auf die Bank 24 AG. Frankfurt/Main 1999.

[Deutsche Bank/Dresdner Bank 2000]
Deutsche Bank; Dresdner Bank: Zusammenschluss von Deutsche Bank und Dresdner Bank. Präsentation der Pressekonferenz vom 09.03.2000, Frankfurt/Main 2000.

[Diamond 1984]
Diamond, Douglas W.: Financial intermediation and delegated monitoring. In: Review of Economic Studies (1984), S. 393-414.

[Diamond/Dybvig 1983]
Diamond, Douglas W.; Dybvig, Philip H.: Bank runs, deposit insurance, and liquidity. In: Journal of Political Economy (1983) 3, S. 401-419.

[Dierickx/Cool 1989]
Dierickx, Ingemar; Cool, Karel: Asset stock accumulation and sustainability of competitive advantage. In: Management Science, Vol. 35 (1989) 12, S. 1505-1513.

[Dietl/Pauli/Royer 1999]
Dietl, Helmut; Pauli, Markus; Royer, Susanne: Internationaler Finanzplatzwettbewerb - Ein ressourcenorientierter Vergleich. Wiesbaden 1999.

[Dietz/Füser/Schmidtmeier 1997]
Dietz, Jürgen; Füser, Karsten; Schmidtmeier, Susanne: Neuronale Kreditwürdigkeitsprüfung im Konsumentenkreditgeschäft. In: Die Betriebswirtschaft, Vol. 57 (1997) 4, S. 475-489.

[Disterer/Teschner/Visser 1997]
Disterer, Georg; Teschner, Rainer; Visser, Volker: Einsatz von Informationstechnik beim Aufbau einer virtuellen Bank. In: Wirtschaftsinformatik (1997) 5, S. 441-449.

[Doerig 1996]
Doerig, Hans-Ulrich: Universalbank - Banktypus der Zukunft. Bern, Stuttgart, Wien 1996.

[Dowling/Boulton/Elliott 1994]
Dowling, Michael J.; Boulton, William R.; Elliott, Sidney W.: Strategies for change in the service sector: The global telecommunications industry. In: California Management Review, Vol. 36 (1994) 3, S. 57-88.

[Dowling/Lechner 1998]
Dowling, Michael; Lechner, Christian: Kooperative Wettbewerbsbeziehungen: Theoretische Ansätze und Managementstrategien. In: Die Betriebswirtschaft, Vol. 58 (1998) 1, S. 86-102.

[Dresdner Bank 2000]
Dresdner Bank: Zusammenschluss von Dresdner Kleinwort Benson mit US-Investment-Bank Wasserstein Perella verstärkt Investment Banking der Dresdner Bank. Pressemitteilung vom 18.09.2000, Frankfurt/Main 2000.

[Drukarczyk 1993]
Drukarczyk, Jochen: Theorie und Politik der Finanzierung. München 1993.

[Drumm 1990]
Drumm, Hans Jürgen: Coordination. In: Grochla, Erwin; Gaugler, Eduard (Hrsg.): Handbook of german business management. Stuttgart u.a. 1990, S. 570-580.

[Drumm 1995]
Drumm, Hans Jürgen: Personalwirtschaftslehre. Berlin u.a. 1995.

[Dussauge/Garette/Mitchell 2000]
Dussauge, Pierre; Garette, Bernard; Mitchell, Will: Learning from competing partners: Outcomes and durations of scale and link alliances in Europe, North America and Asia. In: Strategic Management Journal, Vol. 21 (2000), S. 99-126.

[ECB 1999a]
European Central Bank: The effects of technology on EU banking systems. Frankfurt/Main 1999.

[ECB 1999b]
European Central Bank: Possible effects of EMU on the EU banking system in the medium to long term. Frankfurt/Main 1999.

[ECB 2000]
European Central Bank: Mergers and acquisitions involving the EU banking industry - Facts and implications. Frankfurt/Main 2000.

[Eisenhardt 1989]
Eisenhardt, Kathleen M.: Building theories from case study research. In: Academy of Management Review, Vol. 14 (1989) 4, S. 532-550.

[Eisenhardt/Martin 2000]
Eisenhardt, Kathleen M.; Martin, Jeffrey A.: Dynamic capabilities: What are they? In: Strategic Management Journal, Vol. 21 (2000), S. 1105-1121.

[Eistert 1994]
Eistert, Torsten: Cash Management Systeme: Funktionen - Strategien - Marktüberblick. Wiesbaden 1994.

[Elsas et al. 1999]
Elsas, Ralf et al.: Risikoorientiertes Kreditmanagement deutscher Banken. In: Die Bank (1999) 3, S. 190-199.

[Elsas/Krahnen 1998]
Elsas, Ralf; Krahnen, Jan Pieter: Is relationship lending special ? Evidence from credit-file data in Germany. In: Journal of Banking and Finance, Vol. 22 (1998), S. 1283-1316.

[Emmons/Greenbaum 1998]
Emmons, William R.; Greenbaum, Stuart I.: Twin information revolutions and the future of financial intermediation. In: Amihud, Yakov; Miller, Geoffrey (Hrsg.): Bank mergers & acquisitions. Boston, Dotrecht, London 1998, S. 37-56.

[Endres 1998]
Endres, Michael: Die Deutsche Bank positioniert sich in einem attraktiven Markt. Rede am Institut für Bankwirtschaft in Köln am 01.07.98. Köln 1998.

[Eriksen/Amit 1996]
Eriksen, Bo; Amit, Raphael: Strategic implications of business process re-engineering. In: Foss, Nicolai J.; Knudsen, Christian (Hrsg.): Towards a competence theory of the firm. London, New York 1996, S. 97-110.

[Ermisch 2000]
Ermisch, Stefan: Bayerische Hypo- und Vereinsbank AG. Investor Relations Präsentation vom 30.05.2000. Krakau 2000.

[Essmann 1996]
Essmann, Bernhard F.J.: Die Bankbeziehungen im Cash Management der Unternehmen. Bern, Stuttgart, Wien 1996.

[Etzel 1997]
Etzel, Piet-Jochen: Ethik im Investment Banking. In: Bierbaum, Detlef; Feinen, Klaus (Hrsg.): Bank- und Finanzwirtschaft im Wandel. Wiesbaden 1997, S. 129-143.

[Euromoney 2000]
Euromoney: Poll of polls: Turn over at the top. Http://www.euromoney.com/confidential/polls/pop/em.00.01.7.html vom 07.04.2000.

[Evans/Wurster 1997]
Evans, Philip B.; Wurster, Thomas S.: Strategy and the new economics of information. In: Harvard Business Review, Vol. 75 (1997) 5, S. 71-82.

[Fama 1970]
Fama, Eugene F.: Efficient capital markets: A review of theory and empirical work. In: Journal of Finance, Vol. 25 (1970), S. 383-417.

[Fama 1980]
Fama, Eugene F.: Agency problems and the theory of the firm. In: Journal of Political Ecomomy, Vol. 88 (1980) 2, S. 288-307.

[Fama/Jensen 1983]
Fama, Eugene F.; Jensen, Michael C.: Seperation of ownership and control. In: Journal of Law and Economics, Vol. 26 (1983) June, S. 301-325.

[Farjoun 1994]
Farjoun, Moshe: Beyond industry boundaries: Human expertise, diversification and resource-related industry groups. In: Organization Science, Vol. 5 (1994) 2, S. 185-199.

[Farjoun 1998]
Farjoun, Moshe: The independent and joint effects of the skill and physical bases of relatedness in diversification. In: Strategic Management Journal, Vol. 19 (1998), S. 611-630.

[Farjoun/Lai 1997]
Farjoun, Moshe; Lai, Linda: Similarity judgements in strategy formulation: Role, process and implications. In: Strategic Management Journal, Vol. 18 (1997), S. 255-273.

[Feldhaus/Renziehausen 1998]
Feldhaus, Reinhard; Renziehausen, Dirk: Unternehmerische Kompetenz im Firmenkundengeschäft. In: Die Bank (1998) 5, S. 276-280.

[Finkelstein 1997]
Finkelstein, Sydney: Interindustry merger patterns and resource dependence: A replication and extension of Pfeffer (1972). In: Strategic Management Journal, Vol. 18 (1997), S. 787-810.

[Fischer 2000]
Fischer, Leonard H.: Die Konsolidierung unter Europas Investmentbanken hat erst begonnen. FAZ Nr. 251 vom 28.10.2000, S. 17.

[Floyd/Wooldridge 1990]
Floyd, Steven W.; Wooldridge Bill: Path Analysis of the relationship between competitive strategy, information technology, and financial performance. In: Journal of Management Information Systems, Vol. 7 (1990) Summer, S. 47-64.

[Foss 1996]
Foss, Nicolai J.: Knowledge-based approaches to the theory of the firm: Some critical comments. In: Organization Science, Vol. 7 (1996) 5, S. 470-476.

[Foss/Eriksen 1995]
Foss, Nicolai J.; Eriksen, Bo: Competitive advantage and industry capabilities. In: Montgomery, Cynthia A. (Hrsg.): Resource based and evolutionary theories of the firm: Towards a synthesis. Norwell, Massachusetts 1995, S. 43-69.

[Foss/Harmsen 1996]
Foss, Kirsten; Harmsen, Hanne: Studies of key factors of product-development success: A resource-based critique and reinterpretation. In: Foss, Nicolai J.; Knudsen, Christian (Hrsg.): Towards a competence theory of the firm. London, New York 1996, S. 133-149.

[Foss/Knudsen/Montgomery 1995]
Foss, Nicolai J.; Knudsen, Christian; Montgomery, Cynthia A.: An exploration of common ground: Integrating evolutionary and strategic theories of the firm. In: Montgomery, Cynthia A. (Hrsg.): Resource-based and evolutionary theories of the firm: Towards a synthesis. Norwell, Massachusetts 1995, S. 1-19.

[Fotschki 1998]
Fotschki, Christiane: Kooperationen an der elektronischen Bank-Kunde-Schnittstelle. Heidelberg 1998.

[Franke 1993]
Franke, Günter: Agency- Theorie. In: Wittmann, Waldemar (Hrsg.): Handwörterbuch der Betriebswirtschaft. Stuttgart 1993, S. 37-48.

[Freixas/Rochet 1997]
Freixas, Xavier; Rochet, Jean-Charles: Microeconomics of banking. Cambridge, Massachusetts 1997.

[Frese 1990]
Frese, Erich: Zum Stellenwert von Markt und Technologie für die Organisation der Produktion. In: Bullinger, Hans-Jörg (Hrsg.): Produktionsmanagement im Spannungsfeld zwischen Markt und Technologie. München 1990, S. 13-45.

[Froot 1995]
Froot, Kenneth A.: Incentive problems in financial contracting: Impact on corporate financing, investment, and risk management policies. In: Crane, Dwight B.; et al. (Hrsg.): The global financial system: A functional perspective. Boston 1995, S. 225-261.

[Galunic/Rodan 1998]
Galunic, Charles D.; Rodan, Simon: Resource recombinations in the firm: Knowledge structures and the potential for Schumpetarian innovation. In: Strategic Management Journal, Vol. 19 (1998), S. 1193-1201.

[Garside/Stott/Strothe 1999]
Garside, Thomas; Stott, Henry; Strothe, Gunther: Portfoliomanagement des Kreditrisikos. In: Moormann, Jürgen; Fischer, Thomas (Hrsg.): Handbuch Informationstechnologie in Banken. Wiesbaden 1999, S. 185-207.

[Gaughan 1996]
Gaughan, Patrick A.: Mergers, acquisitions and corporate restructurings. New York 1997.

[Geertsema 1993]
Geertsema, Julien Heiko: ABN AMRO Bank: Merger and european strategy. In: Juncker, Klaus; riewasser, Erich (Hrsg.): Handbuch Firmenkundengeschäft - Das Firmenkundengeschäft auf dem Weg ins 21. Jahrhundert. Frankfurt/Main 1993, S. 840-855.

[Gehrke 2000]
Gehrke, Christian: Informationsagenten im Data-Warehousing. Heidelberg 2000.

[Gehrke/Garz/Oerke 1995]
Gerke, Wolfgang; Garz, Hendrik; Oerke, Marc: Die Bewertung von Unternehmensübernahmen auf dem deutschen Aktienmarkt. In: Zeitschrift für betriebswirtschaftliche Forschung, Vol. 47 (1995) 9, S. 805-820.

[Ghemawat 1986]
Ghemawat, Pankaj: Sustainable advantage. In: Harvard Business Review, Vol. 64 (1986) 4, S. 53-58.

[Ghemawat 1991]
Ghemawat, Pankaj: Commitment - The dynamic of strategy. New York u.a. 1991.

[Gierl/Helbich 1997]
Gierl, Heribert; Helbich, Grit: Die Kompetenz des Bankberaters. In: Die Bank (1997) 9, S. 540-544.

[Ginsberg 1990]
Ginsberg, Ari: Connecting diversification to performance: A sociocognitive approach. In: Academy of Management Review, Vol. 15 (1990) 3, S. 514-535.

[Ginsberg 1994]
Ginsberg, Ari: Minding the competition: From mapping to mastery. In: Strategic Management Journal, Vol. 15 (1994), S. 153-174.

[Grabner-Kräuter 1993]
Grabner-Kräuter, Sonja: Diskussionsansätze zur Erforschung von Erfolgsfaktoren. In: Journal of Business (1993) 6, S. 278-300.

[Grant 1991]
Grant, Robert M.: The resource-based theory of competitive advantage: Implications for strategy formulation. In: California Management Review, Vol. 7 (1991) 1, S. 114-135.

[Grant 1995]
Grant, Robert M.: Contemporary strategy analysis: Concepts, techniques, applications. Cambridge, Massachusetts; Oxford 1995.

[Grant 1996]
Grant, Robert M.: Prospering in dynamically-competitive environments: Organizational capability as knowledge integration. In: Organization Science, Vol. 7 (1996) 4, S. 375-387.

[Grebe/Kreuzer 1997]
Grebe, Michael; Kreuzer, Martin: Privatkundenstudie '97. Ibi Studie/CCM/7071. Regensburg 1997.

[Greenbaum/Thakor 1995]
Greenbaum, Stuart I.; Thakor, Anjan V.: Contemporary financial intermediation. Fort Worth u.a. 1995.

[Groeneveld 1999]
Groeneveld, Johannes M.: The forces behind the consolidation trend in the european banking industrie. In: Kredit und Kapital (1999) 3, S. 369-392.

[Gulati/Nohria/Zaheer 2000]
Gulati, Ranjay; Nohria, Nitin; Zaheer, Akbar: Strategic Networks. In: Strategic Management Journal, Vol. 21 (2000), S. 203-215.

[Gurley/Shaw 1955]
Gurley, John G.; Shaw, E.S.: Financial aspects of economic development. In: American Economic Reviw (1955), S. 515-538.

[Hall 1992]
Hall, Richard: The strategic analysis of intangible resources. In: Strategic Management Journal, Vol. 13 (1992), S. 135-144.

[Hamel 1991]
Hamel, Gary: Competition for competence and interpartner learning within international strategic alliances. In: Strategic Management Journal, Vol. 12 (1991), S. 83-103.

[Hamel 1994]
Hamel, Gary: The concept of core competence. In: Hamel, Gary; Heene, Aimè (Hrsg.): Competence-based competition. Chichester 1994.

[Hartmann 1999]
Hartmann, Wendelin: Die Abwicklung des Eurozahlungsverkehrs. In: Moormann, Jürgen; Fischer, Thomas (Hrsg.): Handbuch Informationstechnologie in Banken. Wiesbaden 1999, S. 539-558.

[Hartmann-Wendels/Pfingsten/Weber 1998]
Hartmann-Wendels, Thomas; Pfingsten, Andreas; Weber, Martin: Bankbetriebslehre. Berlin u.a. 1998.

[Harvard Business School 1998a]
Harvard Business School: Morgan Stanley and S.G. Warburg: Investment bank of the future. Cases 9-898-140 & 9-898-141. Boston 1998.

[Harvard Business School 1998b]
Harvard Business School: From Wall Strett to main street: Morgan Stanley, Dean Witter, Discover & Co. Cases 9-898-143 & 9-898-141. Boston 1998.

[Haspeslagh/Jemison 1991]
Haspeslagh, Philippe C.; Jemison, David B.: Managing aquisitions: Creating value through corporate renewal. New York 1991.

[Hawawini/Swary 1990]
Hawawini, Gabriel A.; Swary, Itzhak: Mergers and acquisitions in the U.S. banking industry - Evidence from the capital markets. Amsterdam u.a. 1990.

[Hein 1993]
Hein, Manfred: Einführung in die Bankbetriebslehre. München 1993.

[Heinen 1987]
Heinen, Edmund: Unternehmenskultur als Gegenstand der Betriebswirtschaftslehre. In: Heinen, Edmund (Hrsg.): Unternehmenskultur. München, Wien 1987, S. 1-48.

[Heitmüller 1997]
Heitmüller, Hans-Michael: Marktstrategie und Kundenbindung im Zeitalter der Globalisierung. In: Sparkasse, Vol. 114 (1997) 10, S. 457-464.

[Hildebrandt/Annacker 1996]
Hildebrandt, Lutz; Annacker, Dirk: Panelanalysen zur Kontrolle "unbeobachtbarer" Einflußgrößen in der Erfolgsfaktorenforschung. In: Zeitschrift für Betriebswirtschaft, Vol. 66 (1996) 11, S. 1409-1426.

[Hill/Hitt/Hoskisson 1992]
Hill, Charles W.L.; Hitt, Michael A.; Hoskisson, Robert E.: Cooperative versus competitive structures in related and unrelated diversified firms. In: Organization Science, Vol. 3 (1992), S. 501-521.

[Hill/Jones 1992]
Hill, Charles W.L.; Jones, Gareth R.: Strategic management theory: An integrated approach. Boston u.a. 1992.

[Hille/Braue 1999]
Hille, Lars; Braue, Carsten: Wertpapierhandelsprozesse und elektronischer Börsenhandel. In: Moormann, Jürgen; Fischer, Thomas (Hrsg.): Handbuch Informationstechnologie in Banken. Wiesbaden 1999, S. 493-510.

[Hofer/Schendel 1978]
Hofer, Charles W.; Schendel, Dan: Strategy formulation: Analytical concepts. St. Paul u.a. 1978.

[Holland et al. 1994]
Holland, Christopher P.: The evolution of a global cash management system. In: Sloan Management Review, Vol. 35 (1994) Fall, S. 37-47.

[Holmsen et al. 1998]
Holmsen, Cato A. et al.: Retail banking: Managing competition among your own channels. In: McKinsey Quarterly (1998) 1, S. 82-93.

[Hoppenstedt 1999]
Hoppenstedt, Dietrich H.: Konzentrationsprozeß: Die Rolle der Sparkassen-Finanzgruppe in einer globalisierten Welt. In: Hesse, Helmut; Rebe, Bernd (Hrsg.): Vision und Verantwortung - Herausforderungen an der Schwelle zum neuen Jahrtausend. Hildesheim, Zürich, New York 1999, S. 511-520.

[Houston/Ryngaert 1994]
Houston, Joel F.; Ryngaert, Michael D.: The overall gains from large bank mergers. In: Journal of Banking and Finance, Vol. 18 (1994), S. 1155-1176.

[Hughes et al. 1998]
Hughes, Joseph P. et al.: The dollars and sense of bank consolidation. Federal Reserve Bank of Philadelphia Working Papers, Nr. 98-10. Philadelphia 1998.

[Hungenberg 2000]
Hungenberg, Harald: Strategisches Management in Unternehmen. Wiesbaden 2000.

[Hunt 1995]
Hunt, David: What future for Europe's investment banks? In: McKinsey Quarterly (1995) 1, S. 104-117.

[HVB 1997]
HypoVereinsbank: Bayerische Hypotheken- und Wechsel Bank AG und Bayerische Vereinsbank AG schließen sich zusammen zur Bayerische Hypo- und Vereinsbank AG. Pressemitteilung vom 21.07.1997. München 1997.

[HVB 1998a]
HypoVereinsbank: EDV-Integration in nur 18 Monaten - Spitzenposition bei neuen Informationssystemen. Pressemitteilung vom 05.06.1998. München 1998.

[HVB 1998b]
HypoVereinsbank: Mehr Effizienz bei der Verwaltung der Kundendaten. Pressemitteilung vom 22.06.1998. München 1998.

[HVB 1998c]
HypoVereinsbank: Bayerische Hypo- und Vereinsbank. Investor Relations Präsentation vom Mai 1998. München 1998.

[HVB 1998d]
HypoVereinsbank: Die HypoVereinsbank fusioniert ihre Tochtergesellschaften in der Tschechischen Republik. Pressemitteilung vom 25.09.1998. München 1998.

[HVB 1998e]
HypoVereinsbank: Bank Przemyslowo-Handlowy SA (BPH) : BPH - eine ideale Ergänzung zum Konzept der HypoVereinsbank als Bank der Regionen in Europa. Investor Relations Release vom 22.10.1998. München 1998.

[HVB 1999a]
HypoVereinsbank: HypoVereinsbank liegt mit Fortschritten bei Fusion über Plan - Fusionstempo deutlich erhöht. Pressemitteilung vom 06.05.1999. München 1999.

[HVB 1999b]
HypoVereinsbank: Zwischenbericht zum 31. März 1999 nach IAS. München 1999.

[HVB 1999c]
HypoVereinsbank: Ergebnisse und Perspektiven 1999. München 1999.

[HVB 1999e]
HypoVereinsbank: HypoVereinsbank schließt Tender Offer ab - Anteil an der BPH-Bank auf 77,85 % erhöht. Investor Relations Release vom 11.08.1999. München 1999.

[HVB 1999f]
HypoVereinsbank: "HypoVereinsbank Bank Hipoteczny" erhält Betriebserlaubnis als reine Hypothekenbank in Polen. Pressemitteilung vom 01.12.1999. München 1999.

[HVB 1999g]
HypoVereinsbank: HypoVereinsbank ordnet ihre Geschäfte in Polen neu - Erhöhung des Anteils an der BPH-Bank auf über 50 %. Pressemitteilung vom 29.06.1999. München 1999.

[HVB 2000a]
HypoVereinsbank: Gutes erstes Quartal 2000 erwartet - 250 Mio. Euro für Internet-Ausbau. Pressemitteilung vom 23.03.2000. München 2000.

[HVB 2000b]
HypoVereinsbank: HypoVereinsbank und Bank Austria stellen straffen Integrationszeitplan und klare Projektstruktur vor. Pressemitteilung vom 06.10.2000. München 2000.

[HVB 2000c]
HypoVereinsbank: HypoVereinsbank und Bank Austria gehen zusammen. Investor Relations Release vom 24.07.2000. München 2000.

[HVB 2000d]
HypoVereinsbank: HypoVereinsbank hat grundsätzliche Einigung über den Verkauf ihrer 90% Beteiligung an Foreign & Colonial an die Versicherungsgruppe EUREKO erreicht. Investor Relations Release vom 22.12.2000. München 2000.

[HVB/Bank Austria 2000]
HypoVereinsbank; Bank Austria: Marktführer im Herzen Europas. Analystenpräsentation vom 24.07.2000. Frankfurt/Main 2000.

[Hypo-Bank 1998]
Hypo-Bank: Geschäftsbericht 1997. München 1998.

[Hypo-Bank/Vereinsbank 1998]
Hypo-Bank; Vereinsbank: Verschmelzung der Bayerische Hypotheken- und Wechsel-Bank AG mit der Bayerische Vereinsbank AG zur Bayerische Hypo- und Vereinsbank AG. München 1998.

[J.P. Morgan 1999]
J.P. Morgan: Internet broking: Unstoppable. London 1999.

[Jacob/Klein 1996]
Jacob, Adolf-Friedrich; Klein, Sebastian: Investment Banking: Bankpolitik, Methoden und Konzepte. Wiesbaden 1996.

[Jacobi 1997]
Jacobi, Herbert H.: Die Zielgruppenstrategie einer Privatbank. In: Bierbaum, Detlef; Feinen, Klaus (Hrsg.): Bank- und Finanzwirtschaft: Strategien im Wandel. Wiesbaden 1997, S. 245-258.

[Jensen 1986]
Jensen, Michael C.: Agency costs of free cash flow, corporate finance, and takeovers. In: American Economic Review, Vol. 76 (1986), S. 323-329.

[Jensen 1988]
Jensen, Michael G.: Takeovers: their causes and consequences. In: Journal of Economic Perspectives, Vol. 2 (1988) 1, S. 21-48.

[Jensen/Meckling 1976]
Jensen, Michael C.; Meckling, William H.: Theory of the firm: Managerial behavior, agency costs and ownership structure. In: Journal of Financial Economics, Vol. 3 (1976), S. 305-360.

[Johnston/Yetton 1996]
Johnston, Kim D.; Yetton, Philip W.: Integrating information technology divisions in a bank merger. In: Journal of Strategic Information Systems, Vol. 5 (1996), S. 189-211.

[Juncker 1993]
Juncker, Klaus: Firmenkundengeschäft: Den Wandel managen. In: Juncker, Klaus; Priewasser, Erich (Hrsg.): Handbuch Firmenkundengeschäft - Das Firmenkundengeschäft auf dem Weg ins 21. Jahrhundert. Frankfurt/Main 1993, S. 72-100.

[Karagiannis 1999]
Karagiannis, Dimitris: Einsatz von Workflow-Technologien zur Umsetzung von Geschäftsprozessen. In: Moormann, Jürgen; Fischer, Thomas (Hrsg.): Handbuch Informationstechnologie in Banken. Wiesbaden 1999, S. 385-403.

[Kern 1998]
Kern, Holger: Relationship Management als Betreuungsansatz für multinationale Unternehmen. In: Die Bank (1998) 11, S. 666-670.

[Kerscher 1998]
Kerscher, Bernhard A.: Telekommunikation im Bankgeschäft - Ein ganzheitliches Gestaltungskonzept für innovative Telekommunikationssysteme im elektronischen Bankgeschäft. Heidelberg 1998.

[Kettinger et al. 1994]
Kettinger, William J. et al.: Strategic information systems revisited: A study in sustainability and performance. In: Management Information Systems Ouarterly (1994) March, S. 31-58.

[Kiehling 1999]
Kiehling, Hartmut: Finanzplatz Schweiz: Private Banking im Mittelpunkt. In: Die Bank (1999) 8, S. 512-515.

[Kieser/Kubicek 1992]
Kieser, Alfred; Kubicek, Herbert: Organisation. Berlin, New York 1992.

[Klöppelt 1996]
Klöppelt, Henning: International Private Banking - ein Markt für Anspruchsvolle. In: Die Bank (1996) 4, S. 201-207.

[Knipp 1999]
Knipp, Thomas: Independence Day bei Bankers Trust. Handelsblatt Nr. 121 vom 28.06.99., S. 12.

[Knoth 1998]
Knoth, Rainer: Kreditrisikomanagement im Privatkundengeschäft. In: Betsch, Oskar; van Hooven, Eckart; Krupp, Georg (Hrsg.): Handbuch Privatkundengeschäft. Frankfurt/Main 1998, S. 189-204.

[Knyphausen 1993]
Knyphausen, Dodo zu: Why are firms different ? In: Die Betriebswirtschaft, Vol. 53 (1993) 6, S. 771-793.

[Kobmann 1997]
Kobmann, Werner: Kundenorientierter EDV-Einsatz bei Universalbanken unter dem Aspekt des Lean Management. In: Information Management (1997) 3, S. 54-58.

[Köcher 1998]
Köcher, Renate: Veränderungen der Kundenstruktur und Kundenbedürfnisse. In: Betsch, Oskar; van Hooven, Eckart; Krupp, Georg (Hrsg.): Handbuch Privatkundengeschäft. Frankfurt/Main 1998, S. 249-261.

[Köhler 1998]
Köhler, Horst: Von der Vorsorgeeinrichtung zum Privatkundengeschäft der europäischen Sparkassen - Probleme und Lösungen. In: Betsch, Oskar; van Hooven, Eckart; Krupp, Georg (Hrsg.): Handbuch Privatkundengeschäft. Frankfurt/Main 1998, S. 21-40.

[Kollar 1997]
Kollar, Axel: Quo Vadis Investment Banking. In: Bierbaum, Detlef; Feinen, Klaus (Hrsg.): Bank- und Finanzwirtschaft: Strategien im Wandel. Wiesbaden 1997, S. 259-287.

[Kopper 1997]
Kopper, Hilmar: Konsequenzen der Europäischen Integration auf den Finanzplatz Deutschland. In: Bierbaum, Detlef; Feinen, Klaus (Hrsg.): Bank- und Finanzwirtschaft: Strategien im Wandel. Wiesbaden 1997, S. 289-313.

[Krafft 1998]
Krafft, Reinhard H.: Altersvorsorge - das zentrale Thema in der Bankberatung der Zukunft. In: Betsch, Oskar; van Hooven, Eckart; Krupp, Georg (Hrsg.): Handbuch Privatkundengeschäft. Frankfurt/Main 1998, S. 205-223.

[Kreikebaum 1993]
Kreikebaum, Hartmut: Strategische Unternehmensplanung. Stuttgart, Berlin, Köln 1993.

[Kreuzer 1998]
Kreuzer, Martin: Elektronische Bankvertriebswege. Heidelberg 1998.

[Krüger 1988]
Krüger, Wilfried: Die Erklärung von Unternehmenserfolg: Theoretischer Ansatz und empirische Ergebnisse. In: Die Betriebswirtschaft, Vol. 47 (1988) 1, S. 27-43.

[Krüger/Homp 1997]
Krüger, Wilfried; Homp, Christian: Kerkompetenz - Management. Wiesbaden 1997.

[Krüger/Schwarz 1990]
Krüger, Wilfried; Schwarz, Gunther: Konzeptionelle Analyse und praktische Bestimmung von Erfolgsfaktoren und Erfolgspotentialen. In: Bleicher, Knut; Gomez, Peter (Hrsg.): Zukunftsperspektiven der Organisation. Bern 1990, S. 179-207.

[Krupp 1998]
Krupp, Georg: Künftige Positionierung des Privatkundengeschäfts aus Sicht der Geschäftsbanken. In: Betsch, Oskar; van Hooven, Eckart; Krupp, Georg (Hrsg.): Handbuch Privatkundengeschäft. Frankfurt/Main 1998, S. 53-64.

[Lamberti 2000]
Lamberti, Hermann-Josef: Transaction Services - ein attraktiver Markt. In: Die Bank (2000) 1, S. 18-19.

[Lang/Welzel 1996]
Lang, Günter; Welzel, Peter: Efficiency and technical progress in banking. In: Journal of Banking and Finance, Vol. 20 (1996), S. 1003-1023.

[Lang/Welzel 1997]
Lang, Günter; Welzel, Peter: Größe und Kosteneffizienz im deutschen Banksektor. In: Zeitschrift für Betriebswirtschaft, Vol. 67 (1997) 3, S. 269-283.

[Lang/Welzel 1998]
Lang, Günter; Welzel, Peter: Technology and cost efficiency in universal banking. In: Journal of Productivity Analysis, Vol. 10 (1998), S. 63-84.

[Larsson/Finkelstein 1999]
Larsson, Rikard; Finkelstein, Sydney: Integrating strategic, organizational, and human resource perspectives on mergers and aquisitions: a case survey of synergy realization. In: Organization Science, Vol. 10 (1999) 1, S. 1-26.

[Lausberg/Rose 1995]
Lausberg, Carsten; Rose, Peter S.: Merger motives in european banking. In: Östreichisches Bank Archiv (1995) 3, S. 177-186.

[Lechner 2000]
Lechner, Christian: The competitiveness of firm networks. Regensburg 2000.

[Leclerc 1999]
Leclerc, Matthias: Technologie im Handelsraum. In: Moormann, Jürgen; Fischer, Thomas (Hrsg.): Handbuch Informationstechnologie in Banken. Wiesbaden 1999, S. 261-281.

[Leichtfuß 1998]
Leichtfuß, Reinhold: Wie wichtig ist Größe? - Die Entwicklung der Erfolgsfaktoren im Privatkundengeschäft. In: Betsch, Oskar; van Hooven, Eckart; Krupp, Georg (Hrsg.): Handbuch Privatkundengeschäft. Frankfurt/Main 1998, S. 93-106.

[Lemmer 1999]
Lemmer, Jürgen: Der Eigenhandel als strategisches Geschäftsfeld deutscher Banken. In: Die Bank (1999) 9, S. 620-627.

[Levinthal 1995]
Levinthal, Daniel A.: Strategic management and the exploration of diversity. In: Montgomery, Cynthia A. (Hrsg.): Resource-based and evolutionary theories of the firm: Towards a synthesis. Boston u.a. 1995, S. 19-43.

[Levinthal/Myatt 1994]
Levinthal, Daniel; Myatt, Jennifer: Co-evolution of capabilities and industry: The evolution of mutual funds processing. In: Strategic Management Journal, Vol. 15 (1994), S. 45-63.

[Llewellyn 1999]
Llewellyn, David T.: The new economics of banking. Amsterdam 1999.

[Llewellyn 2000]
Llewellyn, David T.: The new economics of banking. Paper präsentiert auf der Konferenz CIBI 2000. 20.03.2000. München 2000.

[Lorenzoni/Lipparini 1999]
Lorenzoni, Gianni; Lipparini, Andrea: The leveraging of interfirm relationships as a distinctive organiational capability: A longitudinal study. In: Strategic Management Journal, Vol. 20 (1999), S. 317-338.

[Lubatkin 1987]
Lubatkin, Michael: Merger strategies and stockholder value. In: Strategic Management Journal, Vol. 8 (1987), S. 39-53.

[MacMillan/McCaffery 1985]
MacMillan, Ian; McCaffery, Mary Lynn; Wijk, Gilles van: Competitors' responses to easily imitated products - Exploring commercial banking product introductions. In: Strategic Management Journal, Vol. 6 (1985), S. 75-86.

[Madura/Wiant 1994]
Madura, Jeff; Wiant, Kenneth J.: Long-term valuation effects of bank acquisitions. In: Journal of Banking and Finance, Vol. 18 (1994), S. 1135-1154.

[Mag 1995]
Mag, Wolfgang: Unternehmensplanung. München 1995.

[Mahoney/Pandian 1992]
Mahoney, Joseph T.; Pandian, J. Rajendran: The resource based view within the conversation of strategic management. In: Strategic Management Journal, Vol. 13 (1992), S. 363-380.

[Makadok 1998]
Makadok, Richard: Can first-mover and early-mover advantages be sustained in an industry with low barriers to entry/imitation? In: Strategic Management Journal, Vol. 19 (1998), S. 683-696.

[Makadok 1999]
Makadok, Richard: Interfirm differences in scale economies and the evolution of market shares. In: Strategic Management Journal, Vol. 20 (1999), S. 935-952.

[Makadok/Walker 2000]
Makadok, Richard; Walker, Gordon: Identifying a distinctive competence: Forecasting ability in the money fund industry. In: Strategic Management Journal, Vol. 21 (2000), S. 853-864.

[Malone/Yates/Benjamin 1987]
Malone, Thomas W.; Yates, Joanne; Benjamin, Robert: Electronic markets and electronic hierarchies. In: Communications of the ACM (1987) 6, S. 484-497.

[Maltzahn 1998]
Maltzahn, Bernd-Albrecht von: Private Banking. In: Betsch, Oskar; van Hooven, Eckart; Krupp, Georg (Hrsg.): Handbuch Privatkundengeschäft. Frankfurt/Main 1998, S. 905-917.

[Manne 1965]
Manne, Henry G.: Mergers and the market for corporate control. In: Journal of Political Economy, Vol. 73 (1965), S. 110-120.

[March/Simon 1958]
March, James G.; Simon, Herbert A.: Organizations. New York 1958.

[Markides/Williamson 1994]
Markides, Costantinos C.; Williamson, Peter J.: Related diversification, core competencies and corporate performance. In: Strategic Management Journal, Vol. 15 (1994), S. 149-165.

[Markides/Williamson 1996]
Markides, Costantinos C.; Williamson, Peter J.: Corporate diversification and organizational structure: A resource-based view. In: Academy of Management Journal, Vol. 39 (1996) 2, S. 340-367.

[Mason 1995]
Mason, Scott P.: The allocation of risk. In: Crane, Dwight B.; et al. (Hrsg.): The global financial system: A functional perspective. Boston 1995, S. 153-195.

[Mayer 1988]
Mayer, Colin: New issues in corporate finance. In: European economic review, Vol. 32 (1988), S. 1167-1189.

[McAllister/McManus 1993]
McAllister, Patrick H.; McManus, Douglas: Resolving the scale efficiency puzzle in banking. In: Journal of Banking and Finance, Vol. 17 (1993), S. 389-405.

[McCauley/White 1997]
McCauley, Robert N.; White, William R.: The euro and european financial markets. Bank for International Settlements Working Papers. Basel (1997).

[McGahan/Porter 1997]
McGahan, Anita M.; Porter, Michael E.: How much does industry matter, really. In: Strategic Management Journal, Vol. 18 (1997), S. 15-30.

[McGee/Thomas 1986]
McGee, John; Thomas, Howard: Strategic groups: Theory, research and taxonomy. In: Strategic Management Journal, Vol. 7 (1986), S. 141-160.

[McGrath/MacMillan/Venkataraman 1995]
McGrath, Rita Gunther; MacMillan, Ian C.; Venkataraman, S.: Defining and developing competence: A strategic process paradigm. In: Strategic Management Journal, Vol. 16 (1995), S. 251-275.

[Meffert/Bruhn 1995]
Meffert, Heribert; Bruhn, Manfred: Dienstleistungsmarketing: Grundlagen, Konzepte, Methoden. Wiesbaden 1995.

[Mehra 1996]
Mehra, Ajay: Resource and market based determinants of performance in the U.S. banking industry. In: Strategic Management Journal, Vol. 17 (1996), S. 307-322.

[Merrill Lynch/Gemini Consulting 1999]
Merrill Lynch; Gemini Consulting: World wealth report 1999. o.O. 1999.

[Merton 1995]
Merton, Robert C.: A functional perspective of financial intermediation. In: Financial Management, Vol. 24 (1995) 2, S. 23-41.

[Merton/Bodie 1995]
Merton, Robert C.; Bodie, Zvi: A conceptual framework for analyzing the financial environment. In: Crane, Dwight B.; et al. (Hrsg.): The global financial system: A functional perspective. Boston 1995, S. 3-31.

[Mester/Nakamura/Renault 1999]
Mester, Loretta J.; Nakamura, Leonard I.; Renault, Micheline: Checking accounts and bank monitoring. Wharton School, Financial Institutions Center, Working Paper 99-02. Pennsylvania 1999.

[Meyer zu Selhausen 1989]
Meyer zu Selhausen, Hermann: Informationssysteme zur Stärkung der strategischen Erfolgsposition. In: Die Bank (1989) 2, S. 80-89.

[Michalk/Dilling 1998]
Michalk, Claus; Dilling, Holger: Wettbewerber im Informationszeitalter. In: Betsch, Oskar; van Hooven, Eckart; Krupp, Georg (Hrsg.): Handbuch Privatkundengeschäft. Frankfurt/Main 1998, S. 79-91.

[Miles/Snow 1984]
Miles, Raymond E.; Snow, Charles C.: Fit, failure and the hall of fame. In: California Management Review, Vol. 3 (1984), S. 11-28.

[Mishkin 1999]
Mishkin, Frederic S.: Financial consolidation: Dangers and opportunities. In: Journal of Banking and Finance, Vol. 23 (1999), S. 675-691.

[Montgomery/Wernerfelt 1988]
Montgomery, Cynthia A.; Wernerfelt, Birger: Diversification, ricardian rents, and Tobin's q. In: RAND Journal of Economics, Vol. 19 (1988) 4, S. 623-632.

[Moormann 1999]
Moormann, Jürgen: Umbruch in der Bankinformatik - Status quo und Perspektiven für eine Neugestaltung. In: Moormann, Jürgen; Fischer, Thomas (Hrsg.): Handbuch Informationstechnologie in Banken. Wiesbaden 1999, S. 3-20.

[Moormann/Frank 2000]
Moormann, Jürgen; Frank, Axel: Grenzen des Outsourcing: Eine Exploration am Beispiel von Direktbanken. Hochschule für Bankwirtschaft Arbeitsbericht Nr. 24. Frankfurt/Main 2000.

[Moran/Ghoshal 1999]
Moran, Peter; Ghoshal, Sumantra: Markets, firms, and the process of economic development. In: Academy of Management Review, Vol. 24 (1999) July, S. 390-412.

[Morck/Shleifer/Vishny 1990]
Morck, Randall; Shleifer, Andrei; Vishny, Robert W.: Do managerial objektives drive bad acquisitions? In: Journal of Finance, Vol. 45 (1990), S. 31-48.

[Mueller 1969]
Mueller, Dennis C.: A theory of conglomerate mergers. In: Quarterly Journal of Economics, Vol. 83 (1969), S. 643-659.

[Müller/Gruber/Grete 1993]
Müller, Heinz; Gruber, Klaus; Grete, Ulrich: Kommerzielles Geschäft und Corporate Finance aus Sicht einer Universalbank. In: Juncker, Klaus; Priewasser, Erich (Hrsg.): Handbuch Firmenkundengeschäft - Das Firmenkundengeschäft auf dem Weg ins 21. Jahrhundert. Frankfurt/Main 1993, S. 753-774.

[Müller/Schnittler 1993]
Müller, Horst; Schnittler, Ralph: Personalmanagement im Firmenkundengeschäft. In: Juncker, Klaus; Priewasser, Erich (Hrsg.): Handbuch Firmenkundengeschäft - Das Firmenkundengeschäft auf dem Weg ins 21. Jahrhundert. Frankfurt/Main 1993, S. 146-161.

[Nahavandi/Malekzadeh 1988]
Nahavandi, Afsaneh; Malekzadeh, Ali R.: Acculturation in mergers and acquisitions. In: Academy of Management Review, Vol. 13 (1988) 1, S. 79-90.

[Nelson 1991]
Nelson, Richard R.: Why do firms differ, and how does it matter? In: Strategic Management Journal, Vol. 12 (1991) Winter, S. 61-74.

[Neuberger 1998]
Neuberger, Doris: Mikroökonomik der Bank: eine industrieökonomische Perspektive. München 1998.

[Neus 1993]
Neus, Werner: Emissionskredit Reputationseffekte. In: Zeitschrift für Betriebswirtschaft, Vol. 63 (1993) 9, S. 897-915.

[Nordic Baltic Holding 2000]
Nordic Baltic Holding: Offer dokument: Share exchange offer to the shareholders of Unidanmark A/S. Kopenhagen 2000.

[o.V. 1997]
o.V.: Merita und Nordbanken fusionieren zum größten Institut im Norden. Faz Nr. 238 vom 14.10.1997, S. 30.

[o.V. 1998a]
o.V.: Die Deutsche Bank baut ihr gesamtes Investment Banking um. FAZ Nr. 11 vom 14.01.1998, S. 17.

[o.V. 1998b]
o.V.: Deutsche Bank erleidet in Amerika empfindlichen Rückschlag. FAZ Nr. 150 vom 02.07.1998., S. 17.

[o.V. 1998c]
o.V.: Deutsche Bank versucht neuen Anlauf im Investmentbanking. FAZ Nr. 162 vom 16.07.1998, S. 17.

[o.V. 1999a]
o.V.: Awards for Excellence: Central and Eastern Europe. In: Euromoney (1999) 7, S. 94-102.

[o.V. 1999b]
o.V.: Kurssicherung um Bankers Trust verleiht der Bilanz Glanz. FAZ Nr. 173 vom 29.07.1999, S. 20.

[o.V. 1999c]
o.V.: Eine Handvoll Vermögensverwalter dominiert das globale Geschäft. FAZ Nr. 255 vom 01.11.1999, S. 24.

[Oberender 1994]
Oberender, Peter: Industrieökonomik. In: WiSt, Vol. 23 (1994) 2, S. 65-73.

[Oliver 1997]
Oliver, Christine: Sustainable competitive advantage: Combining institutional and resource based views. In: Strategic Management Journal, Vol. 18 (1997), S. 697-713.

[Panzar/Willig 1981]
Panzar, John C.; Willig, Robert D.: Economies of Scope. In: American Economic Review, Papers and Proceedings, Vol. 71 (1981) 2, S. 268-272.

[Paulhuhn 1998]
Paulhuhn, Burkhardt: Multiple Channels als Komfortlösung. In: Betsch, Oskar; van Hooven, Eckart; Krupp, Georg (Hrsg.): Handbuch Privatkundengeschäft. Frankfurt/Main 1998, S. 557-571.

[Paulson 2000]
Paulson, Henry M. jr.: Endloses Rennen. Interview mit Henry Pauslon. In: manager magazin, Vol. 30 (2000) 11, S. 156-167.

[Penrose 1966]
Penrose, Edith: The theory of the growth of the firm. Oxford 1966.

[Penzel 1998]
Penzel, Hans-Gert: Post Merger Management in Banken - und die Konsequenzen für das IT-Management. In: Weinhardt, Christof; Meyer zu Selhausen, Hermann; Morlock, Martin (Hrsg.): Informationssysteme in der Finanzwirtschaft. Berlin u.a. 1998, S. 1-27.

[Penzel 2000]
Penzel, Hans-Gert: Klare Strategie und Zielausrichtung: Erfolgsfaktoren für das Post Merger-Management in Banken. In: Zeitschrift für Organisation, Vol. 69 (2000) 1, S. 25-36.

[Penzel/Pietig 2000]
Penzel, Hans-Gert; Pietig, Christian (Hrsg.): MergerGuide - Handbuch für die Integration von Banken. Wiesbaden 2000.

[Peristiani 1997]
Peristiani, Stavros: Do mergers improve the x-efficiency and scale of U.S. Banks ? In: Journal of Money, Credit, and Banking, Vol. 29 (1997) 3, S. 326-337.

[Pernul/Röhm 1997]
Pernul, Günther; Röhm, Alexander W.: Neuer Markt - neues Geld? In: Wirtschaftsinformatik (1997) 4, S. 345-355.

[Perold 1995]
Perold, André F.: The payment system and derivative instruments. In: Crane, Dwight B.; et al. (Hrsg.): The global financial system: A functional perspective. Boston 1995, S. 33-79.

[Peteraf 1993]
Peteraf, Margaret A.: The cornerstones of competitive advantage: A resource-based view. In: Strategic Management Journal, Vol. 14 (1993), S. 179-191.

[Peterson 1999]
Peterson, Michael: So many deals, so little time. In: Euromoney (1999) 10, S. 93-100.

[Picot 1996]
Picot, Arnold: Die organisatorische Herausforderung. In: Ewerdwalbesloh, Gerd (Hrsg.): Telekommunikation für Banken und Versicherungen: Finanzdienstleistungen im Wandel. Berlin, Heidelberg, New York 1996, S. 47-84.

[Picot/Reichwald/Wiegand 1996]
Picot, Arnold; Reichwald, Ralf; Wigand, Rolf T.: Die grenzenlose Unternehmung: Information, Organisation und Management. Wiesbaden 1996.

[Pilloff 1996]
Pilloff, Steven J.: Performance changes and shareholder wealth creation associated with mergers of publicly traded banking institutions. In: Journal of Money, Credit, and Banking, Vol. 28 (1996) 3, S. 294-310.

[Pilloff/Santomero 1998]
Pilloff, Steven J.; Santomero, Anthony M.: The value effects of bank mergers and acquisitions. In: Amihud, Yakov; Miller, Geoffrey (Hrsg.): Bank mergers & acquisitions. Boston, Dotrecht, London 1998, S. 59-78.

[Platzek 1998]
Platzek, Hans-Jörg: Private Banking als strategisches Geschäftsfeld einer deutschen Großbank. In: Die Bank (1998) 11, S. 648-653.

[Pöhler 2000]
Pöhler, Achim: Insourcing - vom Backoffice zum Serviceprovider. In: Die Bank (2000) 1, S. 20-23.

[Popper 1976]
Popper, Karl R.: Logik der Forschung. Tübingen 1976.

[Porter 1980]
Porter, Michael E.: Competitive Strategy - Techniques for analyzing industries and competitors. New York u.a. 1980.

[Porter 1985]
Porter, Micheal E.: Competitive Advantage - Creating and sustaining superior performance. New York u.a. 1985.

[Porter 1987]
Porter, Michael E.: From competitive advantage to corporate strategy. In: Harvard Business Review, Vol. 65 (1987) 3, S. 43-59.

[Porter 1991]
Porter, Michael E.: Towards a dynamic theory of strategy. In: Strategic Management Journal, Vol. 12 (1991) Winter, S. 95-117.

[Porter 1992a]
Porter, Michael E.: Wettbewerbsstrategie (Competitive Strategy) - Methode zur Analyse von Branchen und Konkurrenten. Frankfurt/Main, New York 1992.

[Porter 1992b]
Porter, Michael E.: Wettbewerbsvorteile (Competitive Advantage) - Spitzenleistungen erreichen und behaupten. Frankfurt/Main, New York 1992.

[Porter 1996]
Porter, Michael E.: What is strategy. In: Harvard Business Review, Vol. 74 (1996) 5, S. 61-78.

[Porter/Millar 1985]
Porter, Michael E.; Millar, Victor E.: How information gives you competitive advantage. In: Harvard Business Review, Vol. 63 (1985) 3, S. 149-196.

[Powell 1992]
Powell, Thomas C.: Organizational alignment as competitive advantage. In: Strategic Management Journal, Vol. 13 (1992), S. 119-14.

[Powell/Dent-Micallef 1997]
Powell, Thomas C.; Dent-Micallef, Anne: Information technology as competitive advantage: the role of human, business, and technology resources. In: Strategic Management Journal, Vol. 18 (1997), S. 375-405.

[Prahalad/Bettis 1986]
Prahalad, C.K.; Bettis, Richard A.: The dominant logic: A new linkage between diversity and performance. In: Strategic Management Journal, Vol. 7 (1986), S. 485-501.

[Prahalad/Hamel 1990]
Prahalad, C.K.; Hamel, Gary: The core competence of the corporation. In: Harvard Business Review, Vol. 68 (1990) 3, S. 79-91.

[Praxmarer 1993]
Praxmarer, Marc Andres: Allfinanzstrategien aus der Sicht der Banken - Rahmenbedingungen und Gestaltungsansätze unter besonderer Berücksichtigung der Universalbanken in der Schweiz. Bern, Stuttgart, Wien 1993.

[Raettig 1990]
Raettig, Lutz: Neuere Entwicklungen im Investment Banking. In: Rudolph, Bernd (Hrsg.): Instrumente und Strategien im Investment Banking. Frankfurt/Main 1990, S. 35-55.

[Ramakrishnan/Thakor 1984]
Ramakrishnan, Ram T.S.; Thakor, Anjan V.: Information reliability and a theory of financial intermediation. In: Review of Economic Studies (1984), S. 415-432.

[Ramanujam/Varadarajan 1989]
Ramanujam, Vasudevan; Varadarajan, P.: Research on corporate diversification: A synthesis. In: Strategic Management Journal, Vol. 10 (1989), S. 523-551.

[Randa 2000]
Randa, Gerhard: Rede auf der 10. Hauptversammlung der Bank Austria vom 27.09.2000. Wien 2000.

[Rasche 1994]
Rasche, Christoph: Wettbewerbsvorteile durch Kernkompetenzen: Ein ressourcenorientierter Ansatz. Wiesbaden 1994.

[Rasche/Wolfrum 1994]
Rasche, Christoph; Wolfrum, Bernd: Ressourcenorientierte Unternehmensführung. In: Die Betriebswirtschaft, Vol. 54 (1994) 4, S. 501-517.

[Reed/DeFillippi 1990]
Reed, Richard; DeFillippi, Robert J.: Causal ambiguity, barriers to imitation, and sustainable competitive advantage. In: Academy of Management Review, Vol. 15 (1990) 1, S. 88-102.

[Reißner 1992]
Reißner, Stefan: Synergiemanagement und Akqusitionserforg. Wiesbaden 1992.

[Rhoades 1993]
Rhoades, Stephen A.: Efficiency effects of horizontal (in market) bank mergers. In: Journal of Banking and Finance, Vol. 17 (1993), S. 411-422.

[Rhoades 1998]
Rhoades, Stephen A.: The efficiency effects of bank mergers: An overview of case studies of nine mergers. In: Journal of Banking and Finance, Vol. 22 (1998), S. 273-291.

[Riedl 2000]
Riedl, Gerald: Entwicklungen in den europäischen Zahlungsverkehrs-Infrastrukturen - Konsequenzen für die Banken. In: Banking and Information Technology, Vol. 1 (2000) 2, S. 37-49.

[Roberts/Amit 1998]
Roberts, Peter W.; Amit, Raphael: The dynamics of capability development: The case of Australian retail banking, 1981 - 1995. Unpublished working paper presented at RESPECT seminar, Copenhagen Business School. Copenhagen 1998.

[Robins/Wiersema 1995]
Robins, James; Wiersema, Magarethe F.: A resource-based approach to the multibusiness firm: Empirical analysis of portfolio interrelationship and corporate financial performance. In: Strategic Management Journal, Vol. 16 (1995), S. 277-299.

[Rockart/Short 1989]
Rockart, John F.; Short, James E.: IT in the 1990th: Managing organizational interpendence. In: Sloan Management Review, Vol. 30 (1989) Winter, S. 7-17.

[Roll 1986]
Roll, Richard: The hubris hypothesis of coporate takeovers. In: Journal of Business, Vol. 59 (1986) 2, S. 197-216.

[Roll 1988]
Roll, Richard: Empirical evidence on takeover activity and shareholder wealth. In: Coffee, John C. Jr.; Rose-Ackerman, Susan; Lowenstein, Louis (Hrsg.): Knights, raiders, and targets - The impact of the hostile takeover. New York, Oxford 1988.

[Röller 1992]
Röller, Wolfgang: Globalisierung in der Banking-Industrie. In: Zeitschrift für Betriebswirtschaft-Ergänzungsheft, Vol. 62 (1992) 2, S. 121-143.

[Rometsch 1998]
Rometsch, Sieghardt: Strategische Herausforderungen im Firmenkundengeschäft der Banken. In: Büschgen, Hans E. (Hrsg.): Finanzplatz Deutschland an der Schwelle zum 21. Jahrhundert. Frankfurt/Main 1998, S. 89-107.

[Rometsch 1999a]
Rometsch, Sieghardt: Firmenkundengeschäft - Wertvernichter der Banken? In: Die Bank (1999) 12, S. 810-817.

[Rometsch 1999b]
Rometsch, Sieghardt: Die Zukunft des Geschäfts mit dem vermögenden Privatkunden (I). In: Die Bank (1999) 1, S. 12-19.

[Rometsch 1999c]
Rometsch, Sieghardt: Die Zukunft des Geschäfts mit dem vermögenden Privatkunden (II). In: Die Bank (1999) 2, S. 95-101.

[Ross 1989]
Ross, Stephen A.: Institutional markets, financial marketing, and financial innovation. In: Journal of Finance, Vol. 44 (1989), S. 541-556.

[Rouse/Daellenbach 1999]
Rouse, Michael J.; Daellenbach, Urs S.: Rethinking research methods for the resource-based perspective: Isolating sources of sustainable competitive advantage. In: Strategic Management Journal, Vol. 20 (1999), S. 487-494.

[Rumelt 1984]
Rumelt, Richard P.: Towards a strategic theory of the firm. In: Lamb, Robert Boyden (Hrsg.): Competitive strategic management. Englewood Cliffs, N.J. 1984, S. 556-570.

[Rumelt 1987]
Rumlet, Richard P.: Theory, strategy, and entrepreneurship. In: Teece, David J. (Hrsg.): The competitive challenge - Strategies for industrial innovation and renewal. New York 1987, S. 137-157.

[Rumelt 1991]
Rumelt, Richard P.: How much does industry matter? In: Strategic Management Journal, Vol. 12 (1991), S. 167-185.

[Salter/Weinhold 1979]
Salter, Malcolm S.; Weinhold, Wolf A.: Diversification through aquisitions: Strategies for creating economic value. New York, London 1979.

[Santomero/Eckles 2000]
Santomero, Anthony M.; Eckles, David L.: The determinants of success in the new financial services environment: Now that firms can do everything, what should they do and why should regulators care? Wharton School, Financial Institutions Center, Working Paper 00-32. Pennsylvania 2000.

[Schäli 1998]
Schäli, Stephan D.: Kernkompetenzen im Private Banking - Aus der Perspektive grosser Bankinstitute in der Schweiz. Bern, Stuttgart, Wien 1998.

[Schapp 1999]
Schapp, Stephen: Zahlungstransaktionen am elektronischen Marktplatz. In: Moormann, Jürgen; Fischer, Thomas (Hrsg.): Handbuch Informationstechnologie in Banken. Wiesbaden 1999, S. 521-538.

[Scharrer/Stahn 1998]
Scharrer, Eva-Maria; Stahn, Christina: Skandinavische Banken im Fusionsfieber. In: Die Bank (1998) 11, S. 654-657.

[Schein 1995]
Schein, Edgar H.: Unternehmenskultur. Frankfurt/Main 1995.

[Schierenbeck 1993]
Schierenbeck, Henner: Controlling im Firmenkundengeschäft. In: Juncker, Klaus; Priewasser, Erich (Hrsg.): Handbuch Firmenkundengeschäft - Das Firmenkundengeschäft auf dem Weg ins 21. Jahrhundert. Frankfurt/Main 1993, S. 113-131.

[Schierenbeck 1999]
Schierenbeck, Henner: Ertragsorientiertes Bankmanagement - Band 1: Grundlagen, Marktzinsmethode und Rentabilitäts-Controlling. Wiesbaden 1999.

[Schierenbeck/Hölscher 1998]
Schierenbeck, Henner; Hölscher, Reinhold: BankAssurance: institutionelle Grundlagen der Bank- und Versicherungsbetriebslehre. Stuttgart 1998.

[Schmalensee 1985]
Schmalensee, Richard: Do markets differ much ? In: American Economic Review, Vol. 75 (1985) 3, S. 341-351.

[Schmid 1993]
Schmid, Frank A.: Skalenerträge großer österreichischer Geschäftsbanken: Empirische Ergebnisse für 1987-1991. In: Östreichisches Bank Archiv (1993) 7, S. 530-534.

[Schmidt 1995]
Schmidt, Albrecht: Die Entwicklung einer Bankstrategie - Das Beispiel der Vereinsbank. In: Zeitschrift für betriebswirtschaftliche Forschung, Vol. 47 (1995) 7/8, S. 744-757.

[Schmidt 1999]
Schmidt, Albrecht: Bank der Regionen - Blueprint für eine Universalbank-Strategie. In: Die Bank (1999) 2, S. 92-94.

[Schmoll 1992]
Schmoll, Anton: Bankfusionen aus der Perspektive der Unternehmenskultur. In: Zeitschrift für das gesamte Kreditwesen, Vol. 45 (1992) 5, S. 182-185.

[Schoemaker 1990]
Schoemaker, Paul J.H.: Strategy, complexity and economic rent. In: Management Science, Vol. 36 (1990) 10, S. 1178-1192.

[Schoemaker 1992]
Schoemaker, Paul J.H.: How to link strategic vision to core capabilities. In: Sloan Management Review, Vol. 33 (1992) Fall, S. 67-81.

[Schröder/Schweizer 1997]
Schröder, Gustav Adolf; Schweizer, Thilo: Vermögensverwaltung als strategisches Geschäftsfeld im Privatkundengeschäft einer Großsparkasse. In: Bierbaum, Detlef; Feinen, Klaus (Hrsg.): Bank- und Finanzwirtschaft: Strategien im Wandel. Wiesbaden 1997, S. 389-412.

[Schüller 1999]
Schüller, Bernhard: IT-Struktur einer Service-Bank für die Wertpapierabwicklung. In: Moormann, Jürgen; Fischer, Thomas (Hrsg.): Handbuch Informationstechnologie in Banken. Wiesbaden 1999, S. 435-448.

[Schulz 1999]
Schulz, Armin: Abwicklung des Zahlungsverkehrs im Firmenkundengeschäft. In: Moormann, Jürgen; Fischer, Thomas (Hrsg.): Handbuch Informationstechnologie in Banken. Wiesbaden 1999, S. 227-240.

[Schumpeter 1964]
Schumpeter, Joseph: Theorie der wirtschaftlichen Entwicklung. Berlin 1964.

[Schuster 1998]
Schuster, Leo: Newcomer im Privatkundengschäft - Ziele, Entwicklungen und Zukunftschancen. In: Betsch, Oskar; van Hooven, Eckart; Krupp, Georg (Hrsg.): Handbuch Privatkundengeschäft. Frankfurt/Main 1998, S. 65-78.

[Seidel 1995]
Seidel, Gerrit René: Kritische Erfolgsfaktoren bei Unternehmensübernahmen - eine Analyse der US-Bankenbranche. Wiesbaden 1995.

[Selznick 1957]
Selznick, Philip: Leadership in administration: A sociological perspective. New York 1957.

[Seth 1990]
Seth, Anju: Value creation in acquisitions: A re-examination of performance issues. In: Strategic Management Journal, Vol. 11 (1990), S. 99-115.

[Shapiro/Varian 1999]
Shapiro, Carl; Varian, Hal R.: Information rules: A strategic guide to the network economy. Boston 1999.

[Singh/Montgomery 1987]
Singh, Harbir; Montgomery, Cynthia A.: Corporate acquisition strategies and economic performance. In: Strategic Management Journal, Vol. 8 (1987), S. 377-386.

[Sirower 1997]
Sirower, Mark L.: The synergy trap - How companies lose the acquisition game. New York 1997.

[Sirri/Tufano 1995]
Sirri, Erik R.; Tufano, Peter: The economics of pooling. In: Crane, Dwight B.; et al. (Hrsg.): The global financial system: A functional perspective. Boston 1995, S. 81-127.

[Sjurts 2000]
Sjurts, Insa: Die Fusion AOL - Warner: eine strategieorientierte Erklärung. In: Zeitschft für Organisation, Vol. 69 (2000) 3, S. 128-18.

[Smith/Walter 1998]
Smith, Roy C.; Walter, Ingo: Global patterns of mergers and acquisition activity in the financial service industry. In: Amihud, Yakov; Miller, Geoffrey (Hrsg.): Bank mergers & acquisitions. Boston, Dotrecht, London 1998, S. 21-36.

[Spremann 1988]
Spremann, Klaus: Reputation, Garantie, Information. In: Zeitschrift für Betriebswirtschaft, Vol. 58 (1988) 5/6, S. 613-629.

[Spremann 1990]
Spremann, Klaus: Asymmetrische Information. In: Zeitschrift für Betriebswirtschaft, Vol. 60 (1990) 5/6, S. 561-586.

[Spremann/Buermeyer 1997]
Spremann, Klaus; Buermeyer, Marc: Zur Dimensionierung von Banken. In: Hörter, Steffen; Wagner, Andreas (Hrsg.): Visionen im Bankmanagement - Zukünftige Anforderungen an die Führung von Banken. München 1997, S. 169-179.

[Staehle 1994]
Staehle, Wolfgang H.: Management: Eine verhaltenswissenschaftliche Perspektive. München 1994.

[Stehmann 1999]
Stehmann, Andreas: Das Firmenkundengeschäft als Wertfalle deutscher Banken. FAZ Nr. 182 vom 09.08.1999, S. 23.

[Steinbock 2000]
Steinbock, Hans-Joachim: Management in Zeiten der Diskontinuität. In: Zeitschfift für Organisation, Vol. 69 (2000) 1, S. 37-40.

[Steiner 1990]
Steiner, Jürgen: Europäische Größenordnungen im Finanzdienstleistungssektor: Kooperation versus Konzentration. In: Betriebswirtschaftliche Bätter, Vol. 39 (1990) 3, S. 106-113.

[Steiner 1999]
Steiner, André: Data Warehouse und Data Mining. In: Moormann, Jürgen; Fischer, Thomas (Hrsg.): Handbuch Informationstechnologie in Banken. Wiesbaden 1999, S. 317-328.

[Steiner/Teixera 1990]
Steiner, Thomas D.; Teixera, Diogo B.: Technology in banking: Creating value and destroying profits. o.O. 1990.

[Steinle/Schmidt/Lawa 1995]
Steinle, Claus; Schmidt, Claudia; Lawa, Dieter: Erfolgsfaktorenkonzepte und ihre Relevanz für Planungssysteme. In: WISU (1995) 4, S. 311-323.

[Stockmann 1998]
Stockmann, Carsten: Elektronische Bankfilialen und virtuelle Banken - Das Privatkundengeschäft von Universalbanken im elektronischen Markt. Heidelberg 1998.

[Strutz 1993]
Strutz, Eric: Wertmanagement von Banken. Stuttgart, Wien 1993.

[Szallies 1998]
Szallies, Rüdiger: Vagabundierendes Finanzverhalten - die wachsende Herausforderung für das Marketing im Privatkundengeschäft. In: Betsch, Oskar; van Hooven, Eckart; Krupp, Georg (Hrsg.): Handbuch Privatkundengeschäft. Frankfurt/Main 1998, S. 275-286.

[Szeless/Wiersema/Müller-Stewens 2000]
Szeless, Georg; Wiersema, Margarete F.; Müller-Stewens, Günter: Relatedness and firm performance in european firms: A comparison of related entropy and resource-based relatedness. Universität St. Gallen, Institute of Management Working Papers No. 34. St. Gallen 2000.

[Tebroke 1993]
Tebroke, Hermann-Josef: Erfolgspotentiale für Bankenfusionen. In: Zeitschrift für Bankwirtschaft und Bankrecht (1993) 4, S. 222-239.

[Teece 1982]
Teece, David J.: Towards an economic theory of the multiproduct firm. In: Journal of Economic Behavior and Organisation, Vol. 3 (1982), S. 39-63.

[Teece 1986]
Teece, David J.: Profiting from technological innovation: Implications for integration, collaboration, licensing and public policy. In: Research Policy, Vol. 15 (1986), S. 285-305.

[Teece/Pisano/Shuen 1997]
Teece, David J.; Pisano, Gary; Shuen, Amy: Dynamic capabilities and strategic management. In: Strategic Management Journal, Vol. 18 (1997), S. 509-533.

[Terrahe/Schuck 1993]
Terrahe, Jürgen; Schuck, Manfred: Elektronischer Zahlungsverkehr in Deutschland: Entwicklung, Status und Tendenzen. In: Juncker, Klaus; Priewasser, Erich (Hrsg.): Handbuch Firmenkundengeschäft - Das Firmenkundengeschäft auf dem Weg ins 21. Jahrhundert. Frankfurt/Main 1993, S. 427-440.

[Thakor 1999]
Thakor, Anjan V.: Information technology and financial services consolidation. In: Journal of Banking and Finance, Vol. 23 (1999), S. 697-700.

[Theilmann/Fotschki 1999]
Theilmann, Olaf; Fotschki, Christiane: Internet Banking mit Firmenkunden. In: Moormann, Jürgen; Fischer, Thomas (Hrsg.): Handbuch Informationstechnologie in Banken. Wiesbaden 1999, S. 241-257.

[Thießen 1994]
Thießen, Friedrich: Securitization, Kapitallenkung und dir Rolle der Banken. In: Zeitschrift für das gesamte Kreditwesen (1994) 14, S. 682-689.

[Tigges 1999]
Tigges, Ulrich: Service-Center als Instrument differenzierter Firmenkundenbetreuung. In: Die Bank (1999) 9, S. 613-615.

[Tsai 2000]
Tsai, Wenpin: Social capital, strategic relatedness and the formation of intraorganizational linkages. In: Strategic Management Journal, Vol. 21 (2000), S. 925-939.

[UBS/PaineWebber 2000]
UBS; PaineWebber: PaineWebber and UBS - Combining two premier firms serving private and institutional clients globally. Analystenpräsentation vom 12.07.2000.

[Uhle 1993]
Uhle, Carlhans: Größe als Effizienskriterium bei Banken. In: Die Bank (1993) 5, S. 260-265.

[Van Damme 1994]
Van Damme, Eric: Banking: A survey of recent microeconomic theory. In: Oxford Review of Economic Policy, Vol. 10 (1994) 4, S. 14-33.

[Vasconcellos/Hambrick 1989]
De Vasconcellos E Sá, Jorge Alberto; Hambrick, Donald C.: Key success factors: Test of a general theory in the mature industrial-product sector. In: Strategic Management Journal, Vol. 10 (1989), S. 367-382.

[Venkatraman 1989]
Venkatraman, N.: The concept of fit in strategy research: Toward verbal and statistical correspondence. In: Academy of Management Review, Vol. 14 (1989) 3, S. 423-444.

[Venkatraman/Prescott1990]
Venkatraman, N.; Prescott, John E.: Environment-stategy coalignment: An empirical test of ist performance implications. In: Strategic Management Journal, Vol. 11 (1990), S. 1-23.

[Vennet 1996]
Vennet, Rudi Vander: The effect of mergers and acquisitions on the efficiency and profitability of EC credit institutions. In: Journal of Banking and Finance, Vol. 20 (1996), S. 1531-1558.

[Venohr 1988]
Venohr, Bernd: Marktgesetze und kritische Unternehmensführung - Eine kritische Analyse des PIMS-Programms. Wiesbaden 1988.

[Verdin/Williamson 1994]
Verdin, Paul J.; Williamson, Peter J.: Core competences, competitive advantage and market analysis: Forging the links. In: Hamel, Gary; Heene, Aimé (Hrsg.): Competence-based competition. Chichester 1994, S. 77-110.

[Vereinsbank 1998a]
Vereinsbank: Geschäftsbericht 1997. München 1997.

[Vereinsbank 1998b]
Vereinsbank: Eine neue Bank entsteht: 1+1=3. München 1998.

[Very 1993]
Very, Philippe: Success in diversification: Building on core competences. In: Long Range Planning, Vol. 26 (1993) 5, S. 80-92.

[Visser/Disterer 1999]
Visser, Volker; Disterer, Georg: IT-Struktur einer Direktbank. In: Moormann, Jürgen; Fischer, Thomas (Hrsg.): Handbuch Informationstechnologie in Banken. Wiesbaden 1999, S. 165-181.

[Vollmer 1999]
Vollmer, Uwe: Funktionen und Organisation der Bankwirtschaft., Vol. 58 In: Hartwig, K.-H.; Thieme, H.J. (Hrsg.): Finanzmärkte: Schriften zu Ordnungsfragen der Wirtschaft. Stuttgart 1999, S. 25-59.

[Walter 2000]
Walter, Georg: Customer Relationship Management bei Banken - Von reiner Transaktionsorientierung zu einem umfassenden Beziehungsansatz. In: Banking and Information Technology, Vol. 1 (2000) 4, S. 9-22.

[Weinhardt 1995]
Weinhardt, Christof: Financial engineering und Informationstechnologie: innovative Gestaltung von Finanzkontrakten. Wiesbaden 1995.

[Weisgerber 1998]
Weisgerber, Thomas: Das dritte Finanzmarktförderungsgesetz. In: Die Bank (1998) 4, S. 200-205.

[Weithofer 1997]
Weithofer, Martin: Treasury-Systeme europäischer Großbanken: Eine empirische Erhebung. In: ÖBA (1997) 7, S. 533-540.

[Welge 1976]
Welge, Martin K.: Synergie. In: Grochla, E.; Wittmann, W. (Hrsg.): Handwörterbuch der Betriebswirtschaft. Stuttgart 1976, S. 3800-3810.

[Wernerfelt 1984]
Wernerfelt, Birger: A resource-based view of the firm. In: Strategic Management Journal, Vol. 5 (1984), S. 171-180.

[Wernerfelt/Montgomery 1988]
Wernerfelt, Birger; Montgomery, Cynthia A.: Tobin's q and the importance of focus in firm performance. In: American Economic Review, Vol. 78 (1988) 1, S. 246-250.

[Weston/Chung/Hoag 1990]
Weston, J. Fred; Chung, Kwang S.; Hoag, Susan E.: Mergers, restructuring, and corporate control. Englewood Cliffs, New Jersey 1990.

[White 1998]
White, William R.: The coming transformation of continental european banking? In: BIS Working Papers No. 54 (1998).

[Wild 2000]
Wild, Oliver: Strategische Bedeutung neuer Technologien im Bankgeschäft - Teil I: Technologie-Review. In: Banking and Information Technology, Vol. 1 (2000) 1, S. 7-16.

[Williamson 1999]
Williamson, Oliver E.: Strategy research: Governance and competence perspectives. In: Strategic Management Journal, Vol. 20 (1999), S. 1087-1108.

[Wimmer 2000]
Wimmer, Andreas: Finanzportale - Herausforderung für traditionelle Finanzdienstleister im E-Commerce. In: Banking and Information Technology, Vol. 1 (2000) 3, S. 17-32.

[Winter 1995]
Winter, Sidney G.: Four Rs of profitability: Rents, resources, routines, and replications. In: Montgomery, Cynthia A. (Hrsg.): Resource-based and evolutionary theories of the firm: Towards a synthesis. Boston u.a. 1995, S. 147-179.

[Winter 2000]
Winter, Sidney G.: The satisficing principle in capability learning. In: Strategic Management Journal, Vol. 21 (2000), S. 981-996.

[Wittenberg 1999]
Wittenberg, Jörg H.: Zahlungssysteme im Internet. In: Moormann, Jürgen; Fischer, Thomas (Hrsg.): Handbuch Informationstechnologie in Banken. Wiesbaden 1999, S. 125-145.

[Yao 1988]
Yao, Dennis A.: Beyond the reach of the invisible hand: Impedements to economic activity, market failures and profitability. In: Strategic Management Journal, Vol. 9 (1988), S. 59-70.

[Yin 1989]
Yin, Robert K.: Case study research. Newbury Park, London, New Delhi 1989.

[Zaheer/Mosakowski 1997]
Zaheer, Srilata; Mosakowski, Elaine: The dynamics of the liability of foreignness: A global study of survival in financial services. In: Strategic Management Journal, Vol. 18 (1997), S. 439-464.

[Zajac/Kraatz/Bresser 2000]
Zajac, Edward; Kraatz, Matthew S.; Bresser, Rudi K.: Modeling the dynamics of strategic fit: A normative approach to strategic change. In: Strategic Management Journal, Vol. 21 (2000), S. 429-453.

[Zenger/Hesterly 1997]
Zenger, Todd R.; Hesterly, William S.: The disaggregation of corporations: Selective intervention, high-powered incentives, and molecular units. In: Organization Science, Vol. 8 (1997) 3, S. 209-222.

[Zhang 1995]
Zhang, Hao: Wealth effects of US bank takeovers. In: Applied Financial Economics, Vol. 5 (1995), S. 329-336.

[Zoern 1994]
Zoern, Alexander: Motive für nationale Unternehmensakquisitionen deutscher und englischer Unternehmen. München, Mehring 1994.

Experten der Fallstudie

Leitender Manager Integration Hypo-Bank und Vereinsbank

Dr. Hans-Gert Penzel
Leiter, Zentrales Projektoffice Fusion (ZPO) - Integration Hypo-Bank und Vereinsbank

Fachexperten aus dem ZPO und aus den Unternehmensbereichen

Firmenkunden und Corporate Finance

Frank Heinemann

Immobilienfinanzierung

Dominik Fromm

Dirk Paasch

Privatkundengeschäft

Evelyn Junge

Fusionsexperte Osteuropa

Rainer Sichert
Manager, Merger & Projekte (MPR) - Integrationsprojekte Mittel- und Osteuropa

GPSR Compliance
The European Union's (EU) General Product Safety Regulation (GPSR) is a set of rules that requires consumer products to be safe and our obligations to ensure this.

If you have any concerns about our products, you can contact us on

ProductSafety@springernature.com

In case Publisher is established outside the EU, the EU authorized representative is:

Springer Nature Customer Service Center GmbH
Europaplatz 3
69115 Heidelberg, Germany

www.ingramcontent.com/pod-product-compliance
Lightning Source LLC
LaVergne TN
LVHW050431061026
849532LV00013B/204
* 9 7 8 3 7 9 0 8 1 4 7 3 6 *